南沙大桥工程建设系列丛书

悬索桥上部结构

广东省公路建设有限公司
广东省公路建设有限公司虎门二桥分公司 编著

人民交通出版社股份有限公司
北京

内 容 提 要

南沙大桥工程建设系列丛书反映了南沙大桥建设进程中实际遇到的关键难题。本册主要从设计与建造概述、钢结构制造关键技术、索鞍安装质量控制方法、缆索系统施工质量控制方法、钢箱梁安装过程质量控制方法、悬索桥上部结构施工监控和大跨悬索桥上部结构施工管控七个方面总结了南沙大桥建设过程中形成的创新成果。本书可供从事基础设施建设的工程建设管理、设计、施工、监理人员阅读使用,也可供大专院校桥梁工程及其他相关专业的学生使用。

图书在版编目(CIP)数据

悬索桥上部结构 / 广东省公路建设有限公司,广东省公路建设有限公司虎门二桥分公司编著. — 北京 : 人民交通出版社股份有限公司, 2022.10

(南沙大桥工程建设系列丛书)

ISBN 978-7-114-18191-7

Ⅰ. ①悬… Ⅱ. ①广…②广… Ⅲ. ①悬索桥—桥梁结构—上部结构 Ⅳ. ①U448.25

中国版本图书馆 CIP 数据核字(2022)第 162845 号

Xuansuoqiao Shangbu Jiegou

书　　名:**悬索桥上部结构**

著 作 者:广东省公路建设有限公司

广东省公路建设有限公司虎门二桥分公司

责任编辑:郭晓旭

责任校对:赵媛媛　龙　雪

责任印制:刘高彤

出版发行:人民交通出版社股份有限公司

地　　址:(100011)北京市朝阳区安定门外外馆斜街 3 号

网　　址:http://www.ccpcl.com.cn

销售电话:(010)59757973

总 经 销:人民交通出版社股份有限公司发行部

经　　销:各地新华书店

印　　刷:北京武英文博科技有限公司

开　　本:787×1092　1/16

印　　张:25

字　　数:608 千

版　　次:2022 年 10 月　第 1 版

印　　次:2022 年 10 月　第 1 次印刷

书　　号:ISBN 978-7-114-18191-7

定　　价:98.00 元

《南沙大桥工程建设系列丛书》顾问委员会

《南沙大桥工程建设系列丛书》编审委员会

《悬索桥上部结构》编审组

主　　编　吴玉刚

副 主 编　代希华　鲜　荣　周旭东　姚志安　谭立心

编写人员

第 1 章　吴玉刚　鲜　荣

第 2 章　姚志安　卢靖宇　蔡依花　钱叶祥　范国政　薛花娟　张海良　赵庆杉　吴宏亮　华　乐

第 3 章　周旭东　张鑫敏　钟　献　罗超云

第 4 章　鲜　荣　朱　鹏　杨　敏　朱小金

第 5 章　代希华　张太科　朱　超　谭立心　王晓佳

第 6 章　吴玉刚　鲜　荣　卢靖宇　唐茂林　王　博

第 7 章　代希华　鲜　荣

主　　审　黄成造　叶觉明　阎友联

丛 书 序

2019年4月,南沙大桥(原虎门二桥)建成通车,成为珠江口东西两岸又一新的“黄金通道”。南沙大桥位于珠江三角洲核心区域,连接珠江口两岸的广州南沙和东莞,是粤港澳大湾区快速交通网络的重要节点,是纳入《粤港澳大湾区发展规划纲要》的重大交通设施项目。

南沙大桥工程全长12.9km,八车道高速公路标准,包括主跨1200m的大沙水道桥和主跨1688m的坭洲水道桥两座特大跨径钢箱梁悬索桥,是世界上少有的同期建成两座主跨千米以上特大型悬索桥的集群工程。

南沙大桥是在虎门大桥通车二十多年后,全体建设者以虎门大桥“艰苦探索、自主建设”的精神为榜样,历经十年规划、研究、设计、施工等,以“安全耐久、和谐美观、环保节约、科学创新”为目标,以“平安百年品质工程”为理念,特大型桥梁建设取得又一新进步、新成果,进一步推动了我国由桥梁大国向桥梁强国迈进的新征程。

大桥建设中,针对珠江口的环境条件和大跨径悬索桥特点,开展了超大跨径悬索桥抗风、合理结构体系与关键装置,正交异性钢桥面板构造细节与疲劳性能、一体化除湿系统及可更换成品索预应力锚固系统等专项研究,为大桥工程设计提供有力支撑。此外,在国内率先开展了1960MPa高性能桥梁缆索关键技术及产业化研究,攻克了大跨径缆索桥梁关键材料核心技术等“卡脖子”难题,实现了全产业链国产化批量生产和规模化应用,形成了具有自主知识产权的高性能桥梁缆索全产业链产品性能和质量标准体系,推动我国桥梁缆索制造业进入国际领先水平。

大桥建设中,针对通航安全保障、防御台风措施、特殊梁段安装、线形控制、合龙与体系转换等方面的安全风险和技术难题,深入开展施工方案研究,发展了先导索无人机牵引、基于物联网的索股架设控制、浅滩区钢箱梁连续荡移安装及活动托架法、临时索前吊后支法安装无索梁段等工法,保障了安全、提高了质量、提升了工效。在大型索鞍、超宽钢箱梁制造中,采用机器人自动焊接、三维激光跟踪测量、超声相控阵焊缝检测评定等新技术,实现了我国桥梁钢箱梁制造技术、装备的升级换代。

大桥建设中,针对重交通、高温、多雨等严苛的运营条件,开展了热拌环氧沥青混合料的性能评价与材料设计,钢桥面铺装精细化施工的组织、管理、装备、工艺等一系列创新,保障了13万m^2的钢桥面铺装高水平实施,推动了我国特大型桥梁钢桥面热拌环氧沥青铺装技术的新进步。

大桥建设中,始终贯彻“精品建造、精细管理”的现代工程管理理念,创立了“方案审查、首件验收、过程检查、技术总结”的管理“四步法”;全面推行“工序流程卡”和“专控工序”制度;践行了“高标准、细程序、严监控”的标准化、程序化与精细化管理,为打造公路行业“品质工程”积累了宝贵经验;在公路行业率先开展了特大型桥梁工程BIM+技术研究,探索了基于BIM+的建养一体化管理平台建设,带动了公路行业BIM+技术的广泛应用,推动了我国桥梁全寿命周期信息化管理迈上新台阶。

南沙大桥工程建设系列丛书再现了大桥建设的全过程,展现了大桥设计、施工、科研、管理等各方面的技术成果,是全体建设者十年心血和汗水的结晶。希望本丛书能为桥梁建设者提供有益的借鉴,也为我国特大型桥梁建设历史留下一笔宝贵的财富。

2021年7月

前　言

作为粤港澳大湾区核心区新的重要过江通道，南沙大桥（原名虎门二桥）工程首次在珠江入海口主航道同步建造两座超千米级整体式宽体钢箱梁悬索桥，面临风险高、难度大、工序多、转换快、交叉多、管控难等诸多挑战。为此，南沙大桥在上部结构建造中秉持“科技创新、至臻建设”理念，以“三零一美”为工作目标，坚持“施组有序化、程序规范化、作业标准化”，创新地发展了一系列工艺可靠、技术先进、管控高效的关键技术，深入推进了我国入海口超级跨江工程建设水平的全面提升。

南沙大桥工程的上部结构宽体钢梁结构，其规模较同类项目扩大了一倍以上，通过发展一系列智能化制造新工艺、信息化制造新技术、自动化制造新设备，不仅解决了大规模钢结构高效可靠制造的工程技术难题，同时推动了行业技术进步，促进了产业转型升级和提质增效。针对超大型索鞍吊装高度高、重量大和精准定位难等问题，创新了门架系统的设计与吊装工艺，改进了塔锚联测、格栅空间定位精准调控技术，有效保证了超大型索鞍的精确、可靠安装。针对入海口强风高湿环境下超长索股架设的系列难题，形成了超长索股牵引架设技术、超长索股几何垂度与锚跨张力调整技术、索夹的精准测量及空间定位技术、主缆紧缆及缠丝工艺，并创新设计了主缆除湿系统，有效解决了强风高湿环境下超大跨缆索系统的建造难题。在航运密集、台风频发的入海口开展整体式宽体钢箱梁的吊装是重大高危工序，为此独立研发了两套新型宽体缆载吊机，创新了浅水区钢箱梁吊装技术，形成了近塔区无吊索梁段吊装技术，改进了合龙梁段吊装和体系转换技术，安全顺利、高质高效地完成了钢箱梁吊装施工，为整体式宽体钢箱梁吊装施工建立了成套技术。此外，在建设单位的主导下，项目制定了上部结构施工主动管控办法，明确了“一程序、二首件、三协同、四纳入、五个要、十不准（N 不准）”的管理要求，确立联检协同工作机制，做到安全零事故，质量零事故，转换零时差，现场美观整洁，有力推进了悬索桥上部结构施组有序、程序规范、作业标准。

本书由下列单位共同参与编写：

广东省公路建设有限公司

广东省公路建设有限公司虎门二桥分公司

中交公路规划设计院有限公司

广东省交通规划设计研究院股份有限公司
保利长大工程有限公司
中交第二公路工程局有限公司
西南交通大学
长安大学
江苏法尔胜缆索有限公司
上海浦江缆索股份有限公司
中铁宝桥集团有限公司
中铁山桥集团有限公司
上海振华重工(集团)股份有限公司
武汉船用机械有限公司
德阳天元重工股份有限公司

本书在编写过程中得到了广东省交通运输厅和广东省交通集团有限公司的大力支持,阎友联、叶觉明、张东曾等专家顾问给予了辛勤的指导,在此表示衷心感谢。限于编者水平,错漏之处在所难免,敬请读者批评指正,以便修改完善。

编　者
2021 年 6 月

目　　录

第 1 章　设计与建造概述……001
1.1　工程建设概况……001
1.2　钢结构制造……006
1.3　索鞍的吊装施工……008
1.4　缆索系统的设计与施工……010
1.5　钢箱梁系统的设计与施工……017
1.6　小结……020
第 2 章　钢结构制造关键技术……021
2.1　总体概况……021
2.2　索鞍与索夹设计制造技术……022
2.3　缆索系统制造技术……050
2.4　钢箱梁制造技术……088
2.5　小结……141
第 3 章　索鞍安装质量控制方法……142
3.1　总体概况……142
3.2　主索鞍安装过程质量控制方法……145
3.3　散索鞍安装过程质量控制方法……154
3.4　小结……167
第 4 章　缆索系统施工质量控制方法……168
4.1　悬索桥猫道与牵引系统安装过程质量控制方法……168
4.2　超长索股架设过程质量控制方法……197
4.3　索夹与吊索安装过程质量控制方法……220
4.4　紧缆与缠丝工艺质量控制方法……240
4.5　除湿系统……253
4.6　小结……264
第 5 章　钢箱梁安装过程质量控制方法……265
5.1　总体概况……265
5.2　智能型缆载吊机……271

5.3　钢箱梁吊装前序工作 …… 279
5.4　钢箱梁吊装施工关键技术 …… 281
5.5　台风期钢箱梁吊装应对措施 …… 309
5.6　小结 …… 315
第6章　悬索桥上部结构施工监控 …… 317
6.1　总体概况 …… 317
6.2　上部结构施工监控方案 …… 318
6.3　大跨径悬索桥缆索系统架设施工监控 …… 353
6.4　大节段钢箱梁吊装过程监控 …… 365
6.5　小结 …… 369
第7章　大跨径悬索桥上部结构施工管控 …… 371
7.1　悬索桥上部结构施工主动管控办法 …… 371
7.2　南沙大桥上部结构管控体会 …… 383
参考文献 …… 387

第 1 章　设计与建造概述

1.1　工程建设概况

悬索桥施工分为下部结构、上部结构两大部分。下部结构包括塔、锚、辅助墩、过渡墩及其基础;上部结构包括缆索系统、加劲梁系统及其附属构造。悬索桥总体施工组织一般分为四大步骤。

第一步:主塔、锚碇基础施工;开始制造上部结构相关构件。

第二步:主塔塔柱及横梁、锚体施工;开展上部结构施工准备,包括技术方案、机材准备、预留预埋等。

第三步:上部结构主体工程施工,包括缆索系统安装(主、散索鞍吊装,先导索架设,猫道架设,主缆架设,紧缆,索夹及吊索安装,主缆缠丝及防护等);加劲梁系统安装(加劲梁吊装、工地焊接)。

第四步:上部结构附属工程、大临工程拆除及通车准备,包括加劲梁桥面系施工(桥面铺装、桥面系及附属工程、机电工程、交安工程);平台、电梯、塔式起重机拆除工程;荷载试验、交工验收、试运行准备。

进入上部结构施工后,将面临风险高、难度大、工序多、转换快、交叉多、管控难等诸多挑战:全程高空交叉,作业条件复杂多变;高危工序众多,需要专业规范作业;高精工序众多,要求专业标准施工;误差累积传递,要求指令精确执行;施工窗口严苛,要求一次作业成功;关键工序串联,要求规范验收转换;附属立体交叉,要求统筹齐头并进。

南沙大桥项目是世界首次同步建造两座超千米级悬索桥,在上部结构施工阶段面临跨台风期作业、跨珠江主航道、高空立体交叉、超大超重吊装等安全挑战;面临高精、高强、高大构件制造、组拼与跨江海运输,南沙、番禺、东莞控制网与远距跨复杂条件跨江量测精度控制,多单位、多类别构件高精、快速组配等制造安装挑战;面临作业窗口期短、工序不可逆转、快速密集转序、多方施工协调等工程管理难点。

1.1.1　项目概况

南沙大桥项目位于粤港澳大湾区核心区域,是广东省高速公路网规划中连接广州和东莞的重要东西向通道。路线起于广州市南沙区东涌镇,顺接国道主干线广州绕城高速公路南环段,同时与广珠北线高速公路连接,经广州市南沙区、番禺区,先后跨越珠江大沙水道、海鸥岛、坭洲水道后,穿越虎门港进入东莞市沙田镇,终点与广深沿江高速公路相接,并预留与规划中的河惠莞高速公路接口,全长 12.89km。南沙大桥上游距珠江黄埔大桥约 20km,下游距虎门大桥约 10km。全线采用双向八车道高速公路标准,设计速度为 100km/h,设计使用寿命为 100 年。

该项目全线采用桥梁方案,共包含两座超千米级悬索桥,其中坭洲水道桥采用主跨658m + 1688m的双跨钢箱梁悬索桥,大沙水道桥采用主跨1200m的单跨钢箱梁悬索桥;全线设置东涌、海鸥岛、沙田3座互通立交,并预留骝东互通;引桥结构形式为25 ~ 62.5m跨径的节段拼装预应力混凝土箱梁。

建设南沙大桥对进一步完善广东省及珠三角地区公路网布局和功能,满足分流虎门通道和广深通道快速增长的交通需求,改善珠江东西两岸交通运输条件,加强珠江两岸联系、促进珠三角经济一体化、同城化协调发展、推进粤港澳世界城市群建设都有着重要作用。

1.1.2 建设条件

1)气象条件

年平均气温22.4℃,最热月7月平均气温28.6℃,最冷月1月平均气温14.4℃,极端最高气温38.2℃(1994年7月2日),极端最低气温0.9℃(1975年12月16日)。年平均降水量为1813.2mm,年降水量最小为1219.6mm(1991年),最大可达2710.9mm(2008年),约为最小值的2.2倍。年内雨水主要集中在汛期(4月—9月),占全年雨量的82.8%;冬半年(10月—翌年3月)降水只占全年的17.2%。年平均风速为2.0m/s,年内各月风速春、夏季大,秋、冬季小;东莞10min最大风速为20.0m/s。年平均相对湿度77%,但湿度的季节变化明显,在春夏高湿季节,相对湿度时常可达100%,但在冬季干燥季节,极端最小相对湿度只有11%(2008年3月4日)。多年平均雾日为15d,历年最多雾日为23d;历年最少雾日为7d。

2)水文条件

项目范围内主要河流为珠江口的坭洲水道和大沙(浮莲岗)水道,河面宽广呈喇叭形,水系发达,河网密布,水量大,径流量变幅大;河流基本呈北西向,自北向南在虎门入海;水道为潮汐水道,既受径流作用,又受潮汐影响。坭洲水道河宽约2300m,河底地形呈现中间深、两边浅的态势,过渡较为平滑,最深处水深达24m左右,距离东莞岸约636m处。大沙水道河宽约1500m,平均水深约为7.5m,桥位处的300年一遇洪水位为+2.644m,历史最高潮位为+3.94m。

3)地质条件

坭洲水道位于海鸥岛、东莞段(沙田、厚街)之间,水面宽大于2000m,河道两岸为砌石护堤所控制,河势稳定,水深条件好,水底高程-0.20 ~ -27.40m,水道西侧平均高程-5.00 ~ -7.00m,水道东侧平均高程-3.00 ~ -4.00m,主航道最大底高程-31.00m。水底分布地层主要为全新世(Q_4)淤泥、粉砂。大沙水道位于沙公堡、海鸥岛之间,水面宽大于1000m,河道两岸为砌石护堤所控制,河势稳定,水深条件较好,水底高程0.10 ~ -16.40m,水道西侧平均高程-5.00 ~ -6.00m,水道东侧平均高程-5.00 ~ -8.00m,主航道最大底高程-16.4m。水底分布地层主要为全新世淤泥、粉砂。过江通道工程区地层层位复杂、变化大,自上而下主要为第四系全新系海陆交互相淤泥(淤泥质土)、粉质黏土及砂土,第四系更新系冲积相淤泥质土、粉质黏土及砂土、圆砾土和残积相粉质黏土;基岩为白垩系白鹤洞组泥岩、泥质粉砂岩、中砂岩。

4)航运条件

坭洲水道为内河Ⅰ级航道,船舶通行量很大,通航水深达11.5m,3.5万~5万吨级船舶可乘潮进出港，远期规划通航10万~15万吨级船舶。图1-1为10万吨级船舶通行。最高通航水位为3.694m，通航净宽1154m，通航净高60m。大沙水道为内河Ⅰ级航道，平均通行量为610艘/d，按通航1000吨级航道标准建设，满足1000吨海轮全年通航的要求。最高通航水位为3.124m，通航净宽1114m，通航净高49m。

图1-1 10万吨级船舶通行

1.1.3 主桥上部结构建设历程

南沙大桥两座超千米级悬索桥上部结构建设分为3个阶段：

(1)从2016年底到2018年中，为主体工程阶段，特点是工序串联、危大作业。大沙水道桥2017年1月20日先导索过江，2018年1月9日钢箱梁合龙，共355d，效率优于大部分同量级桥梁建造；坭洲水道桥2017年6月16日先导索过江，2018年5月25日钢箱梁合龙，共344d，效率进一步提到新的高度。

(2)从2018年中到2018年底，为附属工程阶段，特点是专业交叉、主线较多。8月底完成全部焊接，9月初安全渡过台风“山竹”挑战，经受住12级阵风实桥检验；10月完成了猫道及门架拆除，基本消除了施工阶段系统性风险；此后转入鞍室及锚室安装、钢桥面铺装、机电交安等多工序立体交叉作业。

(3)从2019年初到通车，为通车准备阶段，大量交叉作业、施工组织复杂。在工程后期，以铺装作为主线，主塔相关作业为副线，存在大量平面交叉、上下交叉作业，主要包括钢箱梁铺装等桥面系，主塔鞍室及相关附属安装，平台、电梯、塔式起重机等大临拆除，伸缩缝安装，荷载试验，机电交安，塔锚涂装，交工验收等。

大沙水道桥建设历程见表1-1，坭洲水道桥建设历程见表1-2。

大沙水道桥建设历程 表1-1

时　间	事　项
2014年8月28日	大沙水道桥西塔桩基开钻
2015年4月30日	大沙水道桥西塔桩基完成
2016年10月9日	大沙水道桥东西双塔封顶

续上表

时　　间	事　　项
2017年1月20日	大沙水道桥先导索过江
2017年5月31日	大沙水道桥首根主缆索股架设
2017年8月7日	大沙水道桥完成169根索股架设
2017年9月18日	大沙水道桥完成正式紧缆
2017年11月9日	大沙水道桥首片钢箱梁吊装
2018年1月9日	大沙水道桥钢箱梁吊装合龙
2018年3月16日	沙水道桥完成钢箱梁环缝焊
2018年3月29日	大沙水道桥主缆缠丝作业完成
2018年5月31日	大沙水道桥完成钢箱梁环缝焊接
2018年8月15日	大沙水道桥猫道及门架全部拆除
2018年11月7日	大沙水道桥开始钢桥面铺装
2018年12月15日	大沙水道桥完成鞍室、锚室安装

坭洲水道桥建设历程　　表1-2

时　　间	事　　项
2014年9月10日	坭洲水道桥西塔首根桩基开钻
2015年9月25日	坭洲水道桥东塔最后一根主塔钻孔灌注桩浇筑
2017年4月12日	坭洲水道桥东塔塔柱封顶
2017年6月16日	坭洲水道桥先导索过江
2017年9月26日	坭洲水道桥首根主缆索股架设
2017年12月17日	坭洲水道桥504根索股架设
2018年1月5日	坭洲水道桥紧缆作业
2018年3月15日	坭洲水道桥首片钢箱梁吊装
2018年5月25日	坭洲水道桥钢箱梁吊装合龙
2018年8月3日	坭洲水道桥主缆缠丝完成
2018年8月21日	坭洲水道桥钢箱梁焊接完成
2018年9月20日	坭洲水道桥主缆防护涂装完成
2018年10月20日	坭洲水道桥猫道及门架拆除
2018年11月4日	坭洲水道桥开始钢桥面铺装
2019年3月20日	坭洲水道桥完成鞍室、锚室安装

1.1.4　建造难点

在珠江入海口主航道同步架设安装两座超千米级悬索桥上部结构，技术难度高、风险挑战大、统筹协调难。

1.1.4.1 建设条件

南沙大桥在建设条件方面的建造难点归纳为以下3个方面：

(1)桥址区域受欧亚大陆和热带海洋交替影响，气候复杂多变，灾害天气频发。2017年、2018年上部结构施工期间分别遭遇了排入桥区历史前十的台风“天鸽”“山竹”，且每年的梅雨季节、夏季高温、冬季季风均会增加施工风险。复杂环境条件、结构状态下的跨江长距离监控量测、施工控制难度大。

(2)桥位所处河段为珠江出海口，受潮汐影响，每天2次不规则半日潮，最大潮差达3m，水位、流速、浪高对钢箱梁装船、运输、抛锚、定位造成挑战，特别是对大沙水道桥近塔区、坭洲水道桥边跨浅水段吊梁作业影响大。

(3)大沙、坭洲水道均为Ⅰ级航道，分别满足5万吨级、10万吨级船舶通航。往来于广州各港区和沙田港方向的船舶约2000艘次/d，坭洲水道通航5000吨级以上大吨位船舶达45艘次/d，其中10万吨级船舶通航安全等级要求更高，繁忙航道、大吨位船舶通航对上部结构施工组织效能、交叉安全挑战巨大。

1.1.4.2 制造运输

南沙大桥在制造运输方面的建造难点归纳为以下3个方面：

(1)大沙水道桥共94片钢箱梁，全长1200m。坭洲水道桥共176片钢箱梁，全长2236m，二者均为八车道扁平流线型钢箱梁，钢箱梁全宽达49.7m。板件单元规格多、下料精度要求高、焊缝质量要求严，主梁节段制造线形控制条件苛刻、桥位拼装线形调整复杂、桥位焊接控制难度高，海洋环境、生态养殖对防腐涂装质量、环保管控要求严。

(2)1960MPa主缆超高强钢丝综合性能要求严，不仅要求其具有优秀的抗拉强度、拉伸延性与扭转韧性，而且需要其抗滑移性、抗疲劳性和耐腐蚀性满足施工要求和耐久性设计。同时，南沙大桥的索股长约3.1km，单根重达60t，总共重达3万t，超长、超重的超大规模索股制造质量、精度控制与装盘运输挑战巨大。

(3)钢结构制造包括缆索体系、钢箱梁体系以及附属设施，种类多、周期长、工点遍布全国，远在山海关制造的钢箱梁板单元运距长达2500km，涉及海运陆运交叉、高速地方公路转运、施工现场周转等多种运输方式，需要周密策划、充分准备、灵活统筹，确保及时到位、工序顺畅。

1.1.4.3 架设安装

南沙大桥在架设安装方面的建造难点归纳为以下3个方面：

(1)猫道系统是最重要的大临工程，贯穿悬索桥上部结构施工全过程。大沙水道桥猫道长达2040m，坭洲水道桥猫道长达2990m，均采用三跨连续无风缆结构体系。在珠江主航道上历经两年施工，需经历台风期，面临交叉作业、抗风稳定、承载能力的挑战，秉承“按永久结构设计、制造、安装、维护”的理念安拆猫道，是确保上部结构施工安全、效率、质量的关键。

(2)缆索系统是悬索桥百年耐久的生命线。大沙水道桥桥塔高193.1m，设169股索股，索股最长达2.2km，单根重量达46t；坭洲水道桥桥塔高260m，通长索股设252股，西边跨另设6根背索，索股最长达3.1km，单根重量可达60t。索股架设面临跨台风期系统性安全、跨季风期的调索精度、跨高塔的长距离架索质量安全管控等难题。大沙水道桥主缆直径为0.85m，坭洲水道桥主缆直径达到1m,需要研发专用新型紧缆机,以确保超大直径主缆紧缆安全、优质、高效;同时,大沙、坭洲水道桥索夹多达712个,数量与种类繁多,加工制造难,在施工全过程不同工况下如何施加、监测螺杆紧固力,以确保索夹不发生滑移;最后,如何创新除湿系统、提高效能,是确保百年耐久的关键。

(3)钢箱梁吊装是上部结构施工的重大、高危工序,大沙、坭洲水道桥共270片钢箱梁,单片重达347.6t、总共重达72987.6t,需要研发新型缆载吊机,以适应超大直径主缆、跨越超长索夹、超重钢箱梁吊装。边跨、近塔无索梁段吊装面临箱梁运输、荡移施工、临时支撑、体系转换挑战。大沙水道桥近塔段钢箱梁利用永久吊索连续荡移作业,工效高、挑战大。坭洲水道桥西边跨过渡墩顶梁段采用活动三角托架,配合缆载吊机起吊纵移就位、体系转换;西塔三片无索区梁段采用临时吊索荡移作业,风险高,环焊前后线形调整、体系转换难度大。

1.2 钢结构制造

1.2.1 钢结构制造概述

南沙大桥项目含两座千米级悬索桥,钢结构规模较类似项目扩大一倍以上,加之坭洲水道桥主跨达1688m,桥宽49.7m,直接导致索鞍、钢箱梁、主缆等钢结构的技术含量、体量、加工难度、市场资源占用量等方面均大大提升。结合实际实施情况来看,钢结构生产点涉及多达20个不同省市,加工点分散,管理难度也极大。

钢结构工程管理异于土建工程,制造点众多、分散,各自加工制造特点、重难点不同,不同制造单位理念不同、工艺不同,因此,本项目管理思路是:一方面对索鞍索夹、钢箱梁、主缆吊索等主要钢结构进行加工制造重难点分析,另一方面结合制造单位特点,制定相应措施,直击管理重点、关键点,在此基础上希望进一步拓宽管理面,从而确保钢结构工程在进度、质量、投资等方面得到保证。

1.2.2 制造关键技术

为了解决钢结构一系列制造难题,确保南沙大桥钢结构制造的质量,本项目开展钢箱梁制造技术研究、缆索制造技术研究和索鞍与索夹制造技术研究,寻求一系列精度高、适应性强、工程应用效果良好的钢结构制造技术来保证南沙大桥的质量达到要求。主要包括以下内容:

1)索鞍与索夹制造技术

索鞍一般分为主索鞍和散索鞍,主索鞍主要是将主缆传来的巨大压力传递到主塔,散索鞍主要是改变主缆的传力方向,并将主缆分散为索股,分别锚固在锚碇上。主索鞍和散索鞍的制造中主索鞍鞍头的铸造,鞍体的焊接及机加工,上下承板的焊接及机加工、隔板制造等工序过程是重要控制点,索夹种类较多,大小差距较大,吊索索夹结构相对复杂,制造难度较大。针对以上难点,南沙大桥分别对索鞍与索夹制造技术进行研究,有效地保证了索鞍和索夹的成品质量。

大沙水道桥、坭洲水道桥索鞍均为铸焊结合的混合结构,需要攻克的技术难题如下:

(1)由曲面及劲板组成的超大索鞍铸件结构,其形状截面变化大、交叉节点多,易于出现夹砂、夹渣裂纹、缩松、应力变形等缺陷。

(2)索鞍鞍头和鞍座间的焊缝特点为构件重量大、焊接坡口大、结构刚度大,给焊接带来了极大的难度。

(3)索夹铸件是低合金钢铸件,材料为 ZG20Mn[《大型低合金钢铸件》(JB/T 6402—2006)],壁厚不均匀,过渡部分容易产生缺陷;且索夹种类多,尺寸、重量差距大,吊索索夹结构复杂,制造难度大。

2)缆索系统制造技术

缆索是索承式桥梁的主要构件,其缆索材料的强度是决定其跨径的主要因素之一。材料强度的提高能增强主缆的跨越能力,在跨越距离一定时能减小缆索系统的材料用量。同时,缆索既承受动载和静载,又长期暴露在风雨、潮湿和空气污染的环境中,故对钢丝的强度、塑性、抗疲劳性和耐腐蚀性等都有较高的要求。

(1)主缆用超高强度热镀锌-铝合金钢丝比普通镀锌钢丝在技术性能指标(①强度指标;②扭转指标;③疲劳性能;④镀层指标;⑤直径和不圆度;⑥直线性及一致性)方面,不仅要求项目多,而且要求得更为严格。

(2)实际制作过程中,由于钢丝束弹性模量和灌锚等制作误差,会影响吊索的成品精度;钢丝绳检修道(扶手绳)弹性模量不稳定,长度较长,给长度控制带来一定的难度。如何确保吊索以及检修道(扶手绳)的长度精度是一个难题。

3)钢箱梁制造技术

南沙大桥作为扁平钢箱梁的典型代表,其设计寿命为 100 年,对制造质量(几何精度、焊接质量、焊接接头的力学性能等)要求较高。为此,南沙大桥为提高钢箱梁制造水平,从板单元场内智能化制造工艺、钢箱梁组拼控制技术、防腐涂装工艺质量控制和附属结构制造工艺研究入手,深入研究了其质量控制方法,为其信息化制造技术提供必要的支持,切实保证了整个项目中钢箱梁制造质量。

(1)正交异性桥面板 U 肋与顶板焊缝熔深为板厚的 75%,不允许焊穿,焊缝的合格率、质量稳定性控制技术要求高;横隔板为单侧加劲、10mm 板厚,与底板 U 肋装配间隙需控制在 1mm 范围内,加工、组配精度要求高;风嘴单元板厚薄、双面角焊缝焊接变形控制难;吊耳作为钢箱梁主要传力结构,其锚固孔与吊索插耳、销轴组配精度要求非常高。

(2)节段拼装是钢箱梁生产制造过程中线形控制最重要的工序,其拼装精度将决定桥位环缝施焊的质量和进度。焊接工作量大,特别是锚固吊索区域的全熔透焊缝,对装焊要求高,变形控制难。节段拼装重点是控制钢箱梁的几何尺寸、环口匹配的精度。

(3)超大面积、复杂表面钢箱梁的边缘棱角、手工焊缝不平整,其表面喷砂质量和油漆涂装难度大。

(4)附属件数量多,钢板较薄,焊接变形较大,难以控制;检修道栏杆底座半圆管双面坡口开设变形较大,需分段开设后再对接;防撞护栏立柱因实际线形与理论线形存在一定偏差,安装时根据线形调整,调整难度较大。

(5)超宽、超多钢箱梁现场环焊及涂装,面临作业条件复杂,安全风险高,质量控制难的挑战。

1.3 索鞍的吊装施工

1.3.1 索鞍施工概述

主索鞍为铸焊结合的混合结构，由鞍体、上下承板、格栅反力架、锚梁、锚栓及其余附属构件组成。散索鞍为摆轴式，采用铸焊结合的结构方式，由鞍体、底座、底板、上下承板及其余附属构件组成。主索鞍和散索鞍结构示意分别如图 1-2 和图 1-3 所示。

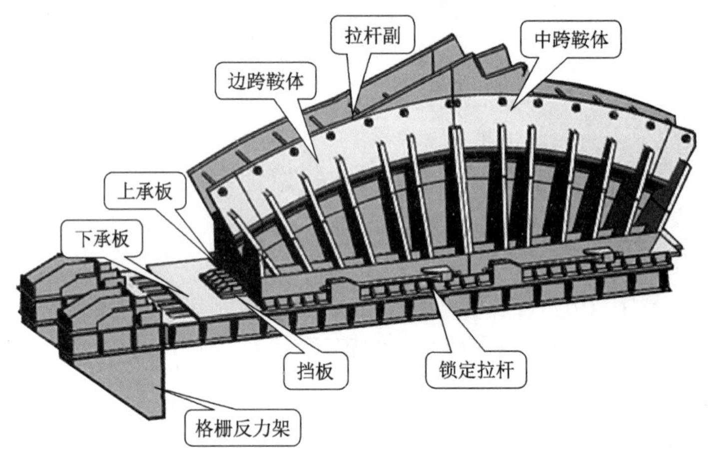

图 1-2 主索鞍结构示意图

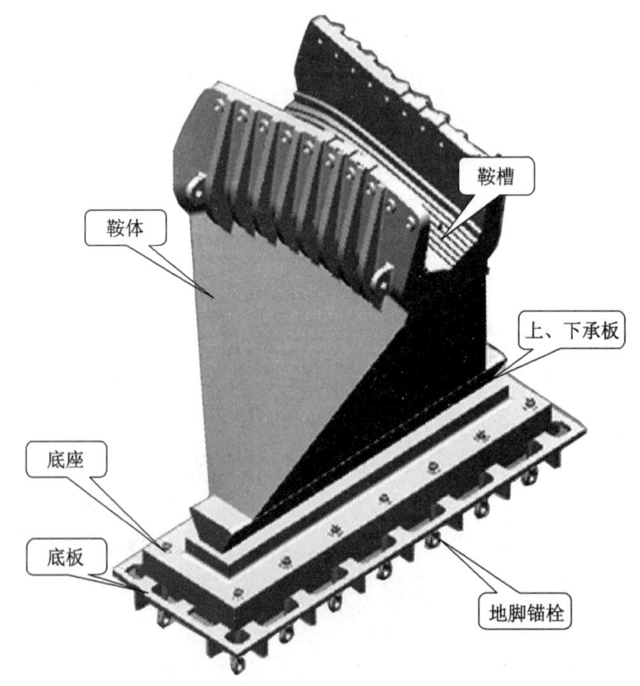

图 1-3 散索鞍结构示意图

主索鞍吊装采用门架吊装方式,为确保吊装安全,在吊装前对吊装系统采用不同的加载方案进行试验,包括空载运行阶段不加载试验、静载试验和动载试验。主索鞍起吊系统示意如图 1-4所示。

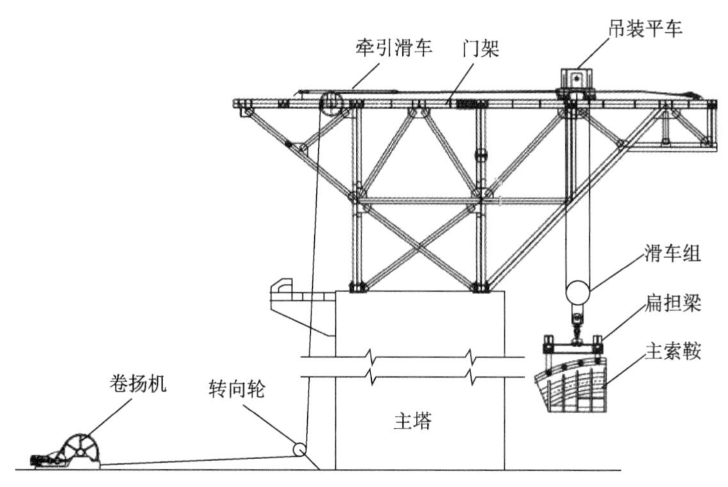

图 1-4 主索鞍起吊系统示意图

大沙水道桥锚碇散索鞍采用汽车起重机进行吊装,吊装前将散索鞍利用运输车运输到指定吊装地点,采用 650t 汽车起重机进行吊装,正式吊装前先进行试吊,确保安全之后正式吊装就位。坭洲水道桥散索鞍安装采用型钢承重桁架 + 液压起吊系统垂直起吊 + 移运小车横移就位的方式。散索鞍起吊系统及吊装示意分别如图 1-5 和图 1-6 所示。

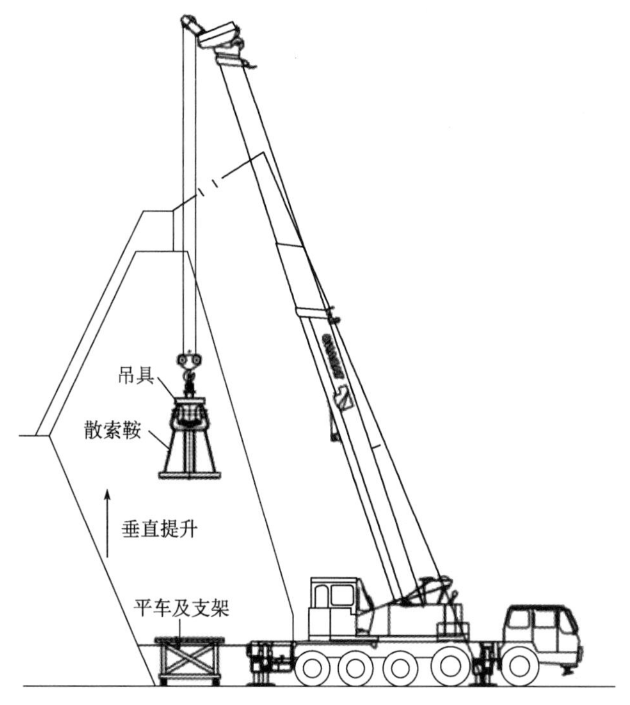

图 1-5 散索鞍起吊系统示意图

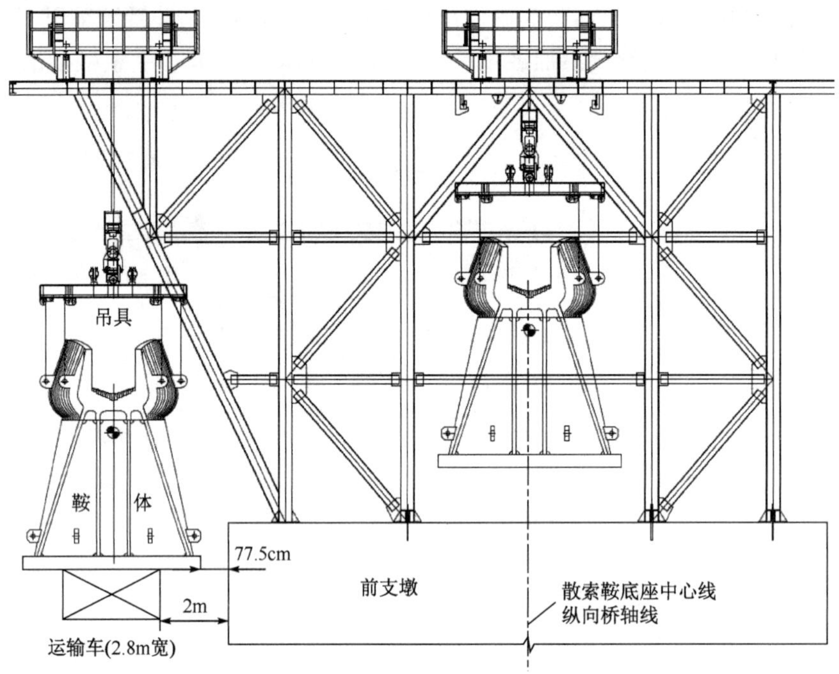

图 1-6 散索鞍吊装示意图

1.3.2 索鞍吊装关键技术

为了解决索鞍吊装过程中的系列问题,确保南沙大桥索鞍吊装质量,本项目开展索鞍吊装关键技术研究,主要包括以下内容:

1)索鞍吊装系统设计

本工程 1/2 主索鞍鞍体最大吊装重量达 126.4t,吊装系统重量达 43.4t,塔顶门架最大承受吊装荷载达 169.8t;散索鞍鞍体最大吊装重量超过 180t,吊装系统重量达 45t,散索鞍门架最大承受吊装荷载达 230t。这对门架的强度、刚度及稳定性都是极大的考验。其中,坭洲水道桥吊装系统采用液压千斤顶提升方式,大沙水道桥采用卷扬机提升方式,吊高分别达到 190m、260m,格栅、上下承板、鞍体多次吊装,过程历经昼夜,且面临阵风、大雨等不利因素,对起重设备的系统稳定、可靠性要求极高。

2)索鞍吊装过程控制

考虑索鞍各构件在转运、起吊、移动、落位、定位过程中的承载及姿态变化,需分阶段调节各构件重心及支点。鞍体运输过程中为平躺姿态,起吊前需按预设姿态精准调节、实测门架应力变形,起吊后设置风缆防止扭转,确保安全平稳,到位后利用连续千斤顶对称平移就位,下放鞍体精确匹配、稳定支撑。为精准定位索鞍各个组件的空间位置,严格控制索鞍吊装组配精度,本工程采用了塔锚联测结合局部测控、格栅平面及高程精确测量、调节技术。

1.4 缆索系统的设计与施工

1.4.1 缆索系统设计概述

南沙大桥项目两座大跨径悬索桥中跨矢跨比均为 1/9.5,坭洲水道桥每根主缆从西锚碇到东锚碇的通长索股有252股,西边跨另设6根背索,在主索鞍上锚固。每根索股由127丝、直径为5.0mm的高强钢丝组成,钢丝为1960MPa的锌-铝合金镀层高强钢丝。其索夹内直径为999mm(西边跨)和988mm(中跨及东边跨),索夹外直径为1012mm(西边跨)和1000mm(中跨及东边跨)。悬吊系统均采用平行钢丝吊索+上下对合索夹的形式,吊索两端与索夹和钢箱梁销接,上、下半索用螺杆夹紧在主缆上。吊索分为三类:第一类是除塔侧、边跨短吊索外应用较多的吊索,规格为109-ϕ5mm;第二类是受力较大和变形有特殊要求的广州侧长吊索和边跨次短吊索,规格为241-ϕ5mm;第三类是广州侧边跨端部的限位吊索,限位吊索规格为337-ϕ7mm。除受力较大的塔侧长吊索(1、2、W1、W2吊点)和限位装置处吊索(W42吊点)每侧吊点设3根吊索外,其余每侧吊点设2根吊索。吊索标准间距为12.8m,塔侧吊索距离索塔中心线的距离为18.4m,限位吊索距离相邻吊索间距为17.6m。为提高吊索使用寿命,长吊索间设置减振架,并在末端用新型吊索阻尼器连接吊索与钢箱梁,减小吊索的振幅与振动频率,延长使用寿命。坭洲水道桥立面布置如图1-7所示,坭洲水道桥主缆断面如图1-8所示,坭洲水道桥吊索布置及构造如图1-9所示。

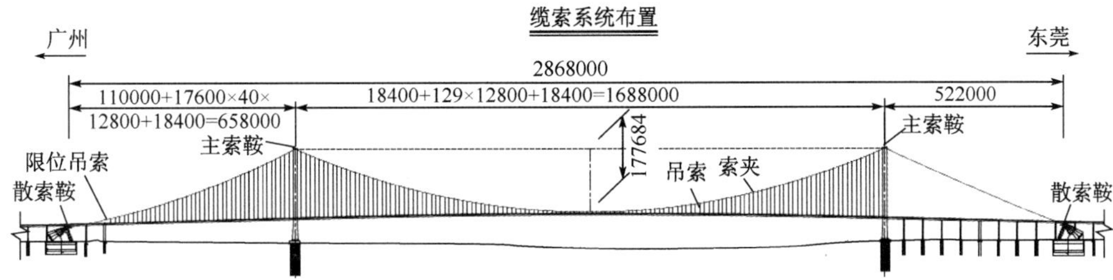

图1-7 坭洲水道桥立面布置图(尺寸单位:mm)

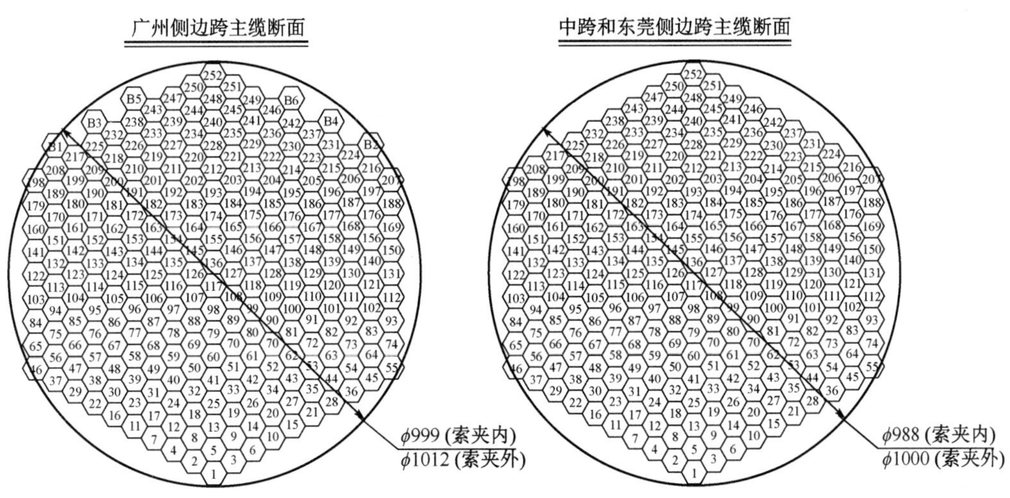

图1-8 坭洲水道桥主缆断面图

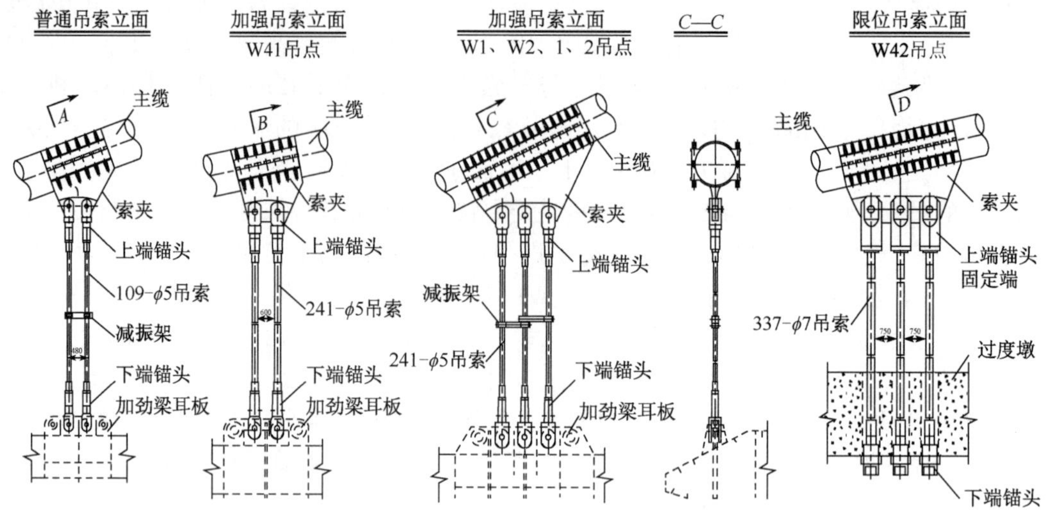

图 1-9　坭洲水道桥吊索布置及构造图(尺寸单位:mm)

大沙水道桥悬索桥每根主缆由 169 股索股组成,每根索股由 127 丝、直径为 5.20mm 的高强钢丝组成,钢丝公称抗拉强度为 1770MPa,外表面镀锌-铝合金镀层防护。每根主缆有效面积为 0.4558m^2,主缆索夹内直径为 841mm,索夹外直径为 852mm。索股两端设索股锚头,索股锚头采用热铸锚,在锚杯内浇注锌铜合金,使主缆钢丝与锚杯相连。

吊索及索夹与坭洲水道桥大同小异,限于篇幅,不详细展开叙述,具体布置如图 1-10 所示。大沙水道桥主缆断面如图 1-11 所示,大沙水道桥吊索构造如图 1-12 所示。

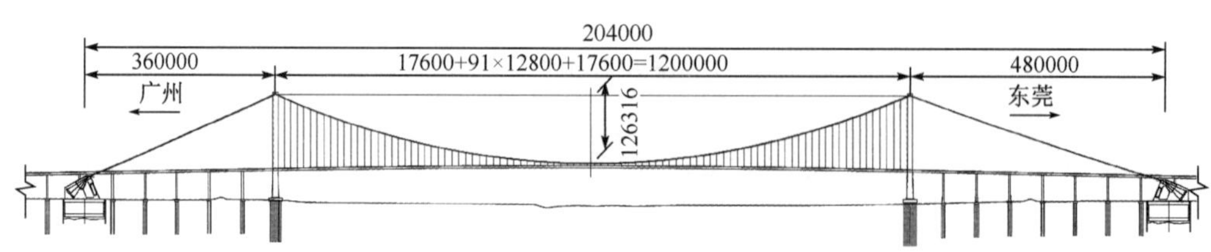

图 1-10　大沙水道桥立面布置图(尺寸单位:mm)

两座悬索桥的主缆均采用"S 形缠丝 + 干燥空气除湿"主动式防护方案。在 S 形缠丝外面增加"磷化底漆 + 环氧底漆 + HM106 聚硫密封剂 + 柔性聚氨酯面漆 + 柔性氟碳面漆"的密封体系,提高主缆防护体系的密封性。

1.4.2　缆索系统施工概述

1.4.2.1　牵引系统与猫道施工

在牵引系统与猫道施工之前进行的施工准备工作主要包括:猫道及牵引系统构件加工制造、施工用器具及构件等的加工制造、施工用机具设备调配、预埋件安装、必要的施工布置落实。

牵引系统与猫道施工总体工艺流程如图 1-13 所示。

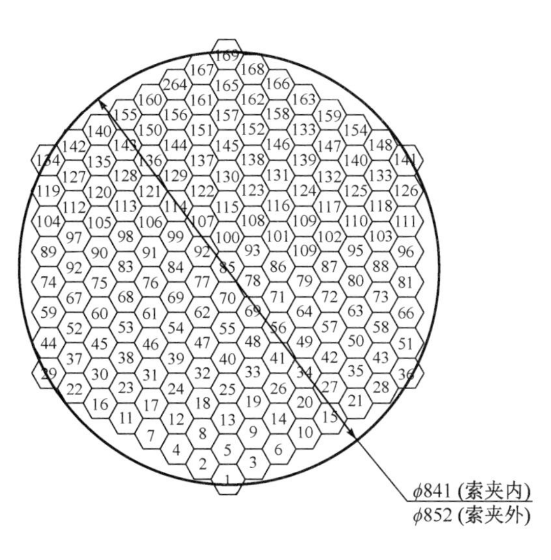

图 1-11 大沙水道桥主缆断面图

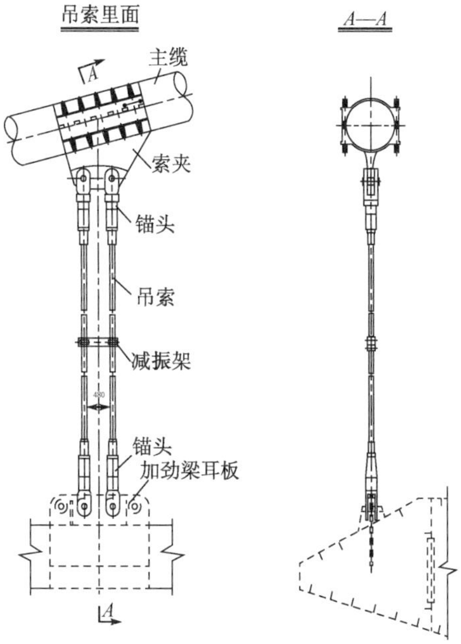

图 1-12 大沙水道桥吊索构造图

1.4.2.2 索股架设施工

索股架设施工流程如图 1-14 所示。

1.4.2.3 紧缆作业

索股架设完成后,对主缆进行紧缆作业。紧缆作业可分为预紧缆和正式紧缆作业,其工艺流程如图 1-15 所示。

1.4.2.4 索夹与吊索安装

根据本桥索夹、吊索结构及布置特点,索夹采用缆索起重机从低往高进行安装(其中索塔及锚碇附近索夹采用塔式起重机直接起吊安装),施工过程中,索夹螺杆轴力分 5 次导入。吊装顺序为从主跨跨中向边跨方向进行。索夹安装包括空缆线形测量、索夹位置坐标计算、索夹位置测量放样、索夹吊运及安装、螺栓轴力导入等。索夹与吊索施工流程如图 1-16 和图 1-17 所示。

1.4.3 建造关键技术

为了解决缆索系统施工遇到的系列难题,确保南沙大桥缆索系统施工质量,本项目寻求一系列适应性强、工程应用效果良好的施工关键技术来保证南沙大桥的缆索系统施工质量,主要归纳为以下 3 点:

1) 主缆索股牵引架设技术

超重索股过塔质量控制:索股架设过程中需要在塔顶处实现转向,塔顶处极易出现鼓丝、缠包带断裂现象,本工程有针对性地对此处的索股拖滚进行了极为严格的布置优化,在索股拖滚实际布置安装时,对其转向曲率半径、与两侧猫道拖滚间的衔接等要点进行了严格的控制,确保超重索股翻塔转向平滑、衔接顺畅。

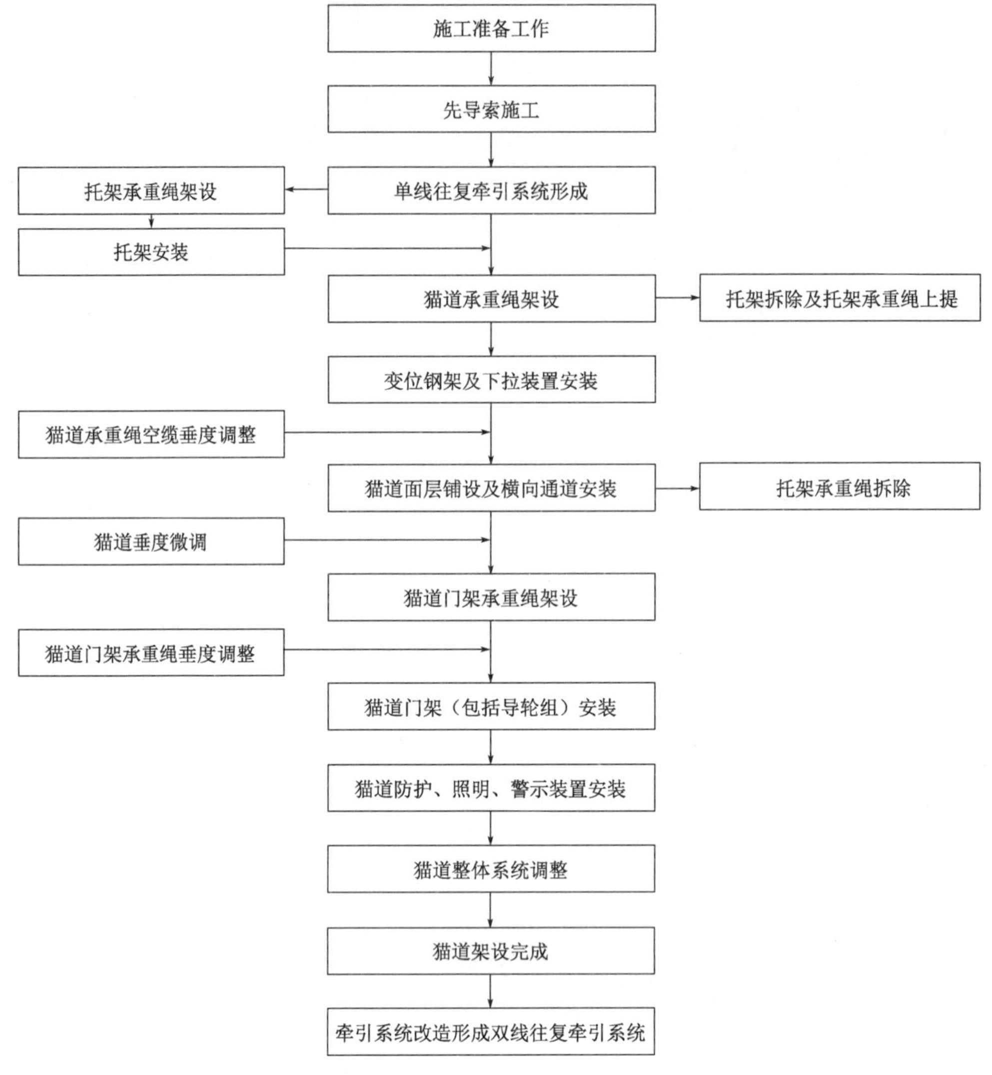

图 1-13　牵引系统与连续式猫道施工总体工艺流程图

长距离架索扭转控制与调整:在主缆架设施工中,鉴于南沙大桥实际面临的长距离架索情况,需要抑制索股的扭转现象,并及时做出相应的调整。

2)超长索股几何垂度与锚跨张力调整技术

索股线形调节技术:大沙水道桥夏季调索面临的特点是温差大、潮湿多雨,索股调节窗口期短,需要实现快速调索。坭洲水道桥冬季调索面临的特点是常态季风,需要抑制已架索股风致振动。主缆索股垂度调整分为基准索股垂度调整和一般索股垂度调整。基准索股垂度调整采用绝对高程法,一般索股是相对基准索股进行垂度调整。为保证一般索股垂度调整时所用的基准索股始终处于自由漂浮状态,采用主缆各层最外侧一根一般索股作为相对基准索股,其垂度依靠基准索股进行传递,然后利用各层相对基准索股,调整同一层一般索股和上一层相对基准索股的垂度,实现主缆线形调整。

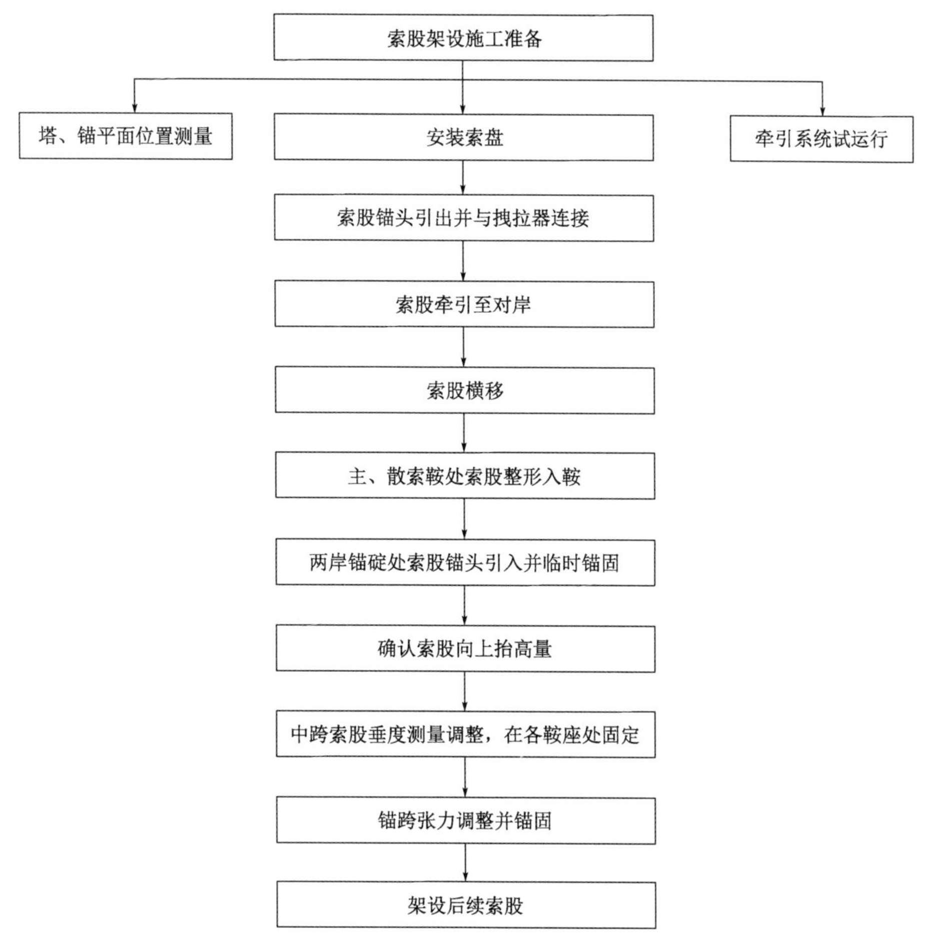

图 1-14 索股架设施工流程图

锚跨张力调节技术：在索股架设过程中、空缆成型后都应分批、多轮精调锚跨张力；在钢箱梁吊装过程中，因适应主塔变形需要顶推索鞍，主缆线形随之变化，散索鞍姿态可能发生微小变化，需要进一步检查索股锚跨张力。锚固端索股张拉调整采用 2 台规格 120t 的穿心式千斤顶。索股拉伸装置由连接拉杆、反力架、穿心式千斤顶、垫板以及螺母组成。反力架支撑于索股锚头之上，其上布置穿心式千斤顶，然后通过在连接拉杆上安装垫板及螺母形成反顶索股拉伸器，实现锚跨索股的张力调整。

3）基于物联网监控的架设控制与调整技术

以往作业中，索股牵引过程状态主要靠人工控制，存在标准不统一、纠偏不及时、通信不同步等问题，鼓丝、断带、磨损等质量问题多发，乃至在翻塔、入锚中发生安全事故。对于大沙、坭洲水道桥超长距离、超重索股的架设，存在牵引历时长、跨越台风期作业等挑战，需要通过构建智能化牵引系统，感知索股状态、实现自动化控制，提升索股架设效率、确保牵引安全。南沙大桥通过牵引系统优化，物联网监控系统监测控制，实时温度及高差量测系统引入，极大优化了索股架设的效率和架设质量。

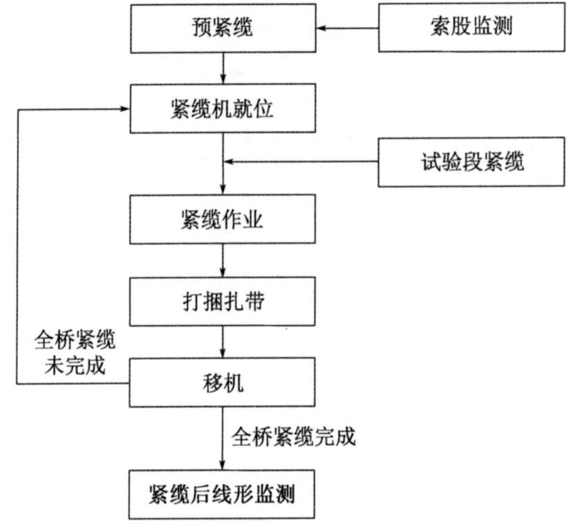

图 1-15　紧缆工艺流程图

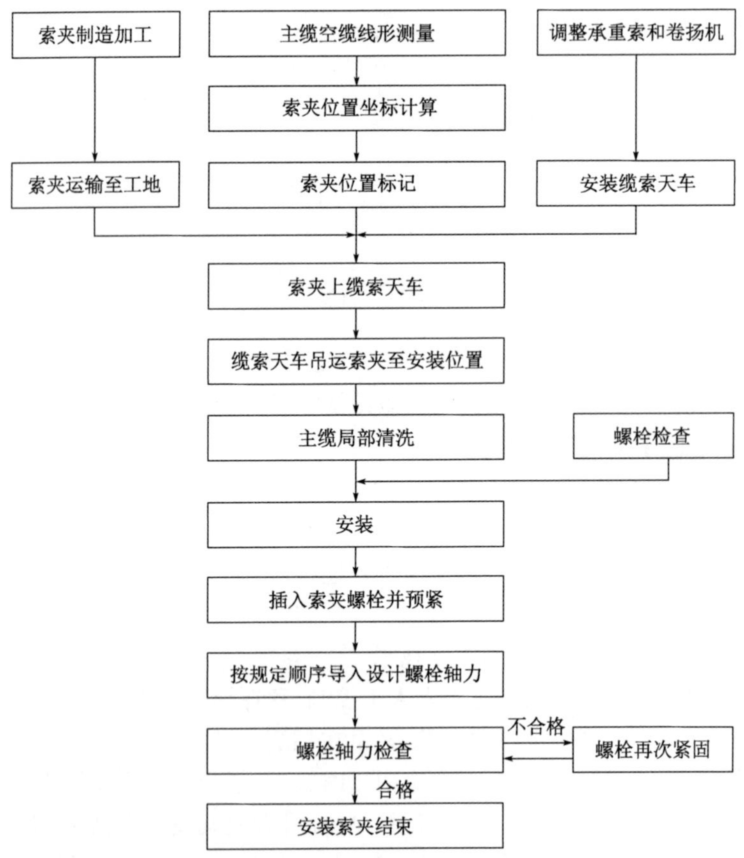

图 1-16　索夹施工流程图

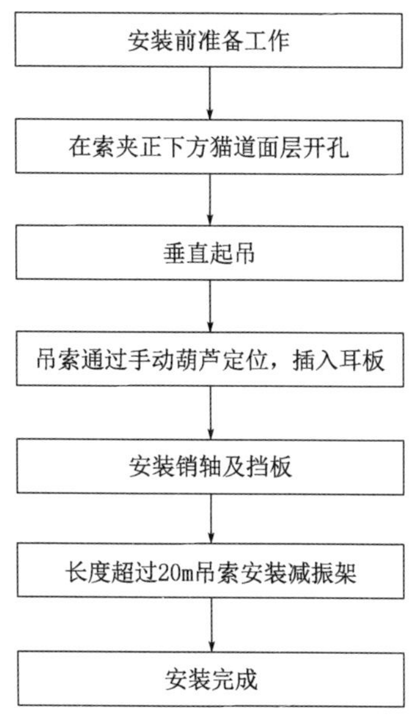

图 1-17　吊索安装流程图

1.5　钢箱梁系统的设计与施工

1.5.1　钢箱梁系统设计概述

如图 1-18 所示，坭洲水道桥的钢箱梁为双跨连续钢箱梁，长 548m + 1688m，大沙水道桥的钢箱梁为单跨简支钢箱梁，长 1200m。箱体均为扁平流线型封闭全焊结构，由顶板、底板、腹板、隔板、U 形肋及各类加劲板焊接而成。钢箱梁全宽 49.7m，高 4.0m。吊索锚固在风嘴上，主梁吊点横向间距 42.1m，顶板宽 40.6m，风嘴宽 2.5m，平底板宽 31.3m，斜底板宽 6.7m，风嘴外侧设 1.5m 检修道和 1m 导流板。检修道及导流板的主要作用是优化钢箱梁气动外形，不参与钢箱梁受力，仅承受自身重量及行人荷载。检修道和导流板在顺桥向梁段间设 10mm 分隔缝以适应变形，该部分与钢箱梁同时加工、架设。平底板两边设置检查车轨道及轨道导风板。

钢箱梁的加工制造以梁段为单元，坭洲水道桥共有 176 个梁段，11 种梁段类型，其中有 161 个标准梁段；大沙水道桥共有 94 个梁段，6 种梁段类型，其中有 88 个标准梁段。梁段划分具体见表 1-3 和表 1-4。

坭洲水道桥钢箱梁段一览表　　表 1-3

梁段类型	数量(个)	梁段长度(m)	梁段重量(t)	特　征
A	1	8.9	324.5	边跨端梁
B	161	12.8	267.3	标准梁段
C	4	12.8	374.2	合龙段、近西塔内侧梁段

续上表

梁段类型	数量(个)	梁段长度(m)	梁段重量(t)	特征
D	1	9.2	232.7	近西塔无索梁段
D′	1	9.2	244.6	近西塔无索梁段
E	1	7.2	235.7	西塔上梁段
F	2	12.8	294	近西塔外侧梁段
G	1	12.8	303.5	近东塔梁段
H	1	9.7	305.4	中跨端梁
I	1	12.8	306.6	近墩梁段
J	2	12.8	292.3	近西塔外侧梁段

大沙水道桥钢箱梁段一览表 表1-4

梁段类型	数量(个)	梁段长度(m)	梁段重量(t)	特征
A	1	10.4	290.4	端部过塔梁段
B	88	12.8	267.3	标准梁段
C	2	12.8	285.1	特殊吊索梁段
D	1	8.8	290.4	端部过塔梁段
E	1	14.4	347.6	特殊吊索梁段
F	1	8.8	308.9	特殊吊索梁段

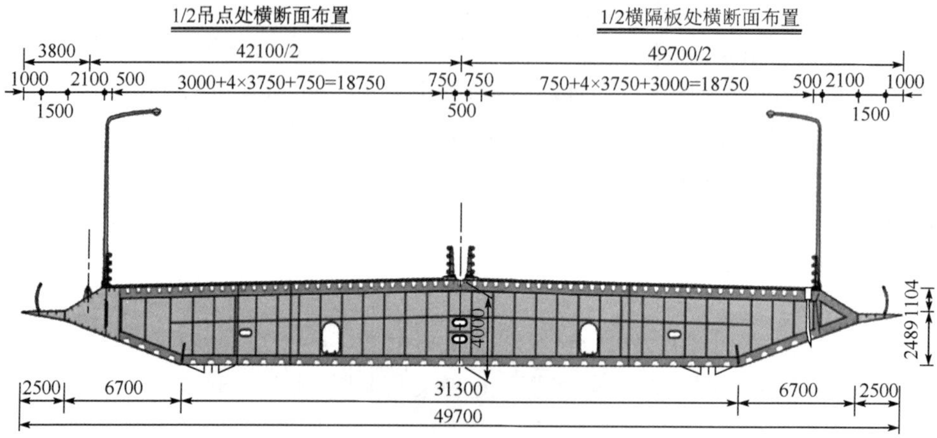

图1-18 整体式钢箱梁断面图(尺寸单位:mm)

1.5.2 钢箱梁系统施工概述

钢箱梁吊装前先进行准备工作,包括猫道横向通道拆除、猫道改挂以及航道管制。在钢箱梁的吊装过程中,主缆线形随着施工进程不断地变化,为保证猫道在钢箱梁吊装期间的线形和整体抗风稳定性，使猫道线形随主缆变化而变化。在猫道横向通道拆除后，进行猫道改挂作业。完成钢箱梁吊装准备工作后，即可开始钢箱梁吊装施工，吊装顺序的基本原则为由远塔端向近塔端行进，流程如图 1-19 所示。

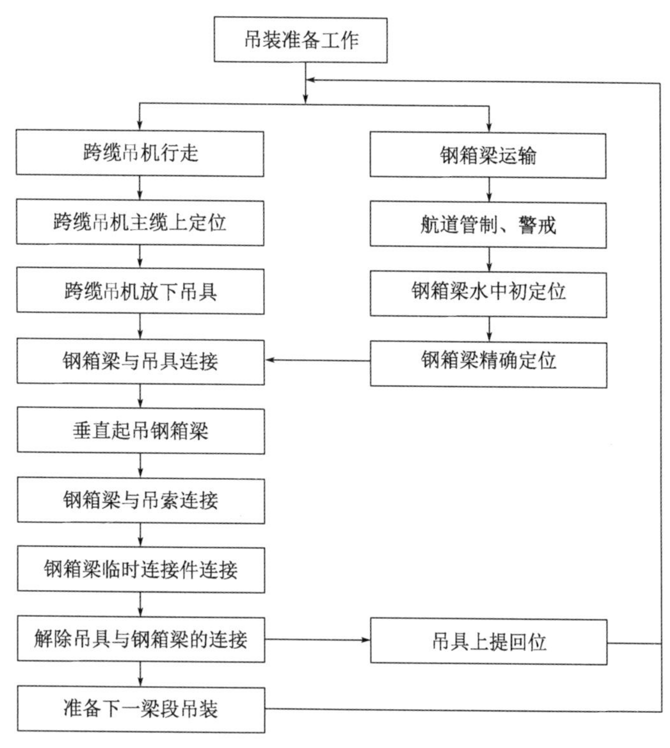

图 1-19 钢箱梁梁段吊装施工工艺流程图

1.5.3 建造关键技术

为了解决南沙大桥超宽钢箱梁安全吊装的施工难题，本项目寻求一系列适应性强、工程应用效果良好的超宽钢箱梁吊装关键技术，以保证南沙大桥钢箱梁的安全顺利施工，主要归纳为以下 4 点：

1）新型缆载吊机的研制

南沙大桥项目两座大跨径悬索桥上部结构钢箱梁截面尺寸大，钢箱梁梁型和节段数量多样，为了保证超宽钢箱梁的安全顺利吊装施工，需要进行新型缆载吊机的研制，确保钢箱梁节段吊装的顺利进行。大沙水道桥研制了 2 台 600t 滚轮式液压缆载吊机，坭洲水道桥研制了 3 台 500t 轮轨式液压缆载吊机，均具备自动化、信息化、可视化监控调节技术。

2）浅水区钢箱梁吊装技术

南沙大桥项目两座大跨径悬索桥均涉及浅水区钢箱梁吊装，在平潮位时水深低于 2.5m，不满足钢箱梁运输船舶等作业船舶的作业吃水要求。大沙水道桥利用永久吊索，在近塔段钢箱梁吊装中采用“垂直起吊 + 连续荡移”的作业方式；坭洲水道桥西边跨浅水区利用移梁平台、过渡墩活动三角托架，采用“栈桥移梁 + 垂直起吊 + 纵移就位”的多级吊装作业方式。

3)近塔区无吊索梁段吊装技术

坭洲水道桥为两跨连续飘浮体系,西塔无索区梁段起吊拼装的作业安全、梁段整体体系转换线形控制是重点、难点,通过在下横梁搭设支架及调节系统,利用临时吊索、缆载吊机,采用"垂直起吊+纵移就位+姿态调节"的作业方式进行吊装;利用支架调节系统修正无索段线形姿态、几何位置,采用"焊缝调整+环缝焊接+落位转换"的作业方式进行体系转换。

4)合龙梁段吊装和体系转换技术

大沙、坭洲水道桥利用卷扬机系统、缆载吊机吊装合龙段,预先牵引已吊梁段,结合温度差异留足龙口宽度,采用"温度合龙+纵向牵引+垂直起吊"的无配切作业方式。

坭洲水道桥过渡墩顶段、无索段利用三角托架、缆载吊机、限位吊索进行调节、拼接,在钢箱梁焊接全部完成之前,采用"姿态调节+吊索张拉+桥位焊接"的作业方式完成体系转换。

1.6 小　结

南沙大桥进入两座超千米级悬索桥上部结构同步建造施工后,面临风险高、难度大、工序多、转换快、交叉多、管控难等诸多挑战。本章介绍了南沙大桥项目两座大跨径悬索桥上部结构的工程概况和施工流程,结合上部结构施工中遇到的建设难点,提出了相应的建造关键技术。以下各章将围绕南沙大桥在上部结构施工过程中遇到的难题及挑战,从设计、制造、施工、管理等多个视角,进一步阐释解决问题的关键技术,总结实践中的建设经验,为以后同类型的工程项目提供参考方案。

第2章　钢结构制造关键技术

2.1 总体概况

2.1.1 概述

南沙大桥项目含两座千米级悬索桥,钢结构规模较类似项目扩大一倍以上,导致索鞍、钢箱梁、主缆等钢结构的技术含量、体量、加工难度、市场资源占用量等方面均大大提升。

大沙水道桥共94片钢箱梁,为单跨吊。采用缆载吊机自跨中向两侧依次吊装,至近塔侧合龙的方法,运梁驳船将梁段直接运至吊点正下方采用缆载吊机垂直起吊。坭洲水道桥共176片钢箱梁,为双跨连续。中跨深水区普通梁段可用平驳船直接运输到梁段设计位置下方,再用缆载吊机垂直起吊。

南沙大桥项目两座大跨径悬索桥中跨矢跨比均为1/9.5,坭洲水道桥每根主缆从西锚碇到东锚碇的通长索股有252股,西边跨另设6根背索,在主索鞍上锚固。每根索股由127丝、直径为5.0mm的高强钢丝组成,钢丝为1960MPa级锌-铝合金镀层高强钢丝。其索夹内直径为999mm(西边跨)和988mm(中跨及东边跨),索夹外直径为1012mm(西边跨)和1000mm(中跨及东边跨)。大沙水道桥每根主缆由169股索股组成。每根索股由127丝、直径为5.20mm的高强钢丝组成,钢丝为1770MPa级锌-铝合金镀层钢丝,主缆索夹内直径为841mm,索夹外直径为852mm。

索鞍为铸焊结合的混合结构,主索鞍由鞍体、上下承板、格栅反力架、锚梁、锚栓及其余附属构件组成;散索鞍为摆轴式,由鞍体、底座、底板、上下承板及其余附属构件组成。其中鞍体由底座及鞍头组合而成。大沙水道桥全桥共计286个索夹,吊索与索夹为销接式连接。每侧吊点设2根吊索。全桥索夹共有8种类型,其中有吊索索夹6种,边跨紧缆索夹和锥形索夹各1种。索夹设计壁厚均为35mm。坭洲水道桥全桥共计426个索夹,吊索与索夹为销接式连接。每侧吊点设2根吊索。全桥索夹共有17种类型,其中有吊索索夹15种,无吊索索夹2种。

本项目对钢箱梁、主缆、吊索、索鞍和索夹等主要钢结构进行加工制造重难点分析,并提出相应的制造关键技术。

2.1.2 钢结构制造重难点

南沙大桥项目包含两座千米级悬索桥,钢结构规模较类似项目扩大一倍以上,使得钢结构的加工制造出现如下重难点:

(1)南沙大桥索鞍重量及体积大,其制造过程中涉及铸造、焊接、热处理、机加工、试验等多个环节,其中铸造、焊接、热处理及机加工是技术控制难点。

(2)目前,我国在 ϕ5.0mm 系列 1960MPa 级钢丝用盘条及钢丝生产工艺技术上缺乏研究和实践,钢的纯净度、微合金化、力学性能、金相组织等方面有许多问题需要解决。

(3)随着钢箱梁宽度、跨径的增加,其组成零件、板单元数量成倍增长,单件的离散性偏差的绝对数量增多,形成整体的极限累计偏差变大;南沙大桥所处环境易造成钢箱梁的腐蚀,在保证大桥 100 年使用寿命的同时,要满足大桥交通运行和环境保护的要求,这对钢箱梁涂装工艺提出了更高的质量要求。

2.2 索鞍与索夹设计制造技术

坭洲水道桥索鞍与索夹制造过程中会出现下述问题:

(1)铸件结构由曲面及劲板组成,易出现夹砂、夹渣缺陷的情况;铸件结构形状截面变化大、交叉节点多、易出现裂纹、易产生缩松缺陷、易产生应力导致铸件发生变形。

(2)主索鞍和散索鞍鞍体均为铸焊结构,而索鞍鞍头和鞍座间的焊缝质量直接关系索鞍的可靠性和安全性,其特点是重量大、焊接坡口大、结构刚性大。这些都给焊接带来了极大的难度。

(3)索夹铸件材料为 ZG20Mn[《大型低合金钢铸件》(JB/T 6402—2006)],为低合金钢铸件,是壁厚不均匀结构,过渡部分容易产生缺陷;索夹种类较多,大小差距较大,吊索索夹结构相对复杂,制造难度较大。

2.2.1 索鞍与索夹设计

2.2.1.1 索鞍设计

主鞍头为铸钢件,材料牌号为 ZG270-480H,应符合《焊接结构用铸钢件》(GB/T 7659—2010)标准。主索鞍鞍座为组焊件,材料为 Q345R 钢板,应符合《锅炉和压力容器用钢板》(GB 713—2008)标准;上承板、下承板、格栅及反力架等采用 Q235B 钢板,应符合《碳素结构钢》(GB/T 700—2006)标准。拉杆(材料为 40CrNiMoA)、长拉杆(材料为 40Cr)等合金钢应符合《合金结构钢》(GB/T 3077—1999)标准。

散索鞍鞍槽为铸钢件,材料牌号为 ZG270-480H,应符合《焊接结构用钢铸件》(GB/T 7659—2010)标准。散索鞍鞍体为组焊件,材料为 Q345R 钢板,应符合《锅炉和压力容器用钢板》(GB 713—2008)标准。散索鞍底座材料为 ZG20Mn,应符合《大型低合金钢铸件》(JB/T 6402—2006)标准。上下承板(材料为 40Cr)、拉杆(材料为 40CrNiMoA)等合金钢应符合《合金结构钢》(GB/T 3077—1999)标准。

1)设计要点

主索鞍位于索塔塔顶,支撑主缆并将主缆荷载传递到索塔,主要由主索鞍鞍体、上承板、下承板、格栅及反力架、隔板、锌填块、拉杆、挡块组成,在西主索鞍鞍体顶面设置锚梁,锚固西边跨背索。

散索鞍位于锚碇处散索鞍墩顶,支撑主缆,并将主缆索股发散锚固于锚块前锚面,主要由散鞍体、底座、底板、上承板、下承板、压紧梁、隔板、拉杆、锌填块组成。

全桥索鞍共有东、西主索鞍总成各2套,东、西散索鞍总成各2套。主、散索鞍结构图如图2-1和图2-2所示。

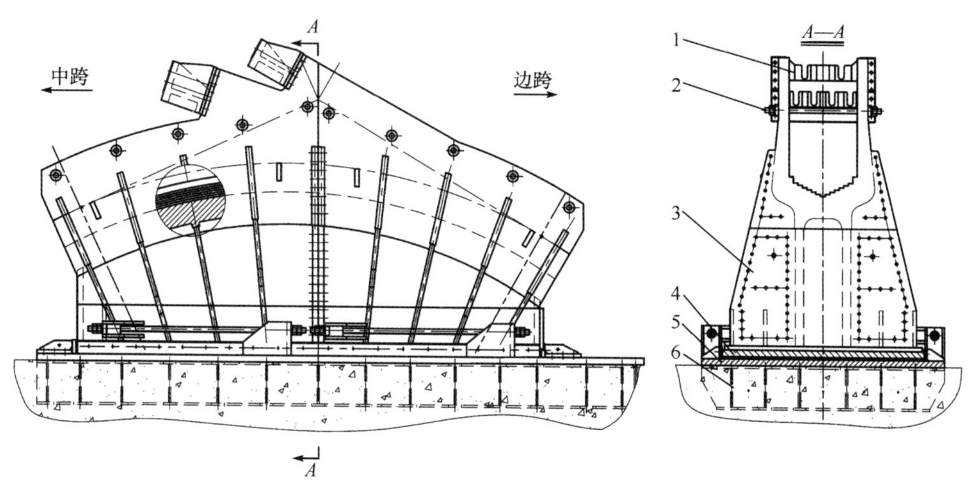

图2-1 主索鞍结构图(西)

1-锚梁;2-拉杆副;3-鞍体;4-上承板;5-下承板;6-格栅及反力架

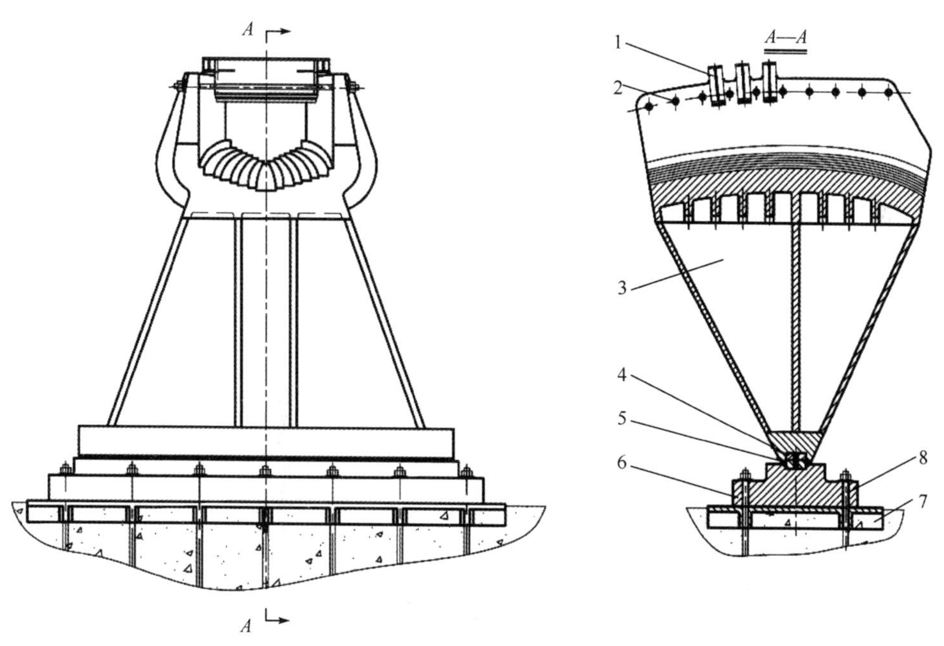

图2-2 散索鞍结构图(西)

1-压紧梁;2-拉杆副;3-鞍体;4-上承板;5-下承板;6-底座;7-底板;8-地脚锚栓副

索夹为薄壁结构,壁厚有35mm和45mm两种,采用上、下对合的结构形式,接缝处嵌填橡胶防水条防水。

2)表面处理及涂装

(1)主、散索鞍各外露不加工表面需经喷砂处理(Sa2.5),清除污垢、氧化皮、锈层。涂环氧富锌底漆1道(80μm)、环氧厚浆漆1道(120μm)。

(2)主、散索鞍鞍槽内加工表面及各隔板的全部表面喷砂处理(Sa3.0)后须按《热喷涂 金属和其他无机覆盖层 锌、铝及其合金》(GB/T 9793—2012)的要求进行喷锌处理,锌层厚度不小于200μm,喷锌后涂封闭漆2道(40μm)。底层隔板与鞍槽焊接后,应将焊缝磨平,重新喷锌。

(3)各孔、平面的加工表面应涂脂防锈。

(4)螺杆、螺母等紧固件进行达克罗处理(10μm)。

(5)涂装材料应性能可靠、防蚀性强、耐候性好,其防护年限应满足设计图纸规定的年限。

(6)其他未尽事宜按《公路桥梁钢结构防腐涂装技术条件》(JT/T 722—2008)的要求进行。

3)存放与发运

(1)成品构件应存放在清洁、干燥、无有害物质的环境中,应架离地面并设有遮盖物防止日晒雨淋,保持充分通风,使冷凝水降至最低。

(2)堆垛钢构件时应在期间放置衬垫,避免表面受损。

(3)产品的搬动、运输和存储,均不得使任何部件受到损伤和散失。

(4)属于同一总成的零部件必须印有识别标记和定位标记,防止在发运和安装时相互混淆,保证在施工过程中准确确定其相对位置。

2.2.1.2 索夹设计

索夹本体材料均选用符合《大型低合金钢铸件》(JB/T 6402—2006)要求的ZG20Mn,索夹螺杆、螺母采用40CrNiMoA及35CrMo合金钢制作,符合《合金结构钢》(GB/T 3077—1999)的要求,密封带采用乙丙橡胶。

1)设计要点

索夹是夹紧主缆并通过吊索传力给主缆的构件,由上、下两半组成,两半索夹之间通过高强度螺杆锁合。吊索索夹结构如图2-3所示。

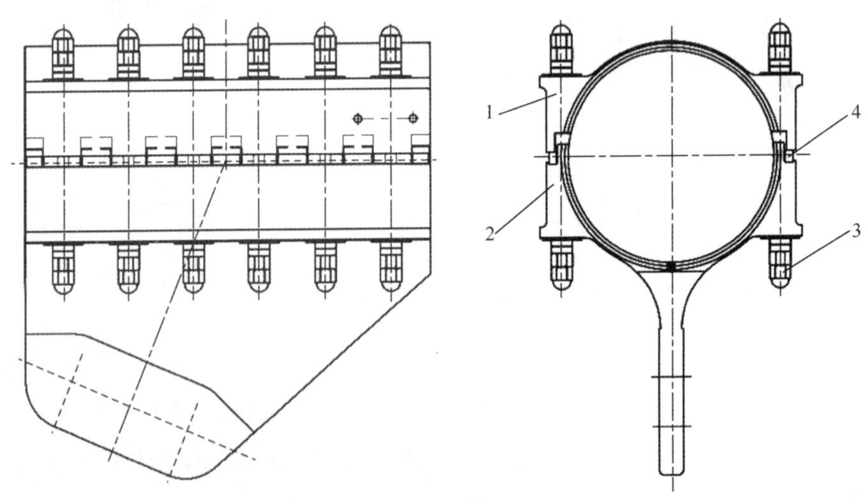

图2-3 吊索索夹结构图

1-上半索夹;2-下半索夹;3-螺杆副;4-密封带

索夹为薄壁结构，壁厚有35mm和45mm两种，采用上、下对合的结构形式，接缝处嵌填橡胶防水条防水。

2）表面处理及涂装

索夹各外露不加工表面需经喷砂处理，清除污垢、氧化皮、锈层。喷砂（Sa2.5）后，涂环氧富锌底漆2道（2×50μm）、环氧云铁中间漆2道（2×100μm）、氟碳面漆2道（2×40μm），工地涂装1道氟碳面漆（40μm）。

索夹内加工表面喷砂处理（Sa3.0）后须按《热喷涂　金属和其他无机覆盖层　锌、铝及其合金》（GB/T 9793—2012）的要求进行喷锌处理，锌层厚度不小于200μm，喷锌后涂有色金属环氧封闭漆1道（40μm）。

螺杆、螺母及销轴等紧固件进行达克罗处理（10μm）。

索夹紧固件（螺杆、螺母、球面垫圈、防水螺母）在工地安装后的外露部位，表面经过清洁，涂环富锌氧底漆2道（2×50μm）、环氧云铁中间漆2道（2×100μm）、氟碳面漆1道（40μm）。

其他未尽事宜按《公路桥梁钢结构防腐涂装技术条件》（JT/T 722—2008）的要求进行。

2.2.2　索鞍与索夹制造技术

主索鞍主要由主索鞍鞍体、上承板、下承板、安装板、格栅及反力架、隔板、锌填块、拉杆等构件组成。其中主索鞍鞍体由两半鞍体通过高强度螺栓锁合而成，两半鞍体底面通过上承板调平，并将主缆荷载通过上承板、下承板、格栅传递给主塔。在上下承板之间分别设置有不锈钢板和聚四氟乙烯板，组成滑动摩擦副，以适应施工期间顶推作业。

主索鞍半鞍体采用铸焊混合结构，由鞍头和鞍座两部分组成，鞍头部分形状较复杂，采用铸造结构，鞍座部分为钢板焊接结构。

因此，在主索鞍的制造中主索鞍鞍头的铸造、鞍体的焊接及机加工、上下承板的焊接及机加工、隔板制造等工序过程是重要控制点。

2.2.2.1　主索鞍制造技术

主索鞍的制造分为主索鞍鞍头铸造、主索鞍鞍体的焊接、主索鞍鞍体的机加工、主索鞍上下承板及格栅反力架制造、主索鞍隔板组件制造和主索鞍的试装配、标记与试验等，具体介绍如下。

1）主索鞍鞍头铸造

鞍头铸件材料为ZG270-480H［《焊接结构用铸钢件》（GB/T 7659—2010）］，主索鞍鞍头共有8件。下面以坭洲西主跨侧鞍头为例进行分析说明，坭洲西主索鞍鞍头（图2-4）长、宽、高尺寸约为5450mm×2615mm×2570mm，壁厚相差大，最大处壁厚约360mm，最小处壁厚约110mm，重量约62t，造型复杂，铸造过程中存在如下难点：

图2-4　主索鞍鞍头结构图（西）

(1)鞍头底部铸造型腔水路厚大,易造成浇注钢水凝固时没有足够的温度梯度实现顺序凝固,当钢水部分凝固后,还有固液两相区存在,引起后来凝固的部分产生拉应力,对铸件毛坯质量产生较大危害。

(2)鞍头鞍槽较长,U形开口较大,铸造过程中开口容易产生变形。

(3)鞍头筋板相对较薄,与本体结合处在铸造过程中容易产生缺陷。

因此,在铸造过程中需采取措施,防止铸件变形及缩松、裂纹、夹渣、气孔等缺陷。

针对以上难点,为保证其质量,主要从以下6个方面进行严格控制:

(1)编制铸造工艺前,对铸造工艺造型进行计算机Procast热能量场仿真分析,检查铸造方案中浇冒口布置、冒口长度、直径是否合理以及钢水流动性、补缩是否能够满足铸造要求,确定最优的铸造工艺方案。

(2)在鞍头顶部相应增加冷铁,使铸件自上而下有足够的温度梯度实现顺序凝固。

(3)对于鞍头的U形开口结构侧壁水路相应增加工艺肋,消除变形。

(4)钢水冶炼时进行精炼,减少合金中S、P等有害元素,充分进行脱氧去气,减少非金属夹杂物。

(5)对砂模芯骨、浇冒口布局合理性等进行严格监控,保证钢水流动性好,砂模烘干时严格控制型砂中水分。

(6)浇注后采取有效的保温措施,以减小铸造各部分温差,使铸件缓慢冷却,防止铸造应力、冷裂及变形问题。

鞍头采用开口朝下的铸造位置,在鞍头底面设置独冒口,冒口根部位置本体容易产生铸造缺陷,因该处与鞍座钢板进行对焊,铸造缺陷较容易影响焊缝质量,因此,在铸造过程采取相应工艺措施,严格控制鞍头底面铸造质量。

主索鞍鞍头铸造工艺流程如图2-5所示。

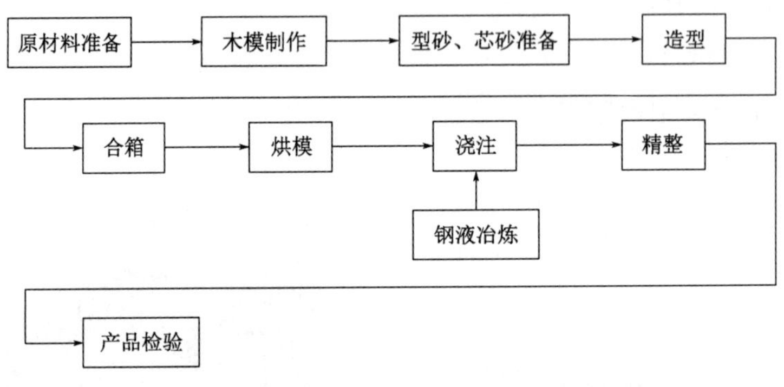

图2-5　主索鞍鞍头铸造流程图

在铸造过程中,对如下工序进行严格控制:

(1)原材料、炉料准备

①型砂成分、粒度、水分、含泥量等。

②水玻璃比重和模数(模数根据季节控制)。

③根据不同的炉料种类、块度等确定烘烤温度及时间。

(2)模型制造

严格按铸造工艺要求制造模型,根据模型结构及要求选择制造材料,对成品模型的外观及尺寸严格检查。

(3)铸型(芯)

①配砂:严格控制型(芯)砂混制过程水分和水玻璃的加入量。坭芯接触水路表面、铸造圆角和大冒口根部采用铬铁矿砂,其余部位采用水玻璃砂。

②造型:控制型砂紧实度、型腔形状和尺寸,严格按照工艺要求做好引出式出气孔。铸型涂料选用优质醇基锆英粉涂料。

③制芯:控制芯砂紧实度、形状和尺寸,严格按照工艺要求做好引出式出气孔。

④合箱:控制型腔尺寸、型腔出气和型腔散砂清除,在铸型上面按工艺要求压上压铁。

(4)冶炼

钢水的质量是关键影响因素之一,主要控制项目有:

①炉料全熔后,取样分析化学成分,为调整化学成分做准备。

②计算氧化期脱碳量,以控制脱碳速度。

③还原期取样分析化学成分,分析结果后计算加入铁合金量,调整钢液成分。

④出钢前,取样分析化学成分。

⑤钢水出钢温度必须符合工艺规定。

(5)浇注及保温

①控制浇注温度和充型速度。

②冒口加盖足量的保温覆盖剂。

③盛钢桶中的钢液安排一定的镇静时间。制定合理的保温时间,不到保温时间不得提前开箱落砂。

(6)热处理

①铸件本体试样和铸件本体一起随炉热处理。

②控制热处理加热温度、升温速度,并且需要足够的保温时间。

③控制铸件热处理后的出炉温度。

④热处理的试样分类妥善保管,并注明试样编号。

鞍头铸造完成后,进行如下质量检测:

经过对本体试样进行化学成分、力学性能检验,符合《焊接结构用铸钢件》(GB/T 7659—2010)的要求。对铸件边角处进行磁粉探伤检测,按《铸钢件磁粉检测》(GB/T 9444—2007)规定进行检查,3 级合格。不允许出现龟裂状缺陷,密集的夹砂、气孔、表面疏松及单个 3mm 以上的夹砂及皮下气孔。在与鞍座焊接后,经过无损检测,焊缝质量检验 100% 合格。

铸件粗、精机加工后,对机加工表面进行超声波和渗透探伤检测:

鞍头经粗加工表面进行超声波探伤,按《铸钢件 超声检测 第 1 部分:一般用途铸钢件检测》(GB/T 7233.1—2009)规定进行检查,3 级合格,合格率 100%。鞍头精加工面进行渗透探伤,按《铸钢件渗透检测》(GB/T 9443—2007)有关规定进行检查:鞍头的主缆支承部加工面,1 级合格;其他加工面,2 级合格。按《铸件 尺寸公差与机械加工余量》(GB/T 6414—1999)进行尺寸与形状检查,尺寸符合 CT13 级公差要求,各加工面均有适量的加工余量。

2)主索鞍鞍体的焊接

主索鞍鞍体为铸焊结构,而索鞍鞍头和鞍座间的焊缝质量直接关系索鞍的可靠性和安全性,其特点是重量大、焊接坡口大、结构刚性大,这些都给焊接带来了极大的难度。碳钢件与铸钢件的焊接性主要取决于以下因素:

(1)淬硬性

淬硬性通过碳当量值反映。

(2)母材的组织状态

鞍头为ZG270-480H正火+回火状态,组织状态良好,为珠光体和铁素体。但由于铸件尺寸较大,结构相对复杂,尽管经过热处理,但是冷却速度相差较大,晶粒大小不均匀,可能存在一些较粗大铸状组织和部分铸造残余应力,同时局部可能存在一定的缺陷、杂质及成分偏析等微观缺陷,都可能对焊接造成极大的影响。Q345R为热轧钢板,组织较为致密,组织状态良好,但由于钢板厚度较大,对于T型接头,容易造成层状撕裂。

(3)冷裂纹敏感性

氢含量和结构本身极大拘束度,同时铸件中有部分铸造残余应力,这些因素都增加了焊接冷裂纹敏感性。

(4)冷却速度

要改善焊接性,即改善组织及降低焊接内应力,从而避免产生裂纹,因此,控制焊缝冷却速度至关重要。冷却速度与以下几方面有关:钢板厚度及几何形状、焊前母材的温度、焊接线能量的大小。

综上分析,鞍头就碳当量来说,焊接性能一般,但由于铸造组织特点及裂纹敏感指数较高,焊后容易造成冷裂纹。鞍体焊接从结构和材料方面均存在较大难度,主要难点如下:

(1)由于铸造组织特点及冷裂纹敏感指数较高,并且是大坡口焊缝焊接,所以鞍座结构焊后易产生冷裂纹。

(2)鞍体组焊钢板与铸件之间、钢板之间间距小,焊接操作空间小,给焊接作业带来困难。

(3)肋板与鞍头和底板为封闭格字型大坡口全熔透对接和T接焊缝,又是厚板焊接,结构刚性非常大,应力集中,容易造成层状撕裂。

因此,要改善焊接性,就必须降低焊接内应力,改善焊后组织,严格控制焊缝中氢的含量。

焊接质量的保证措施如下:

(1)焊接前进行技术交底,每层焊缝确定无缺陷后再进行焊接,设置焊接过程停检点。焊接进行过程确认。所有焊工均必须持有焊接资格证书并在上岗前进行实际操作考核。

(2)减小坡口角度、增大焊角尺寸、降低板厚方向应力,对焊接收缩余量进行控制。为减少反面清根工作量,索鞍的鞍头及各主要构件板装配时按工艺要求预留间隙,以保证焊接熔透。

(3)焊前对坡口等进行严格检查和清理,使用低氢型焊材药芯焊丝YCJ-501及低氢型焊接方法CO_2焊,控制焊缝中氢的含量。正式实施前进行焊接工艺评定,焊接过程中严格执行工艺文件中按焊接工艺评定确定的焊接参数,严格控制焊接线能量。

(4)钢板回厂100%超声波探伤复检。

(5)焊前预热，由于工件很大，采用炉内整体加热的方式预热，既可以保证预热温度、层间温度，又可以保证预热均匀。焊接现场将派驻2～3名质检员进行监控，并每隔15～30min用红外线测温仪检测一次炉内温度，确保炉温在工艺要求的温度范围之内。

(6)焊后将整个索鞍置于退火保温炉内进行整体退火，以消除应力，并对焊缝进行100%探伤检查。

由于鞍头的鞍槽须焊前加工，整个结构刚性非常大，一旦产生较大焊接变形就很难矫正，所以控制焊接变形非常重要。

具体控制焊接变形措施如下：

(1)为了焊接的可达性以及减小焊接变形和焊接内应力，必须制定科学合理的装焊顺序。

(2)焊接过程中，要适时翻身，以避免和减小鞍座的焊接变形。

(3)为防止变形，在适当的部位加焊工艺拉筋，对称装配、对称焊接，并采取偶数名焊工同时对称焊接的方法。对于长度大于1m的焊缝，采用分段退焊法，尽量减小焊接变形。

通过采取以上措施，可以保证焊接质量。

焊接工艺及过程如下：

索鞍为铸焊结构，其中铸钢材质为ZG270-480H，钢板为Q345R，属不同材质的结构件焊接；鞍座所用钢板均为厚钢板；焊接操作空间小，焊接工作量较大，其焊接难度较高，为本项目的重点控制性工程。

在焊接方法的选择上，考虑选用CO_2气体保护焊和焊接机器人进行焊接。CO_2气体保护焊具有熔敷率高、焊缝成形美观、焊接质量易于控制等优点；机器人焊接具有稳定以及提高焊接质量、生产效率，改善工人劳动强度，可在有害环境下工作等优点。在焊接材料的选择上，选用自行生产的YCJ-501药芯焊丝，该焊丝与索鞍母材强度匹配，电弧稳定，飞溅少，其焊缝塑性、韧性、焊接接头的抗裂性等符合设计要求。在下料方面，采用数控切割机和水下等离子切割机下料；焊接坡口采用半自动切割成型。在施工方法上，为减少淬硬组织，减小焊接应力及变形，利于焊缝中氢的逸出，采用整体保温焊接。

在焊接过程中，采用多人对称施焊、多次翻面焊接、多次中间消除应力热处理，以减小焊接变形。要求焊工必须是取得国家规定部门颁发上岗资格证的人员，必须严格按照监理工程师审查批准的焊接工艺规范进行施焊。

根据母材、板厚和焊接材料、焊接位置等参数对主索鞍鞍体做了焊接工艺评定。经过焊接工艺评定试验，通过对试板进行化学成分、力学性能、金相检测、无损探伤检测，铸件与钢板的焊缝力学性能符合铸件的规范要求，钢板与钢板的力学性能符合钢板的规范要求。试验结果满足设计要求，为鞍体焊接提供了较好的指导。

主索鞍鞍体焊接工艺流程及焊接顺序如图2-6所示。

为保证鞍体的焊接质量，在结合以往索鞍焊接经验的基础上，在焊接过程中主要采取以下措施：

(1)鞍体所有钢板均按要求进行100%超声波探伤检查，《厚钢板超声波检验方法》(GB/T 2970—2004)，二级合格。为保证钢板焊接前的外形尺寸要求，钢板下料时采用数控集中下料软件套排料，数控火焰切割机切割，并利用半自动切割机切割坡口，钢板的外形尺寸准确，切割位的表面粗糙度≤100μm。

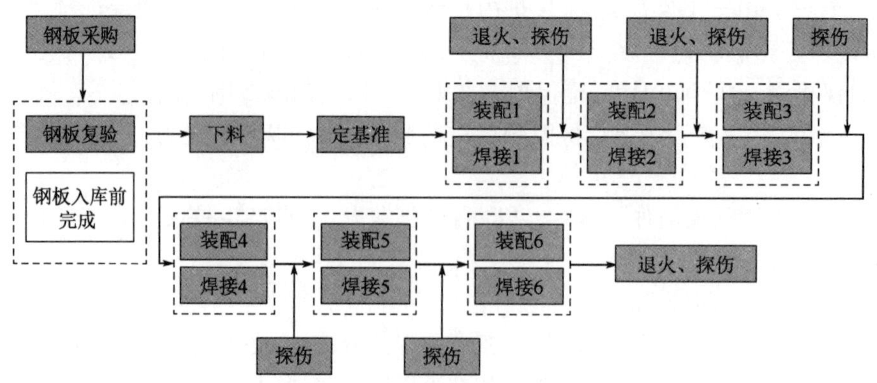

图 2-6 主索鞍鞍体焊接工艺流程图

(2)为了给鞍体焊接提供焊接基准,便于对接,以及为了鞍头进行无损探伤检验,鞍头焊接前均进行焊前粗加工。主索鞍焊前机加工如图 2-7 所示。

图 2-7 主索鞍焊前机加工

(3)鞍体装焊时焊接操作空间较小,焊接工作量大,因此,对焊接坡口进行精心的工艺设计。在鞍头上不开坡口,钢板上设计很多 K 型坡口及少量的带衬垫单 V 型坡口,降低了因操作空间太小而造成的焊接难度,以及工人的劳动强度。并且对装配、焊接顺序进行充分论证和合理安排,保证了焊缝的质量。

(4)鞍体焊接时,为保证鞍体的拼装基准正确,鞍体的拼装均在调至水平的大型平台上进行,如图 2-8 所示。拼装主纵筋板时将鞍头侧卧于平台上的支架上,利用鞍头上的粗加工平面配合激光经纬仪将鞍头调水平。

(5)焊接前鞍头连同钢板整体进入大型电脑自动控温热处理炉($7m \times 8m \times 10m$)中预热至 100 ~ 150℃,再进行烧焊。焊接施工过程也在保温炉中进行,因焊接工作量大,为保证预热效果,焊接时多名焊接操作工同时作业,所有焊工均须具有相应的压力容器焊工资格证。焊接过程中利用红外线测温仪检验距坡口 150mm 以内区域温度变化。

(6)整个鞍体在焊接过程中进行多次退火处理,以减小焊接应力,如图 2-9 所示。

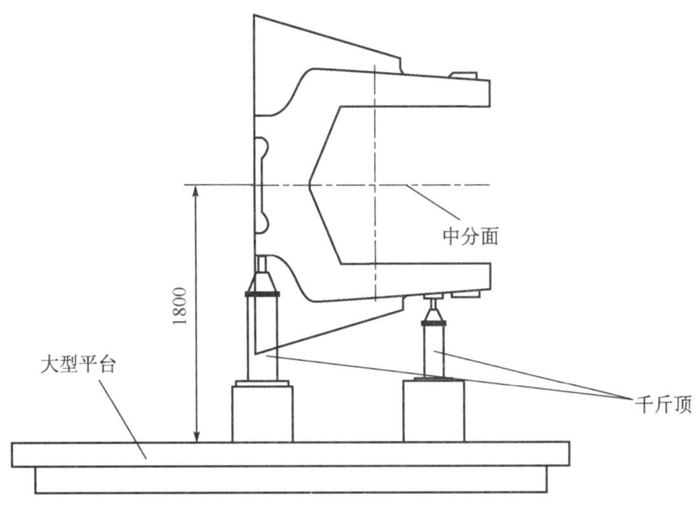

图 2-8　基准定位示意图(尺寸单位:mm)

图 2-9　鞍体在保温炉中焊接及退火

所有焊缝焊后进行无损检测:

焊接完成 24h 后对焊缝进行 100% 超声波探伤和 100% 渗透探伤,铸钢件与钢板的焊缝超声波探伤按《钢焊缝手工超声波探伤方法和探伤结果分级》(GB/T 11345—1989),BⅢ级合格,钢板与钢板焊缝按《钢焊缝手工超声波探伤方法和探伤结果分级》(GB/T 11345—1989),BⅡ级合格;渗透探伤按《承压设备无损检测　第 5 部分:渗透检测》(JB/T 4730.5—2005),Ⅱ级合格。

焊后经过划线检验,外形尺寸满足设计要求,机加工余量满足工艺要求。焊缝质量及外观均满足设计要求。

3）主索鞍鞍体的机加工

主索鞍鞍体焊接完成后进行鞍槽、底平面、连接中分面、螺栓孔等的机加工。在索鞍设计图中，要求主索鞍鞍体两半锁合后整体机加工底面及鞍槽。因受到设备和起吊等条件的限制，采用边、中跨鞍体锁合后整体加工方式加工存在一定的困难，主要体现在以下4点：

（1）工件重量较重（两半鞍体锁合后重量超过240t）、外形尺寸大（长、宽、高尺寸均超过3m），加工时起吊、装夹、校正困难。

（2）边、中跨鞍体锁合成整体后，鞍槽较深，加工鞍槽时机床主轴方向（方枕）行程较大，使得机床主轴悬伸较长，刚性差，大大降低了工件的加工精度和加工效率。

（3）整体加工鞍体底面及鞍槽内表面，需采取二次装夹，工件两次装夹、校正不仅耗时较长，而且装夹校正的误差将直接影响鞍体底面与鞍体槽形的位置精度。

（4）将边、中跨鞍体组装为整体加工，由于边、中跨鞍体施工的不同步，存在边、中跨鞍体相互等待的问题，延长了制造周期，且不利于数控设备资源优势的充分发挥。

针对以上难点，借用以往制造悬索桥主索鞍的经验，在确保加工质量的前提下，充分发挥设备资源的优势，采用分体加工的方式加工主索鞍鞍体，即将边、中跨鞍体分开加工。

主索鞍鞍体的机加工工艺流程如图2-10所示。

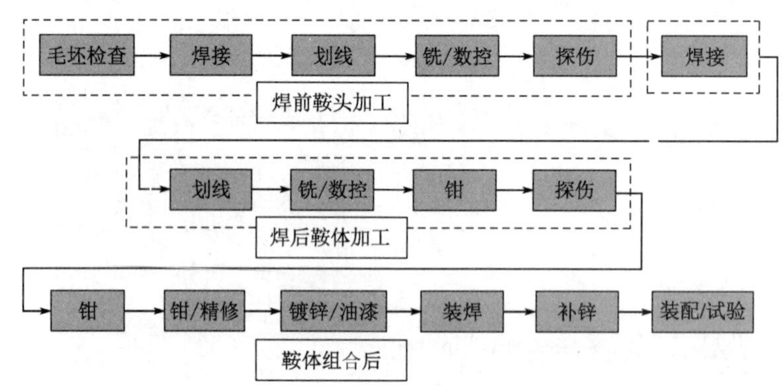

图2-10　主索鞍鞍体机加工工艺流程图

分体加工的优势主要是鞍体分开后，每部分重量较轻，可以利用回转工作台，在一次装夹的状态下完成单件鞍体的底平面、中分面、鞍槽的加工，减少由装夹、校正带来的误差，保证各个加工面之间的位置精度。主索鞍分体加工锁合后外形和鞍槽对接状态如图2-11所示。

为保证主索鞍边、中跨鞍体分体加工后再对接组装能够满足主索鞍鞍体的图纸设计要求，在鞍体加工过程中采取如下工艺措施：

（1）利用边、中跨鞍体结合面上2-ϕ50H7定位销，提高对接精度。

（2）调整制造公差。鞍槽实际加工时，槽宽公差、槽深、底面到中心索槽底的尺寸公差均进行调整。

（3）统一加工基准。为减小加工误差，鞍体加工时尽量采用同一基准。加工鞍体中间绳槽、结合面连接孔及销孔、与上承板的连接销孔采用同一侧面为加工基准；加工鞍体中间绳槽底面、拉杆孔均以鞍体底平面为基准。

(4)试装配,精修磨。主索鞍边、中跨鞍体加工完成后,在厂内大型平台上试装配边、中跨鞍体,在边、中跨鞍体底平面齐平的情况下,检查鞍槽及侧面各台阶的对齐情况,如有错位,通过钳工精修错位台阶,使其光滑过渡。在设备和起吊等条件都具备的情况下,可以优先选择采用两半组合整体加工,加工时采用两半鞍体组合后再整体精加工的整体加工方案,配对使用的两件索鞍鞍体成对组合,找正对齐后,打入定位销,连接螺栓把紧,将两半鞍体组合为整体后再进行鞍槽各部位和底平面的精加工,最终确保两半鞍体的鞍槽侧壁平面及鞍槽内对应的各圆弧绳槽尺寸精度完全一致。

图 2-11　主索鞍分体加工锁合后外形和鞍槽对接状态

鞍体预拼装检查合格后再将鞍体与其他零部件进行总装配,先将各零件清洁干净,将下承板放置在大型落地镗铣床的地轨平台上,清洁干净下承板表面粘接的聚四氟乙烯板,在其顶面涂抹润滑油脂,将上承板放置在下承板顶面,调整好位置,将边跨鞍体和主跨鞍体依次吊到上承板顶面,调整鞍槽对齐后,穿入定位销和锁合螺栓锁紧,再依次安装挡板和拉杆。

主索鞍安装后,经检验,配合尺寸和结合面的间隙均满足图纸要求。鞍体机加工完成后在铣床工作台上将第一套边、中跨鞍体组装锁合检验,边鞍和中鞍锁合后配合面的间隙按要求共检测 60 个点,除个别点间隙大于 0.15mm 外,其余点间隙均在 0.10mm 以内,检测结果完全满足设计要求。

主索鞍制造完成后,进行质量检验评定,检验标准见表 2-1。

主索鞍质量检验评定标准　　　表 2-1

项次	检 查 项 目	规定值或允许偏差	检查方法和频率	实际检测数值
1	主要平面的平面度(mm)	0.08/1000, 且 0.5/全平面	机床检查	0.06、0.07、 0.05、0.02
2	鞍座下平面对中心索槽竖直平面的垂直度偏差(mm)	≤2/全长	机床检查	0.04
3	上下承板平面的平行度(mm)	0.5/全平面	机床检查	0.15、0.085、0.07

续上表

项次	检 查 项 目	规定值或允许偏差	检查方法和频率	实际检测数值
4	对合竖直平面与鞍体下平面的垂直度偏差(mm)	<3/全长	机床检查	0.4
5	鞍座底面对中心索槽底的高度偏差(mm)	±2	数控机床或大型游标卡尺检查	-0.04
6	鞍槽轮廓的圆弧半径偏差(mm)	±2/1000	数控机床检查	+0.3
7	各槽宽度、深度偏差(mm)	+1/全长 及累积误差+2	游标卡尺	+0.07、+0.10、 +0.14、+0.15
8	各槽对中心索槽的对称度(mm)	0.5	数控机床检查	+0.1、+0.1、 +0.3、+0.4
9	各槽曲线立面角度偏差(°)	≤±0.2	数控机床检查	+0.12、+0.15、 +0.1、+0.09
10	锌层厚度(μm)	≥200	测厚仪	212、244、237、284

经检验，各项检测项目均符合设计及规范要求。

4)主索鞍上下承板及格栅反力架制造

主索鞍上下承板为长薄形构件，结构刚性较差，焊接、机加工、起吊过程中容易发生变形，因此，在制造过程中对焊接及机加工进行严格控制。

(1)构件焊接

①下料。

主索鞍、下承板及格栅反力架下料采用伊萨(ESKA)数控水下等离子切割机下料，防止钢板热变形，保证钢板下料精度。下料后去除割缝挂渣，修磨切割边和棱角处。

②装配和焊接。

主索鞍上下承板及格栅反力架装焊时全部安排在大型平台上进行。为保证装焊时各钢板的位置度，正式焊接前安排定位焊，合格后进行施焊。在焊接过程中，在相应部位焊接支撑工装，防止焊接过程中产生变形，在正式施焊前先安排打底焊，焊接时打底焊采用手工电弧焊，正式焊采用埋弧自动焊焊接。为保证上承板本体与不锈钢滑板的焊接密贴，在不锈钢板表面焊前加工塞焊孔，与上承板本体进行塞焊和四周角焊，保证两者紧密贴合。钢构件焊后进行时效处理，消除焊接应力。上承板不锈钢滑板塞焊孔如图2-12所示。

焊缝在焊接完成24h后熔透焊缝进行超声波探伤检测，按《钢焊缝手工超声波探伤方法和探伤结果分级》(GB/T 11345—1989)的规定，BⅡ级合格，所有熔透性焊缝、角焊缝、T型焊缝、十字型焊缝进行渗透探伤，按《承压设备无损检测　第5部分：渗透检测》(JB/T 4730.5—2005)的规定，Ⅱ级合格，焊缝质量及外观满足设计要求。构件尺寸经检验符合规范要求。

(2)机加工

索鞍上下承板的机械加工内容主要是平面加工。由于零件外形尺寸较大，为防止工件在加工过程中因加工应力导致工件热变形，采取如下措施：

①将工件的粗、精加工分开,中间增加时效处理。

②加工过程中多次翻面加工。

③选用高速进给铣刀、小切深进行铣削,以减少工件的发热变形。

④采用龙门铣床机加工,加工过程中在底面垫支撑工装,上承板装夹时尽量采用两侧面夹紧方式。

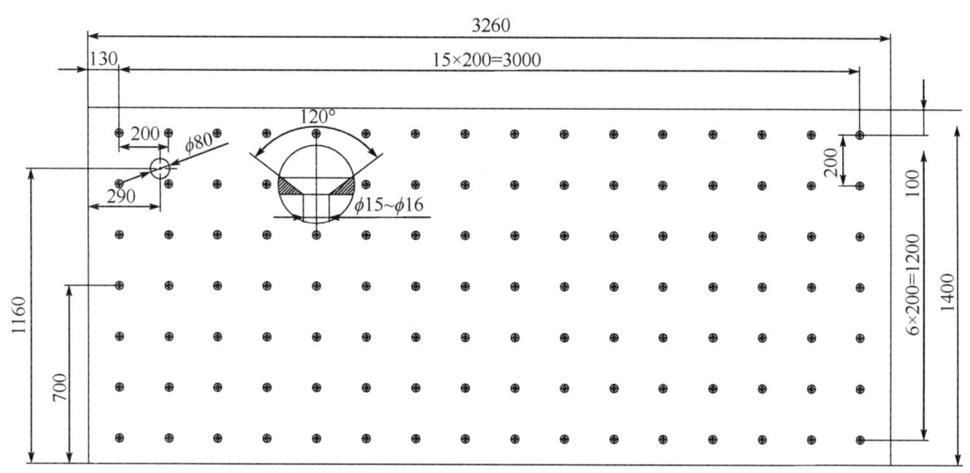

图 2-12 上承板中不锈钢滑板塞焊孔图(尺寸单位:mm)

格栅反力架的机加工过程采取如下措施:

①格栅及反力架构件尺寸大,为保证零件上平面的平面度要求,格栅与反力架焊接成整体后再加工。

②为保证零件满足设计和使用要求,零件加工时装夹状态类同于使用状态,采用 XK2145(行程:14500mm×4500mm×4500mm)大型数控龙门铣床上加工。

③格栅反力架与下承板通过 50-$\phi50_{+0.0250}$销连接,由于孔的位置度要求较高,须将下承板与格栅反力架配做 50-$\phi50_{+0.0250}$定位销。在配做销孔时,为保证加工中零件的相对位置,采用工装定位销对下承板与格栅反力架进行定位,然后整体配钻孔,确保下承板与格栅反力架上销孔位置的一致性。

采取上述措施后有效保证了工件的尺寸及形位精度。经检验,主索鞍的上下承板和格栅反力架的加工质量均满足设计要求。其中,主索鞍上承板的机加工如图 2-13 所示。

5)主索鞍隔板组件制造

主索鞍隔板组件共有隔板 1 ~ 隔板 9 共 9 类 18 组(每类 2 组),每组隔板由 4 层组成。由于钢板较薄,加工存在困难,针对该情况采取以下工艺措施:

(1)通过采购优质特种钢带钢板,并在国家标准的基础上进一步提高钢板的厚度公差要求,以保证其厚度一致性。

(2)同组隔板设计通过凸、凹槽连接,由于隔板的外形不加工,工艺要求隔板外形通过水下等离子切割机数控下料成型,为满足装配要求,将同一组隔板一次排料切割成型。

(3)设计并制作了等距块,通过大量的等距块来保证每组隔板的间距,并用量规检查隔板间距,如图 2-14 所示。

(4)为控制隔板的焊接变形,隔板焊缝采用间断焊接,隔 100mm 焊接 100mm。经检验,隔板安装后(底层),隔板间距和焊缝质量均满足技术要求。

(5)为保证隔板在安装现场能顺利装配,在底层隔板未与鞍体焊接前,每一组隔板均在平台上进行预拼装,在拼装合格后对隔板进行标记确认,保证每一隔板均有唯一的编号。

图 2-13　主索鞍上承板的机加工

图 2-14　用量规检查隔板间距

6)主索鞍的试装配、标记与试验

(1)主索鞍的试装配和标记

为检查各零部件的正确性,方便现场安装,主索鞍各零部件加工完后在厂内均需进行试装配(除格栅反力架外)及安装标记标示。其中,主索鞍试装配如图 2-15 所示。

①先将下承板平放在大型落地镗铣床的地轨平台上,并将待装配的各零件清洁干净,之后将安装板和铜衬板、挡块按照标识要求锁合在下承板上。

图 2-15　主索鞍试装配

②装入上承板，使不锈钢板与聚四氟乙烯贴合，中间加入润滑油脂。按图纸要求检查铜衬板和上承板的间隙是否均匀。

③将边跨鞍体和中跨鞍体与上承板对装，并用定位销和工装螺栓将边跨鞍体和中跨鞍体锁合。

④整体调整鞍体和上承板的位置，保证鞍体底板侧面与钢衬板的间隙为 32mm。

⑤最后将各拉杆进行装配。

主索鞍经过试安装检验，相关装配尺寸和配合面的间隙均满足要求。

主索鞍在厂内试装配时，对鞍体 IP 点、鞍槽出口处中心线、鞍槽圆弧中心竖直中心线处；将格栅和反力架的主塔中心线及主缆中心线处均进行标示。并配对制造的上承板和下承板、下承板与格栅、下承板和挡板等构件进行说明，在厂内做好配对标示。

在工地安装格栅及反力架时，根据格栅上标示的主缆中心线及主塔中心线进行测量定位，然后根据配对标记安装上下承板及挡板。

工地测量时根据鞍体 IP 点、鞍槽出口处中心线、鞍槽圆弧中心竖直中心线，测量鞍体位置。

(2) 主索鞍的顶推试验

为了主索鞍在现场安装时能顺利进行顶推，对首件主索鞍鞍体进行顶推试验，并根据试验结果计算出主索鞍摩擦副的摩擦系数。

顶推试验时，将装配好的主索鞍下承板固定，利用固定在地轨上的液压千斤顶顶鞍体的一端，当主索鞍滑动时记下压力表的示数，根据读数计算出摩擦系数。

经试验，首套主索鞍滑动副静摩擦系数为 0.008，满足小于 0.05 的要求。

2.2.2.2　散索鞍制造技术

散索鞍制造包括散索鞍鞍头的铸造、散索鞍鞍体的焊接、散索鞍鞍体的机加工、散索鞍上下承板制造、散索鞍隔板组件制造和散索鞍的试装配、标记与试验，具体介绍如下。

1) 散索鞍鞍头的铸造

散索鞍鞍头材料为 ZG270-480H[《焊接结构用铸钢件》(GB 7659—2010)]，铸造工艺及过程与主索鞍鞍头基本相同。

以坭洲西散索鞍鞍头为例,其铸造难点在于:

(1)铸件结构由曲面及筋板组成,易出现夹砂、夹渣缺陷。

本项目采取的措施:浇注系统采用底注浇注,钢水由浇口经浇道进入铸件底部,由底部向上平稳升高,既减缓钢水流动速度,使浇注平稳,又逐步将型腔中的气体排出,使夹杂物上浮至冒口,利于减少铸件中的气孔。在浇道下方设置集渣包,进一步收集、清除型腔中的杂质。

(2)铸件结构形状截面变化大、交叉节点多、易出现裂纹。

本项目采取的措施:对钢水进行精炼,减少非金属夹杂物及有害气体 N、O、H 含量,严格控制钢水中有害元素的含量,尽量降低钢中 S、P 含量;合金熔炼出钢时充分脱氧;提高砂型、砂芯的退让性;合理布置芯骨、合理设计浇注系统和冒口,以避免阻碍铸件收缩;采用冷铁、铬铁矿砂加速热节区域冷却等。

在筋板交叉处热节部位放置铬铁矿砂,加快了热节部位的冷却速度,防止其附近薄壁冷却快于热节点,造成先冷部位收缩对后冷部位的拉伸,还可防止该部位粘砂,从而消除产生裂纹的诱因。

(3)铸件结构形状截面变化大、交叉节点多、易产生缩松缺陷。

本项目采取的措施:在鞍头底部设置大冒口,加强对底部厚大部位的补缩;在鞍体侧面及 U 形槽底部放置外冷铁,充分满足顺序凝固,消除加工面区域厚大部分的疏松、缩孔缺陷。

(4)铸件结构形状截面变化大、交叉节点多、易产生应力导致铸件发生变形。

本项目采取的措施:工艺设计时设置防变形拉筋、预制防变形补正量;采用退让性好的型(芯)砂减小钢水收缩的阻碍力;浇注后缓慢冷却,以减小铸件各部分的温差;对于已存在的铸造应力,热处理时消除。

毛坯回厂后进行复验。经检测,检查结果符合要求,铸造质量良好,满足设计要求。图 2-16为散索鞍鞍头粗加工后渗透探伤。

图 2-16　散索鞍鞍头粗加工后渗透探伤

2)散索鞍鞍体的焊接

散索鞍鞍体(图 2-17)为铸焊混合结构件,鞍头为铸钢件,鞍座为 Q345R 钢板,鞍体底面底板采用 Q345R 锻件。鞍体呈锥形结构,鞍座部分主要由两块纵筋板(100mm 厚)、一块横筋板

(100mm 厚)、四块外围板(100mm 厚)、底板组焊而成,散索鞍鞍体板厚相对主索鞍较薄,结构刚性相对较小。

焊前根据母材、板厚和焊接材料、焊接位置等参数对散索鞍鞍体做 7 组焊接工艺评定。

经过焊接工艺评定试验,通过对试板进行化学成分、力学性能、金相检测、无损探伤检测,铸件与钢板的焊缝力学性能符合铸件的规范要求,钢板与钢板的力学性能符合钢板的规范要求。试验结果均满足设计要求,为鞍体焊接提供了较好的指导。

散索鞍鞍体焊接工艺流程如图 2-18 所示。

为保证鞍体的焊接质量,在结合以往索鞍焊接经验的基础上,在焊接过程中主要采取以下措施:

(1)与主索鞍相同,对钢板进行超声波探伤检查,对坡口进行渗透探伤检查,对鞍头进行焊前粗加工。

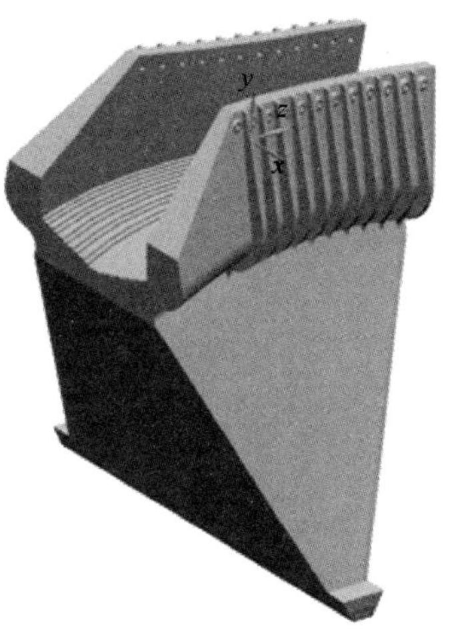

图 2-17 散索鞍鞍体结构图

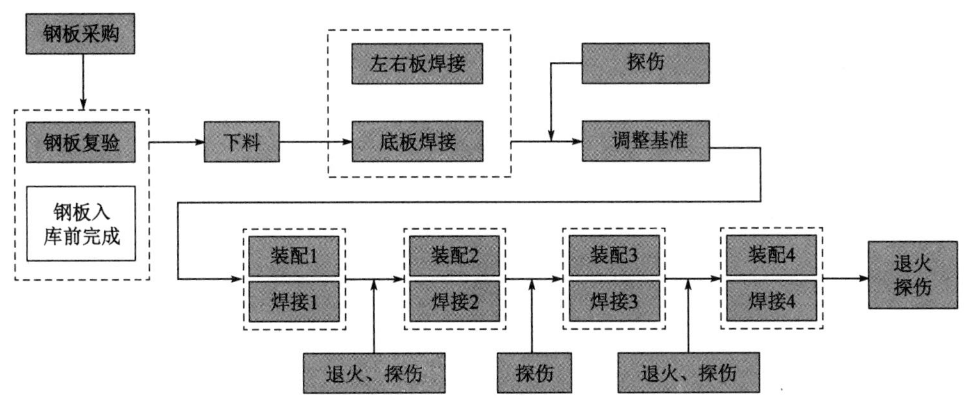

图 2-18 散索鞍鞍体焊接工艺流程图

(2)散索鞍鞍体整体成锥状,鞍头成散开圆弧状,鞍槽中心线与底板中心线相互垂直,底板和鞍槽相距较远,在整个鞍头上很难找到装焊基准。为给焊接及焊后机加工提供焊接基准,在鞍头底面四周焊接定位基准块(图 2-19),鞍头粗加工时连同定位基准块一同加工。在焊前粗加工鞍槽的同时在鞍头内外将鞍头“IP 平面”(通过 IP 点且垂直于鞍槽方向的平面)和鞍槽中心平面利用数控机床标识出,为整个鞍体装焊及焊后机加工提供准确的基准,确保鞍头与底板焊后相对位置的准确性。

(3)由于鞍体较大,钢板与鞍头装焊时鞍头向下放置,调平、定位后固定。为防止鞍槽因焊接应力向外张开,鞍槽的内部焊接加强筋。在焊接过程中,在相应部位焊接支撑工装,防止焊接过程中产生变形。

(4)鞍体每次在平台上装配后要整体进入大型预热炉中预热至 100 ~ 150℃,再进行烧焊。为保证焊接质量,焊接施工也在保温炉中进行。为消除焊接应力,散索鞍在整个焊接过程中进行多次退火处理。

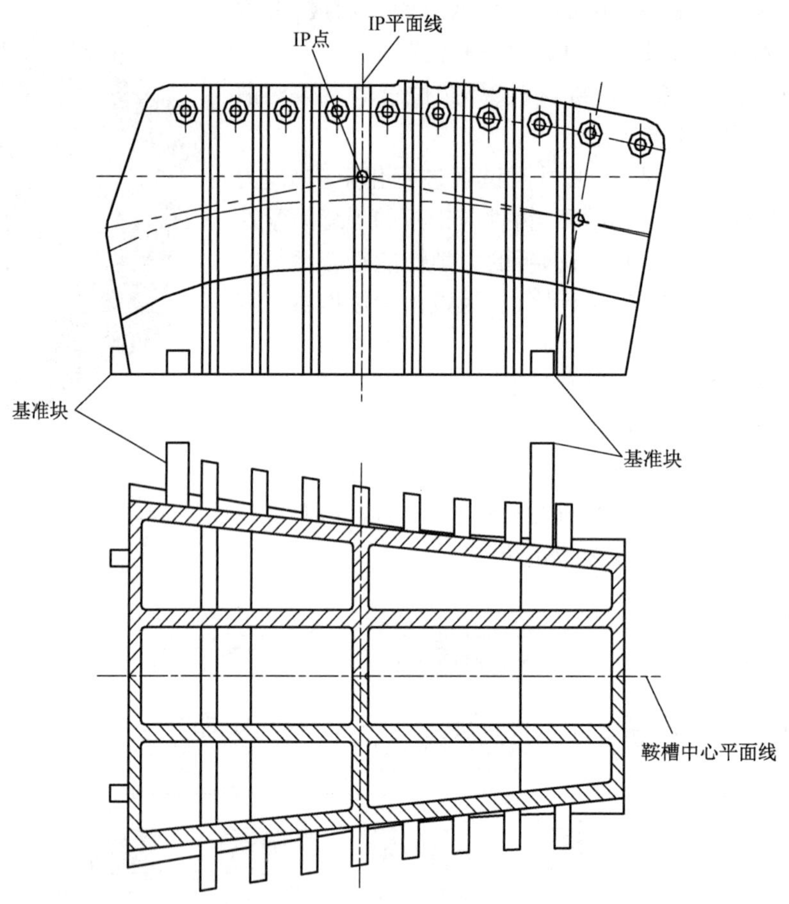

图 2-19 鞍头焊接及焊后机加工基准

焊后经过检验，其外形尺寸满足设计要求，加工余量满足工艺要求。焊接完成 24h 后对焊缝进行超声波探伤和渗透探伤，验收标准同主索鞍的鞍体。所有焊缝均满足设计要求。

3）散索鞍鞍体的机加工

散索鞍鞍体焊接完成后进行鞍槽及底板上沉槽的加工，经过对散索鞍加工工艺的仔细研究，制定切实可行的机加工方案。

散索鞍鞍体机加工工艺流程如图 2-20 所示。

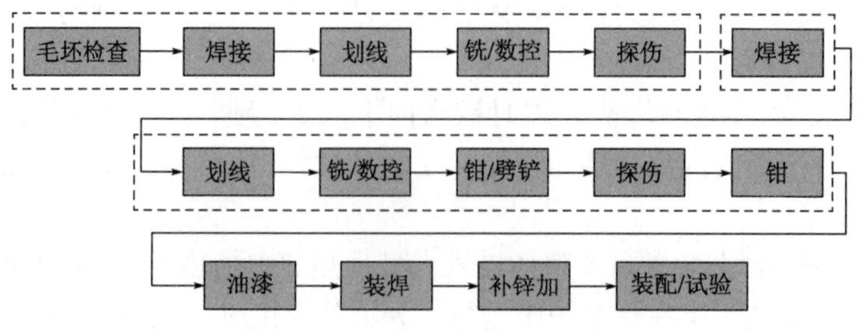

图 2-20 散索鞍鞍体机加工工艺流程图

散索鞍作为悬索桥的关键零部件，其结构复杂，体积大（长、宽、高均超过3m）、重量重（净重超过175t），加工难度较大：

（1）散索鞍的鞍槽由三维空间曲面组成（鞍槽槽底为组合圆弧曲面，鞍槽侧面为直线、圆弧、斜线组成的组合面），槽形复杂，尺寸大，加工精度要求较高。

（2）鞍槽加工时需采用四轴联动的方式，即通过机床的 X、Y、Z 轴及机床的回转工作台参与旋转的联动，使机床的主轴方向始终为鞍槽底弧的径向，方能将鞍槽槽内的全部余量通过铣削的方式去除，但目前尚无能承受如此重大零件的数控联动工作台。

（3）散索鞍呈锥形结构，外表面无可作为加工时校正的基准，底面与鞍槽顶面距离达5.7m，机床加工时校正鞍槽与底面的相对位置非常困难。

对此，在其制造过程中采取了如下措施：

（1）鞍体加工采用大型数控镗铣床加工，如图2-21所示。数控程序的编制采用先进的三维造型及加工软件UG进行。在加工鞍槽到还有3mm余量时，对鞍槽的型值点进行检测，检测合格后再进行鞍槽的精加工，从而确保了鞍槽槽形的正确性。

图2-21　散索鞍鞍体的机加工

（2）受到设备条件的限制，无法将工件装夹到数控回转工作台上加工，数控加工完成后的鞍槽存在局部欠切的现象。对于欠切的部分，采用人工修磨的方法去除。在修磨时采用专用样板边检查边修磨，确保加工完成的绳槽满足要求。

（3）在鞍头粗加工时焊接了找正基准块，粗加工时一起加工，并专门制造了超长校正杆，加工过程中用来校正鞍头与底面的位置。

散索鞍鞍槽的加工均通过大型落地镗铣床数控加工完成。鞍槽加工前进行了数控加工程序的编制。

数控程序的编制采用先进的三维造型及加工软件UG进行，首先利用UG软件的CAD功能对主、散索鞍进行实体建模，而后利用UG的CAM功能选择合适的加工刀具及加工方法，生成加工刀具路径，经后处理生成机床所需的G代码程序，最后利用加工仿真软件vericut对加工程序进行仿真验证。

主要过程如下：

(1)实体建模

利用三维软件 UG 的 CAD 功能对主索鞍、散索鞍进行实体造型，如图 2-22 所示。

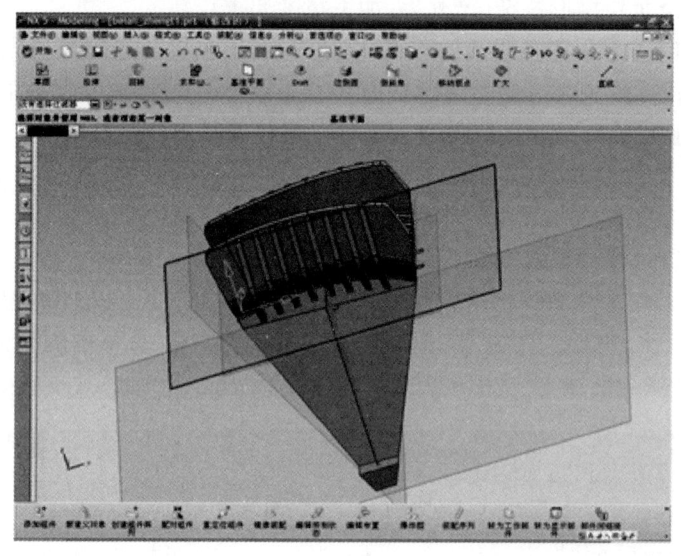

图 2-22　实体造型

(2)加工刀具路径的生成及程序的输出

利用 UG 的 CAM 功能选择，选择合适的加工刀具及加工方法，自动生成加工刀具路径，并经后处理生成机床所需的 G 代码程序。

(3)加工仿真

如图 2-23 所示，利用加工仿真软件 vericut 对加工程序进行仿真验证，对加工过程中的干涉、过切及欠切情况进行检查，并对加工程序进行优化，以便形成零件加工所需的最优程序。

散索鞍制造完成后，对散索鞍进行质量评定，检测标准见表 2-2。

散索鞍质量检验评定标准　　表 2-2

项次	检查项目	规定值或允许偏差	检查方法和频率	实际检测数值
1	平面度(mm)	0.08/1000，0.5/全平面	机床检查	0.06、0.07、0.02、0.14
2	支承板平行度(mm)	<0.5	机床及游标卡尺	0.3、0.3
3	摆轴中心线与索槽中心平面的垂直度偏差(mm)	<3	机床检查	1.5、1.5
4	摆轴结合面到索槽底面的高度偏差(mm)	±2	机床检查	+1.5、+1.2、+1.3、+1

续上表

项次	检 查 项 目	规定值或允许偏差	检查方法和频率	实际检测数值
5	鞍槽轮廓的圆弧半径偏差(mm)	±2/1000	数控机床检查	+1
6	各槽宽度、深度偏差(mm)	+1/全长 及累积误差 +2	样板、游标卡尺、深度尺	+0.1、+0.1、+0.07、+0.09
7	各槽对中心索槽的对称度(mm)	0.5	数控机床检查	0.3、0.4、+0.2、+0.3
8	各槽曲线立面角度偏差(°)	0.2	数控机床检查	+0.1、+0.1、-0.2、+0.2
9	加工后鞍槽底部及侧壁厚度偏差(mm)	±10	直尺	+6、+5、+5、+7
10	锌层厚度(μm)	≥200	测厚仪	215、220、243、206

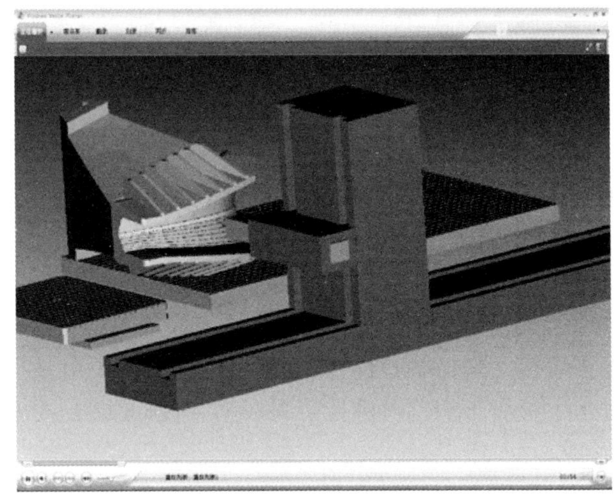

图2-23　散索鞍鞍槽加工仿真

经检验，散索鞍各项检测结果均满足设计及规范要求。

4）散索鞍上下承板制造

散索鞍的上下承板为40Cr锻件，其尺寸精度要求很高，结构刚性差，加工难点是变形的控制和下承板 R4000mm 圆柱面的加工。由于散索鞍的上下承板属细长件（上承板 4850mm × 246mm × 80mm、下承板 4846mm × 240mm × 100mm），加工过程中因应力的释放容易弯曲变形。针对该情况，采取如下工艺措施：

（1）采用数控龙门铣床进行加工，加工时将下表面采用工装垫平，采用侧面夹紧的方式进行装夹。

(2)安排粗加工和精加工,在加工期间安排自然时效及人工去应力退火处理,使零件内部加工应力得以释放。

(3)下承板上 R4000mm 圆柱面采用数控机床仿形加工的方法,加工出与圆弧接近的三段直线,然后通过专用样板人工修磨完成。

上下承板加工完成后,经过检查,满足设计要求。其中,散索鞍上下承板成品如图 2-24 所示。

图 2-24　散索鞍上下承板成品

5)散索鞍隔板组件制造

散索鞍隔板组件的结构形式与主索鞍基本相同,有隔板 1 ~ 隔板 7 共 7 类 14 组(每类 2 组),每组隔板由 3 层组成。同组隔板设计通过凸、凹槽连接。散索鞍的隔板不同于主索鞍隔板,散索鞍隔板由直线段和斜线段拼焊而成,斜线段不同组厚度不一样,从 22mm 至 110mm 不等。制造过程中采取如下措施:

(1)直线段采用钢板直接下料,斜线段的斜度采用铣削加工成型,加工完后焊接成整体。

(2)隔板外形通过水下等离子切割机数控下料成型,为满足装配要求,同一隔板组件的隔板要求一次排料切割成型。

(3)隔板斜线段加工时采用专用的斜度工装,如图 2-25 所示,同一隔板组件同时加工,在每组隔板加工前均对工装表面进行精加工,并检查工装斜度是否与隔板的斜度一致,然后将隔板锁紧在工装平面上进行加工,确保隔板斜度的正确性。

散索鞍隔板安装后(底层),经过检验,隔板间距和间隙、焊缝高等满足技术要求。

6)散索鞍的试装配、标记与试验

为检验各零件的正确性及保证散索鞍各零件在现场能顺利安装,散索鞍的各主要零件加工完后,在厂内也进行了试装配和标记。因结构和重量的限制,散索鞍装配时根据其结构分步进行:

(1)底座与下承板的装配。将下承板装入底座沉槽内,经检查,无干涉。为方便运输下,承板装入底座后不再取出,保留该状态发货。

(2)上承板与下承板装配。利用定位销将上承板与下承板进行连接,经过试装,上下承板销孔位置正确,满足装配要求。由于销和下承板是过渡配合,将销装入下承板时采用了冷套的方法,确保销的安装质量,销装入后不再取出。

(3)上承板与散索鞍的装配。将上承板与鞍体底板上的沉槽进行试装,经检查,无干涉,检测结果满足设计要求,上承板装入鞍体后不再取出,用工装固定在槽内发货。

(4)最后试装压紧梁和拉杆,检查并保证位置的正确性。

图2-25　散索鞍隔板在角度工装上加工

经过试装和检验,各部位配合良好,间隙均匀,满足技术要求。

散索鞍在厂内试装配时,对鞍体IP点、鞍槽出口处中心线、IP点处标记线进行标示,对预埋底板及底座的主塔中心线及主缆中心线处均进行标示。并对配对制造的底板和底座、底座和鞍体构件进行说明,在场内做好配对标示。

在工地安装时,根据预埋底板上标示的主缆中心线及主塔中心线进行测量定位,然后根据配对标记安装底座及鞍体。

工地测量时根据鞍体IP点、鞍槽出口处中心线,IP点标记线,测量鞍体位置。

散索鞍装配完成检验合格后,再将鞍体吊到底座上面按图装配成安装状态,通过在鞍槽两端绑定手拉葫芦拉动鞍体进行摆动,如图2-26所示,测定鞍体在两侧的摆动角度。两侧摆动角度均大于0.825°,符合设计要求,说明鞍体、上下承板和底座制造质量满足要求。

2.2.2.3　索夹制造技术

索夹制造包括索夹的铸造、索夹的机加工,具体介绍如下。

1)索夹的铸造

索夹铸件材料均为ZG20Mn[《大型低合金钢铸件》(JB/T 6402—2006)],为低合金钢铸件,因索夹为壁厚不均匀结构,过渡部分易产生缺陷。索夹耳板部位为吊索销接部位,主缆荷载通过吊索销传递给索夹。在铸造过程中需要重点控制壁厚过渡部分及耳板销孔处的铸造质量。索夹铸造工艺流程与鞍头基本相同,其中索夹铸造工艺模型如图2-27所示。

铸造过程中主要采取如下措施:

(1)铸造采用整体模型浇注,铸造中模型的制作、钢水的冶炼、浇注、试样的留取、热处理等工序严格按照工艺的要求操作。

图 2-26　散索鞍成品摆动试验

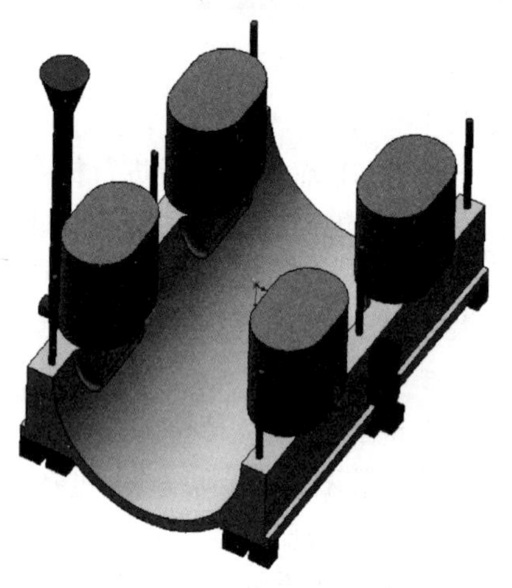

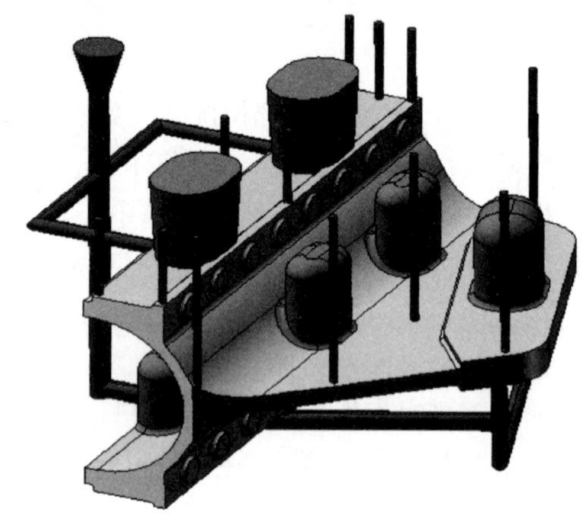

图 2-27　索夹铸造工艺模型

(2)索夹外模和型芯采用树脂砂,坭芯接触水路表面和铸造圆角以及大冒口根部铬铁矿砂。

(3)上半索夹采用开口朝上放置,开口处放置冒口,开口内设置热筋,防止变形;在索夹内孔薄壁部位放置外冷铁,实现顺序凝固。

(4)下半索夹耳板根部过渡部位设置拉筋,防止裂纹;在内孔内设置补贴,法兰边放冒口进行补缩,吊耳凸台销孔探伤处另放冒口单独补缩。

毛坯铸造完成后对表面和内孔表面进行打磨处理,并按要求进行无损探伤检查:

(1)本体试样进行化学成分、力学性能检验,符合《大型低合金钢铸件》(JB/T 6402—2006)的要求。

(2)对铸件边角处进行磁粉探伤检测,按《铸钢件磁粉检测》(GB/T 9444—2007)的规定进行检查,1级合格。不允许出现龟裂状缺陷,密集的夹砂、气孔、表面疏松及单个3mm以上的夹砂及皮下气孔。

索夹在粗、精加工后进行无损检测,检查项目如下:

(1)机加工表面经粗加工后进行超声波探伤,按《铸钢件 超声检测 第1部分:一般用途铸钢件》(GB/T 7233.1—2009)的规定进行检查,2级合格,合格率100%。

(2)精加工后加工面进行渗透探伤,按《铸钢件渗透检测》(GB/T 9443—2007)有关规定进行检查,内孔1级合格,其余2级合格。

(3)对耳板端面及等厚区域进行射线探伤,按《铸钢件射线照相检测》(GB/T 5677—2007)的要求,2级合格。

在索夹粗加工完后对各粗加工表面进行超声波探伤时,因索夹壁厚过渡部分超声反射面为圆弧面,检测存在一定困难,在探伤检查时对该处进行了重点控制,在铸造时也相应加强了该处的质量控制。

按《铸件 尺寸公差与机械加工余量》(GB/T 6414—1999)进行尺寸与形状检查,尺寸符合CT11级公差要求,各加工面均有适量的加工余量。

毛坯回厂后进行复验。经过严格的程序控制和检验,毛坯铸造质量良好,符合设计和使用要求。

2)索夹的机加工

索夹种类较多,大小差距较大,吊索索夹结构相对复杂,制造难度较大。因索夹为上、下两半结构,其两半之间通过高强螺杆锁合,因此索夹内孔的圆柱度及直线度、索夹吊索销孔的位置准确度是其制造重点。

索夹机加工工艺流程如图2-28所示。

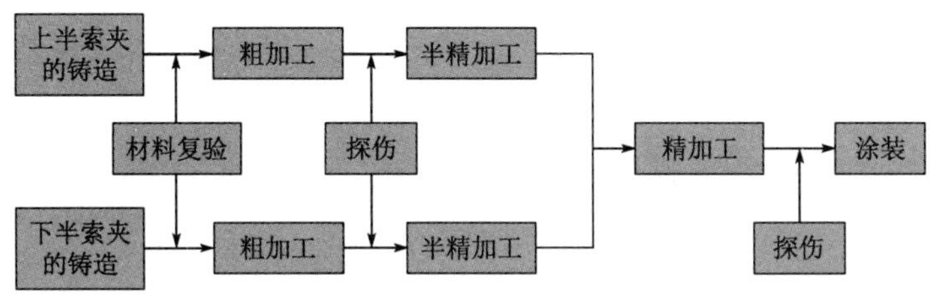

图2-28 索夹机加工工艺流程图

针对索夹种类多、精度要求高的难点,在制造过程中通过采取以下措施进行控制:

(1)先完成上、下索夹结合面的机加工(图2-29),再将两半索夹锁合进行内孔的加工。

(2)针对不同类型索夹制定不同的加工工艺,短索夹在小型立车或卧式镗铣床完成内孔和端面的精加工,而大型的索夹通过深孔钻镗床完成内孔和端面的精镗。

(3)索夹内孔经加工完成后,以索夹内孔为基准,采用数控或数显镗床按照索夹编号对应的销孔坐标尺寸加工销孔,并在线进行位置检测。

(4)索夹机加工完成后,通过钳工对索夹的外观进行精整,去除尖角、毛刺,打磨外圆与螺栓凸台的锐角处,使其圆滑过渡。

索夹成品如图2-30所示，索夹制造完成后，对索夹进行质量检验评定，质量评定标准见表2-3。

图2-29 索夹机加工

图2-30 索夹成品

索夹质量评定标准

表2-3

项次	检查项目	规定值或允许偏差	检查工具	实测数值
1	索夹内径偏差(mm)	±2	内径千分尺	+0.1、+0.5
2	壁厚(mm)	0，+5	游标卡尺	+1、+2
3	螺杆孔直线度(mm)	≤L/500	检验工装	0.3、0.3
4	耳板销孔位置偏差(mm)	±1	数控/数显机床	+0.24、+0.17、-0.31
5	耳板销孔内径偏差(mm)	+0.08，+0.11	内径千分尺	+0.01、+0.02
6	索夹内壁喷锌厚度(mm)	≥200	测厚仪	227、215

注：L为螺杆孔深度，780mm。实测数值为中跨SJ6索夹。

经评定，索夹各项检测结果满足设计及规范要求。

2.2.3 索鞍焊接机器人新技术

索鞍鞍头和鞍座间的焊缝质量直接关系索鞍的可靠性和安全性，经无损探伤检测，焊缝质量满足要求。

图2-31 自动焊接机器人

因索鞍焊接过程中需要在热处理炉内进行整体预热，温度达100℃以上，人工焊接存在高温作业和高处作业等危险，焊接质量和效率容易不稳定。为减轻工人劳动强度，更好保障焊缝内在质量，本项目索鞍焊接在行业内开创性地采用了机器人自动焊接技术，如图2-31所示。

该焊接机器人为大型龙门架式，设备具有智能化程度高、效率高、质量稳定、耐恶劣环境等特点,在等同条件下焊接效率是人工的数倍。

在焊接工艺设计阶段即开始对机器人焊接重难点进行反复论证。为验证焊接工艺参数,在正式焊接前进行多组焊接工艺评定试验研究,确定焊接工艺设计参数。

在试板焊接过程中发现机器人焊接效率高,焊接过程中的热输入容易过大,造成局部组织过热晶粒粗大,并容易产生气孔类缺陷,因此,在索鞍焊缝机器人焊接时着重对焊缝的层间温度进行控制,防止出现过热现象。

因机器人焊接时行走路径准确,焊缝表面质量非常高,焊缝非常平整、光滑,美观度优于采用手工焊的焊缝,同时焊缝内在质量也非常稳定,提高了焊缝焊接质量和人员安全,提升了索鞍智能化制造水平。

2.2.4　索鞍焊缝检测新技术

本项目鞍座为特大型焊接构件,结构件尺寸和重量远远超过其他项目,构件板厚非常大,最大板厚达120mm,焊接量特别大,特别是铸钢件与钢板的焊接焊缝均为大坡口熔透性焊缝,要求焊缝全熔透。根据设计要求,铸钢件与钢板的熔透性焊缝按《铸钢件　超声检测　第1部分:一般用途铸钢件》(GB/T 7233.1—2009)规定,2级合格;钢板与钢板的熔透性焊缝按《钢焊缝手工超声波探伤方法和探伤结果分级》(GB/T 11345—1989)规定,BⅡ级合格。

在本项目之前,我国对于索鞍铸钢件与钢板的对接焊缝均采用铸钢件的探伤标准《铸钢件　超声检测　第1部分:一般用途铸钢件》(GB/T 7233.1—2009)进行焊缝探伤。在本项目工艺评审过程中,有无损检测专家提出了铸钢件超声波探伤标准对缺陷的评定相对较为宽松,容许的缺陷尺寸相对较大,如用该标准进行焊缝无损检测,较为不合理,应探讨选用适当的探伤标准进行焊缝探伤。

《铸钢件　超声检测　第1部分:一般用途铸钢件》(GB/T 7233.1—2009)标准对铸钢件检测的缺陷主要有点状缺陷(缺陷尺寸小于或等于声束直径)、延伸型缺陷(缺陷尺寸大于声束直径)、平面型缺陷(能测量二维缺陷尺寸)和体积型缺陷(能测量三维缺陷尺寸)4种。

《钢焊缝手工超声波探伤方法和探伤结果分级》(GB/T 11345—1989)标准根据缺陷最大反射波幅确定缺陷当量值或测定缺陷指示长度,结合距离-波幅曲线,根据缺陷的指示长度评定,按B级检测Ⅱ级合格的要求,当最大反射波位于距离-波幅曲线所示Ⅱ区时,缺陷指示长度评定根据该标准表1缺陷等级分类所示,其中最大反射波幅超过评定线的缺陷,检验者判定为裂纹等危害性缺陷时,无论其波幅和尺寸如何,均评定为Ⅳ级;反射波幅位于Ⅲ区的缺陷,无论其指示长度如何,均评定为Ⅳ级。

《铸钢件　超声检测　第1部分:一般用途铸钢件》(GB/T 7233.1—2009)标准是针对铸钢件中铸造缺陷的验收,并非焊接缺陷的验收标准。按照该标准验收铸钢件与钢板焊缝是否存在问题,现以钢板厚度150mm为例进行说明。

该厚度钢板外层按两侧面的20%厚度计算,范围分别是0~30mm和120~150mm,内层的厚度范围则是30~120mm。

(1)不能测量尺寸的反射(点状缺陷)的评定:

按标准要求在100mm×100mm的评定框内,对内层点状缺陷不作评定。

(2)能测量尺寸的反射(延伸性缺陷)的评定:

按《铸钢件　超声检测　第1部分:一般用途铸钢件》(GB/T 7233.1—2009)标准,在壁厚方向上的缺陷,外层允许缺陷高度为15%外层厚度,即30×0.15=4.5(mm);内层允许缺陷尺寸为15%壁厚,即150×0.15=22.5(mm)。综上,在壁厚方向上外层允许最大尺寸4.5mm的缺陷,内层允许最大尺寸22.5mm的缺陷。

不能测量宽度的缺陷的最大长度,外层允许75mm,内层允许100mm,即焊缝中允许存在最大75mm(外层)或100mm(内层)的条形缺陷。

壁厚100~600mm范围内均按照此评定,单个最大的面积,按标准要求,允许外层1000mm^2,内层15000mm^2,即允许缺陷尺寸外层允许最大31.6mm×31.6mm,内层至少122mm×122mm,显示间距小于25mm,按一个计算。

同时,对于缺陷长度和裂纹缺陷的要求,《钢焊缝手工超声波探伤方法和探伤结果分级》(GB/T 11345—1989)中焊缝检测BⅡ要求远高于《铸钢件　超声检测　第1部分:一般用途铸钢件》(GB/T 7233.1—2009)铸钢件2级。因此,现有设计要求的铸钢件与钢板的焊缝按《铸钢件　超声检测　第1部分:一般用途铸钢件》(GB/T 7233.1—2009)进行探伤不适用。针对本项目铸钢件与焊缝探伤标准,经过专家评审会评审,认为可以采用焊缝探伤标准《钢焊缝手工超声波探伤方法和探伤结果分级》(GB/T 11345—1989)BⅢ级进行检测。

在项目实际索鞍铸钢件与钢板焊缝检测时首批主索鞍铸钢件与钢板焊缝自检一次合格率99.3%,首批散索鞍自检一次合格率99.0%。可见采用《钢焊缝手工超声波探伤方法和探伤结果分级》(GB/T 11345—1989)标准进行焊缝的无损检查是合适的,同时评定标准的提高对焊缝质量的提高也起到了明显的促进作用。

2.3　缆索系统制造技术

缆索是索承式大跨径桥梁的主要构件,其缆索材料的强度是决定其跨径的主要因素之一。材料强度的提高能增强主缆的跨越能力,在跨越距离一定时能减小缆索系统的材料用量。同时缆索既承受动载和静载,又长期暴露在风雨、潮湿和空气污染的环境中,故对钢丝的强度、塑性、抗疲劳性和耐腐蚀性等都有较高的要求。

2.3.1　缆索用1960MPa级超高强钢丝的制造技术

缆索是大跨径悬索桥和斜拉索的“生命线”,随着大跨径桥梁的建设和规划,桥梁缆索用钢丝也朝着高强度、高抗扭、高防腐性能的方向持续发展。20世纪末,桥梁缆索的强度一般为1570~1670MPa,到了21世纪初,随着桥梁跨径的飞跃和桥梁缆索材料技术的进步,1770MPa缆索开始广泛应用于一些大型悬索桥和斜拉桥上,如南京长江四桥、马鞍山长江公路大桥、香港昂船洲大桥、苏通长江大桥等。到2015年,我国1860MPa钢丝已实现了产业化生产与应用,如洞庭湖大桥、港珠澳大桥。近年来,悬索桥主缆用钢丝的强度呈明显的上升趋势。

南沙大桥悬索桥缆索系统主要由主缆、吊索、主缆缠绕钢丝、扶手索四部分组成,全桥缆索系统的钢丝制品数量总重约46000t。其中,大沙水道桥采用预制平行钢丝索股主缆,每根主缆长约2171.9m、重约7875.4t,总重约15750.8t;每根主缆有169根通长索股,每根索股包含127根直径5.2mm锌-铝合金镀层钢丝,标准强度1770MPa。坭洲水道桥共有两根预制平行钢丝索股主缆,总重约30120t;每根主缆由252根通常长索和6根背索组成,每根索股包含127根直径5.0mm超高强度镀锌钢丝,标准强度为1960MPa。吊索均采用热挤聚乙烯平行钢丝吊索,重约1200t,其中普通吊索和加强吊索采用公称直径为5.0mm、公称抗拉强度为1770MPa的锌-铝合金镀层高强钢丝。限位装置处吊索采用PES7-337成品斜拉索,钢丝公称直径为7.0mm、公称抗拉强度为1770MPa。主缆缠绕钢丝采用密封防水性能好的S形缠绕热镀锌钢丝,两桥总用量约600t。

随着粤港澳大湾区等国家战略的实施,结合国家提出的"一带一路"倡议,未来越江跨海的缆索桥梁(悬索桥、斜拉桥等)会越来越多,桥梁跨径不断增加,缆索结构不断向轻质、高强方向发展,对桥梁缆索用关键原材料——热镀钢丝提出了更高的性能要求。采用新一代超高强度热镀钢丝降低缆索自重,是国际大跨径桥梁缆索技术发展的趋势。南沙大桥坭洲水道桥主跨达到1680m,主缆钢丝强度达到1960MPa,为我国第一座采用1960MPa主缆钢丝的桥梁。当时,国产1770MPa主缆钢丝逐步推广应用,国内外也有一些涉及1960MPa(2000MPa)钢丝科研试验的文章、专利和科研成果,但没有系统的记录和资料。我国在ϕ5.0mm系列1960MPa级热镀锌-铝合金钢丝用盘条及钢丝生产工艺技术上缺乏研究和实践,盘条的成分微合金化、力学性能、金相微观组织及超高强钢丝的表面缺陷、扭转失效机理等方面有许多问题需要研究解决,1960MPa的超高强度和14次的高扭转性能的平衡也是一大难点。根据以往经验和前期研发试验结果,我国钢丝其他指标基本满足要求,但扭转指标难以满足要求。通过对比国内外桥梁钢丝标准,发现当时并无1960MPa钢丝的等级标准,仅韩国有过1960MPa钢丝悬索桥主缆的应用。根据高丽制钢提供的参数,其1960MPa钢丝强度标准为1960~2160MPa,扭转次数控制标准≥12次。南沙大桥1960MPa钢丝强度控制标准为1960~2160MPa,扭转次数控制标准≥14次。

2.3.1.1　超高强度盘条与钢丝的制造工艺及关键技术

桥梁缆索用超高强度热镀钢丝是将高碳珠光体盘条进行拉拔实现强度提高,并通过热镀在钢丝表面形成一层锌-铝合金镀层防腐层。钢丝经过拉拔变形后,其组织和性能发生了一系列重大变化。组织上的变化表现为:晶粒沿金属流动方向伸长,晶格畸变,位错密度增加,产生内应力,产生碎晶。性能上的变化表现为:随着拉拔变形程度的增加,强度及硬度显著提高,而塑性和韧性则很快下降。

1)超高强度钢丝制作

钢丝制作经过原料检验、等温索氏体化处理、表面处理、连续拉拔、半成品检验、热镀锌-铝合金、稳定化处理、检验、包装、入库等工序。

钢丝的强度决定于盘条的强度、拉拔后的加工硬化强化强度和热镀后强度损失。根据经验:热镀锌-铝过程中的钢丝强度损失为3%~5%;成品镀层重量按≥300g/m^{2}计算后的钢丝直径为4.92mm,拉拔后钢丝强度控制≥2090MPa,盘条规格的确定按屠林科夫公式计算如下(推估):

$$D = \left(\frac{R_{\mathrm{m}}}{R_{\mathrm{mb}} \times k}\right)^2 \times d = \left(\frac{2090}{1310 \times 1.0}\right)^2 \times 4.92 = 12.5(\mathrm{mm}) \tag{2-1}$$

式中：D——盘条直径(mm)；

R_m——拉拔后钢丝抗拉强度，为2090MPa；

R_{mb}——盘条抗拉强度，为1310MPa；

k——拉拔系数0.95～1.05，取1.0；

d——拉丝半成品直径，为4.92mm。

钢丝拉拔道次采用12.50～10.90～9.62～8.65～7.80～7.05～6.40～5.85～5.35～4.92(+0.02/-0.02)mm。为保证拉拔过程中润滑良好，采用压力模强制润滑。

2)超高强度盘条的制作

盘条是镀锌/锌-铝合金钢丝生产的原材料，盘条的质量水平直接影响到镀锌/锌-铝合金钢丝的质量，是桥梁缆索用镀锌/锌-铝合金钢丝生产的关键之一。

(1)盘条生产工艺流程

工艺流程：铁水→150t电弧炉(electric arc furnace，EAF)→钢包精炼炉(LF)和真空精炼炉(VD)炉外精炼→大方坯连铸→初轧均热→初轧→大剪切头、尾→6VH连轧→飞剪定尺剪切→钢坯冷却→钢坯表面精整→钢坯加热→轧制→吐丝→斯太尔摩线冷却→集卷→盘条检查、取样→盘条打捆、挂牌→盘条入库、出厂→开卷→等温索氏体化→收线→打包。

(2)盘条关键技术

经过对盘条的多轮试制及镀锌/锌-铝合金钢丝的试制结果，最终确定盘条工艺参数和控制要点如下：

①冶炼。

电炉采用EBT偏心炉底出钢，控制下渣量，控制钢水回磷。

LF钢包炉采用合成渣精炼，进行脱氧、脱硫，对夹杂物进行变性处理。

VD真空炉控制真空度及高真空时间并控制吹氩镇静时间，使夹杂物从钢水中分离。连铸采用结晶器电磁搅拌、凝固末端电磁搅拌、液芯轻压下技术，控制中心位置的成分偏析。每炉在钢水1/6、3/6、5/6位置处取样，分析化学成分。每炉取每流连铸坯样，进行低倍检验，检测铸坯的结晶组织。

②初轧。

初轧加热炉控制加热温度、在炉时间，并采用均匀化处理工艺，改善成分均匀性。轧坯在线进行热火焰扒皮，消除表面缺陷和表面脱碳。轧坯进行抛丸除氧化铁皮→超声波探伤→表面磁粉探伤→砂轮剥皮→补充表面磁粉探伤→砂轮修磨的精整工艺，保证钢坯内部及表面无缺陷。轧坯每炉取4块不同位置试样，检测低倍、成分、夹杂物、中心偏析。

③线材轧制。

线材加热炉加热控制加热温度、在炉时间，控制盘条表面脱碳。线材采用斯泰尔摩冷却，控制吐丝温度及冷却速率，消除异常组织，为盘条进行等温索氏体化创造良好组织。

④表面质量检查和尺寸检测。

每炉按每15卷取1卷盘条样，进行表面脱碳、机械性能、夹杂物、金相组织、偏析等检测。所有检测内容均作为质量判定的依据。最终确定钢种牌号为B87SiQL。

3)研究与试验

对高碳高硅合金连铸电磁搅拌、末端轻压下进行优化设计，使合金碳偏析控制水平达到

1.06,见表2-4。坯料心部偏析不明显,如图2-32所示。

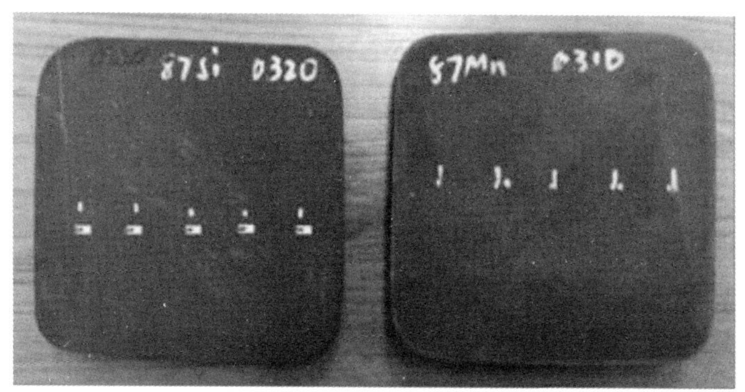

图2-32　方坯低倍检测

方坯偏析成分检测　表2-4

方　坯	1号	2号	3号	4号	5号	偏析指数
B87SiQL	0.88	0.85	0.84	0.85	0.90	1.03
	0.95	0.90	0.89	0.90	0.95	1.06

对B87SiQL合金夹杂物进行检测分析,观察面积各600mm²。结果显示:试样中均极少发现B类氧化铝和C类硅酸盐夹杂物(评级低于0.5级),A硫化物个别可达到1.0级。具体夹杂物评级结果如表2-5和图2-33~图2-36所示。

表合金夹杂物评级　表2-5

A细	A粗	B细	B粗	C细	C粗	D细	D粗	DS
0.5	—	0.5	—	0.5	—	0.5	—	0.5
1.0	—	0.5	—	—	—	0.5	—	0.5

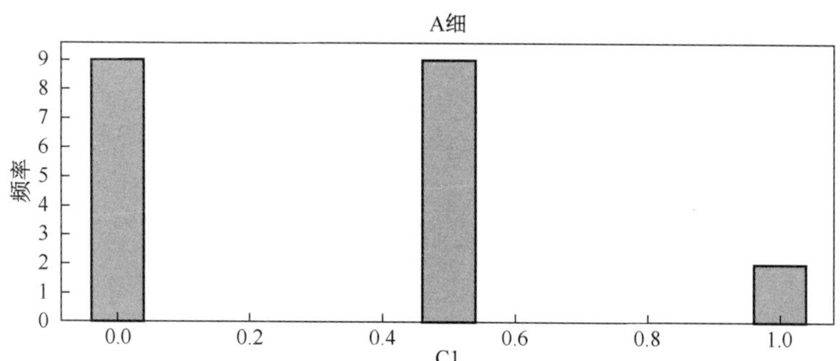

图2-33　A类细系夹杂物统计

盘条力学性能见表2-6。

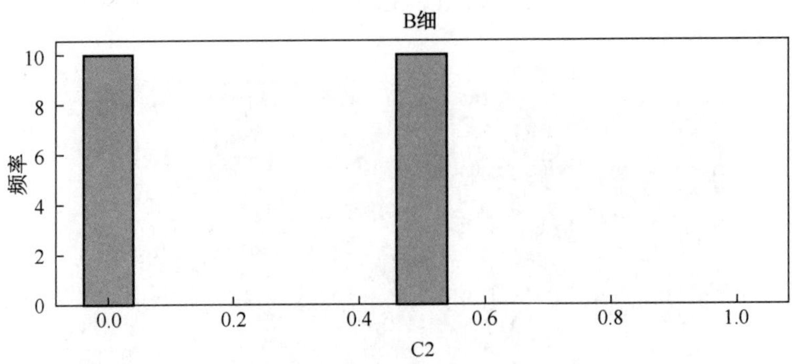

图 2-34　B 类细系夹杂物统计

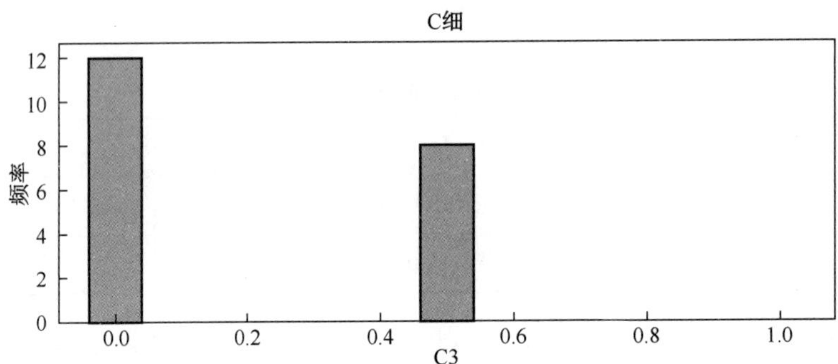

图 2-35　C 类细系夹杂物统计

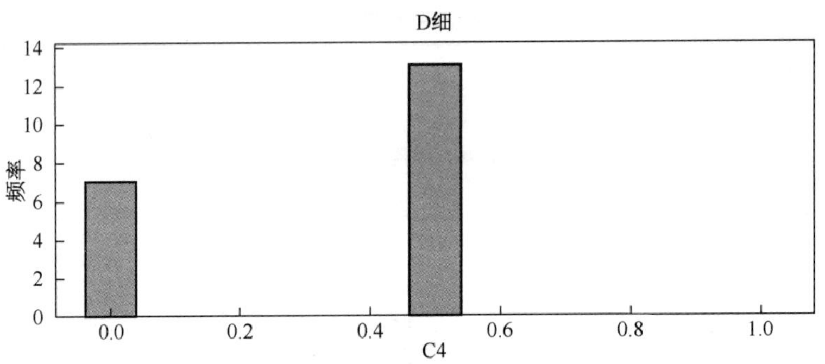

图 2-36　D 类细系夹杂物统计

盘条力学性能　　表 2-6

序　　号	力值/强度(MPa)	断面收缩
1	165.44/1350	36%
2	165.18/1350	38%
3	146.58/1390	35%
4	165.08/1350	36%

续上表

序　　号	力值/强度(MPa)	断 面 收 缩
5	166.15/1350	39%
6	165.09/1350	38%
7	164.44/1362	40%
8	167.34/1382	39%
9	164.05/1350	35%
10	165.95/1367	37%
11	167.43/1378	36%
12	166.40/1374	39%
13	166.04/1372	40%
14	166.15/1374	39%
15	164.39/1353	39%

等温索氏体化后盘条典型金相组织如图2-37所示，盘条索氏体化率高于95%，基本看不到粗大的珠光体组织，同时通过扫描组织统计，盘条索氏体片层间距均值约115nm，同时组织均匀性大幅提升。

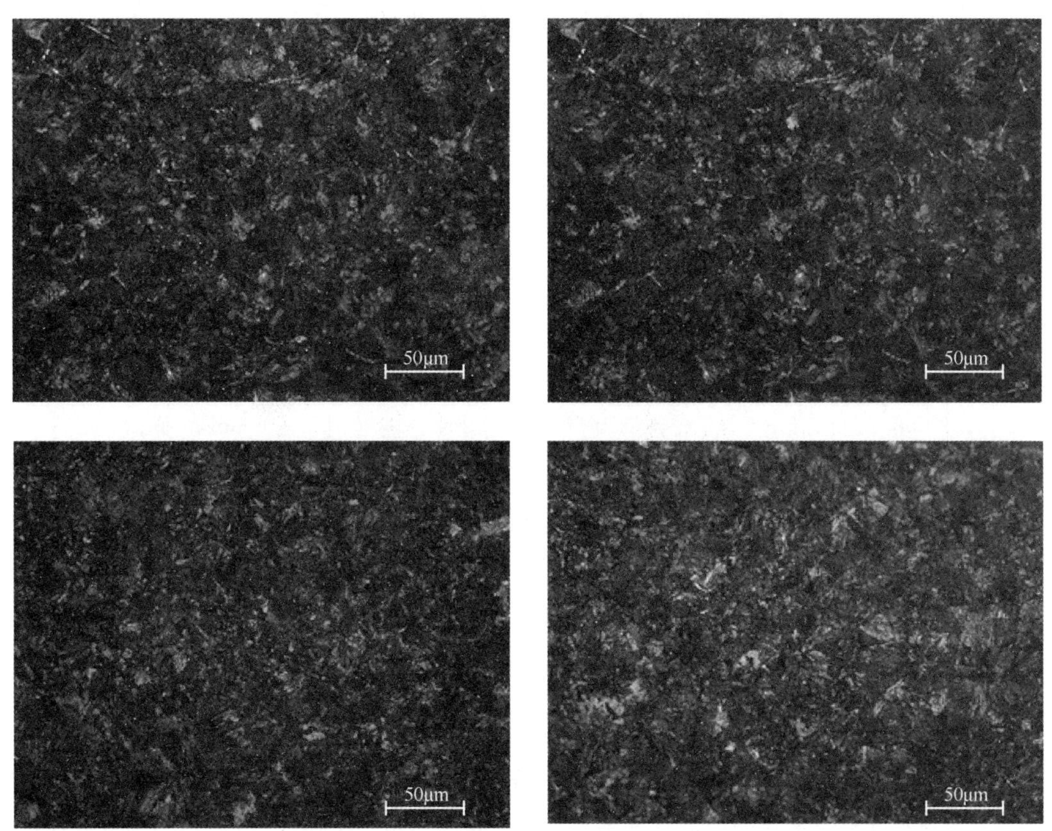

图2-37　等温索氏体化处理盘条典型金相组织

根据熔炼成分统计,碳、硅、锰、硫、磷、铬、氧、氮均控制在工艺卡要求范围内,总体控制情况良好;根据钢坯的中心碳、对角线1/4碳、钢坯中心碳偏析及对角线1/4碳的检验结果统计实绩看,均控制良好,碳偏析控制水平达到1.08的要求。钢坯夹杂物除个别试样A类细系夹杂物为1.0级外,其他全部小于0.5级,控制良好;B87SiQL盘条经离线索氏体化处理后强度均值为1360MPa,较斯太尔摩控冷后均值提高约80MPa,且盘条强度波动仅为40MPa,同时盘条面缩率高于35%,具有良好的强塑性匹配。经等温索氏体化处理后盘索氏体化率高于95%,索氏体片层间距均值约115nm。

2.3.1.2 超高强度钢丝主要技术指标与质量评价

超高强度钢丝的主要技术指标有以下5个方面:

1)稳定的抗拉强度

钢丝的抗拉强度是主缆承载的设计依据。稳定的抗拉强度可以使每根钢丝的负荷均匀,一般标准(中国标准、法国标准)只规定其下限,日本联络桥提出了控制上限的要求(1760～1960MPa),允许偏差为200MPa,江阴大桥的允许偏差为230MPa(1600～1830MPa)。而南沙大桥的ϕ5.0mm-1960MPa钢丝允许偏差为200MPa(1960～2160MPa),ϕ5.20mm-1770MPa钢丝允许偏差为190MPa(1770～1960MPa)。南沙大桥钢丝主要技术指标实物质量统计见表2-7和表2-8。

ϕ5mm-1960MPa钢丝主要技术指标实物质量统计表 表2-7

项目	波动范围			均值		
	宝钢	华新	法尔胜	宝钢	华新	法尔胜
样本数量(卷)	5593	6152	5214	5593	6152	5214
直径(mm)	4.95～5.03	4.95～5.05	4.94～5.05	5.003	5.0	4.99
抗拉强度(MPa)	1960～2154	1961～2134	1960～2107	2043	2015	2004
扭转次数(次)	14～35	14～49	14～29	21.6	28	22
弹性模量($\times10^5$MPa)	1.90～2.07	1.90～2.10	1.95～2.10	2.00	2.02	2.04

ϕ5.2mm-1770MPa钢丝主要技术指标实物质量统计表 表2-8

项目	波动范围			均值		
	宝钢	华新	法尔胜	宝钢	华新	法尔胜
样本数量(卷)	3198	3226	3133	3198	3226	3133
直径(mm)	5.15～5.25	5.15～5.25	5.14～5.26	5.20	5.20	5.22
抗拉强度(MPa)	1770～1950	1770～1950	1770～1960	1838	1837	1842
扭转次数(次)	14～31	14～38	14～32	21.7	26	26
弹性模量($\times10^5$MPa)	1.90～2.10	1.90～2.10	1.95～2.10	2.01	2.02	2.04

2)良好的塑性指标

延伸率是保证主缆钢丝承载时不脆性断裂的重要指标。它与盘条质量和钢丝制造工装技术有关,南沙大桥主缆钢丝的最低延伸率均为4.0%,整批的平均值达到5.1%,对高强度的钢丝而言已是相当高的质量水平。

3)较高的韧性指标

钢丝的定量韧性指标有扭转性能和弯曲性能两个。坭洲水道桥主缆钢丝扭转次数最低为14次,平均值为22次;大沙水道桥主缆钢丝最低为14次,平均值为26次;吊索钢丝扭转次数最低为19次,平均值为22.5次。

南沙大桥主缆钢丝弯曲次数的最低值为6次,最高值为12次,平均值也达到9次,也具有相当高的质量水平。

4)优良的直线性

南沙大桥钢丝的直线性在7~20mm/m之间,平均值为14mm/m,为索股在现场的顺利架设奠定了基础。

南沙大桥ϕ5mm-1960MPa锌-铝合金镀层钢丝为国内首次研发成功并得到工程应用,同时实现了钢丝用盘条的国产化,既推动了我国钢铁冶炼技术的进步,又提升了我国的桥梁建设水平。3家制造单位认真研究,改进盘条和镀锌钢丝生产工艺,研发了ϕ5.0mm系列1960MPa高强度镀锌钢丝新产品,并形成规模化生产的能力,成功实现特大跨径悬索桥主缆用高强镀锌/镀锌-铝合金钢丝产品国产化,填补了国内空白,树立了民族品牌,产生了良好的社会效益和经济效益。

5)合理的松弛率指标

南沙大桥主缆钢丝设计使用普通松弛等级,从主缆实际应用需求出发,合理设计使用应力水平,避免提高松弛指标后,因钢丝加工中张力+热处理方式对钢丝造成"微损伤"。

2.3.2 主缆索股制造技术

2.3.2.1 主缆索股制造技术与试验评价

主缆索股的制造与试验评价主要包括主缆股索制作工艺、主缆索股的长度精度控制技术、主缆索股的预成型技术以及研究与试验等方面,具体介绍如下。

1)主缆索股制作工艺

主缆索股制作工艺流程如图2-38所示。

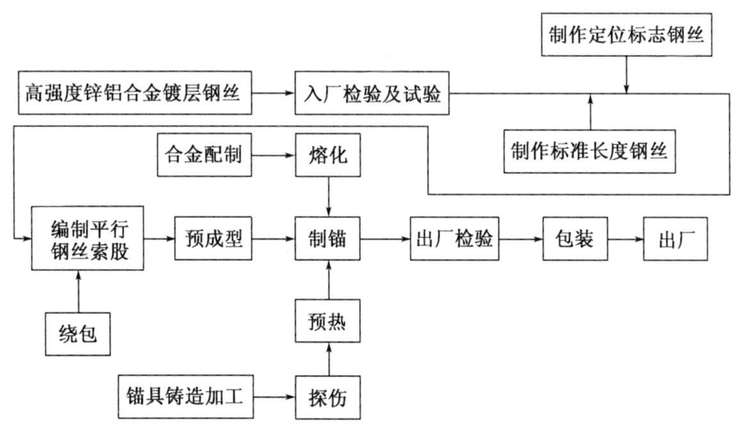

图2-38 主缆索股制作工艺流程图

主要工艺制作方案如下：

(1)标记丝和标准丝制作

为了在架设主缆时检测平行钢丝索股的扭转,在平行钢丝索股六角形截面的左上角设置一根定位标记钢丝,沿长度方向涂上红色油漆。在平行钢丝索股六角形截面的右上角设置一根标准长度钢丝,用于控制平行钢丝索股的长度精度,其测长精度在1/15000以上。

(2)平行钢丝索股成型

工艺流程如图2-39所示:放线→分丝→聚并→整形→矫直→绕包→预成型→颜色标记→牵引→绑扎钢丝→成圈→切割。

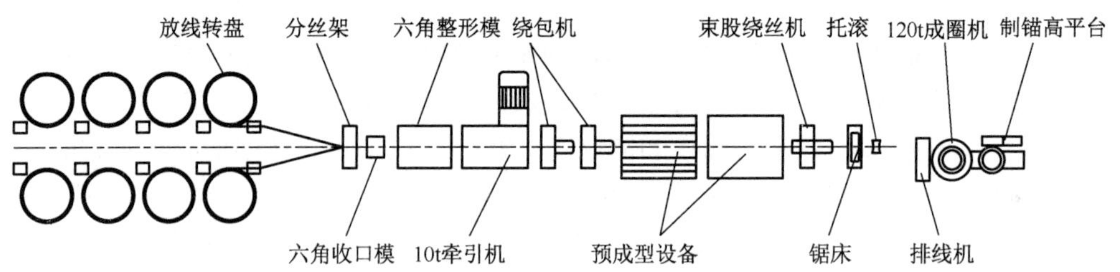

图2-39 单元索股生产工艺流程图

2)主缆索股的长度精度控制技术

南沙大桥项目主缆索股标准钢丝测长精度≥1/15000。根据索股精度要求,综合考虑标准丝制作过程中基线精度、标记刻度误差、温度误差、张紧力误差、滚筒摩擦、钢丝直径误差最大值、钢丝弹性模量误差,以及索股制作过程中切割误差的最大值、制锚误差最大值、反顶量误差最大值等因素,制定主缆索股制作精度保证措施。

(1)标准丝测长方法概述

采用悬索桥标准钢丝的制作方法,以200m长的室内测长基线为基准,并以基线的起点、终点和每个索号索股的长度标记测量点作为进行标定的重点控制点,基线距采用测距仪配经纬仪测量,其精度为1mm+1ppm。同时,在制作过程中对温度、张力都进行了修正,从而保证标准钢丝制作精度。

(2)制作标准丝

工艺流程:放线→夹紧→张拉→标记点贴纸→标记点喷漆→收线→进入束股制作。

以坭洲水道桥为例,每根标准丝沿长度方向均有9个标记点(图2-40),分别是:西侧锚头浇注时锚杯口与索股相对位置的标记点、西散索鞍处标记点、西边跨跨中、西主鞍处标记点、中跨跨中、东主鞍处标记点、东边跨跨中、东散索鞍处标记点、东侧锚头浇注时锚头与钢丝相对位置的标记点。标准丝的每个标记点处用红、黄颜色的油漆绕圆周标记。每种颜色的宽度均为20mm。红色和黄色的结合处即为参考点。

(3)测长精度分析

在用标准丝测长过程中,索股的测长精度与测量基线的测长精度、测量温度、同一标准丝的测量次数、钢丝的直径误差、索股制作的切断、制锚时的锚具安装、张拉时的锚杯回缩值的修正误差等因素有关,以下取坭洲水道桥通长索股平均无应力长约3044m计算分析。

温度误差计算公式参考《机械工程材料性能数据手册》中1.3.3.3节,张紧力、滚筒摩擦、钢丝直径、钢丝弹模误差计算公式参考《机械设计手册》第四版第1卷表1-1-18。由此,对坭洲水道桥索股制作长度精度进行分析,见表2-9。

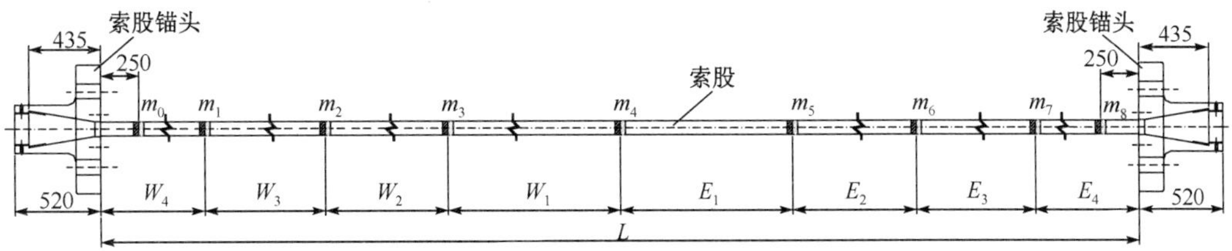

图2-40 标准丝沿长度方向标记点(尺寸单位:mm)

坭洲水道桥约3044m索股制作长度精度分析 表2-9

1. 标准钢丝长度精度及误差分析				
序号	项目	公式	最大误差绝对值(mm)	备注
1	桩距测定误差	$\Delta L_1 = (1 + t \times 10^{-6}) n_1$	19.20	n_1:测量次数,PWS索股长度(L)约3044m,需$n=16$次测量 t:桩基总长为200m,基线标定仪器精度为1mm+1ppm
2	标记及刻度误差	$\Delta L_2 = m n_2$	13.00	m:每个标记点的误差=±1mm n_2:每根标准钢丝共有$n=13$个标记点
3	温度误差	$\Delta L_3 = L\alpha\Delta t$	31.66	L:索股长度=3044m(下同) α:膨胀系数=(10.4±1)×10^{-6}(1/℃) Δt:温度差=±1℃
4	张紧力误差	$\Delta L_4 = \frac{L}{AE}\Delta P_1$	0.39	ΔP_1:张紧力误差=51g=0.5N A:钢丝截面积=19.64mm^2 E:钢丝弹性模量=2.0×10^5MPa
5	滚筒摩擦	$\Delta L_5 = \frac{L}{AE}\Delta P_2$	3.88	ΔP_2:滚筒摩阻拉力损失=5N
6	钢丝直径误差	$\Delta L_6 = \frac{8PL}{\pi E d^3}\Delta d$	35.37	P:张紧力=1901N d:钢丝直径为5mm Δd:钢丝直径误差=0.06mm
7	钢丝弹模误差	$\Delta L_7 = \frac{4PL}{\pi E^2 d^2}\Delta E$	147.37	ΔE:钢丝弹性模量误差 $\Delta E_{max} = (2.1 - 1.9) \times 10^5 = 0.2 \times 10^5$(MPa)
8	标准丝制作总误差	$\Delta L_b = \sqrt{\Delta L_1{}^2 + \Delta L_2{}^2 + \cdots + \Delta L_7{}^2}$	156.6	
9	制作精度	$\frac{\Delta L_b}{L}$	0.000051445	精度即为1/19438<1/15000

续上表

2. 制作束股时的长度精度及误差分析				
序号	项目	公　式	最大误差绝对值(mm)	备　注
1	两端切割	ΔL_8	2.0	
2	制锚	ΔL_9	2.0	
3	反顶	ΔL_{10}	10.0	
4	索股制作总误差	$\Delta L_s = \sqrt{\Delta L_1{}^2 + \Delta L_2{}^2 + \cdots + \Delta L_{10}{}^2}$	156.9	
5	成品索股制作精度	$\dfrac{\Delta L_s}{L}$	0.000051544	推算精度即为 1/19401 < 1/12000

综上所述,标准丝和单元索股的理论制作精度均满足设计要求(未考虑编股误差)。

3)主缆索股的预成型技术

为保障主缆索股的质量,开发一种"工厂预先成型的索股"技术,可以在编制索股时将主索鞍、散索鞍段索股在工厂内预制成矩形段,依托工厂的工装设备保障索股钢丝不受损伤,主缆索股在现场架设时可以直接入鞍,提高索股的架设质量和效率,降低施工强度,节约施工工期,有效保护钢丝表面镀层。

以坭洲水道桥为例,单元索股截面六边形转换成矩形如图 2-41 所示。

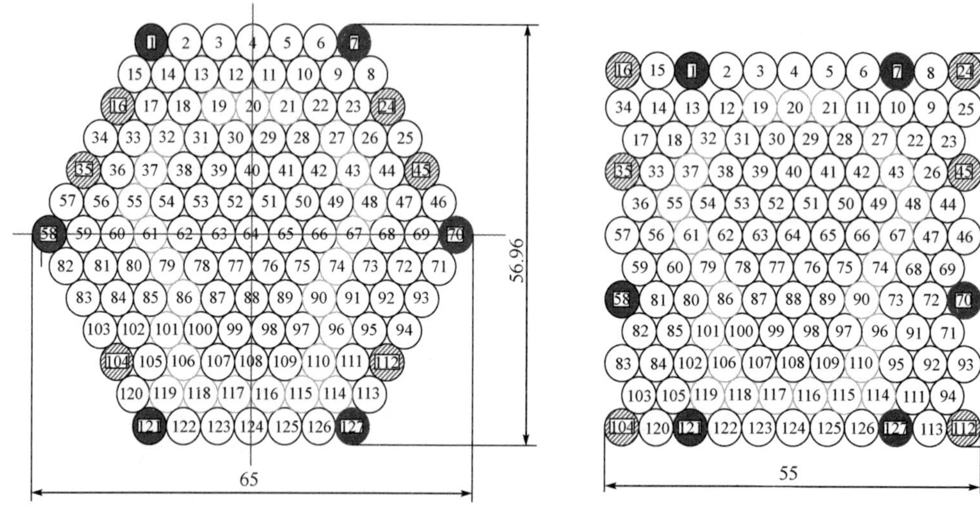

图 2-41　坭洲水道桥 127 丝单元索股的预成型编制方法(尺寸单位:mm)

主缆索股的预成型设备、工装的设计及安排也是本项目成功实施的关键因素之一。主要考虑在原有传统的预制平行索股(PPWS)生产线上增加预成型设备,考虑两套设备的合理衔接,保证其便捷、有效、操作方便。包括编索设备、收紧设备、绕包设备以及一系列夹具及固定设备等。

对主缆索股预成型技术进行了改进,原有的预成型技术主要应用在镀锌钢丝编制的主缆索股中。锌-铝合金镀层钢丝表面存有氧化铝,使钢丝变得比较滑,预成型段索股成型性较差,通过增加约束控制预成型段索股的形状,采用多道双层卡箍定型。预成型两端过渡段采用钢丝缠绕。现有的预成型设备,可自动将六边形索股整型成四边形索股,使工厂化预成型索股制作更加熟练,提高了预成型速度和质量。

4)研究与试验

(1)索股疲劳试验

为验证1960MPa等级锌-铝合金镀层钢丝单元索股及其锚固系统在使用寿命期限内的抗疲劳性能,制作6根钢丝抗拉强度等级为1960MPa的$\phi5.0$mm×127规格索股,如图2-42所示,进行200MPa应力幅200万次循环加载疲劳试验,两种型号国产盘条B87SiQL和PQS87Mn加工的1960MPa等级锌-铝合金镀层钢丝各进行一组(3根试件为一组)。

图2-42 疲劳试验索现场安装

在主缆索股疲劳试验科研要求的基础上,将试验索NZPL-BG1的疲劳应力上限由$0.4P_b$提高到$0.45P_b$,应力幅值和动载循环次数要求不变。

试验结果满足南沙大桥1960MPa等级主缆索股科研试验要求,详细数据见表2-10和表2-11。表2-12和表2-13为疲劳试验后静强度试验参数。

疲劳试验参数(B87SiQL盘条生产的钢丝) 表2-10

项目	参数			备注
	NZPL-BG1	NZPL-BG2	NZPL-BG3	
疲劳荷载上限 F_{max}	2199kN ($0.45P_b$)	1955kN ($0.40P_b$)	1955kN ($0.40P_b$)	
疲劳荷载下限 F_{min}	1700kN	1456kN	1456kN	
平均荷载 F	1949.5kN	1705.5kN	1705.5kN	
$\Delta F=1/2(F_{max}-F_{min})$	249.5kN	249.5kN	249.5kN	
试验频率	0.85Hz	1.3Hz	1.4Hz	正弦波
应力幅值 $\Delta\sigma$	200MPa ($\sigma_{max}=0.45\sigma_b$)	200MPa ($\sigma_{max}=0.40\sigma_b$)	200MPa ($\sigma_{max}=0.40\sigma_b$)	
试验时间	2016年12月13日—2017年1月8	2017年8月7日—2017年9月1日	2017年2月21日—2017年3月10日	
疲劳次数	2000147次	2000106次	2000106次	

疲劳试验参数(PQS87Mn 盘条生产的钢丝)　　表 2-11

项　目	参　数			备　注
	NZPL-HX1	NZPL-HX2	NZPL-HX3	
疲劳荷载上限 F_{max}	1955kN ($0.40P_b$)	1955kN ($0.40P_b$)	1955kN ($0.40P_b$)	
疲劳荷载下限 F_{min}	1456kN	1456kN	1456kN	
平均荷载 F	1705.5kN	1705.5kN	1705.5kN	
$\Delta F=1/2(F_{max}-F_{min})$	249.5kN	249.5kN	249.5kN	
试验频率	1.3Hz	1.3Hz	1.05Hz	正弦波
应力幅值 $\Delta\sigma$	200MPa ($\sigma_{max}=0.40\sigma_b$)	200MPa ($\sigma_{max}=0.40\sigma_b$)	200MPa ($\sigma_{max}=0.40\sigma_b$)	
试验时间	2017 年 3 月 20 日—2017 年 4 月 11 日	2017 年 5 月 4 日—2017 年 5 月 22 日	2017 年 6 月 12 日—2017 年 7 月 3 日	
疲劳次数	2000095 次	2000034 次	2000095 次	

疲劳试验后静强度试验参数(B87SiQL 盘条生产的钢丝)　　表 2-12

项　目	参　数			备　注
	NZPL-BG1	NZPL-BG2	NZPL-BG3	
静强度试验最大荷载 F'_{max}	4887.5kN (100% P_b)	4736.9kN (9.9% P_b)	4904kN (100.3% P_b)	4644kN (95% P_b)

疲劳试验后静强度试验参数(PQS87Mn 盘条生产的钢丝)　　表 2-13

项　目	参　数			备　注
	NZPL-HX1	NZPL-HX2	NZPL-HX1	
静强度试验最大荷载 F'_{max}	4735kN (96.9% P_b)	4896kN (100.2% P_b)	4712kN (96.4% P_b)	4644kN (95% P_b)

通过静载、疲劳及疲劳后静强度试验,证明本项目针对 1960MPa 主缆索股选取的盘条材料、钢丝材料、锚具材料、锚具的结构设计、索股编制设备、编索工艺和制锚工艺均满足 1960MPa 等级主缆索股的制作要求,主缆索股锚固、静载和疲劳性能满足坭洲水道桥 1960MPa 等级主缆索股的科研试验和相关规范的要求。

(2)锌-铝合金镀层钢丝(索夹)抗滑移性能研究

通过锌-铝合金镀层钢丝与镀锌镀层钢丝主缆(索夹)的抗滑移力对比试验,测试两种镀层钢丝主缆在相同试验条件下的抗滑移性能。共进行 3 组锌-铝合金镀层钢丝与镀锌钢丝的抗滑移性能对比试验(图 2-43 和图 2-44)。每组试验的两根不同镀层主缆装配相同的试验索夹,并施加标准规定的同等螺栓紧固力。试验索夹内表面喷砂(Sa3.0)后电弧喷锌,厚度 200μm。由两台千斤顶对索夹施以推力,缓慢均匀加载,直至索夹开始滑移,记录两种镀层钢丝主缆的最大抗滑移力数值,进行对比。

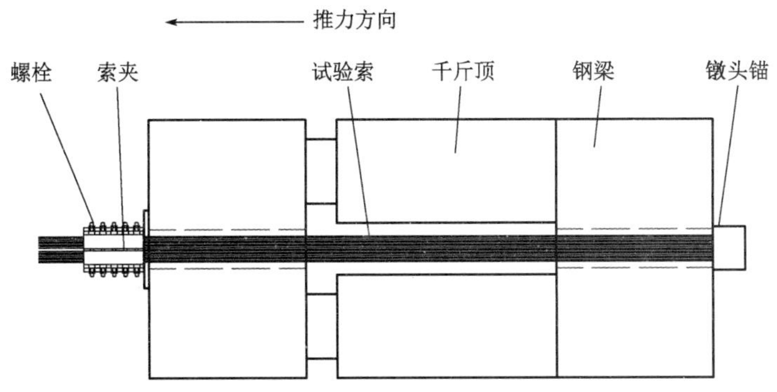

图 2-43　第 1、2 组试验装置与主缆安装

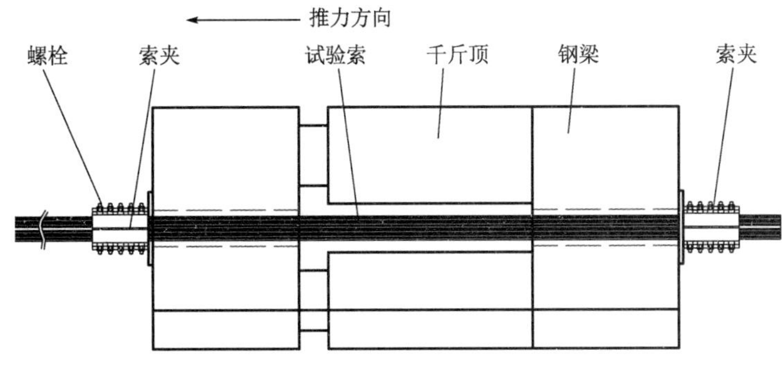

图 2-44　第 3 组试验装置与主缆安装

3 组锌-铝合金镀层钢丝与镀锌钢丝的主缆抗滑移性能对比试验结果见表 2-14，两种镀层钢丝的主缆在同等条件下，抗滑移力均大于按设计规范要求计算出的理论值，锌-铝合金镀层钢丝与镀锌钢丝主缆抗滑移力比值为 0.88 ~ 0.90。

两种镀层钢丝主缆抗滑移性能对比　　表 2-14

组别	钢丝镀层	主缆试件规格	索夹材料	螺栓规格	螺栓数量	理论抗滑移力(kN)	试验抗滑移力(kN)	锌-铝合金与锌镀层钢丝主缆抗滑移力比值
1	锌-铝合金	ϕ5.0mm ×127 ×7 股	40Cr	M24 高强度螺栓(10.9s)	10	966	1056	0.88
	镀锌	ϕ5.0mm ×127 ×7 股	40Cr	M24 高强度螺栓(10.9s)	10	966	1204	
2	锌-铝合金	ϕ5.0mm ×127 ×7 股	40Cr	M24 高强度螺栓(10.9s)	10	966	1005	0.88
	镀锌	ϕ5.0mm ×127 ×7 股	40Cr	M24 高强度螺栓(10.9s)	10	966	1147	
3	锌-铝合金	ϕ5.2mm ×127 ×31 股	40Cr	M36 高强度螺栓(10.9s)	14	3163	3353	0.9
	镀锌	ϕ5.1mm ×127 ×31 股	40Cr	M36 高强度螺栓(10.9s)	14	3163	3707	

(3)索股静载试验

两种型号国产盘条 B87SiQL 和 PQS87Mn 加工的 1960MPa 等级锌-铝合金镀层钢丝各进行两组(3 根试件为一组)共 12 根索股轴向静载性能试验(图 2-45),试验委托中国船舶工业金属结构试验检测中心进行。静载试验后,锚板回缩值、弹性模量、伸长率和索股断丝位置满足试验要求,锚杯无异常,锌铜合金锚固铸体浇注密实。所得试验数据见表 2-15 ~ 表 2-18。

图 2-45 静载试验索现场安装图

静载试验索锚板回缩量(B87SiQL 盘条生产的钢丝) 表 2-15

试件编号	张拉端(mm)			固定端(mm)		
	张拉前	张拉后	静载后	张拉前	张拉后	静载后
NZJZ-BG1	92.22	93.62	94.38	91.28	92.48	93.44
	91.74	93.32	94.16	91.12	92.38	93.16
	92.00	93.34	94.22	91.72	92.92	93.94
	$\Delta_1=1.44,\Delta_2=0.83$			$\Delta_1=1.22,\Delta_2=0.92$		
NZJZ-BG2	89.26	90.06	90.68	89.86	90.96	91.86
	88.88	90.80	90.80	88.62	89.58	90.68
	89.38	91.44	91.44	88.82	89.86	91.12
	$\Delta_1=0.97,\Delta_2=0.83$			$\Delta_1=1.03,\Delta_2=1.09$		
NZJZ-BG3	90.30	91.46	92.32	91.68	92.40	93.28
	90.02	90.88	91.92	90.84	92.08	92.92
	89.76	90.64	91.32	91.52	92.42	93.22
	$\Delta_1=0.97,\Delta_2=0.86$			$\Delta_1=0.95,\Delta_2=0.84$		
NZJZ-BG4	82.52	83.28	84.12	83.24	84.20	85.00
	82.64	83.06	84.12	84.12	85.44	86.24
	84.54	85.86	86.68	84.42	85.66	86.42
	$\Delta_1=0.83,\Delta_2=0.91$			$\Delta_1=1.73,\Delta_2=0.79$		

续上表

试件编号	张拉端(mm)			固定端(mm)		
	张拉前	张拉后	静载后	张拉前	张拉后	静载后
NZJZ-BG5	76.26	76.82	77.00	84.16	85.48	86.44
	77.58	78.58	79.62	84.80	86.62	87.82
	76.72	78.82	79.10	84.08	85.56	86.62
	$\Delta_1=1.22, \Delta_2=0.50$			$\Delta_1=1.23, \Delta_2=1.06$		
NZJZ-BG6	85.72	86.76	87.56	84.16	85.48	86.44
	85.10	86.06	87.16	84.80	86.62	87.82
	85.02	86.28	87.20	84.08	85.56	86.62
	$\Delta_1=1.08, \Delta_2=0.94$			$\Delta_1=1.64, \Delta_2=1.07$		

静载试验索锚板回缩量(PQS87Mn盘条生产的钢丝) 表2-16

试件编号	张拉端(mm)			固定端(mm)		
	张拉前	张拉后	静载后	张拉前	张拉后	静载后
NZJZ-HX1	83.18	84.04	84.58	83.44	83.52	83.64
	84.24	84.50	84.56	82.50	83.20	83.68
	83.98	84.42	84.48	83.00	83.44	83.52
	$\Delta_1=0.52, \Delta_2=0.22$			$\Delta_1=0.40, \Delta_2=0.22$		
NZJZ-HX2	82.46	82.76	82.82	85.26	86.22	86.58
	80.78	81.48	81.80	86.68	87.24	87.60
	82.44	83.20	83.40	85.42	85.68	85.76
	$\Delta_1=0.58, \Delta_2=0.19$			$\Delta_1=0.59, \Delta_2=0.26$		
NZJZ-HX3	84.34	84.42	84.68	81.70	81.80	81.96
	84.30	84.32	84.36	82.30	82.40	82.42
	85.68	85.72	85.80	82.64	82.78	82.78
	$\Delta_1=0.04, \Delta_2=0.12$			$\Delta_1=0.11, \Delta_2=0.06$		
NZJZ-HX4	86.08	87.18	88.28	84.50	84.88	85.00
	85.10	86.02	87.32	84.16	84.32	84.54
	86.58	87.10	88.58	83.98	84.52	84.72
	$\Delta_1=0.84, \Delta_2=0.1.29$			$\Delta_1=0.36, \Delta_2=0.18$		
NZJZ-HX5	85.56	86.34	86.68	84.52	85.36	85.74
	84.88	85.68	86.08	84.94	86.18	86.92
	85.60	86.32	86.50	85.78	86.78	86.84
	$\Delta_1=0.76, \Delta_2=0.30$			$\Delta_1=1.02, \Delta_2=0.39$		
NZJZ-HX6	82.62	82.82	83.04	87.34	87.34	88.90
	83.70	84.32	84.70	88.30	89.18	89.56
	82.08	83.12	83.76	88.38	89.58	90.06
	$\Delta_1=0.62, \Delta_2=0.41$			$\Delta_1=0.69, \Delta_2=0.80$		

静载试验索测试结果(B87SiQL 盘条生产的钢丝)　表 2-17

检验项目	标准要求	NZJZ-BG1	NZJZ-BG2	NZJZ-BG3	NZJZ-BG4	NZJZ-BG5	NZJZ-BG6	备注
试验最大荷载 P(kN)	≥4644kN (95% P_b)	4887.5kN (100% P_b)	4985.9kN (102% P_b)	4990.6kN (102.1% P_b)	4989.1kN (102% P_b)	4986.7kN (102% P_b)	4987.8kN (102% P_b)	满足标准要求
静载试验总伸长量(mm)	—	122	124	134	122	128	124	—
试验索弹性模量(MPa)	$\geq 1.9\times10^5$	2.01×10^5	2.03×10^5	2.01×10^5	2.02×10^5	2.02×10^5	2.02×10^5	满足标准要求
伸长率	≥2%	2.03%	2.06%	2.23%	2.03%	2.13%	2.06%	满足标准要求
试验索断丝情况	—	无断丝	无断丝	无断丝	断 1 丝	无断丝	无断丝	—
试验索锚具情况	锚杯无异常	锚杯无异常	锚杯无异常	锚杯无异常	锚杯无异常	锚杯无异常	锚杯无异常	满足标准要求

静载试验索测试结果(PQS87Mn 盘条生产的钢丝)　表 2-18

检验项目	标准要求	NZJZ-HX1	NZJZ-HX2	NZJZ-HX3	NZJZ-HX4	NZJZ-HX5	NZJZ-HX6	备注
试验最大荷载 P(kN)	≥4644kN (95% P_b)	4911.9kN (100.4% P_b)	4895.5kN (100.1% P_b)	4890.5kN (100.1% P_b)	4906.8kN (100.3% P_b)	4892.1kN (100.1% P_b)	4905.5kN (100.3% P_b)	满足标准要求
静载试验总伸长量(mm)	—	157	136	136	146	154	154	—
试验索弹性模量(MPa)	$\geq 1.9\times10^5$	2.08×10^5	2.04×10^5	2.05×10^5	2.04×10^5	2.06×10^5	2.02×10^5	满足标准要求
伸长率	≥2%	2.61%	2.26%	2.26%	2.43%	2.56%	2.56%	满足标准要求
试验索断丝情况	—	无断丝	无断丝	断 1 丝	无断丝	无断丝	无断丝	—
试验索锚具情况	锚杯无异常	锚杯无异常	锚杯无异常	锚杯无异常	锚杯无异常	锚杯无异常	锚杯无异常	满足标准要求

坭洲水道桥采用由国产 B87SiQL 和 PQS87Mn 盘条加工的 1960MPa 等级锌-铝合金镀层钢丝制作的索股进行静载试验后,经数据和索锚固铸体照片分析,索股破断荷载基本在 100% 或以上破断荷载下破断,说明一方面和锌-铝合金镀层钢丝本身的强度富余有关系,另一方面和索股的编制工艺、合理的浇注工艺、均匀的分丝、合适的清洗助镀液有一定关系。索股的静载性能满足南沙大桥 G2N 合同段主缆索股科研试验和相关规范的要求。

5）结论与建议

通过试验验证，研究出国产化盘条制造1960MPa等级锌-铝合金镀层钢丝并编制成主缆索股，满足坭洲水道桥科研要求。同时使用拥有自主知识产权水平成圈收放索技术和预成型入鞍技术，为坭洲水道桥建设提供技术支撑。研究试验总结如下：

（1）采用国产B87SiQL和PQS87Mn盘条生产的锌-铝合金镀层钢丝各项性能满足1960MPa等级悬索桥主缆索股用钢丝的要求。

（2）索股的锚固、静载、疲劳等性能均满足南沙大桥1960MPa等级主缆索股科研要求；索股生产设备、编索工艺和制锚工艺均满足1960MPa等级主缆索股的制作要求。

（3）镀锌和锌-铝合金镀层钢丝主缆抗滑移力均大于按设计规范要求计算出的理论值，锌-铝合金镀层钢丝与镀锌钢丝主缆抗滑移力比值为0.88～0.90。

（4）设计预成型索股和自动化预成型设备，使工厂化预制成型索股制作更加熟练，提高了预成型速度和质量。

2.3.2.2 主缆索股锚具制造技术与试验评价

主缆索股锚具的制造与试验评价包括超高强度主缆索股锚具的设计、超高强度主缆索股锚具的制作工艺及关键技术，具体介绍如下。

1）超高强度主缆索股锚具的设计

（1）锚具结构理论计算分析

坭洲水道桥的主缆单元索股规格为ϕ5.0mm×127，钢丝抗拉强度为1960MPa，钢丝强度等级的提高使得索股抗拉力也大幅提高。根据主缆单元索股锚具尺寸，对锚具主要受力结构进行校核计算。计算公式借鉴了日本的缆索设计资料，并参考了相关的设计规范、论文中的经验公式。通过合金粘接应力、合金锥体压缩应力和锚杯环向应力的计算，锚具结构满足索股破断要求。

坭洲水道桥单元索股钢丝公称直径$d = 5.0$mm，钢丝强度等级$f_{ptk} = 1960$MPa，索股最小破断荷载$P_b = 4887.5$kN，主缆及背索锚具结构如图2-46所示，锚具浇注材料为锌铜合金。

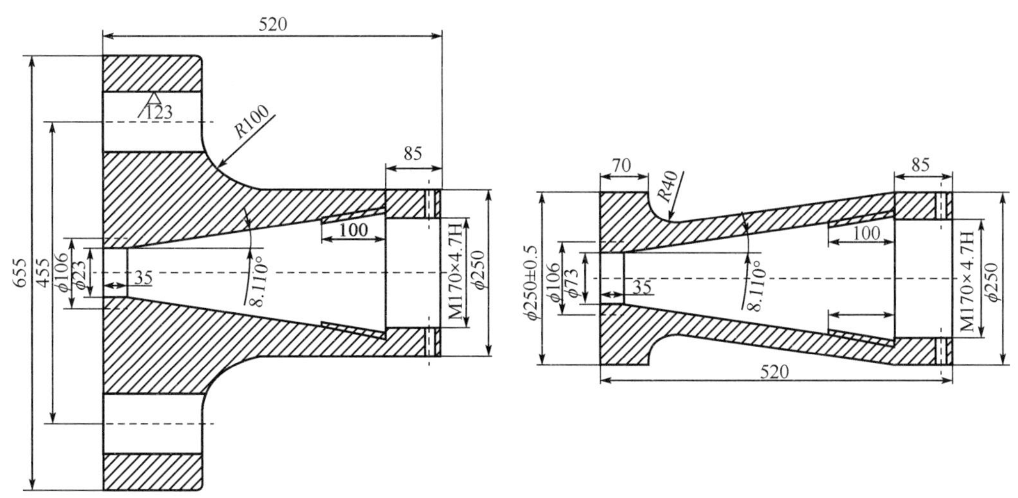

图2-46 ϕ5.0mm×127 主缆索股及背索锚具结构示意（尺寸单位：mm）

(2)锚固结构受力分析

主缆锚固区域受力集中、结构复杂,是控制主缆设计的关键部位。图 2-47 为检测锌-铝合金镀层钢丝索股锚固结构在加载状态下的应力分布,分别在索股圆周方向和两端锚杯表面布置应变片,并通过节段模型有限元分析验证实测值,结合两者结果评断主缆锚固区的受力性能。

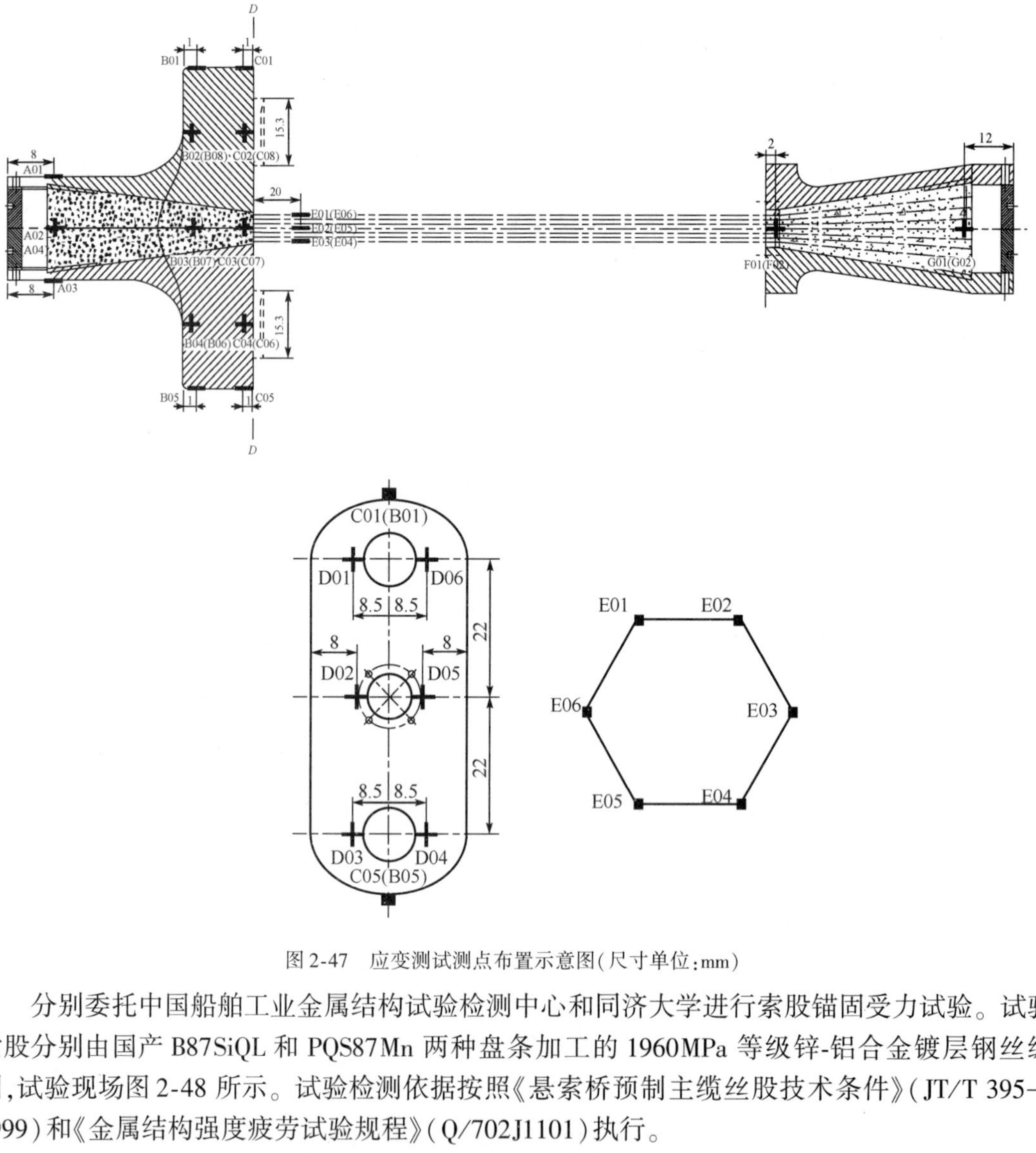

图 2-47　应变测试测点布置示意图(尺寸单位:mm)

分别委托中国船舶工业金属结构试验检测中心和同济大学进行索股锚固受力试验。试验索股分别由国产 B87SiQL 和 PQS87Mn 两种盘条加工的 1960MPa 等级锌-铝合金镀层钢丝编制,试验现场图 2-48 所示。试验检测依据按照《悬索桥预制主缆丝股技术条件》(JT/T 395—1999)和《金属结构强度疲劳试验规程》(Q/702J1101)执行。

根据索股和锚杯实测应变值,同济大学对索股和锚杯关键位置进行应力分布分析,得出如下结论:

①当加载值小于 4000kN 时,索股受力均匀,钢丝处于弹性状态;当加载值大于 4000kN 时,应力与荷载增加呈非线性关系,钢丝开始发生塑性变形。如图 2-49 所示。

②主索锚杯小端出口处表面应力较大,如 D02 号和 D05 号测点,如图 2-50 所示,当加载至 95% P_b时,最大应力约为 190MPa,小于材料屈服强度(σ_s =300MPa),满足使用要求。

图 2-48 试验索安装

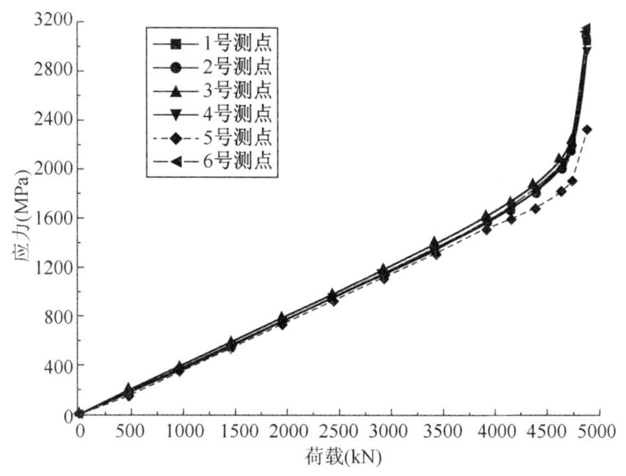

图 2-49 应力与工况荷载关系示意图

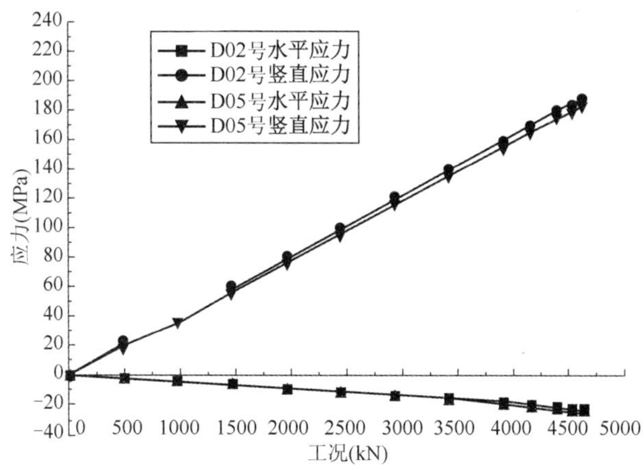

图 2-50 D 截面靠近锚杯小径出口处测点应力图

(3)锚具有限元分析

为验证实测数据的准确性,同济大学通过模型数据与实测数据对比,对试验锚具进行有限元分析,精确研究锚具节点内部应力、应变分布及变化情况。

①主索锚具有限元分析。

主索锚具在加载到设计荷载($0.4P_b$)、极限荷载($1.0P_b$)时的受力情况见表2-19,有限元分析如图2-51所示。

主索锚杯加载受力情况　　表2-19

锚　　具	荷 载 等 级	指　　标	分析计算结果
主索锚具	设计荷载	最大等效应力(MPa)	250.06
		最大位移(mm)	0.07
	破断荷载	最大等效应力(MPa)	286.13
		最大位移(mm)	0.18

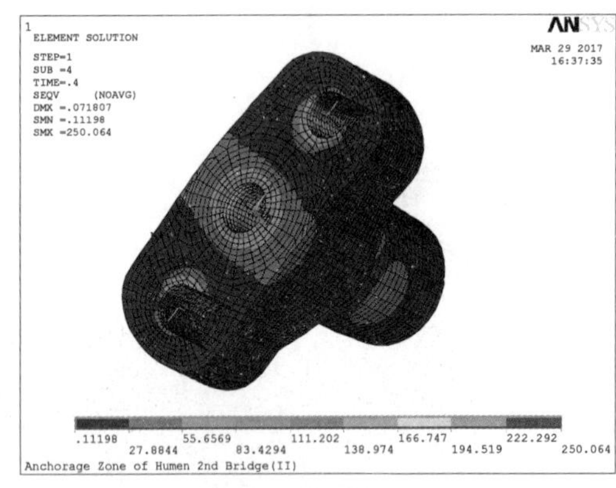

a)主索锚具在设计荷载作用下整体应力云图

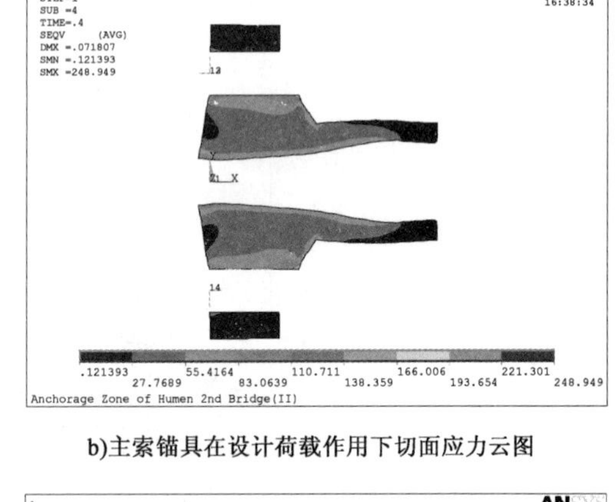

b)主索锚具在设计荷载作用下切面应力云图

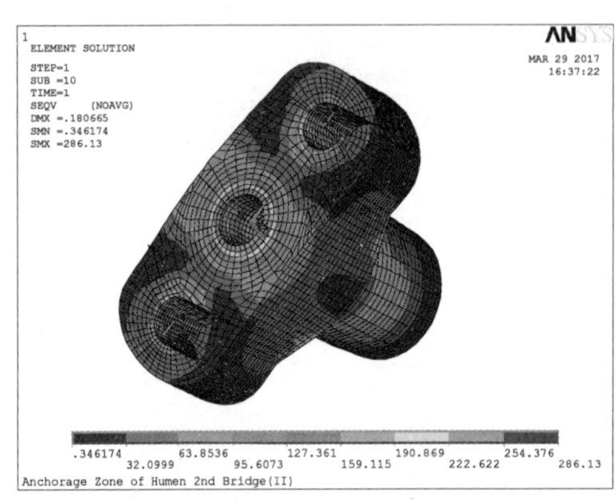

c)主索锚具在破断荷载作用下整体应力云图

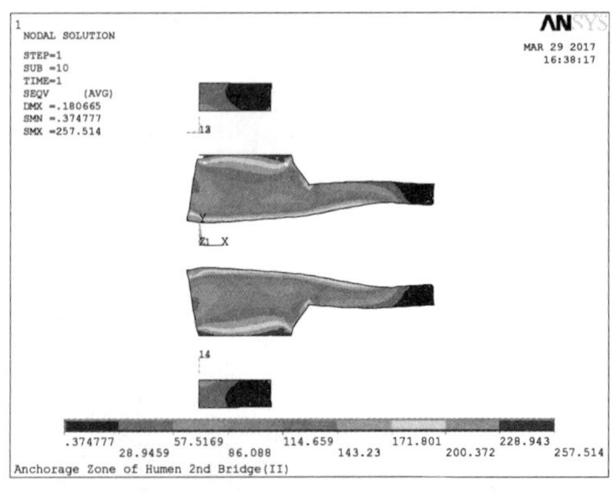

d)主索锚具在破断荷载作用下切面应力云图

图2-51　主索锚杯有限元分析结果

②背索锚具有限元分析。

背索锚具在加载到设计荷载($0.4P_b$)、极限荷载($1.0P_b$)时的受力情况见表2-20,有限元分析如图2-52所示。

背索锚杯加载受力情况 表 2-20

锚　　具	荷 载 等 级	指　　标	分析计算结果
背索锚具	设计荷载	最大等效应力(MPa)	272.68
		最大位移(mm)	0.13
	破断荷载	最大等效应力(MPa)	296.55
		最大位移(mm)	0.34

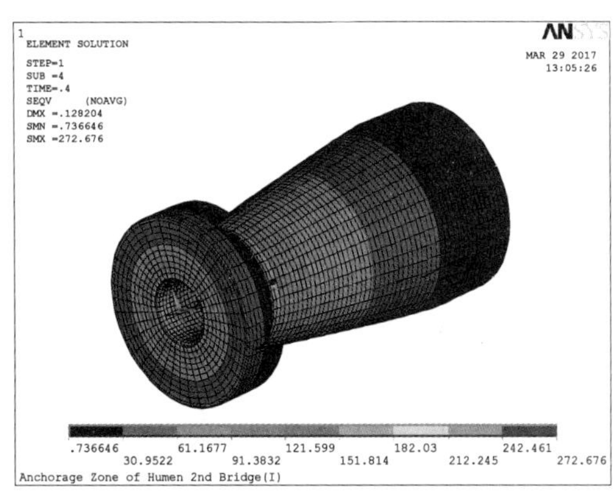

a)背索锚具在设计荷载作用下整体应力云图

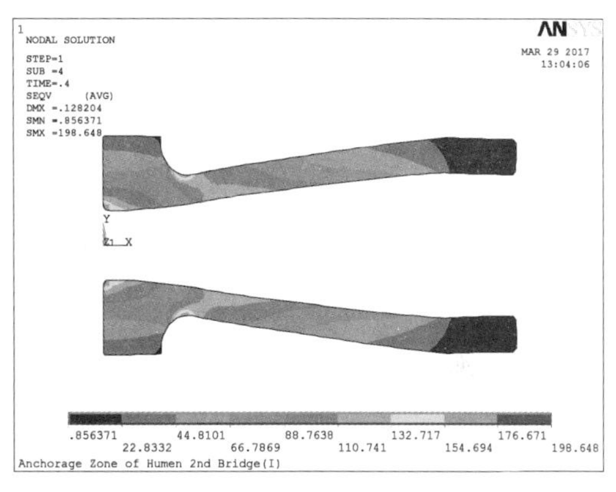

b)背索锚具在设计荷载作用下切面应力云图

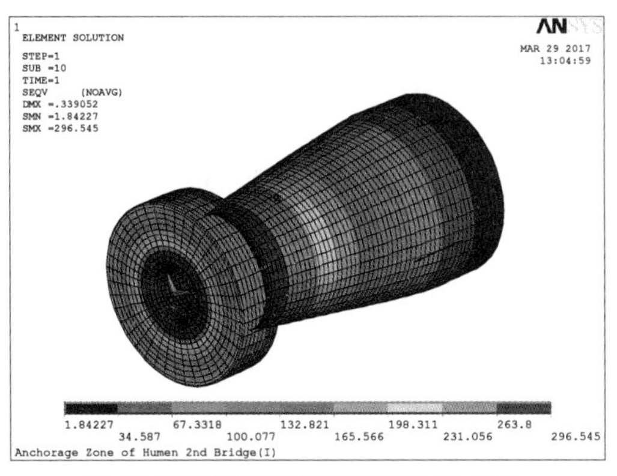

c)背索锚具在破断荷载作用下整体应力云图

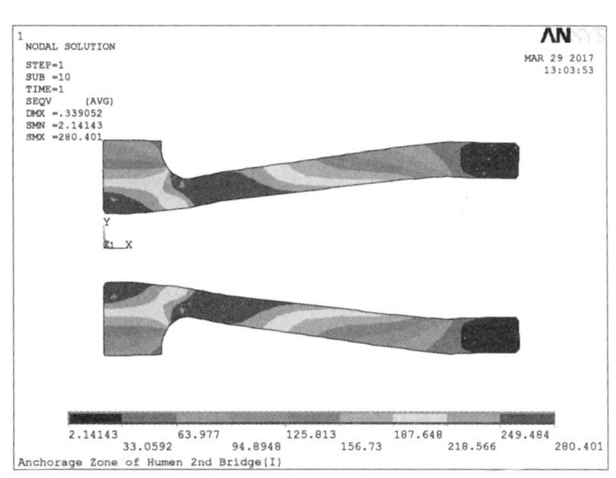

d)背索锚具在破断荷载作用下切面应力云图

图 2-52 背索锚杯有限元分析结果

从主索和背索有限元分析结果可知：主索锚杯在极限荷载作用下，锚杯高应力区位于锚杯杯口附近、锚杯圆弧过渡区域及锚拉杆周围，接近锚杯材料屈服强度($\sigma_s=300$MPa)，但结构位移仍较小，说明仍处于安全状态；背索锚杯在极限荷载作用下，锚杯高应力区域位于锚杯杯口附近及锚杯圆弧过渡区域，接近屈服强度($\sigma_s=300$MPa)，但结构位移仍较小，说明仍处于安全状态。经测点应力数据分析和有限元分析，锚杯结构和锚固性能均满足 1960MPa 等级 $\phi5.0$mm $\times$ 127 锌-铝合金镀层主缆索股的使用要求。

2)超高强度主缆索股锚具的制作工艺及关键技术

锚具加工工艺流程如图 2-53 所示。

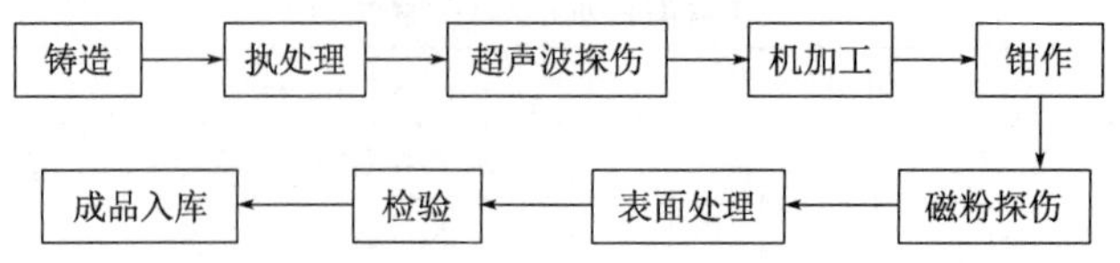

图 2-53　锚具加工工艺流程图

关键工艺制作方案如下：

(1)铸造

锚杯材质采用 ZG20Mn 铸钢，进行开模、备料。模具工艺简图如图 2-54 所示。

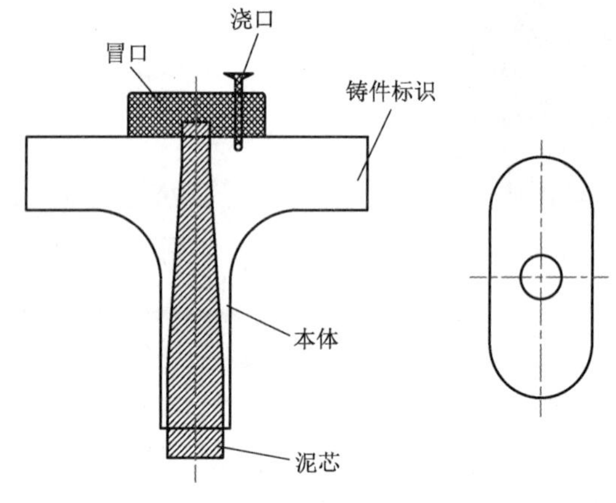

图 2-54　模具工艺简图

铸件清砂后，按《铸件　尺寸公差与机械加工余量》(GB/T 6414—1999)进行尺寸与形状检查，尺寸符合 CT10 级公差，并保证有足够的加工余量。铸钢件非加工表面粗糙度符合图纸及《重型机械通用技术条件　第 6 部分：铸钢件》(JB/T 5000.6)的相关规定，Ra≤100μm。检验合格后再进行喷丸打磨处理。

(2)热处理

①合格零件喷丸打磨后，先进行整体退火处理，以消除铸造应力，出炉后应再次喷丸，以去除氧化皮，然后进行粗加工。

②粗加工后每个零件做表面超声波探伤检测。

③检测合格后的锚杯同试块一起进行调质处理，硬度 HB = 150 ~ 190。调质处理后，每炉试块做机械性能试验。锚杯调质处理工艺曲线如图 2-55 所示。

(3)探伤检查

为保证铸件内部的材质质量，对锚具进行超声波探伤和磁粉探伤检查，超声波探伤应符合《铸钢件　超声检测　第 1 部分：一般用途铸钢件》(GB/T 7233.1—2009)中的 2 级要求。探伤检测部位为锚杯铸件两端 A、B 机加工面。

铸钢件经精加工后，每一件锚杯均应经过磁粉探伤检测。磁粉探伤应符合《铸钢件磁粉检测》(GB/T 9444—2007)中的 2 级要求。磁粉探伤检测部位为锚杯内外表面，如图 2-56 所示。

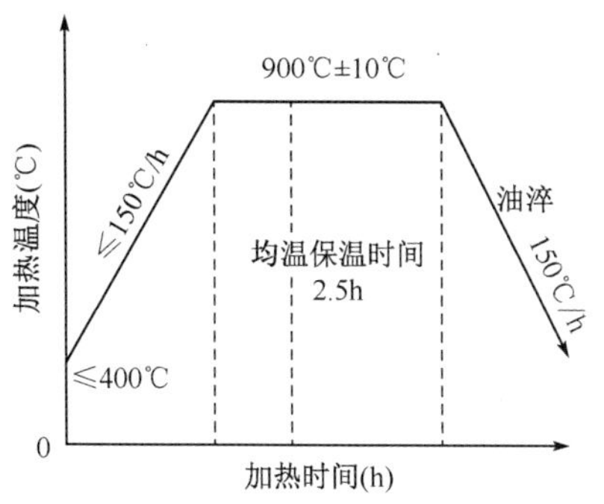

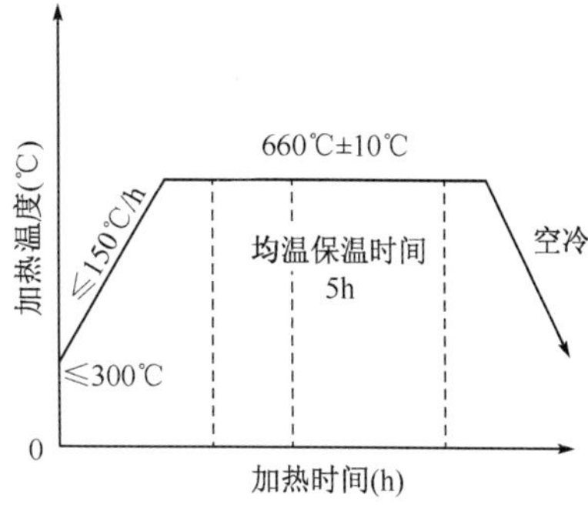

图 2-55 锚杯调质处理工艺曲线

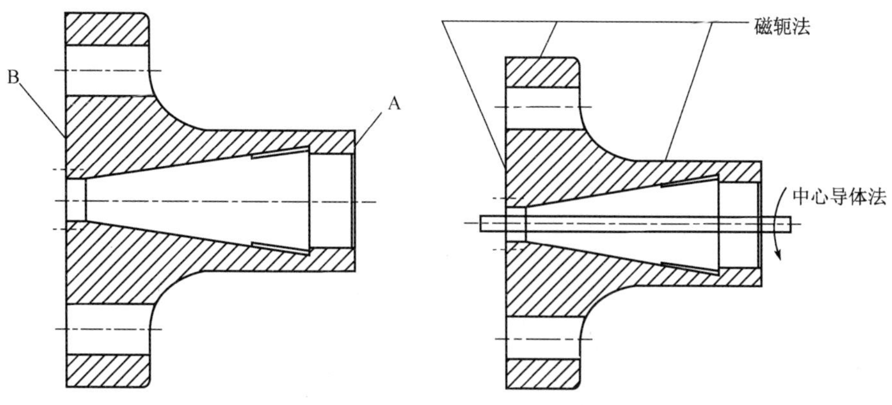

图 2-56 单元索股锚杯超声波探伤和磁粉探伤位置示意图

(4)表面处理

锚杯表面喷砂处理,达到 Sa2.5 级别,喷砂后整体进行热喷锌处理,锌层厚度不小于 100μm。喷锌后采用无机富锌底漆进行封闭。

(5)超高强度索股锚固关键技术

在制锚时,由于锌-铝合金镀层钢丝表面存在一定的锈层(铁盐、氧化物等)或脏物,会导致钢丝与合金料无法完全附着,粘接强度降低,影响锚固性能。清洗助镀液可以清洁钢丝表面,酸洗掉表面的杂质,并净化钢丝表面的锌-铝合金镀层,使得钢丝能够与合金料中的液态锌快速浸润并结合,提高粘接强度。

①单丝锚固性能。

单丝锚固试验钢丝伸入长度的取值参照《公路悬索桥设计规范》(JTG/T D65-05—2015)计算,得出最短单丝锚固长度为 98mm,通过单丝拉拔试验得出平均失效荷载和平均单位面积粘接强度,如图 2-57 和图 2-58 所示。

锌-铜合金粘接强度均满足 1960MPa 等级锌-铝合金镀层钢丝的锚固要求。

②锚固段、过渡段机械性能试验。

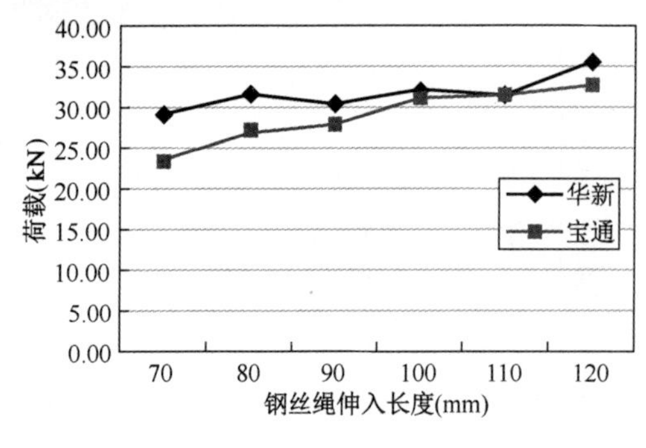

图 2-57　实测平均失效荷载

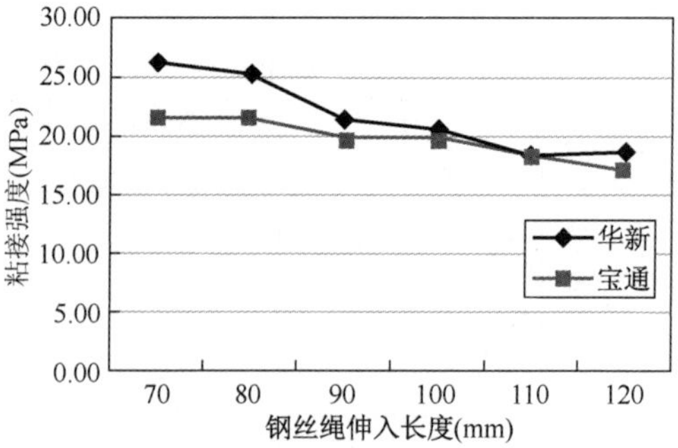

图 2-58　平均单位面积粘接强度

坭洲水道桥单元索股的锚具较大，锚固长度较长，根据生产经验及相关试验，浇注温度提高到(480±10)℃，锌-铜合金流动性更好，浇注均匀性和锚固性能得到保证，也有助于提高合金注入率，减小气孔。将锚腔分解为锚固段和过渡段，分析合金浇注温度对锚固性能的影响，钢丝锚固段和过渡段机械性能对比如图 2-59 所示。

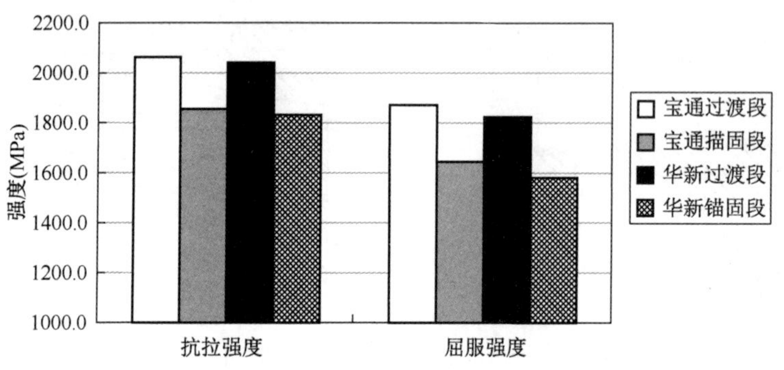

图 2-59　钢丝锚固段和过渡段机械性能对比

3)结论与建议

通过对 1960MPa 悬索桥主缆索股锚固技术进行研究，得出如下结论：

(1)对于 1960MPa 的钢丝，单丝锚固长度不小于 98mm。

(2)1960MPa 超高强钢丝的锚具宜选用 ZG20Mn，其热处理工艺应为调质(淬火+高温回火)的热处理工艺。

(3)对于 1960MPa 的主缆索股，锚具及灌锚工装的预热温度为 150～200℃、灌锚温度为 450～470℃的浇注工艺可满足相关要求。

2.3.3　高耐腐蚀主缆的钢丝镀层与缠丝防护技术

2.3.3.1　缆索用钢丝的锌-铝合金镀层技术

随着科学技术的发展，钢铁的防腐技术进行了一系列革新。目前主要的钢铁材料防腐技术有电镀、热浸镀、热喷涂、喷漆等方法，其中热浸镀是当今世界应用最广泛，同时也是性价比最优的钢铁表面处理防腐方法。近年来，随着现代工业生产钢材产品对耐久性要求的提高，传统纯锌镀层的耐腐蚀性能已不能满足现代工业生产的需要。在热浸镀锌以后，开发了热浸镀铝工艺。热浸镀铝镀层表面呈银白色,具有很强的耐腐蚀能力。但是热浸镀铝镀层也有其缺点,例如:铝的熔点较高,为660℃,所以在热浸镀时,会有大量的铝被高温氧化,这些氧化的铝很容易在镀层表面上粘连,影响镀件的外观。为了改善这一现象,在熔融铝时,必须在熔池表面加覆盖剂,使工艺变得复杂,增加了成本。而且较高的浸镀温度不但增加铁的损耗,还使钢件发生软化与重结晶,大大改变了钢丝的力学性能,尤其是钢丝的抗拉强度会大幅度降低。此外,在热浸镀时,纯铝镀层容易产生漏镀。鉴于以上问题,热浸镀铝没有广泛应用。

Zn-5% Al 锌-铝合金镀层是20世纪80年代开发出来的一种新型镀层。该合金镀层成分位于锌-铝共晶点上,晶粒比较细小致密;由于铝含量较低,因此浸镀温度低于目前的热镀锌,对钢丝的力学性能影响较小。镀层冷却速度很快,会在镀层表面形成耐腐蚀性能优良的非晶产物,其耐腐蚀性能优良。首先,由于 Zn-5% Al 锌-铝合金镀层是共晶组织,Zn-Al 相明暗相间、层状分布,呈现趋同的微粒堆积,结构紧密且细小,能够改善镀层的力学性能和物理防腐性能;共晶组织使锌-铝合金的腐蚀活化电位下降,提供晶间的抗腐蚀能力。其次,锌元素具有阳极保护作用,铝元素比锌元素稳定,能够起到抗腐蚀"惰性栅栏"的作用;最重要的是,锌对基体的保护属牺牲性保护,镀层表面的锌原子逐渐被氧化消失,表层铝离子增多,而铝离子与空气或水中的氧离子或氢氧根离子发生电化学反应,生成 Al_2O_3,或 $Al(OH)_3$,进而形成高密度、稳定性强的氧化铝层,该氧化层同基体结合牢固,钝化镀层表面,阻止自身氧化,同时增大整个体系的电阻,大大减弱电化学腐蚀的速度。

1)高耐腐蚀锌-铝合金镀层的热镀工艺及核心技术

(1)锌-铝合金镀层及工艺、设备研究

从锌-铝样品的线扫成分图(图2-60)可以看出,双镀法得到的过渡层与热镀锌相似,但是过渡层不整齐,是因为在合金镀层中铝扩散到了过渡层中,与铁相伴,最终的成分为锌-铝铁合金相。这是因为在第一次热镀锌时经过抹拭的钢丝表面有一层锌铁合金层和一层很薄的 η 相(即铁在锌中的固溶体)。由于锌-铝合金溶液的温度高于固溶体的熔点,比较薄的含铁镀锌层溶解到锌-铝合金镀液之中,同时铁锌金属间化合物 ξ 相也漂移到锌-铝合金镀层中,在存在铁的位置生成固溶了一定锌的铁铝金属间化合物,因此,过渡层较厚,元素分布不规则。又由于铁元素部分漂移到熔融的锌-铝合金镀液中,生产过程中熔池表面会漂浮着一层富铝的混合物,会造成镀层表面存在成分为铁-锌-铝三元金属间化合物的锌瘤,使生产过程不能顺利进行,因此,在实际生产中,通常的做法是定时清理锌-铝锅溶液镀层表面的杂质。另外,由于富铝化合物的析出,降低了镀液中的铝含量,所以对于铝含量控制也尤为重要。通过定时检测锌锅和钢丝镀层的铝含量,及时增补锌-铝锭,以满足钢丝的铝含量,保证其合金镀层耐腐蚀性能。

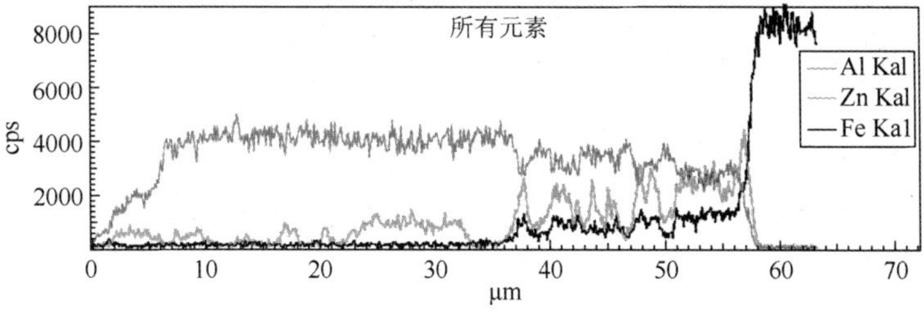

图2-60　锌-铝镀层线扫图

如图 2-61 所示,锌-铝镀层中铝含量从外到内的含量分别为 4.54%、4.55%、14.71%。谱图分析如图 2-62 ~ 图 2-64,其对应的成分见表 2-21 ~ 表 2-23。

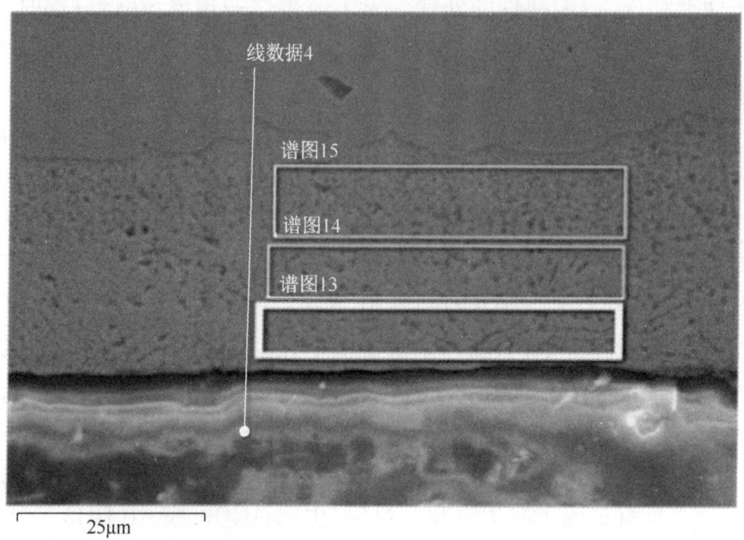

图 2-61 锌-铝镀层金相

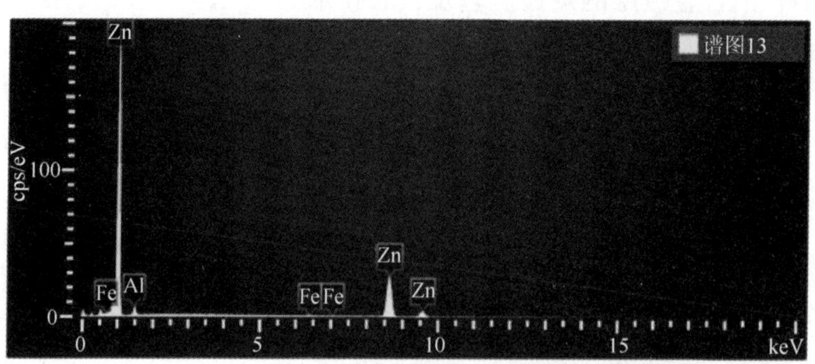

图 2-62 谱图 a

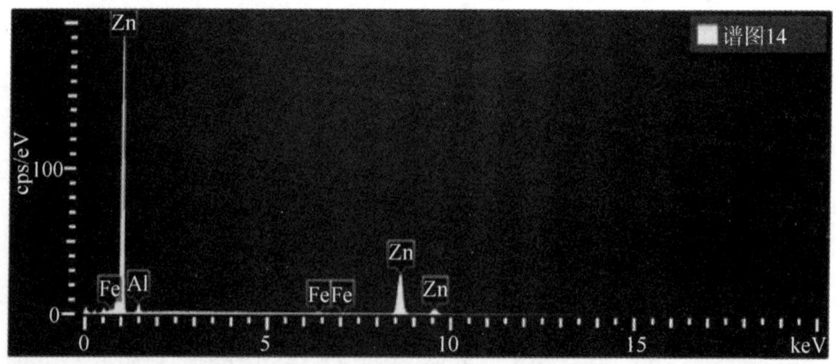

图 2-63 谱图 b

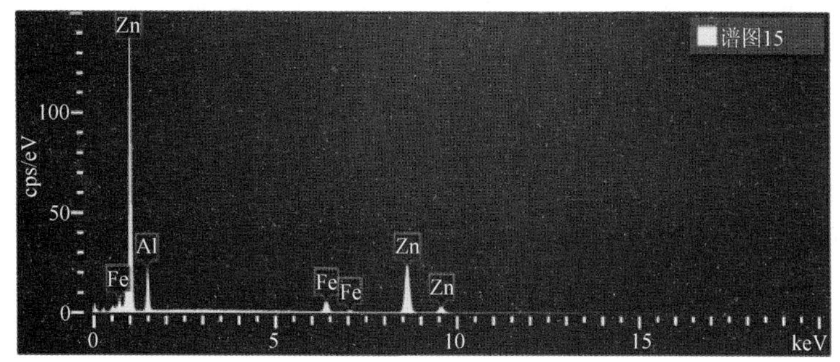

图 2-64 谱图 c

谱图 a 对应成分 表 2-21

元素	线类型	表观浓度	k 比值	wt%	wt% Sigma	标准样品标签	厂家标准
Al	K 线系	2.93	0.02104	4.54	0.30	Al_2O_3	是
Fe	K 线系	1.23	0.01226	0.61	0.19	Fe	是
Zn	K 线系	162.55	1.62553	94.85	0.35	Zn	是
总量				100.00			

谱图 b 对应成分 表 2-22

元素	线类型	表观浓度	k 比值	wt%	wt% Sigma	标准样品标签	厂家标准
Al	K 线系	2.98	0.02137	4.55	0.28	Al_2O_3	是
Fe	K 线系	1.79	0.01791	0.88	0.19	Fe	是
Zn	K 线系	164.34	1.64342	94.58	0.34	Zn	是
总量				100.00			

谱图 c 成分 表 2-23

元素	线类型	表观浓度	k 比值	wt%	wt% Sigma	标准样品标签	厂家标准
Al	K 线系	11.23	0.08067	14.71	0.33	Al_2O_3	是
Fe	K 线系	14.17	0.14171	6.95	0.25	Fe	是
Zn	K 线系	139.38	1.39383	78.34	0.41	Zn	是
总量				100.00			

通过对样品的检测分析,发现铝含量在镀层中并不是均匀分布的,而是靠近钢基附近铝的含量较高,中间到外层的铝含量相对较低。铝含量的不均匀分布说明了铝比锌更加活泼,在镀层中容易出现不均匀分布的情况。另外,因铝元素比锌更活泼,在硫酸铜溶液中的置换反应更快,已不同于早年的纯锌镀层。常规的镀层均匀性试验通过硫酸铜溶液浸泡方法来进行,继续沿用传统的评价方法略显不足。在实际生产过程中,镀层中的铝含量分布又和前道纯锌镀层的厚度有关,且镀层中总的铝含量并不代表镀层中共晶合金含量的多少,这也是两步法镀层技术需要继续研究的课题。

(2)热镀工艺研究

热镀锌-铝镀层技术已经相对成熟,与纯锌镀层相比,主要有两方面的差异,也是热镀工艺研究需要解决的问题:

一方面,钢丝走线速度快,导致前处理在线处理能力不足;热镀锌-铝合金要达到 300g/m^2 以上的镀层重量,走线速度需达到 20m/min 左右(纯锌镀层热镀线速度为 15m/min 左右),导致前处理清洗不到位,产生镀层问题。

对策:经过研究和试验,采用超声波+碱洗的方式较好地解决了清洗问题,避免回到传统的铅浴脱脂工艺(环保明确禁止)。

另一方面,锌-铝锅内铝含量控制困难;两步法热镀锌-铝合金,先镀锌(第一锅),再镀锌-铝(第二锅),钢丝表面的纯锌在锌-铝锅内部分熔化并不断稀释锅内铝含量,导致钢丝镀层铝含量不达标。

对策:钢丝上纯锌在锌-铝锅中熔化不可避免,防止锌-铝锅内铝含量降低的方法主要有两个:一是通过电磁抹拭技术,大幅降低第一埚热镀纯锌钢丝的镀层重量,避免对第二埚的稀释;二是在钢丝入锌口捞出部分低铝合金(维持锌-铝锅液面高度稳定)。

经过不断的试验和摸索,建立了行之有效的锌-铝锅铝含量控制方法,并形成管理制度,保证了南沙大桥钢丝生产过程中镀层铝含量的稳定。

(3)抹拭技术及设备研究开发

锌-铝合金镀层钢丝的抹拭方式与纯锌镀层不同,走线速度快,锌-铝合金液的流淌性好,采用木炭抹拭效果较差。

研究了气刀抹试和复合电磁抹拭原理方法,试验中两种方法的实际抹拭效果均可,但实际生产应用都存在一定局限性:

①气刀抹拭要求气刀内径与钢丝直径差不能太大(太大效果不理想),在较小的空间内长时间生产易因钢丝偶尔晃动而摩擦,产生局部表面问题。

②复合电磁抹拭(新西兰及我国专业厂家)效果较好,但停车时钢丝容易在抹拭器中烧断(中高频感应发热),由于是封闭回路设计,个别钢丝断丝后单独穿丝几乎无法实现,生产效率低。

从抹拭效果及稳定性来说,复合电磁抹拭(氮气+电磁力)是较好的方式。

2)研究与试验

钢丝试验阶段疲劳试验分别做 360MPa、410MPa、460MPa 三个应力幅 200 万次未断,生产阶段按技术要求每 2000t 做一组应力幅为 360MPa 的疲劳试验,200 万次均未断。本项目对钢丝进行 3 组(3 根试样为 1 组)疲劳试验研究。在第一组(南沙大桥技术要求)合格后,进行第二、三组试验研究,具体试验数据见表 2-24。

钢丝疲劳试验数据 表 2-24

序号	试验参数	试样编号	试验结果
第一组	$0.45F_b$,360MPa	1	200 万次通过
		2	200 万次通过
		3	200 万次通过

续上表

序　号	试验参数	试样编号	试验结果
第二组	$0.5F_b$,410MPa	4	200 万次通过
		5	200 万次通过
		6	200 万次通过
第三组	$0.5F_b$,460MPa	7	200 万次通过
		8	200 万次通过
		9	200 万次通过

	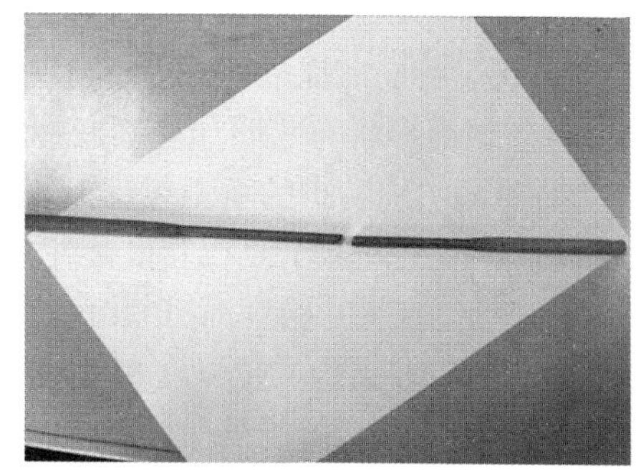
5 号样品试验后	7 号样品试验后

2.3.3.2　主缆S形钢丝缠绕技术

主缆是悬索桥的主要受力构件之一，为不可更换构件，被称为悬索桥的“生命线”。百余年来，影响现代悬索桥耐久性的关键性世界难题是主缆钢丝的锈蚀。传统圆形钢丝缠绕+重防腐涂装的主缆防护体系，由于圆形钢丝相互没有约束，长期运营下，主缆在活载和温度反复作用下，作为防腐涂层骨架的钢丝之间产生缝隙，导致防腐涂层开裂，水分渗入、内部积水不能排除，使主缆钢丝产生锈蚀，对桥梁的安全性和可靠性带来隐患。

近年来，发达国家已开始在悬索桥上应用新型的主缆除湿防护技术，该技术采用异形S形钢丝缠丝，缠绕后钢丝相互咬合搭接，在主缆表面与涂层一起形成一个密闭的环境，向内部注入干燥空气，排出缆内水分，使主缆钢丝保持在钢材腐蚀的临界湿度以下的环境中。实践证明，该技术能有效阻止主缆钢丝腐蚀，代表了主缆防护技术的发展方向。

相对于传统主缆圆形钢丝缠绕(图2-65)，采用S形钢丝缠绕主缆(图2-66)具有以下两个优点：①增加主缆防护层的水密性和气密性。采用S形钢丝缠绕形成封闭层，一方面，其水密性和气密性要远远好于圆形钢丝，既可有效阻止外界水分渗入主缆，也可杜绝有害气体进入主缆内部；另一方面，又可防止吹入主缆的干空气泄漏，实现主缆内部的有效干燥。②传统的圆形钢丝缠绕前需要用腻子或者其他黏性材料填充主缆表面，缠绕后需要密封剂密封。采用S形钢丝缠绕时，环环相扣，形成平整的表面，缠丝前不需要腻子填充，缠丝后也不需要密封剂，可直接涂装，节约了涂料成本，缩短了施工工期。

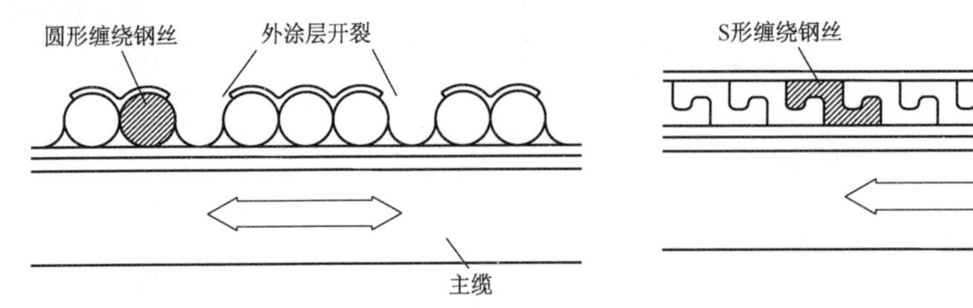

图 2-65　圆形钢丝主缆缠绕示意图

图 2-66　S 形钢丝主缆缠绕示意图

1) 主缆缠绕用 S 形钢丝的技术指标及先进性分析

主缆采用 S 形钢丝缠绕加干空气主动除湿防护的新技术。其主缆缠绕 S 形钢丝是保证干空气除湿系统运行的前提条件，是悬索桥主缆防腐的主要材料，需要满足以下 4 个要求：

(1) 钢丝截面形状为 S 形，形状误差小，尺寸精度高

作为悬索桥主缆防护的新型缠绕钢丝，S 形钢丝要求缠绕后形成一个相对封闭的防护层，因此，缠绕后钢丝之间除了要相互搭接外，还要求钢丝之间的接触为面接触。因此，要求钢丝截面形状为 S 形，且尺寸精度高，形状位置误差小。

(2) 钢丝具有较高的抗拉强度和良好的延展性

缠绕钢丝为主缆钢丝提供保护，它在主缆外表面构成一个具有足够压力的套箍。主缆在最大荷载状态下，保证缠丝作用有效的关键是缠绕钢丝仍然具有一定的张力，否则可能会因缠绕钢丝松弛产生涂层开裂，进而引起防护体系失效。因此，悬索桥主缆钢丝在缠绕时需要具有一定的预张力，此预张力的大小与主缆缠绕作业的施工顺序有关。

传统的悬索桥主缆施工工艺是将主缆缠丝和涂装防护及拆除猫道作为最后一道工序，安排在全桥恒载完成 95% 之后进行，其主要目的是减少主缆缠丝和涂装防护之后施加的恒载造成的主缆二期拉力引起的主缆横截面二次收缩，保证缠绕钢丝圈对主缆的紧箍力和涂装防护效果。采用该“先铺装，后缠丝”施工工艺的主缆，缠绕钢丝张力变化较小，仅受汽车荷载、主缆降温以及系统温差等因素影响，缠丝时导入的预拉力也较小，对缠绕钢丝的抗拉强度和延伸率的要求也较低。但在实际的施工过程中，主缆缠丝和涂装防护施工中的油污和防护材料散落物会影响已铺装桥面的质量和外观，另外，大桥的总体施工工期较长。因此，国内外建设的许多大跨径悬索桥都采用了在钢箱梁吊装完成后、桥面铺装施工之前进行主缆缠丝和涂装防护的施工工艺。采用“先缠丝，后铺装”施工工艺，不仅要考虑汽车荷载、主缆降温以及系统温差等因素影响，还需考虑二期恒载引起的泊松效应。为了消除后续荷载作用下主缆伸长、直径变小的影响，要求缠丝张力加大，残余张力增大，使缠绕钢丝弹性伸长。一旦主缆后续荷载施加，主缆直径变小，缠绕钢丝的残余应力释放，使缠绕钢丝始终贴近主缆表面。国内外的有关数据表明，采用“先缠丝，后铺装”的跨悬索桥缠绕钢丝的张力在 2.0 ~2.9kN 之间。

南沙大桥也采用了“先缠丝，后铺装”施工工艺，缠丝张力在 2.4 ~2.6kN 之间。为了满足以上要求，S 形钢丝须有较高的抗拉强度，并具有一定的韧性、塑性和延展性。综上所述，主缆缠绕用 S 形钢丝的破断力要求不低于 7.2kN，钢丝的延伸率大于 1.5%，扭转次数大于 6 次。

(3) 主缆缠绕钢丝具有较好的抗腐蚀性能

缠绕钢丝是主缆防腐的第一道屏障，其本身如果发生锈蚀，将直接导致主缆防腐的失效。

因此,主缆缠绕用S形钢丝需要进行热镀锌防腐处理,热镀锌的锌层重量不小于280g/m²,锌层附着牢靠,在15mm的芯棒上缠绕2圈不脱落。

(4)钢丝具有较好的焊接性能

主缆缠丝作业采用专用的主缆缠丝机,缠丝时需通过绕丝机将钢丝绕至储丝盘上,每盘钢丝重约300kg,缠绕作业在索夹之间进行,一个索夹区间存在缠绕钢丝的接头。因此,缠绕钢丝需要具有较好的焊接性能,使得S形钢丝在主缆缠丝作业中焊接方便、容易操作、满足高空作业的要求,并保证其焊接强度不低于母材强度。为了满足以上要求,S形钢丝的原材料要求选用焊接性能较好的低碳钢盘条,其碳含量在0.04~0.10之间。南沙大桥主缆缠绕用S形钢丝的技术指标见表2-25所示。

南沙大桥主缆缠绕用S形钢丝技术指标　　表2-25

项　　目	技术指标
尺寸及公差(mm)	宽7±0.15,高3±0.08
破断力(kN)	≥7.2
抗拉强度(MPa)	>540(抗拉强度计算面积$S=13.32mm^2$)
延伸率	≥1.5%(延伸试验标距$L_0=150mm$)
扭转次数(次)	≥6(扭转试验标距$L_0=200mm$)
锌层重量(g/m²)	≥280(锌层试验计算截面周长$L=21.81mm$)
锌层附着力(缠绕)	2圈(缠绕试验芯棒直径$D=15mm$)
硫酸铜试验	≥4次/min
钢号	《优质碳素结构钢》(GB/T 699—2015)中08
焊接性能	焊接部位(铝热剂焊接或等效焊接),强度不得低于主体材料的公称抗拉强度
成品表面质量	表面应有连续锌层,锌层应光滑均匀,无痕点、裂纹、毛刺、机械损伤、油污、锈斑及有害附着物,但允许不影响锌层质量的局部轻微划痕,产品具有良好的通条性和均匀性

2)主缆缠绕用S形钢丝的制作工艺及关键技术

S形钢丝是一种截面较为复杂的异型钢丝,且截面尺寸精度、机械性能、防腐性能等技术要求较高,因此,需要制定合理的工艺方法,实现产品的制作。异型钢丝的生产方法主要分为模拉、轧制、辊拉,这3种生产方法各有优缺点。模拉法的优点是产品形状精确、尺寸公差小、通条性好,缺点是制模难度大、尖角欠充满、表面易划伤;轧制法主要解决宽厚比较小的异型丝;辊拉法的优点是钢丝道次变形率大、尖角充满、形状精确、可生产复杂断面和较难变形的合金、不锈钢等,缺点是尺寸波动较大。基于以上研究,对于截面为S形的钢丝,需采用模拉、轧制、辊制相结合的工艺方法。

基于以上研究,针对南沙大桥S形钢丝的各项技术要求,制定以下制作工艺流程:盘条→拉拔→轧制→表面处理→热镀锌→辊制→收线。

其制作关键点包括以下方面:S形钢丝轧制模具孔型的设计和模具的选材、S形钢丝导向装置的设计、S形钢丝的镀前表面处理技术以及专用热镀技术。

3)主缆缠绕用S形钢丝实物质量分析

在上述研究的基础上,开展了坭洲水道桥S形钢丝的批量化生产,并对S形钢丝的各项技术指标进行了检验检测。检测结果表明,S 形钢丝的尺寸精度、破断力(抗拉强度)、延伸率、扭转次数、镀锌层厚度、镀层附着力均满足相关要求,具体见表 2-26。

S 形钢丝检测指标统计表 表 2-26

项目	宽度(mm)	厚度(mm)	抗拉强度(MPa)	延伸率	扭转次数(次)	锌层重量(g/m^2)	附着性能
标准值	7.00 ±0.15	3.00 ±0.08	>540	>1.5%	≥6	≥280	(2 圈) $D = 15mm$
最大值	7.14	3.03	630	4.0%	13	349	满足
最小值	6.97	2.97	580	2.7%	11	315	满足
平均值	7.06	3.00	605	3.4%	12	332	满足
样本总量	296	296	296	296	296	296	296
检测数量	296	296	296	296	296	296	296
检测比例	100%	100%	100%	100%	100%	100%	100.00%

注:检验次数要求为:①强度、延伸率、扭转次数、锌层及直径:每批取样 3 卷钢丝的两端各取一根检查,若一批不足 3 卷,全数检查。(“一批”是指用相同材料,同一次产生的钢丝。以一天中生产的数量为准。)②外观:全数检查。③焊接强度:一次。

S 形钢丝作为一种新型专用于主缆防护的异型钢丝,原材料综合性能要求高,制造工艺复杂,在很长一段时间内依赖进口,制约了该新型技术在我国的推广应用。南沙大桥为我国率先采用 S 形钢丝的特大跨径悬索桥之一,并开展了 S 形缠绕钢丝的国产化技术研究。通过技术攻关,开发出了国产的 S 形钢丝,其尺寸精度高,缠绕后扣合紧密,达到了预期的密封防护效果。该桥主缆缠绕钢丝全部采用国产的 S 形钢丝。试验检测以及实桥应用结果表明,国产的 S 形钢丝产品质量稳定可靠,完全替代了进口产品,为我国大跨径悬索桥的主缆防腐技术起到了示范作用,并对主缆除湿的防腐技术在国内的推广应用提供了技术和材料的支撑。

2.3.4 吊索制造技术

吊索制造技术主要包括吊索的制作工艺、吊索的长度精度控制技术、吊索防护技术、吊索疲劳试验,具体介绍如下。

1)吊索的制作工艺

吊索的制作工艺流程如图 2-67 所示。

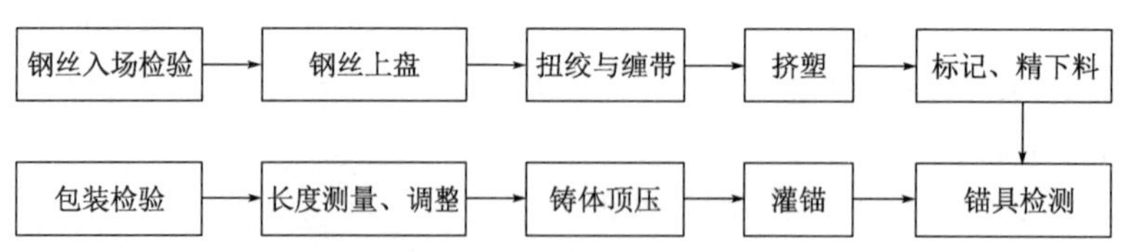

图 2-67 吊索的制作工艺流程图

(1)制索前钢丝经过检查验收合格,上盘时检查钢丝外观,记录每条索股所使用钢丝的卷号。

(2)按设计长度和规格型号要求,将一定数量的锌-铝合金镀层钢丝呈正六边形或缺角六边形紧密排列，将钢丝束同心左向扭绞，最外一层钢丝绞合角为2.5°~3.5°。扭绞后扭矩均匀，钢丝无交叉错位。扭绞后右向缠绕高强聚酯纤维带，其单层重叠宽度不小于带宽的1/3，且重叠层数不多于4层。

(3)在扭绞后的钢丝束外表面热挤双层高密度聚乙烯形成防护套，内层护套为黑色，外层护套采用设计颜色。

(4)按照设计要求的长度进行标记，并精确切割下料。

(5)索体端头的钢丝散开后将清除油污、锈蚀，用钢质分丝板分开钢丝，保持钢丝间均匀的间距。锚杯与吊索索体采用锌铜合金热铸为一体；合金的成分为：锌(98±0.2)%、铜(2±0.2)%。

(6)锚杯及浇注的合金完全冷却后，在浇注好的合金上施加1.25倍设计荷载的顶压力进行顶压。

(7)吊索总成的两端装上叉形耳板，两端耳板的开口面相互平行，在标距精确的试验台架上调整总成长度，使其长度的误差控制在要求范围以内。然后在叉形耳板的螺纹部分钻90°锥形凹坑，上紧螺钉定位。复测调整后锁定锚具叉耳位置，长吊索将在索体设置扭转标记线。

(8)成品吊索采用成盘包装索，其盘绕内径视吊索规格而定，不应小于20倍拉索外径。采用不损伤表面质量的材料捆扎结实，捆扎不少于6道，然后用棉布等柔性材料将整个圆周紧密包裹。

2)吊索的长度精度控制技术

吊索的长度精度对于控制悬索桥桥面的线形以及结构内力的分布有很大关系。根据设计要求，本桥吊索长度精度要求为：$L \leqslant 10$m时，$\Delta L \leqslant 2$mm；$L > 10$m时，$\Delta L \leqslant 2 + L/20000$mm。其中，$L$为吊索在基准温度和应力时的长度，以m计。

该要求远远大于我国普通拉索的精度要求($L \leqslant 100$m，$\Delta L \leqslant 20$mm；$L > 100$m，$\Delta L \leqslant 1/5000L$)，为了保证本桥吊索制作的长度精度，采用标准长度钢丝控制吊索长度和精度。标准长度钢丝控制吊索制作精度的技术是在借鉴悬索桥主缆索股长度精度控制技术的基础上，在吊索中心设置一根标准长度钢丝，以标准钢丝的长度来控制吊索的长度精度的一项控制技术，通过中心标准丝长度能控制吊索索体精度，如图2-68所示。

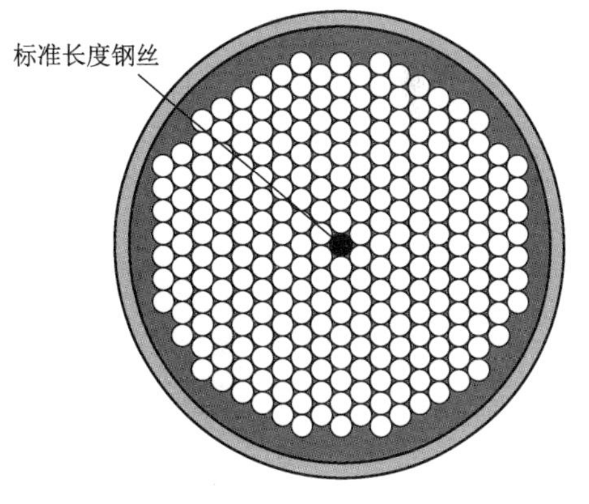

图2-68　设置标准丝的吊索截面

在实际制作过程中，由于钢丝束弹性模量和灌锚等制作误差会最终影响吊索的成品长度，如何掌握应力下的吊索的制作长度精度并进行吊索的长度调整，是成品吊索长度精度控制的另外一个关键因素。应力下的吊索的测量调整技术是将吊索张拉至实桥使用荷载，采用激光测距仪精确测量吊索销孔中心距；然后根据测得的准确长度，通过两端的叉耳螺纹调整，从而最终达到吊索的长度精度。

该项工艺控制技术中，激光测距中吊索温度修正必须采用索体实际内部温度，不得采用空气温度，避免温度差异引起的长度误差。本项目采用实索温度场测量系统测得吊索内部的温度,然后通过激光测距仪进行准确测长并修正后测得准确的吊索长度,并按照设计要求进行索长调整并锁定。图 2-69 为吊索激光测距布置图。

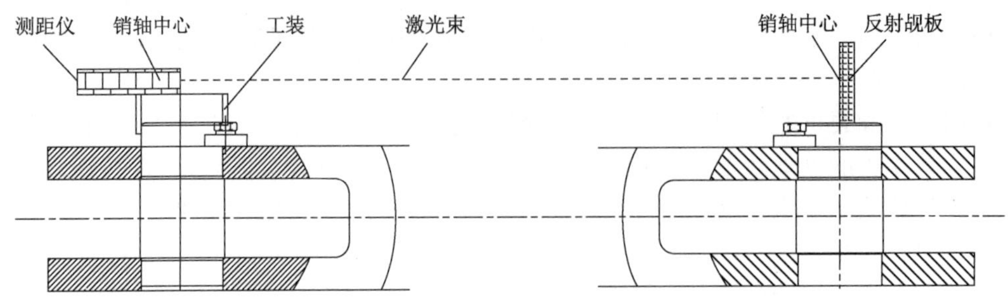

图 2-69 吊索激光测距布置图

3)吊索防护技术

吊索防护技术由三部分组成:索体的防护、锚具的防护及锚具与索体连接部分的防水措施。

(1)索体的防护

如图 2-70 所示,高强钢丝吊索索体本身有 4 道防护层:高强钢丝表面镀锌-铝合金层 + 钢丝束缠绕高强聚酯纤维带 + 钢索裸索外热挤内层黑色高密度聚乙烯护套层 + 外层彩色高密度聚乙烯护套层。

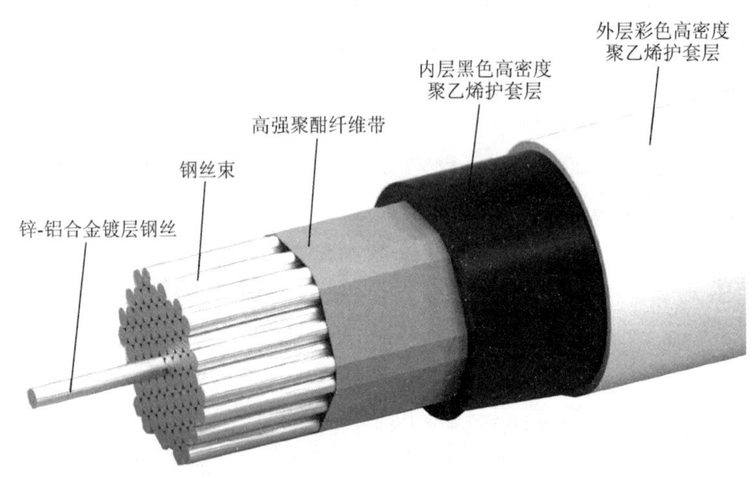

图 2-70 吊索索体防护结构示意图

在高强钢丝表面采用熔融热镀锌-铝合金的方法作为最基本的防护措施,即将钢丝浸入温度达 420 ~ 450℃或者更高温度的熔化锌中进行处理,铁基体与锌-铝合金反应,形成铁锌铝合金层覆盖在整个工件表面。锌-铝合金镀层表面有一定的韧性,可耐摩擦及冲击,与基体有着良好的结合力。镀层厚度不小于 $300g/m^2$。镀锌-铝合金钢丝在使用前,通过严格的镀层质量检测来检验是否合格,包括硫酸铜试验、缠绕试验及单位面积镀层附着重量试验。吊索的钢丝索体外连续缠绕高强聚酯纤维带。

吊索外层采用热挤双层高密度聚乙烯防护，它是一种非极性材料，以优质聚乙烯为主要原料，辅以炭黑、抗氧剂以及其他添加剂，具有优良的韧性、化学稳定性好以及优良的抗紫外线能力，在自然环境中，具有较好的抗老化寿命。本项目吊索采用挤管式双腔共挤挤塑机头，将熔融态的内外层高密度聚乙烯料通过一次成型包覆在缠绕聚酯纤维带的钢丝裸索上，然后冷却，形成光滑、均匀、致密的吊索表面。内层为黑色高密度聚乙烯，外层为彩色高密度聚乙烯，既可以有效降低吊索的吸热效应，又满足美观需要。

双层高密度聚乙烯护套层作为一个严密的整体防护层，可以防止水、腐蚀性气体、紫外线、有害杂质等对索体的侵蚀，从而构成有效的防护层，因此，要求护层必须连续成整体，不能有缺陷存在。

(2)锚具的防护

所有吊索锚具金属零部件(包含吊索锚杯、叉形耳板、吊索挡板、防水盖、密封压环、吊索套筒等)表面电镀彩锌处理，厚度为 20～40μm；之后涂装磷化底漆，厚度为 10μm，涂装环氧云铁中间漆 2 道，总厚度不小于 80μm，最后涂装氟碳面漆 2 道，厚度不小于 80μm。销轴镀一级光亮硬铬并抛光，厚度为 20～40μm。

(3)锚具与索体连接部位的防水措施

锚具与索体连接部位通常会成为吊索进水的一个通道，因此，锚具与索体连接部位的防水对于吊索整体的防护至关重要。本项目在吊索的锚具连接筒和索体之间设置新型防水密封罩，其结构示意如图 2-71 所示。

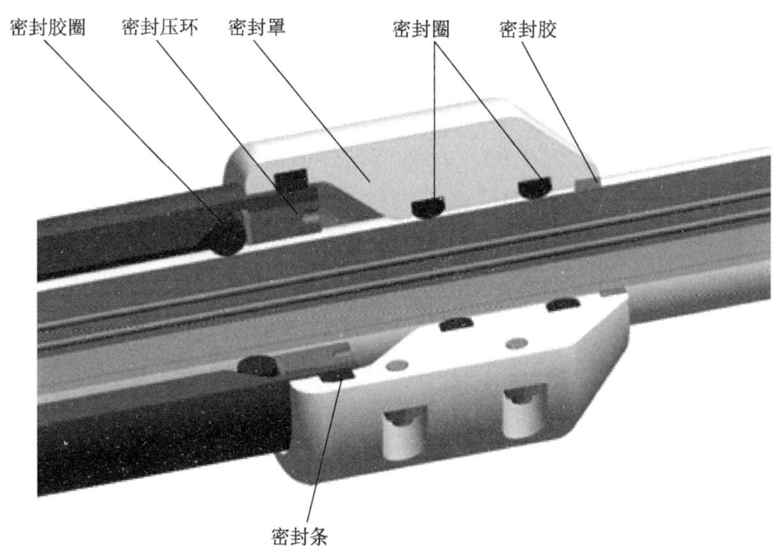

图 2-71　结构示意图

本结构的密封材料采用高性能硅橡胶密封胶圈。硅橡胶即聚二甲醛硅氧烷，是由 Si—O(硅—氧)键连成的链状结构，具有一种螺旋形分子构型，其分子间力较小，因而具有良好的回弹性，同时指向螺旋外的甲醛可以自由旋转，因而使硅橡胶具有独特的表面性能，如憎水性，而且硅橡胶比其他普通橡胶具有更好的耐热性、化学稳定性等。

4)吊索疲劳试验

大沙水道桥吊索规格为 PSS-5-109、PSS-5-121,坭洲水道桥吊索规格为 PSS-5-109、PSS-5-241 和 PES-5-337,每种规格吊索取 3 根做疲劳试验(图 2-72)。

图 2-72　吊索疲劳试验

吊索的疲劳试验条件如下:

试验吊索长度(不计两端锚头长度)不小于 3m。

先加 $0.5P_m$(P_m为吊索的公称破断荷载)的静载并持荷 10min 卸载,测量铸体回缩值。

用脉冲动荷载加载,上限荷载为 $0.45P_m$,应力范围为 200MPa,加载频率不大于 8Hz;在 2×10^6 次循环脉冲加载时,试验过程中观测试件状况,如有异常现象发生,应记录发生异常的位置、现象及当时的脉冲计数。

动载试验后,对同一试件进行 $0.95P_m$的轴向拉伸试验,试验过程中逐步缓慢地增加荷载。

吊索经过疲劳试验及疲劳后的静载试验,得到如下检验结论:经过疲劳试验后,索体完好,高密度聚乙烯无破损,无断丝;经过疲劳后的静载试验,索体完好,高密度聚乙烯无破损,无断丝;锚具、耳板及其相关附件完好,无变形,无损伤。

5)结论与建议

南沙大桥吊索采用了热挤聚乙烯平行钢丝吊索,结构紧凑,索体防腐密封在工厂内进行,质量稳定,耐久性较好,且抗疲劳性能较好。另外,相对于结构松散的钢丝绳吊索,平行钢丝吊索弹性模量稳定,制作、施工及使用中均没有较大的非弹性变形,长度精度容易控制,且施工简便。

2.3.5　检修道(扶手绳)制造技术

检修道(扶手绳)制造技术主要包括检修道(扶手绳)的制作工艺、检修道(扶手绳)的长度精度控制技术两方面,具体介绍如下。

1)检修道(扶手绳)的制作工艺

扶手绳的制作工艺流程如图 2-73 所示。

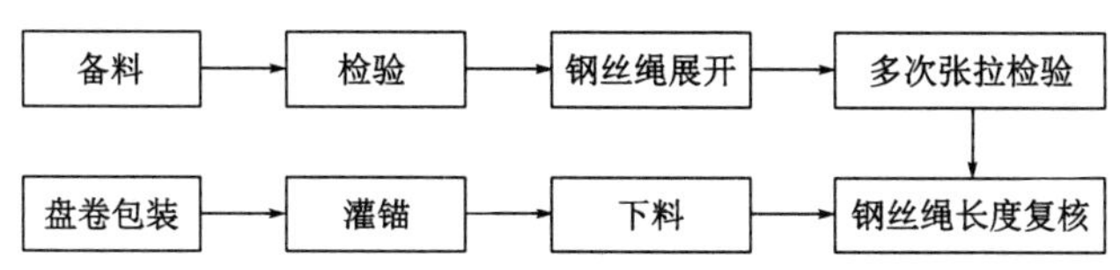

图2-73　扶手绳的制作工艺流程图

(1)备料。本项目检修道用钢丝绳采购严格按照进货检验程序执行,确保进入生产现场的钢丝绳100%合格。锚杯及配件尺寸及所用钢材型号均符合设计图纸规定,并经检验合格方可使用。其他原材料包括锌铜合金等,均进行相关的进场验收,严格把关,从原材料上保证产品的质量。

(2)钢丝绳展开。将盘卷好的钢丝绳展开,检查有无损伤、断丝情况,注意保护好钢丝绳,不得与地面、硬物剐擦。

(3)多次预张拉检验。钢丝绳下料前必须进行预张拉。预张拉力为钢丝绳公称破断荷载的55%,持续1个小时,以消除非弹性变形。判定标准为:最后两次预张拉的非弹性变形之差不大于预张拉长度的1.5%。

(4)钢丝绳长度复核。预张拉合格后,将钢丝绳卸载至设计提供下料长度的荷载,进行钢丝绳长度的准确测量和复核,并标记,标识线采用红黑颜色,宽度(50±10)mm。标记完成后,将钢丝绳卸载至零状态,在两端标识上索号后,继续进行下一段的操作。

(5)下料。复核钢丝绳的长度,下料必须用缠包带捆扎端头并采用砂轮切割,不得采用火焰切割。

(6)灌锚、顶压。锚杯必须按设计要求进行严格检验,方可使用。锚杯内灌注锌铜合金,应严格控制纯度及配合比。合金浇注温度为(460±10)℃,灌注合金前应将锚杯预热至(150±10)℃。锚杯和钢丝绳在浇注台上垂直固定,将插入锚杯部分的钢丝绳的钢丝呈同心圆散开,保证钢丝绳中心与锚杯中心完全一致,并保证钢丝的任何部位不与锚杯接触。合金浇注后钢丝绳与锚头端面垂直度应控制在90°±0.5°。合金浇注应密实,内无气孔,实际灌入量应为理论灌入量的92%以上。锚杯及浇注的合金冷却后,对浇注的合金进行顶压:将锚杯固定在顶压台上,在出口端的吊索上做标记。顶压头顶在合金上,扶手绳顶压力190kN(栏杆绳顶压力60kN),持荷5min,卸压后测量索股外移量,不大于3mm为合格。

(7)包装、盘卷。本项目检修道采用镀锌钢丝绳,在工地现场架设完成后由施工单位进行涂装防护。镀锌钢丝绳以脱胎成盘的形式包装。

2)检修道(扶手绳)的长度精度控制技术

扶手绳一般采用直径较小的钢丝绳。钢丝绳由于加载使用一段时间后会产生结构性伸长,而造成这种伸长的主要原因是钢丝绳生产中产生的工艺应力和变形,使钢丝在股内、股在钢丝绳内的相对位置不顺当,而钢丝绳一经使用,经过反复荷载,逐步理顺了这些相对的位置,同时也使钢丝绳产生了永久性的伸长,这就是所谓的结构性伸长。钢丝绳的结构性伸长一般在0.7%~1.0%之间,这些结构性伸长如果不消除彻底,由于扶手绳长度较长,累计产生的长度误差较大,就会严重影响长度精度控制。

检修道(扶手绳)的长度精度控制技术包括以下两个方面:

(1)预张拉

由于钢丝绳制作完成后在外力的作用下自身会有结构性伸长,故不得直接使用。要消除钢丝绳在使用过程中的伸长(即消除非弹性形变),就必须对吊索钢丝绳进行预张拉。本项目检修道钢丝绳一共实施了3次预张拉,每次的预张拉荷载为钢丝绳索体公称破断荷载的55%,持荷时间60min,以消除非弹性变形,最终满足最后两次预张拉的非弹性变形量之差不大于预张拉长度的0.15‰。

(2)应力下进行长度标记

钢丝绳预张拉完成后,卸载至设计荷载状态进行长度测量。随后按照工艺卡计算后的下料长度,再扣除合金铸体的回缩值,在检修道钢丝绳保持顺直的状态下,用盒尺进行测量并做出切断标记的位置标记线(为了便于测量,在锚杯内端300mm处作长度标记点,长度误差≤L/5000mm,L为设计长度)。随后采用切割机将钢丝绳逐根切断,切断时应保证切断面与钢丝绳轴线垂直。

2.4 钢箱梁制造技术

南沙大桥作为扁平钢箱梁的典型代表,其设计寿命为100年,对制造质量(几何精度、焊接质量、焊接接头的力学性能等)要求较高。因此,迫切需要寻求一系列精度高、适应性强的钢箱梁制造技术来保证南沙大桥钢箱梁达到质量要求。在钢箱梁的制造过程中,具体需要解决以下问题:

(1)正交异性桥面板U肋焊接要求为外侧焊接,熔深为板厚的75%,不允许出现焊穿情况;横隔板设计为单侧加劲,结构均为10mm板厚,与底板U肋装配间隙需控制在1mm范围内;风嘴单元反面加劲肋采用焊接形式,板厚较薄,宽度为65mm,设计为双面角焊缝,焊接变形非常大,较难控制;锚固单元作为钢箱梁主要受力结构,其锚固孔装配要求非常高。

(2)节段拼装是整个钢箱梁生产制造过程中最重要的一个工序,节段拼装的质量将决定桥位环缝施焊的施工质量和进度。节段拼装的重点是控制桥梁的线形、钢箱梁节段的制造精度以及相邻环口的匹配精度。节段拼装焊接工作量较大,尤其是锚固吊索区域的全熔透焊缝,对装焊要求较高,变形控制难度较大。

(3)钢箱梁的边缘棱角、手工焊缝不平整,其表面喷砂质量和油漆涂装难度较大,难以保证防腐蚀效果。

(4)附属件数量多,钢板较薄,焊接变形较大,难以控制;检修道栏杆底座半圆管双面坡口开设变形较大,需分段开设后再对接;防撞护栏立柱因实际线形与理论线形存在一定偏差,安装时根据线形调整,调整难度较大。

2.4.1 板单元场内智能化制造工艺

根据南沙大桥钢箱梁的特点,对南沙大桥钢箱梁结构中I肋单元、U肋板单元和横隔板单元的制作流程进行分解,针对每个制造流程进行工位布置、设计工装、升级设备、工序转换的物流设计,形成板单元制作流水线,以提高板单元的制作效率,降低生产成本,实现扁平钢箱梁结构制作的工位化、工装化、标准化,提升板式结构制作的自动化程度,提高数字化管理水平。

2.4.1.1　板单元自动组装和定位焊技术

正交异性桥面板单元采用U肋自动装配机进行组装和定位焊(图2-74和图2-75)。钢板定位采用U肋侧边对齐装置进行自动定位找正。钢板定位后首先进行焊缝部位自动划线、打磨和除尘;再利用液压卡具进行U形肋的自动定位和压紧,保证组装间隙小于0.5mm;采用先进的机器人焊接系统进行定位焊,实现U形肋定位焊自动化,保证U形肋坡口根部焊接质量。为提高生产效率、减少装配误差、保证产品质量,在原有胎架基础上设计了侧边对齐装置,采用气动联动的方式,使得宽度方向调节快捷,提高对齐效率。

图2-74　U形肋自动打磨、划线图

图2-75　U形肋自动装配、定位焊

正交异性桥面板单元在双向反变形胎上焊接,通过自动液压卡具预设双向反变形,采用半龙门式焊接机器(含4条机械手臂)和双工位布置的系统同时进行船位焊接(图2-76)。该机器人焊接系统采用世界最先进的电弧跟踪技术,实现对坡口根部位置偏差的智能化跟踪调整,跟踪精度达到0.2mm,解决了以往多头龙门焊机探针或光电跟踪偏差大的问题。配合双向反变形、船位施焊技术,确保焊缝根部熔合、内在质量、外观成型及板单元焊后平整度,避免焊后矫正。该技术是保证U形肋板单元制造质量、提高使用耐久性的关键。

图2-76　U肋机器人焊接

2.4.1.2 隔板单元自动焊接与新型切割下料技术

横隔板作为钢箱梁的骨架,在梁段组装时起到内胎的作用,其制造精度直接影响到梁段的几何尺寸和相邻梁段箱口间的匹配精度。为减少焊接变形,有效控制隔板焊接收缩,隔板在专用平台上进行装配后采用先进的焊接机器人(图2-77),同时对隔板采用对称焊接。为保证隔板制作精度,提高隔板制作质量,隔板采用二次切割工艺进行制作(图2-78),即在隔板加劲肋焊接完成后对隔板进行矫正和调平,划好齿形口切割线,首先采用先进的精密切割机并利用红外线对齐后进行模拟切割,确认无误后再进行实体切割。

图2-77 隔板机器人焊接

图2-78 隔板二次切割

为保证隔板制作精度,提高产品制作效率,在采用二次切割工艺的隔板制作过程中,收集隔板焊接收缩量,进行总结分析。通过预留一定的焊接收缩量,降低在焊接过程中因收缩而带来的不利影响,在后期的隔板制作过程中采用一次切割工艺进行制作,并经过实际跟踪测量验证,符合制造验收规则。

2.4.1.3 锚固单元机器人焊接与精密加工技术

如图2-79所示,锚固吊索吊孔补强板焊接打破常规手工焊接方法,首次采用机器人焊接。为保证焊接质量,采用多层多道焊接,焊接完成后利用高精度数控镗铣床机加工内圆,并按要求对焊缝进行锤击。

图2-79 锚固单元机器人焊接

2.4.1.4 信息化软件辅助的自动化制造

智能机器人焊接是现代化焊接自动化技术的重要标志，为此，在引进先进机器人的同时，引进机器人离线编程软件并应用于实际生产中，全面实现机器人焊接替代传统手工焊接。离线编程基于 SolidWorks 软件对工件三维建模，利用编程软件 ARCMAN 制定焊接工艺和装焊顺序。

针对南沙大桥板单元规格和数量较多的特点，采用离线编程软件（图 2-80），在构件制作前，对每一种规格的构件在计算机上进行编程并保存数据，待构件正式生产时通过网络传输到车间机器人系统内即可开始焊接；离线编程可以提高操作人员的工作安全性和舒适性，并且离线编程具有再生成模拟运行功能，可以在计算机上模拟焊接，并检查焊接参数的准确性，及时进行修正。图 2-81 为焊接机器人数据库。

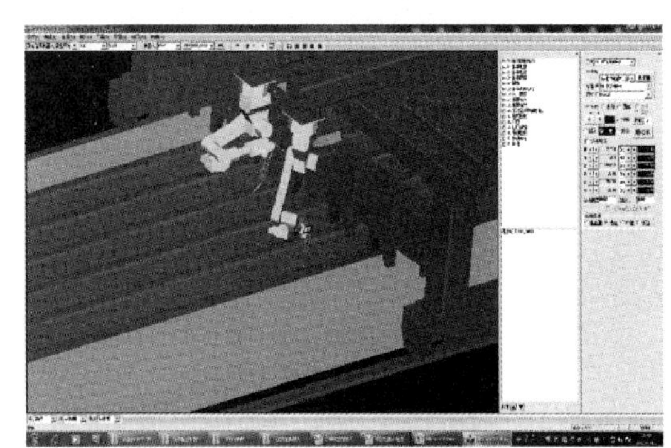

图 2-80 正交异性桥面板装配焊接程序编辑

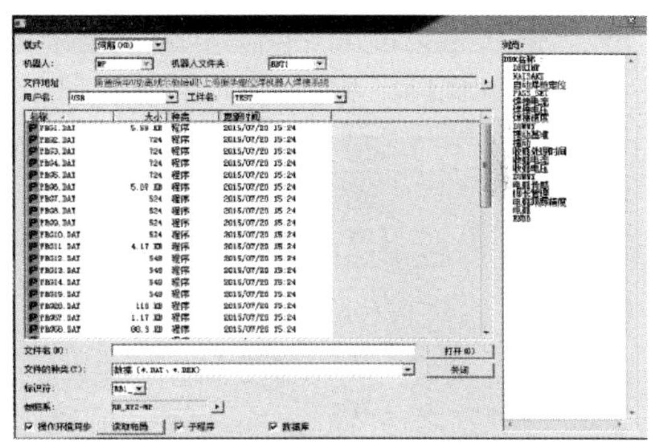

图 2-81 焊接机器人数据库

三维模型离线编程作为提高焊接机器人工作效率的重要手段，具有开放性好、集成度高、对复杂任务编程快速精确等优点，通过南沙大桥各类构件的制作统计，采用自动化设备制造后，整体的生产效率约为原人工制造的 3.5 倍。

2.4.1.5 工艺优化与提升

南沙大桥钢箱梁结构形式新颖、制造难度大，在充分借鉴以往钢箱梁制造经验的基础上，从工艺与管理方面不断进行优化和改进，以确保钢箱梁整体质量稳固提升。

1）板单元切割下料工艺改进

针对板厚为 10mm 的横隔板，为消除焊接及矫正收缩变形，保证 U 肋槽口匹配精度，首轮板单元均采用焊接后二次数控精切槽口的制作工艺（图 2-82 和图 2-83）。通过首轮隔板单元制作，收集了各工序收缩变形数据，后期隔板单元制造均采用先切槽口工艺，既保证了切割质量，又提高了生产效率。

2）吊耳板单元焊接工艺改进

锚固吊索吊孔补强板焊接（图 2-84）打破常规手工焊接方式，首次采用机器人焊接。为保证焊接质量，经过多次焊接试验，寻找合理的焊接工艺参数后，采用多层多道焊接。

3）隔板单元接板坡口开设方式改进

横隔板接板 U 肋槽口 50mm 范围内需加工双面坡口，传统焰切不易控制尺寸，且成型较差。采用手持式坡口机加工坡口(图 2-85),既确保了坡口尺寸及外观,又大大提高了加工效率。

图 2-82　横隔板二次切割

图 2-83　横隔板一次切割

图 2-84　锚固补强板自动化焊接

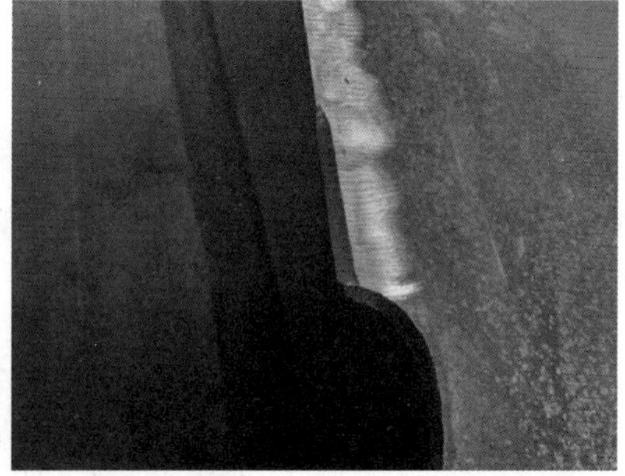

图 2-85　横隔板接板坡口开设

4)检修道加劲结构形式改进

检修道加劲肋件 N3、N4 原设计为全熔透焊接,但由于板厚薄、宽度小、长度长,焊接变形较严重,不易控制,后期校正工作量较大,经设计同意后将该部分修改为折弯一体形。检修道加劲折弯如图 2-86 所示。

图 2-86 检修道加劲折弯

2.4.2 钢箱梁组拼控制技术

南沙大桥钢箱梁节段采用多梁段在车间内连续匹配组装、焊接和拼装同时进行的方案,根据车间长度,按照“8 + 1”梁段在车间内连续匹配组装及拼装,组装时预留一个节段参与下一轮的拼装,确保整体线形及端口匹配平顺。

2.4.2.1 钢箱梁大节段组拼几何精度控制技术

钢箱梁大节段组拼几何精度控制技术主要体现在测量控制网设置、基准线及线性控制点设置和节段组装胎架设置,具体内容如下:

1)测量控制网设置

(1)测量标志塔及全站仪基点设置

如图 2-87 所示,为了便于测量控制,节段组装胎架以及大节段组装胎架两端设置 3 对测量标志塔,其中一对设置在钢箱梁中心处,另外两对设置在边腹板处。标志塔应设在基础牢固之处,并设有适当预埋件,同时在施工过程中严禁车辆、吊物等碰撞标志塔。测量标志塔顶端设有标尺,中间划有“◁▶”样标志。

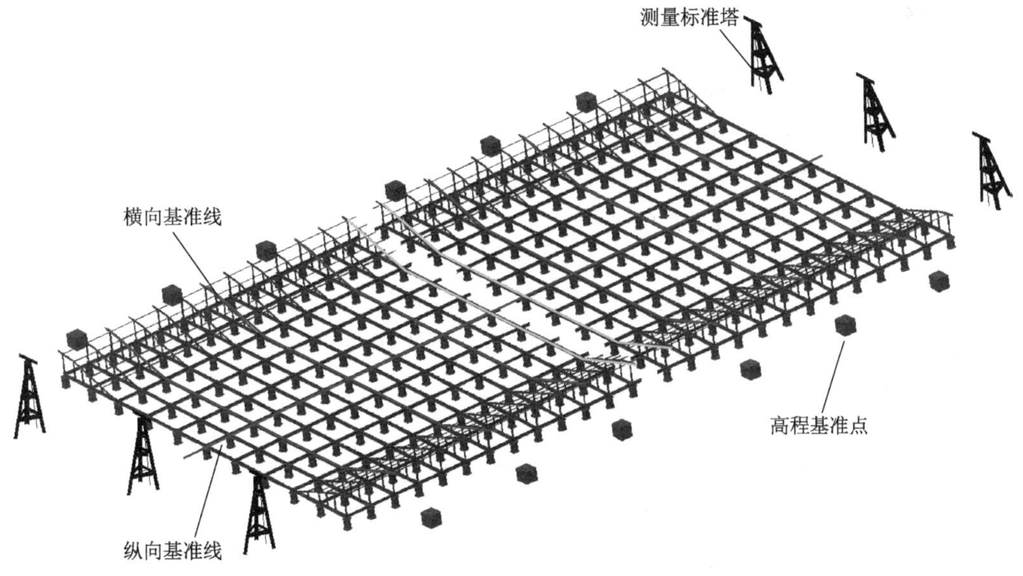

图 2-87 典型节段制造胎架示意图

(2)高程控制网设置

胎架周边布置高程基准点以形成高程测量控制网。高程基准点布置在胎架之外,其纵向间距不宜超过40m,且应布置在坚实可靠、最大沉降不得大于2mm的基础之上。进行控制测量时,要求测得的控制网闭合差不大于2mm(控制网的水准测量最好为偶数测站,应该对控制网多进行几次测量,直至能给出准确数据为止)。高程控制网内各高程基点高程数据应当记录成册,并定期进行检验。

(3)胎架纵、横基准线设置

胎架纵向基准线设于胎架马板及预埋钢板之上,并用样冲做好标记,每轮胎架改造时需进行重测。横向基准线刻划在胎架纵梁之上以及地面预埋钢板上。胎架的纵、横向基准线仅用于节段制造过程中结构的初步定位,结构的精确定位则依据梁段两端的标志塔上标尺配合经纬仪或全站仪进行。胎架测量控制网示意如图2-88所示。

图2-88　胎架测量控制网示意图

2)基准线及线形控制点设置

(1)纵向基准线设置

钢箱梁节段设置3道纵向基准线,纵向基准线平行于桥梁纵轴线,分别位于桥梁中心线处以及距离桥梁中心线约15m板处,刻划在顶板上。纵向板单元(如顶板、边腹板、底板等)在其中心线处设置纵向基准线,纵向基准线平行于节段纵向基准线,如板单元中心线位于U形肋或加劲位置,则移至一侧的两道肋板之间。

(2)横向基准线设置

钢箱梁标准节段横向基准面垂直于桥梁纵轴线,位于标准节段永久吊耳中心处。钢箱梁标准节段横向基准面与桥梁顶板上表面交线作为节段的横向基准线,与各板单元表面的交线作为板单元的横向基准线。

(3)线形控制点设置

线形控制点设置在顶板上表面,位于节段两端端口线与3条纵向基准线交点,如图2-89所示。

(4)水平基准线、竖向基准线的设置

钢箱梁横隔板设置水平基准线及竖向基准线,水平基准线处于水平位置,距顶板下边缘最高点1000mm处;竖向基准线与之垂直,位于隔板两侧与底板U肋装配中心位置处。板单元基准线设置如图2-90所示。

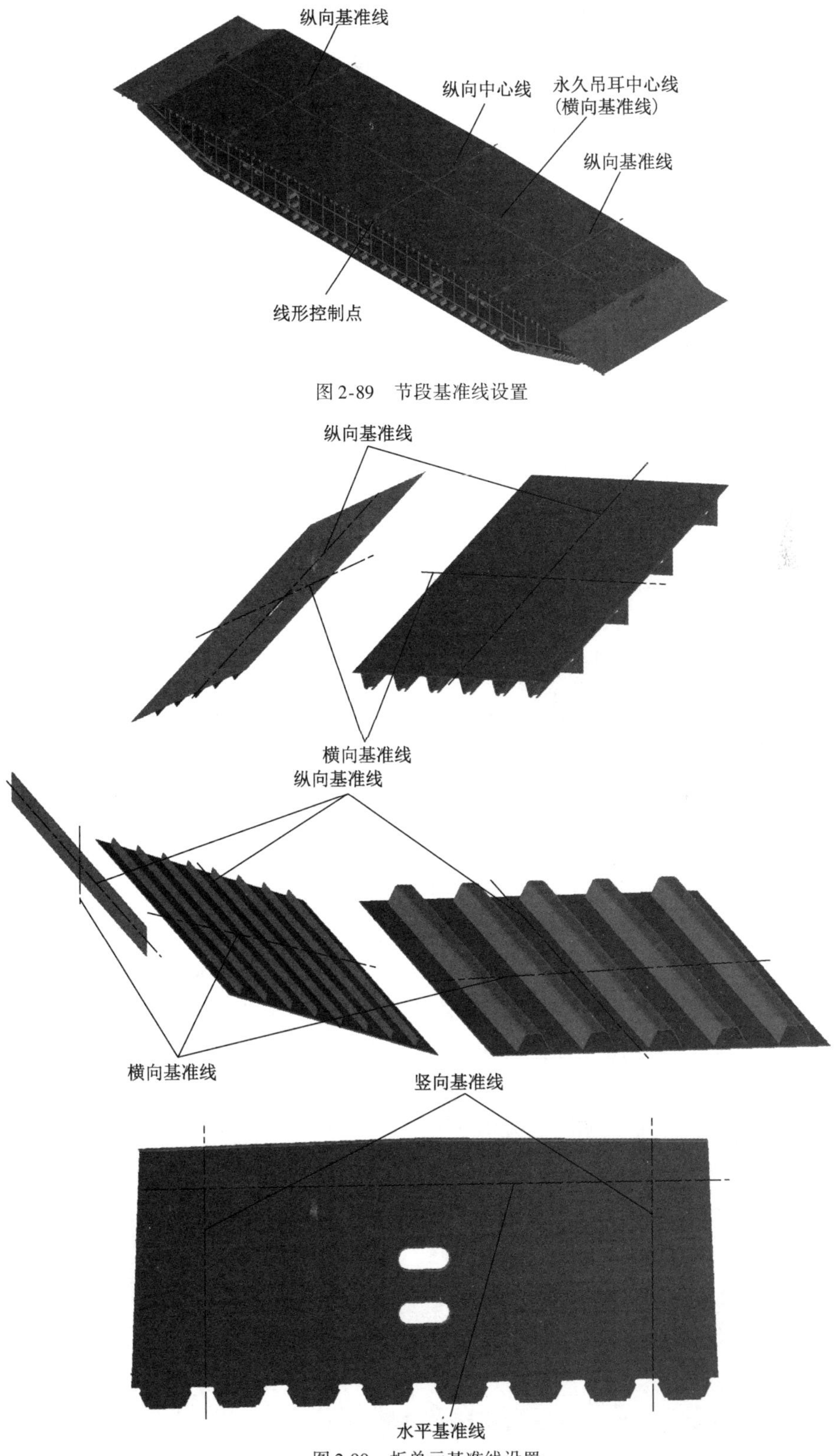

图 2-89 节段基准线设置

图 2-90 板单元基准线设置

3)节段组装胎架设置

节段的胎架结构采用槽钢为主要支撑,槽钢高度为1.2m。横梁及主要受力纵梁采用槽钢,在斜底板和悬臂部位的横梁使用槽钢作为支撑。在底板下方胎架设有5m的液压平板车行车道,此处胎架横梁采用螺栓栓接,在节段拼装结束后,拆除活动横梁,方便液压平板车出入顺畅。胎架纵向线形主要通过胎架横梁上部的“模板”高度进行控制。

2.4.2.2 超宽钢箱梁焊接变形控制技术

节段拼装是整个钢箱梁生产制造过程中最重要的一个工序,节段拼装的质量将决定桥位环缝施焊的施工质量和进度。节段拼装的重点是控制桥梁的线形、钢箱梁的制造精度以及相邻环口的匹配精度。节段拼装焊接工作量较大,尤其是锚固吊索区域的全熔透焊缝,对装焊要求较高,变形控制难度较大。通过首轮钢箱梁拼装,总结出在节段拼装中的关键焊接变形控制,内容如下:

图2-91 板单元块体制作

1)预制板单元块体减少焊接变形

钢箱梁总拼为各类板单元焊接工作,其焊接工作量巨大,产生的焊接变形较大,对钢箱梁线形控制难度较大。为有效控制焊接变形,在节段拼装期间采用预先制作大板块工艺,以减少在总拼胎架上的焊接工作量和产生的焊接变形。根据南沙大桥板单元板厚较薄的特点,板单元块体制作胎架在制作时设计为反变形胎架,通过预放适当的反变形,在块体焊接完成后基本不需矫正即可满足质量检测要求。板单元块体制作如图2-91所示。

2)总拼线形专用胎架

为保证钢箱梁桥位顺利匹配,在节段拼装时按桥位吊装线形设计带纵横线形胎架,并结合钢箱梁截面宽度大、焊缝数量多、焊接变形较大的特点,对两侧斜底板和检修道处的胎架进行加强设计,防止由于焊接变形过大导致的胎架变形。节段拼装胎架采用槽钢进行设计,并设置横向、纵向支撑,局部采用斜撑进行加固,确保在拼装过程中不产生刚性变形,在拼装前采用有限元计算软件对胎架强度进行模拟分析,并在每轮拼装完成后对胎架线形数据进行收集、分析和总结,以便在下一轮胎架布置前进行余量微调,确保在消除焊接变形的基础上保证钢箱梁节段的几何尺寸。总拼线形胎架如图2-92所示。

图2-92 总拼线形胎架

3)横截面焊接收缩变形控制

南沙大桥作为超大截面扁平钢箱梁,其横截面宽度为49.7m,底板板厚只有10mm,与胎架刚性连接后,对焊接产生的变形反弹量难以控制。板单元块体制作已经大大减少了节段拼装过程中的焊接变形,由于是超大截面箱梁,在拼装胎架上避免不了面板单元对接产生的焊接变形。可以通过线形胎架预放适当的反变形来消除焊接变形对横截面几何尺寸和坡度的影响,横截面焊接反变形值见表2-27。通过前三轮焊接收缩余量的收集和分析基本能够完全掌握焊接变形量,在后面的节段拼装中一次性将余量放置到位。

横截面焊接反变形值 表2-27

钢箱梁中心位置(mm)	两侧斜底板位置(mm)	两侧检修道腹板位置(mm)	横向坡度数据
0	-15	-20	1.98%
0	-18	-24	2%
0	-20	-24	2.02%

焊接残余变形对结构几何精度的影响是不容忽略的,然而焊接变形量又难以准确通过热循环模型进行计算分析,一般可在给定的焊接条件下基于大量的实测资料进行统计分析归纳成经验公式估算,这就为预先考虑焊接残余变形的影响提供了解决途径。估算焊接变形的经验公式有很多,这里介绍使用常用的Spararagen简易公式计算接焊引起的横向收缩量。焊缝断面按坡口形状计算,如图2-93所示。再通过实际情况对数据进行修正。

$$\Delta l = \left(0.18\frac{A_w}{t} + 0.05d\right)k \tag{2-2}$$

式中:Δl——焊接收缩量(mm);

A_w——焊缝断面积(mm^2);

t——板厚(mm);

d——根部组装间隙(mm);

k——焊接条件系数,气体保护焊取$k \approx 0.67$,埋弧焊取$k \approx 0.82$。

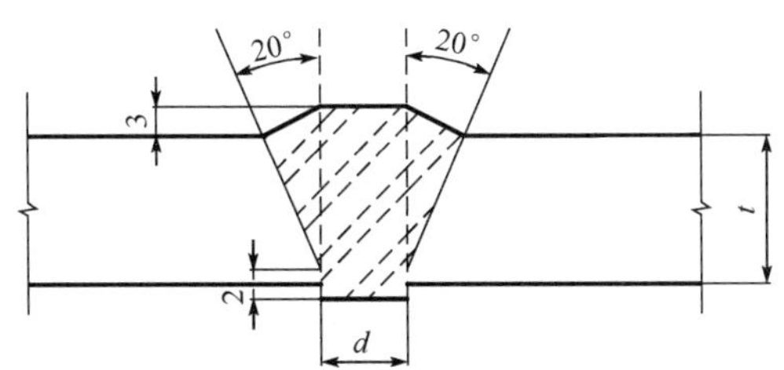

图2-93 设定焊缝断面(尺寸单位:mm)

4)特殊结构焊接变形控制

南沙大桥吊索锚固构件作为全桥最关键的受力构件,其装焊要求较高,由于吊索锚固构件板厚较厚,与横隔板、纵隔板间的焊缝为全熔透焊缝,焊接变形控制难度大,焊后几何尺寸难以达到制造验收规则。为保证锚固吊点的尺寸,在首轮钢箱梁节段拼装过程中,项目工艺通过不同的焊接顺序,收集焊接收缩变形数据进行分析总结,总结出对结构变形最小的最优焊接顺序。先焊接锚固板与横隔板的对接焊缝,再焊接其与纵隔板的立焊缝,然后焊接锚固板与底板

图 2-94 张贴焊接工艺、编写焊接顺序

的角焊缝，最后焊接锚固板与检修道腹板立焊缝。同时因为该区域熔透焊缝集中，焊后变形较大，为减少焊接变形，采用工艺支撑先固定锚固板，确保焊后锚固耳板尺寸。在施焊前将焊接顺序写在附近的锚固板上，同时张贴该部位的焊接工艺指导书(WPS)，如图 2-94 所示，安排专员对锚固耳板进行焊接，减少焊后矫正工作量。

由于南沙大桥横截面宽度超大，达到 49.7m，为国内外第一宽度。其设计为无风嘴结构，锚固吊耳设计在斜顶板位置，结构焊缝为厚板 36mm 与薄板 10mm 之间的全熔透焊缝，焊接变形对节段的横向坡度尺寸影响较大，该项目横向坡度控制要求非常高，误差需控制在 ±0.1% 以内。在首制件制作过程中，按以往项目经验预放了 18mm 的反变形值，焊后发现横向坡度为 1.98%，在第二轮拼装时预放了 20mm 反变形值，横向坡度达到设计理论值 2%。经考虑节段在胎架上的线形受力和桥位采用缆索起重机装的受力不同，在第三轮拼装时增大了反变形值的数值，预放到 24mm，焊后测量横向坡度为 2.02%，这样桥位梁段吊装后消除梁段自重影响的横向坡度可达到设计理论数值 2%。

2.4.2.3 拼装制造自动化生产技术

为保证南沙大桥钢箱梁制造质量，提高机械化、自动化、信息化制造水平，钢箱梁在拼装过程中，积极响应自动化、信息化生产的号召，在板单元两拼到附属件焊接等工序中加大自动化焊接设备的投入和使用。

1) 板单元合件制造

为了减少板单元在总拼时的纵向焊缝数量，在板单元制造完成后，将两块、三块板单元的组焊一起，形成板单元合件参与节段组装，如图 2-95 和图 2-96 所示。

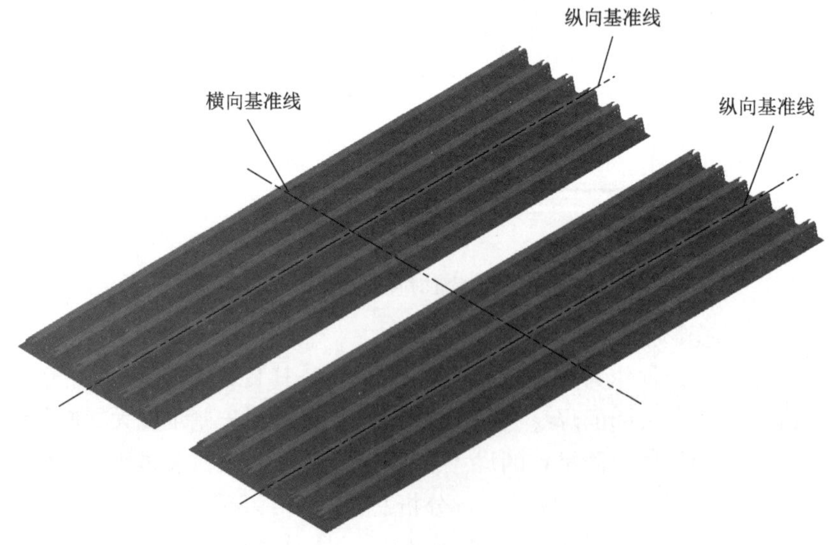

图 2-95 板单元合件组装(一)

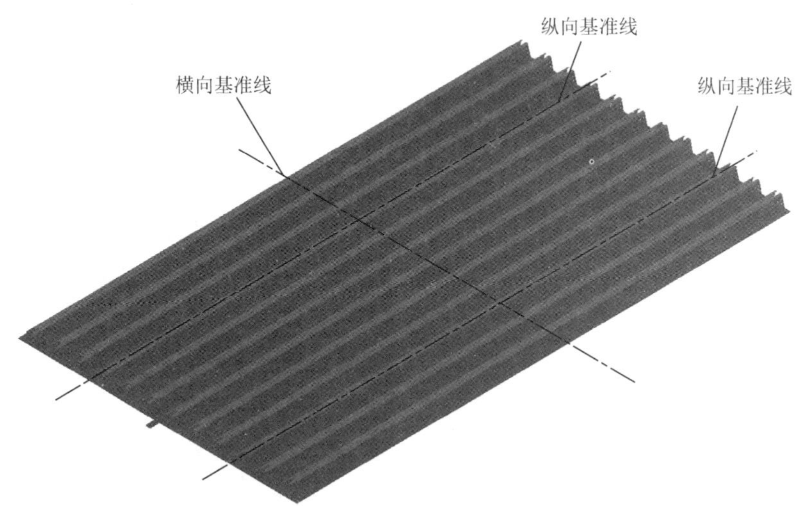

图 2-96　板单元合件组装(二)

板单元合件组装应在胎架上设置反变形值,保证板单元焊后的平面度。下面以顶板单元合件为例说明板单元合件的制造方法。

步骤一:将顶板单元吊至板单元合件专用胎架上,胎架上预置反变形量。通过板单元上的纵、横基准线进行板单元定位。根据横向基准线划出横隔板、横肋板的位置线。根据板单元上的纵向基准线控制板单元的接缝间隙及相邻两 U 形肋的中心间距。

步骤二:可以用千斤顶精确调整两板单元的纵向拼缝间距,采用半自动切割机切出焊缝连接坡口,将板单元的宽度余量一并修割。然后将板单元定位焊固定。

步骤三:板单元纵向焊缝,采用单面坡口,背面贴陶质衬垫,埋弧自动焊进行焊接(图 2-97)。焊接前,焊缝两端安装引熄弧板,引熄弧板的材质、坡口角度、板厚等与母材相同(图 2-98)。

图 2-97　埋弧半自动焊接

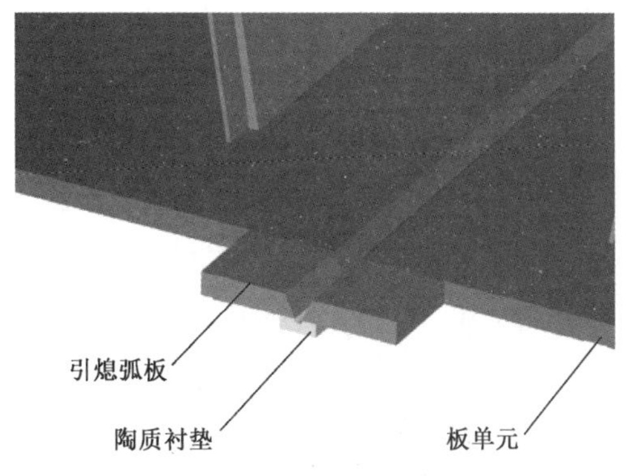

图 2-98　板单元合件组装引熄弧板示意图

2)焊接自动化设备应用

南沙大桥横隔板设计为单侧加劲,隔板对接焊缝数量较多,为保证焊接质量,提高焊缝稳定性,降低人为因素对焊缝质量影响,减少焊接变形。在钢箱梁隔板定位完成后,采用多台摇摆小车同时对称焊接(图 2-99)。该摇摆小车操作简单,焊缝成形美观,一次探伤合格率达 99.93%。

针对防撞栏杆底座设计形式和数量,结合其他项目生产制造经验,因焊接位置受限,为保证焊接质量,采用自动脚焊机进行自动焊接,如图 2-100 所示。

图 2-99　摇摆小车自动焊接示意

图 2-100　附属件自动脚焊机焊接

2.4.2.4　工艺优化与提升

本项目在施工中积极进行工艺优化与提升,主要体现在采用新型焊接工艺、环口位置 U 肋孔群距检测方法改进、施焊环境防护措施以及对锚固区域焊接变形控制方面,具体内容如下:

1)新型焊接工艺

项目部积极响应南沙大桥建设单位倡导制造机械化、自动化建造理念,钢箱梁总拼时横隔板对接焊缝以及路缘石角焊缝均采用机器人自动焊接。

2)环口位置 U 肋孔群距检测方法改进

为保证桥位梁段顶板 U 肋连接板顺利安装,在梁段总拼环口尺寸配切前采用工艺连接板和定位销钉进行孔群尺寸检测,如图 2-101 所示。

图 2-101　采用工艺连接板检测环口孔群距

3)施焊环境防护措施

因广东地区潮湿较大、雨水较多,为保证焊接质量,在总拼现场制作了防风挡雨棚(图2-102),焊接过程中采用焊剂保温箱对焊剂进行保温;锚固吊索区域均为全熔透焊缝,为保证焊接质量,在锚固吊索耳板处张贴焊接工艺指导书(WPS),并将焊接顺序写在焊接区域,以便焊工掌握焊接要点,如图2-103所示。

图2-102　临时防风防雨棚

图2-103　现场张贴WPS工艺卡

4)锚固区域焊接变形控制

锚固吊索构件与横隔板、纵隔板间的全熔透焊缝是全桥最关键的传力焊缝,其焊缝质量控制尤为关键。为保证锚固吊索尺寸,以钢箱梁纵、横基线为基准,进行一个轮次整体划线定位,在装配时根据以往桥梁制作经验预放适当的焊接收缩余量,由于底板厚度只有10mm,全熔透焊接后产生的焊接变形较大,在锚固隔板与底板以及斜顶板位置适当增加加劲板以减少焊接变形,并在锚固吊索焊接区域由焊接带班划出焊接顺序,用于减少该区域内的焊接变形,锚固吊索加劲示意如图2-104所示。

图2-104　锚固吊索加劲示意图

2.4.3　钢箱梁防腐涂装工艺与质量控制方法

针对南沙大桥钢箱梁所处的腐蚀环境,在设计钢箱梁内外表面时,采用重防腐涂装方案,并采用有效的维养方法及防护寿命、钢箱梁涂装工艺,编制专用、高效并满足环境保护要求的施工工艺,最终为钢箱梁表面防护体系维修提供设计依据,提高了南沙大桥钢结构的耐久性,在保证大桥100年使用寿命的同时满足了大桥交通运行和环境保护的要求。

2.4.3.1 钢箱梁外表面涂装工艺

钢箱梁外表面涂装工艺研究主要体现在表面处理施工工艺研究、涂料涂装施工工艺研究、钢箱梁外表面高固体分涂料防腐涂装质量控制研究、桥址安装现场涂装施工工艺研究以及钢箱梁运输及吊装过程中防腐涂层的保护研究,内容具体如下:

1)表面处理施工工艺

(1)表面处理目的和应达到的质量等级

表面处理是涂装施工的重要工序,是提高涂层附着力及其抗腐蚀能力的关键环节。表面处理质量的高低直接关系到涂装质量的优劣和涂层保护寿命的长短。表面处理的主要内容就是清除钢材表面的氧化皮、锈蚀物、原有涂层等。

①氧化皮。

氧化皮是钢板轧制过程中热的钢板接触空气氧化而形成的,氧化皮的表层为化学性质较稳定的 Fe_2O_3,中层是 Fe_3O_4,紧贴钢材的是 FeO。氧化皮的副作用一是在潮湿环境中,易受到水和氧等腐蚀介质的作用,作为阴极的氧化皮并不腐蚀,而作为阳极的钢板则会持续遭受腐蚀,最终造成氧化皮脱落;二是氧化皮本身比较光亮,涂料涂层与其结合力差,氧化皮脱落时其表面涂层也将随之脱落。

②锈蚀物。

铁锈等锈蚀物主要是钢材表面在潮湿环境中经 Fe_2O_3 而生成的 $Fe(OH)_3$,其结构松散,内部吸附较多的水、空气等,水和空气中所包含的各类离子以及可溶性盐类在铁锈中将进一步加速钢材的腐蚀。

《涂覆涂料前钢材表面处理　表面清洁度的目视评定　第1部分:未涂覆过的钢材表面和全面清除原有涂层后的钢材表面的锈蚀等级和处理等级》(GB/T 8923.1—2011)按钢材表面锈蚀程度分为4个等级,分别以A、B、C、D表示,并有相应的照片对照。

A级:钢材表面完全覆盖黏附的氧化皮,几乎无铁锈。

B级:钢材表面已经开始锈蚀,氧化皮开始呈片状脱落。

C级:钢材表面上的氧化皮已锈蚀,或可刮除,但裸眼可看到轻微锈点。

D级:钢材表面上的氧化皮已锈蚀剥落,裸眼可看到大量锈点。

通常在大型钢结构桥梁建造中,优先选用A级或B级的钢板,因为C级板和D级板的表面已经有点蚀(锈坑)出现,不利于钢板的除锈涂装工作。

③原有涂层。

原有涂层主要是指钢材表面涂装的临时防护涂料层,以无机硅酸锌车间底漆为主,厚度一般不大于25μm,还有部分局部临时涂料记号。其他附着物一般还有沉积粉尘、油脂、污垢等。

表面处理应达到的质量等级如下:

①清洁度。

清洁度即基材表面处理的清洁程度。结合现有研究成果以及企业自身二十余年的施工经验,大型桥梁钢结构构件表面处理后表面清洁度的质量等级可根据表面涂装设计要求及处理模式,达到《涂覆涂料前钢材表面处理　表面清洁度的目视评定　第1部分:未涂覆过的钢材表面和全面清除原有涂层后的钢材表面的锈蚀等级和处理等级》(GB/T 8923.1—2011)规定的Sa3级、Sa21.5级或St3级。

Sa3级:使钢材表面洁净的喷射和抛射除锈。钢材表面应无可见的油脂、污垢、氧化皮、铁锈和油漆涂层附着物,表面应显示均匀的金属色泽。可参见《涂覆涂料前钢材表面处理　表面清洁度的目视评定　第1部分:未涂覆过的钢材表面和全面清除原有涂层后的钢材表面的锈蚀等级和处理等级》(GB/T 8923.1—2011)对应的照片。

Sa21.5级:非常彻底的喷射和抛射除锈。钢材表面应无可见的油脂、污垢、氧化皮、铁锈和油漆涂层附着物,任何残留的痕迹应仅是点状或条纹状的轻微色斑。可参见《涂覆涂料前钢材表面处理　表面清洁度的目视评定　第1部分:未涂覆过的钢材表面和全面清除原有涂层后的钢材表面的锈蚀等级和处理等级》(GB/T 8923.1—2011)对应的照片。

St3级:非常彻底的手工和动力工具除锈。钢材表面应无可见的油脂和污垢,并没有附着不牢的氧化皮、铁锈和涂料涂层附着物。除锈应比St2更为彻底,底材显露的表面应具有金属光泽。可参见《涂覆涂料前钢材表面处理　表面清洁度的目视评定　第1部分:未涂覆过的钢材表面和全面清除原有涂层后的钢材表面的锈蚀等级和处理等级》(GB/T 8923.1—2011)对应的照片。

钢材表面清洁度的质量评定方法为:与《涂覆涂料前钢材表面处理　表面清洁度的目视评定　第1部分:未涂覆过的钢材表面和全面清除原有涂层后的钢材表面的锈蚀等级和处理等级》(GB/T 8923.1—2011)中所列质量等级照片进行目视对比。

由于清洁度质量为目视评定,而影响目视评定结果的因素很多,包括:喷射和抛射除锈所使用的磨料、手工和动力工具除锈所使用的工具;不属于标准腐蚀等级的钢材表面腐蚀状态;钢材本身的颜色;因腐蚀程度不同造成各部位粗糙度的差异;表面不平整,例如有凹陷;工具划痕;照明不均;喷射和抛射除锈时,因磨料冲击表面的角度不同而造成的阴影;嵌入表面的磨料。

所以,目视评定除锈清洁度等级时,以与钢材表面外观最接近的照片所标识的除锈清洁度等级作为评定结果。

②粗糙度。

表面粗糙度即表面的微观不平整度,粗糙度可以增加防腐涂层与钢材接触的表面积,从而提高防腐涂层在金属表面上的附着力,但是过大的粗糙度不仅加大了表面处理工序对基材的损耗影响,也增大了涂层材料的消耗量。

针对性研究表明,以棱角磨料进行喷射除锈能使钢材表面形成三维状态的几何形状,可使防腐涂层与钢铁表面间产生机械的咬合作用,从而显著提高涂层的附着性能。英国Bullet的研究也表明:用不同粒度的铸铁棱角砂为磨料,以0.7MPa的喷射压力进行喷砂除锈,除锈后钢材的表面积增加了19%~63%。粗糙度的检测方法主要有测量法(使用式粗糙度测量仪测量)、目视对比法(与标准粗糙度样快的目视比对)。

我国《公路桥梁钢结构防腐涂装技术条件》(JT/T 722—2008)规定:钢材涂装前表面处理粗糙度为Rz30~100μm,此处Rz的含义是采用测量法测量钢材表面处理后5个最大轮廓峰高与5个最大轮廓谷深的平均值之和。

对钢材表面处理后,影响粗糙度的主要因素有钢材表面锈蚀状态、表面处理使用磨料的粒度、喷射除锈的压缩空气压力。

①钢材表面锈蚀状态。

如前文所述,大型桥梁钢结构件应选用表面锈蚀较轻的 A 级或 B 级钢板,不宜选用表面锈蚀较重的 C 级或 D 级钢板。

②表面处理使用磨料的粒度。

由于现有桥梁钢结构表面处理大多数都采用机械处理模式,因此磨料粒度的大小直接关系着钢材表面处理后最大轮廓峰高与最大轮廓谷深。所以,不宜选择粒度过大或过小的磨料。

③喷射除锈的压缩空气压力。

抛射除锈、手工和动力工具除锈两种方法受设备动力的制约,一般不会造成过度的最大轮廓峰高与最大轮廓谷深,而喷射除锈的压缩空气压力的过高或过低则会使表面处理后钢材表面的最大轮廓峰高与最大轮廓谷深产生较大差异。所以,喷射除锈的压缩空气压力也不宜过高或过低。

(2)表面处理后的涂装间隔时间

钢材表面机械处理后,钢铁表面大部分处于 Fe 单质裸露状态,空气中 O_2、H_2O 以及其他污染物都会不断吸附其上,导致缓慢氧化。因此,《公路桥梁钢结构防腐涂装技术条件》(JT/T 722—2008)等标准规范都明确规定:表面处理后应及时进行后续涂装施工,一般情况下,涂料和金属涂层应在 4h 内施工于表面处理后的表面上;当所处环境的相对湿度不大于 60% 时,可以适当延时,但最长不应超过 12h;不管停留多长时间,只要表面出现返锈现象,都应重新除锈。

南沙大桥钢结构涂装工程施工与现有大型桥梁工程类似,场地施工地点紧靠河流或海港码头,其周边临水甚至临海,作业环境空气湿度大、污染因素多,而桥址施工更是处在河道上方,因此,更需要严格控制钢材表面处理后的涂装间隔时间,确保涂装质量。

(3)喷射除锈施工工艺研究

①喷嘴。

不同喷嘴口径在不同喷射压力条件下的空气消耗、功率消耗、磨料消耗试验结果表明(表 2-28):喷嘴口径越大,喷射面积越大,除锈效率越高,但同时也造成压缩空气及磨料等的消耗增加。因此,应根据粗糙度和清洁度等质量要求、工件形态、工期和所期望的施工效率、成本概算等诸多因素选择适宜口径的喷嘴。

不同喷嘴口径在不同喷射压力条件下的空气消耗、功率消耗、磨料消耗 表 2-28

喷嘴口径(mm)	项 目	喷射压力(MPa)				
		0.42	0.49	0.56	0.63	0.70
6	空气消耗(m^3/min)	1.36	1.54	1.72	1.87	2.05
	功率消耗(kW)	7.86	8.90	9.94	10.80	11.84
	磨料消耗(kg/h)	126.7	143.5	165.3	181.6	200.2
8	空气消耗(m^3/min)	2.56	2.90	3.25	3.62	3.94
	功率消耗(kW)	14.79	16.75	18.78	20.91	22.76
	磨料消耗(kg/h)	246.1	278.3	310.0	341.8	374.6
10	空气消耗(m^3/min)	3.93	4.46	5.02	5.40	6.12
	功率消耗(kW)	22.70	25.77	29.00	31.19	35.36
	磨料消耗(kg/h)	382.3	432.3	480.3	526.6	576.6

续上表

喷嘴口径(mm)	项　　目	喷射压力(MPa)				
		0.42	0.49	0.56	0.63	0.70
12	空气消耗(m^3/min)	5.66	6.37	7.08	7.81	8.54
	功率消耗(kW)	32.7	36.8	40.9	45.12	49.34
	磨料消耗(kg/h)	541.2	613.9	681.0	752.3	820.4

表2-29为不同口径喷嘴磨损更换对应表,表2-30为使用不同磨料条件下不同喷嘴材料的使用寿命汇总表。可见,即使使用寿命较长的硬质陶瓷(碳化钨、碳化硅、碳化硼)喷嘴,也会因磨损作用导致口径逐渐扩大。喷嘴口径磨损增大到一定程度将会影响喷射质量以及施工效率和成本等,因此应根据喷嘴口径磨损量和喷嘴使用时间决定适时更换喷嘴。

不同口径喷嘴磨损更换对应表　　表2-29

原始投入的喷嘴口径(mm)	6	8	10	12
需要更换时喷嘴口径(mm)	7.5	9.6	11.5	13.5
更换时喷嘴口径增大百分比	25%	20%	15%	12.5%

使用不同磨料条件下不同喷嘴材料的使用寿命(单位:h)　　表2-30

喷嘴材料	磨料类别		
	钢砂/丸	石英砂	氧化铝
碳化钨	500~800	300~400	20~40
碳化硅	500~800	300~400	50~100
碳化硼	1500~2500	750~1500	200~1000

②压缩空气。

压缩空气是喷射除锈中磨料的载体及动力源。压缩空气主要质量控制指标是其压力参数和清洁度。

根据试验结果,分析不同喷射除锈压力条件对应的喷砂除锈效率,得出以下结论:

a.压缩空气压力在0.5MPa以下时,喷砂除锈效率极低。

b.压缩空气压力在0.5~0.7MPa之间时,喷砂除锈效率最佳。

c.压缩空气压力在0.7MPa以上时,喷砂除锈效率无明显增加。

推荐的喷射除锈压缩空气压力为0.5~0.7MPa。

喷射除锈使用压缩空气带动磨料冲击和切削钢材表面,压缩空气中油水主要来自空气压缩系统以及环境大气自身,这些油水如果不除去,不仅会污染砂料,还会喷射到钢材构件的表面上,给后续涂装造成质量隐患。

压缩空气清洁系统中的冷干机利用低温高压有效去除压缩空气含有的大量油水成分,油过滤器可以滤除压缩空气中的油分,空气干燥器则能滤除压缩空气中的水分,喷枪接口的油水分离器则进一步去除压缩空气中微量的水分,通过这一系列的除水除油清洁设施将获得油水含量极低的高品质压缩空气。生产作业中,滤清器及空气干燥器都需要定期检查,排水排油或更新、更换。

压缩空气清洁质量一般通过白布打靶试验检测评价,即用洁净干燥白布,相距200mm,对着出气口吹 3min,白布表面无油迹、水迹和杂质颗粒为合格。

③喷射距离。

喷射距离是指喷射(喷砂)作业时,喷嘴与钢材表面的距离。它对喷砂效率影响较大,喷砂压力在 0.5 ~ 0.7MPa 之间时,对钢材表面粗糙度的影响较小。

喷砂磨料自文丘里形喷嘴经喷枪出口喷射出后,呈喇叭状扩散,由于喷射压力大,在长度 300mm 处其扩散宽度为 30 ~ 40mm(喷嘴孔径不同),如图 2-105 所示。

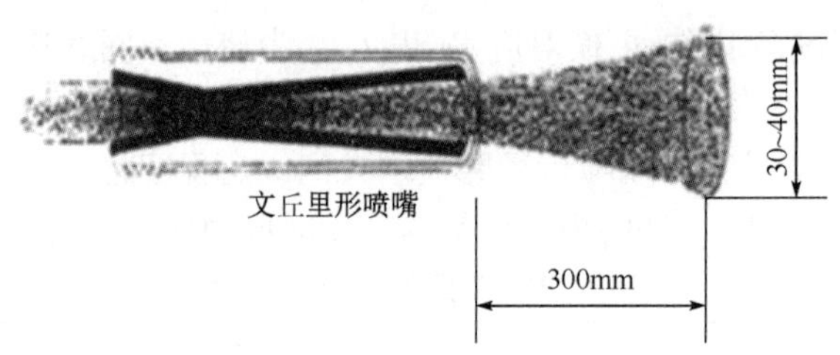

图 2-105 文丘里形喷嘴喷射距离与磨料喷射宽度

试验表明,在喷枪出口 300mm 内,磨料喷射速度下降不多,超过 300mm 后速度下降明显,喷射距离在 300mm 时磨料对钢材表面的冲击和切削作用最大;超过 300mm 后,磨料喷射宽度虽逐步扩大,但由于磨料喷射速度下降明显,磨料对钢材表面的冲击和切削作用也明显减低。试验及施工作业表明,喷射最佳距离为 300mm 左右。

④喷射角度。

喷射除锈角度是指喷射方向与钢材表面的夹角。喷射角度对钢材表面粗糙度和施工效率有直接影响。

理论研究与试验结果均表明:在 75°时,磨料的冲击和切削作用最大,施工效率最高。因此,在使用机械化喷射除锈设备时,喷射角度应为 75°。

目前喷射除锈以人工操作为主,人工喷射除锈角度推荐为 60° ~ 80°,作业中可选择适当的辅助工具来保证施工时的喷射除锈角度。

⑤喷射除锈移动速度。

根据实践经验及工程分析,喷射除锈速度应控制在一次喷射过后达到喷射除锈的质量要求,但因施工受钢材表面锈蚀情况、钢结构件外部结构形状、手工操作喷射角度多种因素影响,喷射除锈速度难以具体量化。

另外,当采用机械化设备喷射除锈时,一般还需要人工辅助喷射找补。

⑥喷射间距。

喷射间距是指相邻两次喷射时,应有一部分重合相叠(行业俗称“压枪”),即两次喷射距离宽度小于一次喷射间距的两倍(假设一次喷砂除锈宽度为 a,则两次喷射除锈宽度应 $<2a$)。为了避免漏抛等情况,根据抛丸幅宽,相邻两次抛丸最少应有 50mm 的重叠。

(4)抛射除锈施工工艺研究

①固定式抛丸机施工工艺。

固定式抛丸机可根据所要喷射除锈工件的目的和外形结构尺寸进行选择,相关联的因素包括:工件形态及最大外形尺寸和重量、所需要的施工效率(与抛丸机相关联的参数是抛头直径与数量、加丸量与抛丸量)、除尘系统类型等。

以大型钢结构桥梁主要对进厂钢板进行车间底漆涂装为例,研究抛丸处理施工工艺。

磨料选择:用于进厂钢板进行车间底漆涂装的钢材表面粗糙度不宜超过35μm,因此应选择磨料粒度小于0.5mm的铸钢丸或铸铁丸等金属磨料。

保持正确的抛射角度:调节、改善抛头的抛射角度,使叶轮抛头所抛出的钢砂都均匀抛射到钢板上,而不是抛射到钢板之外或集中于钢板的某一局部位置。这一点在抛头、叶片更换后尤其重要。

钢板传输速度:固定式抛丸机对钢板进行抛丸除锈时,抛丸机设备固定不动,钢板通过滚轮传动通过抛丸机。钢板传输速度过快时,氧化皮结合牢固和锈蚀较重的部位不能达到其他部位所获得的表面清洁度,而钢板传输速度过慢将导致施工效率的下降和成本的增加。应经过试抛确定适宜的钢板传输速度。

保持稳定的抛射速度,使得钢板表面的氧化皮和铁锈经抛射钢丸的冲击和切削作用脱离钢板,抛射钢丸的速度越快,除锈的质量越高,效率越高。钢丸的速度从抛头获得,钢丸的抛射速度,也就是叶轮的线速度,它和叶轮转速、叶轮直径成正比。

抛射速度的影响因素及控制要点:抛头和叶片的磨损情况,应经常性检查,磨损到影响使用前应及时更换;磨料进入抛头的均匀性,应定期或经常性地检查磨料输送系统的工作是否正常、在潮湿环境中磨料是否有受潮板结情况、磨料量是否充足(不足时应及时补充)等;叶轮的传动系统,如带动叶轮的三角带过松,会使叶轮的转速不够;抛丸过程中注意各抛头是否正常工作,检视每个电流表的电流值是否指示在额定的电流值内。

②移动式抛丸机施工工艺。

大型钢结构桥梁建设中,移动式抛丸机主要用于钢桥面的防腐涂装施工。

磨料选择:设计采用涂料涂装的钢桥面表面粗糙度在25~60μm之间时,选择磨料粒度小于0.5mm的铸钢丸或铸铁丸等金属磨料。设计采用金属涂层的钢桥面表面粗糙度在50~100μm之间时,选择磨料粒度小于0.5~1.2mm的铸钢砂或轴承钢砂等棱角金属磨料。由于移动式抛丸机的钢砂装载量较少,而金属磨料的尖锐棱角极易损失掉。所以,还要经常性地添加新磨料。

抛头更换:钢砂对抛头的磨损较大,需要经常更换抛头。

抛丸行走速度:钢桥面的面积较大,腐蚀情况各不相同,抛丸行走速度以一次抛丸达到清洁度设计要求为准,不宜设定具体量化的数字指标。

抛丸幅宽和间距:单抛头抛丸幅宽约为350mm,双抛头抛丸幅宽约为700mm。相邻两次抛丸应有50~100mm的重叠。

(5)手工或动力工具除锈施工工艺

作为大型钢结构桥梁来说,能使用喷射或抛射除锈方法的部位应使用喷射或抛射除锈方法进行表面处理,不能使用喷射或抛射除锈方法的部位则使用手工和动力工具除锈方法进行表面处理。

①砂轮片、纸砂盘。

采用砂轮片和纸砂盘打磨平整表面打磨时,盘片平面应与打磨平面保持平合状态,并且不要过度用力,以避免将钢材表面打磨出现沟、槽等缺陷。氧化皮和锈蚀等需要场地打磨干净,露出金属本色;原有涂层只需要将涂层表面的污物打磨干净,露出新鲜涂层即可。

②钢丝轮。

钢丝轮打磨焊缝等表面凹凸不平部位。打磨时对钢丝轮外沿钢丝与焊缝等表面凹凸不平部位进行接触磨削,并且不要过度用力,以避免钢丝变形。钢丝轮高速旋转时,其磨削轨迹为直线形。所以,凹坑内的锈蚀产物需要一定的打磨力度和打磨时间,不要急于求成,也不要遗漏。

打磨前,焊缝表面的焊渣、焊瘤等应使用尖头锤、凿子等工具予以清除。

③钢丝笔刷。

钢丝笔刷打磨过焊孔等孔洞部位。

使用钢丝笔刷打磨时,在前后平稳移动笔刷的同时,还要以画圈方式移动笔刷,以使笔刷保持与孔洞内沿的密切接触。打磨不要过度用力,过度用力并不能切实提高打磨效率。

2)涂料涂装施工工艺研究

(1)涂料涂层的总体质量要求

①外观。

《公路桥梁钢结构防腐涂装技术条件》(JT/J 722—2008)规定:涂料涂层表面应平整、均匀一致、无漏涂、起泡、裂纹、气孔、返锈等现象,允许轻微的橘皮和局部的轻微流挂。

②涂层厚度。

按照《色漆和清漆　漆膜厚度的测定》(GB/T 13452.2—2008),涂料涂层的厚度一般使用磁性涂层测厚仪进行测量。涂料涂层厚度应满足设计要求。

现行的国家标准和公路、铁路等行业标准中,对不同腐蚀环境中推荐使用的各类涂料涂层的厚度各不相同,我国已建设完成和在建的大型钢结构桥梁所采用的不同种类涂料涂层的厚度也各不相同。基于此,在这里表示为"涂料涂层厚度应满足设计要求"。

③涂层结合力。

《色漆和清漆拉开法附着力试验》(GB/T 5210—2006)和《色漆和清漆　漆膜的划格试验》(GB/T 9286—1998)分别规定了涂料涂层附着力试验的两种方法——拉开试验和划格试验。涂料涂层可根据自身厚度、设计要求附着力按照这两种试验方法检测评价,但应达到合格标准。

(2)涂料的配置

在涂料配制前,涂料配制人员应认真学习所配制涂料的产品使用说明书。

涂料配制前,应准备好需用的动力搅拌器、衡器、料桶等工具。打开涂料桶后首先检查桶内涂料外观质量,确认涂料质量无问题后用动力搅拌器将桶内涂料充分搅拌均匀。整套配漆时,将乙组分桶内溶液平稳倒入甲组分桶中,用少量稀释剂清洗盛装乙组分溶液的桶,然后充分搅拌均匀;零星配制涂料时,根据事先的计算准确称取(或量取)甲组分的量,再称取(或量取)乙组分的量,把甲乙两组分混合后再充分搅拌均匀,使其充分反应。不需要熟化的涂料经上述操作即可投入使用;需要熟化的涂料则需按其规定的熟化时间(一般为30min)进行放置熟化,熟化后才可使用。

需要时可用专用稀释剂来调整涂料黏度,稀释剂添加量要符合油漆说明书要求,不能过多。涂料配制后应在适用期内用完。特殊涂料需要专业调漆师配制。

(3)高压无气喷涂

高压无气喷涂不使用空气雾化,具有漆雾飞散小、稀释剂用量少、工作效率高、涂层质量良好等优点，目前应用越来越普遍。南沙大桥拟采用环保型高固分涂料，很适合采用高压无气喷涂模式，相关高压无气喷涂的技术参数研究结果如下。

①喷漆压力。

试验研究发现，只要压缩空气压力超过0.5MPa，就可进行高压无气喷涂。虽然高压无气喷涂对压缩空气品质质量无特殊要求，但建议采用除油除水后的清洁空气。一是尽可能降低压缩空气对涂料及涂装的影响，二是施工现场的清洁空气来源渠道便捷。

②喷漆距离。

高压无气喷涂机的喷嘴决定了喷漆距离。

使用高压无气喷涂进行喷漆时，喷漆距离一般为250～400mm，在这个范围内喷嘴喷出的涂料可以达到最大幅宽。

③喷漆角度。

使用高压无气喷涂进行喷漆时，喷漆角度应与工件表面保持垂直，即喷漆角度优选为90°。

④喷漆间距与喷枪移动速度。

使用高压无气喷涂进行喷漆时，由于在幅宽范围内喷出的涂料是均匀分布的，即一次喷漆形成的漆膜厚度在幅宽范围内基本无变化，所以高压无气喷涂的喷漆间距一般为1/2，即两次喷漆达到厚度要求。

由于涂料品质的差异和涂层厚度设计的不一，喷漆喷枪移动速度不能确定具体的数字指标，以两次喷漆达到厚度要求为宜。

(4)空气喷涂

①压缩空气。

空气喷涂由于是借助压缩空气将涂料喷射到工件表面的，所以，对压缩空气的两个重要指标(压力指标和含油水质量指标)提出要求：压缩空气压力应大于0.5MPa；压缩空气应达到无油、无水的要求。

油分和水分是涂装施工的大忌，油分和水分会严重影响涂层与钢材表面的有效结合。油过滤器是滤除压缩空气中油水的有效设备，空气干燥器是滤除压缩空气中水分的有效设备，通过这两种设备处理将获得无油无水的高品质压缩空气。可通过白布打靶试验检验压缩空气中是否含有油水。

白布打靶试验方法是用洁净干燥白布，相距200mm，对着出气口吹3min，白布表面无油迹、水迹和杂质颗粒为合格。

②喷漆距离。

空气喷枪的喷嘴决定了喷漆距离。

使用空气喷枪进行喷漆时，喷漆距离为200～250mm，在这个范围内喷嘴喷出的涂料可以达到最大幅宽。

由于空气喷枪喷漆力度较小，因此，在4级以上风力条件下不宜使用。

③喷漆角度。

喷漆角度应与工件表面保持垂直，即喷漆角度为90°。

④喷漆间距与喷枪移动速度。

空气喷漆在幅宽范围内喷出的涂料是不均匀的,即一次喷漆形成的漆膜厚度在幅宽范围内变化较大,无基本规律可寻。

要求的喷漆间距一般为1/2,即两次喷漆达到厚度要求。

由于涂料品质的差异和涂层厚度设计的不一,喷漆喷枪移动速度不能确定具体的数字指标,以两次喷漆达到厚度要求为宜。

(5)刷涂和辊涂

刷涂或辊涂主要用于高压无气喷涂前的预涂,以及局部小面积涂装和修补。应根据涂装部位和涂料种类选择大小适宜的毛刷和滚筒。刷涂或辊涂时,刷涂或滚涂方向应取先前后、后左右的方向进行。辊、刷、抹等基本动作均应连续反复3次以上,且用力应均匀,以确保各部位均被涂覆且厚度尽可能均匀。工具上涂料量要充足但不能流挂,涂料量不足时要及时蘸取涂料,以确保各部位涂层厚度尽可能均匀。刷涂或辊涂进行中,发生掉毛时要随手清理掉,不便于随手清理的应在涂层固化后使用铲刀铲除、砂纸打磨等方法进行清理。对孔洞等特殊部位,宜选用刷涂方法,刷涂时毛刷应适当转动,以保证孔洞的各边缘均被涂覆。

3)钢箱梁外表面高固体分涂料防腐涂装质量控制研究

(1)高固体分涂料特点

高固含量溶剂型涂料是为适应日益严格的环境保护要求而直接在普通溶剂型涂料基础上发展起来的。其主要特点是在利用原有的生产方法、涂装工艺的前提下,降低有机溶剂用量,从而提高固体组分。如通常的低固含量溶剂型涂料固含量为30%~50%,而一般高固体分涂料的固含量达到65%~85%。如高固体分氟碳涂料与常规氟碳涂料相比,其固含量(SVR)设计值约提高20%,挥发性有机物(VOCs)含量降低近20%。

高固体份涂料和其他低污染涂料品种相比有它的优点,其生产和涂装工艺、设备以及检测评估的仪器和传统溶剂型都近似,但高固体分涂料涂布效率得到显著提高,一次涂装的膜厚是传统涂料的1~4倍,可明显降低施工次数。

(2)高固体分涂料施工要点

①固化窗口更窄,施工适用期更短。

与常规涂料相比,同类的高固体分涂料在一定时间内其交联速率较快,导致施工期限缩短。

②颜料絮凝。

产品使用的是强溶解性溶剂,溶剂会促进颜料的絮凝,施工时稀释溶剂要采用专用稀释剂,用量要严格控制。

③高固体分涂料表面比一般涂料表面张力高,空气中的沾污粒子表面张力低,涂层易出现橘皮、缩孔流挂问题。

高固体分涂料用树脂其极性较高,表面张力也较高,同时高固体分涂料所用溶剂极性也较高,为了防止产生缩孔,加强底材表面处理质控,清除除油污等杂质,还要避免高温下操作。另外,构件边缘及其周围地区应增加施工条纹涂层,即外加涂层。

④高固体分涂料固含量高,一次成膜较厚。

喷枪出漆量过大或漆雾扇面过大等,易导致漆膜偏厚。根据固体分含量和黏度,调控出漆量、出漆扇面。

另外，调控枪距、喷涂压力，高固体分涂料对外力作用比较敏感，涂装作业时需认真调试确定。

针对上述要求，高固体分涂料现场施工时应由专业调漆师负责调漆工作，调配前用搅拌机将各组分搅拌均匀，并进行过滤，配置时注意涂料的熟化期和混合使用期；严格按照涂料产品说明书、涂料涂装重涂间隔等要求进行喷涂施工，并重点监控施工环境条件、重涂间隔与涂料及其稀释剂的混合比等重要参数。

4）桥址安装现场涂装施工工艺研究

桥址安装现场涂装工作包括：现场焊缝部位的涂装、运输及吊装过程中造成的破损部位的修补涂装、最后一道面漆涂装。

（1）作业条件选择

桥址安装现场涂装施工的各项要求与厂内涂装施工的各项要求相似，而两者之间所面临的最大差别是环境条件。

南沙大桥桥址现场位置空旷，环境风大且多，空气相对湿度大还含有明显盐分，这些都是不利于现场涂装作业的因素。桥址安装现场的涂装施工为露天作业，涂装施工必须选择满足相应作业环境条件要求的气候条件的时间段进行。涂装施工作业的环境气候条件及检测要求见表2-31。

涂装施工作业环境条件要求和检测要求　　表2-31

环境条件	要　　求	检测方法	检测要求
温度	5～38℃	干湿温度计测量	施工前和中间各一次
相对湿度	≤85%	干湿温度计测量	一般时4h一次，特殊时2h一次
钢板温度	＞露点温度3℃	红外线测温枪测量	施工前
风力	≤10m/s（6级）	风力测定仪测量	施工前

桥址安装现场的涂装施工重在环境条件的监测，检测环境条件达到要求则施工，否则不能施工。

露天涂装施工对温度、空气相对湿度、钢板温度、风力等客观因素可采取的措施有限，且不能从根本上解决问题。在夏季还应错开中午高温时段进行涂装施工，而在冬季较寒冷的期间，则应选择中午气温较暖和时段进行涂装施工。

由于空气中富含盐分，应定期检测构件表面盐分含量。当待涂装表面盐分含量超过设计要求时，应使用高压淡水清洗干净待涂装表面的盐分，并待其干燥后再进行涂装作业。

需要借助检修车进行桥址安装现场的涂装施工，将空压机及空气净化设备、喷砂机等施工设备布置在桥面上，施工人员将喷砂管及气管等拉到检修车上即可进行涂装施工作业。

为保护河流及海洋环境，涂装施工作业区应采用帆布进行围挡。应采用自回收喷射除锈设备进行喷砂除锈，优先采用滚涂或刷涂方法进行油漆涂装。

桥址涂装间隔时间要比厂内涂装施工要求更严，喷砂除锈后2h内进行油漆涂装，油漆涂装的间隔时间按照各油漆说明书的要求进行控制。

（2）现场焊缝部位的涂装

钢箱梁焊缝部位预留50mm宽不涂装，以后中、面每层油漆涂装前，边缘再留出50mm（用木板或胶带纸遮挡保护)不涂装,形成阶梯状过渡层,如图 2-106 所示。

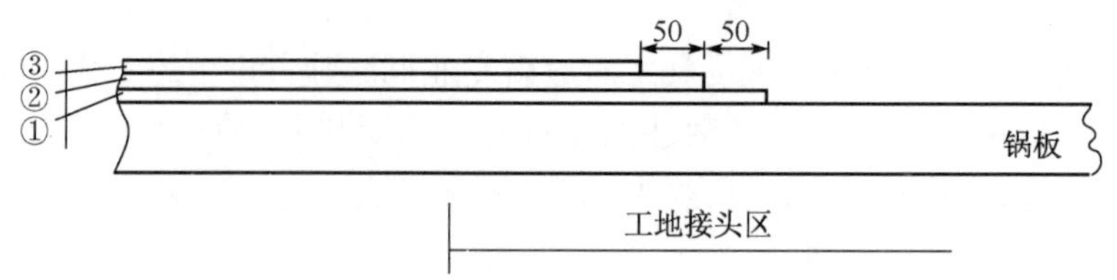

图 2-106　焊缝部位预留不涂装的形式示意图(尺寸单位:mm)

(3)运输及吊装过程中造成的破损部位的修补涂装

破损部位伤及钢铁基体的,必须采用喷砂除锈进行表面处理(分为油漆涂装和电弧喷涂两种情况),由于其破损面比较小,油漆方案中可直接打磨处理,再进行后续的涂装。破损部位未伤及钢铁基体的,可对破损部位原有涂层使用砂布打磨处理后再刷涂稀释剂进行活化,然后进行油漆涂装处理;纱布打磨油漆涂层要有层次,即从面漆涂层经中间漆涂层至底漆涂层应呈山谷形状,各层涂层外露面应不少于 30mm,如图 2-107 所示。

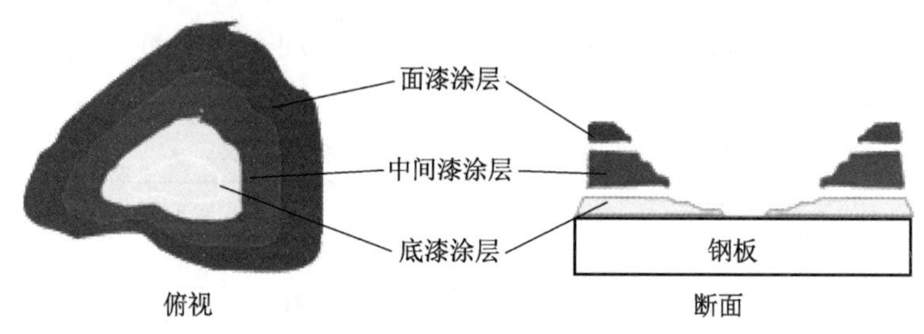

图 2-107　破损部位油漆涂层打磨形态示意图

(4)最后一道面漆涂装

①涂装前准备工作。

清洁处理。因钢箱梁等构件经历了中转、吊装、运输及安装,第一道面漆在较长时间内受到大气、盐雾、灰尘、油污甚至雨水、阳光的污染,最后一道面漆涂装前必须做好涂装界面的清洁处理工作。这些工作有可能包括杂质清除、清洁除油、高压清水除盐等。

拉毛。拉毛处理需要结合高固分氟碳涂料特点、涂层厚度等,通过小区试验选择拉毛砂纸规格型号,控制拉毛质量,保证面漆观感、附着力质量。

最后一道面漆涂装前,应注意做好对作业面以外场所、构件的临时保护工作,尤其要加强作业面以下纵向施工层各种设施、成品及半成品的污染防护工作。同时要认真落实桥址施工过程的各项环境保护措施,最大限度减少喷涂作业可能存在的对河流与周边环境的负面影响。

②涂装要点。

首先要加强作业气象条件监控、作业表面监控,其次,精心挑选适宜大面积涂装作业的气候条件或施工时间段,不仅保证涂装作业顺利按时完成,还要充分保证最后一道面漆的涂装质量。

最后一道面漆涂装不仅要保证涂膜厚度及观感效果,还要尽可能降低涂装作业对环境的污染;另外,现场大面积涂装作业,漆量消耗大、消耗快,而湿膜指触干时间也将大幅缩短,这些都对现场的调漆工作提出了极高要求。需要专业调漆师全面掌握现场作业情况，根据作业需求及时调制供给保持最佳喷涂状态的面漆产品。

③喷涂。

现场一般是敞开环境进行喷涂作业，喷涂漆雾受现场风速的干扰，因此涂料损耗系数也明显增大。为保证设计厚度下最后一道面漆的观感质量，需要涂装操作工掌握熟练的喷涂作业技能，保证使用高固分涂料、控制涂层40μm厚度，一次圆满完成喷涂作业。

上述喷涂人员需要精心挑选、认真培训，建议在防腐蚀工程涂装作业一开始就积极准备，充分熟练喷涂工的作业，在保证桥面涂装质量的同时，也能够为工程施工创造出更多的经济效益。

5）钢箱梁运输及吊装过程中防腐涂层的保护研究

南沙大桥钢箱梁单跨组件体积大、分量重，钢箱梁在运输及吊装过程极易发生碰撞、剐擦现象，一旦受到损伤防腐涂层很容易被破坏到底层，甚至导致钢铁基体外露，给整个防护体系带来局部失效隐患。因此，要加强钢箱梁运输及吊装过程中防腐涂层的保护工作。

结合多年生产实践经验，钢箱梁吊装、运输以及安装工作一般是由钢结构加工制作单位承担完成，其主要职责是将钢箱梁构件安全、顺利吊装、运输至桥址，并完成梁体的起吊安装、定位焊接等作业，因此负责吊装运输的人员对涂装半成品的保护并不重视，这样钢箱梁运输及吊装过程中防腐涂层的保护工作就需要涂装单位人员主动积极参与，尤其要加强与吊装运输人员的沟通配合工作，在提高吊装运输人员对防腐涂层保护意识的同时，也要保证对钢箱梁防腐涂层进行保护的其他措施能够落实到位。

钢箱梁在运输过程中，应采取在支墩和钢箱梁之间铺设橡胶板、厚木板、厚草垫等相对较软的材料对钢箱梁防腐涂层进行保护的措施。固定钢箱梁的钢丝绳在与钢箱梁防腐涂层接触部位也应使用废旧轮胎等进行有效保护。钢箱梁吊装过程中，还应缓慢运行，且安排多人、多点进行观察，尽可能地防止钢箱梁与船体等硬物发生碰撞。

2.4.3.2　钢箱梁内表面涂装工艺

针对钢箱梁内表面涂装特点展开了对内部涂装施工工艺的研究，根据水性环氧富锌漆涂装要点提出了三组分水性环氧富锌漆施工控制问题，同时提出了内表面涂装施工安全控制措施。具体内容如下：

1）钢箱梁内表面涂装特点

钢箱梁内部由于是相对封闭的，黑暗且基本不通风，由于布置了众多起加强作用的U形加劲肋、T形加劲肋、横隔板、纵隔板、腹板等，结构复杂，由此也极大地增加了涂装的难度，制约了涂装效率。因此，钢箱梁内表面的涂装特点体现在以下诸多方面：

(1)黑暗和不通风。需要时刻提供足够的照明和通风是施工的保障前提。

(2)清灰除尘。成为一项特殊的专业工作，且费时费力效率低。

(3)预涂量大且必要。复杂的结构产生了较多的喷漆死角，需要进行必要的预涂工作。

(4)内部各面喷漆的相互影响。如顶面喷漆产生的漆雾对底面的影响。

(5)固化时间长。施工周期也因此被延长。

(6)安全保障防护服制约了喷漆操作。在基本不通风的钢箱梁内部施工的喷漆人员。需要穿戴配有呼吸供气的防护服，由此带来了对喷漆操作的可视性和灵活性的影响。

(7)需要时刻关注安全。相对封闭的环境易使有害气体累积过多、O_2 含量减少，产生了爆炸、窒息等重大危险源。

2)内表面涂装施工工艺研究

(1)通风

钢箱梁内表面涂装施工的所有过程，进行充足的通风也是必要的，尤其是水性环氧富锌底漆的涂装及养护作业过程。

对钢箱梁内部通风方式宜采用在一侧供风，另一侧抽风的方式，风机风量选择以通风时钢箱梁内部需要通风的舱室有风感为可，但清灰除尘工作的最后阶段，不能通风，因为细小的灰尘会因风的作用而飘浮在空中。

当进行桥址现场钢箱梁内表面焊缝的涂装施工时，在做好整个桥梁工程钢箱梁内部通风工作的同时，要重点加强焊缝等局部水性环氧富锌底漆的涂装作业面的通风保障工作，如改善或加强作业面的局部空气循环速度、加强所在节段箱梁的内部通风强度等。

(2)照明

钢箱梁内表面涂装施工的所有过程，均需要足够的照明，要求的照明度应大于500Lux，提供照明的电源应小于36V。采用外部电源供电灯泡照明时，应使用防爆型灯具，电缆在钢箱梁内不允许有接头。使用手提灯具时，应另行配置牢固的绳带将灯具与身体可靠地连接，以防止灯具脱手摔碎时产生火花。

(3)清灰除尘

在钢箱梁内表面喷射除锈或机械打磨后，对存留在梁内的磨料、碎屑、灰尘进行彻底的清理是钢箱梁内表面涂装的一项特殊的专业工作。由于钢箱梁内部黑暗、不通风、结构复杂等因素，清灰除尘工作费时费力，效率较低。

清灰除尘工作的基本步骤是先上后下，先大后小，注意边角孔洞。即先清理上部腹板上沉积的磨料、碎屑、灰尘，再清理下部的磨料、碎屑、灰尘；先清理大颗粒的磨料、杂物，最后清理碎屑、灰尘，尤其注意边角、过焊孔等不易清理的部位。

应使用吸砂机、工业真空吸尘器等设备进行清灰除尘工作，但必须使用毛刷等工具对边角孔洞等部位进行清灰除尘，且清扫动作宜小而慢、忌大而忙，以避免细小粉尘飞扬。

清灰除尘的最后阶段不能通风。因为，细小的灰尘会因风的作用而飞扬起来，漂浮到空中。

清灰除尘质量检验标准以洁净白手套触摸，手套表面无肉眼可见灰尘为合格。

清灰除尘后，所有进入钢箱梁内部进行工作的人员都必须穿戴脚套或换穿专用工作鞋，以免二次污染。

(4)预涂

预涂部位包括手工不平整焊缝表面、板边、弯角、过焊孔以及接近顶板的腹板上表面、接近底板的腹板下表面及喷漆反手位等喷漆死角。

预涂工具包括毛刷、滚筒等成品工具，以及铁丝缠绕少量棉纱或棉布的特制工具等。针对不同部位，应采用不同工具进行预涂，不能仅使用一种工具预涂多个部位。不同的工具预涂的具体要求见表2-32。

各种手工涂刷油漆工具的使用　　表 2-32

工具名称	使用部位
毛刷	角焊缝,厚度在 12mm 以下的板边,大于 ϕ25mm 的孔、洞等部位
滚筒	较大的面、厚度在 12mm 以上的板边、大于 50mm 的缝隙等部位
特制工具	小于 ϕ25mm 的孔、洞,小于 50mm 的缝隙,以及其他一些特殊部位

预涂应注意既要保证厚度,又要避免流挂。设计厚度较高的预涂部位,应使用未添加稀释剂的涂料或进行两次预涂。为保证各部位的预涂层均匀饱满,达到厚度要求,无论使用何种工具,预涂的滚、刷、抹等基本动作均应连续反复 3 次以上,工具上涂料量不足时要及时蘸取涂料,预涂过程中发生掉毛时要随手清理掉,不便于随手清理的应在涂层固化后使用铲刀铲除、砂纸打磨等方法进行清理。无论何种工具,在蘸取涂料时都要适量,以防滴落和流挂。具体要求是:蘸取涂料后,毛刷和自制预涂工具应在涂料桶边擀刮掉多余涂料,滚筒应在放置于涂料桶内的小平板上适当滚压掉多余涂料。严禁各类预涂工具蘸取涂料出桶时有涂料滴落。

(5)消除内部各面喷漆时的相互影响

钢箱梁内部喷漆时,因为顶面和侧面喷漆产生的漆雾会沉积到底面,对底面涂层产生影响,所以应采取缩短上下面涂装间隔时间的措施,也可采用在底面布置彩条布遮盖的预防措施。

(6)固化时间长

由于钢箱梁内部本身不通风,致使涂料固化时间延长,内壁顶面、侧面、底面等部位由于位置关系,固化时间也不尽相同。因此,在涂层完全固化后,方可进行涂层检验和修补工作,由此造成的施工周期延长应予以充足的考虑。

针对水性环氧富锌底漆的涂装,尤其要加强箱梁内部的强制通风工作,而桥址现场则要针对箱梁内表面焊缝的水性环氧富锌底漆的涂装作业制定有针对性的通风作业措施,以保证水性环氧富锌涂层的质量。

(7)克服防护服的制约影响

进入钢箱梁的喷漆人员必须穿戴配有呼吸供气的防护服,但防护服在提供安全保障的同时,也产生了制约因素。喷漆操作的可视性和灵活性的影响对喷漆工人来说不可小视,应选择有经验的喷漆人员进行钢箱梁内表面的喷漆工作。

(8)安全检测与预防

相对封闭的钢箱梁内部,易使涂料中挥发出来的有害气体累计过多,不仅对人体产生伤害,还有可能引起爆炸。因此,作为重大危险源,应配置可燃气体检测仪等专业设备经常性地检测钢箱梁内部空气质量,并采取强制通风措施,且抽风端的风机应为防爆风机。

3)水性环氧富锌漆涂装要点

水性环氧富锌底漆主要以水为分散介质,其挥发性有机物含量大幅降低,因此可以减轻对环境的负面影响,并具有良好的施工及防护性能。尽管水性涂料具有上述优势,但它也有一些需要注意的事项。如室温下水的挥发速率较慢,并且受外界温度和湿度的变化影响。另外,水的热容和蒸发潜热较高,干燥时也需要更多能量。

(1)水性环氧富锌底漆以水性环氧树脂乳液和亲水性的固化剂为基料,锌粉为填料,三组分分别包装。施工过程中需要将三组分混合均匀,较其他双组分类型涂料较为复杂。应严格按照水性环氧富锌底漆的产品说明书要求进行相关操作。

(2)水性环氧涂料成果过程分为两个阶段:一是水的挥发,达到表干;二是环氧树脂与固化剂的聚合交联过程。

(3)水性环氧富锌底漆含有大量的锌粉,三组分混合后,锌粉与水接触有析氢现象产生,水性环氧富锌漆必须在活化期内用完。

4)三组分水性环氧富锌漆施工控制问题

目前水性环氧富锌漆产品有单组分、双组分和三组分3类,由于单组分产品存在锌粉氧化明显、产品质量难以稳定保存等问题,市场上主要是双组分和三组分产品。

水性环氧富锌漆需要在喷涂前进行现场配料混合,双组分产品混合类似现有的双组分涂料产品,而三组分产品的混合分散则更有难度,对环境温度湿度及施工操作人员方面的要求比较严格,现场需要更高的分散质量控制。

三组分产品往往由于分散不彻底等问题,导致底材边缘施工后出现局部膜厚过厚从而产生裂纹问题。另外由于不可避免的产生 H_2,也就需要严格注意涂装间隔,避免产生相关漆病等不利于施工的问题。

5)内表面涂装施工安全控制措施

钢箱梁内表面涂装施工存在的危险源有窒息、中毒中暑、燃烧爆炸、高处坠落、触电等,因此,要做好充分的安全技术措施准备。

(1)进入钢箱梁内施工作业的所有人员必须正确佩戴个人劳动安全防护用品(如工作服、防护服、防护手套、防毒口罩等)。

(2)南沙大桥钢箱梁内部净高超过3m,需用使用登高架施工,进行喷砂除锈施工时,在架子上施工时应戴好安全带,以防跌倒坠落。

(3)涂漆区为禁火区,这一区域严禁各种火花溅入以及进行明火作业。涂漆禁火区及其他禁止明火的场所,应有禁止烟火的安全标志。

(4)涂漆区内所有的电气设备、照明设施,应符合国家有关爆炸危险场所电气安全的规定。

(5)涂漆区应按涂漆范围和用漆量设置足够数量的消防器材,并定期检查,保持有效状态。

(6)沾有涂料或溶剂的棉纱、抹布等物应放入带盖的金属桶内,并做到一天一清除,严禁乱抛。

(7)钢箱梁内进行喷漆时,其进出口上方严禁从事电、气焊作业。

(8)进入作业区的人员,不得携带打火机、火柴等火种,不得从事有可能引起机械火花和电火花的各种作业。

(9)涂漆作业前必须对所有的喷漆设备及工具进行全面检查,确认无问题后方可工作。

(10)钢箱梁内表面涂装作业中,应设专人定时判断密闭空间内空气中氧含量和可燃气体浓度,氧含量应在18%以上,可燃气体浓度应低于爆炸下限10%。

(11)钢箱梁内涂漆需要高处作业时,应系好安全带,登高设施(脚手架、人字梯等)应是木质的,固定应牢固。

(12)涂料禁止渗漏,不用时要密封。作业完毕后,必须及时将其带出钢箱梁外。钢箱梁内涂料涂装应与焊接错开,并保持通风,通风所用风机应采用防爆风机。

(13)喷漆作业结束后,应及时对工作场所进行清理,将剩余的涂料和溶剂及时送回仓库,不准随便乱放。

(14)照明线路必须采用悬吊架设,避开作业空间。临时照明灯还必须采用安全绝缘线或重型软皮线(胶皮线),线与线的连接必须安全、绝缘、可靠,局部照明必须采用电源矿灯或手提式防爆照明灯。

(15)喷漆工人在进行喷漆作业时,不准穿带有铁钉的鞋,应避免各物体间的相互摩擦、撞击、剥离。

(16)钢箱梁内施工作业需要使用照明灯时,必须使用具有安全电压的防爆型照明灯。

(17)连接喷枪的液流软管必须是导电性能良好的软管,要保证喷枪通过软管连接接地。

(18)喷漆操作时,不准使软管扭结,禁止用软管拖拉设备,软管的金属接头应采用包扎措施,以避免软管拖动与钢板摩擦产生火花。

(19)凡进入钢箱梁内进行涂装作业者,不论空间大小,至少应有两人同行和工作,以做到施工互保。若空间狭小只能容纳一人进行作业时,另一人不得离开,应负责监护,随时与正在作业的人取得联系。

2.4.3.3　钢箱梁防腐涂装施工质量控制措施

钢箱梁防腐涂装施工质量控制措施主要有建立健全质量管理体系;严格把原材料质量关;严格控制施工环境条件,保证涂料间隔时间;合理安排施工工序,加强成品(半成品)保护以及坚持质量检验制度,具体内容如下:

1)建立健全质量管理体系

建立健全质量管理体系,各岗位、各级人员质量职责分工明确,各司其职。项目部组织机构如图2-108所示。

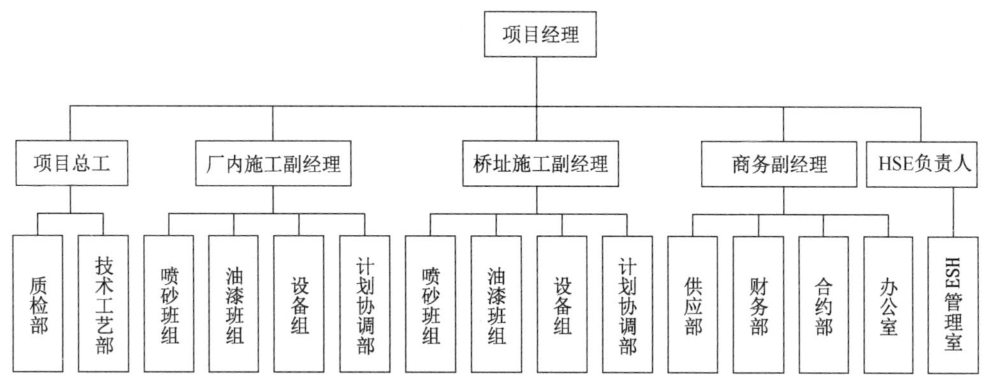

图2-108　项目部组织机构图

2)严把原材料质量关

严把材料进场质量关,确保材料储存条件符合要求。所使用的涂料每个批号都抽样送检,原材料合格率达到100%,不合格的材料不允许使用。图2-109为涂料样品复检机构复检。

图 2-109　涂料样品复检机构复检

3) 严格控制施工环境条件,保证涂装间隔时间

根据要求,按规定要求由专人对施工环境条件进行监测(图 2-110 和图 2-111)。根据各种涂料说明书中规定的最大和最小涂装间隔时间,分别进行控制。

图 2-110　喷砂车间温湿度测量

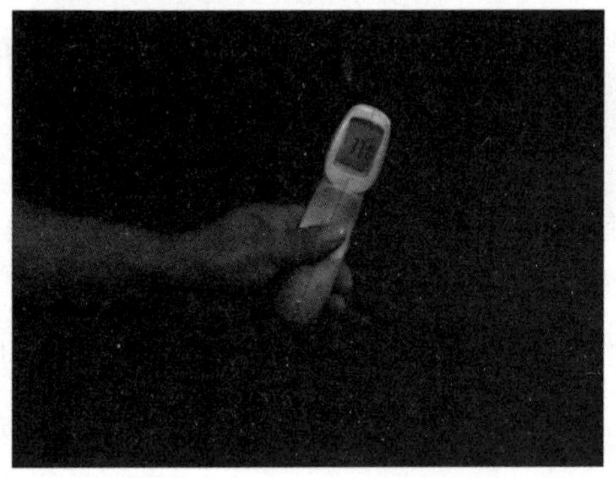

图 2-111　钢板表面温度测量

4) 合理安排施工工序,加强成品(半成品)保护

建立专门的成品(半成品)管理组织机构和成品(半成品)管理制度,合理安排施工工序,减少工序间的交叉作业,避免造成成品(半成品)破坏和污染,采取行之有效的成品(半成品)保护措施,设专人负责成品(半成品)保护工作。图 2-112 和图 2-113 分别为摩擦面的涂装保护和预留焊缝位置保护。

图 2-112　摩擦面的涂装 保护

图 2-113　预留焊缝位置保护

5)坚持质量检验制度

在施工过程中,按自检→专检→交接检→报验的程序控制工序质量,严格执行工序交接。报验合格后方准转入下一道工序,不合格者严禁转序。图2-114～图2-117为相关质量检验。

图2-114　监理指导预涂工作

图2-115　路缘石夹缝中间漆检测

图2-116　中间漆膜厚检测

图2-117　中间漆报验

2.4.4　附属结构制造工艺方案与质量控制方法

附属件工程总吨位不大,但数量较多,对直线度、垂直度以及外形尺寸要求较高,并在制作过程中需提前考虑现场安装相关问题,做好可调节措施,确保附属件最终的安装精度。

2.4.4.1　附属件制造工艺方案

附属件制造工艺方案主要包含预埋预焊件的制作与安装、防撞护栏底座板的制作与安装、防撞护栏的制作与安装、路缘石的制作与安装、检查车轨道制造,具体内容如下:

1)预埋预焊件的制作与安装

对于交通工程、检修照明工程、机电工程、健康检测等需要预埋预焊件进行数控下料,部分件采用外购成品件,制作时确保不遗漏。

2)防撞护栏底座板的制作与安装

底座板采用厚钢板制作,其中一面加工成2%斜坡,划线加工丝孔,待钢箱梁组装完成后进行组焊,接口处的底座板待成桥后安装。底座板在制作完成后采取黄油对螺栓孔进行保护(图2-118),焊接完成后采用临时工艺螺栓进行保护(图2-119),确保最终桥位产品螺栓顺利安装。

图2-118　黄油保护机加工面和螺栓孔

图2-119　临时工艺螺栓保护螺栓孔

3)路缘石的制作与安装

如图2-120所示,路缘石采用数控折弯机折弯成型,组焊劲板和端封板,涂车间底漆后,待钢箱梁组装完成后,以箱面上的基准线为准,组焊路缘石,接口处的路缘石待成桥后安装。

图2-120　路缘石制作

4)灯柱底座的制作与安装

如图2-121所示,灯柱底座是由钢板组焊而成的法兰结构,采用数控下料、组焊成整体,保证底面斜坡,底座孔采用钻孔模具整体钻制,待钢箱梁组装完成后,进行灯柱底座的焊接。

图2-121　灯座底座的制作

5)防撞护栏制作

防撞护栏安装需根据钢箱梁成桥线形进行局部调整,以保证整体线形的美观。防撞护栏横梁连接处采用的是内套管形式,一定要注意腰型孔在内套管上,横梁上面为圆孔,不能开反,防止雨水进入横梁内侧;另为保证美观性,横梁钢管对接缝需放置在背面侧。

6)检查车轨道制造

南沙大桥检查车轨道主体为工字钢,之间连接采用长圆孔,为了提高工字钢翼缘板长圆孔的加工质量和速度,特研制出一种可以同时在工字钢翼缘板上冲裁出 4 个长圆孔的模具,如图 2-122所示。通过该模具的使用,使其加工的长圆孔群成型质量好,孔群内各孔相对位置容易得到保障。传统方法加工一个长圆孔需要耗时 10min 左右,而采用长圆孔四孔冲裁模具,4 个长圆孔可以一次冲裁成型,一个孔群仅需半分钟,提高工作效率达到 90% 以上。该工装申请实用新型专利一项。

图 2-122 检查车轨道四孔冲裁模具

2.4.4.2 附属件制造质量控制措施

附属件制造过程严格控制施工工艺,加强过程质量控制,实行三级检查制度,逐级检验合格后方可报检监理工程师。上一道工序检验不合格,不得进入下道工序。

1)原材料的接收与检验

对进场材料先进行外观检查和质保书的审核(质保书报备监理),然后按照标准和检验规程规定的抽检比例进行进场材料的复验(监理旁站),向监理报送材料复验报告,经监理工程师签认后方可投入使用。图 2-123 和图 2-124 分别为钢板、焊材进场检验。

2)下料和机加工措施

原材料下料及机械加工过程中,所有流程严格按照报审文件执行,结合南沙大桥的验收要求进行检查与控制,监理全程见证检查。其切割质量、切割尺寸误差、加工精度均符合相关技术和质量要求。图 2-125 为钢板切割。

3)组焊控制措施

附属件的组装过程,G4-1 标段严格控制构件制作尺寸的统一性,以便控制构件尺寸精度,从而提高桥位的施工质量。组装过程中,对于下料尺寸、划线尺寸、装配尺寸、螺栓孔位置尺寸等进行了全程检验,并通过监理验收。

图 2-123　钢板进场检验

图 2-124　焊材进场检验

图 2-125　钢板切割

构件的焊接(包括定位焊)严格按照《虎门二桥项目主桥钢箱梁制造 G4-1 合同段焊接工艺规程》执行。焊接过程中对焊接参数实施动态巡查管理,焊后对焊缝外观进行检查,并对立柱焊后的焊脚打磨光滑,保证立柱美观,检验合格后报监理验收。图 2-126 和图 2-127 分别为附属件焊接检查、栏杆镀锌检查。

图 2-126　附属件焊接检查

图 2-127　栏杆镀锌检查

构件焊接完成后对整体外形进行矫正，严格按照《虎门二桥项目主桥钢箱梁 G4-1 合同段构件修整工艺规程》执行。检验合格后报监理验收。

2.4.4.3 工艺提升与优化

在本项目中对横梁套管设计进行了优化，对立柱与横梁连接构造进行了改进，具体内容如下：

1）横梁套管设计优化

防撞护栏横梁连接采用内套管进行连接，为保证套管顺利安装，在采购时应放置适当的余量控制安装间隙，便于桥位安装；横梁螺栓孔设置一定是内侧套管腰型孔，外侧横梁圆孔，确保防撞栏杆的美观性和实用性，防止雨水渗入横梁内侧。

2）立柱与横梁连接构造改进

如图 2-128 所示，横梁与立柱连接处，最上层连接板因立柱和横梁线形实际调整后会存在局部偏差，并且为避免与立柱顶部直角部位干涉，建议改为折弯圆弧形式。

图 2-128 立柱与横梁连接构造改进

2.4.5 信息化制造技术

南沙大桥构件规格与数量多，预制与装配工序繁杂，传统制造管理技术容易引起的信息交互滞后与失真问题被进一步加剧。南沙大桥工程引入最新的信息化制造技术，并研发了专门的信息化系统进行管理，确保工程高质量、高效率地实施。

2.4.5.1 基于 BIM 的三维一体化加工

BIM 技术是最大限度整合各类建筑项目及道路项目信息的数据库，为建设方、设计方、制造方、施工方、材料供货商等清晰方便地提供所需的信息，提高项目完成的效率，提升工程人员对项目的控制能力。

南沙大桥建设单位非常重视 BIM 工作的开展，在我国桥梁学术会议上提出过对 BIM 的要求是“more”，即更多。正是基于这样的要求，上海振华重工在南沙大桥生产过程中积极配合，研究利用 BIM 技术解决南沙大桥工程管理中遇到的问题并取得了一些成果。下面是上海振华重工在南沙大桥项目的 BIM 工作成果和应用情况。

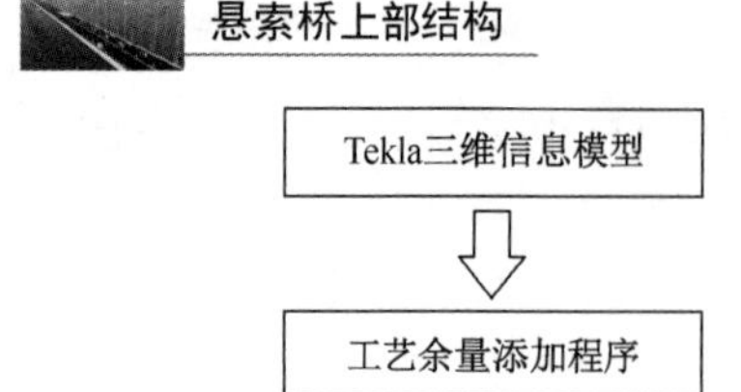

图 2-129　三维一体化加工流程图

一体化加工是企业现代化生产的需要，实现一体化加工可以提升企业资源配置水平，提高企业核心竞争力，从而提高企业经济效益。为实现生产项目三维一体化加工，基于 Tekla 三维数字模型，自行开发了工艺余量添加程序，选用了 SigmaNEST 套料系统，进行工艺余量添加、排版套料、输出精确材料采购清单以及数控加工文件。三维一体化加工流程如图 2-129所示，通过这些技术的联合应用可以更好地提升项目一体化加工水平，提高材料利用率以及生产效率。

1）三维信息模型

在三维信息模型建立工具选择上，选取 Tekla Structure 软件作为建立南沙大桥的三维建模软件，该软件是钢结构行业通用的建模软件。软件具有强大的三维建模功能，能够将产品的三维模型以详细的细节方式进行展示，可通过建模对设计图纸进行检验。同时能够发现模型的干涉和施工不便性，通过模型在开工前将干涉和施工不便的问题解决，为项目顺利开展扫清障碍。

Tekla Structures 提供了全面的智能节点库。节点库涵盖混凝土配筋和钢结构节点（图 2-130为螺栓节点库），可以轻松地将节点设置预先储存为项目特定的设置，在项目建模过程中能够提高效率。

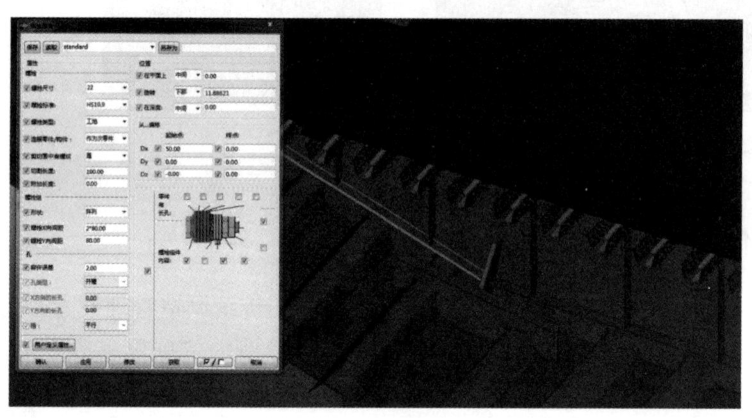

图 2-130　螺栓节点库

三维模型能够实现所见即所得的效果，能够直观反映出项目建成后的结构特点，使工程师对项目结构特点能够了解得更全面和详细，避免因看图不全面引起总体结构把握上的失误。图 2-131 为南沙大桥标准段三维几何模型。

三维模型是生成二维详图的基础，在三维模型检查无误的基础上进行出图，保证图纸的准确性和高效性。同时项目结构发生变更后，模型的修改会直接实现二维图纸的自行修改，时时保持模型与图纸的一致性。同时模型能够提供产品的各种信息清单（图 2-132），避免二维出图所带来的信息统计量大而不准确的问题。

图 2-131 南沙大桥标准段三维几何模型

清单

报告

TEKLA STRUCTURES 构件清单 工程号: 0 页: 1

工程名:虎门二桥 状态: 日期: 20.05.2016

构件编号	数量	型材	表面积(m2)	重量(kg)
G-BOT1	1	PL12*12800	106.0	4695.2
G-BOT2	1	PL12*12800	106.0	4695.1
G-BOT3	1	PL12*12800	174.4	6292.9
G-BOT4	1	PL12*12800	174.4	6292.9
G-BOT5	12	PL10*150	2.5	93.0
G-BOT6	4	PL10*150	2.5	93.0
G-BOT7	1	PL12*12800	182.9	8455.3
G-BOT8	1	PL12*12800	182.9	8455.3
G-BOT9	5	PL12*12800	137.0	5009.1
G-BOT10	1	PL12*12800	91.5	3339.4
G-BOT11	1	PL12*12800	91.5	3339.4
G-BOT12	2	PL12*12800	100.5	3763.0
G-GL1	1	L200*20	23.1	1478.0
G-HG1	1	PL10*2172	7.7	292.7
G-HG2	1	PL10*2172	7.7	292.7
G-HG3	2	PL10*1883	7.0	268.8
G-HG4	2	PL10*1883	7.0	268.8
G-HG5	8	PL10*650	0.6	22.6
G-HG6	1	PL10*3360	97.6	3747.5
G-HG7	1	PL10*3360	97.6	3747.5
G-HG8	2	PL10*3360	98.0	3763.0
G-HG9	2	PL10*3360	98.0	3763.0
G-HG10	1	PL10*3501	105.9	4080.0
G-HG11	2	PL10*3501	105.9	4080.0
G-HG12	1	PL14*3486	103.4	5403.7
G-HG13	1	PL14*3476	95.3	4990.3
G-HG14	1	PL20*3236	48.5	3399.4

确认

图 2-132 构件清单

相对于二维 CAD 模型,三维 Tekla 模型有以下优势:

(1)可视化。可视化即“所见所得”的形式,将以往的线条式的构件形成一种三维的立体实物图形展示在人们的面前。虽然之前的桥梁结构也会有渲染效果图,但是相对于三维模型,缺少了同零件之间的互动性和反馈性。可视化的结果可以用作效果图的展示及报表的生成,更重要的是,项目设计、制造、运营过程中的沟通、讨论、决策都在可视化的状态下进行。

(2)协调性。作为桥梁制造的重点内容,无论是制造单位、设计单位还是建设单位无不在做着协调及相配合的工作。对于南沙大桥这类由多个制造单位参与的大型桥梁,这点显得尤为重要。业主方在收到各制造单位建立的三维模型后进行三维模型总拼并对板单元统一编号,这样就解决了多个制造单位编号混乱的问题,为最后的桥梁结构现场安装提供依据。

(3)模拟性。三维模型不只能模拟出结构的外形,还可以模拟不易在现实世界中操作的事物。通过将 Tekla 三维模型以 ifc 格式导出,可对桥梁制造的吊装、翻身、转运、胎架安放等特殊阶段进行 CAE(计算机辅助工程)分析。通过有限元模拟的方式,为结构受力形式提供可靠依据。

(4)优化性。桥梁结构的整个设计、制造、现场安装过程就是一个不断优化的过程,而优化的过程受到了三种因素的制约:信息、复杂程度和时间。没有准确的信息就做不出合理的优化结果。Tekla 三维模型提供了建筑物的实际存在信息,包括尺寸信息、位置信息,还提供了建筑物变化之后的实际存在信息。

(5)协同性。在一个局域网内,可以利用多人协同操作,在多个客户端同时操作 Tekla 模型进行三维模型的创建。无须控制、跟踪和存储多个相同模型,在多个用户之间分担大型工程工作量。

2)工艺余量嵌入的设计与工艺有机协作

根据 Tekla 软件的特点以及实际生产工艺需求,自行开发了工艺余量添加系统。该系统可以实现对复杂几何外形的零件添加多种形式的工艺余量的目标,分为单边余量、均布余量和厚度余量 3 种模式,满足各种情况的余量添加要求。支持数据库存储功能,可对余量添加结果按多种条件进行组合查询。工艺余量添加系统通过与三维建模软件 Tekla 的集成,实现了设计与工艺的有机结合和衔接。图 2-133 为 Tekla 导出 NC 文件。

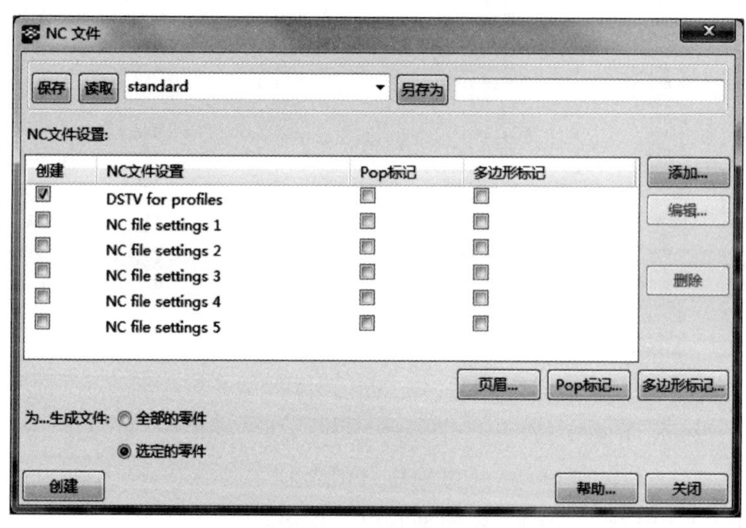

图 2-133　Tekla 导出 NC 文件图

通过 Tekla 三维模型中的 NCL 文件可以直接将零件信息导入该系统,根据工艺需求可对零件进行多种情况的余量添加,具体功能如下:

(1)对于比较复杂的零件,可对零件的外轮廓、内轮廓分别添加工艺余量。

(2)可逐个对每一边单独添加余量。

(3)对每一边可选择多种加余量的方向。

(4)可选择是否改变板件圆弧边的圆弧半径。

(5)可添加或消除零件过焊孔。

(6)可增加或删除零件指定边线。

(7)实现特殊的工艺余量添加。

通过软件优秀的算法满足各种情况的余量添加,所添加的工艺余量可根据项目名进行分类保存。图2-134为南沙大桥工艺余量查询界面。

筛选条件

项目名称：虎门二桥　筛选　导出筛选的数据

任务名：050617

构件号：B-BOT1 B-BOT10 B-BOT11 B-BOT12 B-BOT13

节段号：B-BOT1 B-BOT10 B-BOT11 B-BOT12 B-BOT13

材质：Q345D

板厚：4 8 10 12 14

是否修改：Y N

修改人：Admin

项目名	项目编号	任务名	节段号	构件号	零件号	材质	板厚	长度	宽度	数量	是否
虎门二桥	ZP15-2309	050617	B-HG1	B-HG1	P9	Q345D	10	13734.40	3360.26	1	Y
虎门二桥	ZP15-2309	050617	B-HG2	B-HG2	P10	Q345D	10	13722.29	3360.26	1	Y
虎门二桥	ZP15-2309	050617	B-HG3	B-HG3	P11	Q345D	10	13722.29	3360.26	1	Y
虎门二桥	ZP15-2309	050617	B-HG4	B-HG4	P12	Q345D	10	13722.29	3360.26	1	Y
虎门二桥	ZP15-2309	050617	B-HG5	B-HG5	P13	Q345D	10	13722.29	3360.26	2	Y
虎门二桥	ZP15-2309	050617	B-HG23	B-HG23	P37	Q345D	10	13487.77	170	6	Y
虎门二桥	ZP15-2309	050617	B-HG6	B-HG6	P14	Q345D	10	13010.13	3500.63	3	Y
虎门二桥	ZP15-2309	050617	B-HG91	B-HG91	P159	Q345D	14	13009.81	3486.36	1	Y
虎门二桥	ZP15-2309	050617	B-HG68	B-HG68	P118	Q345D	12	12964.96	140	1	Y
虎门二桥	ZP15-2309	050617	B-BOT10	B-BOT10	P105	Q345D	12	12830	451	2	Y
虎门二桥	ZP15-2309	050617	B-TP1	B-TP1	P2	Q345D	10	12830	2366	2	Y
虎门二桥	ZP15-2309	050617	B-TP14	B-TP14	P230	Q345D	18	12830	2394	2	Y
虎门二桥	ZP15-2309	050617	B-TP15	B-TP15	P231	Q345D	18	12830	2960.05	2	Y
虎门二桥	ZP15-2309	050617	B-TP16	B-TP16	P232	Q345D	18	12830	3000	4	Y
虎门二桥	ZP15-2309	050617	B-JX10	B-JX10	P59	Q345D	10	12810	2488.12	2	Y
虎门二桥	ZP15-2309	050617	B-TP7	B-TP7	P168	Q345D	14	12806.6	168	6	Y
虎门二桥	ZP15-2309	050617	B-TP6	B-TP6	P158	Q345D	300	12800	0	62	N

操作步骤：

文件操作

导出ncl原文件　导出ncl新文件　转换为DXF文件　拆分为一件一号　套数：1　执行

图2-134　南沙大桥工艺余量查询界面

3)优化套料系统应用

在套料软件的选择上,选取了行业领先的SigmaNEST套料系统。该系统提供了丰富的切割工艺和切割经验,包括完整的切割刀具和板厚切割参数数据库,系统解决了热切割从起割、切割、转折、暂停全过程的自动穿孔、自动加减速和圆弧差补等技术难题,完好解决了割嘴烧伤、起割点过烧疤痕、拐点过烧、切圆不圆等切割难题,确保切割质量的提高,保证了数控切割的高效率和切割自动化。该系统主要功能如下:

(1)全自动统筹套料

先全面统筹规划,再局部优化排版,所有工作全部自动,利用计算机强大的运算能力,使材料利用率得到极大提升。图2-135为排版套料界面。

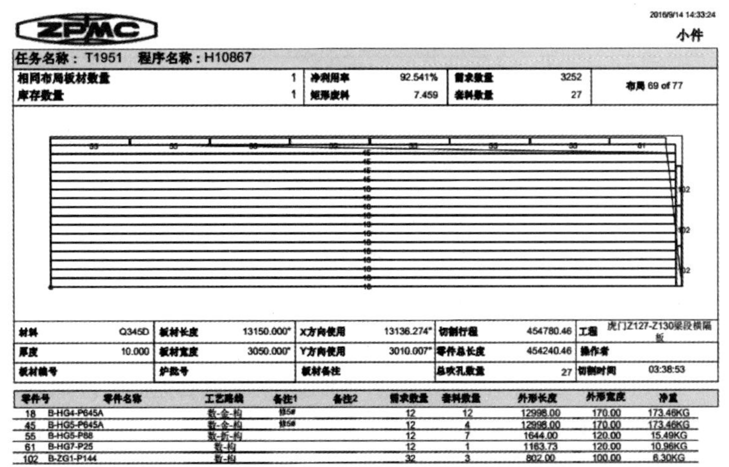

ZPMC　2016/9/14 14:33:24　小件

任务名称：T1951　程序名称：H10867

相同布局板材数量	1	净利用率	92.541%	需求数量	3252	布局 69 of 77
库存数量	1	矩形废料	7.459	套料数量	27	

材料	Q345D	板材长度	13150.000"	X方向使用	13136.274"	切割行程	454780.46	工程	虎门Z127-Z130梁段横隔板
厚度	10.000	板材宽度	3050.000"	Y方向使用	3010.007"	零件总长度	454240.46	操作者	
板材编号		炉批号		板材备注		总吹孔数量	27	切割时间	03:38:53

零件号	零件名称	工艺路线	备注1	备注2	需求数量	套料数量	外形长度	外形宽度	净重
18	B-HG4-P645A	数-金-构	铁5#		12	12	12998.00	170.00	173.46KG
45	B-HG5-P645A	数-金-构	铁5#		12	4	12998.00	170.00	173.46KG
55	B-HG5-P88	数-折-构			12	7	1644.00	120.00	15.49KG
61	B-HG7-P25	数-构			12	1	1163.73	120.00	10.96KG
102	B-ZG1-P144	数-构			32	3	802.00	100.00	6.30KG

图2-135　排版套料界面

(2)NC 代码输出

参数全部设置完成之后点"确认"即可进行 NC 路径生成。生成之后,点击左侧菜单中"NC 路径 = 关",该项就变为"NC 路径 = 开",此时就可以看模拟切割过程,并且可以自由调节切割速度。如有需要手动 NC 生成路径,先点击"NC",然后点击左侧菜单中的"手动 NC",就可以选择需要优先切割的零件。

NC 路径生成之后,点击"后处理"→"后处理所有板材",则可输出所有板材的切割代码,进行车间数控切割。NC 数控切割设备如图 2-136 所示,其具体切割参数见表 2-33。

图 2-136　NC 数控切割设备

NC 数控切割设备参数　　表 2-33

割嘴号 GK	切割厚度 (mm)	切割速度 (mm/min)	燃气压力 (MPa)	预热氧压力 (MPa)	切割氧压力 (MPa)	切割氧耗量 (m^3/h)
1	5 ~ 10	700 ~ 500	≥0.03	0.3 ~ 0.5	0.7 ~ 0.8	1.0 ~ 1.5
2	10 ~ 20	600 ~ 380	≥0.03	0.3 ~ 0.5	0.7 ~ 0.8	2.0 ~ 2.5
3	20 ~ 40	500 ~ 350	≥0.03	0.3 ~ 0.5	0.7 ~ 0.8	3.2 ~ 3.7
4	40 ~ 60	420 ~ 300	≥0.03	0.3 ~ 0.5	0.7 ~ 0.8	5.2 ~ 5.7
5	60 ~ 100	320 ~ 200	≥0.03	0.3 ~ 0.5	0.7 ~ 0.8	7.5 ~ 8.0
6	100 ~ 150	260 ~ 140	≥0.04	0.3 ~ 0.5	0.7 ~ 0.8	10.4 ~ 11.0

(3)生成精确采购清单

采用已添加工艺余量的零件信息进行材料的高效排版套料,使得套料结果更为精确。自动生成板材利用率清单、设备利用率清单、生产作业安排表、耗材定额表等管理表格。

三维一体化加工技术已在南沙大桥 G4-1 标段得到应用,Tekla 三维模型中所有零件的工艺余量都可以通过自行开发的工艺余量系统进行添加,带有工艺余量的 NC1 文件同时能够顺利读入 SigmaNEST 进行优化套料,输出切割代码后进行数控切割,实现了从设计到工艺再到生产的完整流程。

三维一体化加工技术使工艺余量的添加不再依赖于图纸,添加工艺余量及优化套料工作前移到详图设计阶段,缩短了技术准备时间,减少了人力资源投入,可大幅提高生产效率。通过优化套料工作的前移,使套料结果能够更好地指导材料采购,减少库存积压。

2.4.5.2　焊缝信息化管理系统

钢结构详图设计软件逐渐从二维转向三维,目前钢结构行业中比较常用的三维软件有Tekla和Catia等,但是无论哪个软件,在建模阶段都很难对焊缝信息进行有效管理,特别是在焊缝信息统计方面还没这样的功能。这对后续的焊材采购、车间生产、质检控制方面都带来了不少麻烦。目前国内外钢结构企业较为常见的做法如下:

(1)焊材采购方面。根据类似项目按钢结构吨位对焊材进行预估。焊材实行分批采购,后续不断进行修正。这种方式对订货人员提出了较高的要求,而且采购量到最后往往都偏大。

(2)焊缝追踪方面。通过手工在模型外编制焊缝地图,然后将图纸和编号传递给质检部门使用。这种方式费时费力、信息传递性差、逆向查询性差。

(3)车间生产方面。根据施工图纸中标注的信息和焊接工艺评定来完成坡口准备、装配、焊接、探伤工作。最后将这些信息与焊缝编号对应,填入表格。这种方式在实际车间使用时质检员需要参照图纸、焊缝地图、焊接工艺评定等多份文件,工作量大、效率低、出错率高。

(4)施工队结算方面。目前主要根据项目类型按吨位进行结算。这种方式较为粗放,对工作量的计算不够精准。

针对以上问题提出了基于三维数字模型的焊缝信息管理理念:通过对三维建模软件Tekla的二次开发,在模型中实现对焊缝的快速编号和属性定义,同时实现对焊缝的类型、长度、熔融金属、焊材用量、焊接工时等信息的统计,将焊缝信息在三维建模、生产准备、焊材采购、车间焊接、质量控制等环节进行有效整合,形成完整的数据链,从而在项目整个过程中实现焊缝精细化管理,提高企业的生产力。

1)系统功能介绍

(1)与Tekla模型集成

焊缝信息管理系统通过内部接口与钢结构深化软件Tekla Structure连接,将焊缝的坡口信息、施焊信息、检验信息等焊缝信息全部集成到Tekla模型中(图2-137),以项目为核心,全过程通过数据库高效管理,确保数据的安全性、访问便携性。

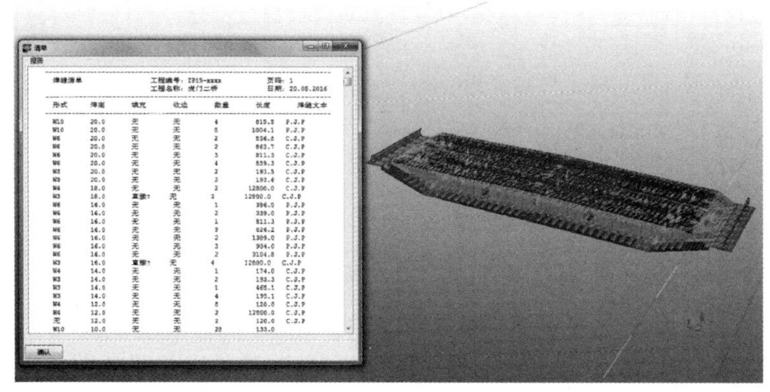

焊缝清单　工程编号: Z215-xxxx　页码: 1　工程名称: 虎门二桥　日期: 20.05.2016

形式	[illegible]	填充	收边	数量	长度	焊缝文本
W10	20.0	无	无	4	815.5	P.J.P
W10	20.0	无	无	8	1004.1	P.J.P
W6	20.0	无	无	2	836.8	C.J.P
W6	20.0	无	无	2	863.7	C.J.P
W6	20.0	无	无	3	811.3	C.J.P
W6	20.0	无	无	4	839.3	C.J.P
W3	20.0	无	无	2	193.5	C.J.P
W3	20.0	无	无	2	193.4	C.J.P
W4	18.0	无	无	2	12800.0	C.J.P
W3	18.0	直接?	无	3	12800.0	C.J.P
W6	16.0	无	无	1	396.0	P.J.P
W6	16.0	无	无	2	339.0	P.J.P
W6	16.0	无	无	1	811.3	P.J.P
W6	16.0	无	无	3	826.2	P.J.P
W6	16.0	无	无	2	1309.0	P.J.P
W6	16.0	无	无	3	934.0	P.J.P
W6	16.0	无	无	2	3194.8	P.J.P
W3	16.0	直接?	无	4	12800.0	C.J.P
W4	14.0	无	无	1	174.0	C.J.P
W3	14.0	无	无	2	193.3	C.J.P
W3	14.0	无	无	1	465.1	C.J.P
W3	14.0	无	无	4	195.1	C.J.P
W4	12.0	无	无	8	120.0	C.J.P
W4	12.0	无	无	2	12800.0	C.J.P
无	12.0	无	无	2	120.0	C.J.P
W10	10.0	无	无	28	133.0	

确认

图2-137　南沙大桥焊缝信息集成于Tekla模型

(2)焊缝的快捷编辑

可自动识别零件板厚和焊缝长度等信息,并提供多种方式对焊缝属性进行添加与修改,降低技术人员的工作量,提高工作效率。

(3)自动化程度高

由技术人员自定义焊缝规则,系统可根据规则自动对Tekla模型中的所有焊缝进行更新,使焊缝属性对应用户定义规则。图2-138和图2-139分别为系统自动识别截面型材和板厚以及自定义焊缝编号。

项目编号	截面型材	厚度	材质
[illegible]	[illegible]	[illegible]	[illegible]
ZP15-2322	FL10*120	10	Q345D
ZP15-2322	FL10*12756	10	Q345D
ZP15-2322	FL20*280	20	Q345D
ZP15-2322	FL4*60	4	Q345D
ZP15-2322	FL12*120	12	Q345D
ZP15-2322	FL10*12800	10	Q345D
ZP15-2322	FL12*140	12	Q345D
ZP15-2322	FL10*170	10	Q345D
ZP15-2322	FL14*174	14	Q345D
ZP15-2322	FL10*60	10	Q345D
ZP15-2322	FL10*140	10	Q345D
ZP15-2322	HD323	23	Q345D
ZP15-2322	FL52*112	52	Q345D
ZP15-2322	4*60*120	4	Q345D
ZP15-2322	FL10*100	10	Q345D
ZP15-2322	FL12*60	12	Q345D
ZP15-2322	U500	6	Q345D
ZP15-2322	FL16*2954.05	16	Q345D
ZP15-2322	FL14*160	14	Q345D
ZP15-2322	U300	8	Q345D
ZP15-2322	FL10*2366	10	Q345D
ZP15-2322	FL12*451	12	Q345D
ZP15-2322	FL10*150	10	Q345D
ZP15-2322	FL10*160	10	Q345D
ZP15-2322	FL10*62.45	10	Q345D

图2-138 自动识别截面型材和板厚

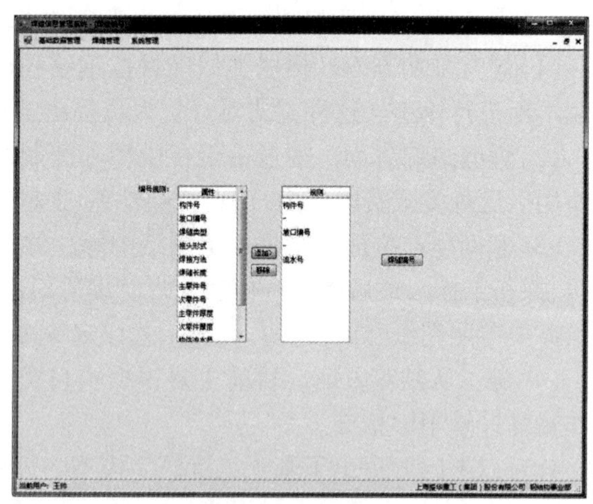

图2-139 自定义焊缝编号

(4)多人协同工作

在一个局域网内,可以利用多人协同操作,在多个客户端同时操作Tekla模型进行焊缝的创建以及焊缝信息的添加。无须控制、跟踪和存储多个相同模型,在多个用户之间分担大型工程工作量。

(5)后处理功能强大

可自动生成焊缝清单应用于钢结构质量跟踪,检验及跟踪结果反馈至三维数字模型中存储并可生成检验报告,高度集成化。图2-140为南沙大桥焊缝清单。

序号	构件号	焊缝编号	坡口编号	焊缝类型	接头形式	焊缝方法	焊缝长度(mm)	主零件号	次零件号	主零件厚度(mm)	次零件厚度	坡口面积	VT	UT	MT	RT	PT
1	B-ZG5	Z67-B-TF-1565	WD21-02	Fillet	Corner	GMAW+SAW	802	P119	P18	16	10	49	100	0	0	0	0
2	B-ZG5	Z67-B-BC-1834	WD05	CJP	Butt	FCAW	120	P33	P17	10	10	116.4	100	100	0	0	0
3	B-ZG5	Z67-B-BC-1835	WD05	CJP	Butt	FCAW	120	P33	P17	10	10	116.4	100	100	0	0	0
4	B-ZG5	Z67-B-TF-1560	WD21-02	Fillet	Corner	GMAW+SAW	1218.7	P119	P33	16	10	49	100	0	0	0	0
5	B-ZG5	Z67-B-TF-1582	WD21-02	Fillet	Corner	GMAW+SAW	1218.7	P119	P33	16	10	49	100	0	0	0	0
6	B-ZG5	Z67-B-TF-1613	WD21-02	Fillet	Corner	GMAW+SAW	802	P119	P18	16	10	49	100	0	0	0	0
7	B-ZG5	Z67-B-TF-1616	WD21-02	Fillet	Corner	GMAW+SAW	1750.4	P119	P17	16	10	49	100	0	0	0	0
8	B-ZG5	Z67-B-TF-1617	WD21-02	Fillet	Corner	GMAW+SAW	1750.4	P119	P17	16	10	49	100	0	0	0	0
9	B-ZG4	Z67-B-TF-1566	WD21-02	Fillet	Corner	GMAW+SAW	802	P119	P18	16	10	49	100	0	0	0	0
10	B-ZG4	Z67-B-TF-1610	WD21-02	Fillet	Corner	GMAW+SAW	802	P119	P18	16	10	49	100	0	0	0	0
11	B-ZG1	Z67-B-BC-1770	WD05	CJP	Butt	FCAW	120	P33	P17	10	10	116.4	100	100	0	0	0
12	B-ZG1	Z67-B-BC-1771	WD05	CJP	Butt	FCAW	120	P33	P17	10	10	116.4	100	100	0	0	0
13	B-ZG1	Z67-B-BC-1772	WD05	CJP	Butt	FCAW	120	P33	P17	10	10	116.4	100	100	0	0	0
14	B-ZG1	Z67-B-BC-1773	WD05	CJP	Butt	FCAW	120	P33	P17	10	10	116.4	100	100	0	0	0
15	B-TP9	Z67-B-TP-1803	WD20-01	PJP	Corner	GMAW+SAW	12755.1	P171	P161	18	8	34.9	100	0	100	0	0
16	B-TP9	Z67-B-TP-1806	WD20-01	PJP	Corner	GMAW+SAW	12720.3	P171	P161	18	8	34.9	100	0	100	0	0
17	B-TP9	Z67-B-TP-1809	WD20-01	PJP	Corner	GMAW+SAW	12755.1	P171	P161	18	8	34.9	100	0	100	0	0
18	B-TP9	Z67-B-TP-1811	WD20-01	PJP	Corner	GMAW+SAW	12720.3	P171	P161	18	8	34.9	100	0	100	0	0
19	B-TP9	Z67-B-TF-1386	WD21-01	Fillet	Corner	GMAW+SAW	694	P161	P185	8	4	16	100	0	0	0	0
20	B-TP9	Z67-B-TF-1389	WD21-01	Fillet	Corner	GMAW+SAW	694	P161	P185	8	4	16	100	0	0	0	0
21	B-TP9	Z67-B-TF-1390	WD21-01	Fillet	Corner	GMAW+SAW	283.6	P171	P185	18	4	16	100	0	0	0	0
22	B-TP9	Z67-B-TF-1391	WD21-02	Fillet	Corner	GMAW+SAW	694	P161	P185	8	4	49	100	0	0	0	0

图2-140 南沙大桥焊缝清单

2)技术应用效果

焊缝信息管理系统完善了对焊缝信息的管理机制,改变了以往粗放型的模式,将精细化管理理念引入到项目的资源管理中,促进项目管理水平的提高,降低资源消耗,提高企业效益。在钢桥制造行业中引入焊缝信息在三维模型中集成的方法,进一步提高了桥梁制造行业的信息化、数字化水平,为进一步实现钢桥数字化制造和BIM技术的推广奠定了基础。

焊缝信息管理系统已在南沙大桥项目上应用,在三维模型中生成所有焊缝并统一管理,自

动生成各类焊缝信息统计报告,计算焊材采购量、焊接工作量及探伤工作量。经过以上应用,结果较为理想,达到了如下的效果:

改变以往经验估计的采购模式,对焊材消耗进行精确定额,指导焊材采购及合理化厂内资源配置。改变以往按吨结算方式,实现按焊缝类型、长度的精细化结算,有利于成本控制。通过在三维数字模型中集成焊缝信息,自动生成各类焊缝信息统计报告,可大幅提高生产效率,节约劳动力成本。实现对焊缝的可追溯性与数字化管理,为项目的全生命周期管理提供技术支持。

2.4.5.3 虚拟预拼装技术

目前国内外对于虚拟预拼装技术的研究已经比较成熟,应用的领域也越来越广,对于工程复杂环境的适应性也越来越强。其技术原理均是依靠最小二乘拟合,通过各种优化算法进行理论坐标数据与实测坐标数据的比对,找出最佳的匹配方案,根据分析时的放置状态进行虚拟的分析,找出实物与理论模型之间的尺寸精度偏差,依据该精度偏差进行实物结构超差尺寸部位的修正。南沙大桥 G4-1 标段采用车间内整体节段制造,现场进行多节段预拼装,匹配后修割端口,使其端口达到匹配一致,该项工序是保证桥位架设能够顺利、快速进行施工的前提。实体预拼装通常占用较大空间、动用较多支撑胎架,转运和起重设备,耗用的人力资源较多,该费用在总体制造成本中所占比例较大,降低该项费用可提升企业的盈利水平。采用摄影测量设备或者全站仪进行虚拟预拼装测量的方式应用较普遍,且技术应用成熟,是比较理想的新技术选择,可采用虚拟预拼装技术进行单个梁段的精度控制、多个梁段的预拼装等,采用计算机模拟与实体验证的方式,综合考虑可以节省部分人力和物力,降低制造成本。目前在钢桥制造行业还没有应用此项技术。此项技术的应用能大大提升项目信息化水平,并产生显著的经济效益。

1)设备介绍

V-STARS 三坐标摄影测量系统是基于数字摄影的大尺寸三坐标测量系统,也称工业摄影测量系统。该系统的组成及其附件包括装备工业镜头的相机一台,装有专业分析软件的移动工作站一台、编码点若干、高精度标尺一套、测量点、孔工装若干。该系统主要具有三维测量精度高(相对精度可达 1/20 万)、测量速度快、自动化程度高和能在恶劣环境中工作(如热真空)等优点,是目前国际上最成熟的商业化工业数字摄影测量系统产品之一。摄影测量系统如图 2-141所示。

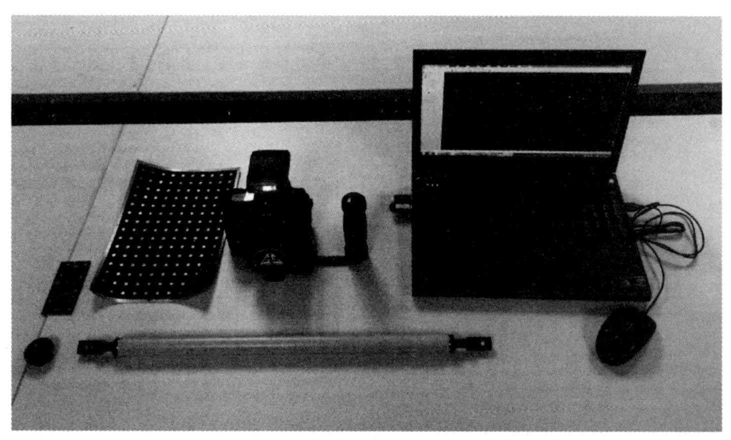

图 2-141 摄影测量系统

2)虚拟预拼装方案

南沙大桥 G4-1 标段实体预拼装方案采用轮次拼装的方式,每轮次连续组拼不少于 8 个梁段,全桥共 66 个梁段,分八大轮次制造。按照架梁顺序及工期要求,并满足现场吊装需要,每轮次连续组拼合格后,将最后一个梁段留下参与下一轮预拼装。具体拼装轮次如图 2-142 所示。

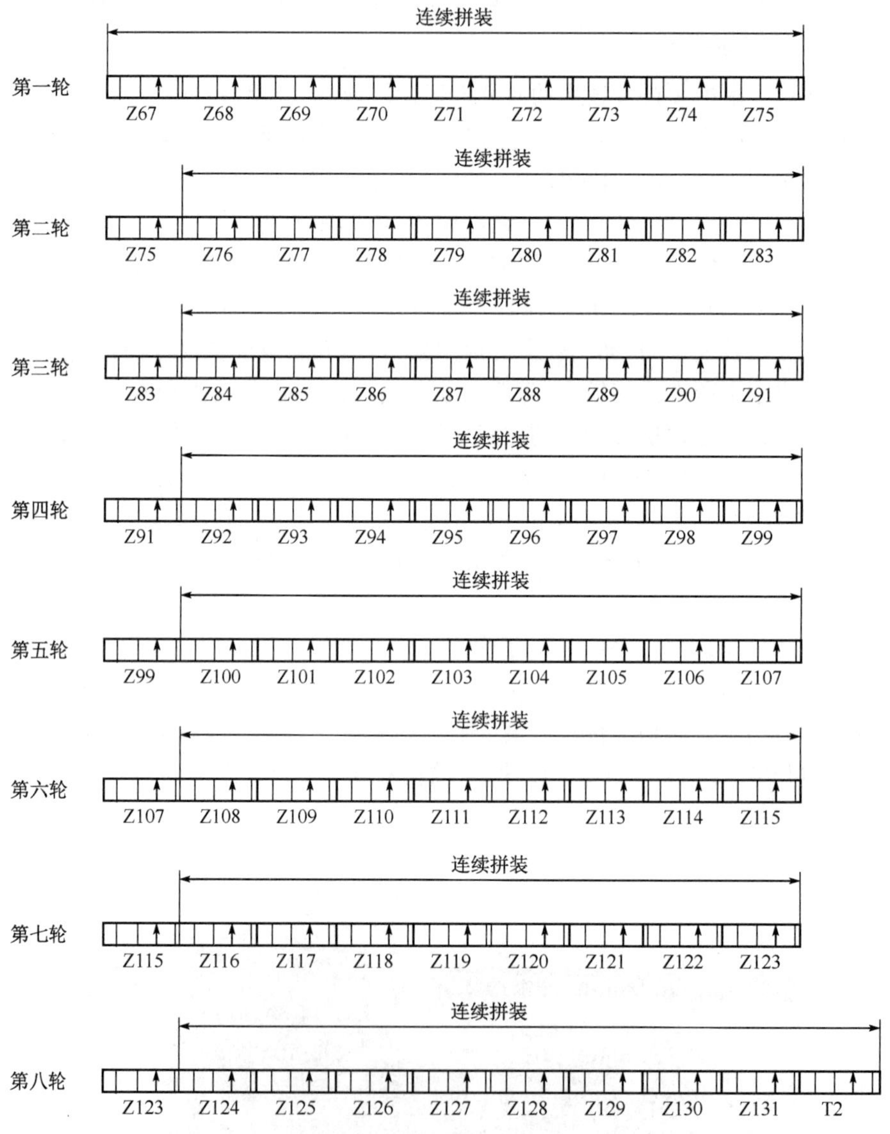

图 2-142　南沙大桥实体拼装轮次图

南沙大桥虚拟预拼装方案根据实体拼装方案设计,将测量的目标放在相邻梁段接触面上,由于在拼装中端部与端部的接触精度控制起着决定性的作用,所以将预拼装的重点放在端部控制点的匹配上。现拟对被测梁端的两端各选取 7 个控制点,具体位置如图 2-143 所示。

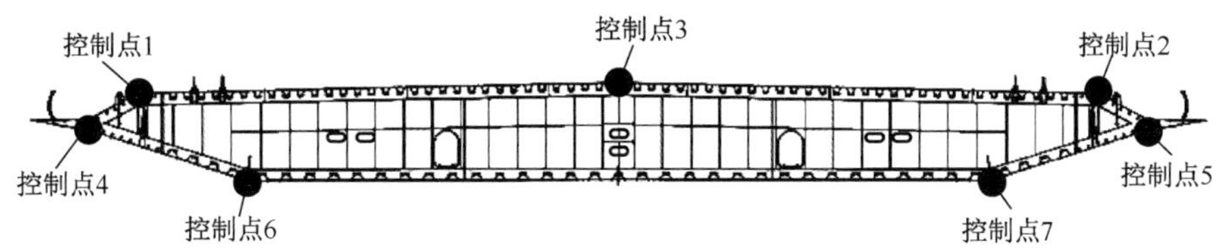

图 2-143　南沙大桥测量控制点布置

其中,控制点 1 与控制点 2 为梁段顶板与斜顶板交点位置,控制点 3 为两顶板交点位置,控制点 4 与控制点 5 为斜底板与检修道交点位置,控制点 6 与控制点 7 为斜底板与底板交点位置。通过对每个梁端两端 7 个控制点的测量与对比,可以得出单个梁端的端口精度分析以及大节段的预拼装分析。同时由于控制点 1、控制点 2、控制点 3 位于梁端的顶部,可以作为整体线形预拱度控制点。

获取各被测件的特征点坐标后,通过精度分析模块进行被测件的精度分析,提出单个被测件的制造偏差,出具被测件修整报告;通过模拟预拼装模块进行相邻被测件之间端口的匹配模拟,确定被测件的端口匹配偏差和长度方向的修割量,出具预拼装报告。通过现场实测修割量验证预拼装给出的修割量,在预拼装修割量满足现场实际需要的前提下,在建设单位及总包同意的前提下,综合考虑混凝土面板安装前后长度变化量,实施在钢箱梁组装完成后将钢箱梁直接修割到现场安装的长度,避免海上高空作业带来的安全隐患,加快架设工期。根据计划,虚拟预拼装技术中现场测量部分工作将与实体拼装同时进行。图 2-144 为 Z82、Z83 梁段虚拟预拼装分析效果图。

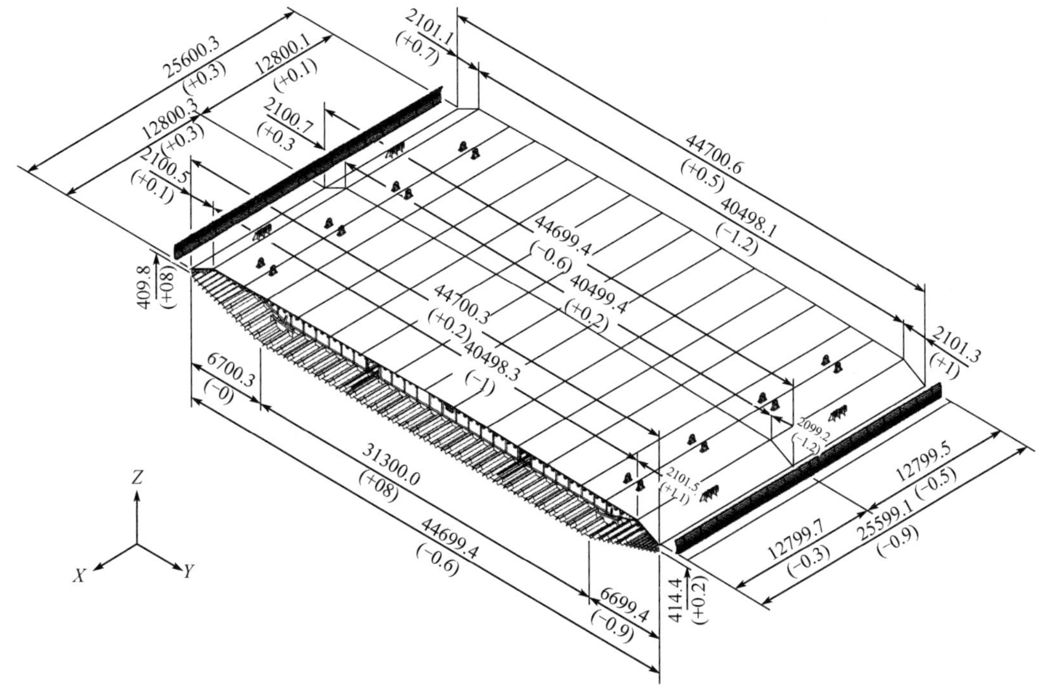

图 2-144　Z82、Z83 梁段虚拟预拼装分析效果图(尺寸单位:mm)

2.4.6 钢箱梁运输、环焊与涂装

2.4.6.1 钢箱梁运输

钢箱梁的完整运输过程主要包括板单元运输、钢箱梁拼装场内转运及存放、钢箱梁运输至桥位吊装。同时吊装方案、运输环境以及运输船舶也影响钢箱梁的运输过程。具体内容如下：

1)板单元运输

以距离最远的中铁山桥为例,板单元从山海关哈电重装码头发运。设计泊位为3000吨级重件泊位、2000吨级杂货泊位。图2-145为哈电重装码头位置。

图2-145 哈电重装码头位置图

板单元运输从山海关码头至中山基地码头,全程水路长约1500n mile,海上行驶时间10d左右。

2)钢箱梁拼装场内转运及存放

拼装场内转运内容包括钢箱梁节段进出胎架及喷砂房和涂装房、场内转运。中山基地配置8台自动升降自平衡液压平车(图2-146),专门用于钢箱梁节段的场内转运。每台车由一组动力模块和从动模块组合而成,其中1~6号车具备原地负载垂直转向行走功能,每台车根据需要最多可增加8个从动模块,每个模块长6m,载重100t,组合后单车最大额定载重可达1050t,8台车的从动模块通用,每台车长度和载重能力可根据需要任意调整。8台液压平车相互配合进行钢箱梁场内转运、进出涂装房等工作。

图2-146 液压平车

钢箱梁节段下胎或转运时，两台液压平车分别沿车道进到待运梁段下方规定位置(此部分胎架可拆卸)，调整好两车及垫木位置，使垫木处于节段横隔板下方(节段支承处根据需要增设加劲，以免损伤)，垫木上铺好橡胶板，然后两车同步起升，将节段顶起，再运至存梁区落在钢墩上，钢墩上放置楔形木垫块。图2-147为钢箱梁转运及存放。

3)钢箱梁运输至桥位吊装

中山基地到桥址运输里程仅30n mile，单次水上运输时间约6h，运输高效便捷。

4)吊装方案

南沙大桥钢箱梁宽度设计为国内外第一宽度，临时吊耳跨径较大，根据现场吊装需求每天需保证两片钢箱梁吊装，而原先的滚装方案只能保证一片钢箱梁发运，经研究后对中山基地吊装方案进行更改，改为采用800t浮式起重机加500t工艺吊梁进行装船。其中，工艺吊梁在设计规格后对其进行有限元受力分析，确保施工安全。图2-148和图2-149分别为工艺吊梁设计和工艺吊梁有限元分析。

图2-147　钢箱梁转运及存放

图2-148　工艺吊梁设计

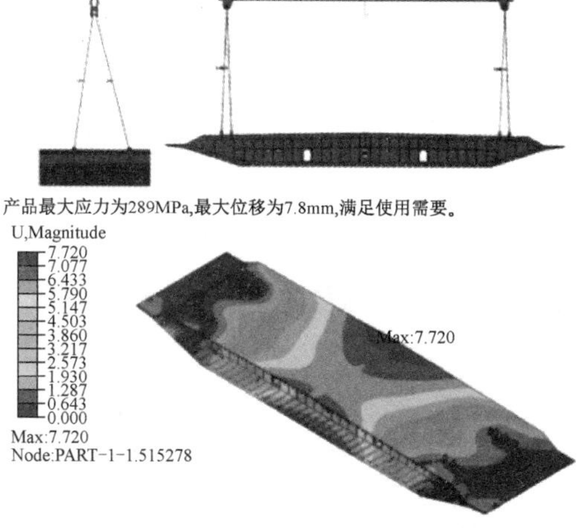

图2-149　工艺吊梁有限元分析

5)运输环境

钢箱梁吊装水域环境比较复杂，需横跨珠江多条主航道，对船舶定位要求提出了较高的难度，作业时间需做到短、平、快。为此，在钢箱梁运输前组织运输单位至桥位现场对现场水文环境进行调研，寻找当地有经验的老船长进一步了解现场条件，并制定试抛锚方案，提前进入主航道水深最深处进行抛锚定位试验。根据试验结果对运输船舶定位锚和锚链进行及时改造，确保运输顺利。

6)运输船舶

对于南沙大桥钢箱梁的水上运输，此次运载的钢箱梁梁段标准尺寸为 49.7m×12.8m×4m，拟用两条长 60m、宽 15～16m 的自航平板驳循环运载，每条船舶装载 1 节钢箱梁。同时备用两条规格尺寸类似的船舶，以满足最多一天供应 4 片梁的运输要求。

(1)装船前安全检查

为保证钢箱梁安全吊装发运，项目部组织编制钢箱梁吊装安全检查清单，对钢箱梁吊装过程中的各个细节进行清单化检查。图 2-150 和图 2-151 分别为临时吊耳高栓检查和吊装前对吊索具检查。检查合格后，由相应的责任人签字后才能吊装装船。

图 2-150　临时吊耳高栓检查

图 2-151　吊装前对吊索具检查

(2)钢梁装船

中山基地有 5000 吨级港池，宽 55m，长 160m，水深约 6m，港区前沿留有 200m 长的钢箱梁吊装区域，配备 2 台 2000t 大型门式起重机(图 2-152)，起重机跨径 62m，起升高度 45m，可保证南沙大桥钢箱梁装船安全高效，不受潮汐影响。

装运梁段时，运输船驶入港池，停靠位置应与港池门式起重机位置配合，确保门式起重机吊钩中心能将梁段吊至运输船指定位置。运输船应根据梁段的安放位置调整好船的空载浮态，待梁段上船后浮态满足运输船的航运要求。图 2-153 为运输船停靠码头。

图 2-152　2000t 门式起重机装船示意图

图 2-153　运输船停靠码头

运输船装梁时，用横跨港池2000t门式起重机将梁段平稳吊起并放在运输船指定位置，搁置于运输船托架上，按预先排定的位置摆放梁段。梁长方向与船身长度方向垂直，便于梁段纵向绑扎以及防止航行或桥位吊装时梁段相碰。钢箱梁运输按照图2-154所示方式进行运输。

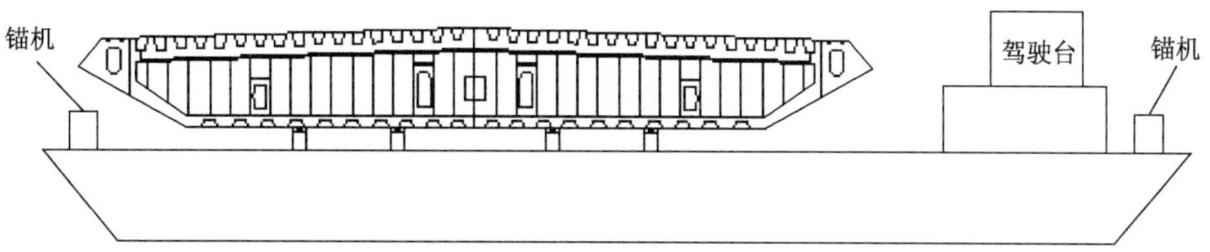

图2-154　钢箱梁运输

钢箱梁共设12个支撑点，具体布置如图2-155所示。

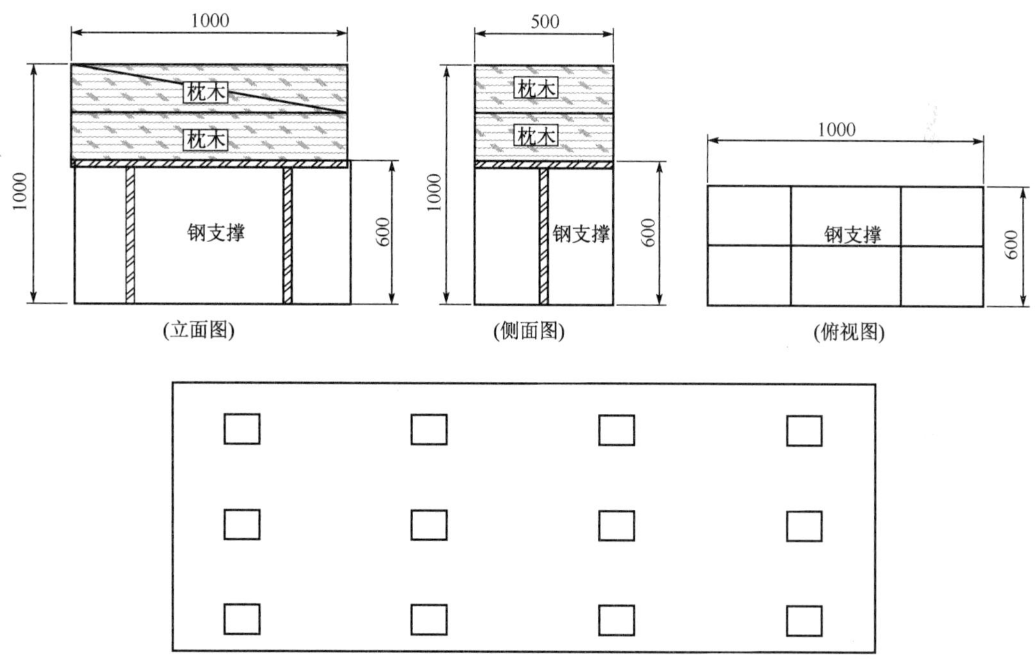

图2-155　钢支墩设计图(尺寸单位：mm)

钢支墩设计使用钢板进行制作，钢板材料厚2cm，钢支墩高度为60cm，斜木摆放于钢支墩上方，同样达到调整上层梁段平面的效果，梁段与斜木之间仍使用1cm橡胶板进行保护。

7)小结

现场起运人员通过事前熟悉装船船型和装船方案，合理安排卸船工作时间并利用现场配备的起吊、转运设备编制适当的卸船方案，大大提高了卸船效率；由于现场液压平板车设备长度超出转运过道宽度，不能一次性转运至存梁场地，需二次转运，为保证南沙大桥总体施工计划实施，现场项目部组织各部门人员对钢箱梁的转运、存放事宜进行深度讨论，预先划线定位梁段搁置胎架并摆放到位，通过液压平板车进行微调后直接将梁段摆放至预先规划的位置，目前已提高出梁效率100%；由于现场生产任务较重，各类设备使用较频繁，现场起运部采取专人对各自设备进行定期保养，为后续的生产计划保驾护航。

2.4.6.2　桥位焊接与涂装

南沙大桥桥位施工工作主要有环缝焊接、嵌补段装焊(嵌补段焊接和高强度螺栓施拧)、内外侧检修车及轨道安装、桥面系路缘石嵌补安装和内外侧防撞护栏安装、钢箱梁环缝涂装和最后一道面漆涂装。

1)施工准备

(1)桥位附属件、施工设备(焊机、工具箱、电箱、空压机、碳刨机等)、焊接材料、辅助材料、消防器材等物资设备随钢箱梁分段一起发运至桥位现场并按要求摆放整齐。

(2)提前与建设单位、土建单位和测量单位对桥位用电、安全施工、上下通道、桥位测量以及塔式起重机事项进行沟通,确保桥位施工计划的实施。

(3)因坭洲水道桥由上海振华重工集团股份有限公司和中铁山桥集团有限公司共同完成钢箱梁的焊接工作,在建设单位和总监办的组织下提前对两家施工方案进行讨论研究,做到统一性;为减少焊接变形,统一定制焊接顺序,全部由中跨向边跨焊接,两侧对称焊接。

(4)开工之前提前对桥位使用的焊接原材料和高强度螺栓进行复验,合格后方可施工。

(5)根据桥位施工环境,提前制作了焊接防风防雨棚,以确保环缝焊接质量。

(6)桥位现场检查小车使用频繁,为保证桥位施工安全特制作检查小车上下临时爬梯,并在爬梯和检修道护栏之间采用橡胶垫进行保护。

(7)在桥位开工前联合驻场监理召开桥位施工技术、质量以及安全技术交底,明确工程质量和施工总体计划,确保钢箱梁施工质量符合制造验收规则。

2)环缝施焊

环焊缝从中间向两边对称施焊,顶板安排6个焊工,底板安排6个焊工,做到对称同步焊接,顶、底板打底焊缝完成后,用两台埋弧自动焊机对称焊接顶板、平底板后续焊道。环焊缝外观、无损探伤等检验合格后,焊接纵肋嵌补件。焊接从中间向两边同时对称焊接。每一嵌补件按先对接后角接的顺序施焊。

钢箱梁环缝焊接应在环缝间隙调整满足焊接要求后对焊接区域进行除锈打磨,采用码板对环缝进行固定,顶板采用连接板和工艺销钉进行定位,待焊接完成后再拆除工艺销钉,换高强度螺栓进行最终的初拧和终拧。

环缝间隙调整,钢箱梁环缝焊接间隙为6~8mm,吊装完成后有个别梁段间隙需要现场微调,采用6个50t液压千斤顶将环缝间隙调整至可焊接范围。考虑桥位可能出现大间隙环缝,在焊接工艺评定时预做了30mm间隙的焊接评定,防止大间隙的出现。

为防止钢箱梁在焊接过程中产生扭曲变形,在单条环缝焊接过程中以钢箱梁中轴线为中心,上下游侧同时安排偶数位焊工同时对称焊接。在焊接过程中采取先焊底板环缝后焊顶板环缝的焊接工艺,确保顶板高强度螺栓顺利连接。图2-156和图2-157分别为环缝间隙检查和焊缝焊接。

顶板、底板、斜顶板、斜底板、腹板环焊缝无损探伤检验合格后,拆除U形肋和I肋的临时螺栓,换上高强度螺栓,并进行初拧。严禁连续拆除多个螺栓或冲钉后再更换高强度螺栓并初拧。全部冲钉和螺栓更换完成后,用初拧扳手按从中间向四周的顺序对全部高强度螺栓复拧;按同样的顺序完成高强度螺栓的终拧,并用密封胶密封螺纹。

图 2-156　环缝间隙检查

图 2-157　焊缝焊接

高强度螺栓拧紧后的检查应设专职人员负责，并在终拧 1h 以后、24h 以内完成扭矩检查。采用松扣、回扣法检查，先在螺栓与螺母上做标记，然后将螺母退回 30°，再用检查扭矩扳手把螺母重新拧至原来位置测定扭矩，该值不小于规定值的 10% 时为合格。经过检查的螺栓，其不合格者不得超过抽验总数的 20%。如超过此值，应继续抽检，直至累计总数 80% 的合格率为止。然后对欠拧者补拧，超拧者更换螺栓后重新施拧。

终拧检查合格的螺栓，应作出规定的标记，并在螺栓、螺母、垫圈的外露部分立即涂上油漆。

3）桥位施工安全保证措施

（1）组织安全培训，提升安全意识

为增强作业人员在桥位施工过程中的安全意识，提升隐患识别能力和自我保护能力，项目部针对作业现场的实际情况开展了防暑降温安全知识培训、受限空间作业安全知识培训，旨在使全体作业人员掌握夏季梁内施工作业安全要领，做到不冒险作业、不违章作业、不盲目作业，自己跟自己要安全。积极参与国家安全月活动，联合监理单位在桥位共同举行了隆重的启动仪式。全体施工人员和管理人员在作业现场进行了庄严的安全宣誓仪式，随后全体人员在安全主题横幅上签字。

（2）落实防暑降温措施，确保梁内作业安全

桥位施工期间，正处于夏季高温时间段，为认真落实防暑降温措施，给施工人员提供一个舒适的作业环境，避免中暑事故的发生，项目部配备了大功率的冷风机（图 2-158），不间断地向梁内送入冷风，并且将梁内产生的烟尘及时排出，同时项目部定时对梁内温度进行检测（图 2-159），确保符合作业条件。此外，项目部还配备了充足的防中暑药品，以备不时之需。

（3）落实防护措施，确保检查小车使用安全加强现场监护，严防火星坠落

为确保检查小车的使用安全，项目部在开工前制作了上下检查小车专用的梯子（图 2-160），同时将检查小车护栏进行了加高，并安装了铁丝网。此外，项目部在检查小车通道上铺设了防火棉，防止检查小车被掉落的焊渣烫伤或引发火灾事故。为防止现场施工作业产生的火花坠落至江面，项目部要求环缝焊接、碳刨等作业时，必须将检查小车转移至正下方。同时在检查小车两侧拉设了三防布，防止火花溅落。此外，项目部在检查小车上安排了一名专职监护人员（图 2-161），确认防护措施落实到位后，方可通知施工人员作业。

图 2-158　大功率冷风机

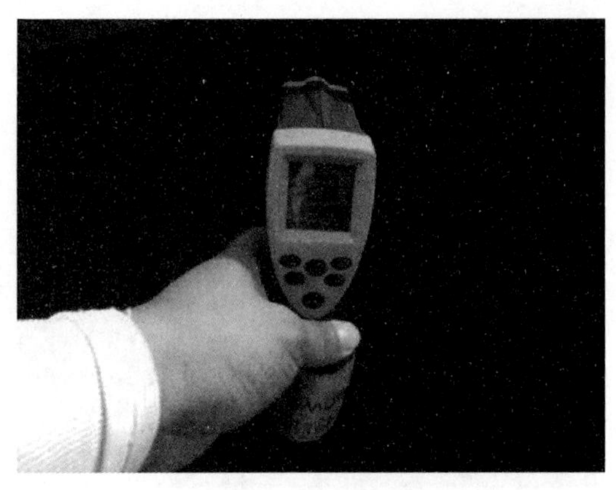
图 2-159　梁内温度测量

图 2-160　临时爬梯

图 2-161　检查车防护及监护人

(4)组织应急救援演练,提升应急处置能力

为提升项目部在紧急情况下的应急处置能力,及时有效地对伤员进行抢救,将事故造成的损失降到最低,项目组织了防台防汛、中暑人员紧急救治、触电事故应急救援、火灾事故应急救援的演练,使现场作业人员熟悉应急处置流程,提升自救能力。

(5)防风防雨棚

防风防雨棚骨架钢管分节段制作,每节长4.0m,节段间通过螺栓连接成一体,既满足整体防风刚度和强度要求,且重量轻,便于搬运。骨架上预留有固定防风拉线和与钢箱梁固定连接的耳板,连接可靠,可以抵御强风产生的水平力和倾覆力。防风骨架外罩阻燃防雨布,与骨架绑扎固定,方便更换。当强风来临不能作业时,拆除阻燃防雨布,减小防风棚的风阻,确保施工安全。

图 2-162　防风防雨棚节段构造

防风防雨棚以节段为制作单元,在制造完成后随钢箱梁一同发运,待钢箱梁吊装到位后,将其安装到位连接成一体。图 2-162 为防风防雨棚节段

构造。

2.5 小　　结

南沙大桥索鞍重量及体积大，其制造过程中涉及铸造、焊接、热处理、机加工、试验等多个环节；索夹为壁厚不均匀结构，过渡部分容易产生缺陷。通过对制造施工过程的分析控制，开展了相应的工艺试验和计算机模拟分析，首次采用了机器人自动焊接技术，提高了铸焊结构焊缝检测标准，探索解决了大型索鞍铸造、焊接、热处理及机加工技术控制难点。索鞍、索夹加工制造后经试验检测可知，各项技术指标均满足设计和规范要求。

1960MPa 级高强钢丝主缆在坭洲水道桥的应用，不仅节约钢材和能源，而且减小了主缆直径，优化了主缆和桥梁结构；相应的索塔锚固结构和索鞍、索夹结构均适当减小，降低了现场主缆架设施工的工程量和施工难度，大大降低了建设成本，具有显著的经济效益和社会效益。

南沙大桥成功实现了扁平钢箱梁结构制作的工位化、工装化、标准化，提升板式结构制作的自动化程度，提高数字化管理水平。通过“8 + 1”梁段在车间内连续匹配组装及拼装，顺利保障了长跨钢箱梁整体线形及端口匹配平顺。设计了专用、高效且满足环境保护要求的钢箱梁防腐涂装工艺与质量控制方法，达到了在保证大桥 100 年使用寿命的同时满足大桥交通运行和环境保护的要求。引入最新的信息化制造技术，并研发了专门的信息化系统进行管理，避免了传统制造管理技术容易引起的信息交互滞后与失真问题，成功确保工程高质量、高效率实施。

第 3 章　索鞍安装质量控制方法

3.1　总体概况

3.1.1　概述

主索鞍为铸焊结合的混合结构，由鞍体、上下承板、格栅反力架、锚梁、锚栓及其余附属构件组成，其中鞍体由底座及鞍头组合而成。为减轻吊装运输重量，将鞍体分为两半，吊至塔顶后用高强螺栓拼接。

散索鞍鞍体采用钟摆式铸焊结合的结构方式，为摆轴式，由鞍体、底座、底板、上下承板及其余附属构件组成。主索鞍吊装施工主要吊装构件参数见表 3-1。

主索鞍吊装施工主要吊装构件参数表　　表 3-1

项　目	名　称	部　位	最大起吊重量(t)	主要结构
坭洲水道桥	主索鞍	西塔	117	格栅反力架、下承板、上承板、鞍体
		东塔	112.5	
	格栅反力架	西塔	42.34	
		东塔	46.2	
	散索鞍	西锚	169.04	底座、下承板、上承板、鞍体
		东锚	164.7	
大沙水道桥	主索鞍	西锚	57.1	格栅反力架、下承板、上承板、鞍体
		东锚	55.2	
	格栅反力架	西塔	33.2	
		东塔	37.5	
	散索鞍	西锚	84	底座、下承板、上承板、鞍体
		东锚	83.4	

坭洲水道桥西塔、东塔主索鞍总成如图 3-1 和图 3-2 所示，散索鞍构造三维效果如图 3-3 所示。

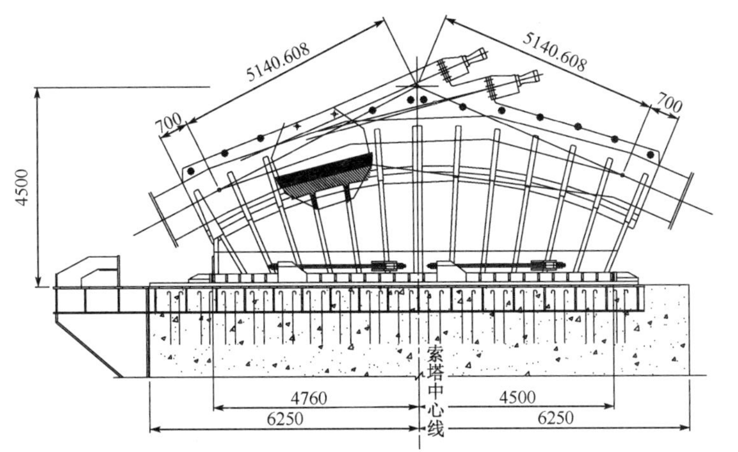

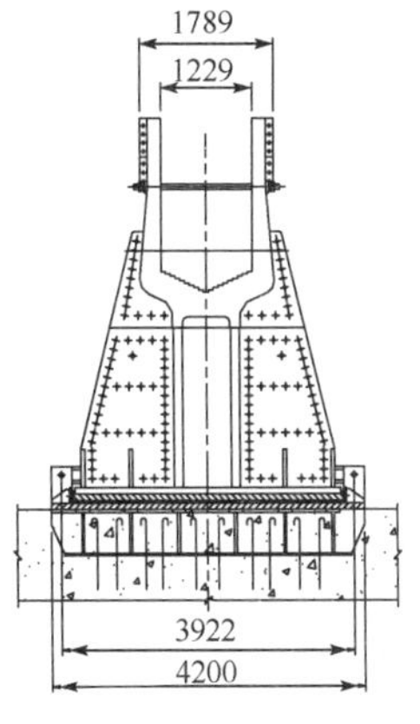

图 3-1　坭洲水道桥西塔主索鞍总成图(尺寸单位:mm)

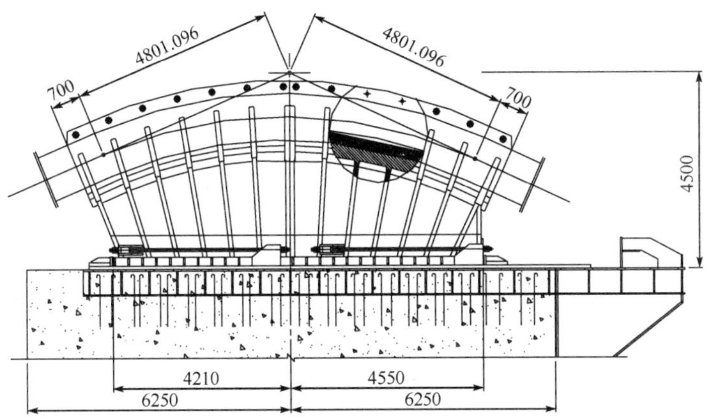

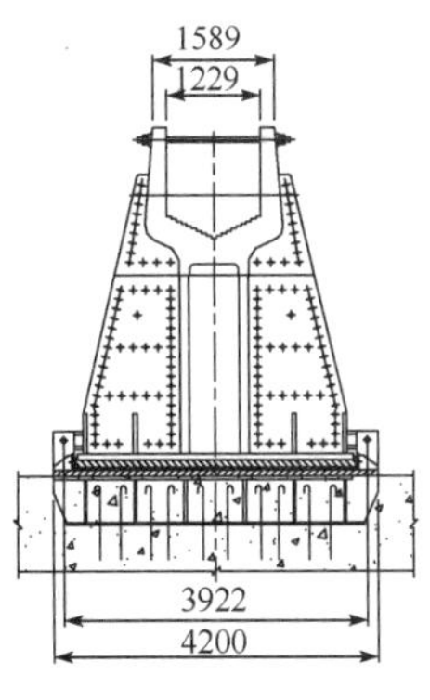

图 3-2　坭洲水道桥东塔主索鞍总成图(尺寸单位:mm)

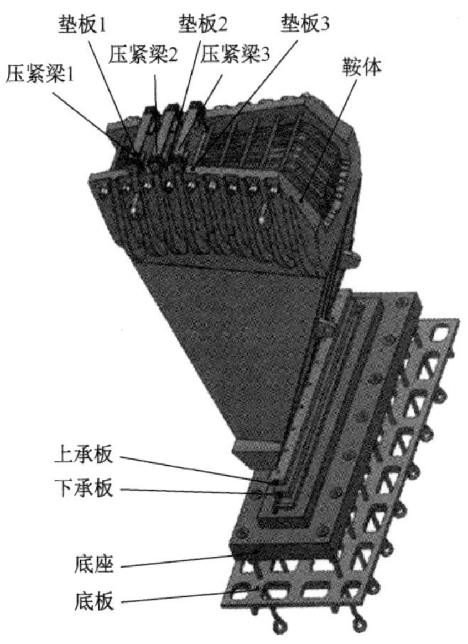

图 3-3　大沙水道桥散索鞍构造三维效果图

3.1.2 索鞍施工工艺流程

主索鞍和散索鞍的施工工艺流程具体如下：

1）主索鞍施工工艺流程

主索鞍吊装施工涉及门架后场加工、门架预埋件预埋、门架上塔安装、门架试验、索鞍组件进场、索鞍临时存放、索鞍各组件吊装以及格栅混凝土浇筑等多道施工工序。其总体工艺流程如图 3-4 所示。

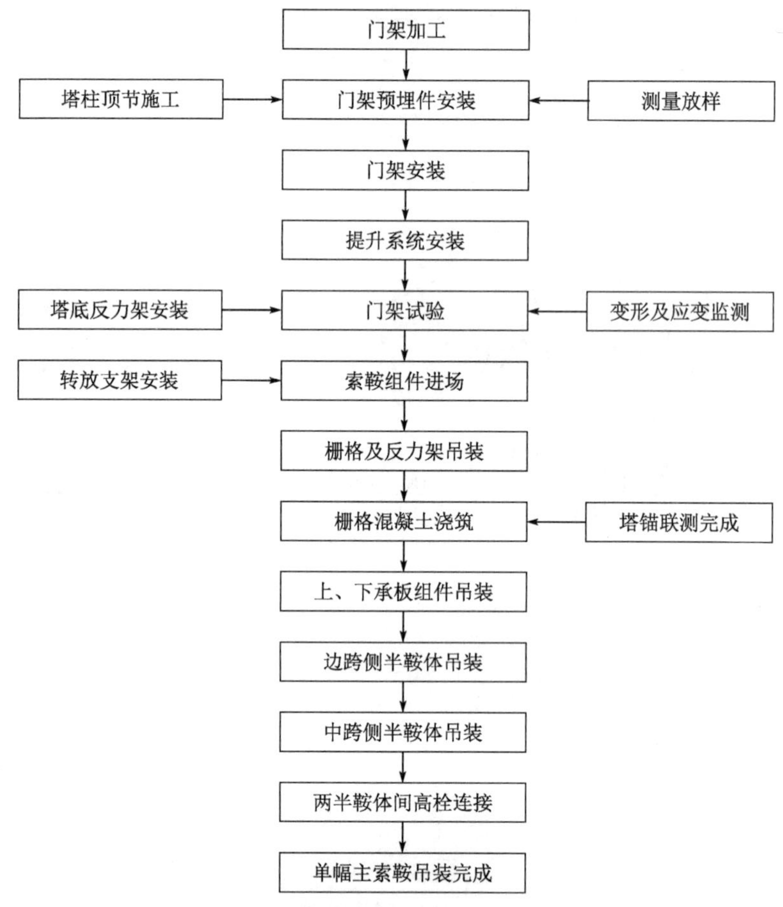

图 3-4　主索鞍吊装施工总体工艺流程图

2）散索鞍施工工艺流程

散索鞍吊装施工涉及门架后场加工、门架预埋件预埋、门架安装、门架试验、索鞍运输及卸船、底座预埋、底板安装、鞍体吊装等多道施工工序。其总体工艺流程如图 3-5 所示。

3.1.3 索鞍安装重难点

南沙大桥主索鞍鞍体最大吊装重量达 117t，吊装高度达 260m；散索鞍鞍体最大吊装重量超过 180t。索鞍的吊装重量大、吊装高度大，对吊装系统要求高。

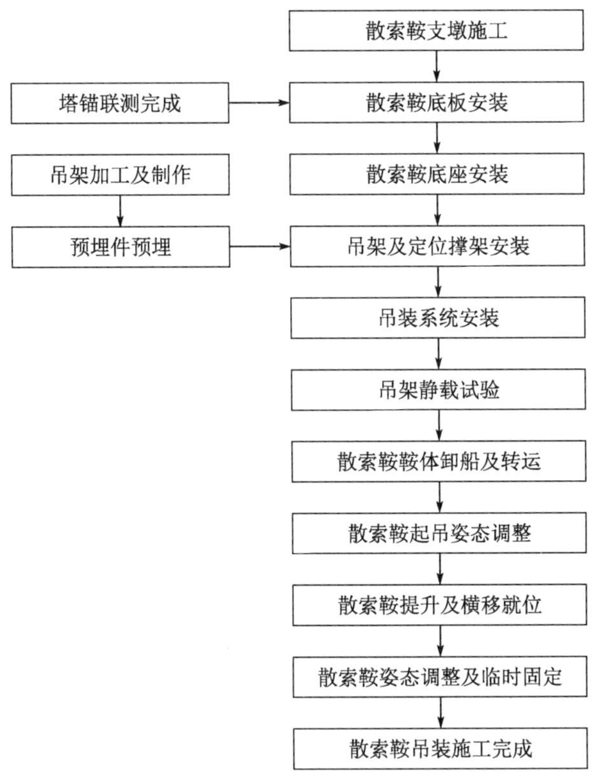

图3-5　散索鞍吊装施工总体工艺流程图

3.2　主索鞍安装过程质量控制方法

在实际建设条件及建造难点的约束下,主索鞍吊装施工过程步骤多,具体涉及门架后场加工、门架预埋件预埋、门架上塔安装、门架试验、索鞍运输及卸船、索鞍组件进场、索鞍各组件吊装以及格栅混凝土浇筑等多道施工工序。保证结构施工的安全性、可靠性以及主索鞍安装的质量,成为南沙大桥项目悬索桥施工工程建设亟待解决的重大难题。针对南沙大桥坭洲水道桥和大沙水道桥主索鞍施工质量控制难题,本节开展了主索鞍安装质量控制研究,具体涉及主索鞍门架设计研发与安拆方案研究、主体构件吊装质量控制、质量保证措施及应用效果。系列关键技术可为同类型大跨径悬索桥主索鞍安装的施工提供关键技术支持。

主索鞍施工时,首先采用塔顶门架起吊系统吊装格栅及反力架,精确定位后浇筑格栅反力架混凝土,然后利用塔顶门架起吊系统吊装上、下承板,最后采用塔顶门架起吊系统分别吊装两个半鞍体至塔顶,利用高强度螺栓将两个半鞍体拼接成整体,完成主索鞍的最终定位与安装。主要重难点如下:

(1)塔顶门架吊装荷载大,对塔顶门架的强度、刚度及稳定性要求较高。

(2)本工程最大吊装高度达260m,对吊装系统的性能要求高,吊装过程中防偏转和扭转措施是吊装施工的重点。

(3)主索鞍最终偏位不得超过10mm(横桥向),高程误差范围为0～20mm,四角高差不得超过2mm,精度要求非常高。实施高精度的测量控制及精细的安装施工是保证主索鞍安装精度的重点工作。

(4)主索鞍各构件在吊装过程中,格栅反力架、下承板、上承板、半主索鞍等构件的重心位置均不一样,起吊时各构件均需精准地摆放至指定位置。

(5)索鞍为铸焊结构,重量偏差较大,需要准确掌握索鞍的重量,以确保门架系统和吊装系统的安全。

3.2.1 塔顶门架设计与安装

塔顶门架的设计与安装、门架试验详细内容总结如下。

1)门架设计与安装

(1)门架设计思路

塔顶门架在上部施工中,分3个阶段发挥其作用。

第一阶段承担着主索鞍及其附属构件的吊装工作,第二阶段配合猫道安拆、索股架设、索夹吊索吊运等工作,第三阶段配合缆载吊机拼装。

根据门架的用途,本着安全、经济、适用、方便的原则,本工程塔顶门架设计为钢桁架结构,各构件之间采用栓接为主(立柱、立杆、纵梁、主斜撑等单元杆件的断开处)、焊接为辅(不同单元杆件之间的连接)的方式进行连接,既保证了门架的强度及刚度,又利于施工安装。

(2)门架结构设计

根据主索鞍门架的施工作用及荷载分析,索塔门架分为5种工况进行设计计算。

①工况一:反力架吊装。

主要荷载:门架自重+反力架重量+吊装机具重量+门架施工风荷载+人群机具荷载。

②工况二:主索鞍吊装。

主要荷载:门架自重+主索鞍吊装重量+吊装机具重量+门架施工风荷载+人群机具荷载。

③工况三:索股横移。

主要荷载:门架自重+猫道门架承重绳荷载+滑车组荷载+卷扬机荷载+牵引索荷载+施工风荷载+人群机具荷载。

④工况四:缆载吊机拼装。

主要荷载:门架自重+缆载吊机拼装最重块+吊装机具重量+门架施工风荷载+人群机具荷载。

⑤工况五:非工作状态下极限风荷载(横桥向)。

主要荷载:门架自重+门架极限风荷载+猫道门架承重绳荷载+牵引索荷载。

吊装系统由吊装横梁(平车梁)、移运器、纵移轨道及动力系统组成。坭洲水道桥动力系统采用液压千斤顶系统,大沙水道桥动力系统采用卷扬机系统。

液压千斤顶动力系统包括294t液压千斤顶、15ϕ15.2mm钢绞线和专用吊具。移运器采用扬州神力ZWY350t履带式重物移运器,共设4个;纵移采用DL-CY13-1000RAM千斤顶进行纵移,一个纵移行程为1m。塔顶门架及液压千斤顶吊装动力系统如图3-6和图3-7所示。

图3-6　塔顶门架

图3-7　液压千斤顶吊装动力系统

大沙水道桥左右幅主索鞍起吊系统共同使用一台30t卷扬机动力系统，吊具采用千斤绳+卸扣的方式。

先将吊装钢绳布置在上游起吊系统吊装上游侧主索鞍，再将吊装钢绳转化到下游起吊系统吊装下游侧主索鞍。30t卷扬机放置在承台顶面，卷扬机钢绳经承台顶面转向轮、塔顶门架上转向轮和滑车组与索鞍吊具相连。大沙水道主索鞍吊装系统示意如图3-8～图3-10所示。

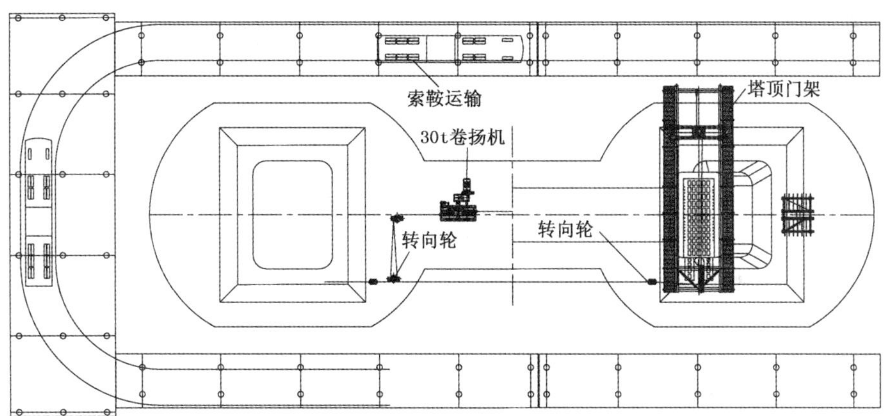

图3-8　大沙水道桥主索鞍及格栅反力架吊装系统平面布置示意图

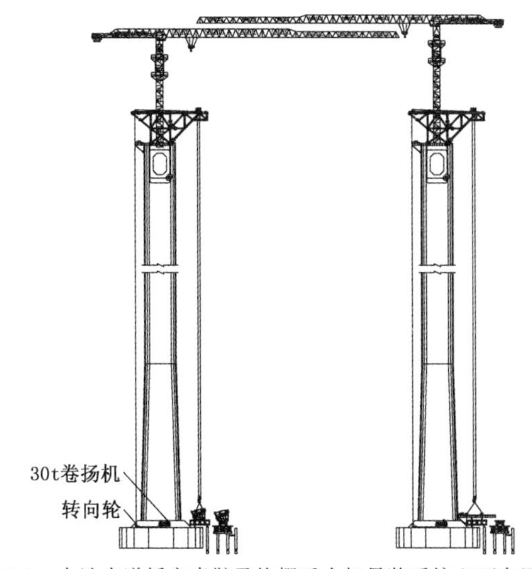

图3-9　大沙水道桥主索鞍及格栅反力架吊装系统立面布置示意图

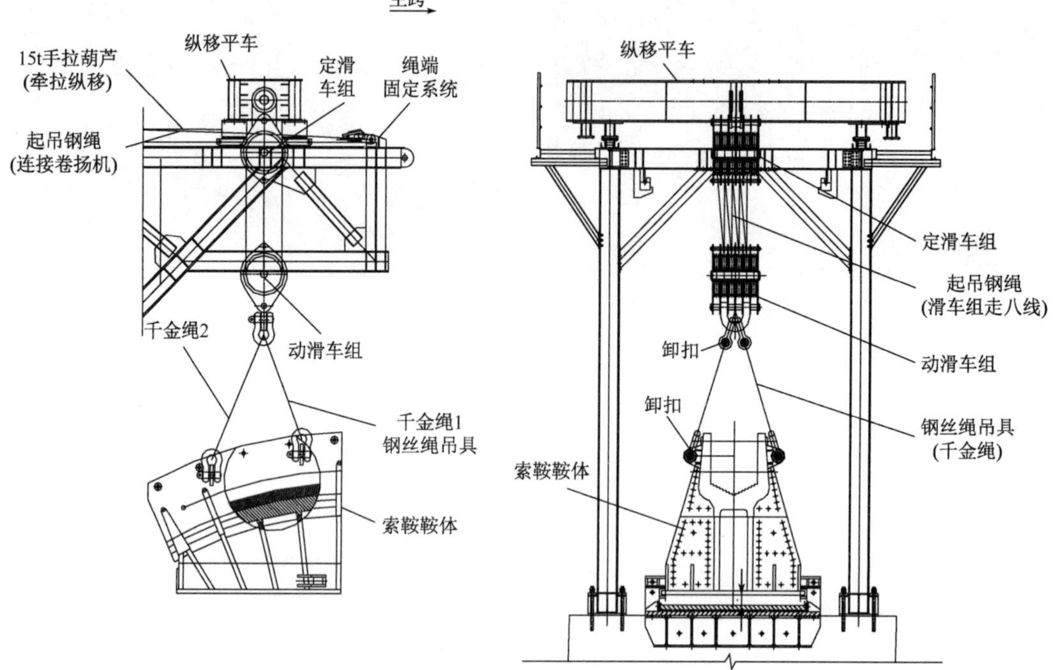

图 3-10　大沙水道桥主索鞍吊装示意图

(3)门架安装

①在地面设置临时支撑胎架,用于门架拼装。

②根据塔式起重机的起吊能力,先组装立柱与平杆及立柱间的腹杆,再组装纵梁(非悬挑部分)及纵梁下的腹杆,最后组装主斜撑及其上的立杆、平杆、纵梁等。

根据现场塔式起重机的起重能力,将主桁片竖直部分划分为 3 个部分、悬臂划分为两个部分予以吊装,部分腹杆待相应主体结构安装完成后再单独吊装,并在现场焊接。塔顶门架主桁吊装分片如图 3-11 所示。

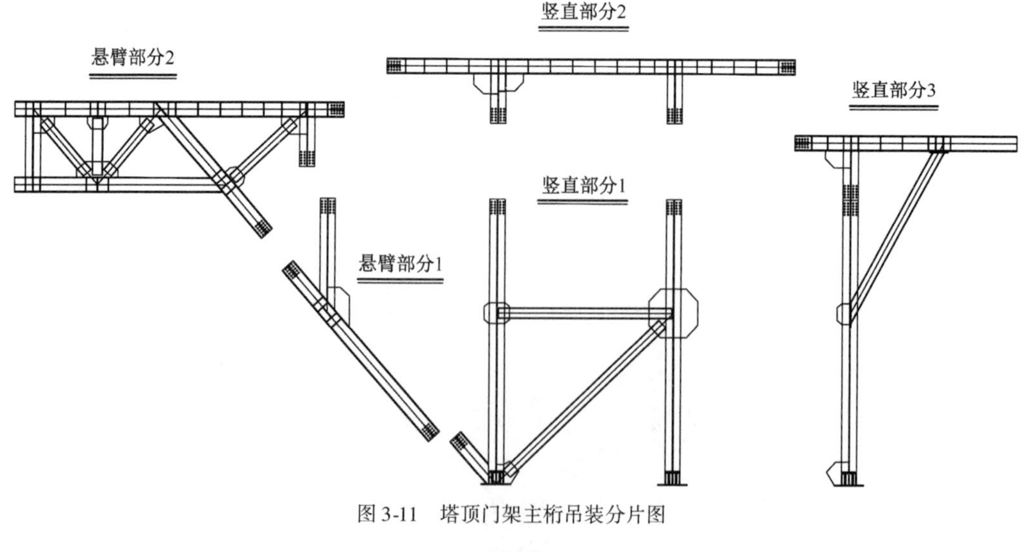

图 3-11　塔顶门架主桁吊装分片图

(4)门架拆除

在猫道拆除完成之后,采用塔式起重机按照先装后拆、后装先拆的原则拆除门架。门架拆除前,要核查门架拆除块体的重量是否在塔式起重机吊装能力范围之内,确保拆除安全。

2)门架试验

(1)空载运行试验

吊装系统安装完毕后,运行吊装系统进行空载运行试验。

试验步骤:往边跨方向纵移起吊系统→往主跨方向纵移起吊系统→运行至标记位置→下放吊钩至塔底→上提吊钩至塔顶。

上提吊钩至塔顶→在轨道范围内往复纵移起吊系统→下放吊钩至塔底。

合格标志:整个运行过程中吊装系统两侧纵移同步、流畅,无偏转,提升、下放过程顺畅、匀速。需得到的数据有:空载运行过程中吊装系统的运行评价;吊装系统纵移速度、下放吊具的速度、提升速度及整个吊装过程所需的时间。

(2)120%静载试验

加载方式:千斤顶施加60%拉力(稳定)→千斤顶施加80%拉力(稳定)→千斤顶施加100%拉力(稳定)→千斤顶施加110%拉力(稳定)→千斤顶施加120%拉力(稳定)→千斤顶卸荷至80%→完全卸荷→试验完毕。

静载试验直接采用吊装系统自带的液压千斤顶提升系统进行加载,吊点正下方的承台上植入4根PSB785ϕ32mm的精轧螺纹钢,通过门架上千斤顶上的19根直径为18mm的钢绞线与HM588型钢连接,锚具采用起吊系统自配的锚具。反力架精轧螺纹钢预埋完成后,采用千斤顶对每根精轧螺纹钢进行锚固力试验。

每级加载后均须记录塔顶门架变形监测点的变形值及应变监测点的应力增量值,通过实测值与理论值之间的对比,判断门架受力情况以及是否能进入下一级加载。

门架应变监测采用振弦式应变计测量,采用综合应变仪读数。

(3)100%动载试验

起重系统在100%荷载状态下起吊、制动、下放、制动4个工况下测试门架和起吊系统的应力和应变情况。

试验流程:起吊0.5m→制动→起吊1m→制动→起吊2m→制动→试验完成。

试验过程中进行变形监测,监测方式同120%静载运行试验。

3.2.2　鞍体组件安装

鞍体吊装过程主要涉及格栅及反力架安装、上下承板吊装及主索鞍鞍体吊装,具体内容如下:

1)格栅反力架安装

格栅及反力架在起吊前运放至吊点正下方,下放吊装系统吊具至格栅反力架顶部,将吊具与格栅相连,开始起吊提升作业。

当格栅及反力架最底缘起吊至高出塔顶约0.5m时,停止提升,待稳定后采用手拉葫芦纵移平车,将格栅及反力架纵移至设定的位置后,缓慢下放格栅及反力架至塔顶预留的混凝土安装槽口内,并与塔顶预设的标记线对齐。此时,提升系统仍然承受一部分力,以便调整格栅。

格栅及反力架安装示意如图 3-12 和图 3-13 所示。

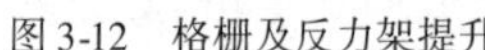
图 3-12　格栅及反力架提升

图 3-13　格栅及反力架提升到位

(1)格栅的安装精度控制

格栅的安装精度直接影响主索鞍的安装精度,因此,必须对其进行严格控制,格栅安装前后均进行复测及联测。

为了确保格栅的安装精度,在塔顶和格栅底面划出纵、横向轴线。为了保证测量的精度,尽量选择在气温条件较好、风力相对较小等对索塔总体位置影响较小的情况进行轴线位置调整。

当格栅吊装到底面高于塔顶高程 20 ~ 30cm 时,移动门架顶部平车到设计位置后,缓缓下放反力架至塔顶,利用精密水平仪及全站仪等测量仪器,通过在门架上悬挂 4 个手拉葫芦提升格栅反力架来调整其顶面高程。在格栅反力架四周设置定位型钢,确保平面位置准确,使格栅反力架精确定位,严格控制坐标和高程误差符合设计要求。之后将反力架边跨侧与塔壁预埋钢板进行焊接,焊接完毕再次复测位置准确后,用 C50 混凝土填封安装槽与反力架底板之间的周围缝口,施工中应确保座板在混凝土浇筑及振捣过程中位置保持不变。反力架施工完成后,清除其顶面的施工残留物,保证其光洁度,确保鞍体在其上顶推顺利进行。

格栅安装之前,先核查设计图中关于上下游索塔中心线在塔顶高程平面上横桥向之间的距离、格栅纵桥向中心线在横桥向之间的距离、IP 点横桥向之间的距离三者之间的关系,以确定格栅安装在塔顶的平面相对位置。

调整好后进行全桥联测,满足规范要求后方可进行下一步工序。

(2)格栅混凝土浇筑

格栅位置符合设计要求后,利用预埋的定位钢筋对格栅进行固定定位,确保格栅在塔顶混凝土浇筑及振捣过程中位置保持不变,卸除吊具连接。

浇筑前在格栅的销孔内塞入木质销子,防止混凝土浆堵塞销孔,另外,需留出反力架割除线。将反力架与塔壁上的反力架预埋支架焊接牢固,焊接完成后再次对格栅位置进行复测,无误后方可进行混凝土浇筑。

立模浇筑到塔顶高程,混凝土要灌注均匀,减少冲击,振捣过程中不能接触格栅和垫块,确保格栅在浇筑过程中的位置保持不变。

必须待所有格栅底混凝土达到 100% 强度后,方可进行主索鞍安装。

2)上下承板吊装

下承板与上承板在出厂时组合成为一个整体(滑动副),利用吊车吊装组合件至塔底转放平台上，使其重心位置与塔顶起吊点在同一垂线上。承板组件与格栅对孔安装如图 3-14 所示。

图 3-14　承板组件与格栅对孔安装

3）主索鞍鞍体吊装

索鞍吊装时，依据监控指令进行索鞍预偏。南沙大桥坭洲水道桥东塔顶主索鞍安装时的预偏量达 2598mm。

在安装前先根据索鞍纵向长度值计算出鞍体预偏后的接缝位置，并做好标记。由于主索鞍由两个 1/2 主索鞍构成，并从主跨侧起吊，故两个 1/2 主索鞍的吊装顺序为先吊装边跨侧 1/2 主索鞍，再吊装主跨侧 1/2 主索鞍。

主索鞍吊装前，将待吊装的 1/2 主索鞍通过塔底处的移运装置移运至塔底起吊点处。

两个 1/2 主索鞍均吊装就位后，用高强度螺栓将其连接为整体。两个半鞍体在组合连接前，先调整好对接的相对位置，以确保所有连接螺栓能够顺利穿过螺栓孔为准，高强度螺栓拧紧力矩需满足设计要求，并采用扭力扳手进行检测。然后利用千斤顶对鞍体进行微调，使主索鞍鞍体安装符合设计要求，顺桥向满足监控指令的预偏要求。最后安装锁紧拉杆，对索鞍进行固定，并对预偏出的上承板部分覆盖木板进行防护。索鞍鞍体吊装过程如图 3-15 ~ 图 3-18 所示。

图 3-15　半鞍体与吊具连接待提升

图 3-16　半鞍体提升至索塔顶部

图 3-17　半鞍体与限位钢索

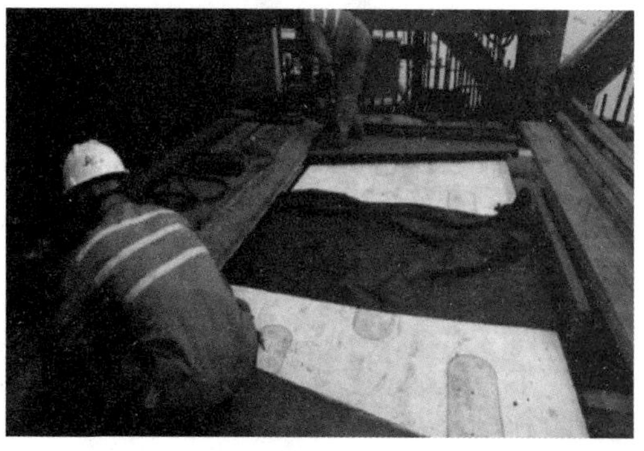

图 3-18　覆盖模板保护上承板四氟板层

(1)主索鞍鞍体吊装时,可先不考虑索鞍的设计预偏,先按两个半鞍体对接线与塔柱中心线对应进行索鞍安装,待两个半鞍体高强度螺栓连接完毕后,再使用千斤顶或手拉葫芦将鞍体纵移至预偏移位置,如此可减少吊装平车梁悬吊鞍体在门架顶部轨道上的纵移长度。

(2)主索鞍提升到位进行悬吊纵移时,采用液压连续千斤顶进行纵移,保证纵移的同步性及平顺性。

(3)主索鞍吊装完成后,必须及时对上承板外露的四氟板进行覆盖保护,否则将影响后续索鞍顶推的顺畅。

3.2.3 主索鞍安装测量控制

为了对索鞍精确定位,在两座索塔上布设两个控制点,共4个点,布设情况参照图3-19,点布设于上横梁顶面,靠近塔柱的位置。该4点采用观测标的方式焊接到主筋预埋,位置尺寸根据实际情况调整。

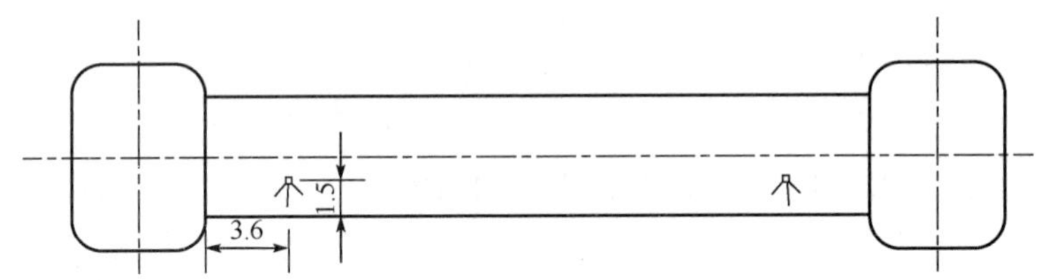

图3-19 控制网布置图(尺寸单位:m)

1)平面坐标加密

在夜间气温稳定时,采用已知控制点进行全站仪测边后方交会法进行加密测量,静态GPS测量复核。以坭洲水道桥西塔加密为例,如图3-20所示。边长观测采用对向观测,计算时将边长归算至设计高程面上。

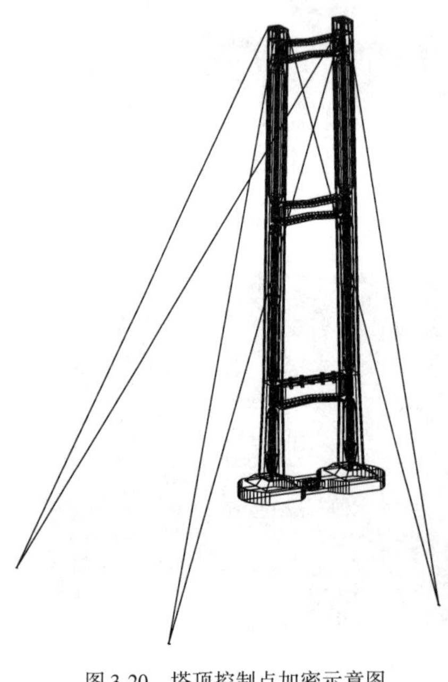

图3-20 塔顶控制点加密示意图

2)高程传递

高程采用天顶距法,在西塔承台上设置测站,垂直测量至上横梁顶对应控制点,从而传递高程;同时用对向三角高程法直接传递至上横梁顶对应控制点,二者成果做相互校核。另外,使用电子水准仪对同一索塔上两控制点间高差进行复核。计算与设计温差产生的塔柱混凝土竖向变形量,修正传递高程。

3)控制点坐标验算

在塔顶加密控制点上架设全站仪,直接测量各点间距,以验算六点加密坐标成果的准确性。

4)主索鞍安装定位测量

主索鞍位于主塔顶,主要对格栅、上下承板和鞍体三部分内容进行定位。格栅的主要作用为保证塔顶平面平整,与鞍体接触良好,使主鞍的垂直反力均匀分布于塔顶平面。同时控制鞍座顶面高程,也就是控制主索鞍IP点高程。

主索鞍安装测量检查项目见表 3-2。

主索鞍安装测量检查项目 表 3-2

项次	检查项目		允许偏差值	测量检查方法
1	主鞍座最终偏位(mm)	顺桥向	符合设计要求	经纬仪或全站仪
		横桥向	10	
2	顶面高程偏差(mm)		+20,0	全站仪和水准仪
3	四角高差(mm)		2	水准仪或全站仪

(1)主索鞍格栅安装测量

主索鞍格栅安装前,采用 Leica-DNA03 型电子水准仪配钢尺小型卡垫进行测量,精准检核格栅高程调整板四角高程,全站仪检核格栅安装线。主塔格栅已具备安装条件,格栅定位利用塔顶上的控制点建站后视,平面位置采用全站仪三维坐标法测量,高程控制使用精密水准仪,以满足定位精度要求。根据格栅高程调整板上的纵横轴线对准格栅轴线,就位后,根据格栅与鞍体相连接的关键特征点对格栅安装进行平面和高程检核,发现偏差报监理工程师进行纠偏,直至满足精度要求,完成主塔格栅定位。

在安装前、安装时、安装后需对塔柱变形进行监测。

由于格栅安装精度直接影响主索鞍安装精度,且安装精度要求较高,故格栅调平采用 Leica-DNA03 型电子水准仪进行测量。在钢尺下卡小型卡垫,使其与测点接触面尽量小,保证平整度控制在 1.0mm/全平面。

吊装之前,精确测量塔顶轴线是保证主索鞍安装位置准确的前提条件。首先选择在天气好且气温稳定的夜间测量放线,并监测承台沉降、主塔顶监测点高程及塔顶、底温度。经观测,最终在塔顶上、下游测放出纵、横轴线同时将主塔监测点归化到设计温度下高程。主索鞍鞍座安装轴线均以塔顶放样的轴线为控制线,以消除温度和天气变化对塔位的影响,并且按测定的轴线焊限位钢板进行安装。采用 Leica-DNA03 型电子水准仪、Leica-TM30、Leica-TM50 全站仪等测量仪器,在鞍座顶部调整格栅高程及纵、横轴线,使格栅高程、轴线及平整度等均满足设计要求。

(2)上下承板、鞍体安装测量

上、下承板在地面吊装位置连接在一起进行安装,每个鞍体分两部分安装。安装前对上下承板、鞍体高程及轴线、平整度等进行检核,使上下承板、鞍体高程、轴线及平整度等均满足设计要求。

安装后,测量计算 IP 点高程,进行校核,最终高程计入主塔沉降和温度改正。

(3)高塔柱主索鞍定位保证措施

①主索鞍安装前进行裸塔 72h 以上连续偏位监测,每小时监测一次,记录测量时间、温度、风向、风力,掌握索塔随日照、温差、风力、风向等气象影响的偏位情况。

②在风小、气温稳定的夜间,使用高精度全站仪,采用测边后方交会法加密塔顶控制点。每塔两个控制点,作为主索鞍定位的基准,以及后续施工中塔身偏位监测的基准。

③使用高精度全站仪采用对向三角高程的方法和垂直测距方法,将高程传递至塔顶控制

点。计算与设计温差产生的塔柱混凝土竖向变形量,修正传递高程。采用精密电子水准仪,观测同一塔上两控制点高差。

④在风小、气温稳定的夜间,使用全站仪进行三塔六个控制点联测,测量跨径和轴线,验证加密控制点坐标。

⑤使用全站仪精确调整座板横向轴线,使用电子水准仪调整座板高程及平整度,满足设计及规范的精度要求。

⑥使用全站仪在座板顶面放样出主索鞍纵横向轴线,按照监控提供的预偏量精确定位主索鞍。

⑦主索鞍安装完毕,使用全站仪检测主索鞍顶面纵横向轴线偏位情况。在主索鞍顶面中心架设全站仪,直接测量各索鞍间距,检验各跨跨径。

3.2.4 实施体会与优化建议

通过以上的具体实施过程,根据实施体会,给出以下优化建议:

1)门架高度

门架设计时,应充分且综合考虑门架高度、主索鞍高度、塔顶门架导轮组尺寸、拽拉器尺寸以及索股锚头尺寸等,避免出现在门架使用时,因门架高度不足而出现返工。

2)门架横向稳定性

格栅、索鞍安装过程中,需要进行纵移施工,因此门架两个主桁之间的横向连接在纵移完成之前不能安装到位。在门架设计计算时,要充分验算在吊装和纵移过程中门架的稳定性,必要时,在门架桁片的两侧增加斜撑或在门架顶面增加临时横向联系。

3)门架柱脚

门架柱脚不仅需要承受压力,还需承受拉力,柱脚下混凝土浇筑时,需专人、专职负责混凝土的振捣,确保混凝土密实。

4)格栅反力架顶面高程

格栅反力架安装前,需由监控单位根据塔柱的压缩量、基础的沉降量等计算塔柱顶面的预抬量,以确定格栅反力架的顶面安装高程。

3.3 散索鞍安装过程质量控制方法

在实际建设条件及建造难点的约束下,散索鞍吊装施工过程步骤多,具体涉及门架后场加工、门架预埋件预埋、门架安装、门架试验、索鞍组件进场、底座预埋、底板安装、鞍体吊装等多道施工工序,尽可能地实现结构施工的安全性与可靠性,保证散索鞍安装的质量成为南沙大桥项目悬索桥施工工程建设亟待解决的重大难题。针对南沙大桥坭洲水道桥和大沙水道桥散索鞍施工质量控制难题,本节开展了散索鞍安装控制研究,具体涉及散索鞍门架设计研发与安拆方案研究、主体构件吊装质量控制、散索鞍底板、底座及承板的安装质量控制、临时约束体系的设计与安装研究、质量保证措施及应用效果。系列关键技术可为同类型大跨径悬索桥散索鞍的安装施工提供关键技术支持。

散索鞍吊装施工涉及门架后场加工、门架预埋件预埋、门架安装、门架试验、索鞍运输及卸船、底座预埋、底板安装、鞍体吊装等多道施工工序，主要有以下重难点：

(1)散索鞍运输车的承载能力要求高、转运工序复杂、河堤通行有限，确保运输安全至关重要。

(2)本工程散索鞍鞍体最大吊装重量超过180t，对门架的强度、刚度及稳定性都是极大的考验。

(3)预埋件预埋位置精度要求高，索鞍安装要求精度高。散索鞍最终安装偏位规定：≤ ±2mm(顺桥向、横桥向)；安装底板中心高程：≤ +5mm；安装面平面位置度偏差：≤ ±2mm。实施高精度的测量控制及精细的安装施工是保证散索鞍安装精度的重点工作。

在整个散索鞍的施工过程中需要着重解决门架的设计安装、临时约束体系的设计与安装难题以及控制散索鞍主体构件的吊装质量。散索鞍吊装施工过程中，要对鞍体的吊点精细布置、严格控制索鞍的起吊、在吊装过程中对预偏量精准定位。

3.3.1　散索鞍的安装技术

3.3.1.1　散索鞍门架设计与安装

散索鞍门架设计与安装、门架试验详细内容总结如下：

1)门架设计与安装

(1)门架设计思路

散索鞍门架设计时必须综合考虑其两个使用阶段的功能实现：第一是作为散索鞍吊装门架的阶段，第二是作为主缆架设及猫道安拆阶段。散索鞍门架设计应做到既满足散索鞍吊装施工需求，又需满足主缆施工时的提索和索股横移功能。大沙水道桥散索鞍采用650t汽车起重机吊装就位，门架设计时可不考虑散索鞍吊装功能。坭洲水道桥散索鞍门架布置如图3-21所示。

(2)门架结构设计

根据门架的施工作用及荷载分析，锚碇门架可分为3种工况进行计算。

①工况一：索鞍吊装。

主要荷载：门架自重+索鞍吊装重量+吊装机具重量+门架施工风荷载+人群机具荷载。

②工况二：边跨索股横移。

主要荷载：门架自重+猫道门架承重绳荷载+滑车组荷载+卷扬机荷载+牵引索荷载+猫道支撑架荷载+施工风荷载+人群机具荷载。

③工况三：非工作状态下极限风荷载(横桥向)。

主要荷载：门架自重+门架极限风荷载+猫道门架承重绳荷载+牵引索荷载+猫道支撑架荷载。

(3)门架安装

门架按设计加工制作经试拼合格后，采用起重机进行安装。汽车起重机吊装主桁片如图3-22所示。

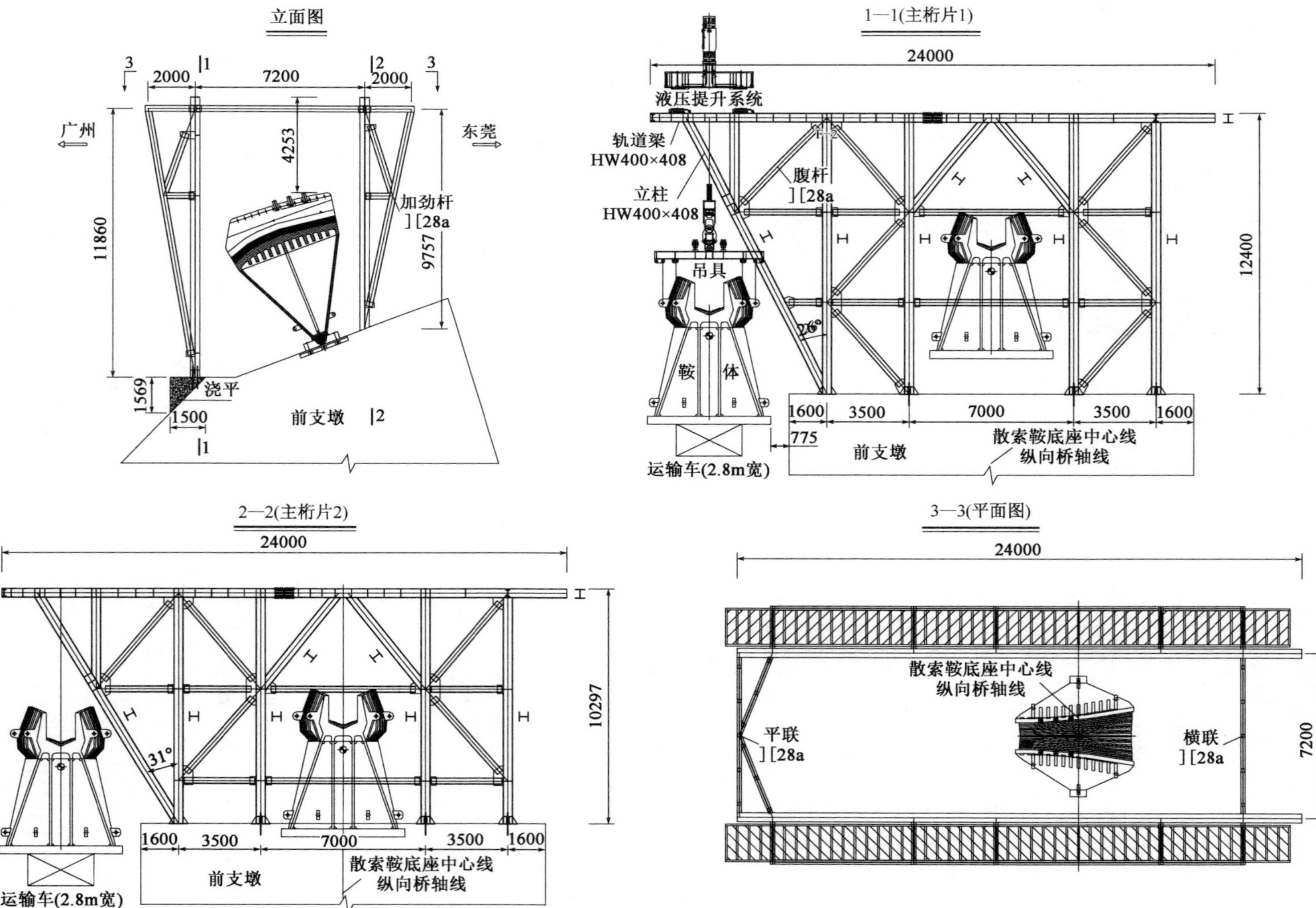

图 3-21　坭洲水道桥散索鞍门架布置图（尺寸单位：mm）

(4)门架拆除

在猫道拆除完成后进行散索鞍支墩门架拆除,拆除按先装后拆、后装先拆的顺序进行。拆除时,要核查起重机的吊装能力是否能适应门架的拆除块体重量。

图3-22　汽车起重机吊装主桁片

2)门架试验

(1)空载运行试验

吊装系统安装完毕后,运行吊装系统进行空载运行试验。

试验步骤:提升系统放绳至起吊位置→提升系统收绳至起吊高程→移运小车横移至标记位置→提升系统放绳至安装位置。

合格标志:整个运行过程吊装系统两侧纵移同步、流畅、无偏转,提升过程顺畅、匀速。需得到的数据:空载运行过程中吊装系统的运行评价;吊装系统纵移速度、下放吊具的速度、提升速度及整个吊装过程所需的时间。

(2)120%静载试验

加载方式:千斤顶施加60%拉力(稳定)→千斤顶施加80%拉力(稳定)→千斤顶施加100%拉力(稳定)→千斤顶施加110%拉力(稳定)→千斤顶施加120%拉力(稳定)→千斤顶卸荷至80%→完全卸荷→试验完毕。

静载试验采用吊装系统自带的液压千斤顶提升系统进行加载,吊点正下方的承台上植入4根PSB785ϕ32mm的精轧螺纹钢,通过门架上千斤顶上的19根直径为18mm的钢绞线与HM588型钢连接,锚具采用提升系统自配的锚具。反力架精轧螺纹钢预埋完成后,采用千斤顶对每根精轧螺纹钢进行锚固力试验。

每级加载后均须记录门架变形监测点的变形值及应变监测点的应力增量值,通过实测值与理论值之间的对比,判断门架受力情况及是否能进入下一级加载。

门架应变监测采用振弦式应变计测量,采用综合应变仪读数。

(3)100%动载试验

起重系统在100%荷载状态下起吊、制动、下放、制动4个工况下测试门架和起吊系统的应力和应变情况。

试验流程:起吊0.5m→制动→起吊1m→制动→起吊2m→制动→试验完成。

试验过程中进行变形监测,监测方式同120%静载运行试验。

3.3.1.2　临时约束体系

由于散索鞍为钟摆体系构造,在主缆未安装之前,散索鞍不能自稳,需采取拉或撑的临时约束体系维持散索鞍相对的固定姿态和预偏角度。坭洲水道桥采用定位撑架法固定,大沙水道桥采用临时拉杆法固定。

定位撑架在鞍体吊装前应安装好,在鞍体就位后根据散索鞍的预偏角度用定位撑架上的两台千斤顶顶推调整,调整好角度后安装撑杆替换千斤顶,支撑鞍体位置。定位撑架由立柱、水平梁、调节梁、垫梁、撑杆及连接杆组成。定位撑架采用锚碇塔吊吊装安装。散索鞍定位撑架立面、侧面图如图3-23所示。

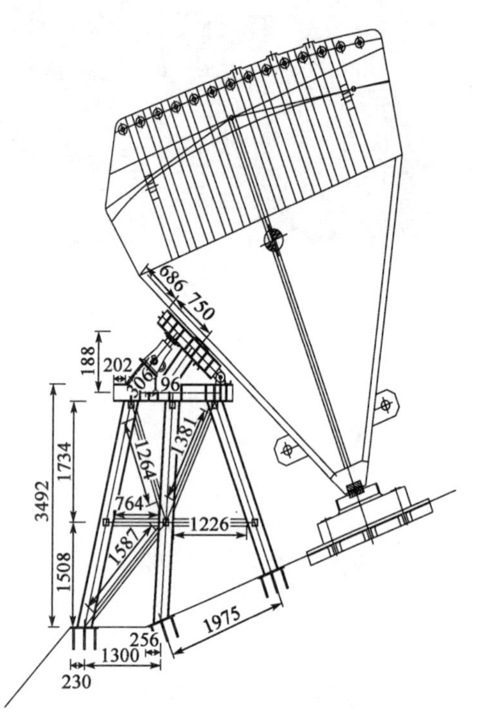

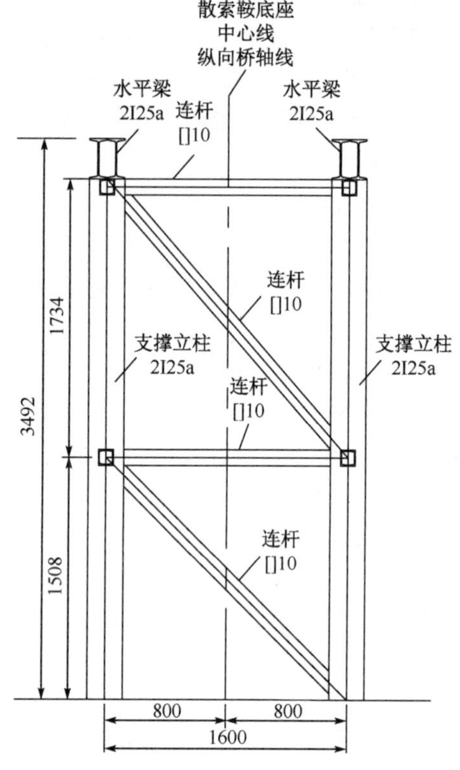

图 3-23　散索鞍定位撑架立面、侧面图(尺寸单位:mm)

图 3-24　定位撑架支撑散索鞍

定位撑架上的千斤顶采用 QL100t 型螺旋千斤顶。QL100t 螺旋千斤顶最低高度 45. 2cm,起升高度 20cm。定位撑架支撑散索鞍如图 3-24 所示。

大沙水道桥散索鞍采用 650t 汽车起重机吊装就位后,利用临时拉杆体系固定散索鞍。临时拉杆体系包括散索鞍支墩上预埋的锚固座、散索鞍上的锚固拉耳、固定拉杆。临时拉杆体系根据散索鞍的重量、安装角度、拉杆角度、温差、边跨与锚跨不平衡张力引起的摩擦力等参数计算其承受的荷载大小,根据荷载大小确定锚固座、锚固拉耳、固定拉杆的尺寸、规格等。根据散索鞍的安装角度、拉杆角度、锚固座的位置和锚固拉耳的位置,提前计算出拉杆的长度,在考虑拉杆伸长量的情况下做好标记。在散索鞍吊装至底板上后、起重机松钩前,按标记好的位置安装拉杆,松钩稳定后,散索鞍即为监控提供的安装位置,可省去散索鞍角度调整的操作和调整时间。为确保位置的准确性,需要再次复核散索鞍 IP 点的实际位置是否与监控要求的位置相符。在散索鞍加工时,散索鞍安装单位告知加工单位锚固拉耳的位置、规格,由加工单位在散索鞍出厂前焊接到位,也可兼作散索鞍翻身的吊耳。在索股架设过程中,临时拉杆体系根据监控指令提供的工况进行拆除。大沙水道桥散索鞍安装过程中临时约束体系如图 3-25 所示。

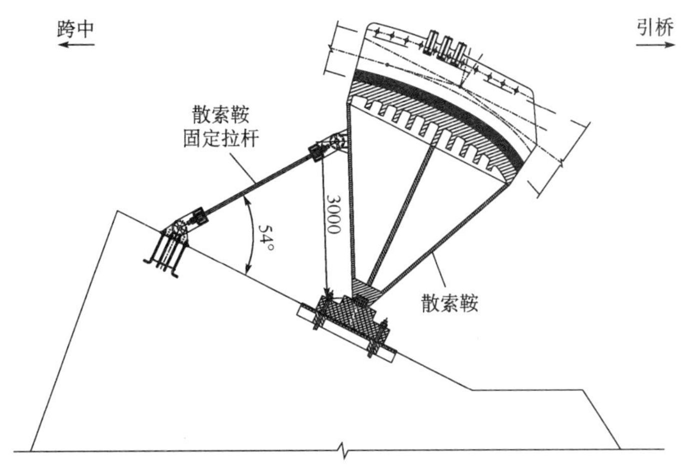

图 3-25　大沙水道桥散索鞍安装过程中临时约束体系(尺寸单位:mm)

3.3.1.3　散索鞍底板、底座及承板安装

底板平面定位采用全站仪进行,先将底板的纵、横轴线精确测量放样(按制作厂家提供的轴线样冲眼为记),然后在斜面上精确测放出设计所定的理论底板轴线,并做好标记,最后在标记处焊上限位装置。采用精密水准仪进行控制,采用千斤顶将其高程调到设计允许偏差位置,最终将底板的平面位置和高程调到设计允许偏差范围内。散索鞍底板及鞍体安装精度主要由座板安装精度确定。

1)底板安装

底板安装前在支墩最后一层浇筑时预埋地脚螺栓,地脚螺栓采用定位板进行固定,保证与底板的垂直度要求,并为底座、螺母、垫圈留出足够的安装长度。由于支墩有较大斜度,应保证底板孔中的混凝土不溢出至安装面上,并确保底板下混凝土的密实性。

预埋底板安装前需检查其防锈涂层是否完整,如有缺失,需进行补回处理。散索鞍预埋板安装精度要求如下:安装底板中心高程偏差:≤ +5mm;安装面平面位置度偏差:≤ ±2mm。

2)上、下承板

底座安装完成后进行下承板安装,下承板安装采用锚区塔式起重机进行吊装安装。下承板安装完成后在对应的 10 个孔里安装销。

上承板直接与散索鞍鞍体提前安装固定,跟着鞍体一同吊装。

3.3.2　散索鞍吊装过程质量控制

散索鞍鞍体为钟摆式结构,与底座相连后可纵向摆动,且“空缆”安装状态向锚跨侧倾斜一定角度。坭洲水道桥由于采用液压千斤顶吊装提升,吊装就位后无法对索鞍进行大范围姿态调整。故在吊装前,需要在散索鞍墩侧面搭设吊装支架,使散索鞍呈“空缆”状态倾角放置,

以此姿态垂直吊装就位。正式吊装前,在散索鞍上以制造单位提供的 IP 测量标志点做引申测量点,吊装过程中,由测量精确控制散索鞍的倾角,保证散索鞍重心位置满足吊具的技术要求。若悬挂鞍体与规定的倾角上有较大偏差,则调节卷扬机提升速度,使散索鞍倾角满足设计和吊装要求。当散索鞍底面达到设计要求位置时,停止起吊,并向内移至缆索中心线处。安装结束后,选择温度稳定的时段,采用全站仪测量 IP 点引申线,保证散索鞍安装各项偏差均在规范规定范围以内,再进行加固。

1)试吊

在鞍体正式吊装前应进行鞍体试吊。将鞍体与吊具连接牢靠,将鞍体提高 30cm。在此过程中连续观测门架前端挠度,同时检查焊缝及主要杆件,如有异常,马上叫停,将鞍体放下。否则持荷 5min 后,将鞍体放下。

在鞍体放回定位架前,将挠度数据,与初始值比较,如无异常,进行鞍体正式起吊安装。

在试吊时,同时可以观测散索鞍连接吊装系统吊具后的姿态,若存在超出容许范围的姿态误差,进行调整后方可正式起吊。

2)吊装姿态

由于散索鞍鞍体为钟摆结构,与底座相连后可纵向摆动,“空缆”安装状态向锚跨侧倾斜一定角度,鞍体在吊装前应使鞍体呈“空缆”状态倾角放置,保证散索鞍以空缆状态起吊安装。鞍体运输过程中是平躺的姿态,运至起吊点后必须进行角度调整,即翻身。翻身过程为整个散索鞍吊装工程的关键。详细步骤如下。

第一步:脱车。此过程需注意:鞍体与运输车托架接触位置垫木板防止损伤鞍体;运输车就位位置提前标记好;卸车时绑扎两根麻绳反拉,防止鞍体横桥向摆动。脱车过程示意如图 3-26所示。

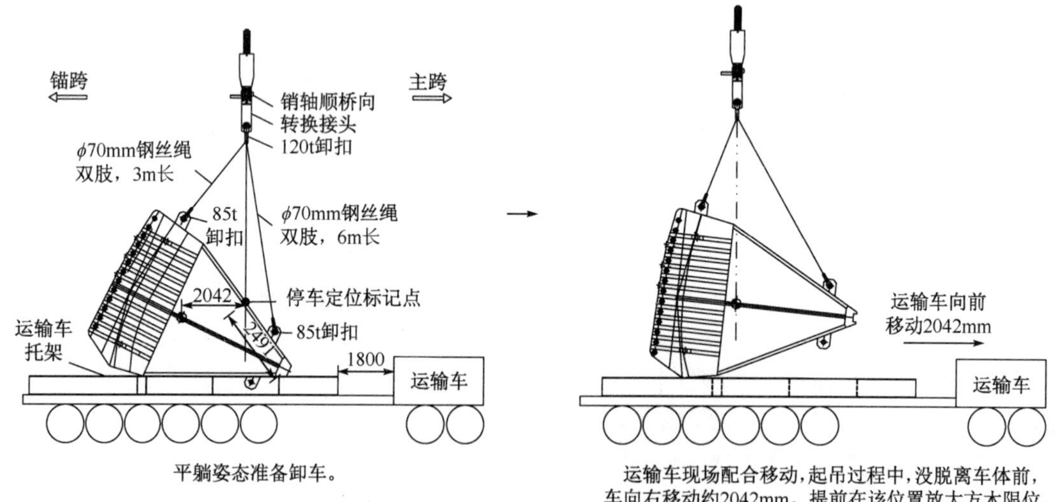

图 3-26　脱车过程示意图(尺寸单位:mm)

第二步:卸车。此过程需注意:鞍体与撑脚接触位置垫木板防止损伤鞍体;卸车架在旁边提前就位等待,采用履带起重机、塔式起重机及人工配合就位;鞍体翻身范围垫 18mm 钢板,防止地基局部沉陷。卸车过程示意如图 3-27 所示,图 3-28 为散索鞍卸车完成。

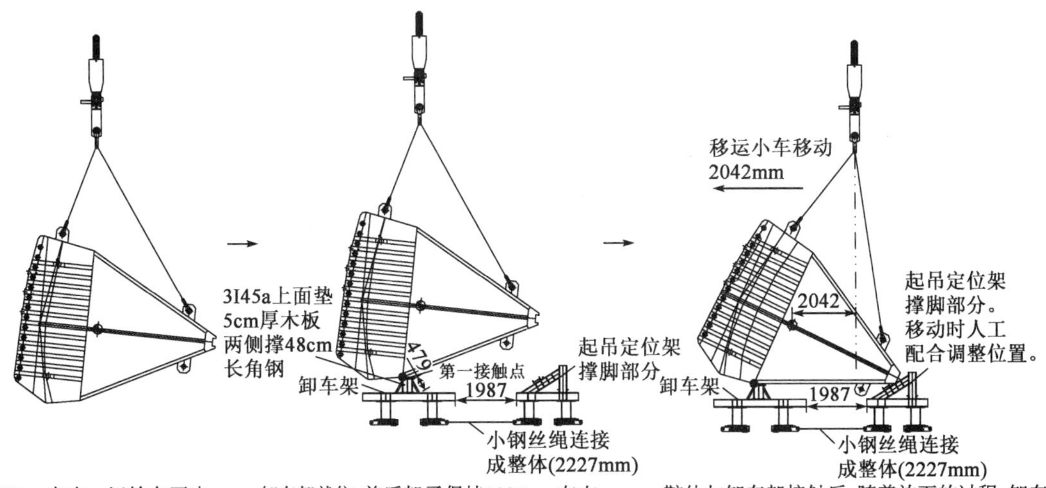

图 3-27 卸车过程示意图(尺寸单位:mm)

图 3-28 散索鞍卸车完成

第三步:准备翻身。此过程需注意:鞍体与卸车架绑扎牢靠才能纵移就位,纵移要尽可能缓慢;防翻身过度钢丝绳用20t手拉葫芦调整长度。准备翻身过程示意如图3-29所示,图3-30为鞍体连接门架提升系统,准备翻身。

第四步:翻身。此过程需注意:翻身过程中要尽可能缓慢、平稳;定位撑架在旁边提前就位等待,采用履带起重机、塔式起重机及人工配合就位。翻身过程示意如图3-31所示,图3-32为翻身过程及完成后的状态。

第五步:翻身完成,准备正式吊装。此过程需注意:鞍体与起吊定位架绑扎牢靠后方可平移;平移过程中要尽可能缓慢、平稳。翻身完成,准备正式吊装示意如图3-33所示。

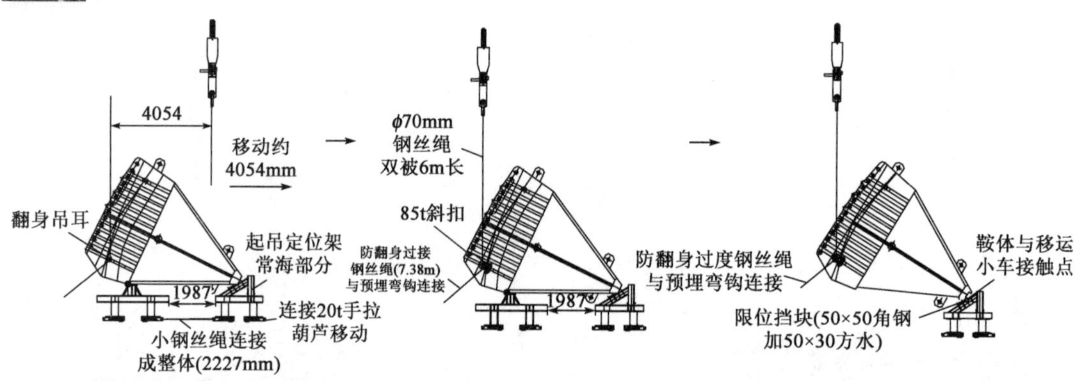

拆卸钢丝绳及卸扣,用两个20t手拉葫芦向中跨移动鞍体至起吊系统正下方，移动距离约为4054mm。

将移运小车上钢丝绳拆除，连接防翻身过度钢丝绳。转换吊点，准备翻身。

液压提升系统单点持荷起吊脱离卸车架，脱离10cm左右时停止翻身，持荷静止，将卸车架移走。移走后继续翻身，鞍体将绕着接触点进行纵桥向转动。过程中密切测量跟踪，防止翻身过度。

图 3-29　准备翻身过程示意图(尺寸单位:mm)

图 3-30　鞍体连接门架提升系统,准备翻身

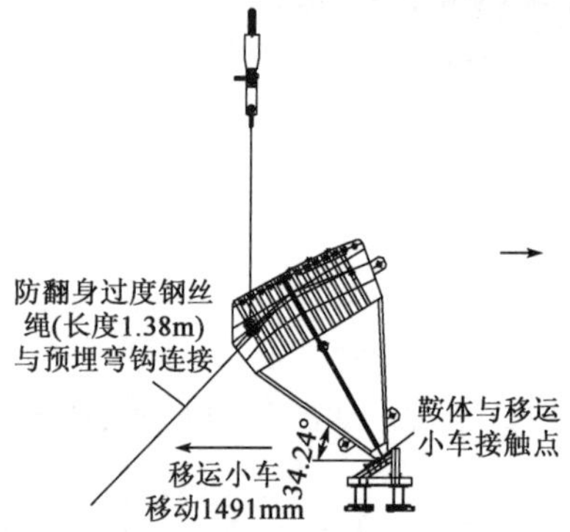

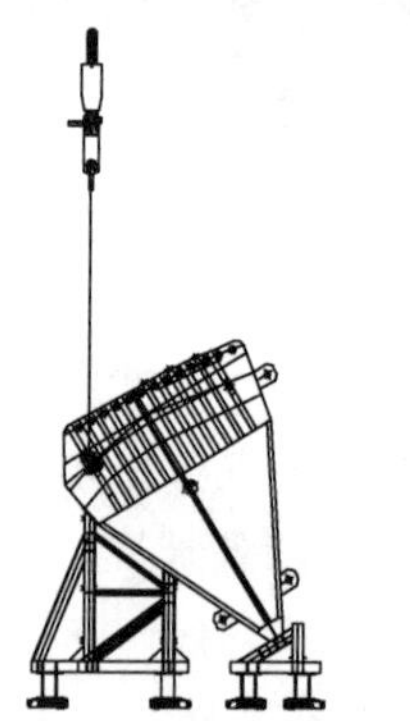

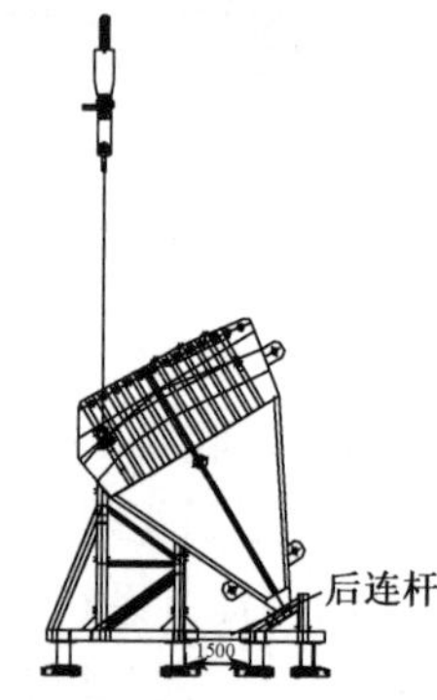

液压提升系统继续持荷起吊，鞍体将绕着接触点继续进行纵桥向转动。当鞍体快达到起吊姿态时测量提醒，继续缓慢提升，当到达起吊姿态时持荷保持此姿态，锁死移运小车。翻身过程中移运小车向左移动约1491mm。在此位置提前放置大方木限位。

将起吊定位架移至鞍体下顶死鞍体，锁死移运小车。

连接起吊定位架后连杆(保证焊接长度及质量，焊接长度不能小于25cm，焊脚高度不小于10mm)。起吊系统卸载，拆除吊具及防翻身过度钢丝绳，鞍体姿态调整完成，准备纵移。

图 3-31　翻身过程示意图(尺寸单位:mm)

图 3-32　翻身过程及完成后的状态

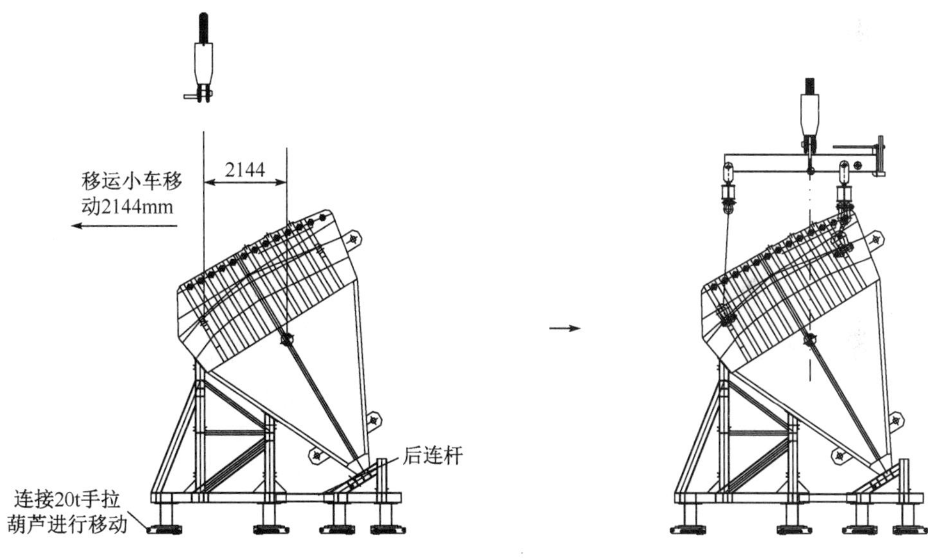

图 3-33　翻身完成，准备正式吊装示意图（尺寸单位：mm）

（1）翻身过程控制不好容易使钢绞线偏角超过限值（不能超过 5°），超过限值则钢绞线会弯折从而损伤破断。

（2）翻身过程钢绞线偏折对门架产生侧向作用力，门架侧向刚度小，对门架是附加考验。

（3）翻身快到位时，如操作不当，易发生翻身过度。因此，在翻身过程中必须严格控制提升高度与滑动距离的匹配关系。提升高度与滑动距离的匹配关系见表 3-3。

翻身过程严格按表 3-3 中的 7 个行程进行翻身，提前在地面上划好行程标记线。通过提升高度与滑动距离进行双控、反拉防翻身过度钢丝绳及在最后一个行程测量精确辅助定位等措施，把风险严控到最低。通过翻身过程的精细化控制鞍体成功完成翻身。

鞍体提升高度与滑动距离对应表　　表 3-3

序　　号	提升高度(mm)	滑动距离(mm)
1	450	102
2	450	143
3	450	188
4	450	238
5	450	296
6	450	367
7	165	156
合计	2865	1490

3)鞍体吊装

进行鞍体吊装提升。当散索鞍提升高度达到要求位置时,停止起吊,并水平向内横移至缆索中心线处。将散索鞍慢慢放下,采用20t手拉葫芦配合调整就位,直至散索鞍完全置于底座上面,此时不得松开提升系统。利用全站仪等测量仪器配合定位撑架液压千斤顶调节器,将散索鞍调整至空缆状态。

鞍体吊装过程如图3-34所示,图3-35为散索鞍安装。具体吊装作业步骤如下:

图3-34　散索鞍吊装过程

图3-35　散索鞍安装

第一步:将专用吊具与散索鞍连接,起吊姿态为空缆安装姿态,仔细检查吊具连接的可靠性。

第二步:起吊散索鞍体上升到设计高度后,用横向行走系统将鞍体缓慢移到安装位置上方,用导链葫芦调整索鞍位置,使索鞍与底座横向导向标记对齐。

第三步:缓慢下降索鞍鞍体,在接近底座时再核对位置,利用横向行走系统及20t手拉葫芦精确调整鞍体与底座的相对位置,使鞍体与底座安装结合面纵横两个方向完全对准后,缓慢下放鞍体。

第四步:鞍体安装好后,调整索鞍倾斜角度至空缆姿态。

第五步:鞍体位置调整好之后,临时固定鞍体。

3.3.3 散索鞍安装测量控制

散索鞍安装测量控制主要从上下承板、鞍体安装测量,散索鞍安装定位测量两个方面展开,具体内容如下:

1)上下承板、鞍体安装测量

安装前对上下承板、鞍体高程及轴线、平整度等进行检核,使上下承板、鞍体高程、轴线及平整度等均满足设计要求。

安装时,测量上承板计算角点坐标和高程,进行校核。以坭洲水道桥东锚左幅为例计算,计算示意如图3-36所示。

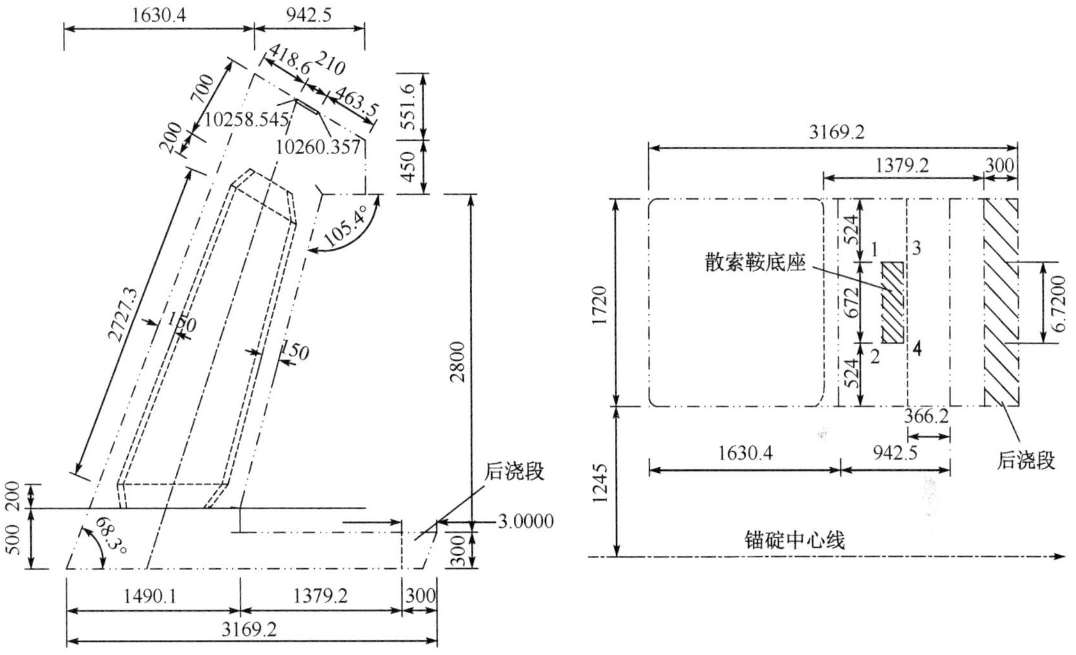

图3-36 坭洲水道桥东锚碇散索鞍上承板计算示意图(尺寸单位:mm)

待散索鞍吊装基本到位后测量其IP点,由于IP点在空间不能直接测量,只能采取间接的方法去计算和校核。IP点计算示意如图3-37所示,IP点的计算公式推导如下:IP(K10+262.618,-21.05,45),则IP1(K10+262.941,-21.05,45.552),IP2(K10+262.941,-21.05-0.5D,45.552),IP3(K10+262.941,-21.05+0.5D,45.552),又IP1=0.5(IP2+IP3),则IPX=IP1X-0.323,IPY=-21.05,IPZ=IP1Z-0.552。在厂家先将IP3、IP2点刻出来,以便放置棱镜杆进行观测,加工精度控制在2mm以内。

2)散索鞍安装定位测量

散索鞍安装定位包括底板安装定位、底座安装定位和鞍体安装定位三部分内容。安装前需对锚碇进行全桥联测,并进行锚碇支墩位移观测,报送锚碇长期观测变化数据。

散索鞍安装测量检查项目见表3-4。

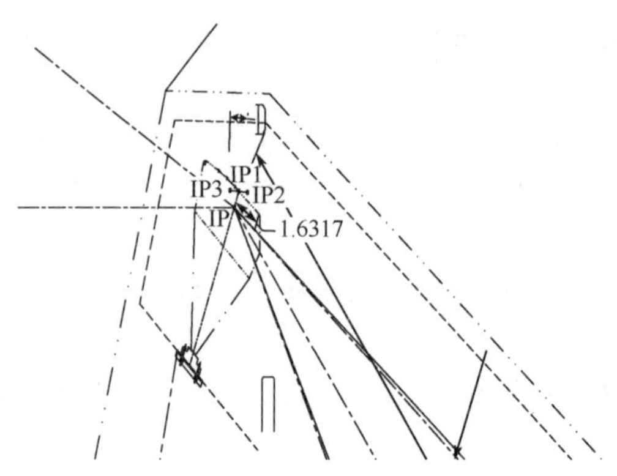

图 3-37　坭洲水道桥东锚碇散索鞍南北顶面推算 IP 点计算示意图

散索鞍安装测量检查项目　　表 3-4

项目	检 查 项 目	规定值或允许偏差	检查方法和频率
1	最终安装纵、横向偏位(mm)	≤ ±2	全站仪:每鞍测量
2	底板中心高程(mm)	≤ +5	水准仪或全站仪:每鞍测量
3	安装面平面位置度偏差(mm)	≤ ±2	经纬仪或全站仪:每鞍测量

(1)散索鞍底板、底座安装测量

底板平面定位采用全站仪进行,先将底板的纵、横轴线精确测量放样(按制作厂家提供的轴线样冲眼为记),然后在斜面上精确测放出设计所定的理论底板轴线,并做好标记,最后在标记处焊上限位装置。采用精密水准仪进行控制,采用千斤顶将其高程调到设计允许偏差位置,最终将底板的平面位置和高程调到设计允许偏差范围内。

散索鞍底座及鞍体安装精度主要由底板安装精度来确定,一定要精调底板安装精度。

(2)散索鞍鞍体安装测量

正式吊装前,在散索鞍上以制作单位提供的 IP 测量标志点做引申测量点,吊装过程中,由测量精确控制散索鞍的倾角,保证散索鞍重心位置满足吊具的技术要求。当散索鞍底面达到设计要求位置时,停止起吊,并向内移至缆索中心线处下放安装。安装结束后,选择温度稳定的时段,采用全站仪测量 IP 点引申线,保证散索鞍安装各项偏差均在规范以内,再进行加固。

(3)散索鞍约束解除测量

散索鞍约束解除为主缆架设到一定阶段后,经监控计算后,解除散索鞍临时约束。

3.3.4　实施体会与优化建议

通过以上具体实施过程,根据实施体会,给出以下优化建议:

1)散索鞍运输方面总结

(1)索鞍进场便道、便桥、码头等设计阶段就应当考虑到散索鞍进场、卸船及转运的需求,提前对散索鞍进场及转运进行合理规划,并对需要承担散索鞍转运的区段按此受力情况进行设计。

(2)散索鞍转运时的运输道路需要提前规划,并按照索鞍转运的需求进行便道施工,使其承载力及坡度满足要求,一步到位,避免待需要进行索鞍转运时再去进行改造及加固。

2)散索鞍底板安装总结

(1)底板吊装前,必须将地脚螺杆调节到位并进行临时固定,不可存在疏漏。

(2)散索鞍底板的安装精度直接关系到散索鞍的安装精度,至关重要,必须给予足够的重视,散索鞍底板在前支墩顶面钢筋上进行调节及定位时,会与前支墩钢筋存在一定位置冲突,可通过适当移动前支墩钢筋的方式调整。

(3)散索鞍底板完成精调后,必须对其进行有效的固定定位,且必须确保在混凝土浇筑时不会发生位置偏移。将底座吊装至安装位置,缓慢下放,直至底座与底板地脚螺栓位置吻合。过程中利用全站仪等测量仪器校核底座平面位置。位置准确后安装螺栓,紧固底座,完成底座安装。

3)鞍体吊装总结

(1)吊装系统吊具是散索鞍鞍体吊装施工中的关键受力构件,应有足够的安全储备。

(2)鞍体吊装前,必须对构件进行全面的检查,对重要焊缝进行100%探伤检查,确保门架吊装系统的安全性。

(3)吊装施工前,必须对鞍体重心进行明确及复核,鞍体提升时的姿态控制必须严格控制,以防止姿态偏差太大而导致鞍体与门架立柱相冲突。

(4)采用临时拉杆体系固定散索鞍时,一定要严格控制锚固座下混凝土密实性,确保受力安全。

3.4 小 结

本章介绍了南沙大桥项目两座大跨径悬索桥主索鞍和散索鞍的工程概况、施工流程和建设难点,结合索鞍施工过程的建设关键技术及问题难点,分别分析了主索鞍和散索鞍安装过程的质量控制方法,并提出了相应的质量保证措施以及具体的应用效果。本章内容以“问题”为导向,系统全面地对悬索桥的主索鞍和散索鞍安全施工和施工质量进行了针对性研究,其中的施工技术措施和质量保证对策,既确保了索鞍施工的安全,又提高了索鞍施工的质量,可为类似工程提供关键技术支持。

第4章　缆索系统施工质量控制方法

4.1　悬索桥猫道与牵引系统安装过程质量控制方法

4.1.1　总体概况

4.1.1.1　猫道与牵引系统安装概述

本工程桥址区位于珠江河道坭洲水道及大沙水道，坭洲水道单孔双向通航净空尺度1154m×60m，包括5000吨级船舶航道及广州港10万吨级船舶航道。大沙水道通航净空尺寸1114m×49m，包括1000吨级江海轮航道。两座大桥缆索系统施工期间除坭洲水道桥先导索过江施工时对航道进行半天封航管制外，后续牵引系统及猫道架设施工过程中均未影响航道的通航安全，将对航道的影响缩减至最小。牵引系统及猫道架设施工技术方案是在确保航道通航安全的前提下进行设计的。

两座大桥牵引系统的牵引绳采用ϕ36mm镀锌钢丝绳，布设于每条主缆上方，跨越西锚碇、西塔顶、东塔顶及东锚碇之间，以实现由东锚向西锚的绳索牵引架设。牵引系统根据其牵引对象分为猫道牵引系统和索股牵引系统。猫道牵引系统为单线往复式牵引系统，索股牵引系统为双线往复式牵引系统。

猫道系统是悬索桥上部结构安装最重要的临时工程之一，作为主缆索股牵引、索股调整、主缆紧固、索夹和吊索安装、钢箱梁吊装、主缆缠丝防护以及缆系附属结构的施工平台，贯穿上部结构安装的始终。两座大桥的猫道均位于主缆空载中心线形下方1.5m，坭洲桥猫道长约2990m，宽约4m；大沙水道桥猫道长约2100m，宽4m。两座大桥上、下游主缆下方各设一条猫道。两座桥猫道承重索均采用三跨连续结构，无抗风缆体系，坭洲水道桥跨径为656m+1688m+520m。大沙水道桥猫道跨径布置为360m+1200m+480m。

4.1.1.2　施工总体布置及总体工艺流程

以坭洲水道桥为例，上部结构施工总体布置以东岸为主、西岸为辅布置。在单线往复牵引阶段，中跨段及东边跨段猫道承重绳由东锚向西塔牵引，西边跨段猫道承重绳由西锚向西塔牵引。双线往复牵引系统阶段，牵引卷扬机布置在西锚锚后，牵引系统水平回转机构以及放索场均布置于东锚锚后，存索场布置于西锚右幅侧。牵引系统及猫道施工架设利用现有桥，材料及设备吊装利用锚碇处及塔区处的塔式起重机。索塔设置一台QTZ-315塔式起重机（索塔施工时已经布置），并安装TC7035B型塔式起重机至上横梁上。总体平面布置和索塔区施工塔式起重机如图4-1和图4-2所示。

牵引系统与猫道施工总体工艺流程如图4-3所示。

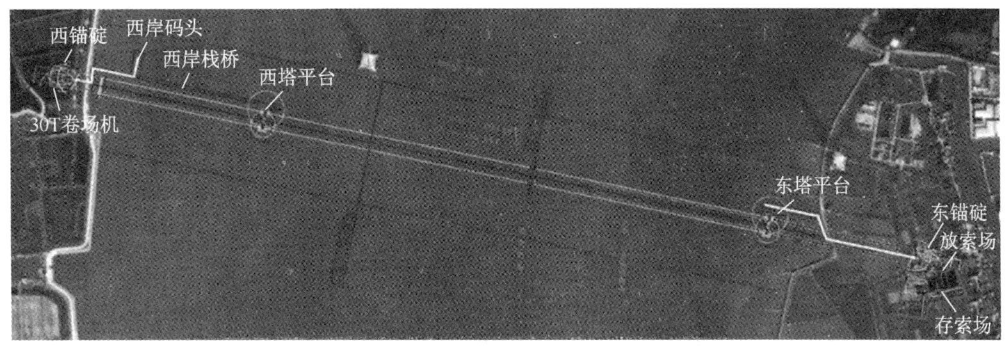

图 4-1 总体平面布置图

图 4-2 索塔区施工塔式起重机布置

4.1.1.3 猫道与牵引系统施工重难点

坭洲水道桥牵引系统及猫道施工的重难点如下：

(1)先导索过江整体封航：航道日均通航量非常大，先导索过江需全航道封航 4h，影响极大，故与广州海事局、航道局以及广州港等相关单位的沟通工作尤为重要。

(2)牵引系统布设制约因素多：本工程牵引系统在布设时，于西锚后方必须完全避开引桥现浇施工支架的影响，于东锚处必须确保引桥节段梁运梁车可顺利从锚碇环形路上通行。此外，东锚锚后因征地影响而导致布置范围受限。

(3)施工过程的组织及协调：牵引系统及猫道施工过程中涉及的卷扬机等设备众多，且存在协同运行的要求，涉及项目部技术、测量、机材、安全、质检等众多部门的紧密协同配合，涉及上、下游两组上部结构施工专业队的协同组织，对施工过程中的组织及协调的要求极高。

(4)安全风险控制：牵引系统及猫道施工基本均为高空作业，作业条件差、作业面狭窄，且作业受大风的影响较大，施工本身还存在高空坠物影响航道过往船舶安全等风险。总之，牵引系统及猫道施工是悬索桥上部构造施工中安全风险极大的工序，安全风险控制是施工的难点也是重点。

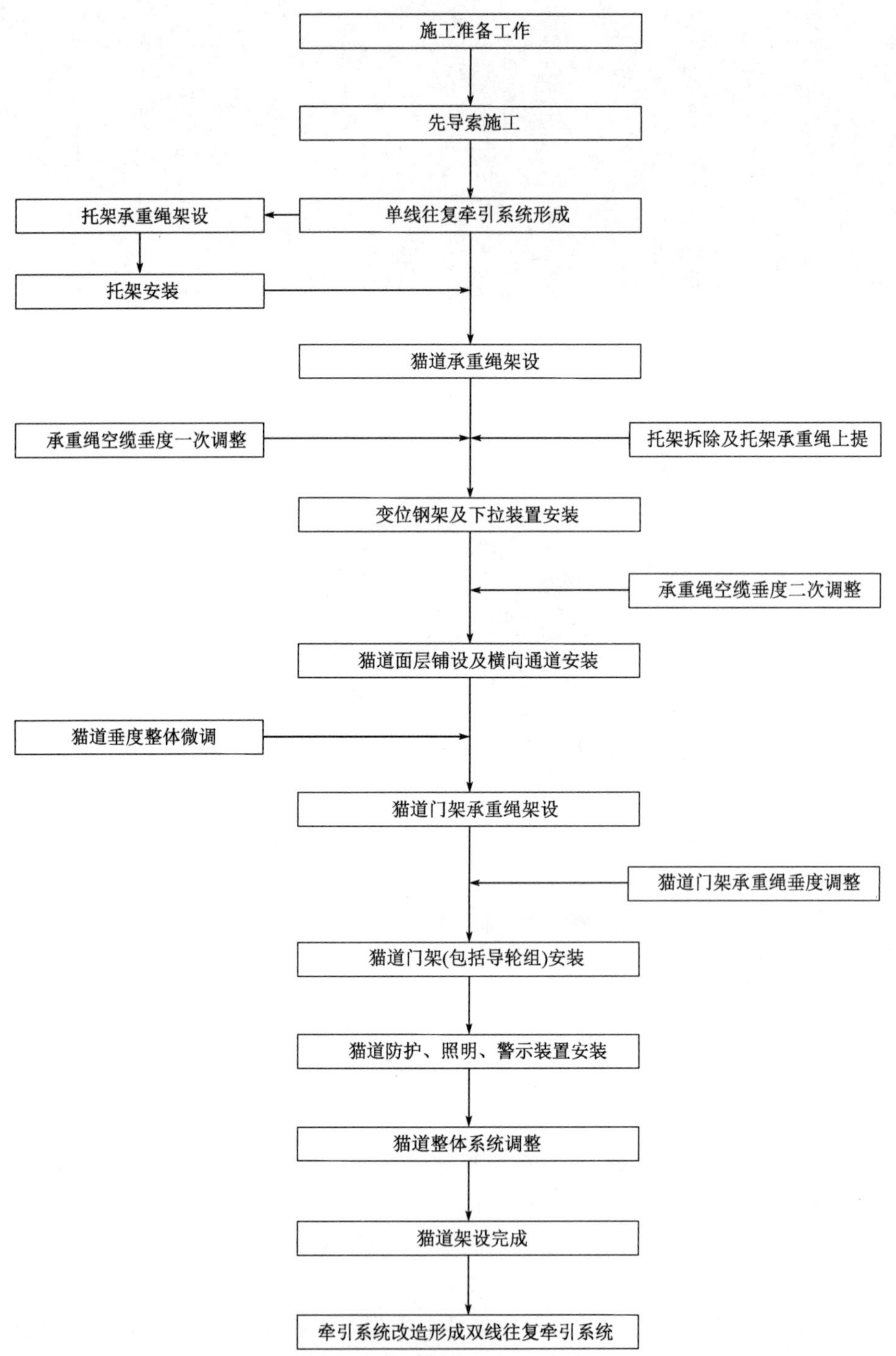

图 4-3　牵引系统与猫道施工总体工艺流程图

4.1.2 单线往复牵引系统设计及施工关键技术

4.1.2.1 单线往复牵引系统设计与布置方案

单线往复牵引系统用于托架承重绳、托架定位索、猫道承重索、猫道扶手绳、门架承重索等牵引架设及猫道面网铺设下滑时的拽拉。根据猫道的特点,每幅猫道布置1套独立的单线往复牵引系统,左、右幅两个工作面同时独立进行猫道的架设。单线往复牵引系统(单幅)由1台30t卷扬机(西锚锚后)、1台25t卷扬机(东锚锚后)、2个塔顶门架导轮组、2个锚碇门架导轮组、各部位转向轮、1个拽拉器、1号牵引绳及2号牵引绳(长度均为3300m)组成。牵引绳采用直径为36mm的6×36WS+IWR线接触钢丝绳,公称抗拉强度设计值为1870MPa。单线往复牵引系统总体布置如图4-4所示。

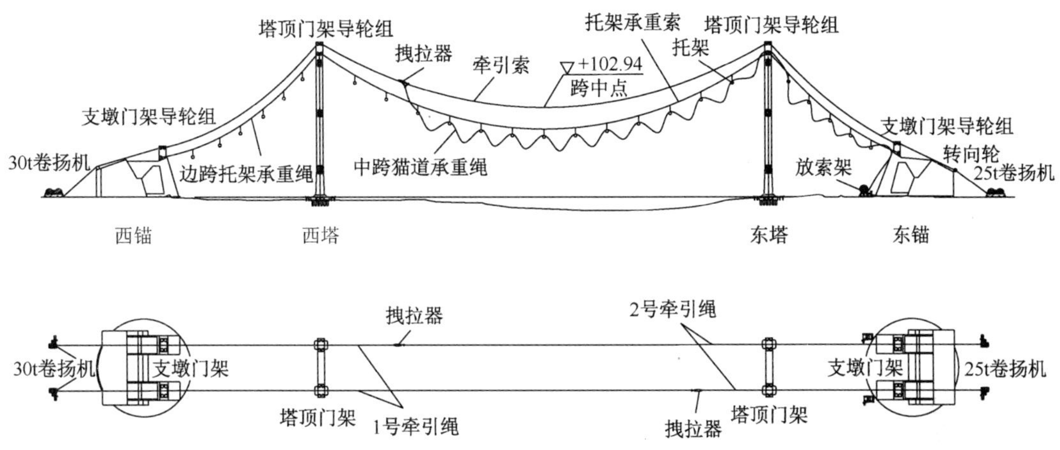

图4-4 单线往复牵引系统总体布置图(高程单位:m)

坭洲桥单线牵引系统采用2台30t+2台25t卷扬机作为牵引动力系统。其中,2台30t卷扬机布置在西锚后方,2台25t卷扬机布置在东锚碇后方。双线牵引系统的另外2台30t卷扬机在单线牵引系统布设期间同步布置在西锚碇后方,减少单线与双线牵引系统转换时的卷扬机拆装转换时间。

除了牵引系统的主卷扬机外,单线牵引设备还包括在每个塔顶、散索鞍支墩门架上各布置的2台12t(塔)及8t(锚)卷扬机。在塔顶、散索鞍支墩门架上安装导轮组。锚碇后方安装各处转向滑轮系统,安装塔顶工作平台等。

单线牵引系统主要由先导索过江,利用先导索转换牵引绳过江后连接拽拉器形成。大沙水道桥采用无人机拖带2mm韩国丝作为先导索,通过6级绳径转换,最终形成ϕ22mm钢丝绳导索,转换ϕ36mm钢丝绳后形成单线牵引系统。大沙水道桥牵引系统形成流程如图4-5所示。坭洲水道桥采用拖轮拖带ϕ24mm钢丝绳(先导索)过江直接转换ϕ36mm牵引绳形成牵引系统。坭洲水道桥牵引系统形成流程如图4-6所示。

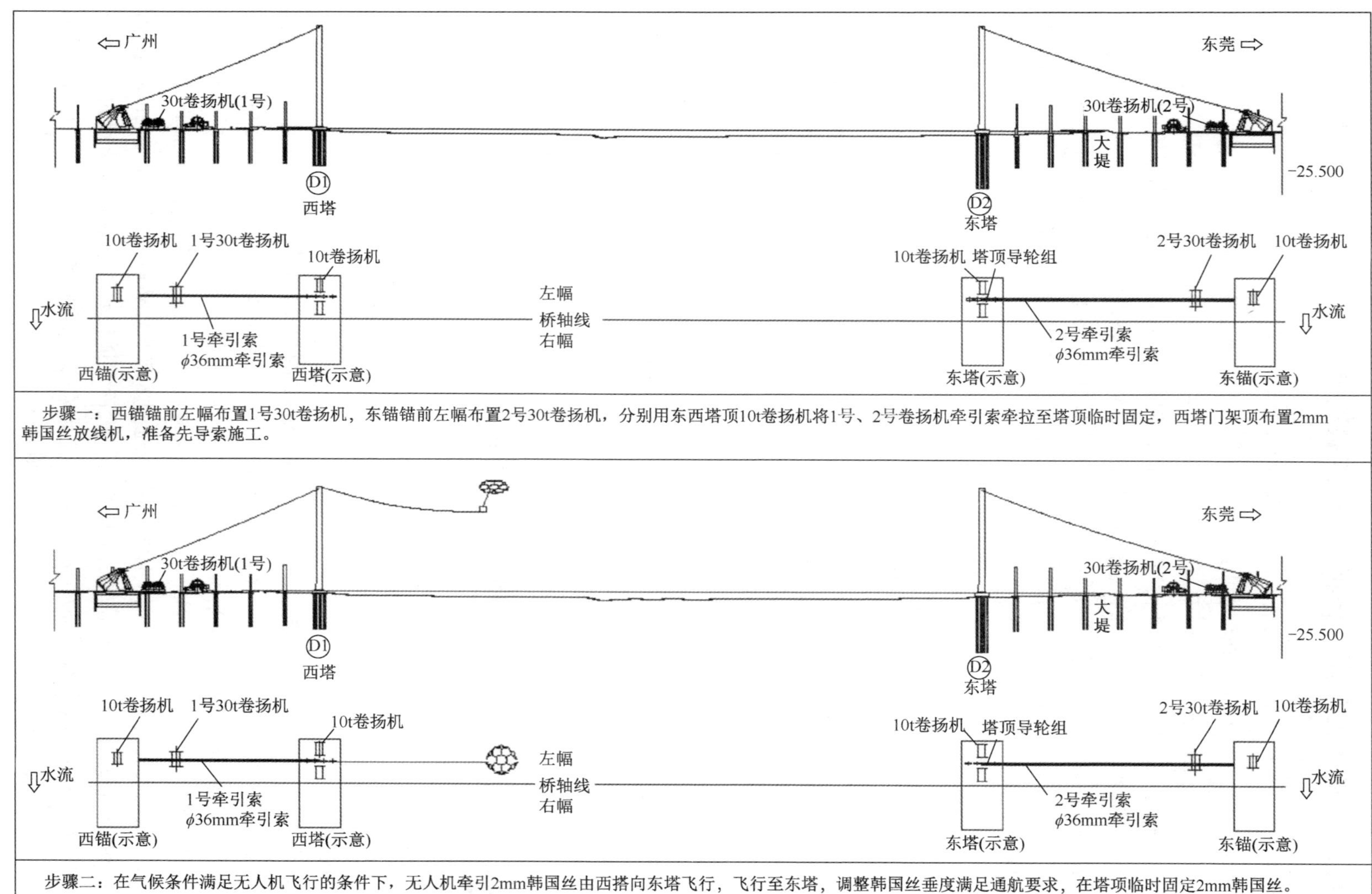

步骤一：西锚锚前左幅布置1号30t卷扬机，东锚锚前左幅布置2号30t卷扬机，分别用东西塔顶10t卷扬机将1号、2号卷扬机牵引索牵拉至塔顶临时固定，西塔门架顶布置2mm韩国丝放线机，准备先导索施工。

步骤二：在气候条件满足无人机飞行的条件下，无人机牵引2mm韩国丝由西塔向东塔飞行，飞行至东塔，调整韩国丝垂度满足通航要求，在塔项临时固定2mm韩国丝。

图 4-5

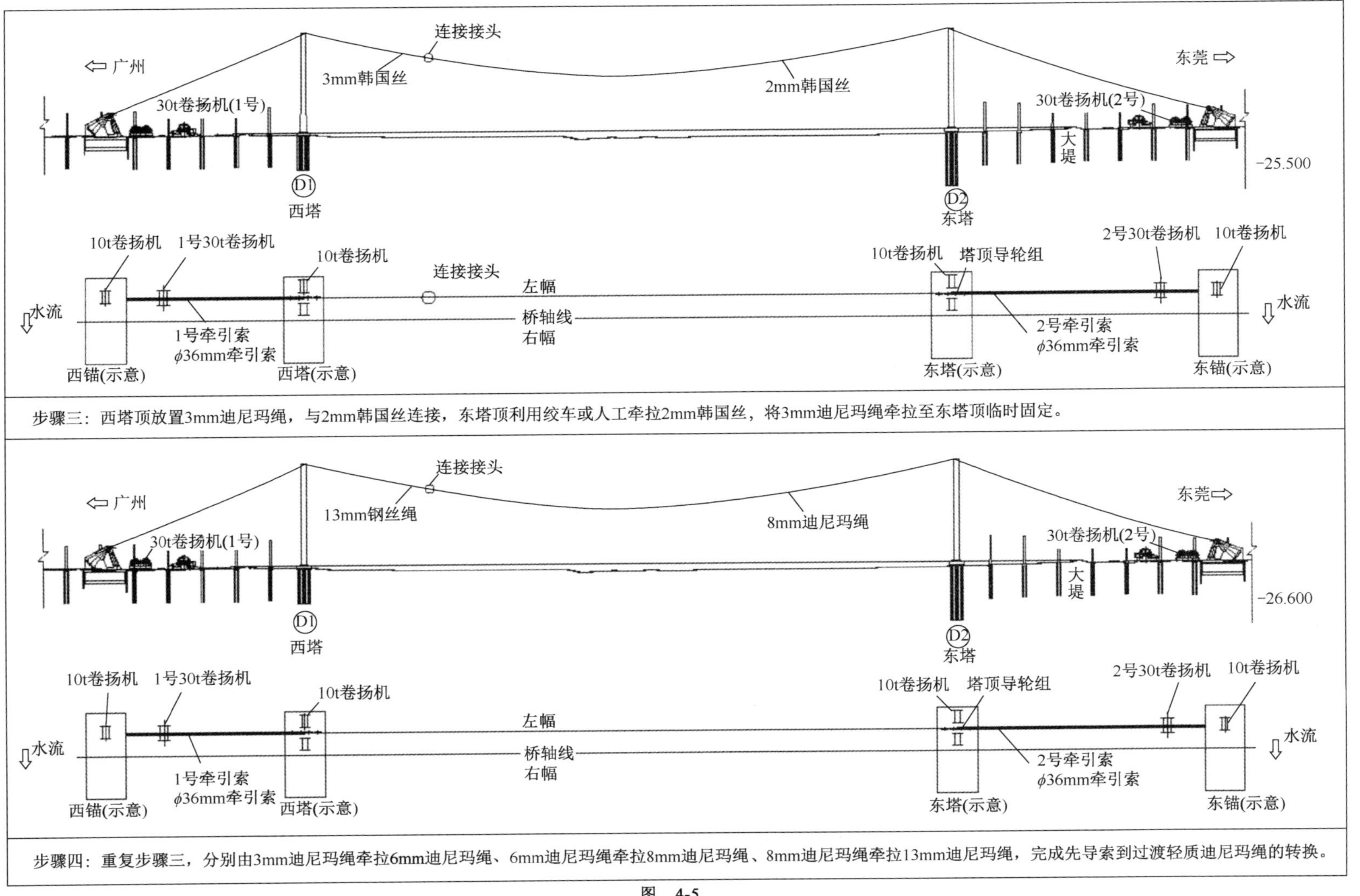

步骤三：西塔顶放置3mm迪尼玛绳，与2mm韩国丝连接，东塔顶利用绞车或人工牵拉2mm韩国丝，将3mm迪尼玛绳牵拉至东塔顶临时固定。

步骤四：重复步骤三，分别由3mm迪尼玛绳牵拉6mm迪尼玛绳、6mm迪尼玛绳牵拉8mm迪尼玛绳、8mm迪尼玛绳牵拉13mm迪尼玛绳，完成先导索到过渡轻质迪尼玛绳的转换。

图　4-5

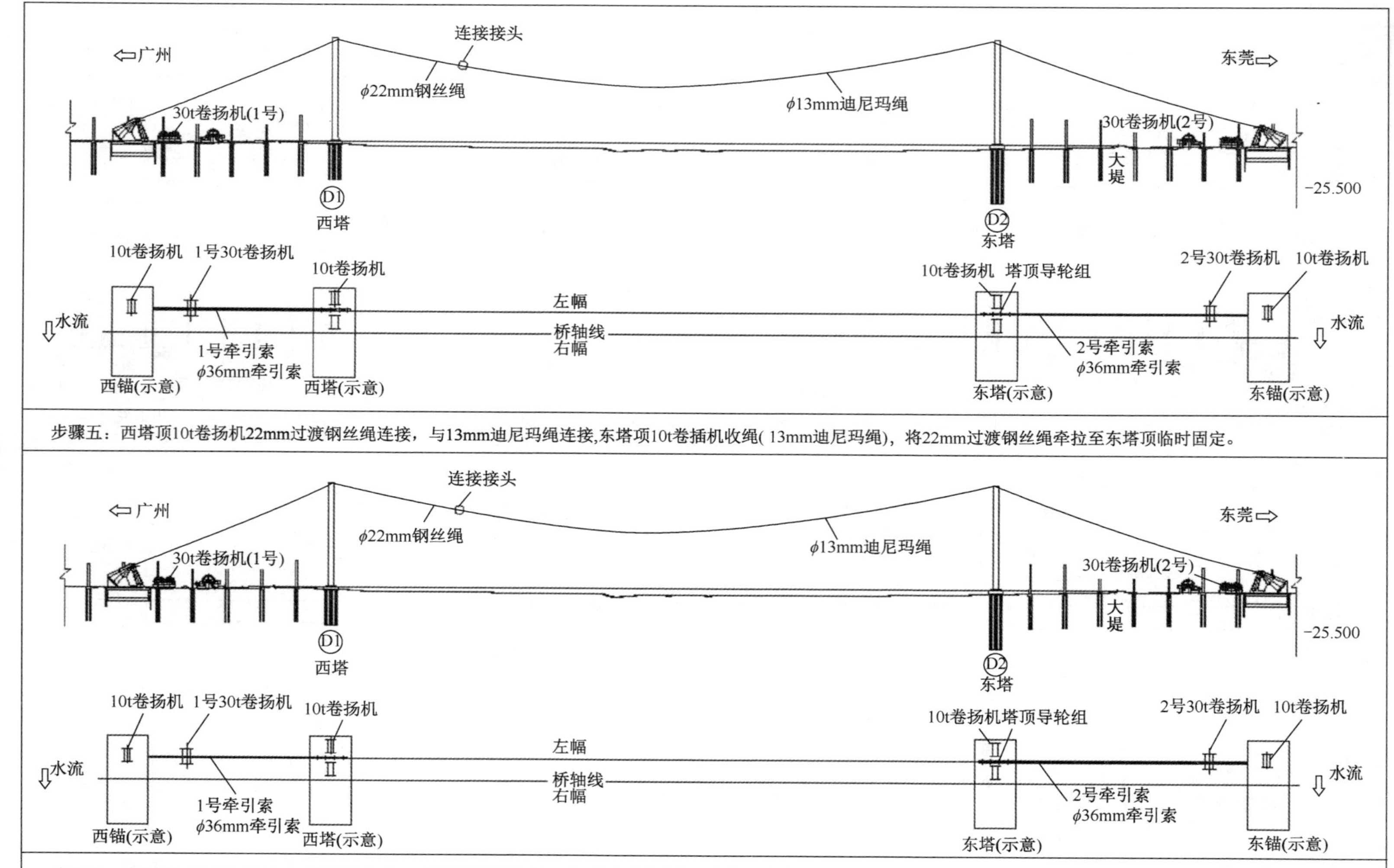

步骤五：西塔顶10t卷扬机22mm过渡钢丝绳连接，与13mm迪尼玛绳连接,东塔项10t卷插机收绳(13mm迪尼玛绳)，将22mm过渡钢丝绳牵拉至东塔顶临时固定。

步骤六：西塔顶1号牵引索(36mm钢丝绳)与22mm过渡钢丝绳连接，将1号牵引索牵拉至东塔，在东塔顶用拽拉器连接1号和2号牵引索，左幅单线往复式牵引系统形成。

图 4-5

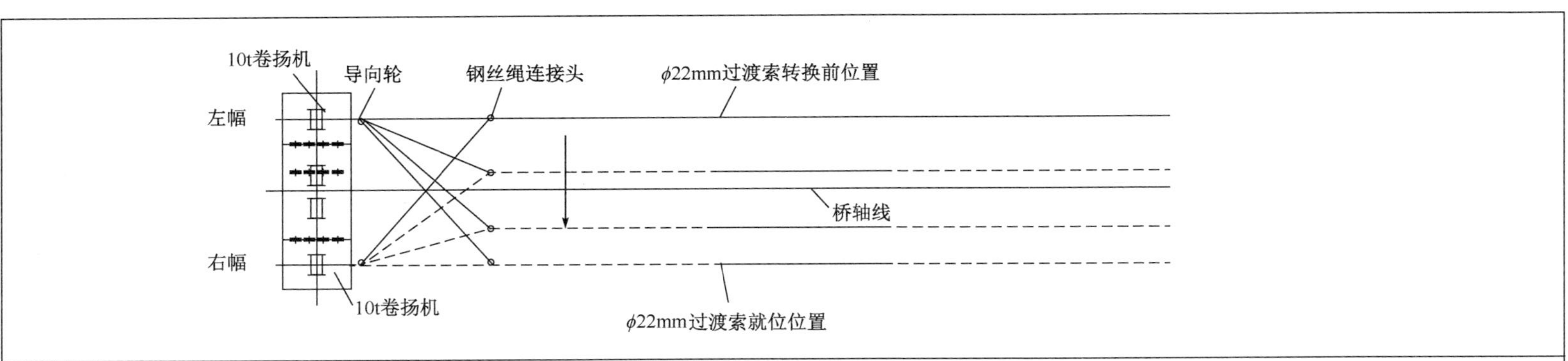

步骤七：西塔顶右幅ϕ22mm朝丝绳过渡牵引霞与拽拉赛连接，2号30t港扬机与1号 30t 8扬机同步收。放绳。将ϕ22mm钢丝蝇过渡牵引至东索塔顶。东、西塔同步荡移至右幅同步 操作步骤五，形成右幅单线往复式牵引系统。

图4-5　大沙水道桥单线往复式牵引系统形成流程图(高程单位：m)

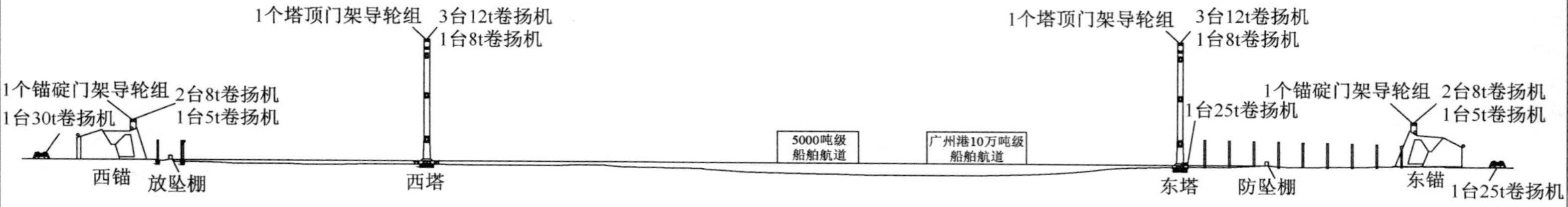

1个塔顶门架导轮组
3台12t卷扬机
1台8t卷扬机
1个锚碇门架导轮组
1台30t卷扬机
2台8t卷扬机
1台5t卷扬机
西锚
放坠棚
西塔
5000吨级船舶航道
广州港10万吨级船舶航道
1个塔顶门架导轮组
3台12t卷扬机
1台8t卷扬机
1台25t卷扬机
1个锚碇门架导轮组
2台8t卷扬机
1台5t卷扬机
东塔
防坠棚
东锚
1台25t卷扬机

步骤一：机具等安装布置

1. 改造锚碇门架及塔顶门架，安装门架导轮组。
2. 安装卷扬机及其配套设施。
3. 在两岸河堤道路处搭设防坠棚。

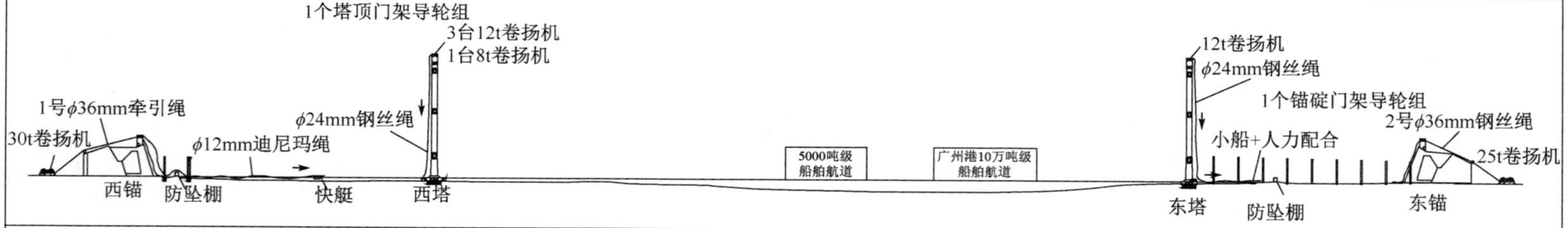

1个塔顶门架导轮组
3台12t卷扬机
1台8t卷扬机
1号ϕ36mm牵引绳
30t卷扬机
ϕ24mm钢丝绳
ϕ12mm迪尼玛绳
西锚
防坠棚
快艇
西塔
5000吨级船舶航道
广州港10万吨级船舶航道
12t卷扬机
ϕ24mm钢丝绳
1个锚碇门架导轮组
2号ϕ36mm钢丝绳
小船+人力配合
25t卷扬机
东塔
防坠棚
东锚

步骤二：边跨牵引绳过锚、卷扬机绳过边跨

1.西锚锚后30t卷扬机卷入1号牵引绳(3300m长，接两条ϕ36mm千斤绳，端部盘起15m长无应力段)，东锚锚后25t卷扬机卷入2号牵引绳(3300m长，接两条ϕ36mm千斤绳，端部盘起15m长无应力段)。

2.牵引绳利用锚区塔式起重机及锚碇门架顶8t卷扬机绕过猫道门架导轮组牵拉至前支墩前底部。

3.西塔顶12t卷扬机放ϕ24 mm钢丝绳至边跨侧塔底，西锚碇门架顶设1台8t卷扬机卷入800m长的ϕ12 mm迪尼玛绳，利用快艇将迪尼玛绳绳头牵拉至西塔与塔顶12t卷扬机的ϕ24 mm钢丝绳连接，然后通过卷扬机收、放绳将ϕ24mm钢丝绳头牵拉至西锚前支墩处；东塔顶12t卷扬机放ϕ24 mm钢丝绳至边跨侧塔底，然后通过小船+车辆+人力的方式牵拉至东锚前支墩处。

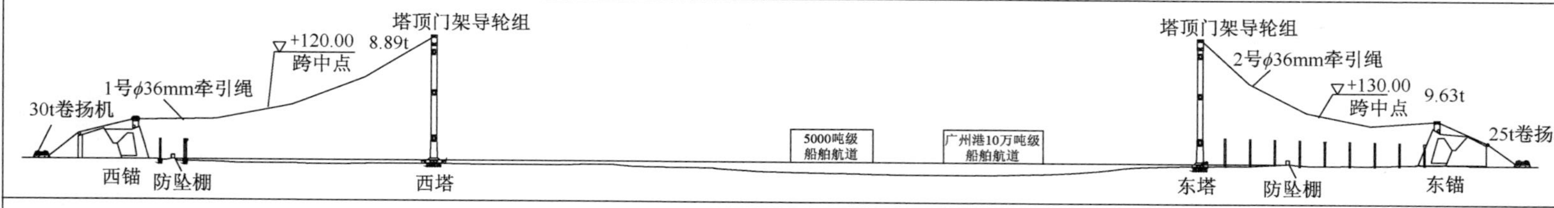

步骤三：边跨牵引绳上塔

1.将边跨牵引绳与卷扬机绳对接（卸扣连接），塔顶12t卷扬机收绳、锚后卷扬机放绳，将牵引绳牵至塔顶，临时锚固于塔顶门架立柱上，然后按照规定的临时垂度调整线形。

2.解除牵引绳与卷扬机绳之间的连接。

图 4-6

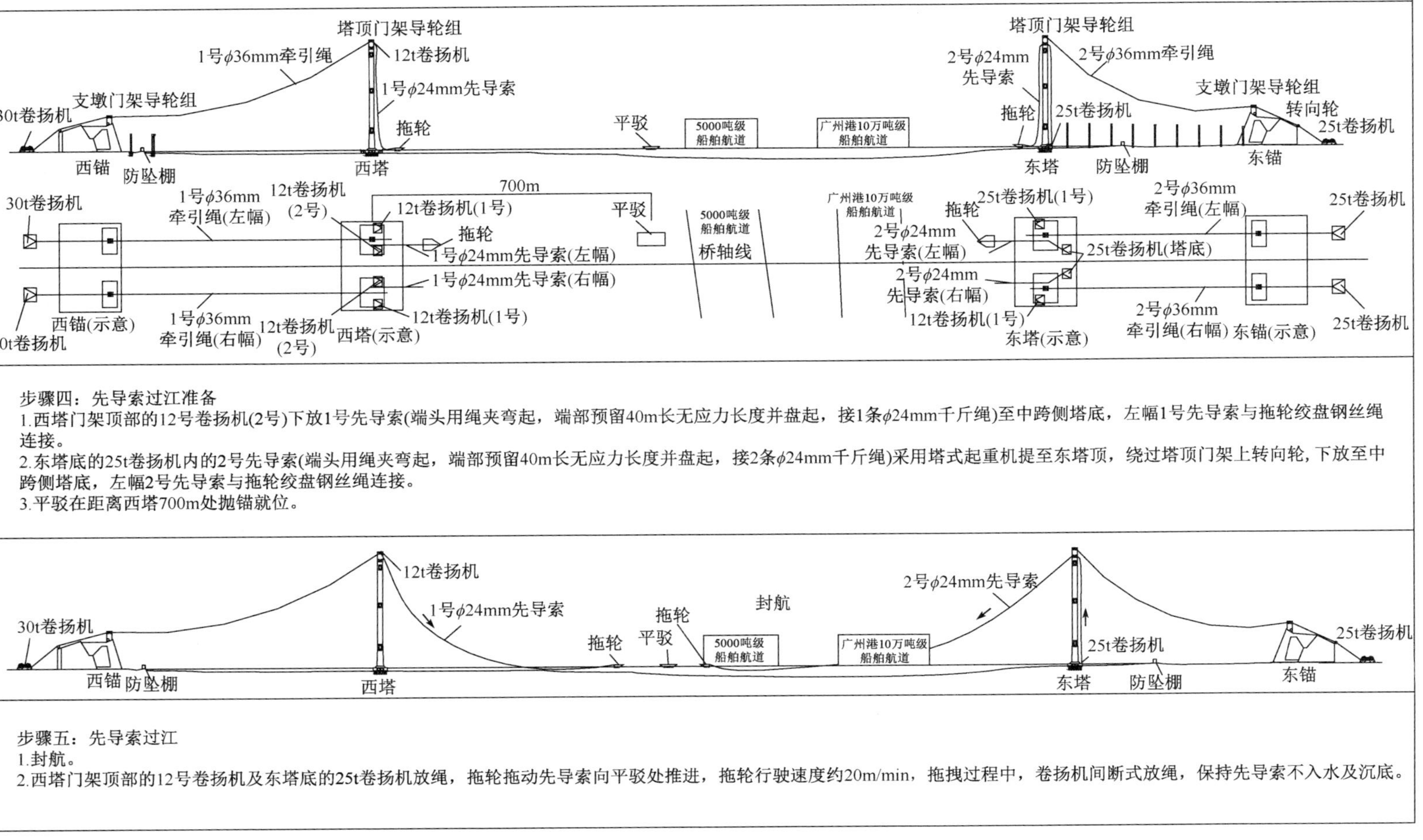

步骤四：先导索过江准备

1.西塔门架顶部的12号卷扬机(2号)下放1号先导索(端头用绳夹弯起，端部预留40m长无应力长度并盘起，接1条ϕ24mm千斤绳)至中跨侧塔底，左幅1号先导索与拖轮绞盘钢丝绳连接。

2.东塔底的25t卷扬机内的2号先导索(端头用绳夹弯起，端部预留40m长无应力长度并盘起，接2条ϕ24mm千斤绳)采用塔式起重机提至东塔顶，绕过塔顶门架上转向轮，下放至中跨侧塔底，左幅2号先导索与拖轮绞盘钢丝绳连接。

3.平驳在距离西塔700m处抛锚就位。

步骤五：先导索过江

1.封航。

2.西塔门架顶部的12号卷扬机及东塔底的25t卷扬机放绳，拖轮拖动先导索向平驳处推进，拖轮行驶速度约20m/min，拖拽过程中，卷扬机间断式放绳，保持先导索不入水及沉底。

图　4-6

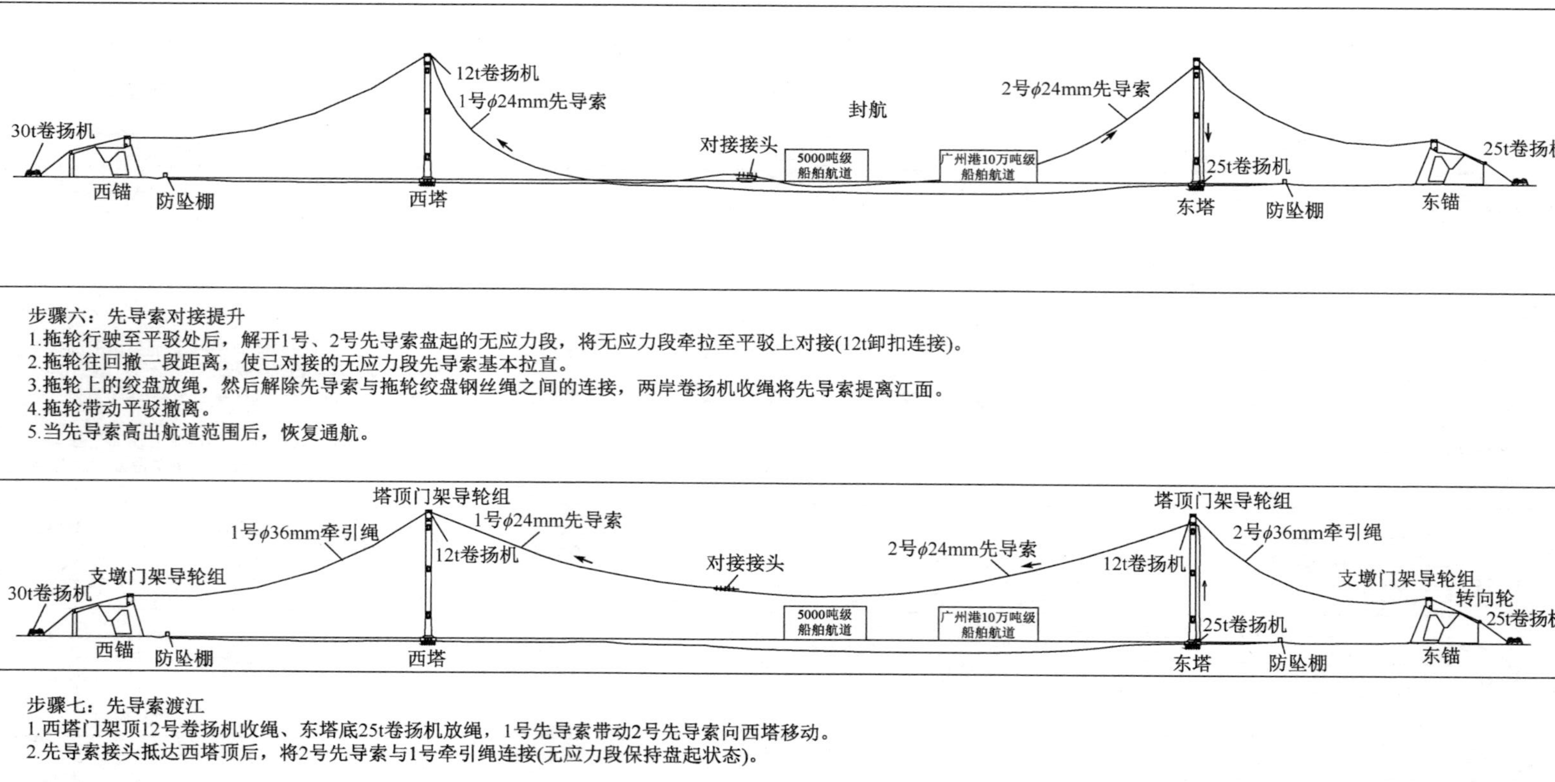
30t卷扬机
西锚
防坠棚
12t卷扬机
1号ϕ24mm先导索
西塔
对接接头
封航
5000吨级船舶航道
广州港10万吨级船舶航道
2号ϕ24mm先导索
25t卷扬机
东塔
防坠棚
东锚
25t卷扬机
步骤六：先导索对接提升
1.拖轮行驶至平驳处后，解开1号、2号先导索盘起的无应力段，将无应力段牵拉至平驳上对接(12t卸扣连接)。
2.拖轮往回撤一段距离，使已对接的无应力段先导索基本拉直。
3.拖轮上的绞盘放绳，然后解除先导索与拖轮绞盘钢丝绳之间的连接，两岸卷扬机收绳将先导索提离江面。
4.拖轮带动平驳撤离。
5.当先导索高出航道范围后，恢复通航。
30t卷扬机
支墩门架导轮组
西锚
防坠棚
1号ϕ36mm牵引绳
塔顶门架导轮组
12t卷扬机
1号ϕ24mm先导索
西塔
对接接头
5000吨级船舶航道
广州港10万吨级船舶航道
2号ϕ24mm先导索
塔顶门架导轮组
12t卷扬机
25t卷扬机
东塔
防坠棚
2号ϕ36mm牵引绳
支墩门架导轮组
转向轮
25t卷扬机
东锚
步骤七：先导索渡江
1.西塔门架顶12号卷扬机收绳、东塔底25t卷扬机放绳，1号先导索带动2号先导索向西塔移动。
2.先导索接头抵达西塔顶后，将2号先导索与1号牵引绳连接(无应力段保持盘起状态)。

图 4-6

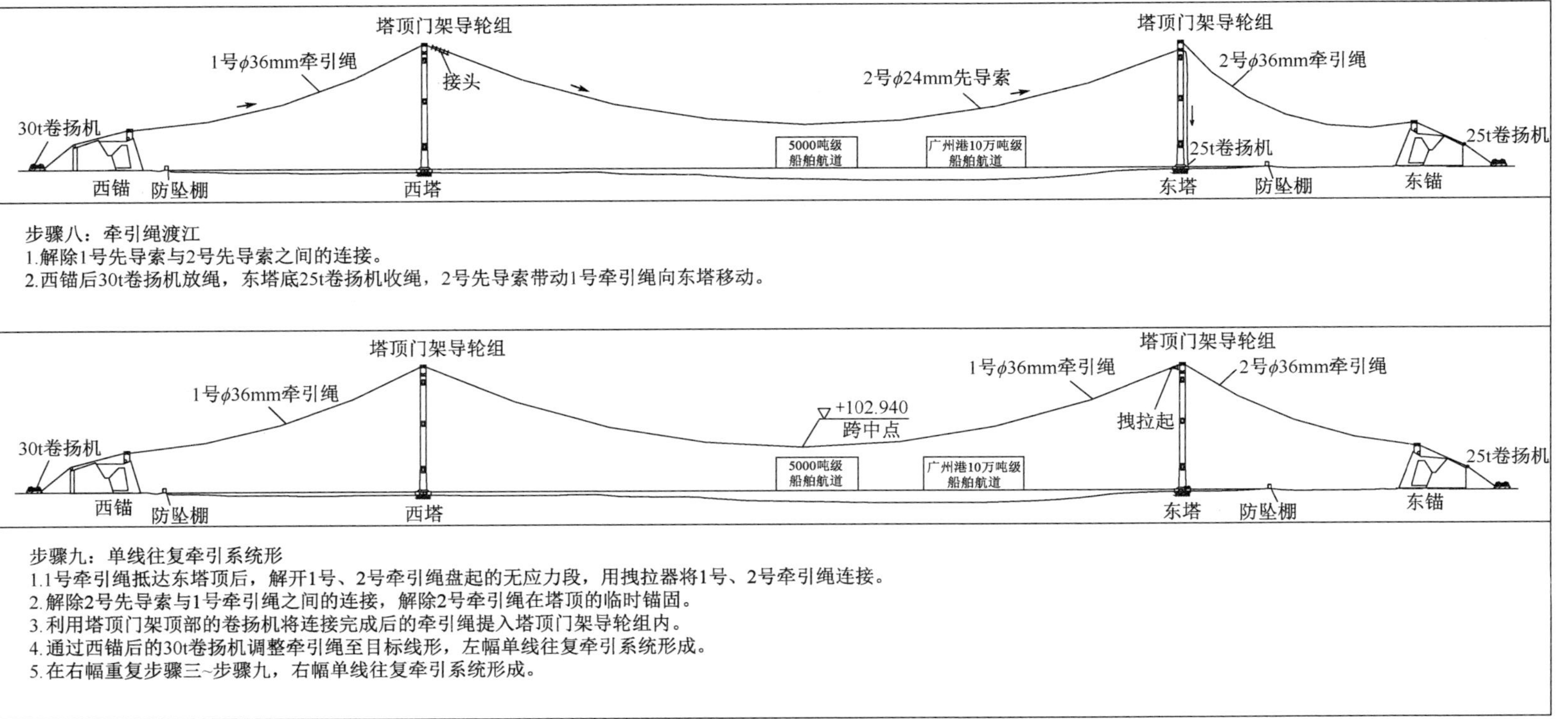

图4-6　垾洲水道桥单线往复式牵引系统形成流程图（高程单位：m）

4.1.2.2 质量保证措施

1)先导索的垂度调整措施

为了满足通航净空的要求,在牵引索垂度调整过程中,需要及时跟踪测量牵引索的垂度。垂度测量是观测主跨跨中点牵引索的高程,由于牵引索上常设置测量棱镜,因此常采用三角高程计算法,具体方法如下:

在岸边(上游侧或下游侧)一个地面控制点上架设全站仪,计算出牵引索主跨跨中点的平面坐标(X,Y),根据控制点的坐标(X_0,Y_0,H_0)计算出控制点与跨中点连线的方位角α及平距L,计算时注意象限位置。

$$\alpha = \arctan\frac{X - X_0}{Y - Y_0} \tag{4-1}$$

$$L = \sqrt{(X - X_0)^2 + (Y - Y_0)^2} \tag{4-2}$$

将仪器建站,后视另一地面控制点,转动仪器,将水平角调到计算的方位角上,上下拨转望远镜,用十字丝中心瞄准主跨牵引索,读出仪器上的竖向倾角β,计算出牵引索主跨跨中点的高程H:

$$H = H_0 + \tan\beta \times L + i \tag{4-3}$$

式中:i——仪器高。

先导索在垂度调整过程中,要及时跟踪观测,并及时计算出观测点的高程。当先导索的垂度满足要求后及时联系现场指挥人员,锚碇处卷扬机停止操作,防止先导索高程过大,导致导索张力超限。

2)先导索过江注意事项

(1)先导索与拖轮连接时,不可直接将先导索连接与拖轮绑绳柱上,必须使先导索与拖轮的绞盘连接,否则在先导索完成对接后,拖轮与先导索解除连接时易因绳索的突然绷紧而伤人。

(2)拖轮牵引先导索过江时,速度不宜过慢,过慢将导致先导索入水甚至沉底,牵引时,可保持在20~25m/min的速度行驶。

(3)先导索过江时,两侧卷扬机要根据先导索的垂度状态来控制收放绳速度。

3)牵引绳渡江过程注意事项

(1)牵引绳对接前,要先做好临时锚固后再进行拽拉器连接。

(2)拽拉器使用前,需要将拽拉器解体拆除后进行全面检查,尤其是主要绕绳处绳槽的转折半径要满足安全要求,与钢丝绳接触处不得有飞边及毛刺。

(3)单线牵引系统形成后,必须进行多次试运行,检查卷扬机状态以及两牵引卷扬机之间的协同性,检查拽拉器经过各导轮组时是否顺畅。

4.1.3 猫道设计及架设

4.1.3.1 猫道设计

猫道优化设计包含承重索、扶手索、门架索的选材及布置形式设计,猫道线形与调整系统的相关设计，面层及各部分细部构件的设计等。猫道设计要与现场环境、施工习惯、机具设备等具体情况相结合，综合各方因素，以设计理论合理、现场施工可行且具有良好的经济效益为评价标准。猫道作为悬索桥上部构造施工最重要的高空工作通道和临时作业场地，线形平行于主缆线形布置。在整个上部施工期间，猫道作为索股牵引、索股调整、主缆紧固、索夹及吊索安装、钢箱梁吊装、主缆缠丝防护等施工的作业平台，其设计方案主要考虑到抗风稳定性和索股架设需要。

1）猫道总体设计

南沙大桥桥址离水面以上10m处，100年一遇的10min平均最大风速，即基本风速为$V_{10}=34.4$m/s。由于猫道是主缆架设和钢箱梁吊装期间的临时结构，根据通知要求，按照30年的重现期计算施工阶段的设计风速，根据《公路桥梁抗风设计规范》（JTG/T D60-01—2004）的规定，施工阶段30年重现期的风速为$V_{s10}=29.2\times0.92=26.8$（m/s）。

坭洲水道桥猫道位于主缆空载中心线形下方1.5m，长约2990m，宽4m，上、下游主缆下方各设一条。猫道承重索采用三跨连续结构无抗风缆体系，跨径为656m+1688m+520m。猫道主体由猫道索（包括猫道承重索、门架承重索、扶手绳等）、猫道门架、猫道面层（包括底梁、防滑条、面网等）、横向通道、锚固体系、塔锚转鞍等构件组成。坭洲水道桥猫道总体布置如图4-7所示。

大沙水道桥猫道位于主缆空载中心线形下方1.5m，长约2160m，宽4m，上、下游主缆下方各设一条。猫道承重索采用三跨连续结构无抗风缆体系，跨径为360m+1200m+480m。猫道主要参数见表4-1。

猫道主要参数描述表 表4-1

序号	主要参数	描述
1	布置位置	在左、右幅对应主缆中心线下方各设一幅猫道
2	猫道承重绳	单幅猫道采用12根强度级别为1960MPa的ϕ54mm钢丝绳作为承重绳
3	横向通道	两条猫道之间每隔150m左右设置一道横向通道。坭洲水道桥全桥共布置15道，中跨9道、两个边跨各3道。大沙水道桥全桥共布置10道，中跨7道、广州侧边跨1道、东莞侧边跨2道
4	猫道门架	坭洲水道桥单幅猫道设门架57个，西边跨13个、中跨33个、东边跨11个，间距50m。大沙水道桥单幅猫道门架40个，西边跨8个、东边跨7个、中跨25个

2）猫道绳

猫道面层承重绳及门架承重绳采用6×36WS+IWR线接触ϕ54mm镀锌钢丝绳，强度级别1960MPa，最小破断力2030kN。猫道承重绳分成中跨、两个边跨共三段，三段连续式，连接索节布置于中跨靠塔处，便于猫道绳架设及后期猫道绳拆除。猫道承重绳的连接采用“熔融金属套接”进行连接。猫道门架承重绳为通长形式。扶手绳采用线接触ϕ36mm+ϕ16mm+ϕ16mm形式的镀锌钢丝绳，三跨断开。猫道及牵引系统钢丝绳截面如图4-8所示。

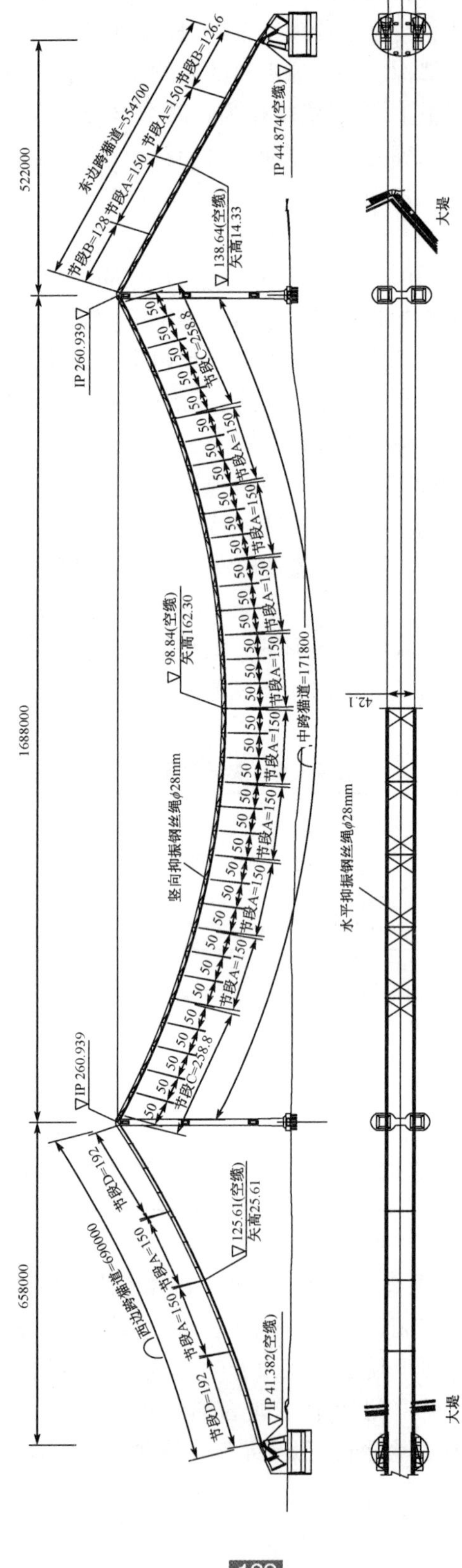

图4-7　坭洲水道桥猫道总体布置(尺寸单位：m；高程单位：m)

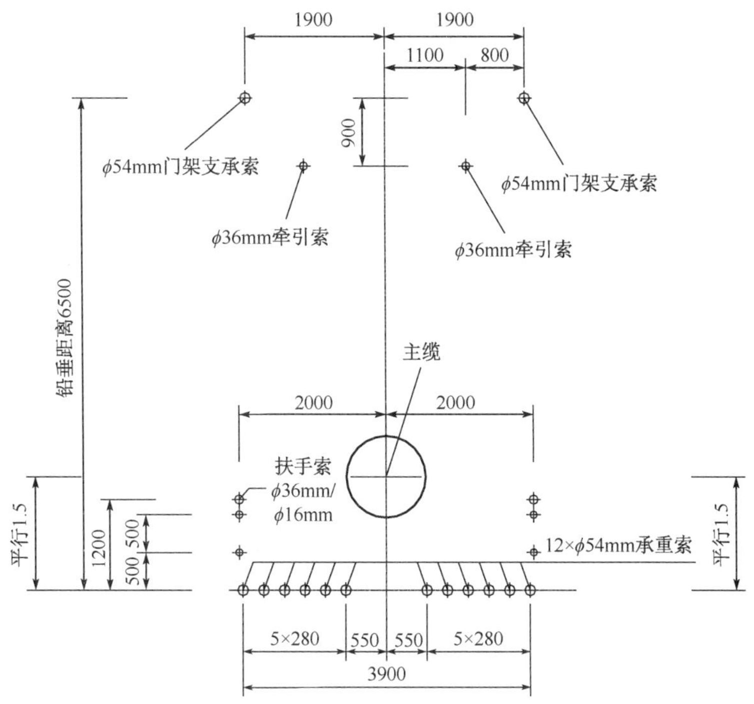

图 4-8 猫道及牵引系统钢丝绳截面图(尺寸单位:mm)

3)锚固调整系统设计

猫道承重索通过在前锚面上预埋型钢耳座锚固。每幅猫道在东西锚碇各设置 4 根大锚固拉杆,每根猫道承重绳对应设置一根小拉杆,通过锚固梁将大、小拉杆及预埋锚座连成整体。每幅猫道两岸各设置 4 根大锚固拉杆,整体调整猫道线形,并与锚固横梁相联。在锚固横梁上设置槽孔,承重索拉杆穿过锚固横梁的槽孔后依靠锚固垫板进行锚固。锚固垫板采用球面结构,满足风力作用下猫道的横向摆动;大、小拉杆组合调整构造,小拉杆前期用于消除承重索制作误差,使猫道承重索垂度保持一致,后期猫道拆除时也可用于放松猫道。大拉杆用于猫道线形整体调整和猫道改吊期间的放松。总长 16m 的调整量可满足施工要求。猫道锚固调整系统平面布置如图 4-9 所示。

4)猫道绳转索鞍

猫道绳通过塔顶和锚碇前支墩时,需进行竖向转折。其中猫道承重绳为了避开主、散索鞍,还需要进行横桥向转折;且其在主塔中跨侧因与塔柱顶干涉,还需进行局部竖向转折。猫道承重绳在支墩顶的竖向转折通过承重绳转向架实现,在塔柱顶通过承重绳塔顶转向鞍座(转索鞍)实现,其中主塔中跨侧的局部竖向转折通过下拉装置实现。猫道承重绳的横桥向转折通过变位钢架来实现。

承重绳塔顶转向鞍座焊接固定在塔柱顶预埋板上,转向鞍座采用铸焊结合结构,鞍座采用钢板焊接,鞍头为铸造有绳槽的传力构件;下拉装置则销接固定在主塔塔柱上,下拉力通过 80t 规格的滑车组穿 ϕ24mm 钢丝绳走 12 匹绳传递至塔身预埋件上;变位钢架及下拉梁采用型钢作为受力构件，铸钢夹具用以固定承重绳。门架承重索的竖向转折均通过门架索转向鞍座实现。门架索转向鞍座焊接固定在散索鞍门架主梁和主索鞍门架横梁上。具体如图 4-10 ~ 图 4-12 所示。

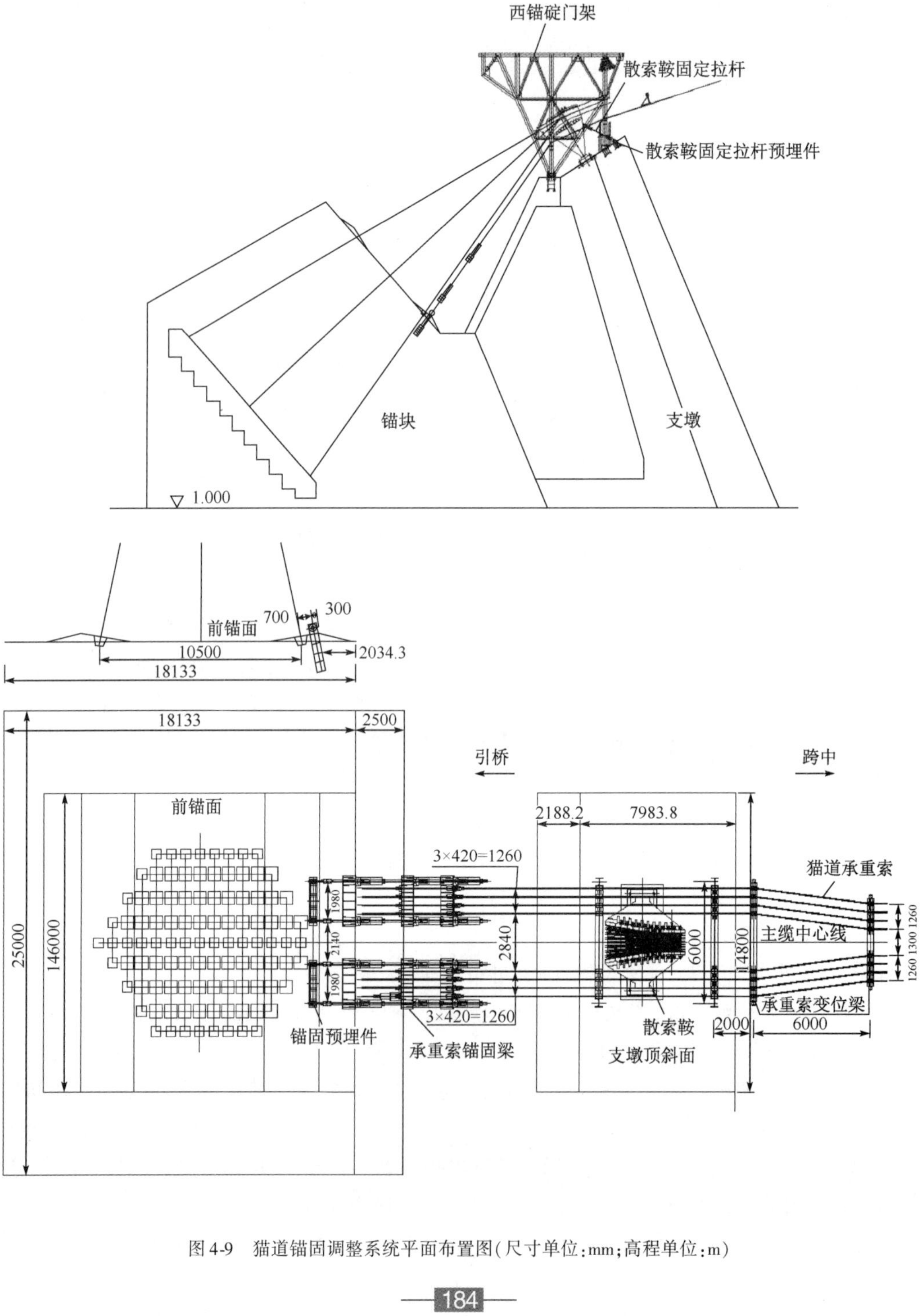

图 4-9　猫道锚固调整系统平面布置图（尺寸单位：mm；高程单位：m）

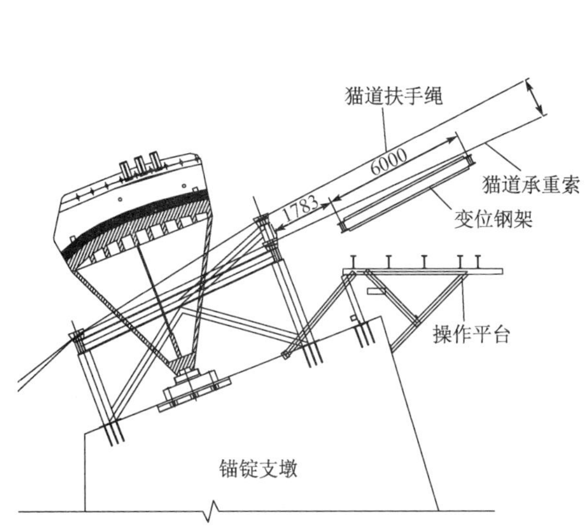

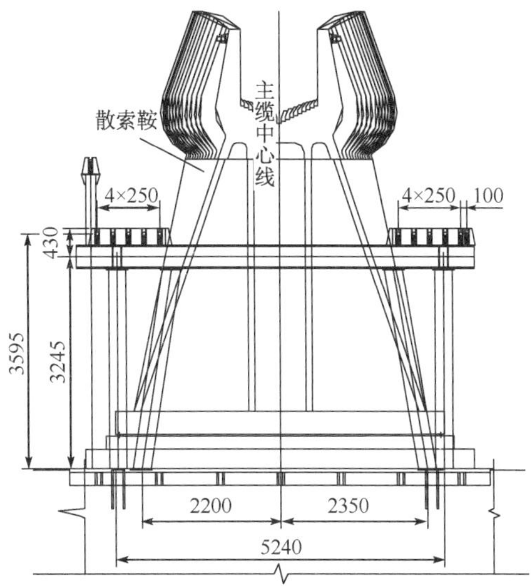

图4-10 支墩处猫道线形转折机构布置图(尺寸单位:mm)

图4-11 猫道在前支墩处的竖向转向

图4-12 塔顶处猫道线形转折机构

猫道设计时,猫道承重绳在塔顶处的转索鞍高度不宜太高,在满足承重绳的各工况都不会与塔柱直接接触的情况下,可尽量设置得低一些,尽量避开靠塔处猫道面层与主缆索股底部之间的冲突,同时也便于后续紧缆机对近塔处主缆的紧缆作业。为方便猫道线形的调节,在索塔顶部两个猫道承重绳转索鞍之间设猫道线形调节装置,由千斤顶+精轧螺纹钢+承重绳固定及传力夹板等构件组成。

5)横向通道

横向通道除满足人员在猫道间的通行外,同时能提高猫道自身的整体稳定性及抗风能力。两条猫道之间每隔150m左右设置一道横向通道。全桥共布置15道,中跨9道、边跨各3道。横向通道由角钢桁架、面层网、栏杆、扶手绳等组成。横通道高度为2m。因坭洲水道桥猫道跨径大,且处于台风高发区,对猫道的抗风稳定性要求极高,且猫道横向通道作为猫道抗风极为重要的构件,因此坭洲水道桥猫道横向通道截面设计为四方形的结构形式。横向通道处的猫道门架底梁上设钢滑轮,间隔设置,用于横向通道在猫道承重绳上下滑法安装施工。猫道横向通道构造如图 4-13 所示。

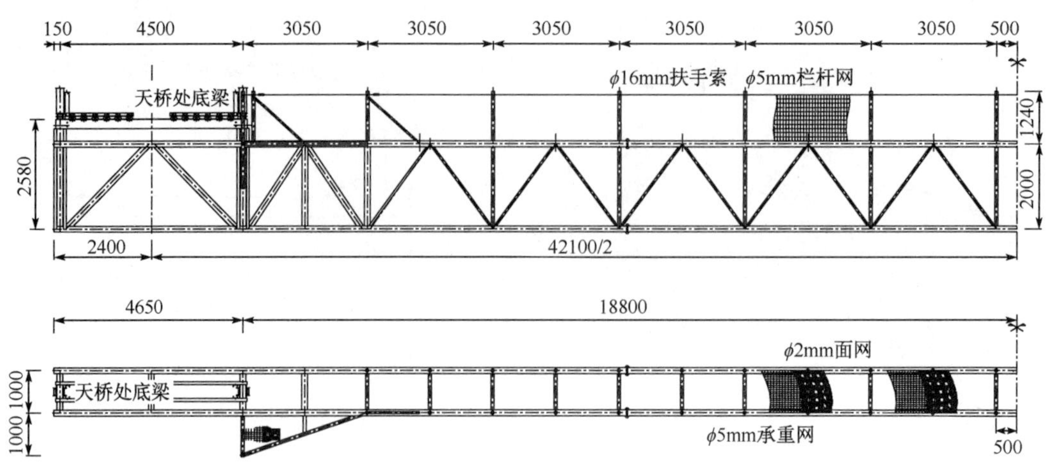

图 4-13 1/2 猫道横向通道构造图(尺寸单位:mm)

6)猫道门架及底梁

坭洲水道桥主缆牵引系统采用门架式双线往复式牵引系统,每条猫道设门架 57 个,西边跨 13 个、中跨 33 个、东边跨 11 个,间距 50m。门架与 2 根 ϕ54mm 门架承重绳和猫道自身框架连接形成整体空间结构,增加猫道稳定性。门架主要用 18 号槽钢方筒制作。猫道底梁作用之一是把 12 根猫道面层承重绳连成整体共同受力,以提高猫道的竖向刚度;另一个作用是作为门架及横向通道的支承连接结构。猫道底梁分为 3 种:横向通道底梁 11 根、门架底梁 46 根、中间底梁 300 根。横向通道底梁及门架底梁用双拼 22a 槽钢制作,中间底梁用 8 号槽钢制作。猫道门架如图 4-14 ~ 图 4-16 所示。

图 4-14 猫道门架

图 4-15 猫道门架底梁

7)猫道面层系统

猫道面层由底网、侧网、防滑方木等组成。猫道底网由两层粗密网格的钢丝网片组成。粗面网为网格 50mm × 70mm-ϕ5mm 钢丝网片,细面网为网格 25mm × 25mm-ϕ5mm 钢丝网片。网片上每隔 0.5m 绑扎一对 60mm × 30mm × 1500mm 防滑方木,每隔 5m 绑扎一道 60mm × 50mm × 3950mm 硬木横梁,每隔 5m 绑扎一道 60m × 60m × 4m 方钢横梁。侧网为单层网格 50mm × 70mm-ϕ4mm 钢丝网片。猫道面层采用方钢横梁与硬木横梁交错布置的形式。

图4-16 猫道中间底梁

4.1.3.2 超大跨径悬索桥猫道安全架设工艺

1)猫道承重索架设

猫道承重绳为东边跨+中跨+西边跨三段连接形成三跨连续的形式,其中,中跨猫道承重绳与东边跨猫道承重绳利用牵引系统一同牵引,在西塔与西锚之间设西边跨临时牵引系统单独牵引西边跨猫道承重绳。分别归纳特征如下:

(1)中跨+东边跨猫道承重绳牵引

将猫道承重绳放索架置于东锚前支墩前,中跨猫道承重绳绳盘接入放索装置,绳头与拽拉器连接,向西牵引,绳放完后,利用东锚门架顶的8t卷扬机反拽拉住,接东边跨猫道承重绳,绳头处设双环吊具提起绳头,防止绳头接触托架滚轮,双环吊具与牵引绳固定连接。继续向西牵引,绳头到达东塔顶后取下双环吊具,绳头连接处到达东塔顶中跨侧后,再次在绳头连接处装上双环吊具。

东边跨牵引绳放完前,用东锚门架顶的8t卷扬机(走8匹绳)与东边跨猫道承重绳连接,将猫道承重绳脱离绳盘,继续向西牵引,直至中跨猫道承重绳绳头到达西塔顶中跨侧。然后利用西塔顶的12t卷扬机将中跨猫道承重绳端部临时锚固(拉住)在西塔顶。

(2)西边跨托架承重绳牵引

西锚碇门架顶一台8t卷扬机及西塔门架顶一台12t卷扬机各卷1000m长的ϕ28mm钢丝绳,塔顶12t卷扬机的ϕ28mm钢丝绳借助拽拉器牵拉至西锚门架处,与8t卷扬机的ϕ28mm钢丝绳连接(连接处再接一条千斤绳),调整垂度,形成西边跨猫道承重临时牵引系统。西边跨猫道承重绳盘置入放索架,置于西锚前支墩前,绳头与临时牵引系统ϕ28mm牵引绳的连接处上的千斤绳连接,临时牵引系统卷扬机收、放绳,将西边跨猫道承重绳牵引至西塔顶中跨侧。

(3)猫道承重绳连接及横移入转索鞍槽

三段猫道承重绳均牵引就位后,通过西塔顶门架上的卷扬机将西边跨猫道承重绳的绳头与中跨猫道承重绳绳头连接。利用锚碇门架顶及塔顶门架顶的卷扬机将已经三段连接完毕后的猫道承重绳提至相应的转索鞍鞍槽内。待其垂度调整到位后并完成锚固,即完成单根猫道承重绳的架设。

2)猫道承重索动态上提

托架拆除完毕后,需进行托架承重绳的上提,以待猫道面层安装完毕后,托架承重绳能够

顺利下放至猫道面层之上,后续拆除时以猫道面层作为支撑,防止其落水,影响航道通航。托架承重绳上提步骤如下:

(1)利用锚碇门架及塔顶门架顶的卷扬机及滑车组,先解除托架承重绳在锚固点上的锚固。

(2)将托架承重绳上提,并调整托架承重绳垂度小于牵引绳的垂度。

(3)将托架承重绳临时锚固点转移到锚碇门架的主梁及塔顶门架的横梁上。

3)猫道下拉装置及变位钢架的安装

对于三跨连续式猫道,为了确保猫道线形与主缆空缆线形一致,主缆中心与猫道承重绳间距相同,猫道承重绳连续穿越塔顶时需在塔顶两侧及前支墩的中跨侧设置猫道承重绳变位钢架,在塔顶中跨侧设置下拉装置。步骤如下:

(1)用塔式起重机提升变位钢架并固定在设计位置,利用卷扬机及手拉葫芦横向对称调整猫道承重绳至相应位置。

(2)将下拉梁与80t下压滑车组连接,塔顶卷扬机调整下拉量至猫道线形符合设计要求,完成下拉装置安装。安装过程如图4-17和图4-18所示。

图4-17　塔顶侧变位钢架安装

4)猫道面层铺设和横向通道安装

猫道承重绳架设及垂度初调完毕后,开始猫道面层铺设和横向通道安装。猫道面层和横向通道安装采用下滑铺设法。首先在地面上将组成猫道面层的各种材料,如防滑木条、面层网、角钢等按照面层设计分节段绑扎好,用塔式起重机将面层吊至塔顶工作平台上。

在塔顶工作平台上一块块铺设猫道面层网,并按照要求铺设型钢。用U形螺栓将面网与型钢卡在猫道承重绳上,螺栓不宜过紧,以确保面层能在承重绳上自由滑动。面网铺装到位后,从塔顶往下紧固U形螺栓,固定面层。猫道面层铺设如图4-19所示。

对于主跨面网及横向通道安装,猫道主跨上的横向通道以猫道主跨中心线为界,中心线以西的横向通道及面网从西塔处下滑安装,中心线以东的横向通道及面网从东塔处下滑安装。对于边跨横向通道及面网安装,先在东、西塔顶边跨侧安装横向通道及面网,锚碇至横向通道之间的面网在横向通道下滑就位后,在锚碇处人工向上逐片铺设面网。横向通道在加工场地加工完毕后,在主塔底两侧的平台上拼装完成,利用塔区的两台QTZ-315塔式起重机抬吊提升至塔顶处安装。横向通道安装如图4-20所示。

图 4-18 前支墩侧变位钢架安装

图 4-19 猫道面层铺设

图 4-20 横向通道安装

由于塔顶两侧坡度较陡,面网及横向通道依靠自重便能下滑,为防止面网及横向通道下滑速度过快,需对其进行反拉,控制整个面层及横向通道下滑速度,直至面层及横向通道下滑就位。猫道面层反拉下滑如图 4-21 所示。

图 4-21 猫道面层反拉下滑

为防止主跨(西边半跨)面网(单端150m长度无横向通道)在坡度较平顺段自由下滑困难,西塔左、右幅猫道面网前端各设一根HM588型钢梁与面网连接,每根型钢梁上悬挂3t重的配重(共6t),以帮助面网下滑,面网下滑就位后,利用西塔门架顶的12t卷扬机下放配重至运输船上运走。

当面网及横向通道下滑至坡度平缓段,且利用自重不能下滑时,利用牵引系统拽拉器牵拉绳头对横向通道及面网进行牵拉,直至跨中合龙。牵引系统牵拉时,左、右幅单线往复牵引系统的拽拉器运行至同一位置与猫道横向通道(配重型钢梁)连接,左、右幅牵引系统同步牵引移动。猫道面层及横向通道安装完成如图4-22所示。

图4-22　猫道面层及横向通道安装完成

5)门架承重索架设与猫道下拉线形调整

猫道门架承重绳(ϕ54mm)架设前,在猫道面层上布置托辊架及托辊。在东锚前支墩前布置50t放索架,利用牵引系统在猫道面层上从东向西牵引猫道门架承重绳(3036m,ϕ54mm钢丝绳),牵引到位后,从中跨至锚碇方向逐跨调整其垂度,最后与其锚固系统连接锚固,如图4-23所示。

图4-23　猫道门架承重绳架设及线形调节

门架承重绳空缆垂度调整完成后,将猫道门架吊至靠塔顶处置于猫道门架承重绳上,安装夹紧装置,之后利用塔顶门架上的12t卷扬机反拉门架逐步下滑至设计位置安装,安装时,与门架底梁销接的同时紧固与门架承重绳夹紧装置螺栓。猫道门架安装完成如图 4-24 所示。

图 4-24　猫道门架安装完成

4.1.3.3　架设质量保证措施及应用效果

1)猫道垂度调整保证措施

单根猫道承重索架设完成后,根据考虑变位长度影响的情况下对垂度进行粗调,基本达到设计计算目标垂度。待猫道承重索全部架设连接就位后,根据设计计算猫道承重索空索线形,逐根按照变位处增加长度修正后的垂度进行精确调整。垂度调整在猫道架设的各工况中进行,垂度计算考虑因素见表 4-2。

猫道垂度计算工况表　　表 4-2

步骤	调整时间	调整方式	调整跨	荷载	垂度计算考虑因素
1	承重索架设时	单根、粗调	主跨、边跨	猫道承重索空索	变位长度
2	承重索架设完成	单根、细调	主跨	猫道承重索空索	变位长度
3	主塔主跨变位架安装后	整体、细调	主跨	猫道承重索空索	—
4	主塔边跨变位架安装前	单根、细调	边跨	猫道承重索空索	主塔边跨侧变位长度
5	主塔边跨变位架安装后	单根、细调	边跨	猫道承重索空索	—
6	锚固处整体调整	整体、细调	边跨	道承重索空索	变位长度
7	横向通道等恒载安装后	整体、细调	先主跨后边跨	猫道全部恒载	温度

猫道垂度调整按照由主跨跨中开始、逐步向锚固端推进的原则进行,调整过程如下:

(1)主跨猫道承重索垂度调整。

(2)考虑变位长度的影响,计算确定每根猫道承重索跨中的垂度,利用塔顶门架上的卷扬机及滑车组逐根调整直至满足垂度要求后,在塔顶转索鞍处锚固好。

(3)安装主塔主跨侧变位架,逐根复测猫道承重索跨中高程,与计算值比较,如有误差,在塔顶处再次调整后锚固。

(4)安装主塔边跨侧变位架和散索鞍支墩处变位架,调整边跨处垂度,之后在两处变位架处固定承重索。

(5)考虑变位长度的影响,计算确定每根猫道承重索在边跨跨中的垂度,利用散索鞍支墩门架上的卷扬机及滑车组逐根调整直至满足垂度要求后,在散索鞍支墩门架处固定好。

(6)安装主塔边跨侧变位架和散索鞍支墩处变位架,逐根复测猫道承重索跨中高程,与计算值比较,如有误差,在塔顶处再次调整后锚固。

(7)锚跨猫道承重索调整。猫道锚固梁就位在初始设计位置,利用小拉杆调节单根承重索,消除猫道承重索制作精度误差。

(8)铺设猫道面层(面网、横梁、横向通道、扶手等)。

(9)复测主跨跨中高程。考虑温度修正,利用塔顶调整系统整体复调主跨垂度。

(10) 复测边跨跨中高程。考虑温度修正,猫道锚固大拉杆整体调整边跨垂度,最后猫道主塔主跨侧下拉到位。

2)减小猫道架设施工对永久结构附加影响的措施

(1)猫道承重索架设顺序控制

为使主塔承受较小的不平衡外力,猫道承重索架设时按照上下游对称的原则进行,以减小对索塔的偏位影响,控制裸塔塔顶的偏位及塔肢扭转在设计许可范围内。

(2)猫道面网铺设进度控制

面层铺设时,由塔分别向主跨跨中、锚碇方向下滑铺设,上下游两幅猫道对称平衡施工,并根据跨长比例控制各跨铺设速度,以减小铺设过程中的水平力差引起的索塔偏位

3)应用效果

猫道面层、侧网、横通道、门架、变位钢架、转索鞍、锚固系统等均设计合理,使用效果良好。

4.1.4 双线往复牵引系统设计及施工关键技术

4.1.4.1 双线往复牵引系统设计与布置

双线往复牵引系统用于主缆索股架设牵引,由双线往复式牵引系统及放索区辅助设施组成,每条主缆对应一套牵引系统。一套双线往复式牵引系统结构主要包括:西锚碇锚面小门架及锚后水平转向盘、锚碇鞍部转向导轮组、塔顶导轮组、东锚碇锚面导向轮及转向轮、东锚 2 台卷扬机、3 根牵引索、2 个拽拉器、猫道门架、猫道门架导轮组、各部位托辊等。双线往复牵引系统总体布置如图 4-25 所示。

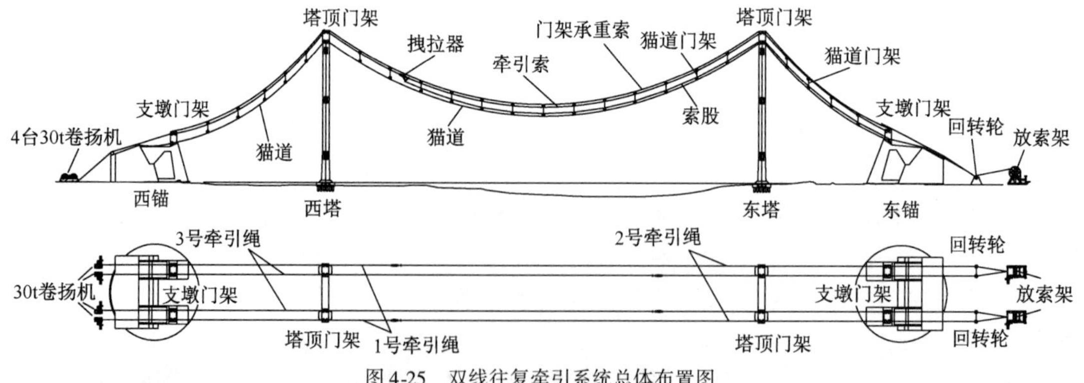

图 4-25 双线往复牵引系统总体布置图

在猫道架设完成后,利用单线往复式牵引系统在猫道托辊上牵引第三根牵引索,将西锚锚前牵引索置入锚后转向盘、东锚锚前牵引索移至锚后与主卷扬机连接,利用双拽拉器连接三根牵引索,并将牵引索置入各处导轮组,形成双线往复式牵引系统。双线往复牵引系统主要参数见表 4-3。

双线往复牵引系统主要参数　　表4-3

序　号	分项名称	技术参数
1	最大牵引力(单幅)	300kN
2	牵引速度(速度可调)	0～30m/min
3	牵引绳直径	ϕ36mm
4	双向牵引绳间距	2.2m
5	猫道门架间距	50m

4.1.4.2　双线往复牵引系统施工方案

猫道架设完成后,即可将单线往复牵引系统改造形成双线往复牵引系统。

1)导轮组布置及3号牵引绳牵引就位

按照双线牵引系统布置,补充安装塔顶门架导轮组、锚碇门架导轮组、锚碇锚面小门架导轮组;从东锚牵引3号牵引绳(3300m)至西锚处,牵引过程中利用已有的猫道托辊作为支承。3号牵引绳被牵引完成后将牵引绳提入猫道门架导轮组、塔顶门架导轮组等各导轮组内。将3号牵引绳的绳头牵拉至东锚锚后位置。

2)2号牵引绳从30t卷扬机放出及东锚锚后栈桥施工

运行单线往复牵引系统,将拽拉器移动至西边跨跨中附近;利用千斤绳,将2号牵引绳临时锚固于东锚碇门架上,然后将其从30t卷扬机全部放出;拆走东锚锚后的30t卷扬机组件并转移至西锚锚后进行安装;施工上锚栈桥,同时施工东锚锚后的水平回转装置及各型托辊等。

3)双线往复牵引系统形成

上锚栈桥及水平回转装置施工完成后,将2号牵引绳绕进水平回转装置,用2号拽拉器将2号牵引绳绳头与3号牵引绳绳头连接;借助西锚碇门架上的卷扬机及锚区塔式起重机,将3号牵引绳绕过锚碇门架导轮组后,牵拉至西锚锚后,卷入新增的30t卷扬机。解除2号牵引绳在东锚处的临时锚固,初步的双线往复牵引系统形成;调整牵引绳至设计垂度,然后运行双线往复牵引系统,根据现场实际情况通过调整2号牵引绳的长度来调整两个拽拉器之间的相对位置。至此,双线往复牵引系统改造形成。

4.1.4.3　质量保证措施及应用效果

(1)双线往复牵引系统在东锚后采用大角度上锚栈桥并利用导轮组进行牵引绳转向,有效解决了锚后场地不足的问题,同时又可确保索股的连续牵引架设。

(2)放索场采用双索盘布置,有效提高了索股架设的工效,且无须增加投入。

(3)放索场摒弃传统的门式起重机上盘,采用大型履带起重机作为起重设备,具有应用灵活、适用性强的特点,可有效提高工效。

本工程双线往复牵引系统设计合理,使用效果良好。

4.1.5　材料及构件的精细化加工

4.1.5.1　猫道构件加工

1)猫道锚固及调整系统构件加工

猫道锚固系统预埋件必须在锚体锚块施工时进行预埋,因此,即便在猫道设计还未完成的情况下,也必须提前进行设计及加工。因猫道锚固系统预埋件钢板厚度大,现场不具备加工能力,必须外委加工,完成后运至现场进行组焊。锚梁、锚箱等均提前加工完成后,作为重要受力构件,必须进行100%焊缝检测,达到设计要求后方可投入使用。加工完成的锚固系统预埋件如图4-26所示。

2)猫道线形转折机构加工

猫道承受绳转折机构分为锚碇前支墩处的转向架以及主塔顶的转向鞍座。猫道门架承重绳在塔顶门架以及锚碇门架处设有小鞍座用于吊挂及转折。猫道转折机构的绳槽均采用铸件形式,必须外委加工;猫道门架承重绳小鞍座为铸件形式,外委加工。除铸件外的其余构件由现场进行加工制造。

在索鞍吊索施工完成后,立即进行塔、锚处的猫道转折机构安装,转折机构预埋件在塔、锚施工阶段进行预埋。安装完成的猫道承重绳塔顶转索鞍如图4-27所示。

图4-26　加工完成的锚固系统预埋件

图4-27　安装完成的猫道承重绳塔顶转索鞍

3)猫道门架及底梁加工

猫道变位装置由变位钢架以及下拉装置组成。下拉装置底部在索塔塔柱上设锚固点,预埋件须在塔柱施工阶段进行加工及预埋。变位钢架转向槽以及高强度螺栓压板外委加工,变位钢架主体结构在现场进行加工制造。变位装置加工的重点控制项为精度控制,尤其是变位钢架主梁上变位点的精度控制。

4)猫道面层及侧网加工

猫道面层及侧网的铁丝网应及时进场进行加工。面层根据猫道设计进行分段下料,并在其上绑扎长、短方木等,形成部品化构造,做好标记后整齐堆放在后场,以待使用。猫道侧网亦提前按设计分块下料并堆放。加工完成的猫道面层如图4-28所示。

图4-28　加工完成的猫道面层

4.1.5.2　牵引系统构件加工

牵引系统加工构件主要包括:各型导轮组、各转向轮、拽拉器、锚背门架、水平转向轮支架、各型托辊等。塔顶门架导轮组、锚背门架导轮组以及猫道门架导轮组外委厂家进行设计及制造;测力转向轮、竖向转向轮、水平转向轮等均外委加工制造;长轴托辊、短轴托辊等外委加工制造;锚背门架、水平转向轮支架、转向轮支架等由现场进行加工。具体各构件如图4-29~图4-34所示。

图4-29　猫道门架导轮组

图4-30　塔顶门架导轮组

图4-31　锚碇门架导轮组

图4-32　竖向转向轮

图4-33　水平转向轮

图4-34　拽拉器

4.1.5.3 钢丝绳加工及试验

本工程猫道及牵引系统本身的钢丝绳以及同时卷扬机钢丝等施工用钢丝绳的用量均极大。猫道及牵引系统结构所用均为新购钢丝绳,钢丝绳全部采用A级镀锌无油绳。钢丝绳的制造加工进度直接影响到牵引系统及猫道施工进度,必须足够提前完成猫道设计及计算,及时确定猫道承重绳、猫道门架承重绳、猫道托架承重绳、牵引绳等钢丝绳的下料长度以交付生产商进行生产。

需要特别提出的是,对于猫道承重绳,必须提前联系生产商进行钢丝绳实际弹性模量的试验确定工作,并将试验结果用于猫道绳的无应力长度确定。对于猫道钢丝绳弹性模量的试验确定工作必须给予足够的重视。图4-35为猫道承重绳厂内破断力试验,图4-36为猫道承重绳进场存放。

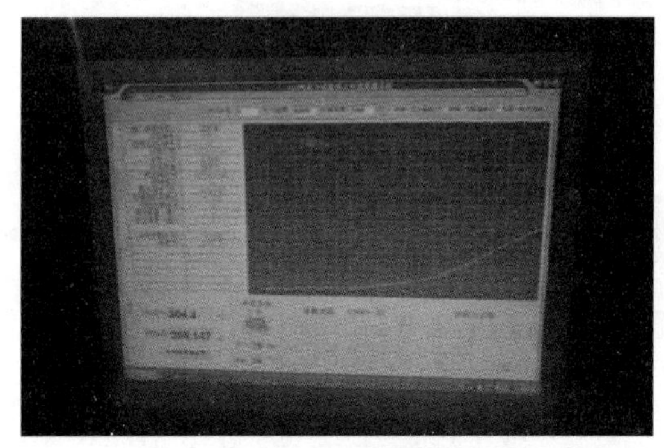

图4-35 猫道承重绳厂内破断力试验

图4-36 猫道承重绳进场存放

4.1.5.4 卷扬机准备

牵引系统及猫道施工需要的卷扬机型号及数量均较多,其中主要有牵引系统30t卷扬机4台、单线牵引系统及先导索过江25t卷扬机4台、塔顶门架顶12t卷扬机12台、塔顶门架及锚碇门架顶8t卷扬机12台、锚碇门架顶5t卷扬机4台。

图4-37 自制放绳架

4.1.5.5 其他施工用构件及设备准备

除猫道构件、牵引系统构件、钢丝绳、卷扬机等主要构件/材料/设备外,牵引系统与猫道施工过程中还需要使用到一些专用的工装/工具或者需要大量使用某些常用工具/装置。主要如下:

1)放绳架加工

放绳架(图4-37)用于钢丝绳卷盘放绳及收绳。

2)猫道承重绳托架加工

猫道承重绳利用单线往复牵引系统采用托架法进行架设,需要使用的托架数量较大。

3)千斤绳及绳夹

千斤绳是牵引系统拽拉器以及卷扬机钢丝绳与被拉(拽)或被固定的钢丝绳(猫道承重绳、门架承重绳、托架承重绳等)不可或缺的连接媒介。千斤绳与被连接钢丝绳之间通过相应规格的绳夹进行固定。在施工前,将各直径各长度的千斤绳准备充分,以备使用。

4)滑车

滑车(组)作为施工过程中的重要装置,需要的型号、数量均较多。在施工前需要对所必需的滑车型号、数量进行确定,因牵引系统及猫道施工较为复杂,采购时应当要适当增加一定数量的其他临时用途的滑车。

4.1.6 实施体会及优化建议

4.1.6.1 可改进及完善之处

1)预埋件施工

猫道托架承重绳锚固点、卷扬机基础、小门架基础等锚固预埋件应当在塔柱及锚碇施工阶段进行提前预埋,以避免后期大量采用化学锚栓植筋锚固。

2)加工件质量控制

拽拉器、导轮组、转向轮、转向架等加工件的质量控制必须进一步加强,重要受力构件应进行全面的焊缝检测。

3)猫道设计

本工程猫道设计线形偏高,不能良好匹配后续的紧缆及缠丝作业。猫道门架底梁设计于猫道承重绳之上,虽然便于猫道面层下滑法施工,但也进一步减小了猫道与主缆之间的净高。今后对于特大悬索桥,根据跨径、缆径和索股的重量,详细模拟计算后确定猫道承重绳与主缆中心线之间的高差。

猫道锚固系统采用“预埋耳板 + 大锚箱 + 精轧螺纹钢”的结构形式,可节省施工成本,但不利于猫道线形调节以及猫道锚固处的安全性。

4.1.6.2 可推广的经验

1)猫道设计

(1)本工程猫道面层采用长方木条与方钢交错布置的形式,可满足猫道使用需求,同时减小了猫道自重,并大量节省钢材投入。

(2)猫道转索鞍采用“焊接钢板底座 + 铸铁槽”的形式,并采用绳夹卡位固定,无须设高强度螺栓压板固定,既便于施工,又节省成本。

2)双线往复牵引系统布置

(1)双线往复牵引系统在东锚后采用大角度上锚栈桥并利用导轮组进行牵引绳转向,既有效解决了锚后场地不足的问题,同时又可确保索股的连续牵引架设。

(2)放索场采用双索盘布置,有效提高了索股架设的工效,且无须增加投入。

4.2 超长索股架设过程质量控制方法

主缆是悬索桥的主要组成部分,承担着桥梁上部结构的全部恒载和活载,被称为悬索桥的“生命线”。随着悬索桥施工技术的不断发展,主缆索股架设方法渐趋成熟,但是架设过程中

往往存在一些常见质量问题不能很好地解决。在南沙大桥悬索桥主缆索股架设施工中,通过改进的索股整形与入鞍工艺及锚跨张力的系统性调整方法,融合新颖的物联网监控下的超长索股架设控制与调整技术,形成一套独特的、完整的、科学合理的主缆索股架设施工方法,有效提高了主缆索股架设品质,保证了索股架设的安全和进度,取得了较好的经济效益和社会效益。

4.2.1 总体概况

4.2.1.1 主缆构造细节

坭洲水道桥采用预制平行钢丝索股(PPWS)主缆,共设两根,主缆跨径为 658m + 1688m + 522m,中心间距为 42.1m。空缆状态下主缆矢高 160.982m,成桥状态下主缆矢高 177.684m,矢跨比为 1/9.5。

每根主缆包含 252 根通长索股和 6 根西边跨索股(背索),每根通长索股平均无应力长度为 3043.9m,重约 60t。主缆在架设时竖向排列成尖顶的近似正六方形,紧缆后为圆形。其中,中跨和东莞侧边跨主缆索夹内直径为 988mm,索夹外直径为 1000mm;广州侧边跨主缆索夹内直径为 999mm,索夹外直径为 1012mm。

大沙水道桥采用预制平行钢丝索股(PPWS)主缆,共设两根,主缆跨径为 360m + 1200m + 480m,中心间距为 42.1m。空缆状态下主缆矢高 112.162m,成桥状态下主缆矢高 126.316m,矢跨比为 1/9.5。

每根主缆包含 169 根通长索股,每根通长索股平均无应力长度为 2171.9m,重约 46t。其中,主缆索夹内直径为 841mm,索夹外直径为 852mm。坭洲水道桥和大沙水道桥主缆断面构造如图 4-38 和图 4-39 所示,主要参数见表 4-4。

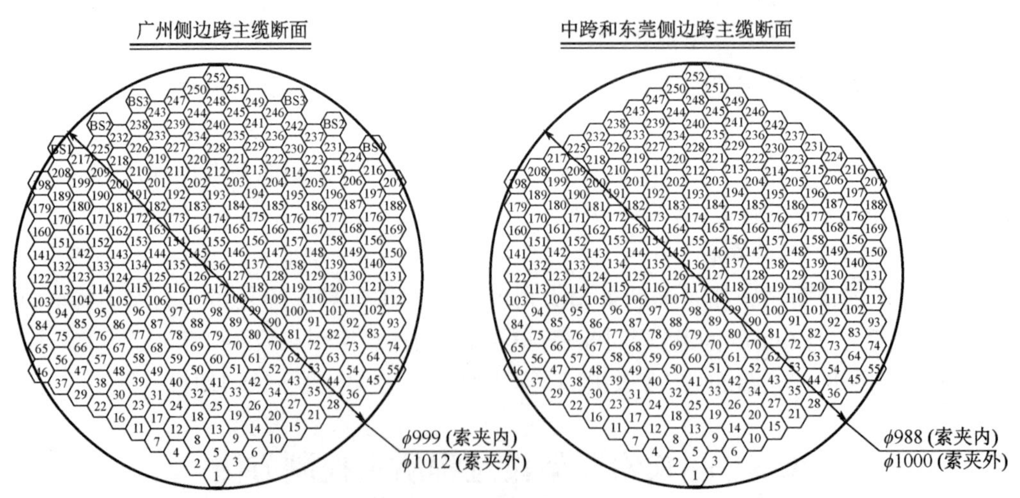

图 4-38 坭洲水道桥主缆断面构造图(尺寸单位:mm)

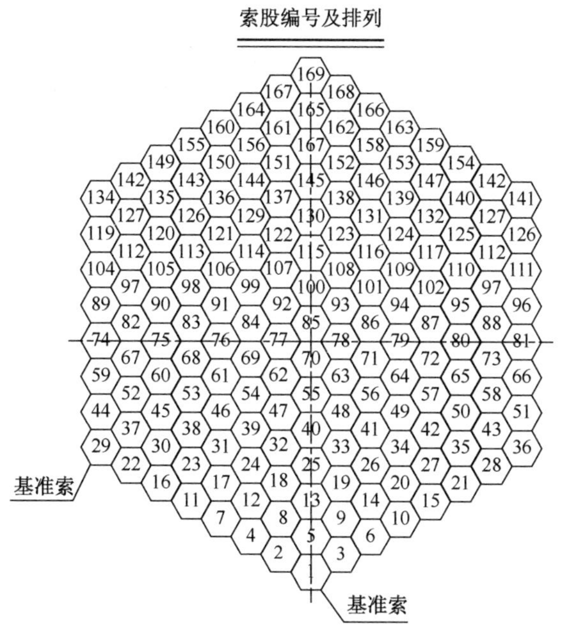

图 4-39 大沙水道桥主缆断面构造图

主缆主要参数表

表 4-4

项目		坭洲水道桥主缆参数		大沙水道桥主缆参数
		广州侧边跨	中跨和东莞侧边跨	
主缆钢丝公称抗拉强度(MPa)		1960		1770
钢丝公称直径(mm)		5.0		5.2
单股丝数(丝)		127		127
单缆股数(根)		258	252	169
单缆净面积(cm^2)		6433.59	6283.57	4558.13
空隙率	索夹内	18%		18%
	索夹外	20%		20%
缆径(mm)	索夹内	999	988	841
	索夹外	1012	1000	852
主缆形状长度(m)		3056.7		
通长索股无应力长度(m)		3043.9		2171.9
单根索股最大重量(t)		60		46

坭洲水道桥主缆索股为 PWS-127 型索股,由 127 根强度为 1960MPa 的 ϕ5mm 高强镀锌-铝钢丝组成,用定型捆扎带绑扎成正六边形,两端设热铸锚头。热铸锚头由锚杯、盖板及分丝板组成,锚杯内浇筑锌铜合金。索股六边形断面顶部两根钢丝分别着以不同颜色,其中一根为索股基准丝,其制作精度长度误差小于 $L/15000$(L 为索股长度),作为索股制作的控制标准;另一根为索股着色丝,便于观察索股牵拉过程中是否扭转。每根通长索股沿长度方向均设有

9 个标记点。每根背索沿长度方向设有 4 个标记点。主缆经整形调整按一定的排列置入散索鞍、主索鞍鞍槽内固定。索股经过紧缆而形成主缆结构,索股构造如图 4-40 所示。

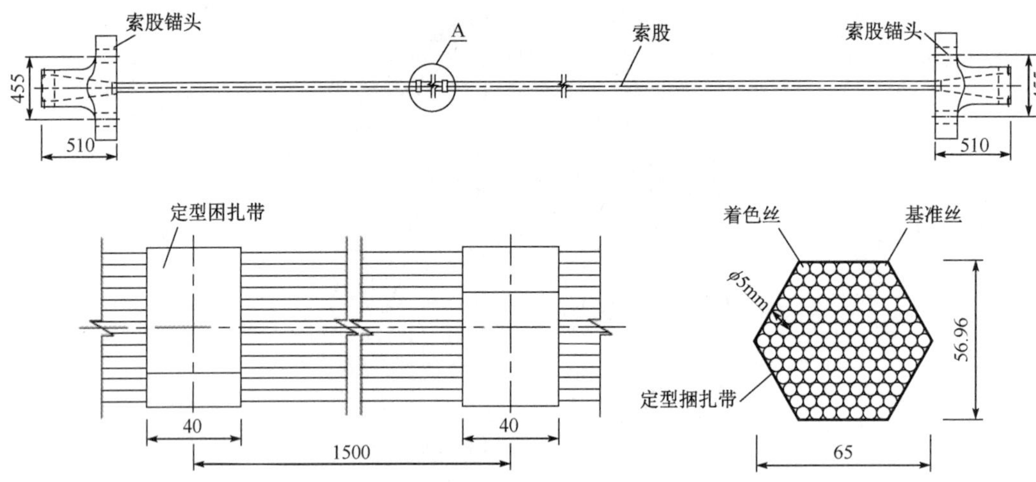

图 4-40　主缆索股构造图(尺寸单位:mm)

坭洲水道桥主缆锚固系统采用多股成品索锚固系统(图 4-41),主要由索股连接构造和环氧钢绞线成品索锚固构造组成,设计为无黏结可更换式。索股锚固连接构造分单股锚固连接和双股锚固连接。单索股锚固连接由 2 根拉杆、单索股连接平板和连接桶构成,双索股锚固连接由 4 根拉杆、双索股连接平板和连接桶构成。东锚碇锚固系统含 104 个双索股锚固单元及 44 个单索股锚固单元,对应东边跨主缆的 252 束索股;西锚碇锚固系统含 110 个双索股锚固单元及 38 个单索股锚固单元,对应西边跨主缆的 258 束索股。

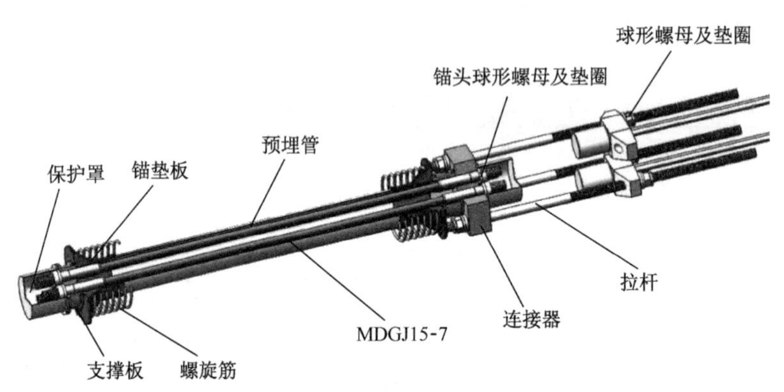

图 4-41　索股锚固系统构造(尺寸单位:mm)

大沙水道桥主缆索股采用预制平行钢丝索股。每根索股由 127 根直径为 ϕ5.2mm、公称抗拉强度为 1770MPa 的锌-铝合金镀层高强钢丝组成。索股用定型捆扎带绑扎而成,两端设热铸锚头。热铸锚头由锚杯、盖板及分丝板组成,锚杯内浇注锌铜合金。每根通长索股沿长度方向均应有 9 个标记点,分别是主跨中央点、西东主索鞍标记点、西东边跨中央点、西东散索鞍标记点、索股两端标记点。

大沙水道桥锚固系统采用多股成品索锚固系统,由索股锚固拉杆和环氧钢绞线成品索组成。索股锚固拉杆有单锚头和双锚头两种,构造与坭洲水道桥锚头设置基本一致,每个锚室各有 37 个单索股锚固连接器和 66 个双索股锚固连接器。

4.2.1.2　主缆索股架设

坭洲水道桥索股牵引架设采用双线往复式牵引系统从东锚锚后往西锚处牵引架设,于 2017 年 9 月 26 日进行基准索股牵引架设,至 2017 年 12 月 16 日完成全桥索股架设施工,至 2018 年 1 月 6 日完成全桥主缆紧缆施工。为使架设后的主缆线形与设计一致,必须在施工中对主缆线形进行控制,以确保主缆架设精度,主缆索股架设分为一般索股架设和基准索股架设两类。由于每根主缆含索股数量较多,架设周期较长,受外界影响因素多,为保证施工质量,首先确认 1 号索为主缆的第一根基准索股,在 1 号索无法保证索股的安装精度后,将启用第二根基准索(46 号索)或第三根基准索(207 号)。索股架设顺序原则上按设计提供的主缆索股编号从 1 号到 252 号依次进行,西边跨背索在通长索股到达相应位置时,立即架设。

大沙水道桥设计编号为 1 号,29 号索股作为基准索股,其余均为一般索股。索股架设顺序按编号从 1 号到 169 号依次进行。索股架设分索股牵引、横移、整形、入鞍、入锚等工序。索股牵引是从西锚(广州侧)向东锚(东莞侧)方向进行。其他索股牵引流程与 1 号索股相同,从 2 号到 169 号依次施工。基准索股架设时,索股牵引可在白天进行,但调索必须在气温稳定、风速较小的情况下进行。大沙水道桥于 2017 年 5 月 31 日进行基准索股牵引架设,至 2017 年 8 月 7 日完成全桥索股架设施工,至 2017 年 9 月 18 日完成全桥主缆紧缆施工。

4.2.2　超长索股架设工艺

4.2.2.1　索股牵引

索股牵引可分为 4 个步骤,分别为索盘上放索架及前锚头连拽拉器、索股锚头从东锚锚后牵引至东锚碇支墩、索股锚头牵引过塔顶、西边跨至西锚跨索股牵引。

1)索盘上放索架及前锚头连拽拉器

如图 4-42 所示,在东锚锚后将待架设的索股从存放场运至放索场内,用挂车运至放索场后再用 260t 履带起重机配合十字吊梁将托盘及缆索起重机入放索盘上,吊装时需保证索股托盘与放索架底座同心。然后将锚头固定装置扣在放索架最靠近内部锚头的挡板顶部,并且将内部锚头固定在锚头固定装置上。为了确保吊装安全,地面必须有专人指挥。

图 4-42　索盘上放索架

如图 4-43 和图 4-44 所示,将索股前锚头从索盘中拉出,利用放索区的 260t 汽车起重机吊起锚头,并将索股置入排线器内,最后锚头与停在锚栈桥底部的牵引系统拽拉器连接,检查索股是否存在扭转现象,调整好拽拉器的平衡,等待牵引。

图 4-43 索盘放出前锚头连拽拉器

图 4-44 前锚头与拽拉器之间连接

2)索股锚头从东锚锚后牵引至东锚碇支墩处

启动牵引系统 30t 卷扬机,牵引索股依次经过上锚栈桥、两个锚块小门架、东锚碇门架,进入东边跨的猫道。此段牵引区域较为复杂,包含上锚栈桥、锚背门架导轮组、锚背及锚跨托架,此区域牵引应当以缓慢(约 10m/min)且尽量匀速的状态进行,尽量不要走走停停。此段区域应重点观测索股扭转、缠包带断裂,以及索股是否与托辊之外的结构物接触摩擦,若有,及时跟进实际情况,调整托辊布置。索股锚头牵引至东锚碇支墩处如图 4-45 和图 4-46 所示。

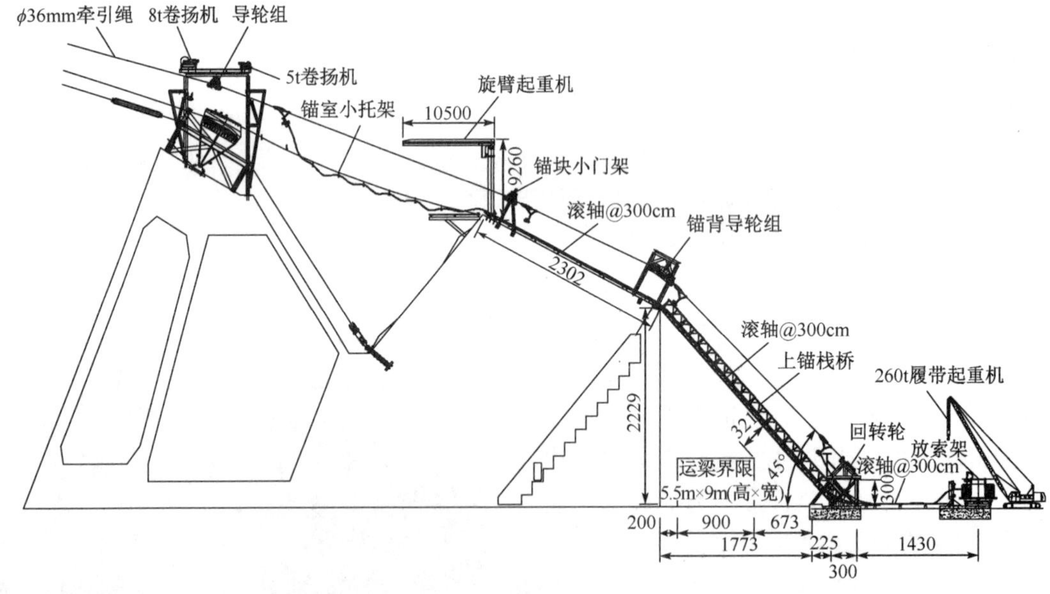

图 4-45 索股锚头牵引至东锚碇支墩处(尺寸单位:mm)

3)索股锚头牵引过塔顶

如图 4-47 所示,索股在猫道上的索股托辊的支承下,从东锚碇支墩处依次牵引过东塔塔顶和西塔塔顶。

图 4-46 索股锚头牵引至东锚碇支墩处

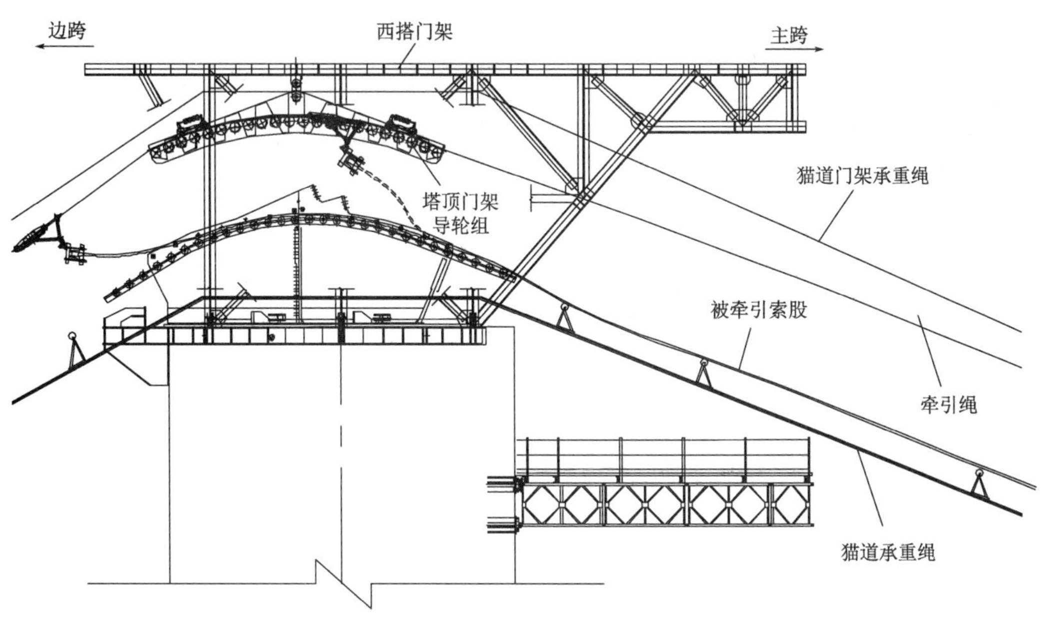

图 4-47 索股锚头牵引过塔顶示意图(西塔)

拽拉器经过塔顶门架导轮组处时,必须设专人进行严密观察,观察导轮组是否存在平面外扭转、导轮组端部的反压弹簧装置是否可有效压住牵引绳、拽拉器经过导轮组处是否存在明显的卡涩、索股前锚头是否与索鞍侧导轮组之间存在接触、索股是否在此处出现鼓丝及断带等现象,一经发现问题,必须立即反馈,此处是索股牵引控制中的重点,必须足够重视。

在整个牵引过程中被动卷扬机要提供一定的反张力,按正常的牵引速度一根索股的牵引应在150~210min内，要求正常牵引时速度控制在20~25m/min。通过塔顶50m范围时，索股曲率变化大，应当适当放缓索股的牵引速度（控制在10~15m/min之间），减小对门架的冲击及拽拉器对导轮组的冲击。牵引过程中，每隔一定距离安排专人监护索股的运行情况，随时检查索股情况，观察索股是否出现扭转、包扎带破损断裂，是否出现鼓丝等情况。当发现有绑扎带断裂时，立即停止牵引，安排工人及时用绑扎带重新临时绑扎，以避免因索股散丝和在牵引过程中钢丝挂住滚轮被拉断。

索股在塔顶处转向，且此处受力较大，塔顶处极易出现鼓丝、缠包带断裂现象，本项目在方案制定时即对此问题高度重视，并有针对性地对此处的索股托辊进行了极为严格的布置优化，在索股托辊实际布置安装时，对其转向曲率半径、与两侧猫道托辊间的衔接等要点进行了严格的控制，确保转向平滑、衔接顺畅。因此，在本工程索股牵引施工中，塔顶区域未出现明显的鼓丝及缠包带现象。图4-48和图4-49为索股锚头牵引过塔顶。

图4-48　索股在猫道上牵引

图4-49　索股在塔顶主索鞍侧托辊上牵引

4）西边跨至西锚锚跨索股牵引

索股经过西边跨牵引至西锚工作平台上方，当索股前锚头接近西锚锚室时，将索股后锚头从利用放索场260t履带起重机配合人工辅助从放索装置索盘脱出，然后将索股从排线机中脱出。在东锚区将索股后锚头越过东锚锚后的牵引系统回转机构到达上锚栈桥底部，利用一个自制的简易索股后锚头悬挂装置挂住后锚头，一则可使后锚头不与托辊接触，二则可直接通过锚背门架导轮组，无须转换，保证索股架设的连贯性。在西锚区前锚头到底西锚碇门架并通过导轮组后，在西锚门架靠锚跨端侧利用手拉葫芦辅助解除与拽拉器之间刚性连接，改为钢丝绳悬吊形式的柔性连接，并设卷扬机绳进行牵拉（往前）。此操作是为了方便索股前锚头到达西锚操作平台时与拽拉器之间解除连接操作，极为必要。在东锚前锚面顶部工作平台上用（塔式起重机）旋臂起重机吊住后锚头，启动牵引系统（缓慢牵引），将前锚头牵引至西锚碇前锚面顶部的工作平台上，解除前锚头与拽拉器之间的连接。

5）边跨背索牵引

待主缆通长索股架设完成后，开始架设背索。由于背索设置在西边跨，而放索区域设置在东锚锚后，因此背索在牵引过程中，需额外增加一个拽拉器（副拽拉器）与背索后锚头连接，保证在牵引过程中背索后锚头在猫道上顺利行进。图4-50为副拽拉器构造，图4-51为背索牵引，图4-52为背索锚头在西塔主索鞍处锚固。

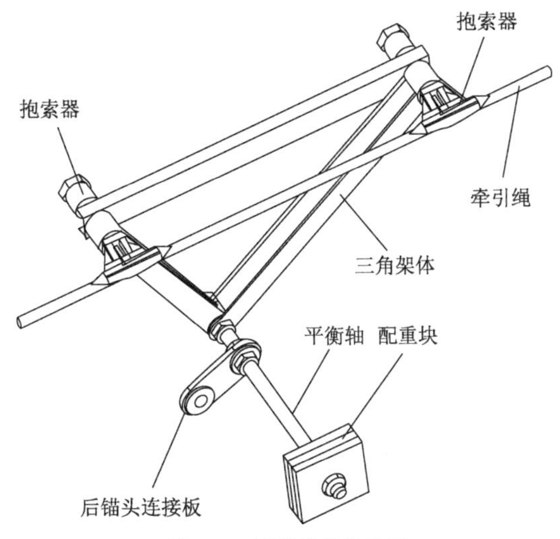

图 4-50 副拽拉器构造图

图 4-51 背索牵引(后锚头)

图 4-52 背索锚头在西塔主索鞍处锚固

在背索从东塔处向中跨跨中下滑以及从西塔处向西边跨下滑的过程中,为了控制下滑速度以及防止牵引绳受力过大,必须要通过塔顶门架的 12t 卷扬机予以反拉。同时,下坡过程中,30t 牵引卷扬机的牵引速度与 12t 反拉卷扬机的放绳速度应维持在低速状态并尽量保持一致。

6)超长索股上提及横移工艺

牵引完成的索股放于猫道及塔顶处的托辊上,利用塔顶门架上的 12t 卷扬机及锚碇门架上的 8t 卷扬机配合滑车组进行索股的上提、横移作业。索股上提及横移示意如图 4-53 所示。

索股上提及横移的操作步骤如下:

(1)在塔顶处,利用门架顶的另外两台卷扬机配合,将 2 台 12t 卷扬机的滑车组从塔顶位置牵拉至主索鞍前、后两侧各 25m 左右的位置,在锚碇处以同样的方式将门架顶 8t 卷扬机的滑车组牵拉至距散索鞍 25m 左右的猫道处。注意:在牵拉过程中不可令滑轮组与猫道面层之间有较大的剐擦。

(2)在距离主索鞍前后各 25m 左右、散索鞍前 25m 左右位置处,将握索器安装在主缆索股上。

(3)将塔顶门架/锚碇门架的卷扬机经动、定滑车组绕线后与握索器连接,组成各自的提升系统,启动各门架上的相关卷扬机,将整根索股提离猫道滚轮。上提顺序为先主跨、再边跨,主跨应东西同时进行上提，防止索股向某一方向偏移过大，边跨可在东西侧独立进行上提。

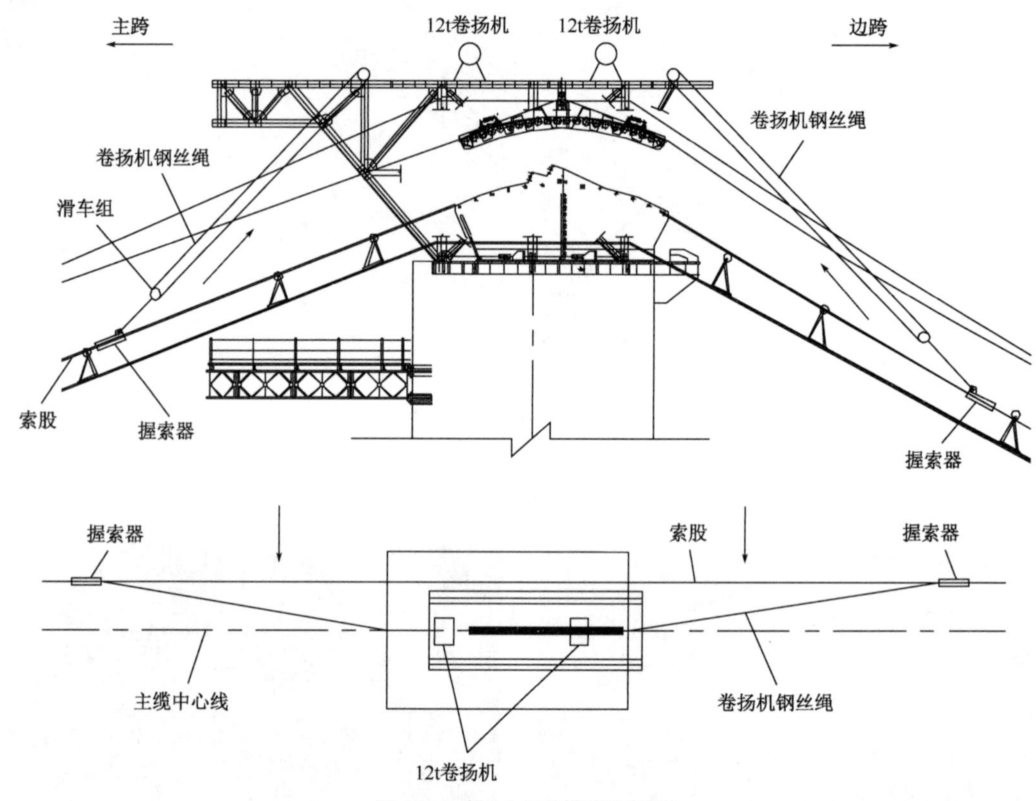

图 4-53　索股上提及横移示意图

(4)由塔顶门架及锚碇门架上的横移装置，将索股横移到设定位置(索股在索鞍中对应的鞍槽的正上方)，横移装置由塔顶门架及锚碇门架上的横梁与一组手拉葫芦、尼龙吊带组成。

索股上提和索股横移如图 4-54 和图 4-55 所示。

索股上提操作过程中，需要重点把握以下 3 个方面的要点：

(1)在索股上提之前，必须沿全线检查索股的扭转情况，这一工序要求特别仔细，并将检查出来的扭转纠正，使索股的每一根钢丝处在完全平行状态，保证成缆后的受力均匀。

(2)为确保人员安全，索股上提及横移作业时，应尽量确保猫道上无作业人员，但在实际施工时存在大量交叉作业，人员在猫道上在所难免，此时应当要求猫道上所有人员在索股上提时站到猫道托辊外侧，严禁站到猫道两侧托辊之间的位置。

(3)索股上提的重点在于握索器与索股之间的连接，若握索器与索股之间的握和力不够，将导致握索器在索股上滑移，此滑移为带力滑移，且受力极大，一旦产生滑移，将损伤索股钢丝，因此，握索器设计时必须考虑足够富余的握索力。握索器在索股上安装时必须确保将高强度螺栓拧紧，再则，握索器螺栓众多，群栓效应下，前面拧紧的高强度螺栓易松，在所有高强度螺栓拧完后，应当复拧一遍。常规握索器采用高强度螺栓将其两半部分锁紧在索股上，高强度螺栓众多，加之握索器重量较大(桥梁跨径越大，索股每延米重量越大，索股上提后的张力越大，握索器需要提供的静摩擦力就越大，进而要求更多的高强度螺栓、更长的构造尺寸)，安装极为不便，因此握索器安装较为耗时耗工耗力。考虑到常规握索器重量大、高强度螺栓多，操作极为不便的缺点,项目设计发明设计了新型自锁紧握索器,并已获得国家专利证书。该握索器采用楔形块自锁紧原理,可有效实现索股的握紧,且操作极为简单便捷。新型自锁紧式握索器构造及应用如图4-56所示。

图4-54　索股上提

图4-55　索股横移

7)超长索股整形工艺

整根索股提离猫道托辊后,此时主、散索鞍前后两握索器之间的索股呈无应力状态,在此状态下进行整形。整形过程中需重点把握整形形状、整形方向、整形顺序等。

如图4-57所示,如对于整形形状方面,入鞍前必须将索股断面整理为55mm×53.3mm的矩形截面,再放入鞍座内设定的位置。该区段索股在加工厂内已经进行了预整形,现场只需利用钢板梳对该区段的索股钢丝进行梳理整形即可。但对于该区段索股在工厂预整形没达到设计要求,或者在牵引过程中出现了变形散丝的情况,现场必须要利用六边形整形器及四边形整形器对该区段索股重新进行整形。

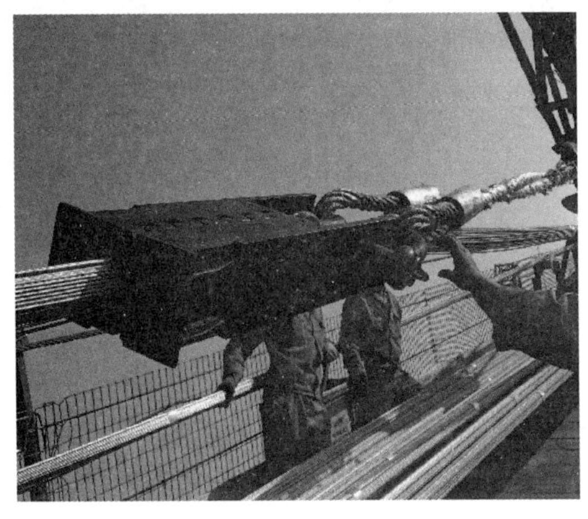
图4-56　新型自锁紧式握索器构造及应用

图4-57　索股整形

在整形方向上,在主索鞍处从边跨向中跨方向整形,在散索鞍处由锚跨向边跨整形。

此外,整形工艺应确保科学的操作顺序。整形前,确定标准丝的位置,如有扭转,应及时进行矫正。入鞍前,先用钢片梳进行索股的断面整理,确保断面由六边形变成四边形,再用专用的四边形夹具夹紧。整形过程中,人工用木槌或橡胶锤敲打索股,不得采用钢锤,以免破坏索股钢丝。

本工程索股已在厂内进行了索鞍段预整形,更便于索股梳理及整形操作,索股预整形后利用特制钢卡扣定型。该钢卡扣极易在索股牵引过程中经与托辊摩擦接触滚动时脱落,脱落后先利用四边形整形器整形后再装上脱落的卡扣并缠上缠包带固定即可。

8)超长索股入鞍技术

超长索股的整形入鞍是索股架设过程中操作难度较大的一道工序,索股入鞍时,需要的操作工人多,耗时长,从索股横移完成到索股入鞍完成之间的时长一般需要 1 ~ 1.5h,操作烦琐、难度大,要求使用熟练工人操作。

在主鞍处,从边跨端向主跨方向进行;在散索鞍处,从锚跨端向边跨方向进行。入鞍时要严格控制索股的着色丝在鞍槽中的位置,以防索股扭转;为防止已入鞍索股的侧向力使隔板变形,应在该索股的相邻鞍槽内填进楔形木块。索股整形与索股入鞍是同步及协调进行的,索股一段段整形后再一段段入鞍,若整形不到位就强行入鞍,将会导致相邻鞍槽处的索股入鞍困难。索股入鞍需要大量的木方及木楔辅助施工及临时固定索股,为防止产生较多木屑在鞍槽内,应采用硬木质地的木方及木楔;索股入鞍前核对索股制造标记点,与索鞍入鞍标记点核对后进行初入鞍,等待夜间满足条件后按照垂度精确调索。

索股入鞍时,应当适当抬高主跨、边跨跨中索股垂度,使其适当高于其最终位置,以便后续调索,索股入鞍时,中跨跨中预抬高 200 ~ 300mm,边跨跨中预抬高 100 ~ 200mm。散索鞍处索股入鞍时,应当使用塔式起重机将锚跨处的索股提起来并达到一定高度,方可方便从散索鞍锚跨侧开始进行入鞍操作。现场具体施工如图 4-58 和图 4-59 所示。

图 4-58　索股入鞍

图 4-59　索股入鞍标记

4.2.2.2　主缆索股架设重难点分析

主缆架设包括主缆索股架设、整形入鞍、紧缆、索夹和吊索安装、主缆防护、检修道安装等一系列分项工程，锚跨张力和线形调整是主缆索股架设的重要参数。主缆索股架设是主缆架设的基础和关键，施工控制的重难点是主缆 PPWS 索股外观形状保持和线形调整的控制。

南沙大桥主缆索股比较长，需要二次过高塔。PPWS 索股容易崩带断带、鼓丝散丝、扭转变形，使得主缆外观形状和架设线形较难控制。主缆索股架设直接影响主缆线形、吊索长度及成桥结构受力等，维持索股架设的外观形状和保证线形精度，是索股架设阶段的重点控制环节。

4.2.3 超长索股几何垂度与锚跨张力调整方法

4.2.3.1 索股垂度与张力调整概述

1）索股垂度调整

主缆索股垂度调整分为基准索股垂度调整和一般索股垂度调整。基准索股垂度调整采用绝对高程法，一般索股是相对基准索股进行垂度调整。以坭洲水道桥主缆架设为例，在索股架设过程中，以 1 号索股作为基准索。同时另设 46 号索股及 207 号索股为辅助基准索股，作为后续索股架设过程中在 1 号基准索股使用不便的情况下的校核之用。即在 1 号基准索股可利用的情况下，均以 1 号索股作为基准索股；若 1 号基准索股失效，则对 46 号索股进行绝对垂度的检测及调整，然后将基准索股调整为 46 号索股（第二基准索股）；同理，46 号索股（第二基准索股）失效后，则启用 207 号索股作为基准索股（第三基准索股）。基准索布置如图 4-60 所示。

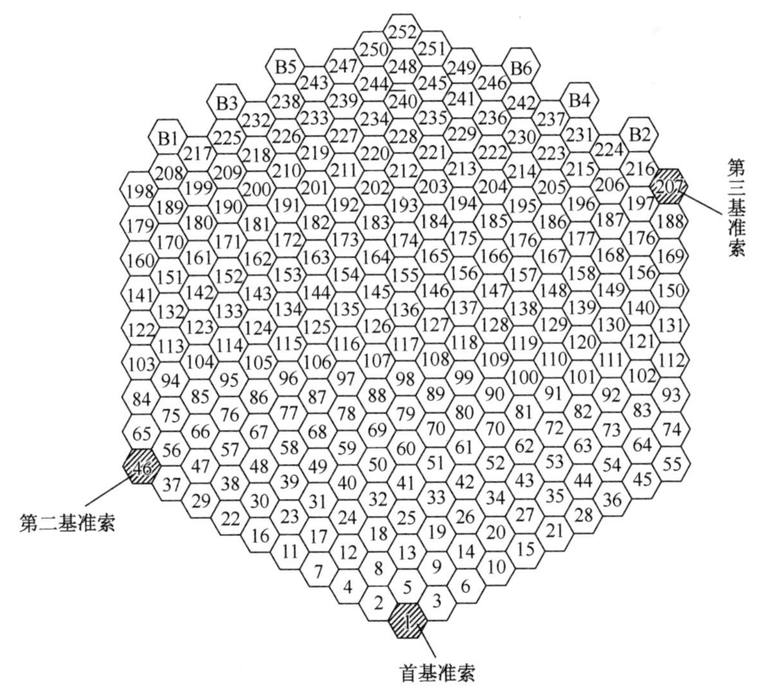

图 4-60 基准索布置图

为保证一般索股垂度调整时所用的基准索股始终处于自由漂浮状态，采用主缆各层最外侧一根一般索股作为相对基准索股(2号、4号、7号……为相对基准索股)，其垂度依靠基准索股进行传递，然后利用各层相对基准索股调整同一层一般索股和上一层相对基准索股的垂度，以达到主缆线形调整的目的。为了消除调整误差的累积，每根相对基准索股的调整误差均进行传递，即调整下一根相对基准索股时，它们之间的理论相对垂度值中要减去当前相对索股的调整误差值，同时还需考虑到索股尺寸的制作误差，以确保每一根索股相对于基准索股的调整误差均为 -5 ~ +15mm。一般情况下，在中跨和边跨跨中进行垂度调整，而在锚跨因长度较短，无法进行垂度的调整时，通过预先设置于锚头处的千斤顶进行拉力调整。

2)锚跨张力调整

为了使索股受力均衡，在每根索股的垂度调整完成之后，调整锚跨张力。索股设计张力值随着其在锚室内散角的不同而略有变化，索股索力由监控单位和设计单位提供，锚跨张力调整与设计值误差控制在设计锚固力的±3%之内。锚固端索股张拉调整采用2台规格120t的穿心式千斤顶。索股拉伸装置由连接拉杆、反力架、穿心式千斤顶、垫板以及螺母组成。反力架支撑于索股锚头之上，反力架上再布置穿心式千斤顶，然后通过在连接拉杆上安装垫板及螺母形成一个反顶索股拉伸器，实现锚跨索股的张力调整。锚跨张力在温度比较稳定、温度场分布比较均匀的夜间进行调整。调整好的索股用木楔、千斤顶进行预压，防止索股在散索鞍鞍槽内滑动。

4.2.3.2 索股垂度调整方法

索股垂度调整主要有基准索股调整和一般索股调整，具体特征如下：

1)基准索股调整

(1)基准索股测量

①基准索股绝对垂度测量控制点的建立。

以坭洲水道桥为例，坭洲水道桥主跨跨径为1688m，在两岸大堤边分别建立了3个专用控制点，可以对主跨两个跨中标记点进行垂度观测。基准索股主跨跨中点高程通过采用置站于东、西岸控制点四测站单向三角高程测量法。东、西边跨跨中点采用置站于同岸控制点双测站单向三角高程测量法来实现基准索股线形控制。基准索股测量控制网点布置如图4-61所示。

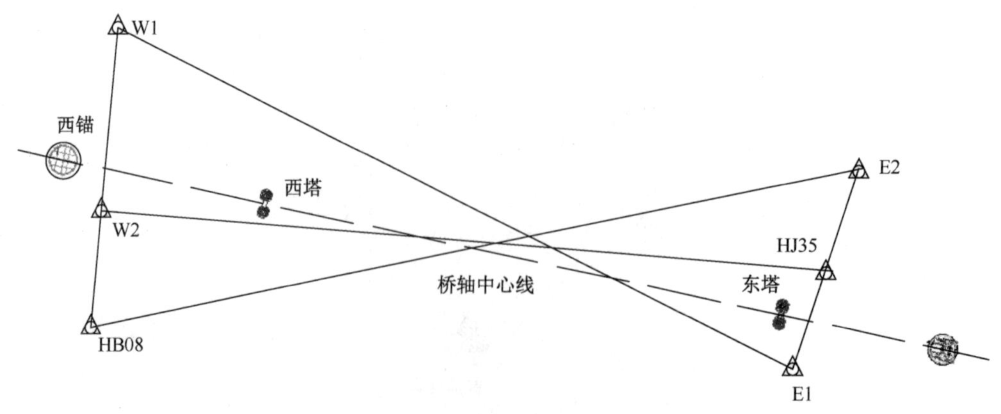

图4-61　基准索股测量控制网点布置图

②测量方法。

采用单线三角高程测量进行基准索股线形监控。上、下游基准索股采用两种不同的测量方法进行测量，首先用液体静力水准测量即连通管测量方法，在风小、夜间气温变化较小和索股稳定时，直接测量上、下游索股间的相对高差，同时用三角高程相对垂度测量方法实施复测，两种测量方法误差控制在 ±5mm，能满足设计进度要求。

③测量数据计算要点。

基准索股垂度调整前，监控单位根据塔、锚实测数据（各跨跨长、塔顶高程、索鞍预偏量等）计算出基准索股跨中高程以及温度修正、跨径修正表、跨中垂度调整值与索长调整量关系表、锚跨索股张力等数据。计算主缆线形时，应考虑塔顶高程预高值，根据塔自重、上部结构传递给塔的压力、塔长期徐变等因素，预估成桥后塔顶高程，以此计算调整量。

(2)基准索股垂度调整具体操作

在索股跨中悬挂反光棱镜，采用两台全站仪从不同方向同时观测，进行三角高程测量；计算出索股跨中垂度，并与设计垂度进行比较，根据监控单位计算的垂度调整图表，算出索股移动调整的长度，并做跨径、温度修正；通过索鞍处索股放松或收紧，完成垂度调整目的，先调整主跨、后调整边跨垂度，直至符合设计要求；在索股绝对垂度符合要求后，同时进行上、下游两根基准索股相对垂度调整，其相对垂度差不得大于 10mm；基准索股垂度调整好后，须进行至少 3d 稳定观测，确认索股线形完全符合稳定要求，其中基准索股允许误差为（+40mm，-20mm），如全部结果都未超过允许偏差的范围，将连续 3d 观测数据经算术平均后作为基准索股最终线形。

本工程基准索股架设至绝对高程法调索完成，共计耗时 10d。但基准索股调索时，桥位区夜间风速较大，索股摆动幅度大，给基准索股的调索作业带来了巨大的困难，严重影响了基准索股的调索进度。

2)一般索股调整

基准索股以外的索股为一般索股，一般索股的垂度相对基准索股进行相对垂度调整。在启用第二或第三根基准索股时，基准索股的高程根据施工时的各个阶段塔的变位、温度进行修正。索股线形调整一般选在温度相对稳定，风力不大的午夜进行。测量点定在中跨中点及两个边跨中点位置。一般索股垂度的允许误差为（+55mm，-25mm）。

监控单位计算出各相对基准索股与 1 号、46 号及 207 号索股之间的理论垂度值。测定相对基准索股与待调索股的温度（索股断面上 4 个面温度平均值）并进行温度修正。将西塔顶标志点与西塔主索鞍相应标志点固定，然后分别采用相对垂度调整法。在各跨跨中点利用大型测量卡尺测出待调整索与基准索相对高差，并经跨径与温度修正后求出调整量，按先中跨后边跨的顺序，纵向移动索股在鞍槽内的位置，以达到垂度调整的目的，直至相对误差控制在 0 ~ +5mm 范围内。

索股垂度的测定和调整反复进行，调整好后的索股间应保持若即若离状态。垂度调整手段任仍是通过主、散索鞍处索股放松或收紧来达到调整线形的目的。由于各索股之间距离较小，综合考虑各种因素，确定索股层间距离为（0，+5mm），以便于现场操作并保证测量精度。施工过程中，索股层间距离的设定以监控单位的指令为准。常规悬索桥一般索股以索股间保持若即若离的状态作为校核标准，作为超大跨径悬索桥超长主缆索股，为确保索股垂度调整的精度,本工程一般索股采用通过温度修正的绝对高差法进行调索。

4.2.3.3　主缆锚跨张力调整方法

1)张力调整设备

锚固端索股张拉调整采用2台规格120t的穿心式千斤顶。索股拉伸装置由连接拉杆、反力架、穿心式千斤顶、垫板以及螺母组成。反力架支撑于索股锚头之上,反力架上再布置穿心式千斤顶,然后通过在连接拉杆上安装垫板及螺母形成一个反顶索股拉伸器,实现锚跨索股的张力调整。根据本桥索股拉杆和索股之间的空间位置关系,锚固端索股拉伸器采用MJ80×4穿心千斤顶,其拉伸力为1000kN。为准确掌握索股张力的变化规律,除采用液压千斤顶作测量外,施工监控单位以弦振法测试索力作为复核手段,当两种方法差值超过10kN,则需对该索股索力重新进行调整,直至合格为止。

2)张力调整过程

锚跨张力在温度比较稳定、温度场分布比较均匀的夜间进行调整。调整好的索股用木楔、千斤顶进行预压,防止索股在散索鞍鞍槽内滑动。为准确掌握索股张力的变化规律,除采用液压千斤顶作测量外,施工监控单位以振弦法测试索力作为复核手段,当两种方法差值超过10kN时,需对该索股索力重新进行调整,直至合格为止。

坭洲水道桥共进行了两次全桥锚跨张力调整,每次锚跨张力调整均进行8轮。第一次为全部索股架设完成之后的常规锚跨张力调整,第二次是在钢箱梁吊装完成后的锚跨张力精调。

3)锚跨张力调整

对于坭洲水道桥,广州侧锚跨张力控制公式为:

$$F_T = 489.801 - 6.034 \times (t - 20) \tag{4-4}$$

东莞侧锚跨张力控制公式为:

$$F_T = 506.356 - 6.034 \times (t - 20) \tag{4-5}$$

式中:F_T——锚跨张力(kN);

t——温度(℃)。

锚跨张力控制误差应小于10kN。广州侧、东莞侧锚跨锚头位置调整近似公式为$\Delta L = \Delta F_T/18$,即实测张力比计算值小18.0kN时,应使锚头沿锚固拉杆向前锚面位置前进1mm。

张力施调过程中需注意:锚跨张力在温度比较稳定,温度场分布比较均匀的夜间进行调整;在散索鞍出口处,调整好的索股用红油漆标记划线,观察索股是否发生滑移;调整好的索股用木楔、千斤顶进行顶压,防止索股在散索鞍鞍槽中滑动。暂定在索股架设1/4时,拆除散索鞍固定拉杆,具体依照监控指令执行。

4.2.4　物联网监控下的架设控制与调整

4.2.4.1　概述

从目前我国悬索桥PPWS法索股架设工艺来看,牵引系统指挥控制向来均是通过人工对讲机口头指挥,缺乏对整个系统运行过程的信息化数据监管服务和智能化响应控制。同时由于施工现场的实地原因,远程数据通信难以保障,大量的工作仍旧停留在人工判断与现场无线电沟通,无法实现有效的数据管理和自动控制能力。

同时由于调索指标的改变,由原来的若即若离法调索调整为通过温度修正的绝对高差法进行调索。此方法需要大量量测待架索股与基准索股的温度,同时反复测量该温度下的索股间高差。如此大量数据采集全部采用人工采集,收集效率将相当低下,工效影响明显。

考虑到牵引过程控制的智能化、数据采集的自动化,坭洲水道桥建立了一套基于物联网的数据监控系统。该系统包含两个模块:基于物联网的牵引实时监控模块和基于温度修正的索股高差量测及指令计算模块。该系统利用云计算服务和大数据平台的高效处理能力,基于完善的数据采集传输与分析处理服务,通过建立各项数据的关联分析,提高对机电设施、运行管理、突发事件的快速处理与自动控制,实现索股牵引物联数据传输高效化、运行状态监管全面化、关联信息处理系统化、自动控制响应智能化的"四化"目标,建立起"实时监测-高效管控-自动响应"的数据化管理体系,通过实现感知传输层的物联网数据采集与传输,进一步面向数据的关联分析,以及可视化应用系统和智能化自动控制提供服务。

系统整体设计架构如图4-62所示。

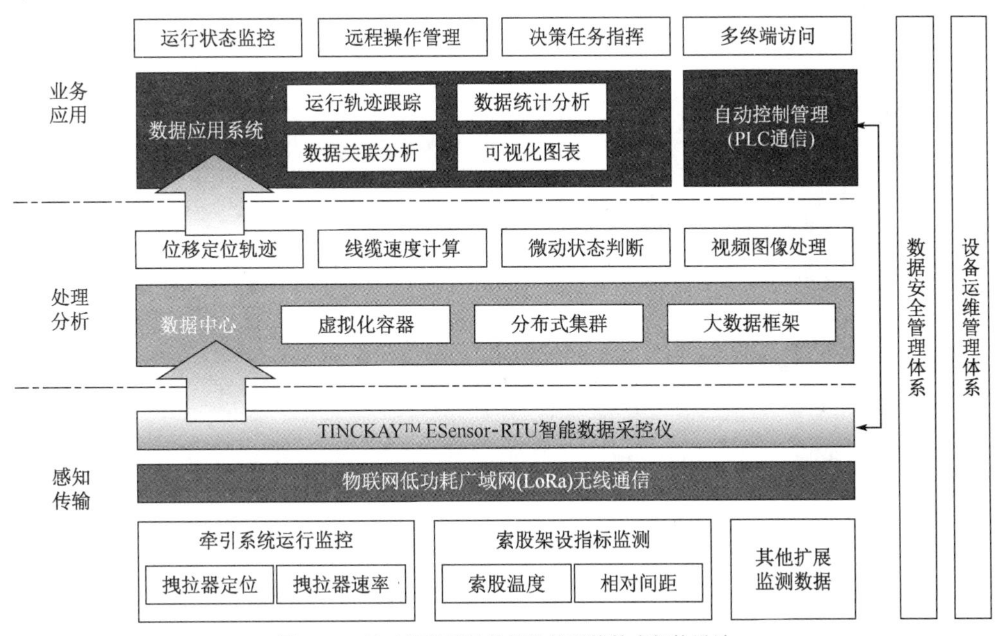

图4-62　基于物联网的数据监控系统技术架构设计

4.2.4.2　基于物联网的牵引实时监控模块

基于物联网的牵引实时监控模块包括数据感知监测、数据传输网络、数据采集控制3个层面的内容建设,面向牵引系统中拽拉器的实时位移,利用RFID电子标签监测其加减速率与轨迹定位,并基于LoRa技术所实现的物联网低功耗广域网数据通信网络,实现与数据采控设备的对接,并传输至远端数据中心,数据库接入卷扬机自控系统(PLC)通信,获取设施相关运行信息以及自动化控制指令发送。牵引系统数据监控系统应用如图4-63所示。

针对牵引系统的监控重点实现拽拉器运行过程的监控,包括位移定位与通过速率分析、虚拟场景展示和动态运行轨迹记录、卷扬机运行状态、加减速自动控制指令发送、可视化数据统计与对比分析。可针对当前进行的任务以及历史任务进行分类管理,并以可视化展现的形式直观表现各批次任务开展。

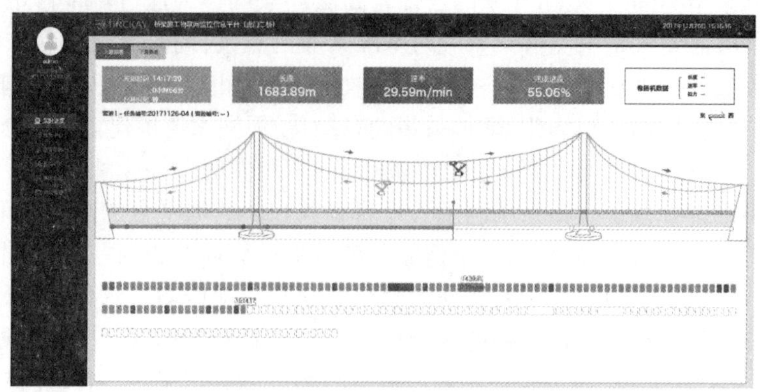

图 4-63　牵引系统数据监控系统应用

对于实时任务而言，实时监控当前拽拉器运行位置、通过速率、完成进度，以及任务开始与结束时间，结合卷扬机运行状态数据关联分析，优化管理。如图 4-64 所示，对于已完成的任务可回溯运行过程的相关信息，并对后续任务开展提供决策优化。

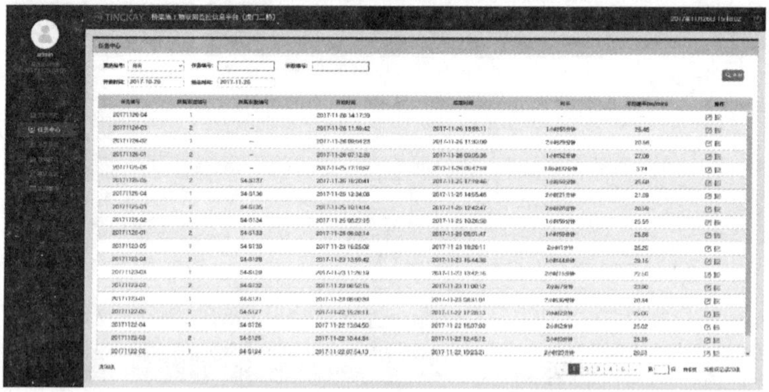

图 4-64　牵引系统数据监控任务管理与数据统计（一）

如图 4-65 所示，结合牵引系统任务开展情况完成索股架设的相关任务统计。

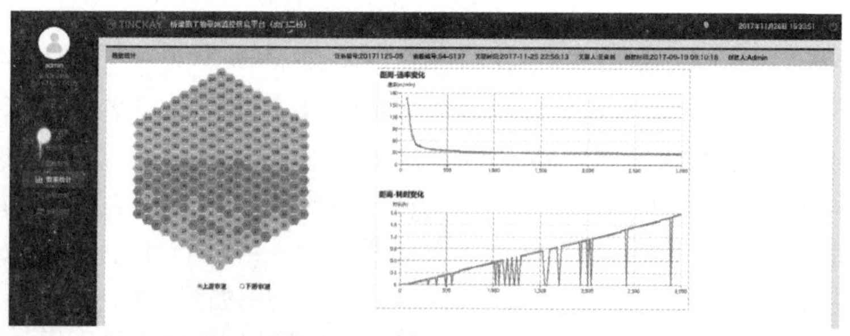

图 4-65　牵引系统数据监控任务管理与数据统计（二）

如图 4-66 所示，该系统同时也提供移动端应用访问，在手机中可以直接查询并监控管理。

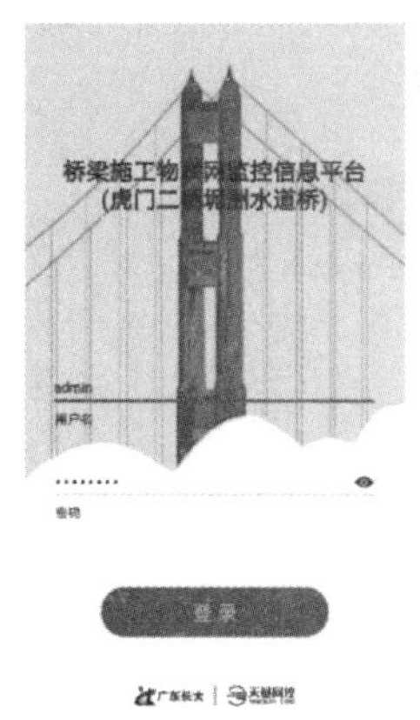

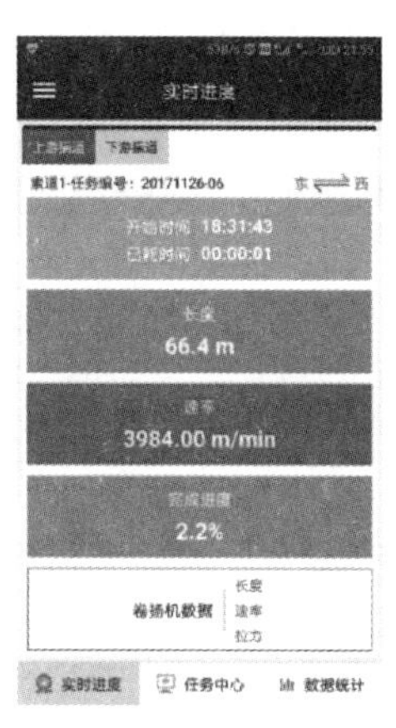

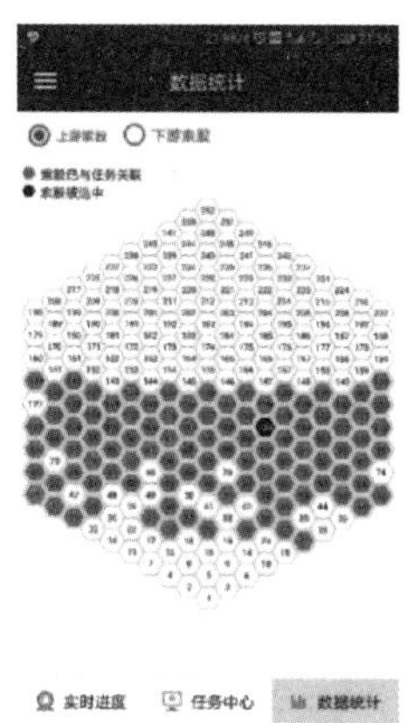

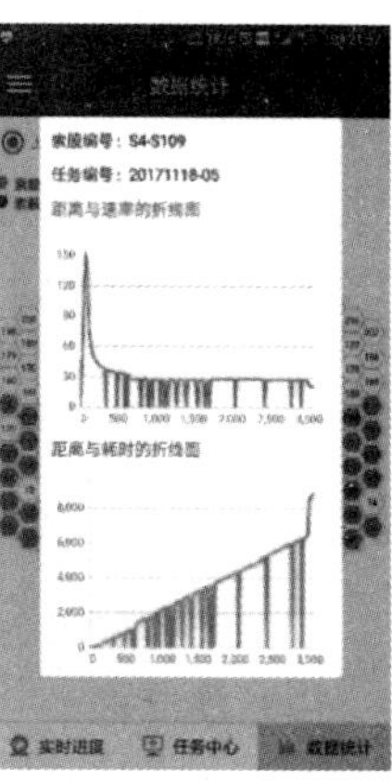

图4-66 牵引系统数据监控移动端应用

4.2.4.3 基于温度修正的索股高差量测及指令计算模块

1)温度自动量测及修正

温度量测包括数据感知监测、数据传输网络、数据采集控制3个层面的内容建设,面向索股架设的特定位置,利用PT100磁性测温探头固定待测索及参考索的测量面并感知监测面的温度变化,控制中心通过云端服务器发送采集命令队列,有现场上位机监听采集指令队列,然后通过基于LoRa技术组建的低功耗物联网,实现与数据采控设备的对接,实时获取9个断面的温度数值并将数据传输至云端计算中心,系统通过建立的温度评估数据模型,数据中心快速计算出待测索股温度是否达到可以调索的标准,系统平台使原有单次索股量测评估的时间在20s内完成即可完成相关工作。索股温度自动采集界面如图4-67所示。

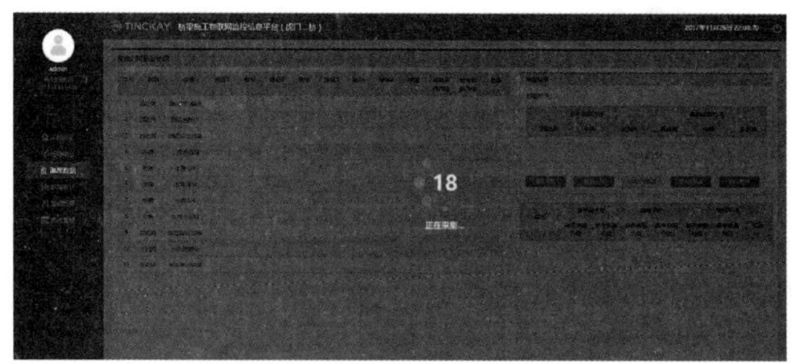

图4-67 索股温度自动采集界面

系统层面将对不同索股进行编号管理,支持不同索股架设时间、测温数据等信息的监控统计与查询,可面向具体业务开展提供报表统计,以及具体索股数据的计算分析。该系统同时也提供移动端应用访问,在手机中可以直接查询并监控管理。测温数据统计与计算应用如图4-68所示。

2)高差数字化测量及指令计算

温度量取同时量测待架索股与基准索股高差。传统量测高差采用带水准气泡的角尺+水准尺,人工配合读取,读取效率低,人工读数误差大。在物联网系统强大的数据整合功能下,设计了利用拉线编码器的U形卡尺直接量取实际高差,该装置在调平后能自动读取索股高差,并通过物联网系统发送到后台与同期量测的温度值联合计算,修正后计算调索量,发送调索指令,完成调索。

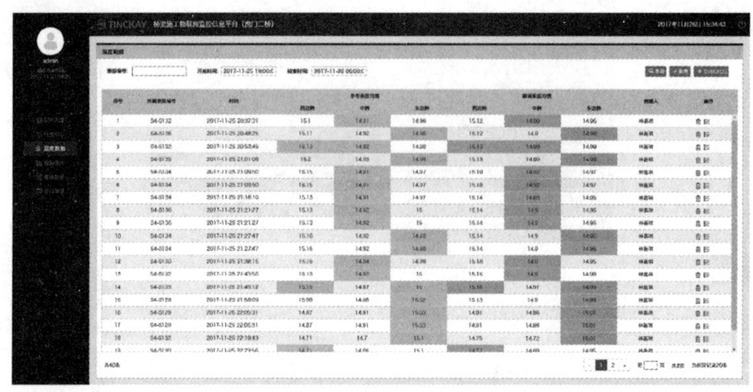

图4-68　测温数据统计与计算应用

4.2.5　架设质量保证措施及应用效果

4.2.5.1　主缆施工的质量保证措施

1)形状保持措施

(1)"形状保持器"的使用

主缆架设施工中,采用V形、插片二合一新型保持器。形状保持器加强了侧向限位能力,插片用以隔离索股,保持平行,形状保持效果比较好。为确保主缆架设质量,每个横向通道位置布置一个。受索股数量及尺寸的相关影响,隔板需要采用1cm以上厚的钢板分隔,确保形状保持器正常工作。主缆索股形状保持器如图4-69所示。

(2)索股多点变位

索股从放索机构引至上锚通道处,由于索盘长4～5m,索股出线方向至牵引索的平面位置要经过平面曲线的变化。在转向轮支架前方,采用多个滚轮进行变位,增大了索股从索盘各个方位出索至牵引方向的平曲线半径,并且防止索股翻转。

(3)架设完成后的现场整形措施

索股架设完成后,逐段检查索股形状,对失形段采用专用整形器重新整形,并加缠缠包带。

2)对断带散丝现象的防治和处理措施

(1)断带时及时补带

架设过程中,发生断带散丝现象,及时进行整形补带,防止失形区段进一步扩大。

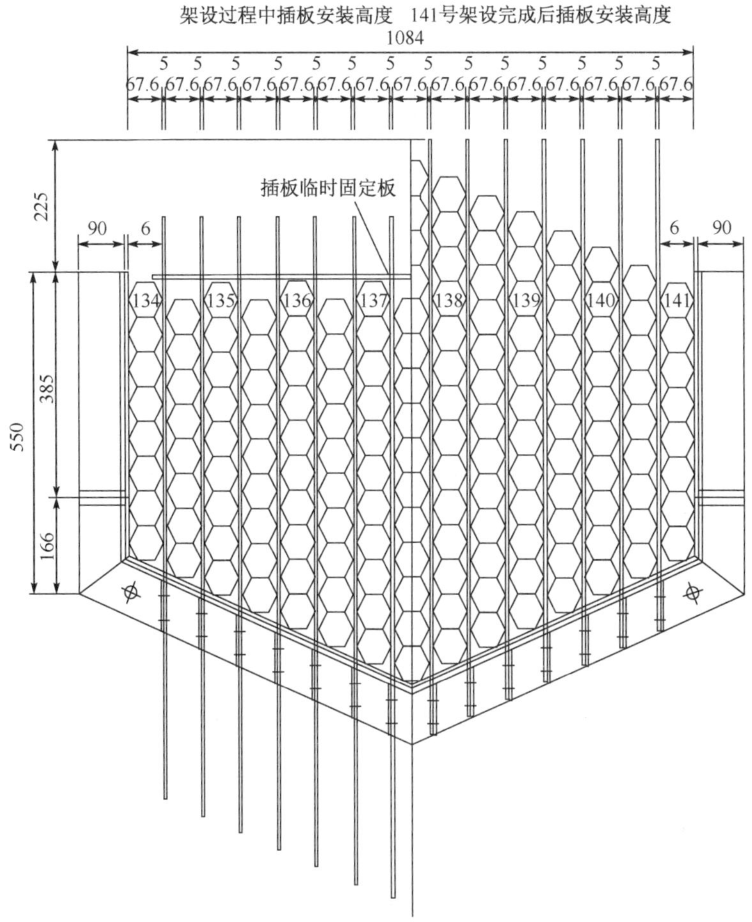

图4-69 主缆索股形状保持器(尺寸单位:mm)

(2)索鞍处等转折处滚筒设置

索股牵引过程中,曲线较多,并且在通过索鞍时,摩擦力增大,所以索股牵引过程中在索鞍处的过渡尤为重要。调整并适当加密锚、塔等处托辊间距,并在这段区域的托辊,特制托辊支架,增大此区段竖向弯曲半径,使得主缆经过的竖向曲线更加平滑,减少索股断带。

(3)牵引速度控制

在最初牵引架设时注意观察和总结索股牵引的合理牵引速度曲线,正常施工时对卷扬机进行设定,按照设定的速度曲线进行主缆架设。

(4)索股镀锌层成品保护

①采用尼龙滚筒。

②猫道改吊钢丝绳加橡胶护套。

③索股入鞍采用纤维吊带。

④索股表面局部镀锌层出现损伤,按要求进行修复。

4.2.5.2 索股架设的精度控制措施

索股架设精度影响主缆线形、吊索长度及成桥结构受力等,提高索股的架设精度是索股架设阶段重点控制的环节。结合本桥的施工特点,采取以下的施工措施,完成高精度的索股架设。

1)基准索股控制措施

基准索股的架设精度是决定主缆线形的重要因素,采取有效的测量方法和精密仪器进行基准索的垂度控制,提高测量精度。

测量控制网的布置:索股测量的特点是测量点距离放样点较远,测量放样不甚方便,因而放样误差大。在设计控制网时,应使控制点误差所引起的放样点误差相对于施工放样的误差小到可以忽略不计的程度,以便为今后放样工作创造条件。

测量仪器的选择:采用 LEICATS60 全站仪,标称精度 0.6mm + 1ppm,0.5″。

测量时间选择:测量时间选择在夜间或者阴天,气温变化不大的情况下,减小气温对测量精度的影响。

测量天气选择:选择在风力不大于 5 级,并且在视觉清晰的情况下进行测量。

跨中点索股形状控制:跨中处索股在牵引过程中形状可能有一定变形,不完全保持正六边形。如果按照六边形测量计算,会有一定的误差,在测量前使用六边形整形器,将距离测量点两端 1m 的索股整形成设计的六边形,然后进行测量,消除此部分的测量误差。

测量温度和湿度的控制:在垂度调整前,要进行外界气温和索股温度的测量。计入不同温度下的影响系数。测量时,定时检测湿度引起的折射率的变化,及时输入仪器。

主塔位移的测量:检测时,定时检测边跨和主跨的跨径变化,根据跨径变化,及时修正测量数据。

采用适当的调整工具:调整索股时,采用多导线的滑轮组配合手动葫芦完成,以便使索股微量移动。

2)一般索股的架设精度控制

索股的温差修正:由于白天阳光对索股的照射,基准索股和一般索股的温度存在一定温差,需要测量两者不同的索股温度,然后根据温度的影响,修正调整数值。

形状保持器的使用:在架设到 36 号索股后,采用特制的索股形状保持器,确保索股排列位置准确。

提高索股间距量测精度：采用高精度量测工具，加强测量操作控制，减小误差，提高测量精度。

4.2.5.3　索股架设过程中的抗风措施

对已架设的索股采取以下有效措施提高其抗风能力：

(1)将已架设好的索股采用麻绳捆绑并与猫道连接在一起，使猫道和已架设索股在风作用下共同偏移，保证在六级风以下时正常架设索股；同时防止索股相对撞击摆动，影响索股调整精度和施工中遇强风作用时防止主缆与猫道横向变形不一致可能产生对主缆的损伤。

(2)在一般索股架设一定数量后，为便于主、边跨各索股的排列和形状保持，在每个横向通道位置设置V形保持器。

(3)适当降低索股预抬高量，以减少风对调索的影响。充分利用风较小的晚上，对同一层索股进行调整。同时合理的组织施工机具、设备和人员，提高索股调整的作业效率。

4.2.5.4　工程应用效果

南沙大桥坭洲水道桥通过牵引系统优化，物联网监控系统监测控制，实时温度及高差量测系统引入，极大优化了索股架设的效率和架设质量，主要表现在以下3个方面：

(1)效率方面：通过工艺及装置优化、牵引过程动态控制，显著提高了索股架设效率。坭洲水道桥索股牵引长度达到了3100m。物联网监控数据显示，每根索股牵引时间稳定控制在2h，平均速度达到了25m/min，充分利用了卷扬机的速度优势。坭洲桥索股架设速度可稳定控制在10根/d，最大可架设12根/d，工期效益及经济效益显著。通过自动温度测量及改进卡尺对调索进度进一步优化，保证了索股架设的连续性。

(2)安全方面：通过监控系统对拽拉器的实时监测，卷扬机拉力的实时监控，实现了牵引过程中异常情况下的报警及牵引系统的自动控制，确保牵引系统运转安全。

(3)质量方面：牵引系统的整体优化极大地减小了索股牵引过程的质量通病。通过对索股牵引、测量、调整工艺的优化，减少了索股表面损伤，提高了架设精度。

4.2.6　实施体会及优化建议

针对悬索桥主缆索股架设中经常出现的"呼啦圈"、扭转、散丝、鼓丝及索股表面划伤等不良现象，根据以往的施工经验及深入研究，确保主缆架设质量。

1)放索机构提供反张力，提高放索质量

放索支架在索股牵引过程中，使索股始终保持一定的反拉力，克服索盘转动惯性引起的"呼啦圈"等不良现象。

2)克服索股牵引过程中的散丝现象

(1)保持放索速度与牵引速度的一致性，在索股牵拉期间，主缆索股始终保持一定的张力，避免索盘上的索股松散下垂磨损而导致散丝。

(2)加密塔顶、散索鞍支墩位置处的托辊，在不影响索股横移入鞍的情况下，尽可能增大塔顶、散索鞍支墩处索股滚筒所组成的曲线的竖向曲率半径。

(3)全部采用尼龙托辊，对索股缠包带有较好的保护，防止缠包带断裂造成的散丝。

3)避免索股产生鼓丝现象的措施

(1)确定合理的整形入鞍工艺和顺序。

(2)索股牵引过程中,严密监控,杜绝局部钢丝受挂现象。

(3)确定适度的预提高量,减小或消除索股调整时产生的鼓丝。

(4)调整索股时,采用木槌在调整部位附近反复敲打,并用手拉葫芦适当上提索股,以减小鞍槽摩擦影响。

(5)对于锚跨,将锚跨鼓丝人工赶至边跨侧,远离散索鞍,便于后期恒载增加后,达到消除鼓丝的目的。

4)克服主缆索股牵引过程中的扭转现象的措施

(1)拽拉器与索股锚头之间采用刚性连接。

(2)每隔一定距离安排一名工人跟踪控制,防止发生扭转。

(3)猫道托辊轮布设质量,确保托辊轮转动轴与索股拽拉方向垂直,高度顺畅。

4.3 索夹与吊索安装过程质量控制方法

索夹是通过吊杆将桥梁荷载传递给主缆的受力结构,其安装定位的准确与否是决定成桥后吊杆是否处于正确位置以及主缆是否按照设计受力的关键。为满足受力要求,应在施工中使主缆线形与设计一致,因此必须精确地计算索夹在主缆的安装位置,并正确、细致地做好测量放样。本节详细介绍了索夹的精准测量及空间定位,并给出了索夹及吊索安装的质量控制方法,以确保主缆成桥线形符合设计预期。

4.3.1 总体概况

4.3.1.1 索夹与吊索设计概述

坭洲水道桥为不对称双跨吊悬索桥结构,其中西边跨和中跨主缆设计有吊索和索夹,东边跨主缆仅有索夹。全桥共有索夹426套,吊索698条,索夹最大单件重11t;最长吊索达184m,最大重量约8.3t。悬吊系统采用平行钢丝吊索+上下对合索夹的形式,吊索两端与索夹和加劲梁销接,上、下半索用螺杆夹紧在主缆上。主缆悬吊系统构造如图4-70所示。

坭洲水道桥索夹共分为有吊索索夹、无吊索索夹和锥形封闭索夹3种大类。其中有吊索索夹又分为双吊索索夹和三吊索索夹两种类型。索夹螺杆有两种规格,螺杆材料均为40CrNiMoA。一种螺杆的尺寸为MJ45×3,安装夹紧力为705kN;另一种螺杆的尺寸为MJ56×3,安装夹紧力为1124kN。图4-71为索夹。

坭洲水道桥吊索形式为平行钢丝吊索,吊索与索夹、钢箱梁之间为销铰式连接。本桥吊索共分为3类,分别为普通吊索、加强吊索和限位吊索。吊索采用预制平行钢丝索股(PPWS),外包双层PE进行防护。普通吊索采用ϕ5.0mm的锌-铝合金镀层高强钢丝,钢丝标准强度≥1770MPa,每根吊索含109根钢丝,PE护层厚7mm;加强吊索采用ϕ5.0mm的锌-铝合金镀层高强钢丝,钢丝标准强度≥1770MPa,每根吊索含241根钢丝,PE护层厚10mm;限位吊索采用ϕ7.0mm的锌-铝合金镀层高强钢丝,钢丝标准强度≥1670MPa,每根吊索含337根钢丝,PE护层厚12mm。

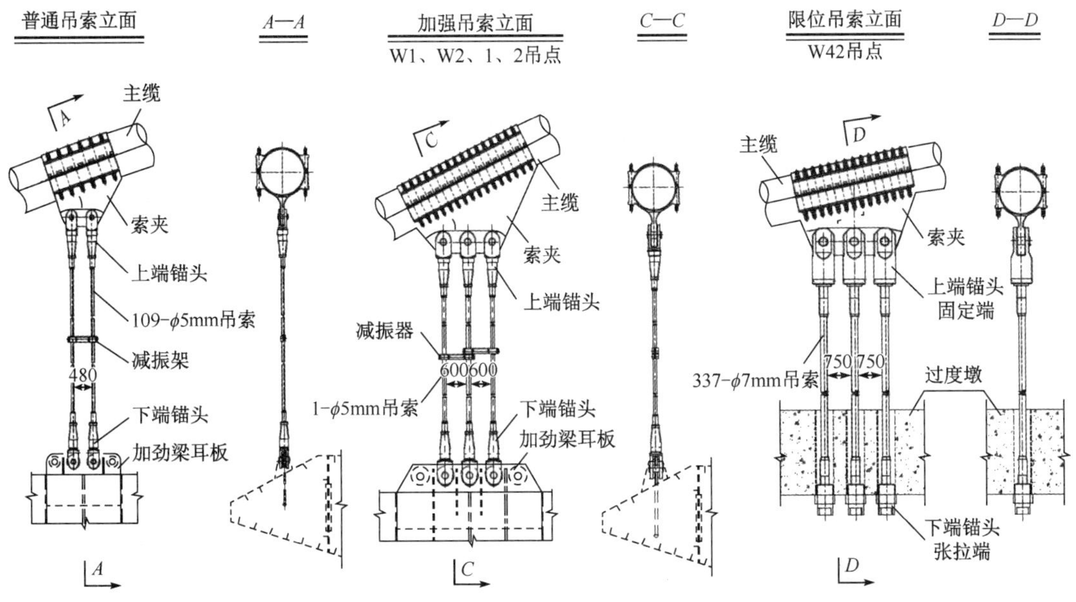

图 4-70 主缆悬吊系统构造图(尺寸单位:mm)

图 4-71 索夹

坭洲水道桥过渡墩两侧端部各设置 3 条限位吊索通过索夹与主缆连接,以保证主缆线形满足设计状态。限位吊索与普通吊索安装方式一致,安装完成后需要在过渡墩横梁端部进行张拉。当吊索长度大于 20m 时设置减振架,每增加 60m 增设一道减振架。长度大于 80m 的吊索安装阻尼器。阻尼器均为油气耦合阻尼器,每套阻尼器通过 2 个油气耦合阻尼器单体和一个刚性连接架共同作用。

大沙水道桥为单跨吊悬索桥结构,其中中跨主缆设计有吊索和索夹,两个边跨主缆仅有索夹。全桥共有索夹 286 套,吊索 368 条,索夹最大单件重 3.6t;最长吊索约 128m,最大重量约 3.2t。悬吊系统、索夹吊索连接形式,索夹紧固形式与坭洲水道桥类似。

4.3.1.2　索夹与吊索安装总体工艺流程

根据索夹、吊索结构及布置特点，索夹采用缆索起重机从低往高进行安装（其中索塔及锚碇附近索夹采用塔式起重机直接起吊安装）。施工过程中，索夹螺杆轴力分5次导入。吊索在索夹位置垂直起吊安装，吊装顺序为从主跨跨中向边跨方向进行。索夹施工流程如图4-72所示。吊索安装流程如图4-73所示。

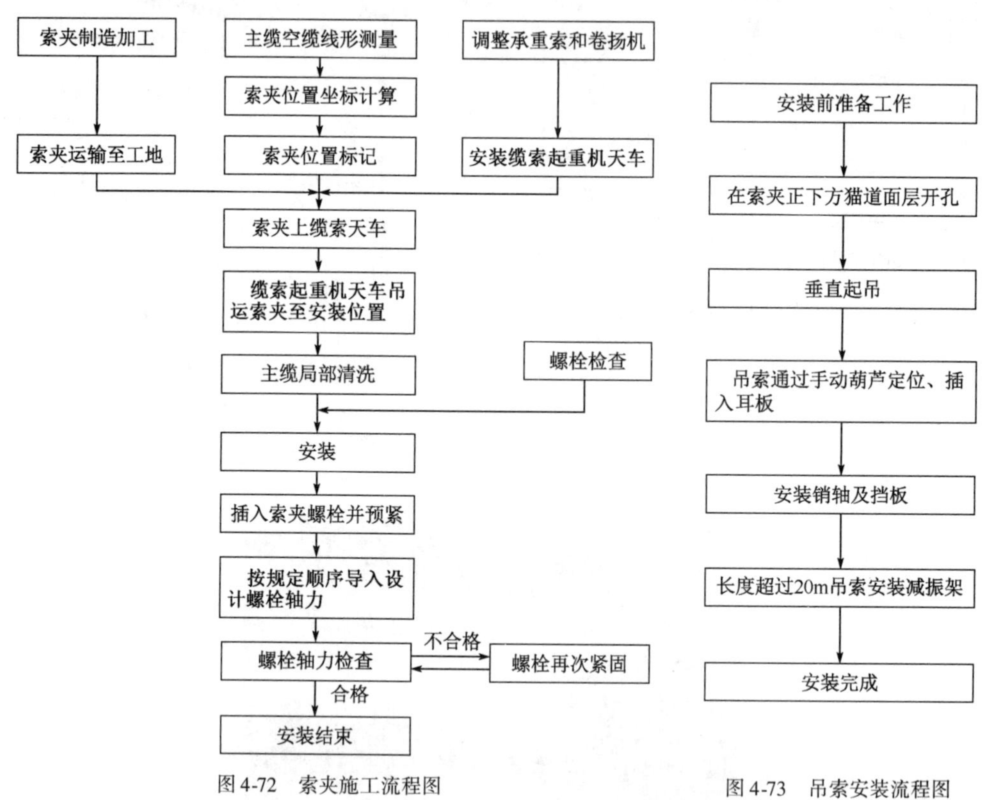

图4-72　索夹施工流程图　　　　图4-73　吊索安装流程图

4.3.1.3　索夹与吊索安装重难点分析

南沙大桥项目索夹和吊索安装的重点是索夹吊点定位和索夹螺栓施工过程的分阶段紧固，难点是索夹、吊索与配合件的轴套销接。索夹安装定位在稳定主缆线形基础上，通过多次准确测量和放样，保证索夹和吊索准确定位。索夹螺栓的紧固轴力受主缆受力而变化，索夹螺栓需要根据主缆负荷状态分期紧固。悬索桥对吊索长度精度要求较高，吊索长度精度依靠制造保证，制造要保证吊索长度精度和锚固质量。安装过程要保护好吊索，避免损坏外层保护。

4.3.2　索夹的精准测量及空间定位技术

4.3.2.1　索夹的精准测量与放样

索夹的精准测量与放样主要操作流程如下：

1）主缆线形复测

完成紧缆作业后，对主缆线形进行连续观测。测量在夜间进行，测量内容包括：主、散索鞍偏移量、索塔偏位、塔顶高程、主跨跨径（两塔轴线间距）、主跨跨中和边跨跨中垂度以及主跨的其他点的垂度。同时观测环境状态（温度、风速、内外温差）并与设计理论值相比较。

根据主缆现状修正索夹在主缆上的位置，并在夜间风速小而且气温稳定时段放出索夹的设置位置，作出明显标志。再利用两水平尺相互倚靠，选择在其水平位置会和处标记出点。同样在索夹位置再标记出相同的一个点。利用两点一线原理，用墨线将这两点弹出，放样出天顶线。根据主缆现状和索夹实际位置确定吊索索长，据此完成吊索加工。

2）索夹位置计算及测量放样

索夹安装前先要实测中跨和边跨的跨径，根据实测的结果，由监控单位计算确定索夹的实际位置后进行测量放样。索夹定位通过放样主缆顶线处的吊索中心位置来控制，采用测距法进行。空缆和成桥状态的吊索中心位置的对应关系由设计方提供后实施。

索夹放样数据计算状态示意如图4-74所示。放样在气温相对稳定的夜间进行，利用全站仪在主缆天顶线上放样出主缆中心线与吊索中心线交点在空缆状态下垂直投影到天顶线点，利用该点用直尺和水平尺在主缆两侧标出索夹边缘位置，并在索夹两端10cm位置做好明显的标记。索夹位置必须控制在设计允许误差10mm范围内。天顶线交点到索夹两端的距离，不同位置的索夹数值不同，且同型号的索夹其数值也有差别。

$$L_1 = A + R \times \tan\alpha \tag{4-6}$$

$$L_2 = B - R \times \tan\varepsilon \tag{4-7}$$

式中，A、B——索夹销轴中心线与主线轴线交叉点到索夹两端的距离（同一索夹A、B为常数）；

α——空缆状态下索夹位置的水平倾角；

R——空缆半径。

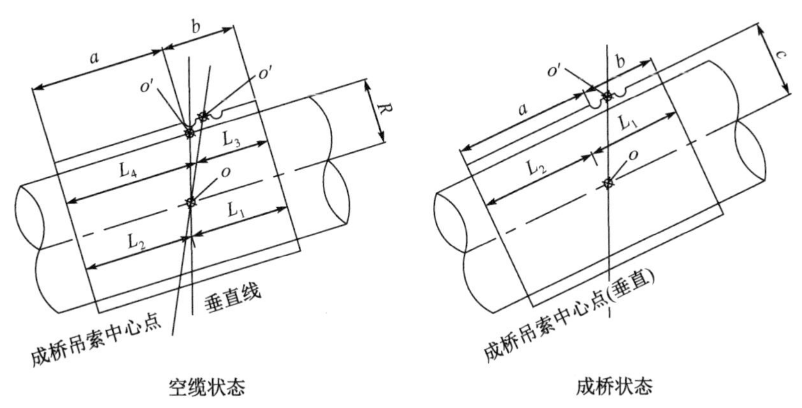

图4-74　索夹放样数据计算状态示意图

索夹放样时，首先放出天顶线，而天顶线随温度的变化而变化，故索夹放样应选择夜间气温相对稳定的时段进行。通过对主缆的温度进行昼夜观测，找出温度变化相对稳定的时段，放样时间就选择在这一时段。

当主缆线形定型后，白天沿主缆的曲线把索夹的粗略位置在主缆上作临时标记。夜间，在空缆状态下把临时标记作为参考进行索夹正确位置的放样。由于高空作业，工作场面狭小，拟采用全站仪的红外线测距法。另外，索夹中心里程是根据特定的结构状态计算出来的,在实际操作时,结构的实际状态与计算采用的状态存在一定误差,因此,在放样时必须进行修正。图4-75和图4-76分别为索夹放样和索夹放样标记。

图4-75 索夹放样

图4-76 索夹放样标记

技术总结:索夹测量放样时,需在索夹两端10cm位置做出标记,防止索夹安装时找不到标记位置;索夹放样完成后,需再对所放索夹位置进行复测,保证其准确性。

4.3.2.2 索夹的定位安装质量控制

为了保证索夹的定位安装质量,可采取以下具体措施实现对索夹的定位安装质量的控制:

1)索夹运输方案

索夹在地面采用汽车起重机和平板车运输至塔底施工平台,再利用塔式起重机将索夹转运输至塔顶施工平台。主缆紧缆完成后索夹安装前,重新调整门架承重绳线形,以保证在索夹运输期间不碰到成形主缆。缆索吊小车利用塔区塔式起重机安装在门架承重绳上,连接塔顶卷扬机作为缆车动力系统,即完成缆索小车安装。图4-77为索夹安装施工阶段缆索起重机天车布置。

2)索夹构件安装

索夹安装顺序需按照钢箱梁吊装顺序进行,总体上中跨由跨中向塔侧安装,边跨侧由锚碇向塔方向安装。不同位置的索夹采用不同的安装方法:在考虑塔柱塔吊能覆盖到的范围内,直接采用塔式起重机安装效率最高,在其他位置利用缆索起重机天车安装。

索夹安装前,成型主缆受自重影响一般横径会大于竖径,而索夹结构为上下对合形式,直接安装可能会比较困难。如图4-78所示,为确保索夹能正确对合,减小横径和竖径不统一的影响,需采用工装夹具对主缆两个侧面施加一定的预压力,使得主缆在两个方向的直径趋近一致。

现场施工时,在索夹安装位置外侧20cm左右安装两个工装夹具。夹具左右对合后,通过手拉葫芦施加压力。然后利用缆索起重机或者塔式起重机将索夹运输至安装位置处的猫道面层上,先吊装上半部分,再吊装下半部分,穿好螺栓,人工预紧后,精确调整索夹位置进行索夹对合,对合过程中要特别注意防止主缆索股钢丝进入索夹对合缝内,应使索夹两个对合缝宽度均匀,确认无误后再利用专用螺杆千斤顶张拉。图4-79为索夹安装。

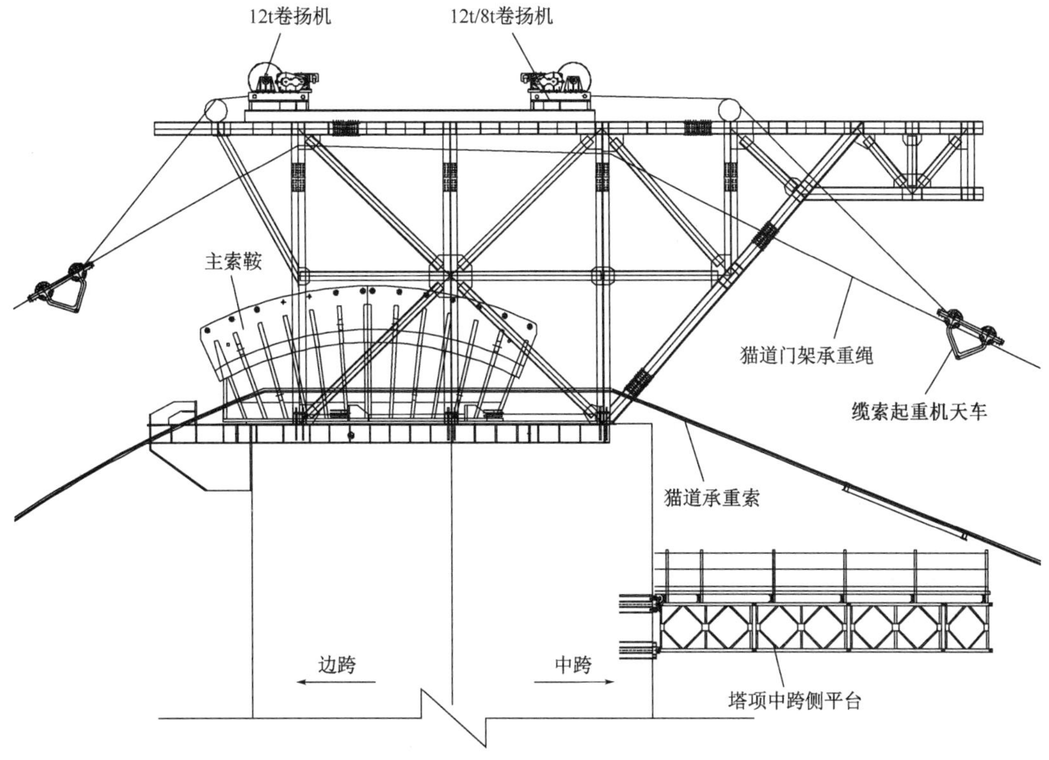

图4-77　索夹安装施工阶段缆索起重机天车布置

图4-78　工装夹具调整主缆横径

图4-79　索夹安装

3）索夹螺栓紧固

因索夹螺杆紧固是分次完成的，所以应针对不同类型索夹的螺栓数量具体确定螺栓张拉顺序。其总体原则为：中间向两边，对称进行。索夹安装到位，根据监控指令，及时用螺栓液压拉伸器对螺杆导入轴力。图4-80为索夹螺杆紧固。

张拉索夹螺杆时，采用分级循环紧固的方法，消除后张螺杆引起的先张螺杆力的损失。索夹安装时,进行第一次螺栓轴力导入;第二次为钢箱梁吊装完成时;第三次为主缆防护时;第四次为桥面铺装时;第五次为桥面铺装及附属设施完成后螺栓终紧。同一索夹处,2台及4台螺栓拉伸器同时张拉索夹螺杆时,控制各拉伸器的轴力导入同步。在每次主缆加载后,以及极端天气前后,均对索夹连接螺栓进行检测,发现轴力下降接近30%时,及时张拉螺杆,使轴力达到设计规定值,确保施工安全。图4-81为施工现场索夹螺杆轴力检测。

图4-80　索夹螺杆紧固

图4-81　索夹螺杆轴力检测

4)特殊索夹安装

南沙大桥项目特殊索夹类型主要分为以下两类。

主缆与索塔、锚室前墙连接部位采用锥形索夹,锥形索夹直径随着里程改变,沿主缆方向有1∶100坡度;靠近主索鞍的无吊索索夹,由于进入索鞍后的主缆直径变大,导致索夹安装困难。

针对这两类特殊索夹安装,安排在紧缆阶段就提前安装,利用紧缆机正式紧缆时强大的压力,使主缆直径减小至索夹可容纳的范围。避免在紧缆施工完成后安装索夹,因主缆回弹直径增大,导致索夹无法对合。

4.3.3　吊索安装质量控制

4.3.3.1　吊索运输方案

中跨吊索长度范围为3.567~184.179m,吊索长度从中跨跨中处向东、西主塔处逐步增加。边跨吊索长度范围为12.35~183.525m,吊索长度从过渡墩处向西塔处逐步增加。吊索运输就位综合考虑吊索长度以及尽量减小对航道的影响,分为以下两种类型:

第一类运输就位:陆上运输→施工现场→猫道→缆索起重机天车→安装位置。图4-82为吊索在猫道上运输示意。

第一类运输方式针对中跨跨中一定范围的短吊索,短吊索使用缆索起重机天车运输具备便利性和可操作性,同时又可避免对其下主航道通航的影响。

第二类运输就位:水上运输→吊点下方→卷扬机绳垂直提升吊索→安装位置。图4-83为吊索从驳船起吊运输示意。

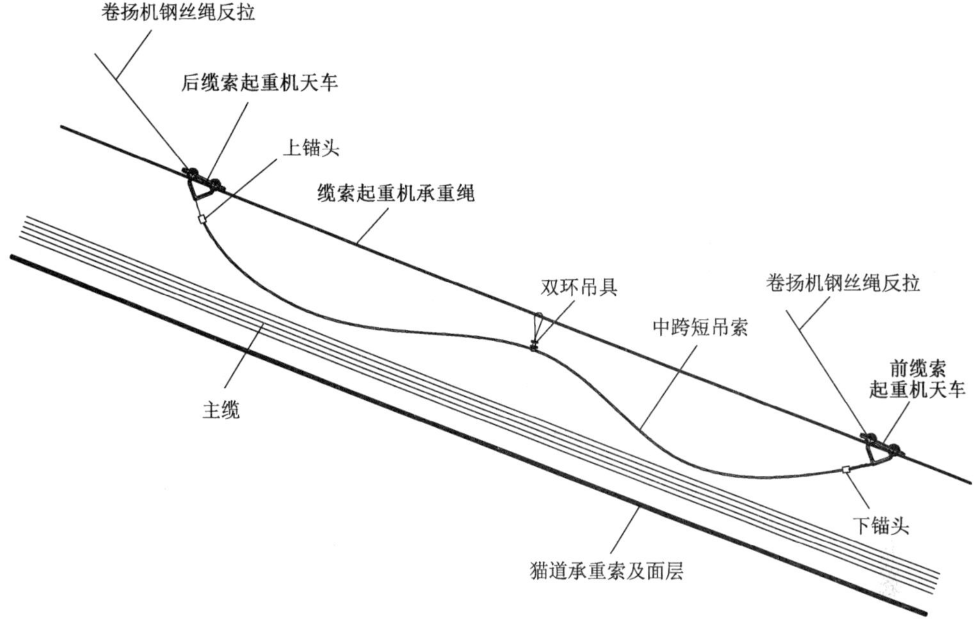

图4-82 吊索在猫道上运输示意图

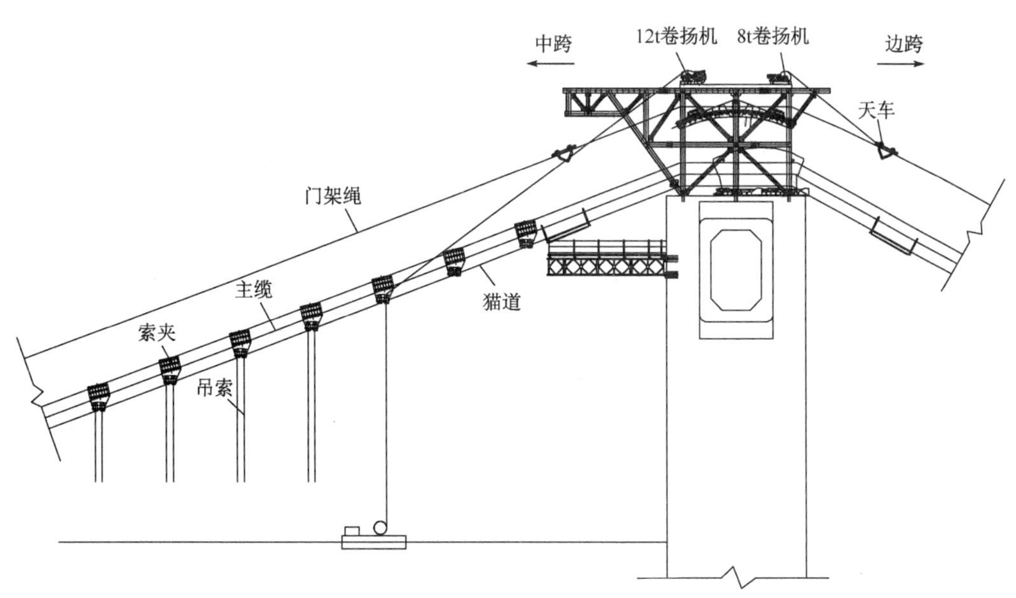

图4-83 吊索从驳船起吊运输示意图

第二类运输方式针对中跨跨中范围短吊索之外的长吊索以及西边跨所有吊索。长吊索采用缆索起重机天车运输不便，且中跨长吊索的起吊点大部分不位于主航道上，对航道的影响相对较小；在西边跨，所有吊索的起吊点下均为水域，且无船只通行。

4.3.3.2 吊索安装工艺

吊索安装顺序为：中跨从跨中向两侧塔顶方向进行安装，边跨从锚碇向塔顶方向进行安装。安装前安装部位吊索正下方猫道面网开孔。对于第一类运输就位的吊索，前缆索起重机天车到达吊索安装位置时,解除吊索下锚头与前缆索起重机天车之间的连接,再将吊索下锚头穿下猫道面网开孔处,同时在开孔处边缘设一个滚轮方便吊索缓缓下坠,后缆索起重机天车继续下滑,直至到达安装位置,利用手拉葫芦和小型机具,将吊索上锚头的连接耳板与索夹销孔对中,插入销轴连接,然后解除吊索与缆索起重机天车之间的连接,吊索即安装完成;对于第二类运输就位的吊索,利用手拉葫芦和卷扬机,将吊索上锚头的连接耳板与索夹销孔对中,插入销轴连接,然后解除吊索与卷扬机之间的连接,吊索即安装完成。

限位吊索安装:本项目坭洲水道桥每条主缆在西边跨和过渡墩之间设置3条限位吊索。限位吊索的运输和安装方式与普通吊索一致,不同之处是在限位吊索下端穿过过渡墩预留孔后,需进行张拉,张拉时机和张拉力由监控指令明确,在钢箱梁吊装完毕后,B1梁段与B2梁段连接前实施初张拉,保证两个梁段顺利连接,连接完成后按照指令进行最终张拉。

4.3.4 索夹螺杆张力测试

4.3.4.1 索夹螺杆张力设计方法

根据悬索桥设计规范,螺杆安装夹紧力的值需要根据索夹的抗滑移验算以及螺杆本身的材料安全系数来确定。

1)索夹抗滑移计算

有吊索索夹抗滑安全系数计算公式为:

$$K_{fc}=\frac{F_{fc}}{N_c}\geqslant 3.0 \tag{4-8}$$

式中:N_c——主缆上索夹的下滑力,$N_c=N_h\sin\varphi$;

N_h——吊索拉力,1.0恒+1.0活+1.0温度+1.0风荷载组合;

φ——索夹在主缆上的安装倾角,按同类索夹中的最大值计算;

F_{fc}——索夹抗滑摩阻力,$F_{fc}=k\mu P_{tot}$;

k——紧固压力分布不均匀系数,取2.8;

μ——摩擦系数,设计时取0.15;

P_{tot}——索夹上螺杆总的设计夹紧力;$P_{tot}=n_{cb}P_b^c$;

P_b^c——索夹上单根螺杆设计夹紧力;

n_{cb}——索夹上安装的螺杆总根数。

验算索夹对主缆抗滑时摩擦系数取0.15。索夹抗滑安全系数不小于3.0。

2)索夹螺杆材料安全系数

根据规范要求,索夹螺杆张力设计值的确定要保障最大张力下材料本身的安全系数不低于2.0。

4.3.4.2 索夹螺杆张力测试方法

1)张拉力测试原理

由于螺母的约束作用,在螺杆上端所受拉力不断增大的过程中,上下两个螺母之间的螺杆部分长度和应力状态均保持不变,而上端螺母以上的螺杆端部所受拉力逐渐增大,此时螺杆的受力状态相当于两段杆，此过程中螺杆端部的伸长量 ΔL_1 为：

$$\Delta L_1 = \frac{F_1 \times L_1}{E \times A} \tag{4-9}$$

而上下两螺母之间的螺杆长度保持为 L_3 不变。

当螺杆端部的拉应力与两个螺母之间的螺杆部分的拉应力相等时，螺杆端部 L_1 和上下两螺母之间的螺杆 L_3 开始共同受力（由于螺母长度 L_2 与螺杆长度相比较短，故忽略螺母长度的影响），此过程中螺杆的伸长量 ΔL_2 为：

$$\Delta L_2 = \frac{F_2 \times (L_1 + L_3)}{E \times A} \tag{4-10}$$

式中：ΔL_1、ΔL_2——螺杆不同阶段伸长量；

F_1、F_2——螺杆端部所施加的力；

L_1、L_3——螺杆端部长度、中间长度；

E——螺杆材料弹性模量；

A——螺杆截面面积。

螺杆两阶段受力示意如图 4-84 所示。

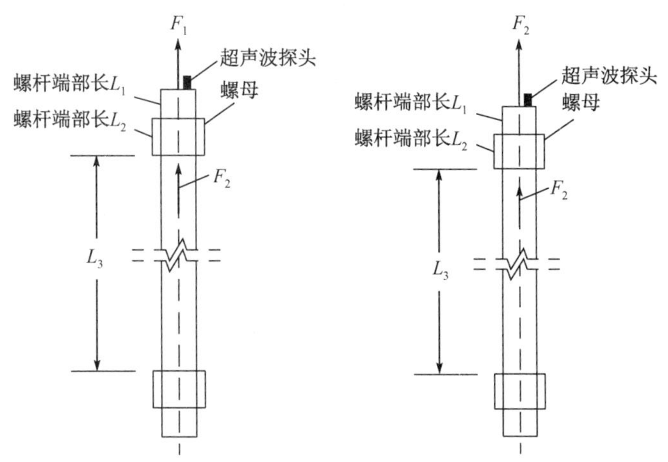

图 4-84 螺杆两阶段受力示意图

对螺母端部施加的拉力通过油压千斤顶施加。测试过程中，测试人员通过读取油压表上的刻度记录当前所施加力的大小 f_i，通过置于螺杆顶端的超声波探测装置记录当前螺母总长 l_i。当螺杆端部所施加的力小于螺杆预紧力时，有公式：

$$l_i - l_0 = \frac{f_i \times L_1}{E \times A} \tag{4-11}$$

螺杆端部所施加的力等于或大于螺杆预紧力时，有公式：

$$l_i - l_0 = \frac{f_i \times (L_1 + L_3)}{E \times A} \tag{4-12}$$

式中：l_0——螺杆端部未施加力时超声波装置所测得的螺杆长度。

以 $l_i - l_0$ 为横坐标，f_i 为纵坐标，将测试过程中所记录的数据绘制于直角坐标系中，典型曲线如图 4-85 所示。由式(4-11)、式(4-12)可知，螺杆端部所施加的力小于螺杆预紧力时：

$$f_i = (l_i - l_0) \times \frac{E \times A}{L_1} \tag{4-13}$$

当螺杆端部所施加的力等于或大于螺杆预紧力时：

$$f_i = (l_i - l_0) \times \frac{E \times A}{L_1 + L_3} \tag{4-14}$$

由式(4-13)、式(4-14)可知，两段直线的斜率分别为$\frac{E \times A}{L_1}$、$\frac{E \times A}{L_1 + L_3}$，而两段直线斜率的突变点(如图 4-85 中所示 A 点)所对应的 f_i 即为螺杆原有预紧力大小。

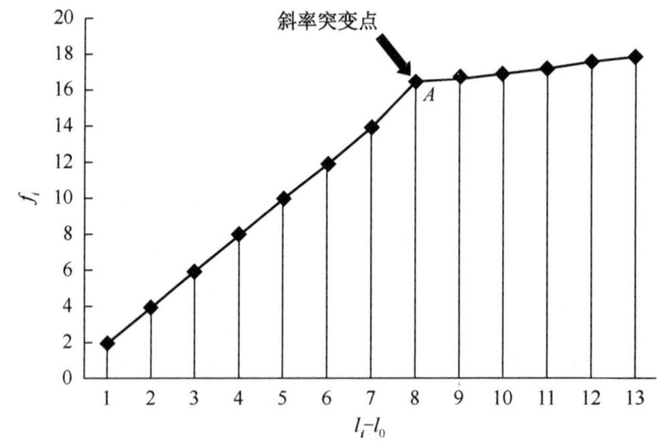

图 4-85　测试记录数据典型曲线

2)螺杆张力实际测试

通过油泵施加力，在接近螺杆设计预紧力后每增加 50kN 的力应记录一次数据；待全桥螺杆预紧力调节至设计值后，应将每根螺杆在斜率突变点以后的所有点数据分别绘制于坐标系。以下说明具体绘制及使用方法：

以 $l_i - l_0$ 值为横坐标，f_i 为纵坐标，将斜率突变点前后的点分别线性拟合，得到两条拟合直线方程。Y_1 表示斜率突变点之前所测数据拟合直线方程，Y_2 表示斜率突变点之后所测数据拟合直线方程，$Y_2 - Y_1$ 表示上下两螺母之间的螺杆段受到相应力时的伸长量，即：

$$\Delta_1 = Y_2 - Y_1 \tag{4-15}$$

以 Δ_1 为横坐标，相应力为纵坐标，将各点绘制于直角坐标系。

4.3.4.3　索夹螺杆张力测试

近年来，我国早期建设运营的大跨径悬索桥不同程度地出现了索夹滑移现象，我国同行对索夹滑移现象也有了更加深刻的认识，目前已基本形成共识，定期对悬索桥开展索夹螺杆张力测试补张专项检测是非常有必要的，特别是重载交通桥梁。南沙大桥作为粤港澳大湾区极其重要的跨江通道，其重载交通运营状况基本可以预见，建设单位在建设期即意识到索夹问题的重要性，建设中期委托专业单位抽取部分索夹开展测试工作，该工作尚属国内首次，主要目的是探索南沙大桥索夹螺杆张力损失规律，指导后期运营，同时对施工期螺杆补张质量起到监督作用。

南沙大桥建设期，抽取坭洲水道桥的代表性索夹，分别在主梁吊装、主梁合龙、合龙完成和桥面铺装完成4个阶段开展测试工作，桥梁运营初期对全桥索夹开展了一次全面的测试补张工作。坭洲水道桥全桥，共有4320根螺杆，大沙水道桥共有2200根螺杆。其中，坭洲水道桥包含两种类型的螺杆：M56×3，设计安装夹紧力是1124kN，以及M45×3，设计安装夹紧力是705kN；大沙水道桥只有一种类型螺杆，M45×3，设计安装夹紧力是705kN。各测试工作得到的测试结果如下：

1）主梁吊装阶段测试结果

坭洲水道桥主梁吊装阶段抽测索夹及测试结果（一阶段）如图4-86所示。

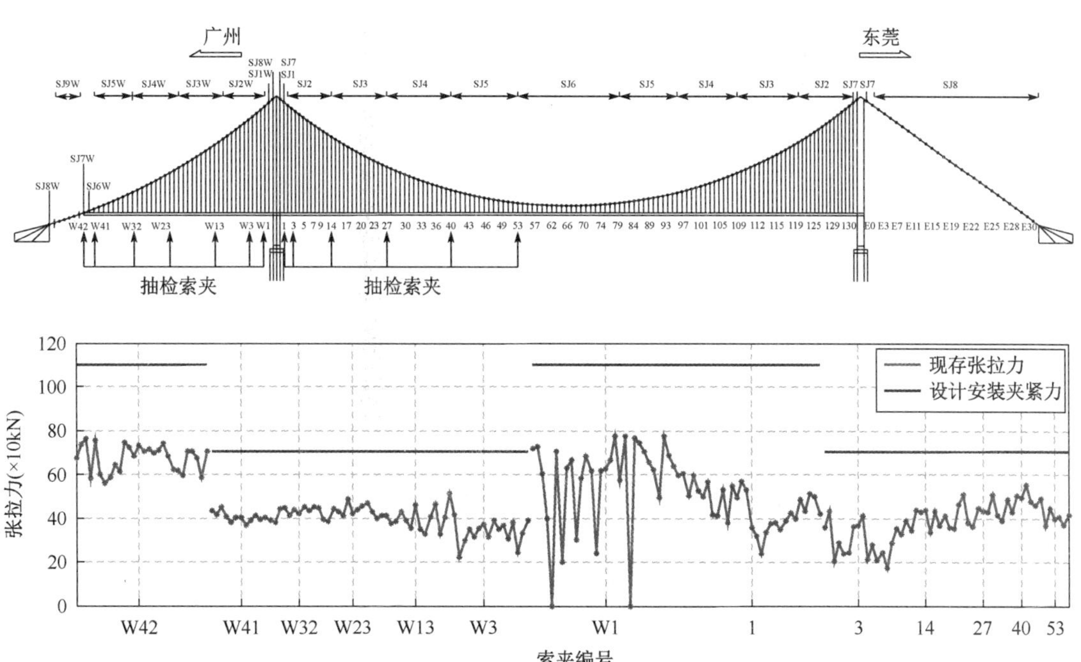

图4-86 坭洲水道桥主梁吊装阶段抽测索夹及测试结果

2）主梁合龙阶段测试结果

坭洲水道桥主梁合龙阶段抽测索夹及测试结果如图4-87所示。

3）主梁合龙补张后测试结果

坭洲水道桥主梁合龙第二次补张后抽测索夹及上下游测试结果如图4-88所示。

4）桥面铺装完成后测试结果

坭洲水道桥上游抽测索夹螺杆预紧力展示、索夹螺杆平均预紧力展示分别如图4-89和图4-90所示。大沙水道桥上游抽测索夹螺杆预紧力展示、索夹螺杆平均预紧力展示图分别如图4-91和图4-92所示。

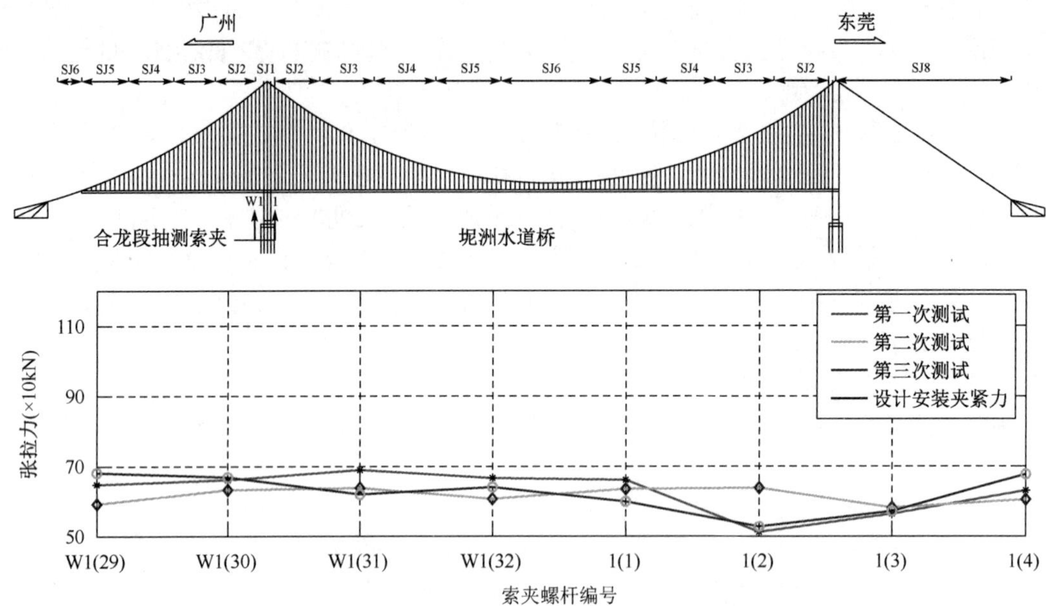

图 4-87　坭洲水道桥主梁合龙阶段抽测索夹及测试结果

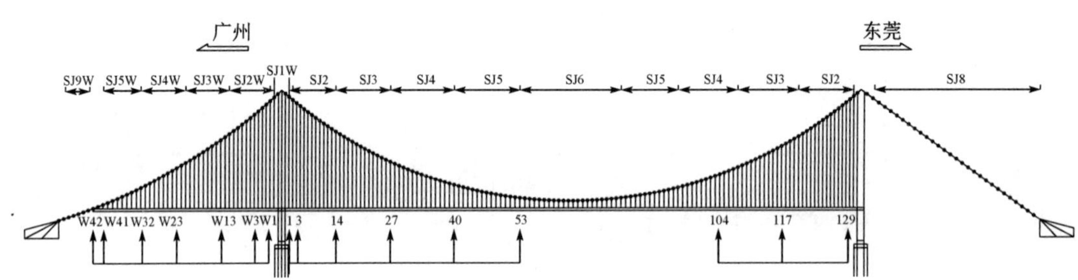

上游侧抽测索夹

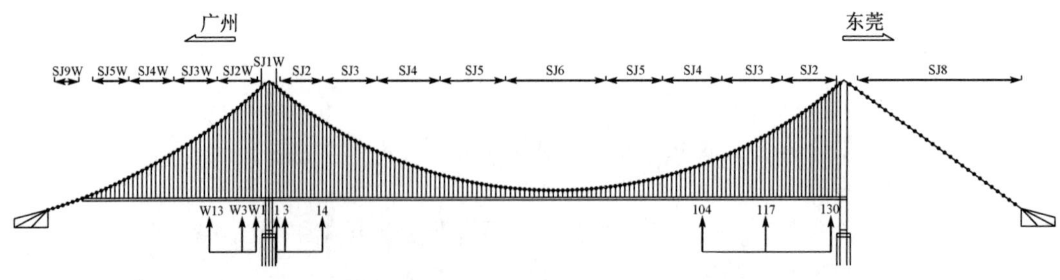

下游侧抽测索夹

图　4-88

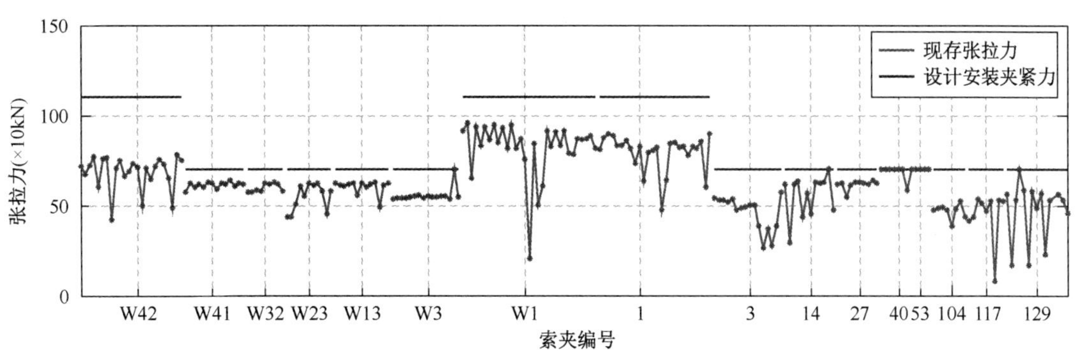

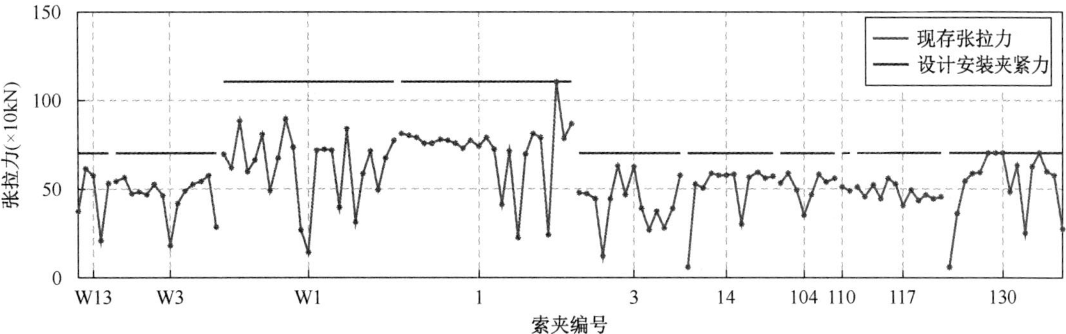

图 4-88　坭洲水道桥主梁合龙第二次补张后抽测索夹及上下游测试结果

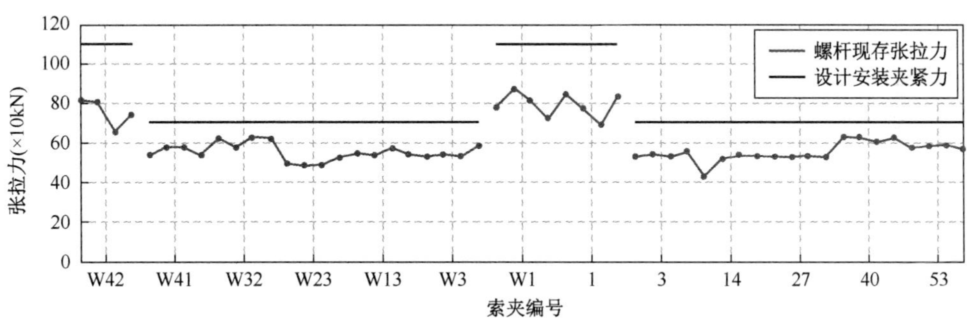

图 4-89　坭洲水道桥上游抽测索夹螺杆预紧力展示图

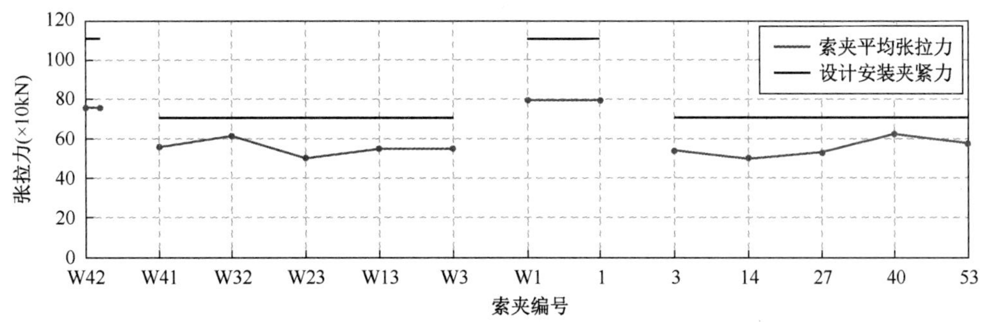

图 4-90　坭洲水道桥上游抽测索夹螺杆平均预紧力展示图

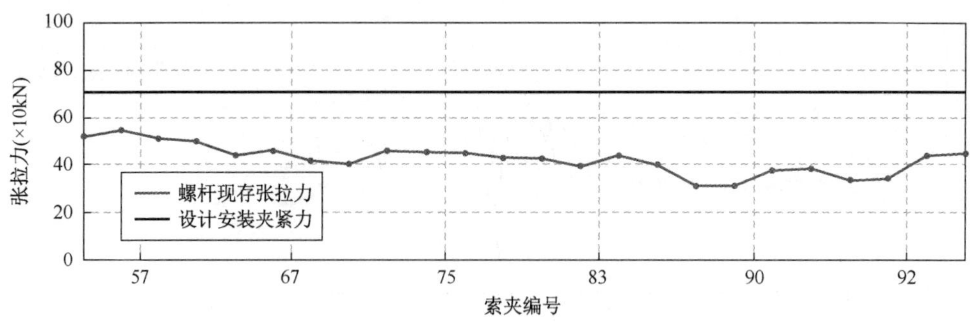

图 4-91 大沙水道桥上游抽测索夹螺杆预紧力展示图

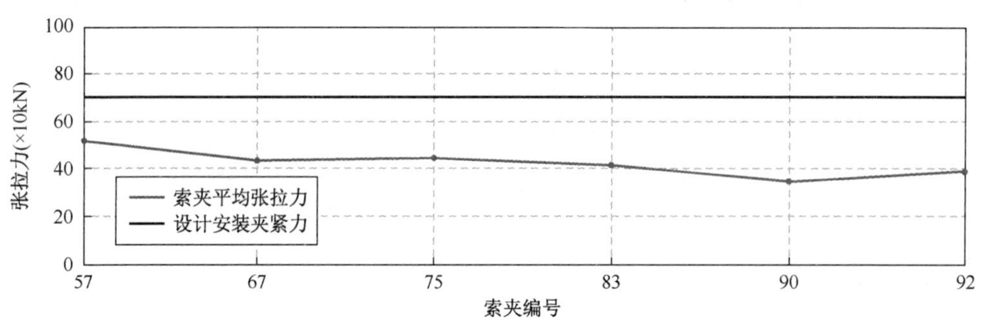

图 4-92 大沙水道桥上游抽测索夹螺杆平均预紧力展示图

5)各阶段螺杆张力损失率统计分析

如图 4-93 所示,根据主梁吊装阶段测试结果,抽检索夹 95% 损失率在 30% 以上。一方面表明主梁吊装阶段螺杆的损失速率较快,另一方面表明应该加强主梁吊装阶段螺杆张拉力的监测工作。

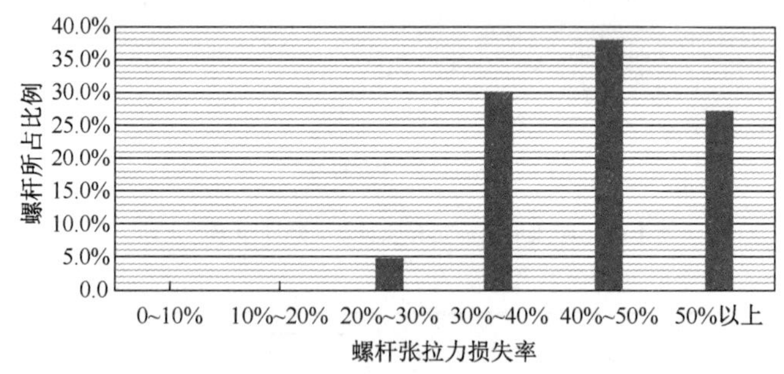

图 4-93 主梁调装阶段螺杆张拉力损失率

如图 4-94 所示,根据主梁合龙阶段塔顶附近索夹螺杆预紧力的测试结果,跟踪 3d 时间内,所测试索夹螺杆的张拉力整体变化不大,表明主梁合龙工作不会造成索夹螺杆张拉力的明显变化。

如图 4-95 所示,根据主梁合龙后第一次补张后的抽测结果发现,本次测试结果明显优于主梁吊装阶段的测试结果,有 90% 的索夹螺杆张拉力损失率在 40% 以下,满足索夹抗滑移的安全要求。

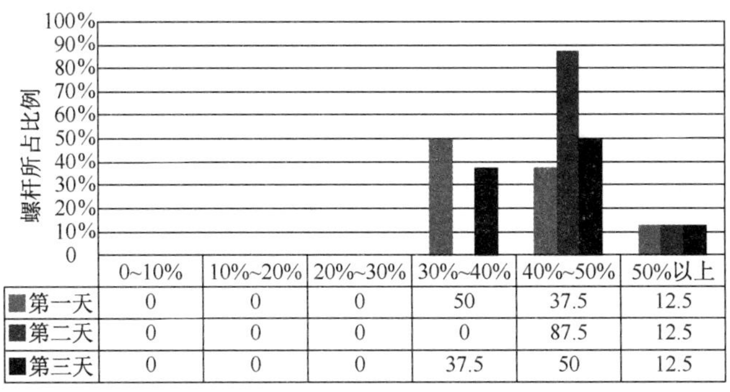

	0~10%	10%~20%	20%~30%	30%~40%	40%~50%	50%以上
第一天	0	0	0	50	37.5	12.5
第二天	0	0	0	0	87.5	12.5
第三天	0	0	0	37.5	50	12.5

图 4-94　主梁合龙阶段螺杆张拉力损失率

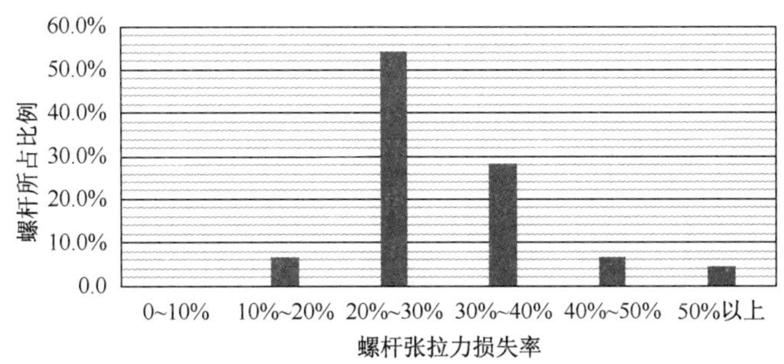

图 4-95　第一次补抽测螺杆张拉力损失率

如图 4-96 所示，根据主梁合龙后第二次补张后的测试结果发现，本次测试结果较第一次补张后测试结果又有明显的提升，有 6.5% 的螺杆张拉力损失率在 10% 以下，有 85% 的索夹螺杆张拉力损失率在 40% 以下，满足索夹抗滑移的安全要求。但是本次测试过程中发现个别螺杆张拉力测试结果很小，很可能是上次补张不到位造成的。

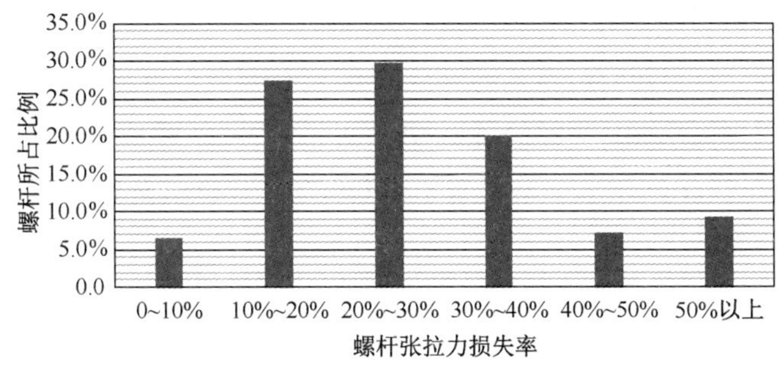

图 4-96　第二次补抽测螺杆张拉力损失率

综上所述，主梁吊装阶段螺杆的损失速率较快，应加强监测；主梁合龙工作不会导致螺杆张拉力发生明显变化；补张完成后，索夹螺杆的张拉力有了较为明显的提升，测试结果较好。

6）各阶段螺杆张力平均值统计分析

以上是通过统计每个阶段索夹螺杆损失率的情况来反映不同测试阶段的测试效果和应关注的重点。本节将从另外一个维度——每个索夹上螺杆张拉力的平均值来分析测试结果。分析这个指标是考虑到,在实际测试的过程中,由于施工原因,同一个索夹上的螺杆不可能均达到比较好的补张效果,但是一个索夹上即使有个别螺杆的张拉力偏低也并不影响整个索夹的安全系数。从索夹螺杆安装夹紧力设计的角度考虑,只要一个索夹上所有螺杆的平均张拉力满足设计要求,即可认为该索夹的抗滑移满足安全要求。

根据图 4-97 所示测试结果,主梁吊装阶段索夹螺杆力损失较快,每个索夹螺杆的平均值明显偏低,虽然未出现索夹滑移现象,但是所有索夹均不满足索夹抗滑移安全系数 3.0 的要求。

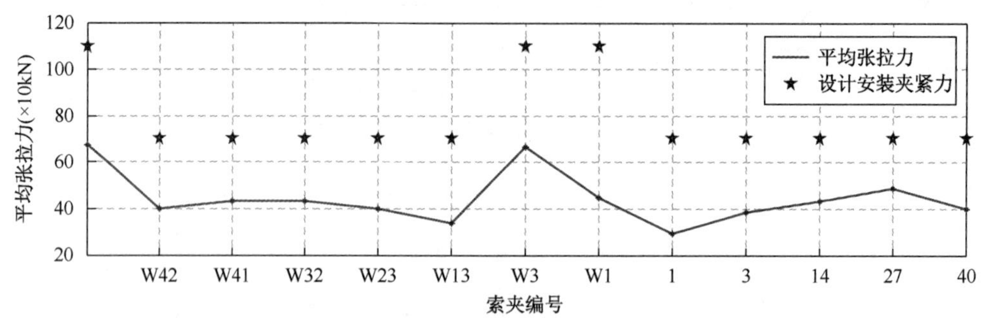

图 4-97　主梁吊装阶段每个索夹测试结果平均值

根据图 4-98 所示测试结果,主梁合龙阶段,每个索夹螺杆力的平均值未出现明显变化。

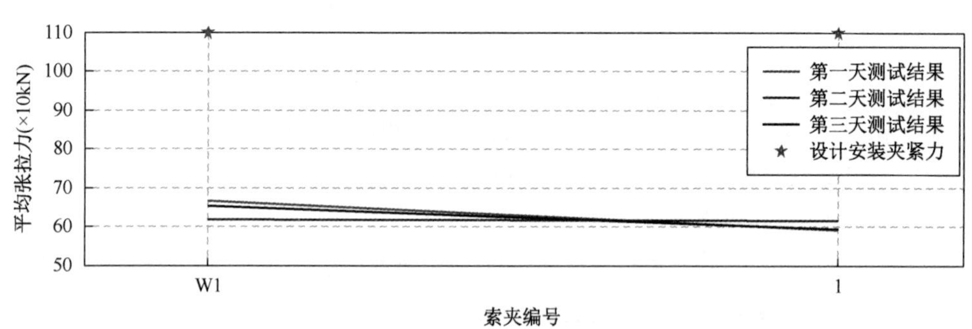

图 4-98　主梁合龙阶段每个索夹测试结果平均值

根据图 4-99 所示测试结果,主梁合龙后第一次补张测试,绝大多数索夹能满足设计抗滑移安全系数的要求,虽然个别索夹不满足要求,但是平均值距离安全系数要求的张拉力不大,没有明显的索夹滑移风险。

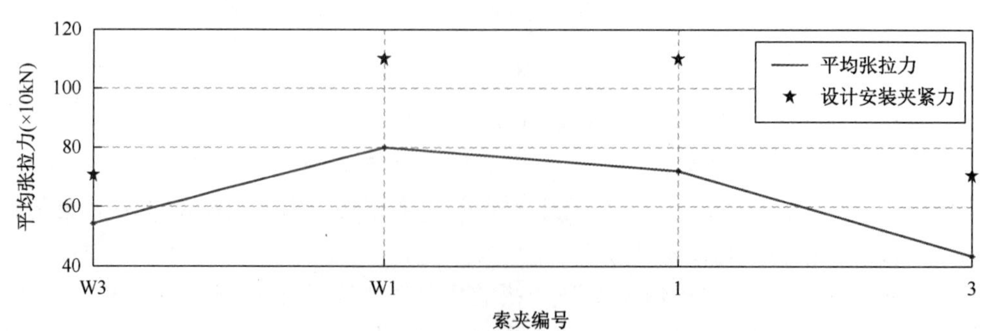

图 4-99　主梁合龙后第一次补张每个索夹测试结果平均值

根据图4-100和图4-101所示测试结果,主梁合龙后第二次补张后的测试结果有较大幅度的改善,并且本次抽测索夹数量多,具有很好的说服力和代表性。本次抽测索夹整体满足索夹抗滑移安全系数的要求,个别索夹不满足要求,与补张工作的施工质量有较大原因。

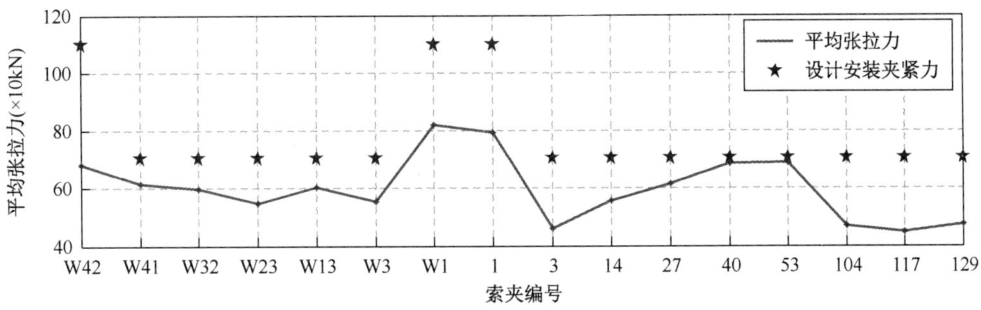

图4-100 主梁合龙后第二次补张测试每个索夹测试结果平均值(上游)

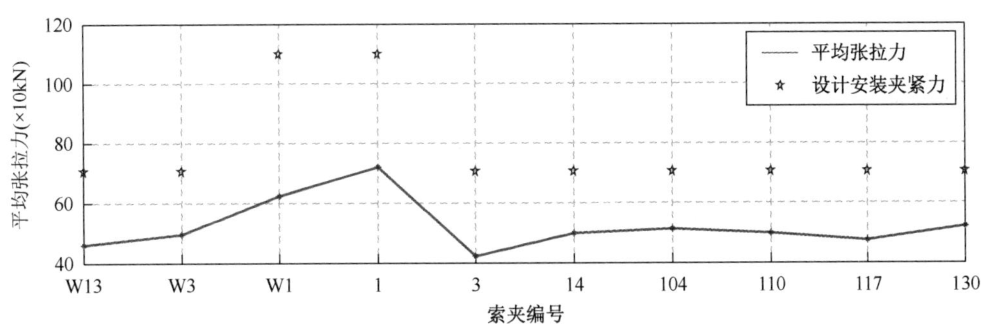

图4-101 主梁合龙后第二次补张测试每个索夹测试结果平均值(下游)

7)运营期测试结果

运营初期,南沙大桥对全桥全部索夹螺杆张力进行了测试补张工作,并对重点索夹的螺杆张力进行了跟踪测试。

根据全桥测试结果(图4-102和图4-103),大沙水道桥索夹螺杆张拉力最大值为58.86t,最小值为12.23t,平均值为42.59t;索夹螺杆损失率最大值为82.99%,最小值为18.18%,平均值为40.79%。

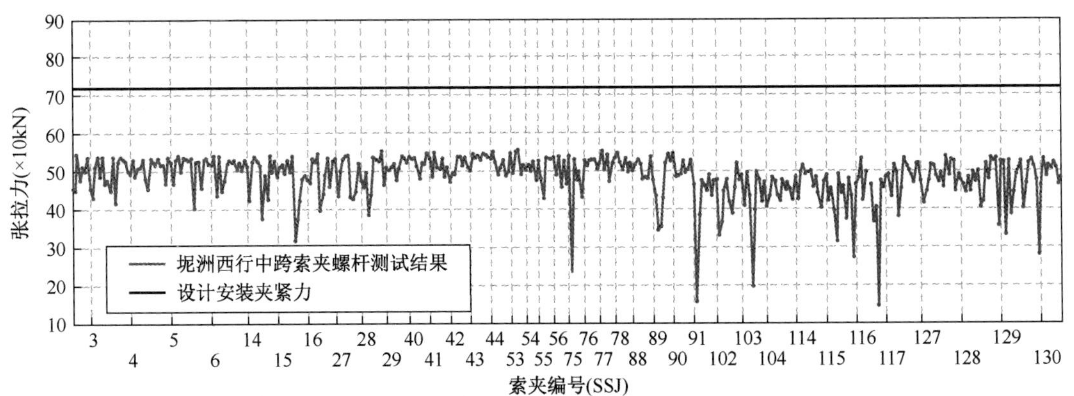

图4-102 坭洲水道桥全桥测试结果

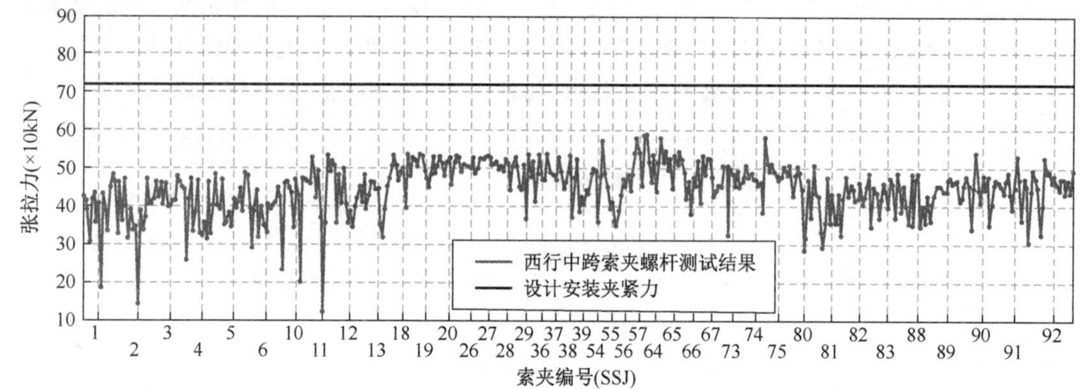

图 4-103　大沙水道桥全桥测试结果

根据全桥测试结果，坭洲水道桥(M45)索夹螺杆张拉力最大值为 63.77t，最小值为 14.76t，平均值为 47.85t；索夹螺杆损失率最大值为 79.48%，最小值为 11.36%，平均值为 33.48%。

根据全桥测试结果，坭洲水道桥(M56)索夹螺杆张拉力最大值为 87.08t，最小值为 7.9t，平均值为 60.47t；索夹螺杆损失率最大值为 93.11%，最小值为 24.07%，平均值为 47.27%。

根据边跨无吊索索夹螺杆张力测试结果，大沙水道桥边跨无吊索索夹螺杆张力平均损失率为 40.90%，坭洲水道桥边跨无吊索索夹螺杆张力平均损失率为 53.81%，均明显超过 30%。

根据跟踪测试结果(图 4-104 和图 4-105)，大沙水道桥塔顶 SSJ90 和 SSJ92 两个跟踪测试索夹第一次全桥测试的索夹螺杆张力平均损失率为 37.54%，补张后第一次复测的平均损失率为 28.58%，补张后第二次复测的平均损失率为 31.39%，补张后第三次复测的平均损失率为 32.08%，补张效果良好，目前数据已基本稳定。

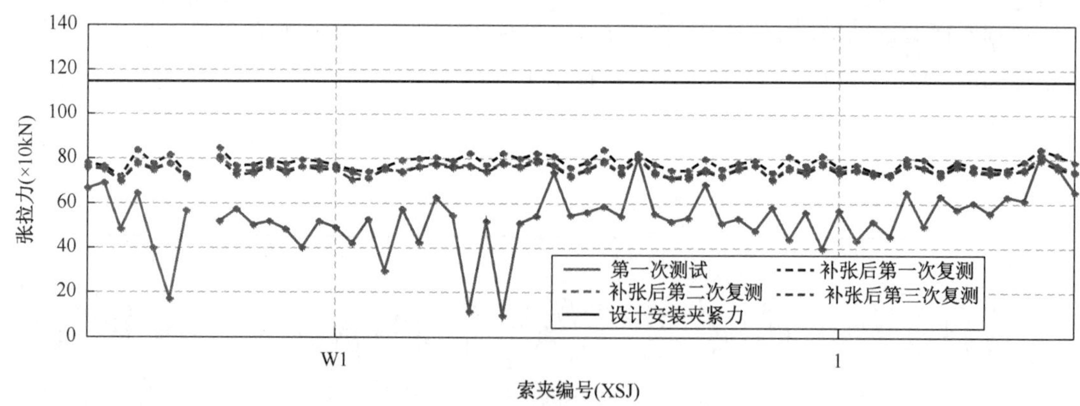

图 4-104　坭洲水道桥跟踪测试结果

坭洲水道桥塔顶 XSJ1 和 XSJW1 两个跟踪测试索夹第一次全桥测试的索夹螺杆张力平均损失率为 52.65%，补张后第一次复测的平均损失率为 31.32%，第二次复测的平均损失率为 34.24%，补张后第三次复测的平均损失率为 34.86%，补张效果良好。

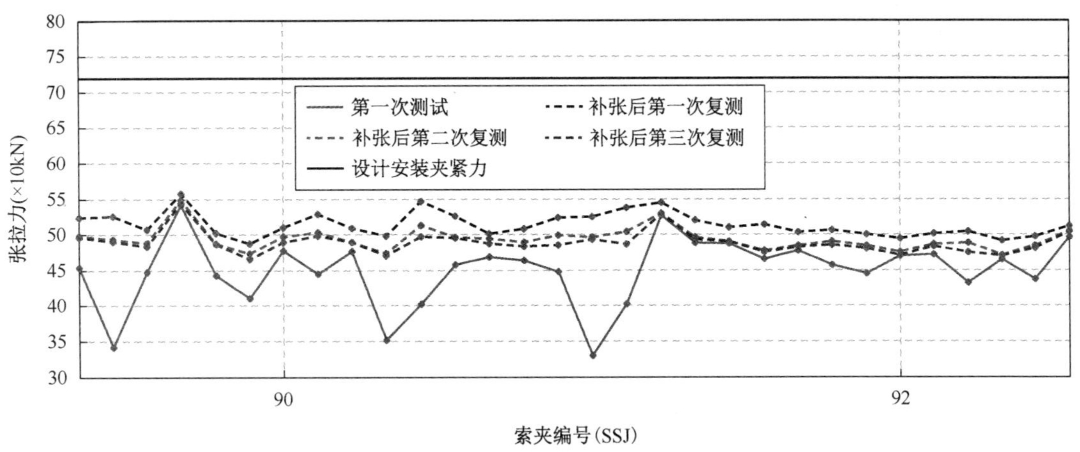

图 4-105 大沙水道桥跟踪测试结果

根据复测结果发现,测试补张完成后,索夹螺杆的张力明显提升,补张效果良好;根据跟踪测试结果,索夹螺杆补张完成后,半个月后螺杆张力基本保持稳定。

4.3.5 施工质量保证措施及工程应用效果

螺栓紧固设备应事先标定,按设计和有关技术规范要求分阶段检查螺杆中的拉力,并予补紧;螺杆孔、上下索夹缝隙及其端部接合处和主缆缠丝处必须用合格的密封材料填实,确保螺杆被密封材料环绕并与主缆钢丝隔开。密封前螺杆孔里须清除水分,保持干燥;锚头锁定装置须牢固;工地涂装用防护材料必须符合设计和有关技术规范要求,涂装前索夹和锚头表面应按设计要求进行处理,达到要求后方可进行涂装防护施工。索夹密封良好且索夹螺栓端头长度均匀,螺牙保护完好;吊索顺直无扭转现象;吊索及索夹的防护完好,无划伤、擦痕、断裂、裂纹等缺陷。

表 4-5 为索夹和吊索安装实测项目。

索夹和吊索安装实测项目 表 4-5

项次	检查项目		规定值或允许偏差	检查方法和频率
1	索夹偏位(mm)	纵向	10	全站仪和钢尺:每个
		横向	3	全站仪:每个
2	上、下游吊点高差(mm)		20	水准仪:每个
3	螺杆紧固力(kN)		符合设计要求	压力表读数:每个
4	吊索长度偏差(mm)		$\leqslant 2(L \leqslant 10\text{m})$ $\leqslant 2 + L/20000(L > 10\text{m})$	—

注:L 为理论吊索长度值。

索夹和吊索安装进度和质量满足施工要求,吊索安装期不拖钢箱梁吊装后腿,质量良好。

4.3.6 实施体会及优化建议

1)可改进及完善之处

天顶线放样第二晚需复核无误后,才可进行索夹放样及安装;吊索安装需两艘运输船同步作业,这样可避免两岸压缩安装吊索使用船只时间,可使吊索安装更快。

2)可推广的经验

索夹紧固可采用同步协同性拉伸器进行同步紧固,既节省运输安装体力,也可节省时间,也可保障索夹紧固的质量;吊索安装可直接利用吊梁吊装期间的局部封航时间段吊装,节省时间。

4.4 紧缆与缠丝工艺质量控制方法

主缆紧缆是悬索桥施工的一个重要阶段,紧缆是将架设完成的主缆钢丝,通过人工、机械使用主缆索股群收紧、挤密、压实、打包整形近似圆形截面的过程,以满足后续索夹安装及主缆缠丝工艺的需要。针对南沙大桥主缆紧缆的施工技术要求,在已有紧缆机的经验与技术基础上,研制了用于南沙大桥1960MPa级超高强度镀锌钢丝的主缆紧缆机,有效保证了紧缆效果。

主缆是悬索桥最重要的承重构件,主缆的防护对维持悬索桥的寿命具有极其重要的意义。锈蚀或者化学腐蚀是导致主缆承载能力下降的主要原因。为延长主缆的寿命,最好让主缆处于较难发生锈蚀和腐蚀的环境内,这就要求将主缆与外部环境隔断,使主缆内部达到气密性和水密性的要求。在应力及腐蚀环境的耦合作用下,悬索桥主缆易引发应力腐蚀破坏,基于S形钢丝环兼具主缆缠丝定形及密封主缆特点,南沙大桥两座悬索桥均采用S形钢丝+聚硫密封剂+涂层组成的综合防腐体系,同时引入S形钢丝的施工技术对缠丝时间、缠丝应力和焊接方式进行控制,实现了大桥主缆的顺利施工,并提高了主缆防腐能力。

4.4.1 总体概况

4.4.1.1 构造细节与施工概述

主缆在架设时竖向排列成尖顶的近似正六方形,紧缆后为圆形。其中,坭洲水道桥中跨和东莞侧边跨主缆索夹内直径为988mm,索夹外直径为1000mm;广州侧边跨主缆索夹内直径为999mm,索夹外直径为1012mm。索夹内主缆孔隙率不大于18%,索夹外主缆孔隙率不大于20%。大沙水道桥主缆索夹内直径为841mm,索夹外直径为852mm。大沙水道桥主缆孔隙率要求与坭洲水道桥一致。

如图4-106所示,坭洲水道桥及大沙水道桥主缆均采用“S形钢丝+干燥空气除湿”防护方案。主缆钢丝外面直接缠绕S形钢丝,S形钢丝内部送干燥空气,空气相对湿度不超过40%RH。如图4-107所示,为保证S形钢丝缠绕的密封性,以及S形钢丝本身的防护要求,在S形钢丝外面增加“聚硫密封剂+涂层”的密封体系,提高主缆防护的密封性。S形镀锌钢丝主要技术参数见表4-6。

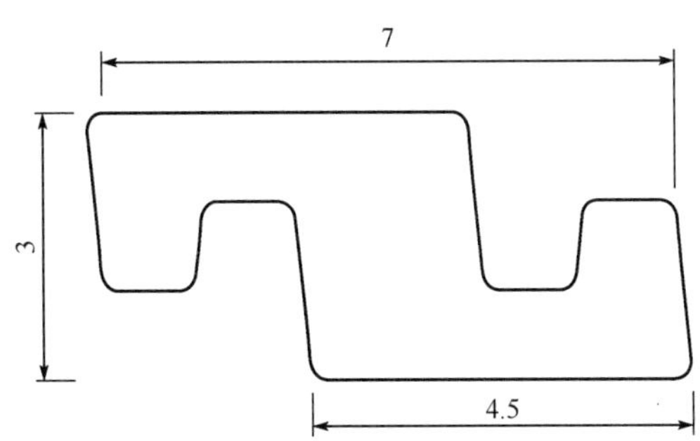

图4-106 S形镀锌钢丝截面构造(尺寸单位:mm)

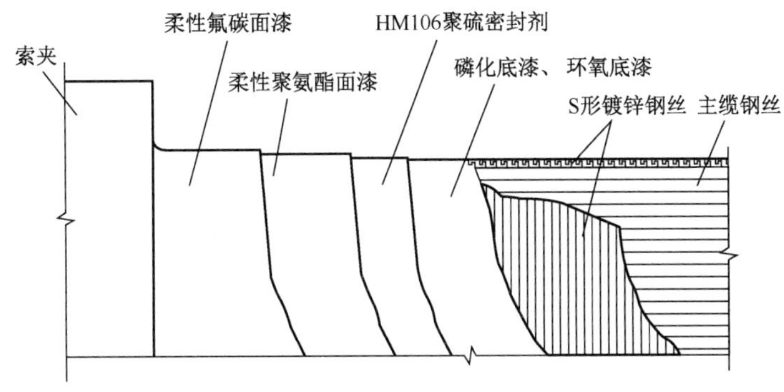

图4-107 主缆表面缠丝及涂装层

S形镀锌钢丝主要技术参数表 表4-6

项 目			技术参数
钢种牌号			日本规范《低碳钢盘条》(JISG3505—2004)SWRM12
机械特性	尺寸及允许偏差(mm)		宽7±0.08,高3±0.08
	单位重量(kg/m)		0.1043
	抗拉特性	抗拉强度(MPa)	>540
		延伸率	>1.5%(标距为150mm)
	扭转次数(360°)		≥6次(标距为200mm)
镀锌特性	锌层重量(g/m^2)		≥280
	锌层附着力(缠绕)		2圈(芯棒$D=15$mm)
焊接性能	S形钢丝焊接部位(铝热剂焊接点或等效焊接),强度不得低于主体材料强度		

主缆钢丝外面直接缠绕S形钢丝,除锚跨内、散索鞍及主索鞍前后各一端距离内(缆套内)的主缆不进行缠丝外,其余凡外露的主缆表面均需进行缠丝,设计缠丝拉力为2.5kN。

坭洲水道桥于2017年12月22日开始紧缆机进行正式紧缆施工,至2018年1月6日完成紧缆施工,共历时16d完成正式紧缆施工。该桥于2018年6月11日开始缠丝首件施工,至2018年7月24日主缆缠丝施工完成,共历时51d完成全桥主缆缠丝。

大沙水道桥于2017年8月15日开始紧缆机进行正式紧缆施工,至2018年9月18日完成紧缆施工,至2018年3月16日主缆缠丝施工完成。

4.4.1.2 紧缆施工工艺流程

紧缆施工可分为预紧缆和正式紧缆作业，其总体工艺流程如图4-108所示。

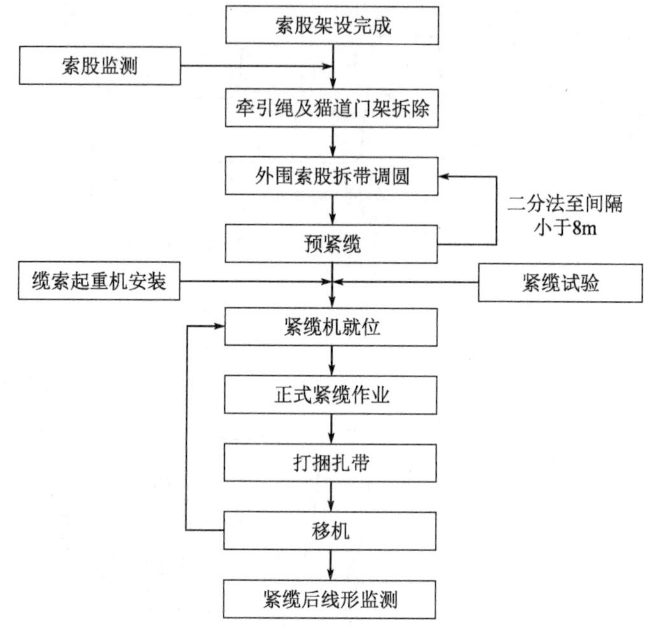

图4-108 紧缆施工总体工艺流程图

主缆缠丝施工前期准备工作包含缠丝机加工及试验、缠丝机上缆安装、调试机器；缠丝机在锚碇靠塔侧进行上缆安装及调试，调试完成以后从靠锚碇处行走至其靠塔侧起始安装点开始缠丝作业；先两边进行边跨侧主缆缠丝，然后进行跨中侧主缆缠丝；边跨侧主缆缠丝完成以后行走回锚碇侧，在跨中梁面吊装缠丝机于主缆上进行跨中缠丝作业；钢箱梁吊装过程中需安装监控指令要求进行主索鞍顶推施工。

4.4.1.3 紧缆与缠丝工艺重难点

正式紧缆前需要预紧缆，消除鼓丝等不良现象，使索股钢丝处于平行状态，当主缆直径大于1m时控制难度大大增加。

4.4.2 主缆紧缆施工技术

4.4.2.1 施工准备

预紧缆的施工准备主要分为以下3个步骤：

1）牵引系统及猫道门架拆除

由于紧缆机需配备缆索起重机进行施工，缆索起重机以猫道门架承重绳作为支承及轨道。在紧缆施工之前，先拆除猫道门架，在拆除猫道门架之前，必先拆除双线往复牵引系统。双线往复牵引系统牵引绳从猫道门架导轮组中脱离后，即可进行猫道门架拆除。猫道门架拆除后，需要调整猫道门架承重绳的垂度，使门架承重绳适当抬高，以适应缆索起重机在其上运行的荷载。图4-109为牵引系统及猫道门架拆除后的状态。

图 4-109　牵引系统及猫道门架拆除后的状态

2)缆索起重机天车安装

缆索起重机天车主要由钢结构支架和滑轮组成,小车高度约 1m,纵向长度约 2.3m,滑轮轴线宽度为 3.8m(门架承重绳间距),单个天车重量约 616kg。猫道门架承重绳作为缆索起重机的承重绳,利用塔式起重机将缆索起重机吊装至承重绳上,在将缆索起重机与塔顶 12t 卷扬机钢丝绳连接,作为其移动的动力来源。缆索起重机天车构造及安装如图 4-110 所示。

图 4-110　缆索起重机天车构造及安装

3)紧缆机上缆安装

紧缆机利用塔式起重机进行安装,先将挤紧架拉开,然后利用塔式起重机整体起吊上主缆,装好连接销,拼好挤紧架,形成封闭环状,再将纵梁和行走机构吊装,与挤紧器连接,然后吊装框架。中跨紧缆机安装完成后将紧缆机通过手拉葫芦悬挂于缆索起重机上,再将缆索起重机与塔顶门架上的 12t 卷扬机绳连接,将紧缆机慢慢沿主缆下滑至主跨跨中部位。边跨紧缆机直接在边跨底部安装,因靠近锚碇门架处的缆索起重机承重绳,与主缆间的高差较小,紧缆机通过临时用钢丝绳绑挂在缆索起重机承重上进行紧缆一定距离后,再与缆索起重机进行悬挂连接。

4.4.2.2　预紧缆

预紧缆作业选择在夜间温度稳定的时段进行，中跨及边跨同时进行预紧缆作业。预紧缆采用"二分法"划分紧缆位置，以坭洲水道桥为例，预紧缆时中跨主缆划分为16段，每段长度约为108m；西、东两个边跨各分为8段，每段长度约为85m/70m。

预紧缆每隔5m左右紧固一次。从主、散索鞍端面线3m处分别紧固第一道。根据划分预紧缆位置，采用"预紧缆夹具+手拉葫芦"的方式进行。该装置预紧缆效果良好，且无须在预紧缆时在主缆上垫麻袋片后再紧缆。此外，装置顶部设置了带弹簧的行走轮，可直接在主缆上拖行，大大加快了施工效率。

图4-111　预紧缆施工

如图4-111所示，预紧缆操作时，边收紧主缆边拆除主缆外层索股的缠包带，人工用大木槌边均匀敲打主缆四周，并正确地校正索股和钢丝的排列，避免出现绞丝、串丝及鼓丝现象，同时测量紧缆处主缆的周长，待主缆孔隙率控制值满足预紧缆孔隙率目标控制值28%～30%后，用镀锌钢带将主缆捆扎紧，使主缆截面接近为圆形。

4.4.2.3　正式紧缆

正式紧缆用到的紧缆机、所需进行的试验和具体操作过程如下：

1）紧缆机

坭洲水道桥投入4台JLJ1150紧缆机，最大适应缆径为1150mm，最大紧固力18000kN，紧缆机自重约13t。紧缆机主要技术参数见表4-7，图4-112为JLJ1150紧缆机示意图。

JLJ1150紧缆机主要技术参数表　　表4-7

序号	项　目	参　数
1	工作电源	380V
2	适应主缆直径	ϕ700mm～ϕ1150mm
3	紧固能力	6×3000kN=18000kN
4	单缸挤紧力	3000kN
5	挤紧后主缆空隙率	索夹内≤18%，索夹外≤20%
6	控制精度	±0.2mm
7	工作压力	低压7MPa，高压58MPa
8	紧固蹄宽度	300mm
9	外形尺寸	5260mm×3100mm×3790mm
10	重量	13.35t（不包括液压油的重量）
11	行走机构牵引方式	平缓地采用自带液压绞车牵引，坡度大的地方采用塔顶卷扬机牵引

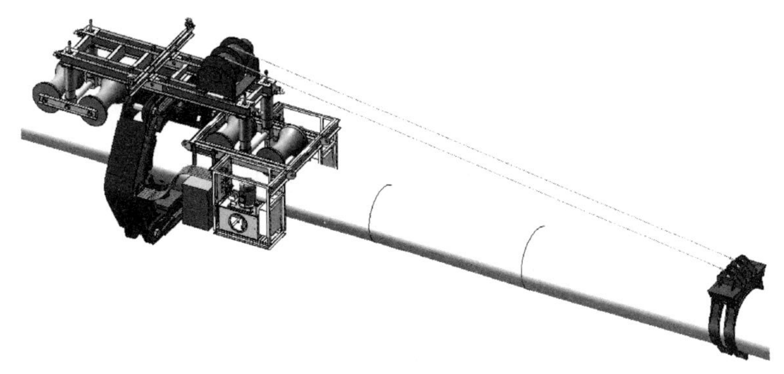

图 4-112　JLJ1150 紧缆机示意图

2) 主缆回弹率试验

在正式紧缆前,在主缆上进行主缆回弹率试验,测量紧缆紧固状态空隙率与打紧钢带紧缆机离开 5m 左右范围后的空隙率,比较空隙率差得出主缆的回弹率。正式紧缆时根据测得的回弹率确定和调整紧固力和直径。主缆回弹率试验在主跨跨中进行。

3) 紧缆操作

每根主缆中跨布置 2 台紧缆机,每根主缆的两个边跨各布置 1 台紧缆机,中跨和边跨同时进行紧缆作业。主缆紧缆机紧缆的紧固间距按照每道 1.0m,在靠近主索鞍及散索鞍端部 3.0m 处进行第一道紧缆。正式紧缆作业的顺序为由低端向高端进行。即布置在中跨的 2 台紧缆机从中跨跨中处开始分别向两个索塔方向紧缆;布置在东、西边跨的各 1 台紧缆机由锚碇处向塔顶方向紧缆。主缆正式紧缆作业安排在白天进行。紧缆过程中,缆索起重机吊挂的紧缆机,处于受力状况,为了防止紧缆机失稳侧翻,紧缆机行走或操作时,应系好保险绳,防止牵引钢丝绳意外绷断。具体紧缆工艺如下:

(1) 主缆紧缆机行走

主缆紧缆机行走在坡度平缓段依靠紧缆机自带的液压绞车行走,在主缆坡度大于 10°的时候依靠塔顶卷扬机牵引。

(2) 液压千斤顶加载及保压

初期加压阶段以低压进行,使各紧固蹄轻轻地接触主缆表面,且相互重叠,然后升高压力,加载(同步开始,且加载保持同步)。紧固蹄行程达到设定位置时或者压力达到规定值时保压。

紧缆时,应在紧固蹄和主缆之间布置橡胶垫保护主缆,紧缆机在紧缆操作时,注意观察各千斤顶行程,避免行程相差较多,同时注意各挤紧蹄块之间的空隙,避免夹断钢丝。

(3) 打捆扎带

当紧固蹄的移动一停止(处于保压状态时),经测量空隙率符合要求之后,钢带绕在主缆上捆扎,并用带扣固定,捆扎 2 道(索鞍附近主缆六边形和圆形变化处增至 3 ~ 4 道),钢带间的边对边距离为 10cm,钢带接头应在主缆圆周的下半部分均匀分布。在索夹的位置、紧压和钢带捆扎均需加密,同时在索夹两端的靠近处增加附加钢带,以便于后续的索夹安装。紧缆钢带接头应设置在主缆下方。

(4)液压千斤顶卸载

完成捆紧后,液压千斤顶卸载,紧固蹄回程,紧缆机则移向下一个紧固位置。

(5)主缆直径的测定

为了确定紧缆后的主缆截面形状,紧缆过程中紧缆机每次移动操作中都要对主缆的周长、垂直直径和水平直径进行3次测量,测定主缆直径和周长。测量在压紧时测一次,用捆扎带扎紧后再测一次,前一数据是主缆的压实程度,更能代表索夹内主缆的状态。JLJ1150型紧缆机可自动对主缆直径进行测量并保存及输出数据,必要时,进行人工测量作为辅助及校核。主缆横向与竖向直径差应当控制在标准缆径的2%以下。

图4-113为紧缆机正式紧缆施工,图4-114为正式紧缆完成后的主缆。

图4-113　紧缆机正式紧缆施工

图4-114　正式紧缆完成后的主缆

4.4.3　主缆缠丝涂装防护工艺

4.4.3.1　施工准备

主缆缠丝涂装防护施工准备主要包括以下6个方面:

1)关于猫道的准备

缠丝施工前须进行猫道下放,将已改挂到主缆上的猫道调整其踏面距离主缆中心高1.5m,必要时,可进一步下放,以确保缠丝机安装及作业空间足够。同时应在缠丝前调整猫道改吊的位置,防止影响缠丝作业,原改吊点缠丝完成后,恢复原改吊钢丝绳。

2)储丝轮上盘

储丝轮利用缆索吊运至缠丝位置。

3)缠丝机

坭洲水道桥共投入4台CSJ1150缠丝机,最大主缆适应直径1150mm,最大缠丝张力3.2kN。缠丝机主要技术参数见表4-8,CSJ1150型缠丝机基本构造如图4-115所示。

CSJ1150 缠丝机主要技术参数表 表 4-8

项　　目	参　　数
缠丝方法	连续缠丝
缠丝方向	上坡或下坡
适用钢丝	圆形和 S 形镀锌钢丝
缠丝张力	最大 3200N,张力实时显示可调
同时缠绕钢丝数量	2 线
储丝轮最大容丝量	350kg ×2 个储丝轮,缠绕 ϕ1073mm 主缆约 8.5m
适应主缆直径	ϕ700mm ~ ϕ1150mm
跨越主缆索夹长度	最大 3800mm
缠丝转速	0 ~ 20r/min
缠丝速度	0 ~ 160mm/min
进给方式	四齿条传动
移动方式	2 台前端机架上的卷扬机牵引自行,钢丝绳长度为 60m
整机行走速度	1.2m/min,50Hz
倾角	0 ~ 30°
整机外形(长×宽×高)	11.2m ×3.3m ×4.2m
整机设备的总功率	55kW
整机设备的额定电流	83A
整机重量	约 19000kg

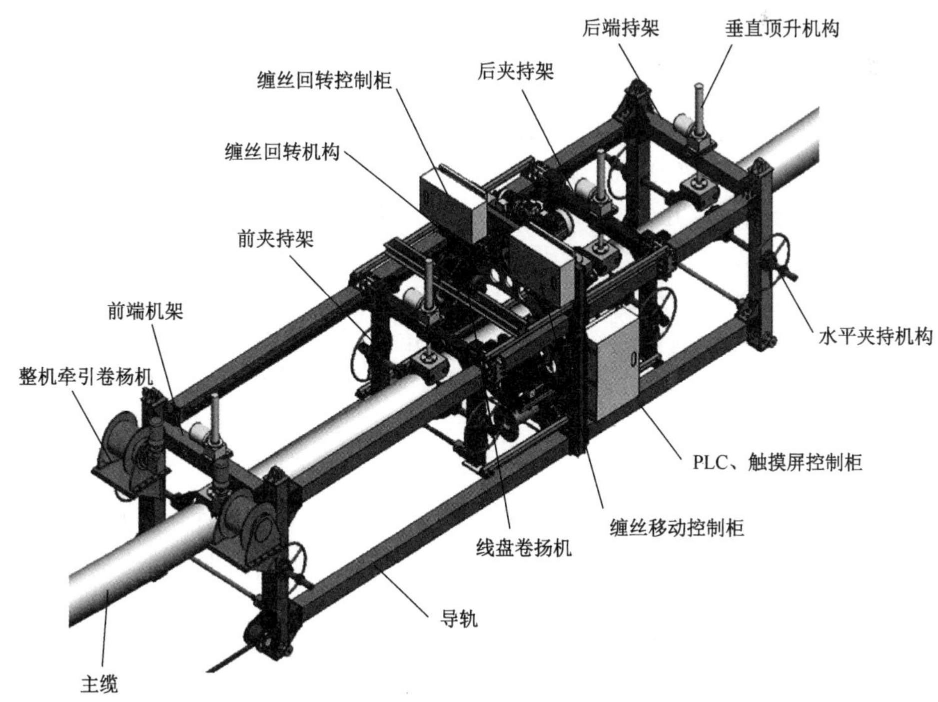

图 4-115　CSJ1150 型缠丝机基本构造图

4)缠丝机安装

缠丝机采用从下往上的方向进行缠丝,每条主缆上布置2台缠丝机同时进行作业,即在单根主缆的主跨上2台缠丝机从边跨散索鞍处向主塔处缠丝,边跨缠丝完成后,拆除缠丝机转移至中跨跨中处进行安装,主跨跨中分别向东、西塔方向缠丝。缠丝机的初始安装位置在边跨散索鞍处和主跨的跨中的底部主缆上,由于缠丝前钢箱梁已经贯通,具备了通车条件,故可将缠丝机布置于边跨下方和主跨跨中,通过25t汽车起重机往主缆上吊装。

5)缠丝试验

缠丝机上缆安装并调试完毕后,在进行缠丝前应进行缠丝试验。缠丝试验的试验段选在锚碇前两个索夹的一个节段间进行,主要检验缠丝机性能、缠丝张力及焊接强度,并确认达到以下标准:缠绕钢丝密匝、平整,S形钢丝相互之间咬合紧密,符合设计及规范的要求;缠丝时,无重叠缠绕、交叉缠绕(乱丝)的现象;缠丝表面光滑;确保焊接焊点的剪切强度在缠绕钢丝的导入张力之上。

6)紧缆钢带切除及主缆表面清理

紧缆钢带切除与缠丝作业同步,在缠丝机前及时切断主缆紧缆钢带。在切断时,钢带有弹跳伤人的危险,因此,必须要2人进行作业,其中1人按住箍带以防弹跳。主缆清洗从主缆低端开始,先用硬板刷或其他清扫工具(以不会刷坏主缆钢丝表面镀锌层为准)除去主缆表面的灰尘等杂物,然后用清洁布蘸清洗溶剂沿同一方向擦拭,除去表面油污,直至清洁布上无明显污迹为止。对于主缆钢丝有锈迹的地方,采用钢丝刷刷除锈迹,然后用富锌漆涂装修补。需密封的孔洞、凹陷和狭小部位,应当用管式清洁条蘸清洗溶剂进行清洗。不允许清洗溶剂在涂装表面上自然干涸,同时清洗表面应当始终大于涂装表面。

4.4.3.2 缠丝时间及张力确定

根据工期安排,采用“先缠丝后铺装”的工序进行。根据我国目前已修建完成的多座悬索桥的施工经验,悬索桥“先缠丝后铺装”的施工工艺已经非常成熟,在悬索桥主缆张力达到二期恒载的80%左右时,可以提前开始缠丝。

故坭洲水道桥及大沙水道桥主缆缠丝施工拟定在钢箱梁吊装完成后进行。通过采取提高缠绕钢丝张力,可以保证缠丝施工质量。对于提前缠丝,缠丝张力要保证在任何情况下缠绕钢丝圈对主缆表面压力大于零,因此缠丝张力的确定至关重要。根据设计文件明确规定,如需在桥面系施工前进行缠丝,要由监控单位根据各个构件的实际重量,重新计算缠丝张力和索夹螺杆安装夹紧力。设计初定缠丝张力为2.5kN,最终实施的实际调整缠丝张力为2.8kN。

4.4.3.3 缠丝顺序及范围

主缆缠丝方向总体按照自下而上进行,两个索夹之间自低到高进行。投入4台缠丝机,上下游同时进行,先进行边跨缠丝,再进行中跨缠丝。主跨从跨中向两岸主塔方向缠丝,边跨从散索鞍向主塔方向缠丝。

缠丝范围为缠丝作业在两个索夹之间进行,其余非缠丝区段根据设计图纸采用主缆非缠丝区的涂装要求进行防腐涂装;主缆缠丝机能够进行整个索夹节间的缠丝作业,无须进行手动缠丝辅助。

4.4.3.4 主缆缠丝施工工艺

主缆缠丝施工工艺主要包括以下 3 个方面内容：

1)机械缠丝

正式缠丝前,先机器调整好缠丝与走行的速度匹配关系,同时缠丝张力调整到所需数值,并确保能够可靠显示。缠丝以两个索夹间的节段进行,各节段重复相同的作业,索夹间一个节段机械缠丝流程如图 4-116 所示。

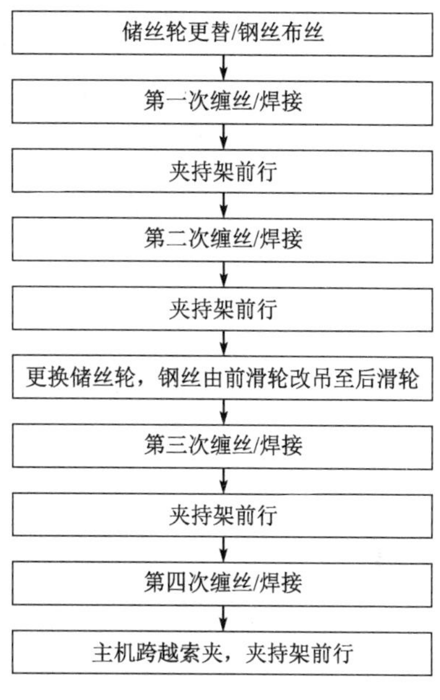

图 4-116 索夹间一个节段机械缠丝流程图

在索夹间的一个节段内机械缠丝总体操作步骤如下：

(1)缠丝机前后移动支架紧靠前后端机架,缠丝头(回转机架)前端紧靠索夹下端面,缠丝机通过手拉葫芦与索夹固定。安装储丝筒,前出丝轮出丝在索夹下端面开始起始段缠丝。

(2)当缠绕钢丝长度达到 1m 左右时,焊接钢丝并打磨;继续缠丝至后夹持架时,停机并焊,打磨钢丝。

(3)松开机架与主缆之间的夹紧装置,缠丝机处于行走模式,卷扬机牵引机架后移,缠丝齿圈相对主缆静止不动(行走齿条向前拨动),就位后固定机架。

(4)当储丝轮剩余钢丝 6 圈左右时并焊钢丝,剪断剩余钢丝,卸去空储丝轮;利用前移动机架挂梁更换储丝轮。

(5)机架前行。

(6)储丝轮由前缠丝轮出丝,钢丝接头与前段钢丝并焊后,继续缠丝。

(7)移动支架夹持主缆并支撑整机在主缆上,松开前后端机架与主缆夹紧机构,顶升机构千斤顶回缩,卷扬机牵引机架移动到下一索夹端部(缠丝齿圈相对主缆静止);后移动支架向上移动到夹持架中部,卷扬机牵引后机架移动并跨越索夹,再进行后移动机架跨越索夹;缠绕钢丝导入后出丝轮进行索夹区间尾端主缆缠丝、焊接。

(8)打开大齿圈活门使缠丝丝头跨越索夹后再关闭活门,进行下一索夹节间的起始段缠丝。

(9)前后端机架和移动支架交替支撑和夹持,在卷扬机牵引下是整机完成步履式跨越索夹动作。

机械缠丝如图 4-117 ~ 图 4-119 所示。

2)索夹节段尾端手动缠丝

在索夹间缠丝节段的尾端部位,缠丝机的回转系统与索夹干涉或缠绕钢丝与索夹端面接触,使缠绕钢丝本身及索夹端面的涂装损伤,为此,在靠近索夹端面的位置,停止机械缠丝,剩余部分手动缠丝。使用紧线器和夹具等专用工具进行手动缠丝,按以下步骤施工:用铝热焊剂焊接机械缠丝端部和手动缠丝节段的起始点。焊接后,用缠绕钢丝在主缆上缠绕一周,用紧线器收紧后焊接。多次重复以上作业,使钢丝紧密地缠绕至索夹端面。

如图 4-120 所示,在手动缠丝之前,对机械缠丝部进行焊接,然后使缠丝机回转出手动缠丝所需长度。在焊接缠绕钢丝端部时,为了防止焊渣烧损主缆及索夹表面,需用玻璃纤维布进行保护。

图 4-117　机械缠丝总体

图 4-118　前出丝缠索夹根部(上端部)

图 4-119　后出丝缠索夹根部(下端部)

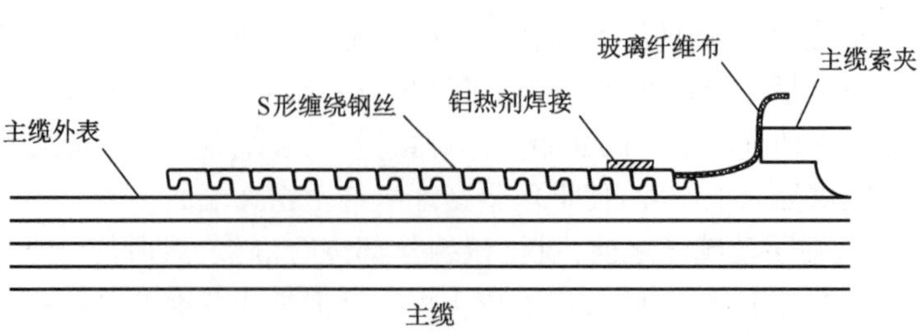

玻璃纤维布
主缆索夹
S形缠绕钢丝
铝热剂焊接
主缆外表
主缆

图 4-120　缠绕钢丝焊接对主缆丝股的保护方法

3)缠绕钢丝的焊接

焊接采用铝热焊剂焊接(简易的焊接器物),在缠绕钢丝的焊接处安装模具,在模具内充填药剂,用点火用的焊枪点火熔融即可。

(1)焊点布置

缠绕钢丝的连接是将相邻的钢丝以铝热焊剂焊接的方式进行连接接头处理,索夹间一个节段内的缠丝焊点布置如图4-121所示。

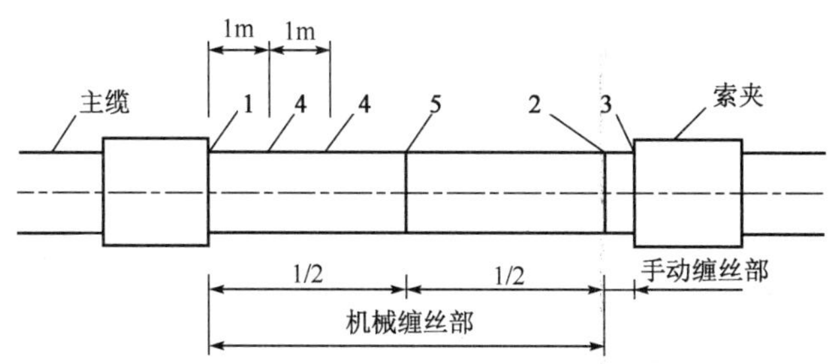

图4-121 索夹间一个节段缠丝焊点布置图

1-机械缠丝起始端部;2-机械缠丝尾端部;3-人工缠丝部;4-一个节段区间内;5-缠丝连接部

(2)焊点数量

各焊点位置的焊接数量如图4-122所示。

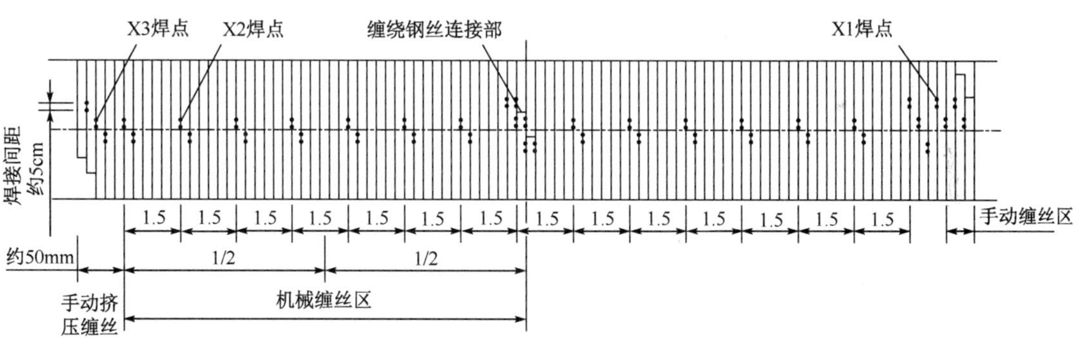

图4-122 索夹间一个节段缠丝焊点数量图(尺寸单位:m)

为了移动夹持架或滑轮,当临时停止缠丝时,迅速地进行X3处的焊接。如果此类临时停止部位的焊接在1.5m间距附近时,此处1.5m间距的焊接可不焊。

(3)焊点处理

如图4-123所示,焊接采用铝热焊剂焊接,在缠绕钢丝的焊接处安装模具,在模具内填充药剂,用点火用的焊枪点火融透即可。铝热焊点截面(图4-124)呈小丘形,小丘的顶部用砂轮机磨除余高,保留1mm以上的焊高。在储丝轮钢丝快绕完时,将接头点焊接,切除多余钢丝。更换储丝轮并焊接头。

(4)缠绕钢丝连接部位的处理

在储丝轮钢丝即将绕完时,将接头点焊接,切除多余钢丝。更换储丝轮并焊接头。图4-125为钢丝连接部位处理示意。

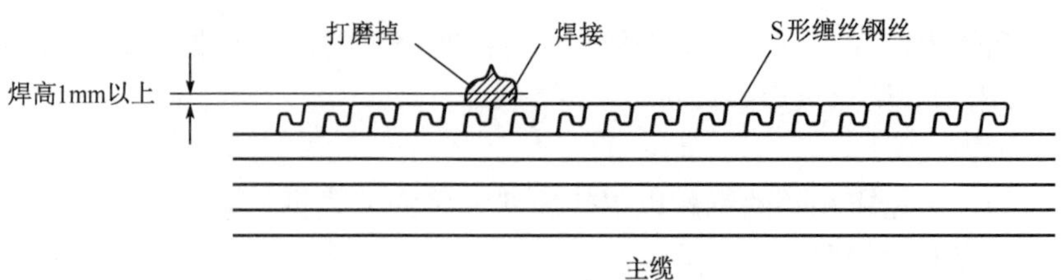

图 4-123　焊点处理

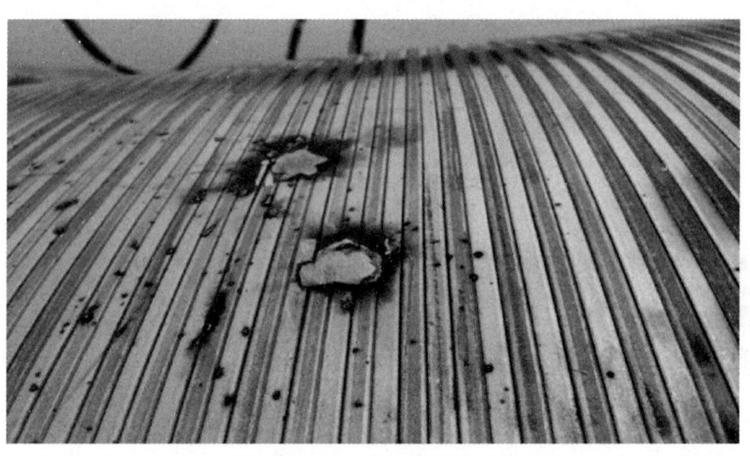

图 4-124　缠丝焊点

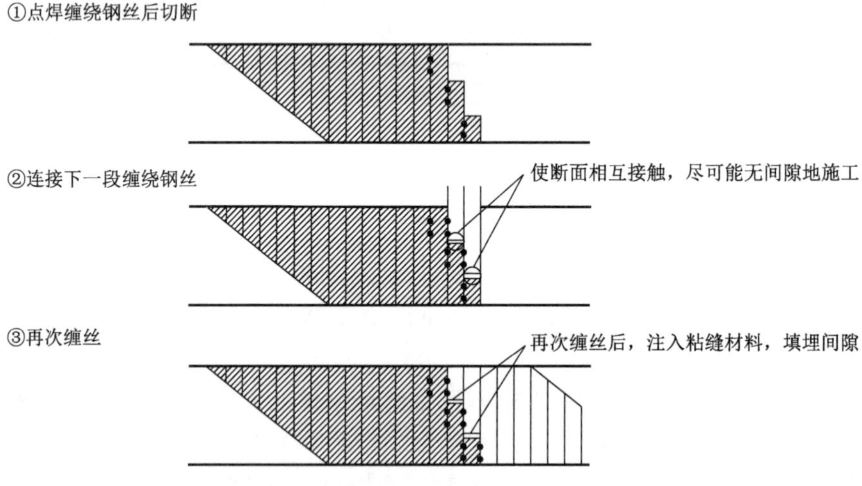

图 4-125　钢丝连接部位处理示意图

4.4.4　实施体会及优化建议

通过以上的具体实施过程,根据实施体会,给出以下优化建议:

(1)当缠丝机上缆安装完以后,进行缠丝前需要对缠丝张力进行标定(图4-126),标定需要用到推拉力计和相关软件,缠丝过程中油压不稳定或者经常断丝,需及时找出原因及时处理。

图4-126　标定缠丝拉力和油压

(2)缠丝作业分为前端缠丝(图4-127)和后端缠丝(图4-128),从索夹处开始缠丝时进行后端缠丝,在缠丝至下一个索夹前进行后端缠丝,主要是为了避开钢丝和索夹的冲突。

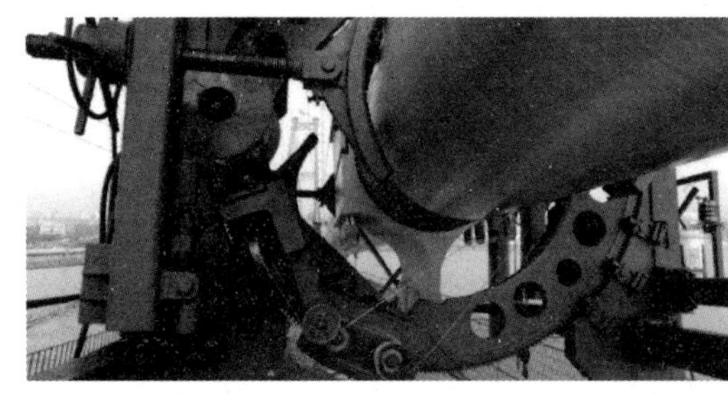

图4-127　前端缠丝走线

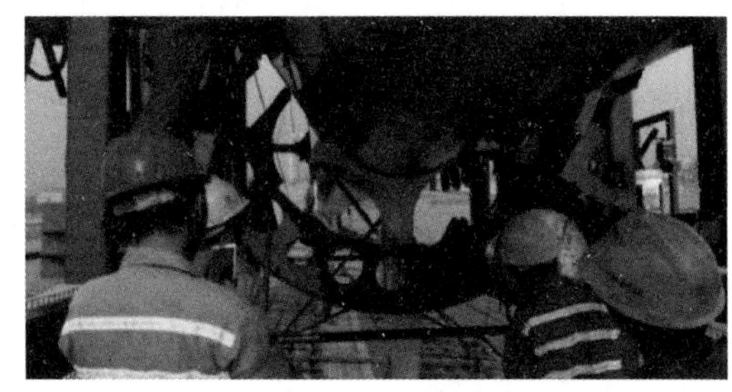

图4-128　后缠丝走线

(3)在缠丝过程中可能会出现叠丝和稀丝的情况,需要及时停止缠丝作业,将问题处理完以后方可继续缠丝。叠丝原因是缠丝速度大于行走速度导致重叠,需要调大缠丝行走速度频率,而稀丝情况则相反,是缠丝速度小于行走速度,需要调小行走速度频率。

(4)缠丝过程中由于缠丝机一直处于工作状态,一些零部件开裂受损,严重影响缠丝工效,所以在缠丝前需要将易损件多备份,防止一些构件破坏后没有备件。

4.5　除湿系统

南沙大桥坭洲水道桥除湿系统由6套空气制备站组成,共分为4类除湿区域:锚室除湿、箱梁除湿、主缆除湿、鞍室除湿。本节主要介绍坭洲水道桥的箱梁除湿、主缆除湿和鞍室除湿。

4.5.1　除湿系统介绍

4.5.1.1　除湿系统设计

除湿系统设计主要包括以下3个方面内容。

1)全桥除湿设计

全桥设计了6套空气制备站,负责钢箱梁、锚室、鞍室、主缆的全部除湿任务。其中1号、2号空气制备站负责广州侧2个锚室除湿,3号、4号空气制备站负责东莞侧2个锚室除湿和东莞侧主缆边跨除湿,5号、6号空气制备站负责钢箱梁、中跨主缆除湿,5号空气制备站还负责广州侧边跨主缆除湿。

1号、2号空气制备站设计:除湿能力10g/kg(max)、出口空气露点-7℃(min),额定处理风量2200m^3/h,全部负责锚室空间除湿。

3号、4号空气制备站设计:除湿能力10g/kg(max)、出口空气露点-7℃(min),额定处理风量2200m^3/h,其中2070m^3/h负责锚室空间除湿、130m^3/h负责东莞侧边跨除湿。

5号、6号空气制备站设计:除湿能力10g/kg(max)、出口空气露点-7℃(min),额定处理风量不小于3300m^3/h,其中2520m^3/h负责半幅桥钢箱梁的5个除湿分区、780m^3/h负责广州侧边跨和半幅桥中跨主缆的除湿。

图4-129为坭洲水道桥除湿系统总体布置,图4-130为全桥除湿系统传感器布置。

2)干空气除湿流程设计

(1)钢箱梁

钢箱梁除湿流程设计:空气制备站→底板送风U肋→调节阀→除湿区域→单向阀→底板回风U肋→空气制备站。

(2)中跨主缆

中跨主缆除湿流程设计:空气制备站→底板送风U肋→送气管道(沿吊索)→送气管道(沿主缆扶手绳)→监测通信箱→安全阀→送气夹→主缆内部→排气夹→监测通信箱→单向阀排出。

(3)广州侧边跨主缆

广州侧边跨主缆除湿流程设计:空气制备站→底板送风U肋→送气管道(沿吊索)→送气管道(沿主缆扶手绳)→监测通信箱→安全阀→送气夹→主缆内部→排气夹→监测通信箱→单向阀排出。

(4)东莞侧边跨主缆

东莞侧边跨主缆除湿流程设计:空气制备站→送气管道(沿锚室内壁)→送气管道(沿主缆扶手绳)→监测通信箱→安全阀→送气夹→主缆内部→排气夹→监测通信箱→单向阀排出。

(5)鞍室

鞍室边跨主缆除湿流程设计:空气制备站(位于钢箱梁和锚室)→送气管道→监测通信箱→安全阀→送气夹→主缆内部→缆套→进去鞍室内→监测仪表→排出鞍室。

(6)腐蚀监测设计

腐蚀监测系统用于监测主缆的腐蚀速率,检测除湿系统的湿度控制对于主缆腐蚀速率的影响,从而做到对主缆腐蚀的可知、可控、可追溯。

可知即从原来简单的湿度控制,对腐蚀的不可知变为可知;可控即原来仅限定一个湿度标准来衡量是否会发生腐蚀,而现在可监测到不同湿度下的腐蚀情况,根据腐蚀情况来合理调整湿度;可追溯即可对以前的湿度和腐蚀情况进行跟踪追溯。

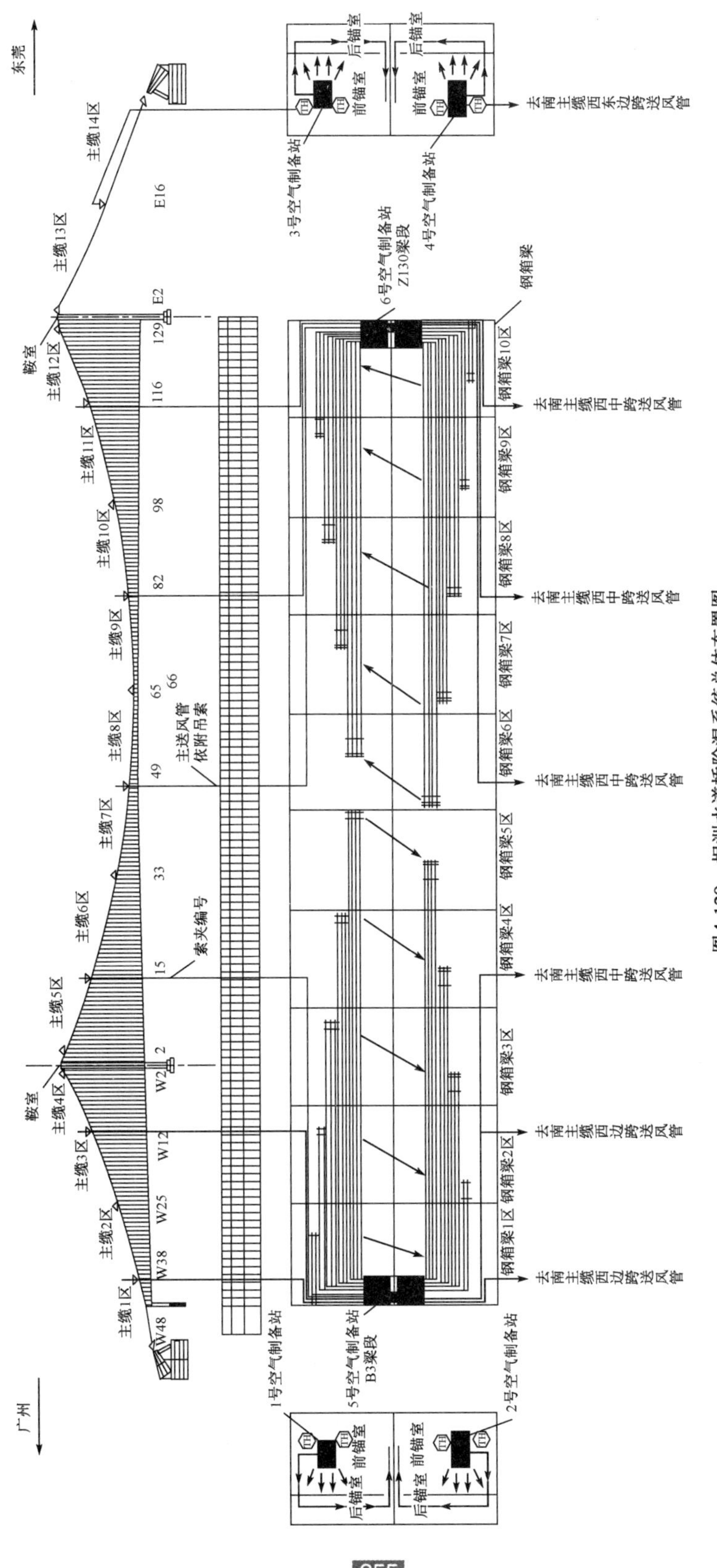

图4-129 坭洲水道桥除湿系统总体布置图

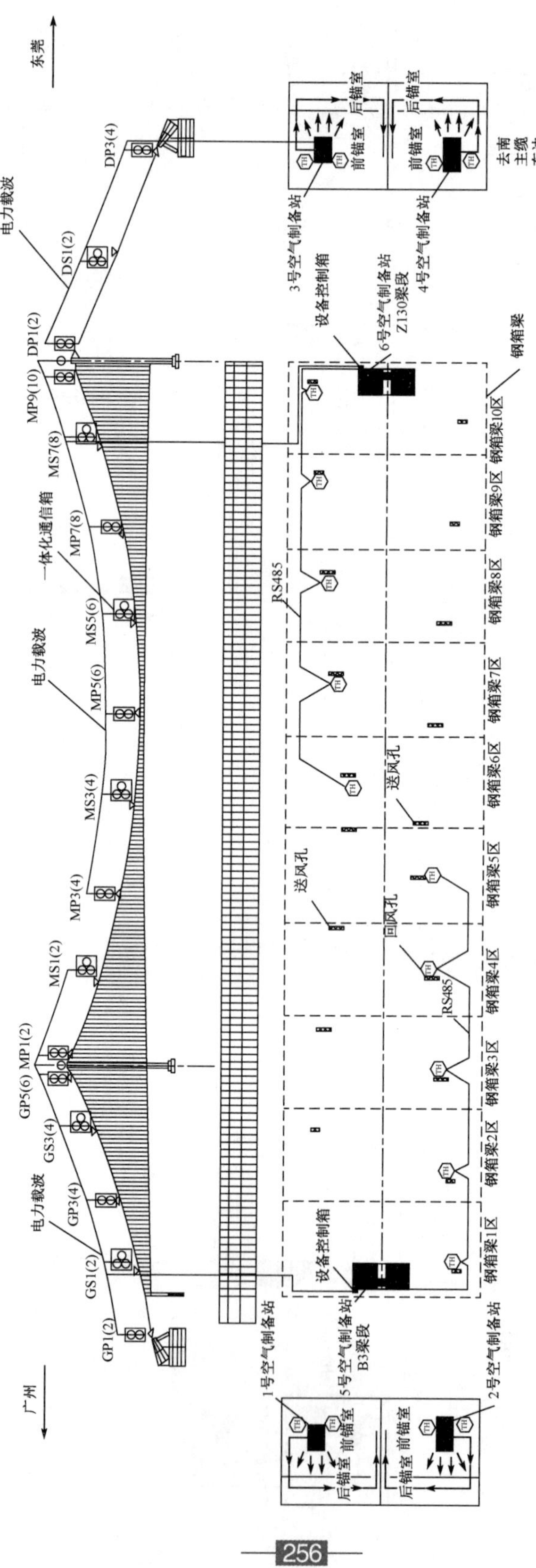

图4-130　全桥除湿系统传感器布置图

3)设计创新点

(1)一体化节能设计

本项目设计了一个全面集成化的主动防腐系统,将钢箱梁、锚室、鞍室、主缆等全部纳入除湿主动防腐中。一体化设计理念包括主缆和箱梁合并设计、钢箱梁分区独立控制、鞍室除湿复用主缆送气。

①主缆与钢箱梁合并设计,共用一个除湿设备。如此设计能有效减少设备数量,在稳定运行期间,通过模块的控制启停来控制不同区域钢箱梁和主缆的送气量。除湿的分时复用能有效降低能耗。

②鞍室除湿气体来源于主缆排气。主缆进入稳定运营期后,进入鞍室内的空气湿度低于60%,符合鞍室设计要求。运营后期靠近鞍室的排气阀关闭,干空气直接排入鞍室内,由于鞍室几乎是封闭空间,所以湿度会逐渐达到设计要求,这样设计能减少除湿设备,降低能耗。

③钢箱梁除湿区域分为10个区,其中B3和Z130梁段作为箱梁和主缆共用设备梁段,通过箱梁内空间分配和分区合理性将2个设备模块改成了5个设备模块,并通过底板U肋实现不同除湿区域的湿度独立控制。

模块A为主缆除湿模块,在粗(中、高)效过滤器前侧和高压风机区域都设置了板式换热器,对进入主缆的干空气进行降温处理;B模块与C模块负责钢箱梁第2、3分区除湿,为分区动力送风、动力回风模式;D模块负责钢箱梁第4、5分区除湿,为分区动力送风、动力回风模式;E模块负责钢箱梁第1分区的除湿,为动力送风、自然回风模式。

这些模块都能分开控制启停,这对钢箱梁内部除湿送气具有分配控制作用,待到钢箱梁中间区域内部湿度先达到设定要求并稳定,就能关掉或减少这部分区域的干空气输入,有效降低除湿设备的高负荷运转,实现节能运行。

综合上述,本项目采用集成化主动防腐系统,以及高度集成化的设备,实现了更少设备、更低能耗、更少维护、全面覆盖的目标。

(2)回风系统

南沙大桥设计了循环回风系统,通过电机回收排气夹出口的空气,然后送到除湿设备进行降温除湿,回收的空气湿度一般在60%以下,相对于室外空气湿度(80%以上)偏低很多,增加回风系统之后能有效降低除湿设备的功耗,同时也能增加除湿设备的寿命,收集回风也能达到最佳的除湿效果。

4.5.1.2 除湿监控系统管理集成

除湿监控系统管理集成具体内容主要体现在以下3个方面。

1)除湿监控系统

如图4-131所示,除湿监控系统体现“分散控制、集中管理”的核心理念,实现“密封+除湿+监控+养护”四维一体的主动防腐概念。

除湿监控系统处于核心地位,通过对密封情况的监控,对除湿设备的控制,同时将现场设备运行情况和除湿区域的温湿度数据的记录,并使用大数据库实现分析实时数据,调整实时养护措施,从而指导养护,形成闭环控制(图4-132)。

系统监控:监控箱梁、锚室和主缆温湿度情况,控制设备运行。记录各采集点数据。

数据分析:使用数据库运用大数据概念对记录的数据进行统计分析,得出设备在不同季节运行的最优参数,并自动以节能模式运行,还能分析出系统是否存在密封不严密地方。

养护措施:根据数据分析,及时调整设备运行,使之运行在最优参数下,对密封不严进行修复。完成这些养护措施后再对新条件情况进行监控和记录,从而使整个除湿防腐系统处于闭环控制。

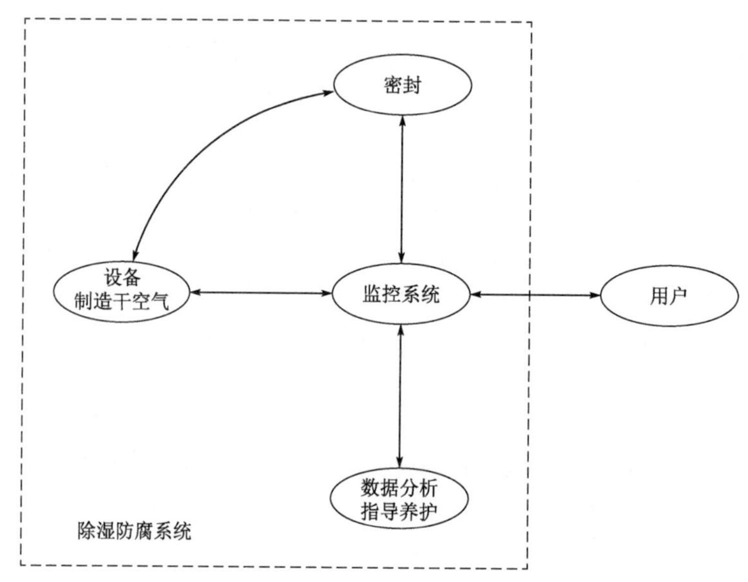

图 4-131　监控系统与其他部分交互图

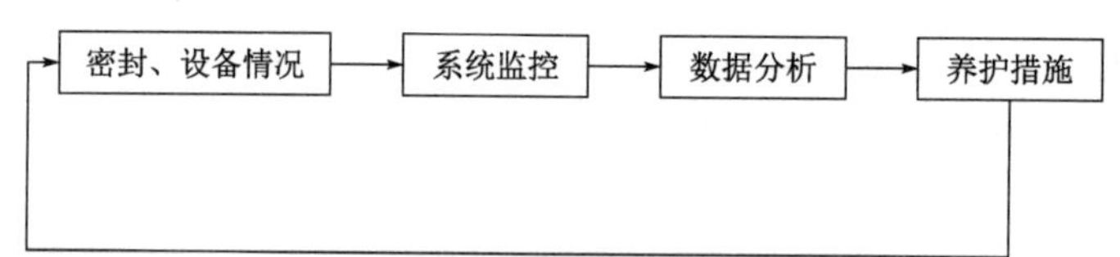

图 4-132　除湿系统闭环控制示意图

2)监控中心管理集成

主缆除湿设备主要集中于钢箱梁两端内,而数据采集设备主要沿主缆分布,控制相对集中,但采集则相对分散。系统运行要求能实现自动闭环控制,同时还要能在监控中心实现对系统的远程控制。其网络构建分为数据采集的总线网络及现场与后端的以太网络。

监控中心是整个除湿系统的核心部分,将数据库服务、Web 服务和监控软件等功能集成到一台中心服务器计算机上,中心网络也是整个系统通信的喉结。如果网络不通畅,桥区采集数据将无法传输至监控中心数据库,工作站也将无法实时查看桥区传感器的实施数据以及工作状态。所以,监控中心集成的核心内容是保证系统的稳定性。除湿系统的稳定运行也是控制能效的有效措施之一。

除湿系统的控制由基本控制、本地手动控制、本地自动控制、远程干预控制四级组成,基本控制、本地手动控制、本地自动控制由现场串口服务器和除湿设备或空气处理设备内部集成 PLC 实现,远程干预控制由后台除湿系统运行管理软件实现。

(1)本控制保证设备运行的安全性,包括火灾处理、失压处理、过压保护、短路保护等,由除湿机站设置的 UPS 负责基本控制的保障，系统根据除湿设备内部集成 PLC 采集到的设备内部的温度、湿度、气压，电流等数据进行基本控制，保证设备安全运行。

(2)本地手动控制比本地自动控制和远程干预控制优先级高，用户通过除湿设备上的人机接口选择本地手动控制模式，此时除湿设备将不接受远程控制也不执行本地自控控制指令，便于各设备及子系统调试、检查和维修。

(3)本地自动控制指除湿设备根据设置的运行模式，结合采集的温湿度、流量、压力数据对除湿机运行进行自动控制。该模式主要用于系统稳定运行后，这时系统参数及运行规律已确定，可使用本地自动控制模式。在网络异常的情况下、监控中心控制计算机与除湿设备失去联系的情况下，除湿设备可使用本地自动控制模式。

(4)远程干预控制设置在控制中心，是以中央监控网络和除湿设备监控网络为基础的网络系统，对主缆除湿系统进行监控，下达运行模式指令或执行预定运行模式，使其统一协调地运行。

3)监控软件功能

(1)数据采集模块：数据采集模块通过轮询方式访问串口服务器，获取各传感器的数据。并根据对采集的数据进行初步分析，对传感器状态进行评估，产生数据异常告警。

(2)通信模块：所有远程控制数据和实时数据，都通过通信平台模块进行传输，通信平台模块记录对各设备的操作信息。

(3)人机交互界面：系统以桥梁图片或效果图为背景，在设备所处位置显示设备图标，在图标附件以浮动窗口的形式显示该设备的运行状态、设备状态以及采集到的其他数据。图标的不同颜色标示设备的不同状态，包括正常状态、运转状态、停止状态、数据告警状态等。交互模块还提供设备控制功能，可以对系统的风机、除湿机组等进行启停操作，并提供以下 3 种操作模式：

①单独控制：对除湿机组的某个设备或某些设备进行单独控制，进行启停操作。

②关联操作：只需发出一个指令，系统自行判断需进行的多个操作，并按规定的顺序进行操作。

③预案控制：预案操作模式为自动控制模式，系统根据采集的参数和预案设置进行自动控制。

(4)联动管理：用户可以通过联动管理模块设定告警阈值，并根据不同的阈值产生不同类型的预警，还可根据阈值的触发控制预案。

如主缆湿度超过 60%，则应向用户发送湿度超限提醒。如系统运行在预案控制模式，则自动开启对应的除湿设备。

如主缆内湿度监测值都小于 40%，则进行空气处理设备停机操作；如环境湿度小于 40%，则除湿设备停机，只开启送风风机。这样可以降低除湿机的能耗。

(5)系统分析：存储服务对数据进行分类统计，提高数据统计查询访问速度，用户可以通过简单的操作查看桥上个点的湿度变化过程，设备运行状态统计(如设备启停次数、设备运行时间、过滤器各级压差变化趋势等)。提供自定义查询统计功能，用户可以根据需要自定义查询内容并用图表形式显示。这对于数据库的分析和建立有重要作用。

(6)自动报警：系统对采集来的监测数据和设备状态数据进行初步分析，并根据相关阈值产生告警。告警根据不同的等级发送至不同的用户。如一般设备故障信息发送到系统维护人员和系统管理人员手机,重要故障信息除发送到维护人员和系统管理人员手机外,还发送到相关领导手机,让领导及时知悉故障信息,快速对除湿系统维护、维修工作做出决策。这对设备长期稳定运行有重大意义,可保证桥梁湿度能尽快回复到设计水平。

4.5.2 除湿运行效果

4.5.2.1 钢箱梁湿度变化

钢箱梁除湿采用分区管理的模式。坭洲水道桥钢箱梁长度约 2.3km,全桥划分成 10 个除湿区域(坭洲水道桥钢箱梁总体积约 33.6 万 m^3),由 5 号、6 号空气制备站各负责 5 个区域的除湿。

钢箱梁湿度监测主要是指监测东莞和广州两侧各 5 个监测点的湿度,历史数据情况如图 4-133 所示。

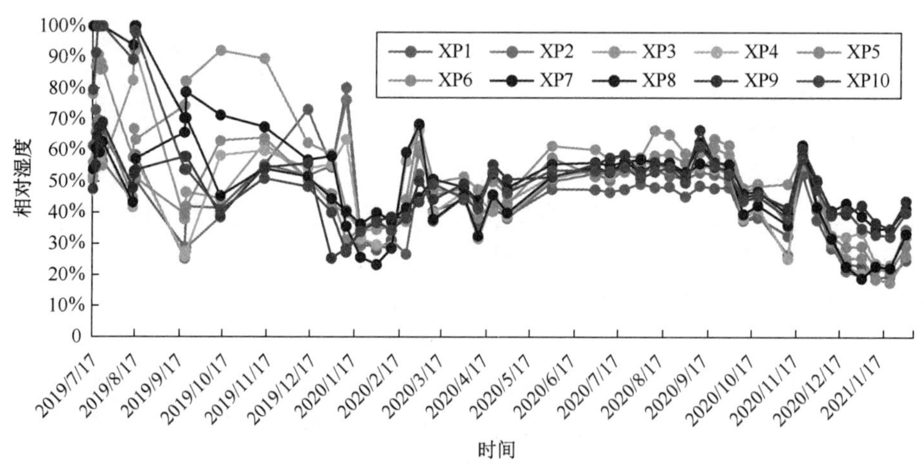

图 4-133 钢箱梁湿度变化

箱梁大部分时间内能达到设计目标湿度以下,存在少数时间湿度较高的情况。具体来说,多发生在阴雨天气,相对湿度较高,不能控制在规定湿度以内。分析原因主要为:从全桥设备运行情况来看,除湿量略显不足。设备运行率远远高于大沙桥;下雨时环境温度比正常天气时温度降低速度快。在温度下降较快情况下,绝对含湿量不变,相对湿度上升较快,导致短暂的除湿负荷需求增大。除湿机的除湿量不足以应对如此快速的变化从而导致相对湿度上升。

4.5.2.2 主缆湿度变化

主缆除湿系统运行可以划分为两个阶段:第一阶段是除去主缆内部明水,即运营初期;第二阶段是将主缆内相对湿度维持至设计标准,即稳定运营期。

目前南沙大桥坭洲水道桥除湿系统已经度过运营初期,进入稳定运营期。

图 4-134 是主缆排气夹 XP1 ~ XP10 位置湿度监测数据。

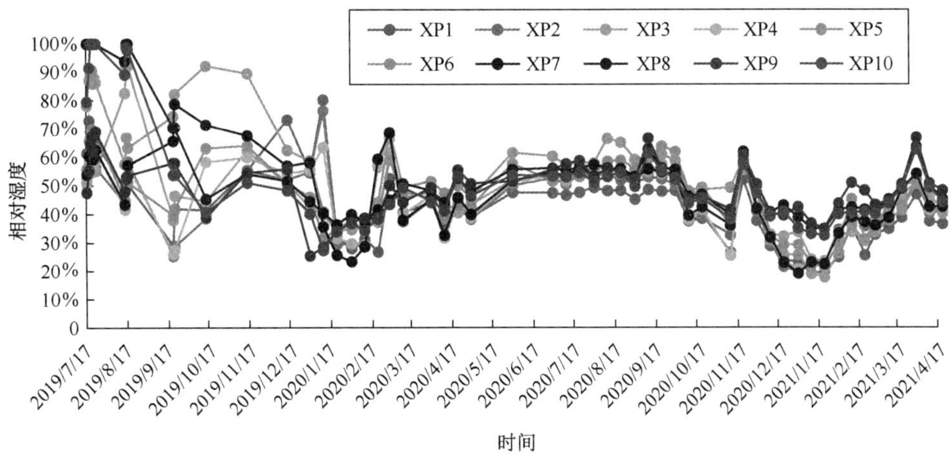

图 4-134 主缆排气夹湿度变化

10 个位置的总体相对湿度大部分时间维持在 55% 以下，主缆中部位置湿度相比两侧稍微高些。总体来说，主缆除湿系统基本满足设计要求，但是在设备稳定性、传感器的耐用性上还需要提高。

4.5.2.3 鞍室湿度变化

鞍室湿度监测主要分布在东莞和广州两侧的 4 个鞍室内，分别是东莞侧上游鞍室湿度、下游鞍室湿度，以及广州侧上游鞍室湿度、下游鞍室湿度。

图 4-135 是鞍室位置湿度监测数据，图 4-136 是广州侧鞍室与附件排气夹湿度对比。

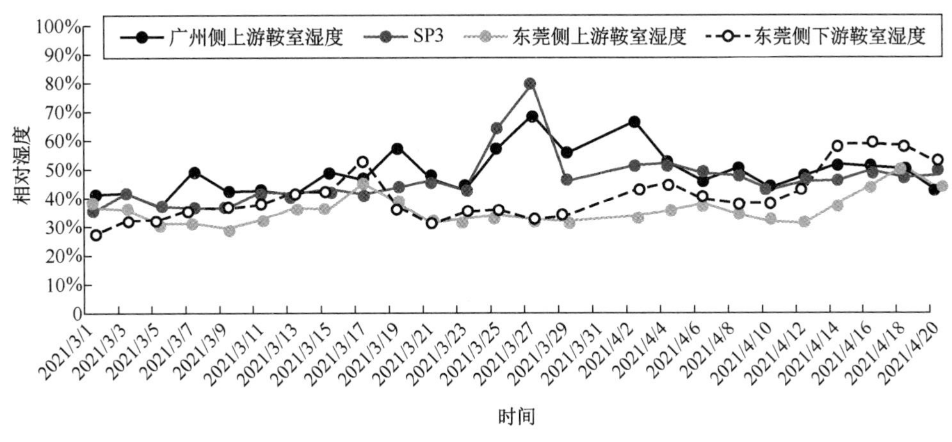

图 4-135 鞍室湿度变化

根据以上鞍室湿度数据分析，得出如下结论：

鞍室没有安装除湿机，是钢箱梁除湿设备通过主缆送干空气到鞍室内除湿，稳定运行虽然基本满足相对湿度≤55%，但鞍室湿度受主缆影响，变化规律与主缆的湿度变化规律一致，主缆的湿度超标也会导致鞍室的湿度超标。

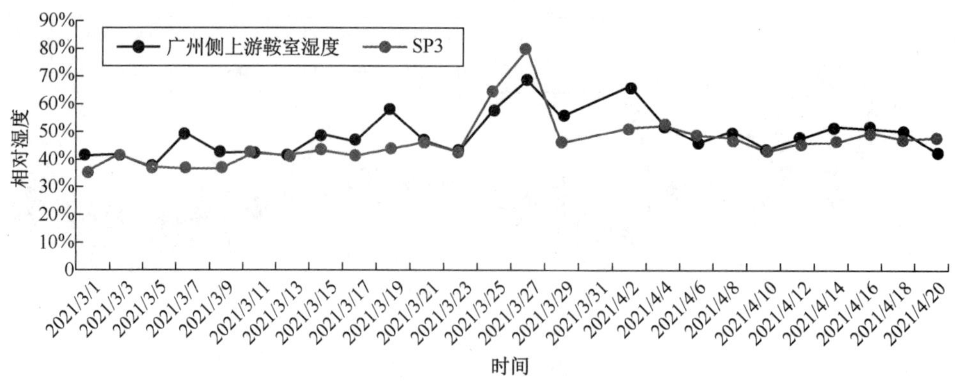

图 4-136 鞍室与排气夹湿度对比

4.5.3 实施体会与优化建议

4.5.3.1 除湿系统总结

南沙大桥坭洲水道桥除湿与缆索防护一体化系统联合设计，是一个全面集成化的主动防腐系统，将钢箱梁、锚室、鞍室、主缆等全部纳入除湿主动防腐中。本项目主要设计理念包括主缆和箱梁合并设计、钢箱梁分区独立控制、鞍室除湿复用主缆送气，并采用高度集成化的设备设计，实现更少设备、更低能耗、更少维护、全面覆盖的目标。

主缆除湿系统的目的是除去主缆内的水分，并维持缆内干燥环境。为实现这两个功能，必须消耗大量能源。除湿设备耗能主要发生在除湿、降温和送气 3 个环节。

(1)除湿环节。本项目推荐的是蒙特品牌的 ML 系列除湿机，这是同等风量条件下效率最高的机型，也是单位耗能最低的机型。除湿机的能耗是可调的，但结果是除湿量下降，因此，调节除湿机能耗实际上是调节相对湿度的标准，比如从 40% 上升到 50%，能耗会降低 15%，所以在稳定运行期间只要主缆的排气相对湿度低于 55%，就满足设计要求。在这个基础上再降低单位湿度所带来的能源消耗都将大大增加，但是腐蚀却几乎没有降低。因此，实际控制更低的湿度经济性并不好，能耗大。

(2)降温环节。对送气温度的限制越多，降温的能耗越大。这一部分的取值在国际上有较大分歧，日本可以接受 50℃，欧洲则可以接受 60℃。本项目初步设定为 50℃，是较高标准。但这一温度是随大气温度变化的，降温多发生在高温时刻，广州夏季外界气温较高，可达 35℃，受太阳辐射的金属表面甚至高达 70℃。此时限制送入主缆的温度低于 50℃，势必造成局部降温，对主缆的除湿没有多大的效果，做了无用功，浪费了设备的能耗。因此，建议将此温度设定在 55 ~ 60℃之间。

(3)送气环节。这部分的耗能主要是由管道特性和送气量决定的，管道已经确定，无法改变，送气量却可以减小。本项目设计给出的送气量为 $60\text{m}^3/\text{h}$，如果在主缆干燥以后，以一半的送气量维持，则送气环节和除湿的能耗都会下降，节约 40% 左右。

除湿监控系统体现“分散控制、集中管理”的核心理念，实现“密封 + 除湿 + 监控 + 养护”四维一体的主动防腐概念。使用数据库运用大数据概念对记录的数据进行统计分析，得出设备在不同季节运行的最优参数，通过控制各个模块对除湿机组的某个设备或某些设备进行单独控制来进行启停操作，对湿度达到设计要求的区域减少或暂停送风，从而降低除湿机的能耗。

各个区域的湿度变化总结如下：

(1)锚室除湿系统整体运转状况良好，在进入稳定运营期后，锚室内相对湿度稳定控制在45%以下，满足设计标准。

(2)钢箱梁除湿系统整体运转状况良好，在进入稳定运营期后，钢箱梁内相对湿度大多稳定控制在50%以下，基本满足设计标准。坭洲桥的箱梁体积几乎是大沙桥箱梁体积的2倍，因此，在相同的湿度控制指标情况下，坭洲桥的除湿设备使用率高于大沙桥。

(3)主缆除湿系统整体运转状况良好，在进入稳定运营期后，主缆内相对湿度稳定控制在55%以下，满足设计标准。

综上所述：南沙大桥除湿系统处于稳定的运行状态，并能基本保证各个除湿区域的湿度达到要求。

4.5.3.2 除湿系统节能展望

对除湿系统节能的展望主要包括以下8个方面。

(1)箱梁除湿节能：箱梁内部温度受光照影响较大，钢箱梁内部温度变化范围大，最高可达70℃。并且由于呼吸效应的影响，大量外部高湿度空气进入钢箱梁，这样钢箱梁除湿就不是密闭内循环除湿，除湿机一直处于高能耗状态，除湿效率较低。提高能效的措施如下：

①定期检查钢箱梁保证其密封性，尽量降低和外界空气的交换量。

②防止明水进入箱梁内部。

③通过增加降温设备冷却再生风口进风来提升除湿效率，能降低能耗提升能效比。

④在钢箱梁内部温度过高时，对除湿机进行降温处理，能有效提高除湿机的能效比。

(2)主缆除湿节能：主缆除湿采用开放式设计，初期为了尽快除去主缆内部因为施工带入的水分，可以降低送风湿度和增加送风量。在稳定运营期时，主缆湿度达到设定标准之后，可以采用降低主缆送气量或间断式工作模式来降低能耗。

(3)鞍室除湿节能：鞍室没有安装除湿机，是钢箱梁除湿设备通过主缆送干空气到鞍室内除湿，除湿效果容易受到主缆内部的湿度影响，波动较大。因此，鞍室建议安装一台小型转轮除湿机，冷冻除湿在环境温度比较低的情况下使用效果不是太好(一般要求环境温度>10℃，否则蒸发器容易结霜)。

(4)对除湿机进行定时的检修和清洗，清除除湿机上的灰尘，检查转轮密封性；加强除湿机与外界的换热，提升除湿效率。

(5)优化回风系统，确保能回收更多的中高湿度的气体来并入除湿设备中，从而降低除湿机的能耗，提高除湿效率。

(6)将除湿机合格率、故障率和能耗合并到除湿监控系统内，优化大数据库分析能力，提升监控数据中心处理能力。保证除湿机能长期稳定运行，对于除湿机出现的故障及时维修，这样也能有效控制除湿机的能耗。

(7)通过数学建模，重点对主缆的空间建模技术进行研究，选取边界条件，通过计算机技术,模拟实际状态,并指导试验平台的构建。建立主缆模型,并参照实桥进行紧缆、密封及安装索夹,通过对送入的不同空气状态参数选择,对比进入主缆与排出主缆的空气状态。对计算机模型的数据进行调教,实现计算与试验的吻合,得出计算的半经验公式和最佳经济运行状态的送气量。

(8)对吊索进行密封性专题分析,并验证吊索密封性试验;对特殊部位进行加固处理,务必保证吊索密封性,通过极低能耗的干空气系统,维持吊索内持久干燥的环境,确保在疲劳损害之前不会发生腐蚀损害。

4.6 小　　结

本章介绍了南沙大桥项目两座大跨径悬索桥主缆及索夹吊索的工程概况、施工流程和建设难点,结合牵引系统设计安装、猫道设计、索股架设、紧索夹与吊索安装、主缆紧缆与缠丝等关键工序的施工全过程,分析问题难点,并提出了相应的质量保证措施以及具体的应用效果。本章内容以“问题”为导向,系统全面地对悬索桥的缆索系统的安全施工和施工质量进行了针对性研究,其中的施工技术措施和质量保证对策,既确保了缆索系统施工的安全,又提高了缆索系统施工的质量,可为类似工程提供关键技术支持。

第 5 章　钢箱梁安装过程质量控制方法

5.1　总体概况

5.1.1　概述

两座悬索桥加劲梁均为钢箱梁结构(图 5-1),全宽 49.7m,高 4m,顶板宽 40.6m,风嘴宽 2.1m,平底板宽 31.3m,斜底板宽 6.7m。风嘴外侧设置宽 1.5m 检修道和 1m 宽导流板,吊索顺桥向标准间距为 12.8m。检修道和导流板用于优化钢箱梁气动外形,不参与钢箱梁受力,仅承受自身重量及行人荷载,并在顺桥向梁段间设置 20mm 分隔缝以适应变形,该部分与钢箱梁同时加工、架设。平底板两边设置检查车轨道及轨道导风板。坭洲水道桥全桥钢箱梁共 11 种梁型,共计 176 个钢箱梁节段,标准梁段共 161 片。大沙水道桥全桥共有钢箱梁段 94 榀,标准节 88 片,最长梁段为 E 类,重量为 347.6t。

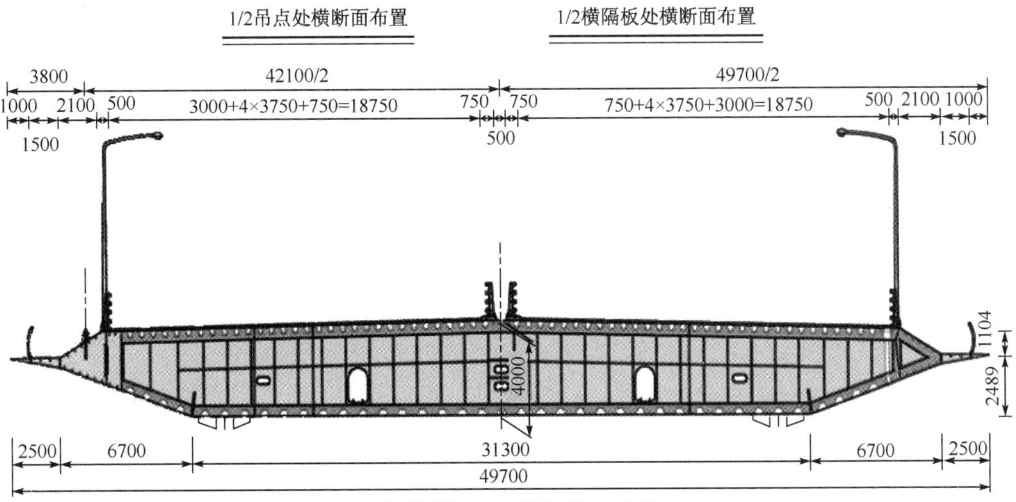

图 5-1　钢箱梁标准横断面图(尺寸单位:mm)

坭洲水道桥钢箱梁节段表和大沙水道桥钢箱梁节段表分别见表 5-1 和表 5-2。

坭洲水道桥钢箱梁节段表　　表 5-1

类型	A	B	C	D	D′	E	F	G	H	I	J
梁段编号	B1	B3～38 Z6～130	B41、B42 Z2、Z3	B43	Z1	T1	B40 Z4	Z131	T2	B2	B39 Z5
梁长(m)	8.9	12.8	12.8	9.2	9.2	7.2	12.8	12.8	9.7	12.8	12.8
数量(段)	1	161	4	1	1	1	2	1	1	1	2
吊重(t)	324.5	267.3	374.2	232.7	244.6	235.7	294.0	303.5	305.4	306.6	292.3

大沙水道桥钢箱梁节段表 表 5-2

梁段	A	B	C	D	E	F
梁长(m)	8.8	12.8	12.8	8.8	14.4	12.8
梁段重量(t)	290.4	267.3	285.1	290.4	347.6	308.9
数量(段)	1	88	2	1	1	1
梁段编号	T1、Z1 ~ Z92、T2					
备注	无吊索梁段	标准梁段	特殊吊索梁段	无吊索梁段	特殊吊索梁段	特殊吊索梁段

钢箱梁附属结构主要包括钢箱梁约束系统、主梁检查车、除湿系统、桥面系构造等,主要构件随钢箱梁同步吊装施工。

大沙水道桥为两塔单跨悬索桥,加劲梁的约束体系在两个索塔处均设置竖向拉压支座、横向抗风支座、带纵向限位功能的阻尼装置,设置 2 台梁外检查车、2 台梁内检查车。坭洲水道桥为两塔两跨悬索桥,加劲梁的约束体系在西过渡墩和两个主塔处均设置横向抗风支座;在两个主塔处设置纵向限位阻尼装置;在西过渡墩和东塔处设置竖向抗压支座,东塔处设 A 类横向抗风支座、西塔处设 B 类横向抗风支座。在中跨、西边跨各设置 2 台梁外检查车,在钢箱梁内设置 2 台梁内检查车。图 5-2 为液体黏滞阻尼器构造图,图 5-3 为梁外检查车总体布置。

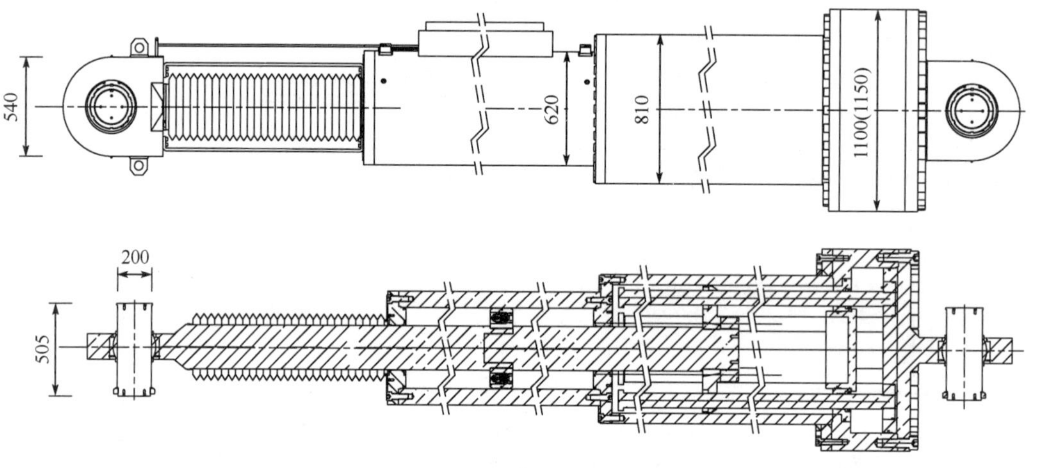

图 5-2 液体黏滞阻尼器构造图(尺寸单位:mm)

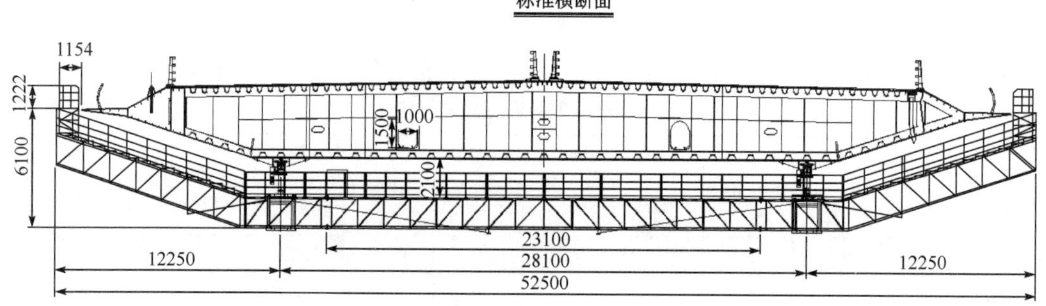

图 5-3 梁外检查车总体布置图(尺寸单位:mm)

5.1.2 钢箱梁施工工艺及流程

吊装由远塔端向近塔端进行，中跨部分由位于桥跨中心线的梁段开始，向两边对称吊装。

坭洲水道桥为两塔两跨结构，根据监控单位的计算结果，中跨吊装 Z59 和 Z75 梁段完成后，西边跨开始吊装 W2 梁段，然后边跨钢箱梁吊装与中跨同步，由过渡墩向西塔行进。

大沙水道桥钢箱梁总体吊装方案如图 5-4 所示。

表 5-3 为大沙水道桥钢箱梁吊装总体流程，表 5-4 坭洲水道桥钢箱梁吊装总体流程。

大沙水道桥钢箱梁吊装总体流程 表 5-3

步骤	图　　例
1	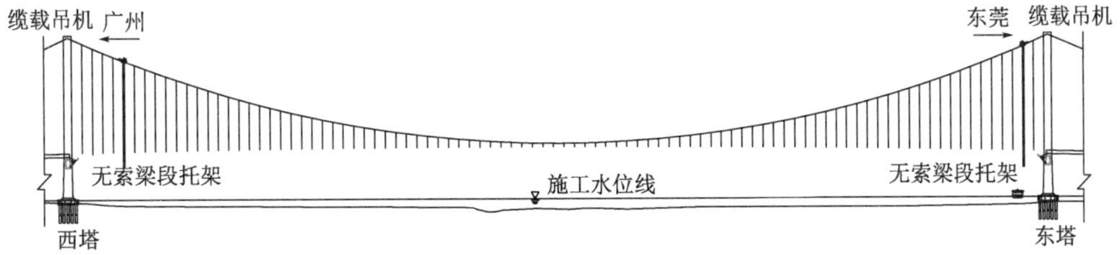 缆载吊机 广州 东莞 缆载吊机 无索梁段托架 施工水位线 无索梁段托架 西塔 东塔 搭设塔区存梁托架，在近塔顶位置拼装缆载吊机。
2	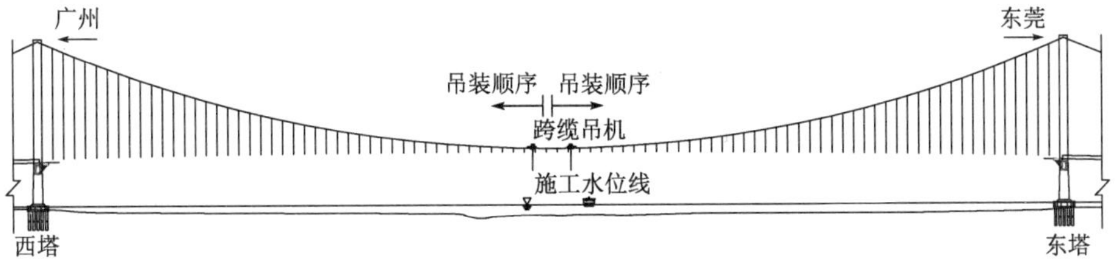 广州 东莞 吊装顺序 吊装顺序 跨缆吊机 施工水位线 西塔 东塔 1. 缆载吊机行走至跨中，自跨中向两侧依次吊装并与已吊梁段临时连接。 2. 梁段安装过程中根据监控指令顶推主索鞍。
3	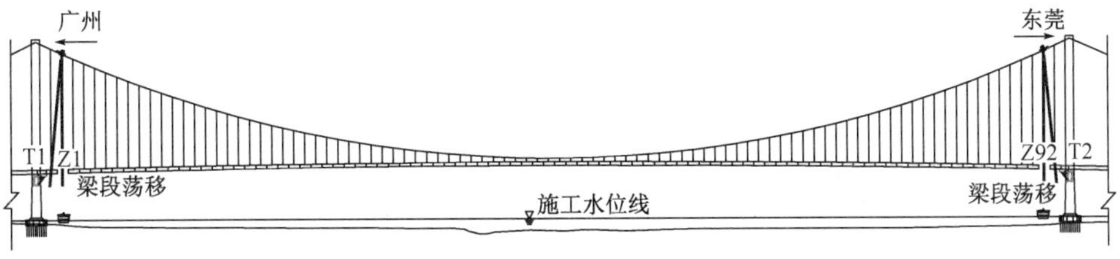 广州 东莞 T1 Z1 梁段荡移 Z92 T2 梁段荡移 施工水位线 驳船运输塔区梁段至靠近支架位置后，利用缆载吊机垂直起吊、荡移塔区梁段至支架上，并利用千斤顶调整梁段位置。
4	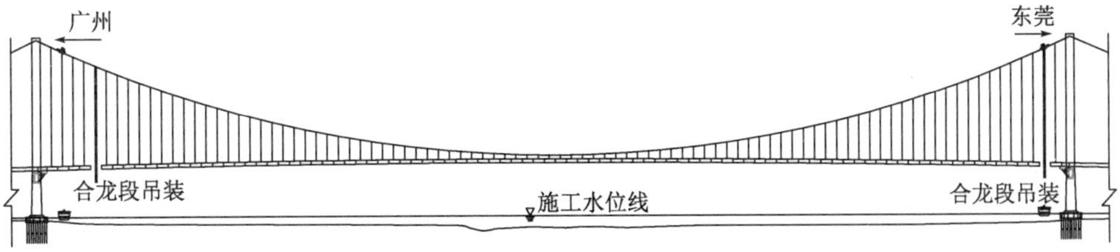 广州 东莞 合龙段吊装 施工水位线 合龙段吊装 安装外检查车，吊装合龙段，梁段焊接，安装索塔位置横向抗风支座。

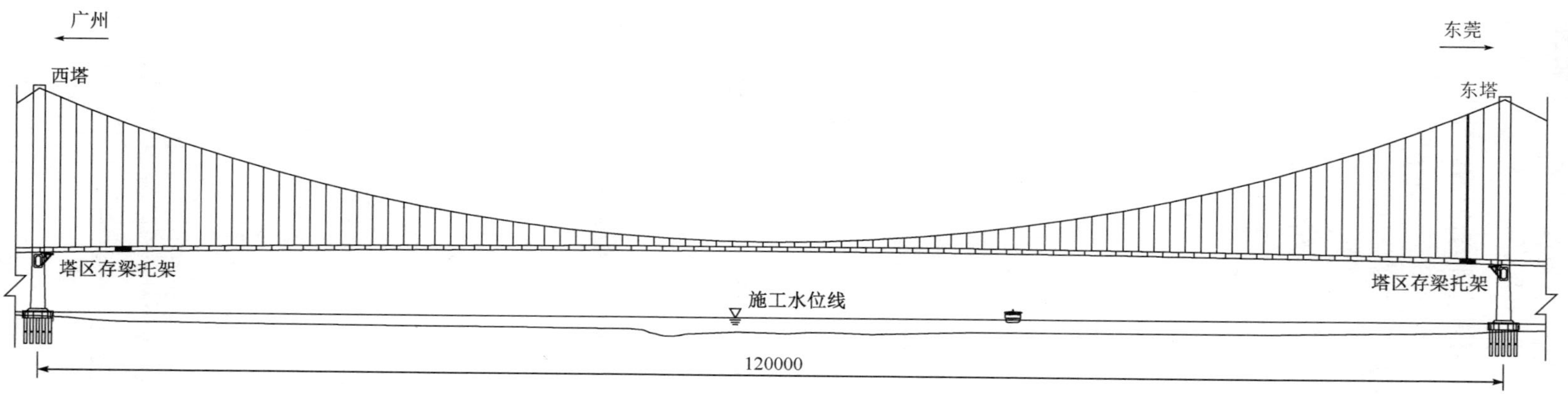

梁段位置	西塔无索区梁段	西塔附近梁段(荡移梁端)		西塔合龙段	标准梁段	东塔合龙段	东塔附近梁段	东塔无索区梁段
梁段长度(m)	8.8	14.4	12.8	12.8	12.8	12.8	12.8	8.8
梁段编号	T1	Z1	Z2~Z4	Z5	Z6~Z90	Z91	Z92	T2
梁段重量(t)	290.4	347.6	285.1	285.1	267.3	285.1	308.9	290.4
吊索情况	无	特殊吊索	特殊吊索	特殊吊索	有	特殊吊索	特殊吊索	无
吊装顺序	②			③ 合龙1	①	③ 合龙1	②	
吊装方法	缆载吊机提升、荡移至存梁支架上	缆载吊机垂直起吊，荡移就位		缆载吊机垂直起吊			缆载吊机提升、荡移梁段至存梁支架上	

图 5-4　大沙水道桥钢箱梁总体吊装方案（尺寸单位：cm）

坭洲水道桥钢箱梁吊装总体流程图 表 5-4

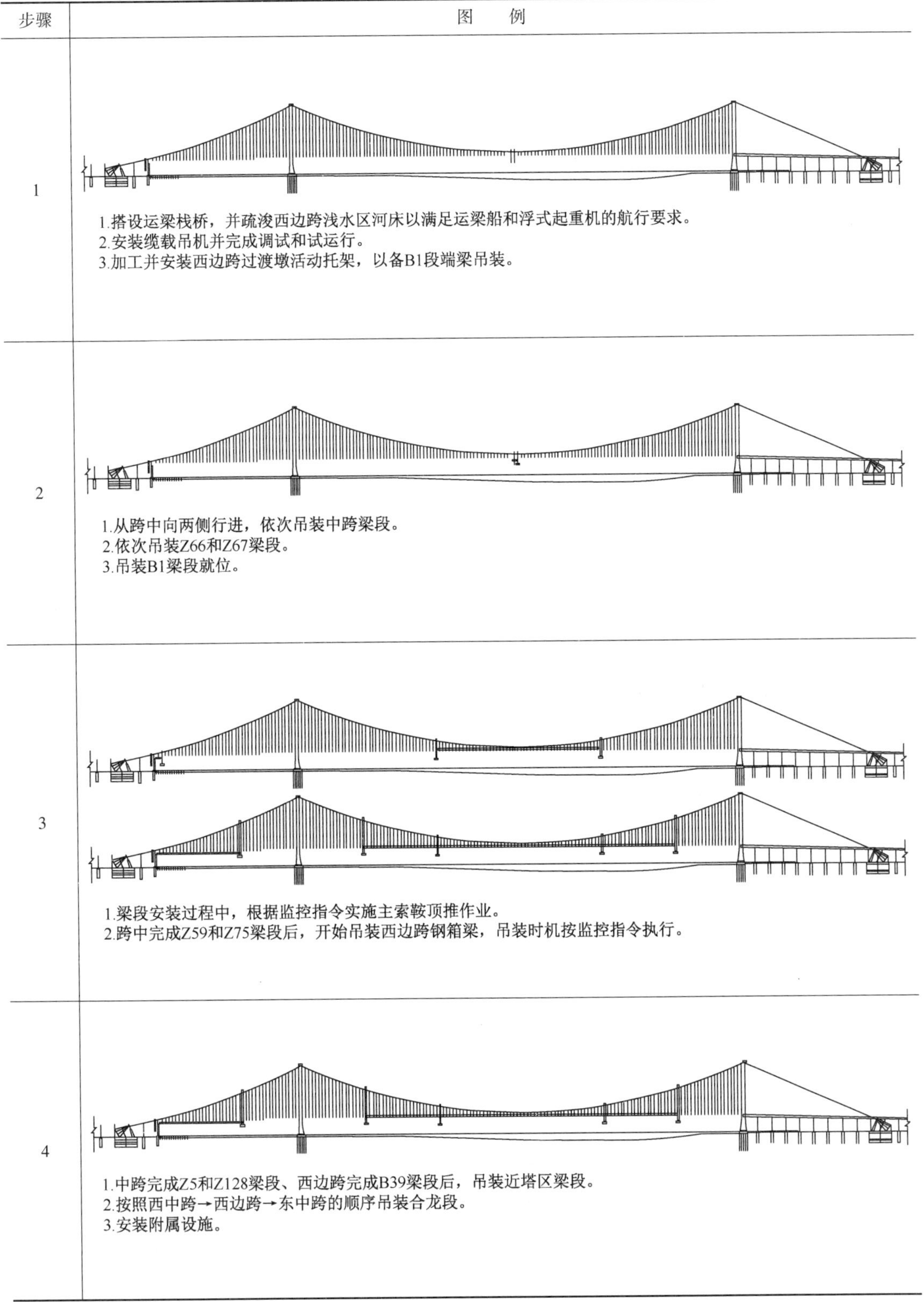

步骤	图　　例
1	1.搭设运梁栈桥，并疏浚西边跨浅水区河床以满足运梁船和浮式起重机的航行要求。 2.安装缆载吊机并完成调试和试运行。 3.加工并安装西边跨过渡墩活动托架，以备B1段端梁吊装。
2	1.从跨中向两侧行进，依次吊装中跨梁段。 2.依次吊装Z66和Z67梁段。 3.吊装B1梁段就位。
3	1.梁段安装过程中，根据监控指令实施主索鞍顶推作业。 2.跨中完成Z59和Z75梁段后，开始吊装西边跨钢箱梁，吊装时机按监控指令执行。
4	1.中跨完成Z5和Z128梁段、西边跨完成B39梁段后，吊装近塔区梁段。 2.按照西中跨→西边跨→东中跨的顺序吊装合龙段。 3.安装附属设施。

钢箱梁水中梁段吊装施工工艺流程如图5-5所示。

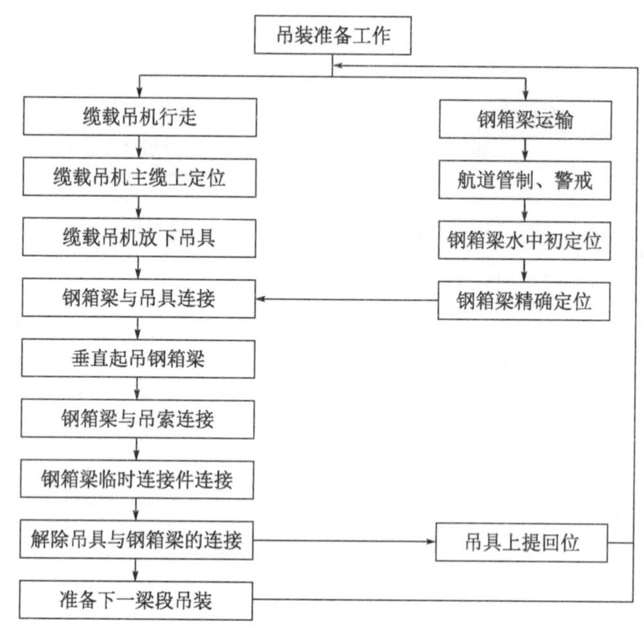

图5-5 钢箱梁水中梁段吊装施工工艺流程图

5.1.3 钢箱梁安装重难点

桥梁主跨横跨船舶来往繁忙的河道,坭洲水道桥西边跨钢箱梁位于大范围浅水区;桥位区每年夏秋容易遭遇大风、台风天气。由于本工程具有以上特点,施工中需要注意以下5个重难点:

(1)缆载吊机是钢箱梁吊装的关键设备,其设计需要综合考虑起吊速度、起吊重量、移机效率、箱梁荡移、爬坡能力、抗风设计,吊机的控制系统、机电和机械系统以及吊机结构的安全性、可靠性及工作的稳定性是保证钢箱梁吊装施工能够安全顺利实施的关键。

(2)钢箱梁吊装历时较长,部分梁段吊装跨越台风期,需要随时关注台风的生成及其路径,以保证能够提前合理安排吊梁时间和进程,同时做好吊梁期间缆载吊机抗风措施,确保吊装安全。

(3)中跨钢箱梁吊装时会部分与航道冲突。除做好航道管制外,为减少对航道的影响,需要合理安排吊梁时间,做好施工准备和机材调试,保证吊梁过程顺利,避免长时间占用航道。

(4)两座千米级悬索桥包括大沙水道桥东西塔区域浅水区梁段安装、坭洲水道桥西边跨浅水区梁段安装、坭洲水道桥近塔无索区梁段吊装、坭洲水道桥全桥3个合龙段(特别是西边跨合龙段)安装4个特殊区域的梁段安装,需要制定具有针对性的解决方案。

(5)钢箱梁吊装各阶段主缆及钢箱梁线形变化大,施工中需要对主缆和钢箱梁的线形、桥塔偏位、主缆索股张力变化等数据进行实时监控,对每个吊装阶段进行分析计算,并对后续施工进行预测和指导,以最终达到设计线形。

5.2 智能型缆载吊机

为了保证南沙大桥超宽钢箱梁的安全顺利吊装施工，本项目开展了智能型缆载吊机研制，保证南沙大桥超宽钢箱梁安装的高质量施工。

5.2.1 智能型缆载吊机的设计

单台缆载吊机主要由一个主横梁、两个主缆行走模块、两套提升索股千斤顶、液压驱动卷扬机、钢箱梁吊具、中央控制系统、动力模块、两套吊机移动索股千斤顶等部分组成。缆载吊机整体结构如图5-6所示，表5-5和表5-6分别为大沙水道桥和坭洲水道桥缆载吊机的主要性能参数。

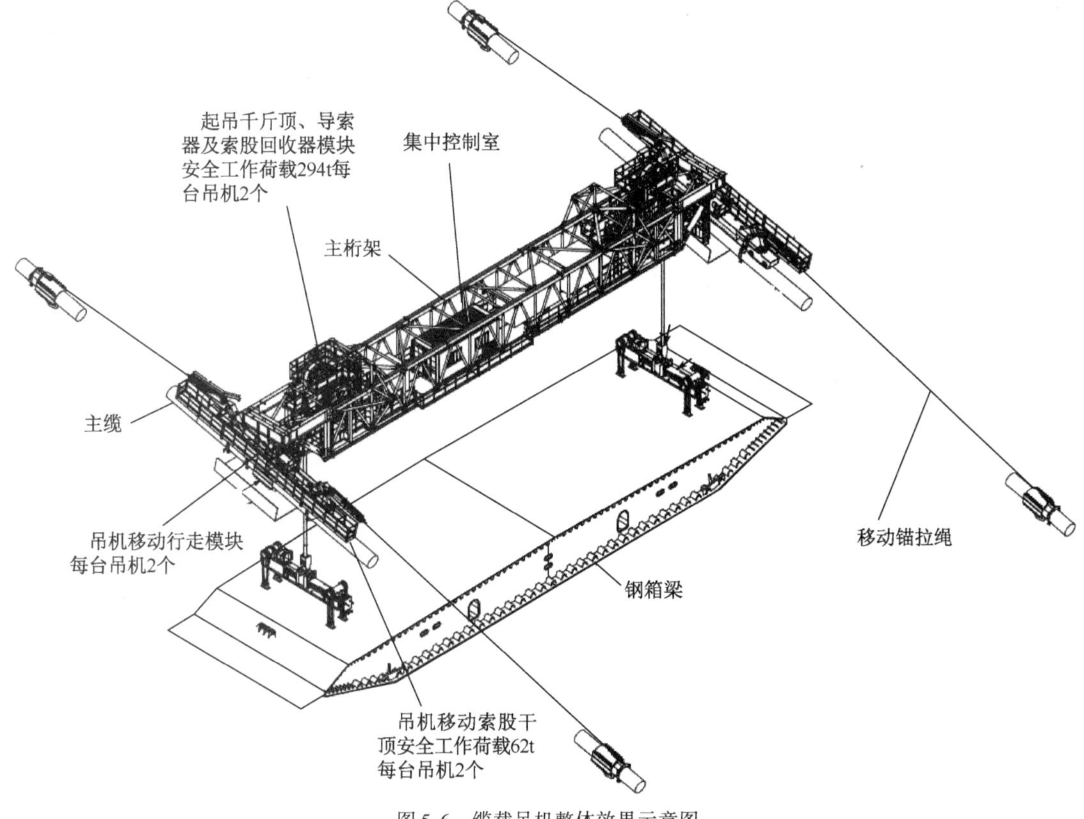

图5-6 缆载吊机整体效果示意图

大沙水道桥600t缆载吊机主要性能参数表 表5-5

主要技术性能	参　数　值
提升能力	600t
提升用索股千斤顶	2台300t
提升速度	30m/h
放索速度	30m/h

续上表

主要技术性能	参　数　值
提升索股长度	250m
总自重	160t
作用与主缆上的最大压强	$2.4N/mm^2$
最大主缆倾角	30°
缆上平均行走速度	10m/h
吊机移动索股千斤顶	2 台 108t
动力供应	柴油液压动力模块
最低工作温度	-20℃
工作状态最大风速(吊机处 3s 阵风)	六级风速

坭洲水道桥 500t 缆载吊机主要性能参数表　　表 5-6

主要技术性能	参　数　值
提升能力	500t
提升用连续千斤顶	2 台 294t
主缆中心距	42.1m
临时吊点距钢箱梁中心距离	17300mm
综合提升速度	35m/h
综合下放速度	70m/h(液压马达放线)
综合行走速度	30m/h
最大主缆倾角	26°
吊机桁架与竖直方向最大倾角	20°
吊机行走连续千斤顶	2 台 62t
最大索夹尺寸[索夹长度×高度(索夹顶点到主缆顶点)]	3510mm×220mm
动力源	电动
工作温度	-5~45℃
工作状态最大风速	20m/s(吊机平面处 3s 阵风)
非工作状态最大风速	50.9m/s(吊机平面处 3s 阵风)
电气防护等级	不小于 IP55

5.2.2　智能型缆载吊机的试验

缆载吊机在后场进行预拼装、加载模拟试验,试验相关内容如下。

1)试验目的

通过每台缆载吊机的安装质量、运行状况及加载试吊(对拉)试验,全面检查该设备的设计、加工制造及配套装置等是否达到设计技术性能及质量要求,是否满足实际施工的需求,以检验缆载吊机的整体可靠性、安全性。

2)试验内容

本次缆载吊机试验分为空载试验和加载(对拉)试验两部分。试验在专门设计的模拟主缆试验架上进行。吊机、试验架布置如图5-7所示。图5-8为缆载吊机加载试验。

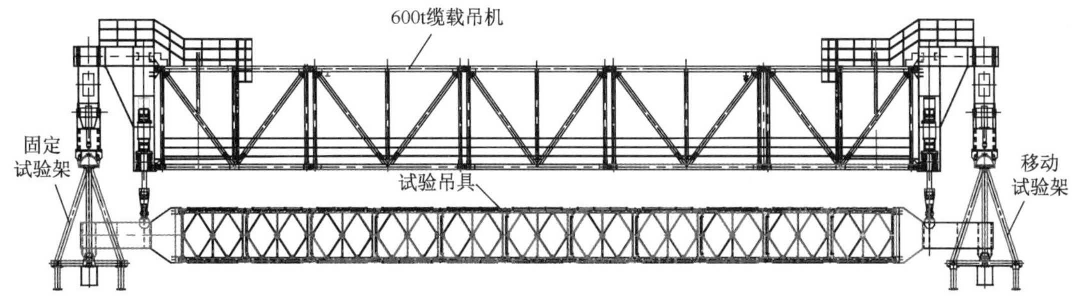

图5-7 缆载吊机加载试验布置图

图5-8 缆载吊机加载试验

3)空载行走试验

空载试验包括检测整体结构主要几何尺寸、连接件关联状况、控制系统、液压系统、整机顶升与行走状况等。

通过实测荷载转换千斤顶间距离,检测与设计安装尺寸偏差。

荷载转移千斤顶收回后,通过实测行走架底部距主缆距离,检测行走滚轮在移动时跨越主缆索夹能力。

通过实测行走机构中行走架与行走体相对滑移状况,检测行走架与行走体相对移动时是否平稳、无干涉。

通过实测行走机构机架与抱箍连接状况,检测行走机构机架与抱箍螺栓连接情况。

通过实测控制系统、液压系统工作状况,检测系统工作是否灵敏、可靠,有无渗漏。

4)加载(对拉)试验

本次加载试验按每级20% G($G=600$t)逐级递增加载,最大试验荷载为125% G。

在各级荷载下,对设定点的变形量和主要杆件的应变进行数据采集。

(1)变形量检测

①主桁结构变形检测。

在主桁结构中设置8个变形检测点,分别布于桁架中间节段和端部结构上,具体布置如图5-9所示。试验时,经逐级加载并分别测量各点变形量,检验实测变形量与结构理论计算值偏差是否满足要求。

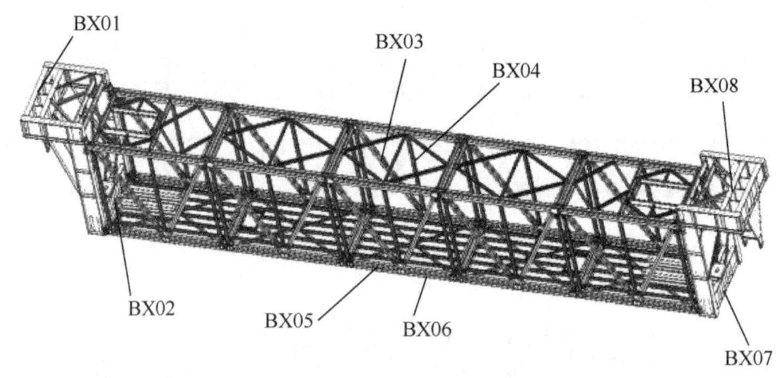

图5-9　主桁变形测点布置图

②试验吊具变形检测。

在试验吊具中设置4个变形检测点,分别布置于贝雷架中间位置(上下各一)和端部阴阳头结构上,具体布置如图5-10所示。试验时,经逐级加载并分别测量各点变形量,检验实测变形量与结构理论计算值偏差是否满足要求。

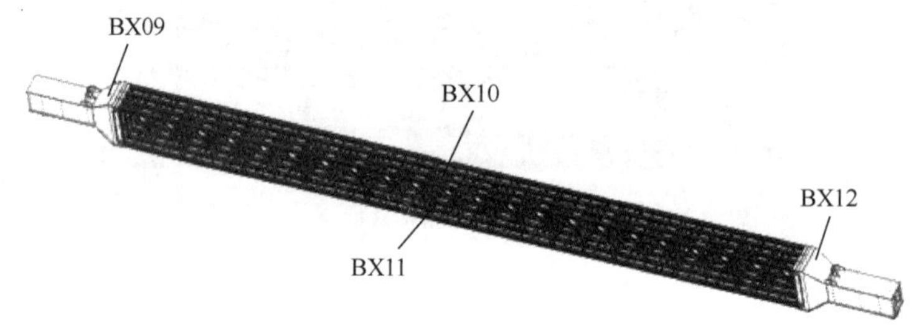

图5-10　试验吊具变形测点布置图

③试验架位移检测。

本次缆载吊机试验用专用试验架包括固定试验架和移动试验架,移动试验架采用不锈钢-聚四氟乙烯板滑动副结构,加载后可沿横向移动且便于吊机安拆。在移动试验架其中一个移动脚位置设置1个检测棱镜头,经逐级加载测量该点的水平位移,检验水平位移是否在设计允许移动范围内。

(2)缆载吊机应力检测

通过在各测试点粘贴电阻应变片,利用应变仪实测各测试点的应变值,然后通过公式计算得出应力值。如图5-11所示,应变片布设在理论计算结构应力最大处及重要杆件上。

测试项目如下:

①测量两端段销接板横梁(共2点)应力,应变片粘贴位置如图5-12所示,左右对称。应

变片 1 为左外端段销接板外横梁，应变片 2 为左外端段销接板内横梁；应变片 6 为右外端段销接板外横梁，应变片 7 为右外端段销接板内横梁。

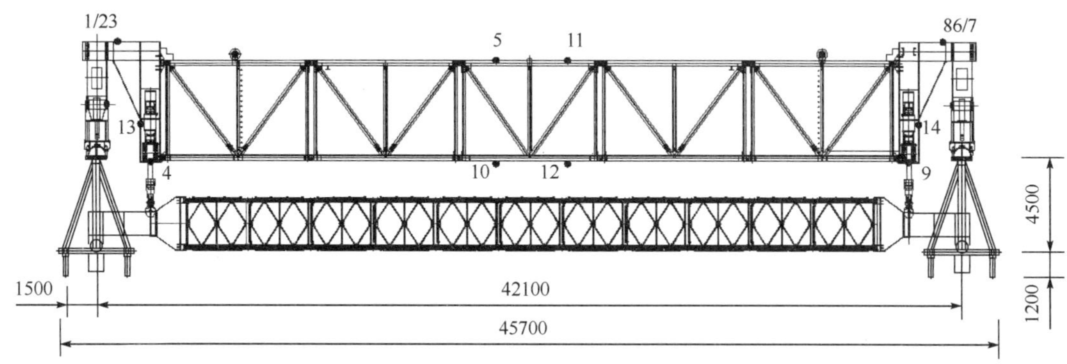

图 5-11　缆载吊机应变测点布置总图（尺寸单位：mm）

②测量缆载吊机两端尾段模块（共 2 点）应力，应变片粘贴位置如图 5-13 所示。应变片 3 为左前尾段模块测点，应变片 8 为右前尾段模块测点；应变片 13 为左前尾段模块斜撑处测点，应变片 14 为右前尾段模块斜撑处测点。

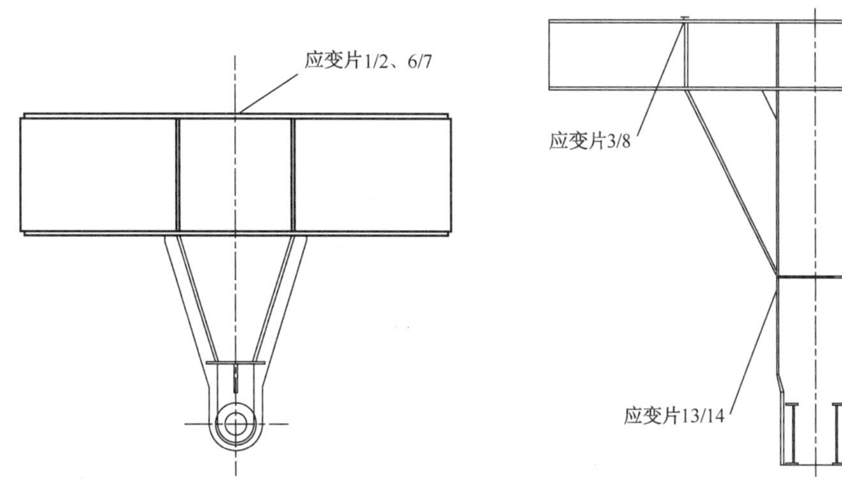

图 5-12　销接板横梁应变片粘贴位置图　　　图 5-13　尾段模块应变片粘贴位置图

③测量吊机左右两侧千斤顶下支撑梁（共 2 点）应力，应变片粘贴位置如图 5-14 所示。应变片 4 为左侧千斤顶下支撑梁测点，应变片 9 为右侧千斤顶下支撑梁测点。

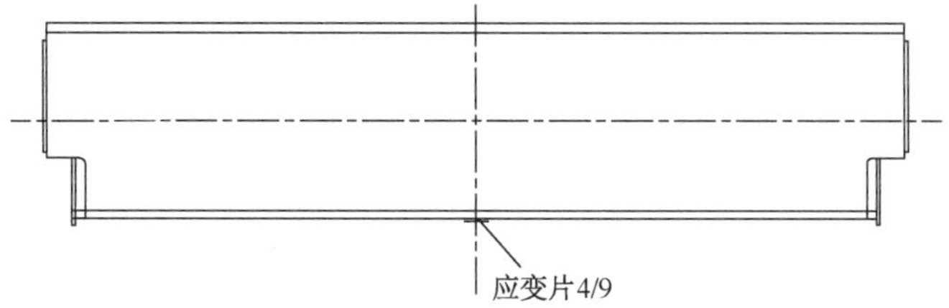

图 5-14　千斤顶支撑梁应变片粘贴位置图

④测量桁架跨中上下弦杆(共4点)应力,上下对称布置。

(3)提升系统检测

①在各级加载状况下,检测300t索股千斤顶锚块夹片中钢绞线是否有滑移现象。

②在各级加载状况下,检测扁担梁锚块夹片中钢绞线是否有滑移现象。

③在各级加载状况下,检测电器液压控制系统是否操作灵活可靠、液压系统是否有渗漏现象。

5)空载检测

(1)主桁两端尾段销接板中心距离、主桁两台300t提升千斤顶间距离采用全站仪测量。

(2)其余几何尺寸采用钢尺测量。

(3)电器液压控制系统是否灵活可靠、结构件拼装及整体移动有无干涉,采用目测检查。

6)加载(对拉)变形量位移检测

加载试验由空载开始,荷载按额定荷载的20%递增(后两级为115%、125%),每增加一次荷载持续20min,观察构件是否有变形、异响,稳定后记录各数据,直至加载至额定荷载的125%(千斤顶超载)。

吊机主桁变形量和试验架位移量检测,采用TCA2003全站仪观测。全站仪精度为0.5″,±(1mm+1ppm)。测量采用三维坐标法观测。

观测前在主桁、试验架上选取需要测量点并布设相应反射棱镜,试验前首先测出各个点的初始值,每次加载后再对各观测点进行测量,测出的结果与初始值比较,得出主桁、试验架各测点的变量值。每一级加载都需要进行测量,最后全部卸载后再次进行测量,得出主桁的非弹性变量值。

应力检测采用静态应变仪,在检测点粘贴高精密级应变片,实测应变。应力检测应在首次加载至60%并归零后开始记录数据。

钢绞线固定锚块(夹片)及电器液压控制系统,采用计算机自检系统和现场观测相结合的方式。在试验吊具跨中位置设置1个检测棱镜头,在各级加载时分别测量该点的竖向变形量。当变形量超过$L/400-2f$时停止加载(其中L为扁担梁长度,$L=42100$mm;f为扁担梁自重下拱值),确保结构安全。

7)试验数据整理、分析及注意事项

每台吊机试验结束后应对记录数据进行整理与分析,分析结果同理论计算变形量、位移、容许应力进行比较,所有数据均应满足设计要求。如有个别数据超差,必须详细分析原因,重新进行试验。

注意事项:

(1)加载试验完成后,对试验结果中应力较大部位焊缝探伤检测,关键部位销轴、高强度螺栓探伤检测,对动力系统、行走系统统各主要部件检查等。

(2)做好缆载吊机拼装和拆除相关试验记录,为缆载吊机在桥位拼装和拆除提供依据,该项内容应注意构件的吊重、吊点位置、相互干扰情况、拼装和拆除顺序等。

5.2.3 智能型缆载吊机的缆上拼装与拆除

缆载吊机缆上拼装流程:主塔门架上布置卷扬机、滑车及穿钢丝绳—安装行走机构主体—

安装端部结构件—安装中间主桁梁—安装相关设备—整机调试。缆载吊机总体安装工序流程见表 5-7。

缆载吊机总体安装工序流程 表 5-7

序号	工序名称	工序步骤
1	安装准备	 ①吊装部件地面组拼； ②钢绞线下料、卷入收线盘； ③吊装工具、索具准备； ④塔顶门架卷扬机吊装系统安装
2	行走机构主体安装	 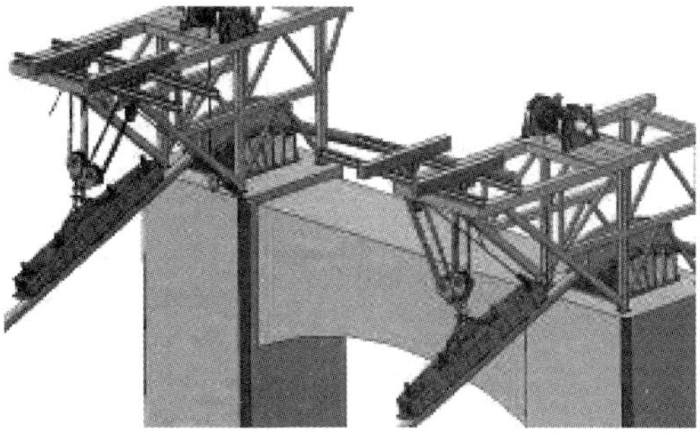

续上表

序号	工 序 名 称	工 序 步 骤
2	行走机构主体安装	 ①门架卷扬机提吊行走机构主体； ②行走机构主体横移、固定在主缆上
3	主桁架端部结构件安装	  ①门架卷扬机提吊端部结构件； ②端部结构件与行走机构(销轴)连接； ③端部结构件在门架下固定

续上表

序号	工序名称	工序步骤
4	中间桁架梁安装	  ①门架卷扬机提吊中间桁架梁; ②中间桁架梁与端部结构件(销轴)连接
5	液压与电气控制系统安装及调试	液压千斤顶、液压卷扬机安装,油管、电缆连接
		液压系统整机调试
6	钢绞线穿束	提升与行走钢绞线穿束
7	吊具安装	塔式起重将吊具吊至安装位置
		提升钢绞线下放到吊具上方
		连接钢绞线与吊具及收线盘
8	缆载吊机行走	行走到工作或试吊位置

5.3 钢箱梁吊装前序工作

为了保证钢箱梁的顺利安全吊装施工,需要在正式吊装之前进行一系列技术保障工作。同时,吊装施工会影响珠江河道通航,珠江河道航道繁忙,对通航协调提出了要求,需紧密联系海事、航道、高速客轮管理单位等相关单位,协调航道的使用,确保施工的安全、航道的安全及高速客轮的安全。

5.3.1 横向通道拆除

猫道横向通道可根据现场情况安排在钢箱梁吊装前、吊装期间和吊装完成后拆除。在钢箱梁吊装前不进行拆除时,缆载吊机安装完成后,将吊装索股锚头回收至最高处,以方便缆载吊机行走通过横向通道。

实施时,在钢箱梁吊装过程中逐个进行横向通道的拆除(图5-15),待安装钢箱梁位置横向通道在钢箱梁吊装前拆除时,利用塔顶门架卷扬机将横向通道下放至驳船上,拆除之后进行钢箱梁的吊装。

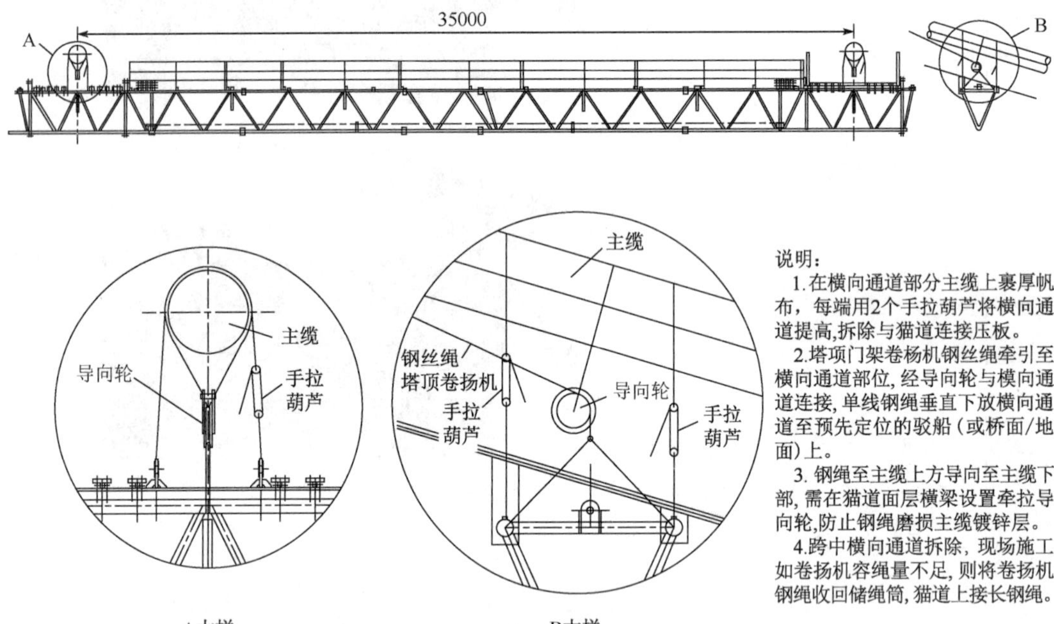

图5-15 横向通道拆除(尺寸单位:mm)

5.3.2 猫道改吊

在钢箱梁的吊装过程中,主缆的线形随着施工进程不断变化,因此为保证猫道在钢箱梁吊装期间的线形和猫道的整体抗风稳定性,使猫道线形随主缆变化而变化,在钢箱梁吊装之前,需进行猫道改吊作业。

猫道改吊是将猫道悬挂于主缆之上,使其保持与主缆线形一致,并在吊装过程放松猫道锚固系统调整装置,控制猫道与主缆间距离相对不变。

1)猫道改吊顺序

猫道改吊悬挂的施工顺序:先改吊横向通道处,再改吊猫道门架横梁处,最后改吊猫道面层大横梁处。

2)改吊方法

猫道改吊是在猫道上有猫道门架横梁及面层横梁的地方,用镀锌钢丝绳按图5-16所示方法交替将猫道悬挂于主缆上。猫道面与主缆中心的距离控制中跨侧 1.5m 左右,边跨侧 1.7m 左右。改吊绳的大小可根据猫道荷载和改吊间距进行计算确定,改吊间距宜控制在 12m 左右,以确保猫道线形平顺。

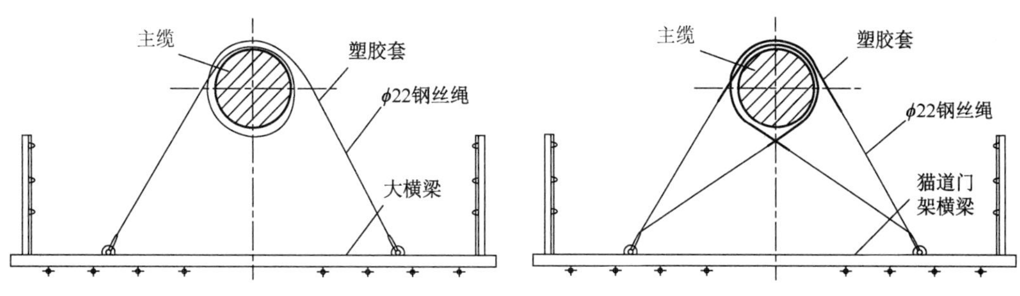

图 5-16 猫道改吊示意图

5.3.3 航道管制

以大沙水道桥为例介绍航道管制的相关内容。根据沟通协调结果,分两阶段吊装施工。第一阶段施工水域布置为大沙水道桥桥轴线上下各 150m,施工区东西方向宽 600m。其中,西边线距西塔中心约 250m 范围水域,东边线距东塔中心约 320m 范围水域,东边线往东 300m 为通航水域。第二阶段施工水域为大沙水道桥桥轴线上下各 150m,西塔中心向左岸延伸约 456m 范围水域,东塔中心向右岸延伸约 510m 范围水域。本阶段船舶双向通航,预留中间水域宽度不低于 200m。

5.4 钢箱梁吊装施工关键技术

钢箱梁全宽 49.7m,高 4m,其钢箱梁截面尺寸大,梁型和节段多。在这种超宽钢箱梁吊装施工中,不仅面临一般钢箱梁吊装的问题,还要面临浅水区钢箱梁吊装、近塔区浅水区梁段吊装、近塔区无吊索梁段吊装、超宽合龙梁段吊装以及体系转换等需要解决的难题。具体拟解决的关键问题如下:

(1)坭洲水道桥西边跨浅水区范围较大,船只无法直接就位吊装,且由于吊索较短,荡移施工困难。针对上述情况,需要搭设运梁栈桥满足箱梁就位。同时,在过渡墩上布置可伸缩的活动托架,以方便西过渡墩上 B1 梁段的吊装。托架的设计、安装、操作方便与否是过渡墩墩顶吊装重点。

(2)大沙水道桥东、西塔区域为浅水区,运梁的船只无法运输到满足缆载吊机垂直起吊的位置。大沙水道桥跨径为 1200m(两塔柱中心线之间的距离),而航道宽度达 1114m,分布有 5 条航迹线,按常规方案搭设移梁、存梁支架会给航道正常运营埋下安全隐患。针对上述情况,采用缆载吊机 + 吊索的方式进行荡移施工,省去了支架的搭设,也确保了航道的安全。

(3)近塔区梁段吊装是所有悬索桥架设的关键技术点,尤其是无索区梁段需要进行线形调整。综合考虑本工程的现有施工条件及梁段特点,采用临时吊索和三向千斤顶固定无索区梁段。临时吊索采用可调高度设计,配合三向千斤顶调节支点位置,可以满足钢箱梁线形调整要求。在钢箱梁吊装并焊接完成后,拆除临时定位设施。

(4)坭洲水道桥全桥3个合龙段,特别是西边跨合龙段需牵拉整个边跨梁段合龙槽口进行调整,确保边跨合龙顺利。

5.4.1 标准梁段吊装技术

5.4.1.1 缆载吊机和驳船的定位

吊机移动到待安装梁段位置,确保吊机行走机构固定抱箍紧紧固定到主缆上,并有一个抱箍支座或者调节垫块顶紧主缆索夹,以克服吊重及吊机自重引起的下滑力。由于主缆线形变化、吊索索夹尺寸差异、已吊装梁段与准备吊装梁段间在梁段起吊时必须保证有≥20cm安全距离等因素的影响,为满足缆载吊机垂直起吊,减小吊升索股的偏角,要求驳船定位误差不大于50cm。驳船采用抛锚全站仪定位。运梁驳船到达指定区域抛锚,通过收放地锚缆绳反复调整驳船位置,使驳船定位误差不大于50cm。

5.4.1.2 标准梁段吊装技术

一般钢箱梁指除过渡墩处浅水区以及近塔区无吊索梁段以外的钢箱梁梁段。每片单独的梁的吊装流程如图5-17所示。

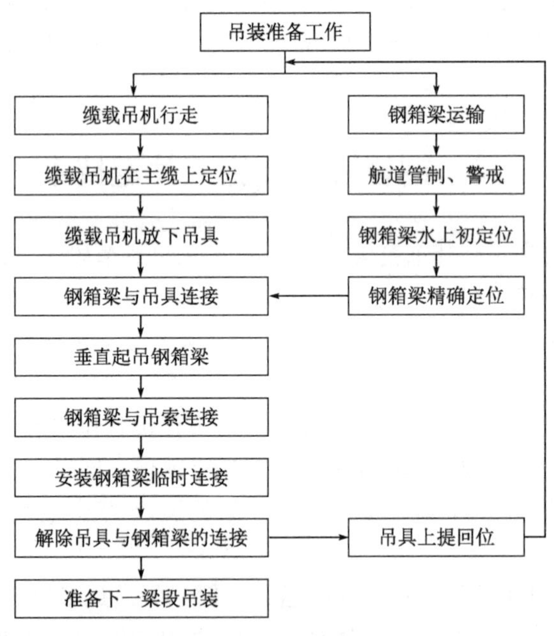

图5-17 钢箱梁水中梁段吊装施工工艺流程图

1)缆载吊机移机、定位及吊具下放

(1)移机

钢箱梁吊装前,缆载吊机需要从上一片钢箱梁的吊装位置(对应索夹位置)移机至待吊钢箱梁的对应索夹位置处，并进行吊机固定。

(2)定位

缆载吊机的定位位置根据钢箱梁重心位置、对应索夹倾角(即主缆倾角)及里程、对应索夹长度、预设的位置偏移(被吊钢箱梁与已吊钢箱梁之间的净距，防止吊装提升过程中冲突)以及缆载吊机构造等因素来计算确定。图 5-18 为缆载吊机定位位置计算示意。

最终定位位置换算为索夹上端面与吊机上支腿之间的距离(L)，直接在主缆上量取并划线标记。

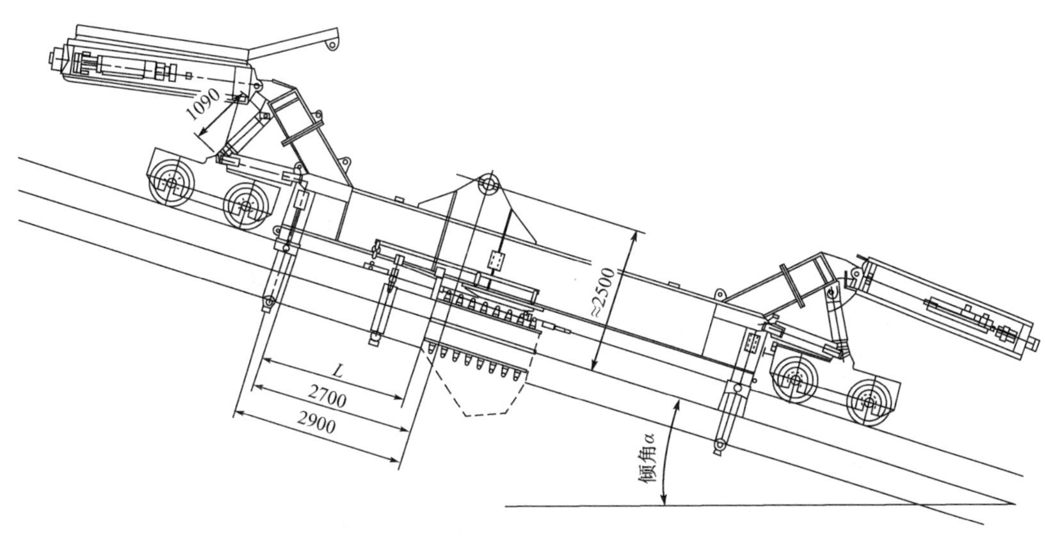

图 5-18　缆载吊机定位位置计算示意图(尺寸单位：mm)

(3)吊具下放

吊机移机及固定完成后，即可下放吊具。

在中跨，由于存在航道影响，故在航道管制之前只能下放至距离水面 30 ~ 35m 高度处，待航道管制之后再完成下放。

在无航道及船舶影响区域，吊具可直接下放至离水面约 10m 高度，方便运梁船带梁以吊具为参考进行定位。

2)钢箱梁就位并连接吊具

钢箱梁通过运梁船运输至施工现场水域，运梁船需要采用逆水抛锚，在顺水时抛锚极度困难。因此，每日潮汐时间必须提前掌握，并据此确定钢箱梁在运梁船上的摆放方向。图 5-19 为运梁船抛锚定位示意。

钢箱梁水上定位过程中，吊机吊具同步下放。吊具下放至距离钢箱梁 0.5 ~ 1m 高度时，运梁船通过收、放其“八字”锚链来与吊具进行精确匹配对位。图 5-20 为钢箱梁水上定位，图 5-21 为缆载吊机吊具与钢箱梁吊耳连接。

3)起吊提升

起吊分三级进行加载并最终将钢箱梁提离运梁船：第一级(千斤顶带力 50t)→第二级(千斤顶带力 100t)→第三级(钢箱梁离船)。

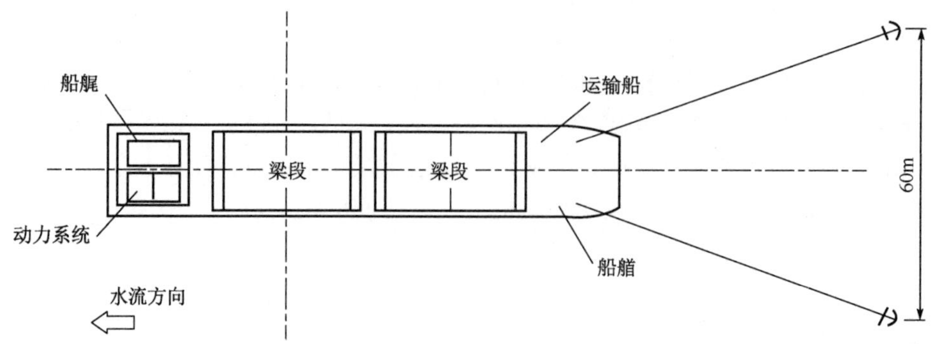

图 5-19　运梁船抛锚定位示意图

图 5-20　钢箱梁水上定位

图 5-21　缆载吊机吊具与钢箱梁吊耳连接

如图 5-22 所示，钢箱梁起吊脱离运梁船后，待提升到与运梁船构造物无冲突的高度，运梁船即收锚驶离。

图 5-22 钢箱梁起吊离船

提升过程中设专人观察被吊钢箱梁与已吊钢箱梁之间的位置关系,防止钢箱梁间位置冲突。图 5-23 为被吊钢箱梁提升至已吊钢箱梁位置处。

图 5-23 被吊钢箱梁提升至已吊钢箱梁位置处

4)连接吊索及临时连接

钢箱梁提升至与已吊钢箱梁高差约 5cm 时,转入点动提升状态。左、右侧千斤顶分多次单独点动提升(及下降)精确调整钢箱梁的高度。到位后停止提升,利用手拉葫芦将被吊钢箱梁拉拢至已吊钢箱梁处。

如图 5-24 所示,连接吊索时,钢箱梁提升至略高于设计位置,吊索锚头耳板与钢箱梁永久吊耳进行对孔,对孔完成则立即用铁锤锤入吊索销轴并完成附件安装。对孔时,通过缆载吊机以及人工配合进行对孔调整。

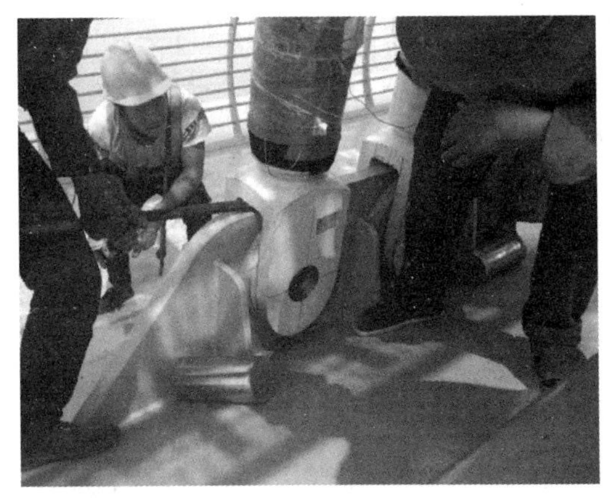

图 5-24 钢箱梁连接永久吊索

如图5-25所示，钢箱梁间临时连接为螺杆连接形式，还包括剪力销。钢箱梁吊装阶段只连接顶板处的钢箱梁间临时连接。钢箱梁间临时连接时，需要通过缆载吊机、手拉葫芦、撬棍以及千斤顶来调整2片钢箱梁之间的平面位置以及高差。

图5-25　钢箱梁临时连接

吊索连接以及临时连接均完成后，缆载吊机卸载，然后拆除吊机吊具与钢箱梁之间的连接，完成一片钢箱梁吊索施工。

5.4.2　特殊梁段吊装技术

5.4.2.1　坭洲水道桥过渡墩处浅水区梁段吊装技术

坭洲水道桥过渡墩位于西边跨，过渡墩为“双肢墩身＋预应力横梁”组合的门式结构，过渡墩结构高度为44.446m，其墩身及横梁截面尺寸均为6m×6m，横梁长44.8m，横梁顶高程为＋48.446m。

过渡墩承台距离桥位处珠江大堤堤脚仅约7m。从过渡墩往西塔方向约50m范围为浅滩区，在平潮位时其水深低于2.5m，不满足钢箱梁运输船舶等作业船舶的作业吃水要求。同时，当地水务管理部门明确禁止在此浅滩区进行清淤作业，以确保珠江大堤的安全。

综上所述，可知本工程西边跨过渡墩处浅水区的B1～B4钢箱梁段无法采用一般钢箱梁“运梁船舶就位＋缆载吊机起吊提升”的常规吊装就位方式。

本工程过渡墩区钢箱梁布置如图5-26所示。

其中，B1钢箱梁段为端部梁段，设计为无吊梁段，其一端支承于过渡墩横梁顶部的主桥竖向抗压支座上，另一端与B2梁段连接。

由于B1梁段的特殊性，对于B1梁段的吊装施工，存在如下客观制约问题需要予以解决：B1梁段吊装至设计位置后无有效支承结构，必须采取措施进行临时支承；由于其与过渡墩墩身以及横向抗风支座垫石之间位置关系，B1梁段无法直接垂直起吊至设计位置，必须在靠西塔侧偏离设计位置处进行起吊；因过渡墩区域处的主缆与过渡墩顶之间的高差较小，在B1梁段通过缆载吊机吊装至设计高度后，缆载吊机的吊装钢绞线长度仅7m左右，故无法直接通过缆载吊机在顶部进行荡移就位。

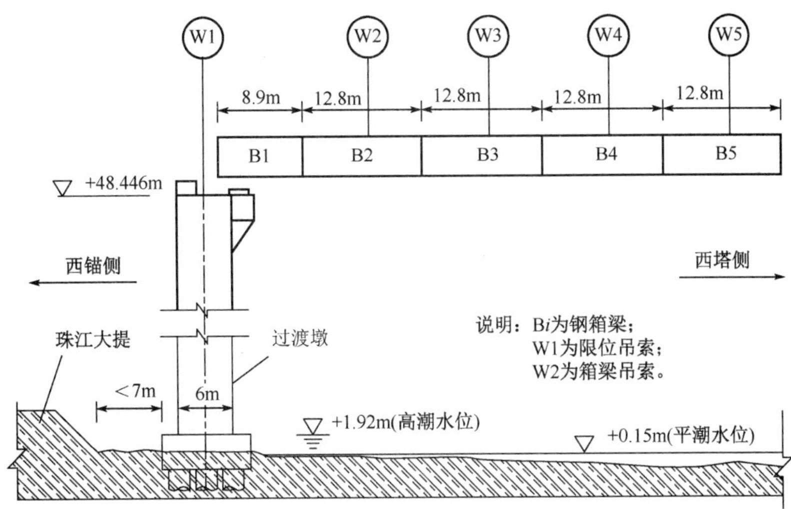

图 5-26　过渡墩区钢箱梁侧立面布置图

悬索桥过渡墩处钢箱梁的常规吊装工艺主要为落地支架法和浮式起重机直接吊装法。对于浅水区钢箱梁吊装，在无法清淤的情况下，落地支架法是最为常规及普遍的吊装工艺。

针对悬索桥边跨过渡墩处无索钢箱梁（B1 梁）以及浅水区运梁船无法就位的钢箱梁（B2 ~ B4）吊装，考虑到 B1 梁无法直接垂直起吊至设计位置，且吊至设计高度后亦无法荡移至设计位置（此时吊装钢绞线最短，不满足荡移要求），目前我国普遍采用“落地支架支撑、纵移就位”的方式解决。落地支架法吊装布置如图 5-27 所示。

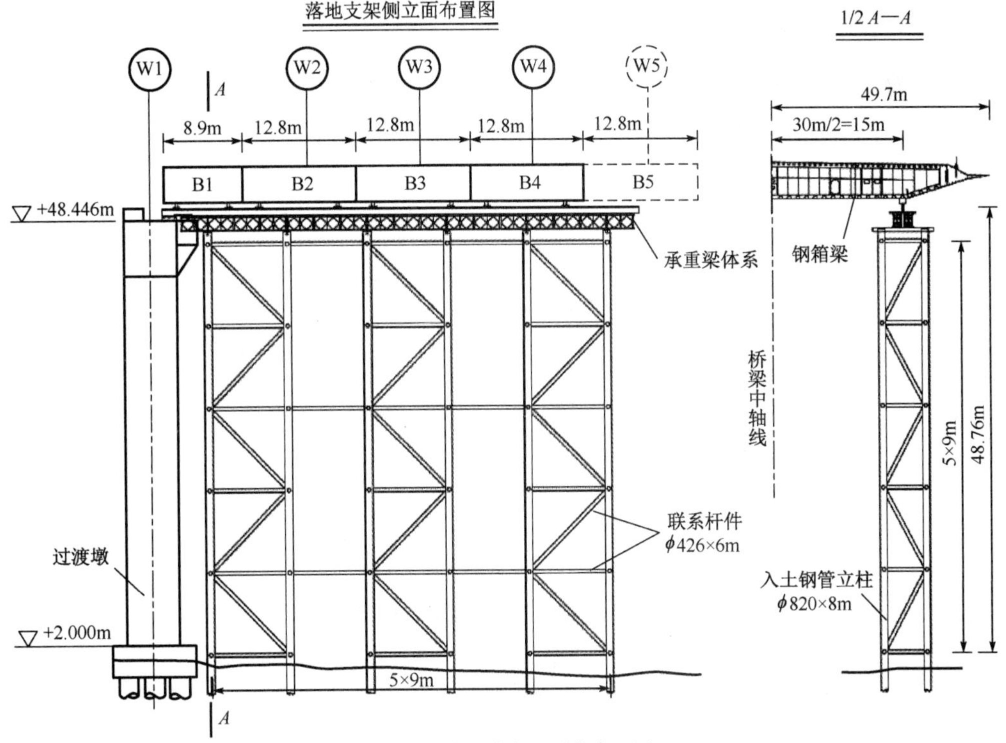

图 5-27　落地支架法吊装布置图

落地支架法工艺采用落地钢管支架作为钢箱梁的临时支承结构以及纵向移运平台。支架需搭设至水深满足运梁船舶作业的区域,同时还需满足缆载吊机从运梁船上起吊钢箱梁至设计高度后再荡移落到支架上的要求。故此法在支架材料及人工等方面投入较大,经济性较差。

1)基于可活动托架的吊装新工艺概述

本悬索桥过渡墩处浅水区钢箱梁吊装新工艺的核心思路如下:在作业船舶无法就位的潜水区域设置运梁栈桥,作为浅水区钢箱梁移运就位的轨道平台。在过渡墩墩顶处设置可活动三角托架,该可活动托架可在“撑起”及“垂放”两种状态间转换,主要作为B1梁段(端梁)的临时支承结构以及移运平台。此外,通过托架的撑起及垂放操作,解决了B1梁段在吊装提升至过渡墩顶后无法直接荡移就位的难题,同时托架结构不会影响后续B2梁段的吊装。

本新工艺有效解决了浅水区钢箱梁就位的难题,在无法使用浮式起重机直接吊装亦无法使用缆载吊机进行荡移就位的情况下,实现了对无吊索端梁(B1梁)的临时支撑。相比常规的落地支架法,可大量节约支架钢材以及支架搭、拆的人工投入及工期,具备较高的实用性及适用性,同时具备极高的经济及工期优势。

2)总体布置

运梁栈桥设计长度为54m,覆盖船舶无法作业的浅水区。运梁栈桥采用入土钢管贝雷支架形式,按单独两幅布置,每幅各布置一条钢箱梁移运轨道梁。同时由于浅水区无法利用浮式起重机等船舶进行栈桥搭设,栈桥设计考虑满足履带起重机行走的结构受力及作业宽度等要求,以节省辅助施工栈桥的投入。

可活动托架设于过渡墩墩顶,单独两幅布置。可活动托架设计时考虑B1梁在垂直起吊提升后直接落至撑起状态下的托架上进行临时支撑及纵移。新工艺下的总体侧立面和平面布置分别如图5-28和图5-29所示,总体布置现场如图5-30所示。

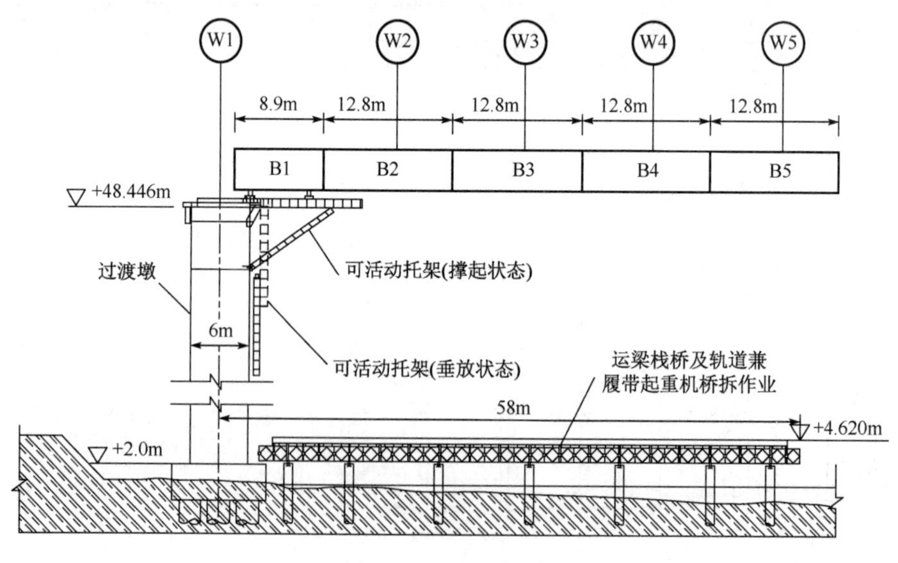

图5-28 新工艺下的总体侧立面布置图

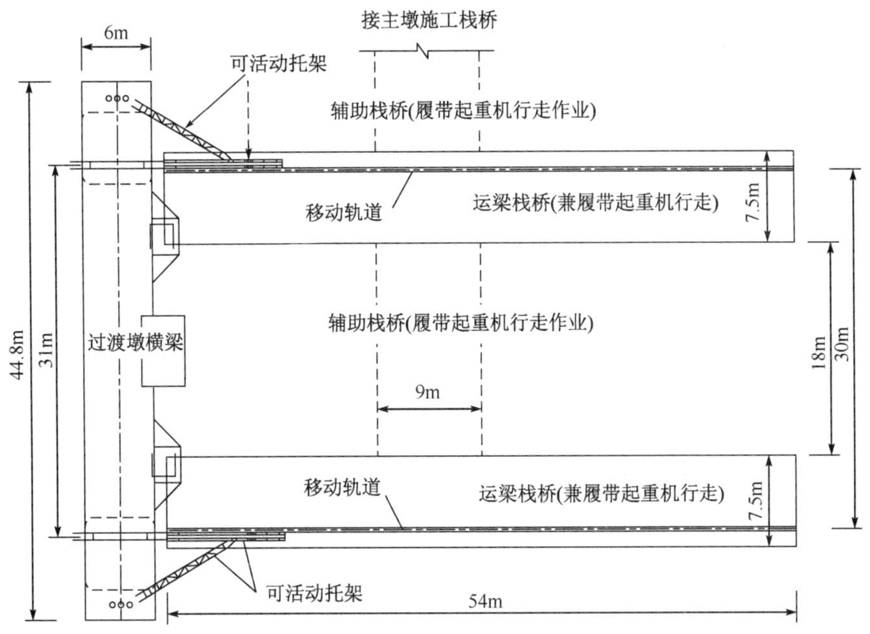

图5-29 新工艺下的总体平面布置图

图5-30 新工艺下的总体布置

3)可活动托架设计

可活动托架由主梁、竖向斜撑、水平斜撑、主梁锚固牛腿及反拉牛腿、精轧螺纹钢拉杆、各预埋件及销轴等构件组成。

主梁采用Q345b钢板组焊成0.7m×0.6m尺寸的箱形结构,斜撑及牛腿采用型钢与钢板组焊而成。主梁顶部设箱梁移运轨道,箱梁通过滑靴配合四氟板在轨道上纵移,纵移动力为连续千斤顶。为确保竖向斜撑的稳定性,竖向斜撑在底部采用双点支撑。

托架的可活动性通过主梁及斜撑上各相应可转动销轴连接以及可快速装、拆的销轴连接来实现。具体体现在:主梁与锚固牛腿之间的销接;主梁与竖向斜撑之间的销接;竖向斜撑与底部斜撑支点销轴槽之间的可快速装、拆销接;水平斜撑与其横梁顶预埋件之间的可转动连接以及与主梁之间的可装、拆销接。

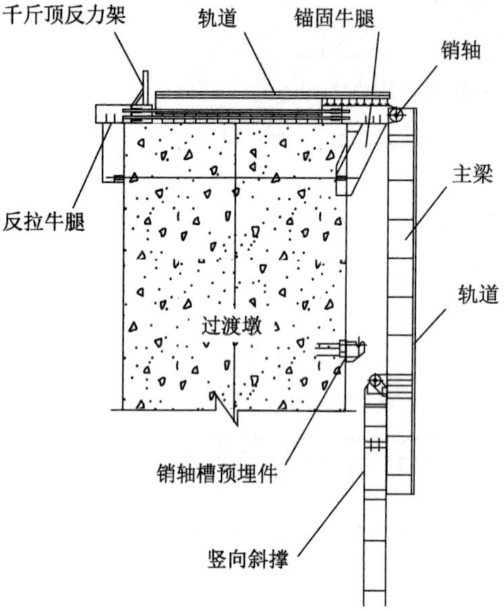

图5-31和图5-32分别为可活动托架侧立面构造和平面构造,图5-33为可活动托架支撑及纵移钢箱梁布置,图5-34为可活动托架临时支撑钢箱梁。

其中,本可活动托架的设计亮点及核心为竖向斜撑与底部销轴槽之间借鉴机械结构设计"销轴滑进就位支撑、销轴滑出垂放托架"的可装、拆连接方式。托架在撑起状态下,采用履带起重机提起托架主梁前端,再配合卷扬机的使用,即可将斜撑底部销轴滑出销轴槽,进而将托架转换至垂放状态,同法反向操作可再将托架转换至撑起状态。此方式确保了可活动托架在撑起和垂放两种状态间的转换具有很强的操作性、简便性及灵活性。竖向斜撑底部连接构造如图5-35和图5-36所示。

图5-31　可活动托架侧立面构造图(垂放状态)

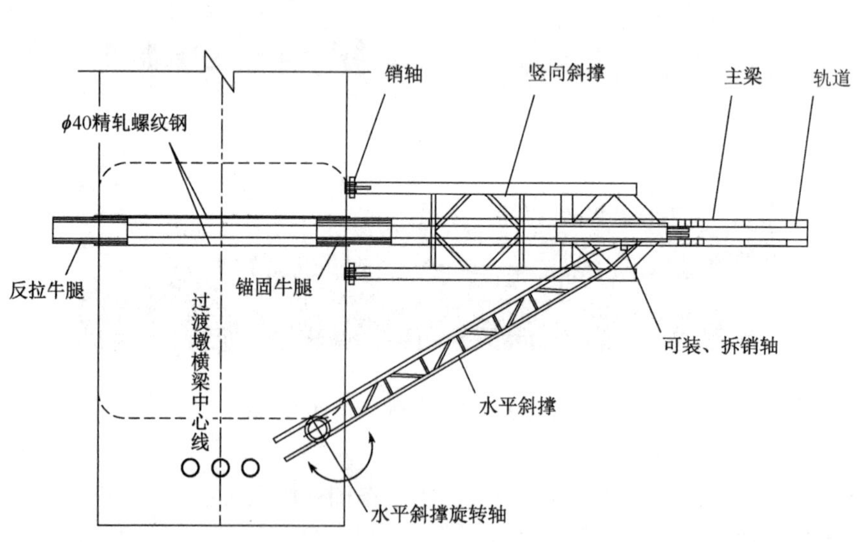

图5-32　可活动托架平面构造图(撑起状态)

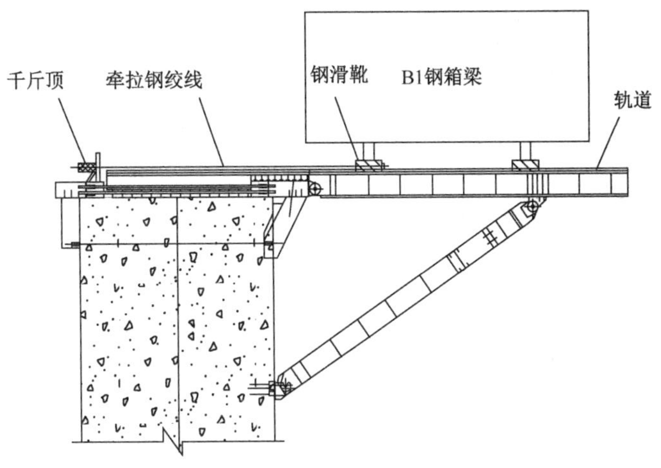

图 5-33 可活动托架支撑及纵移钢箱梁布置图

图 5-34 可活动托架临时支撑钢箱梁

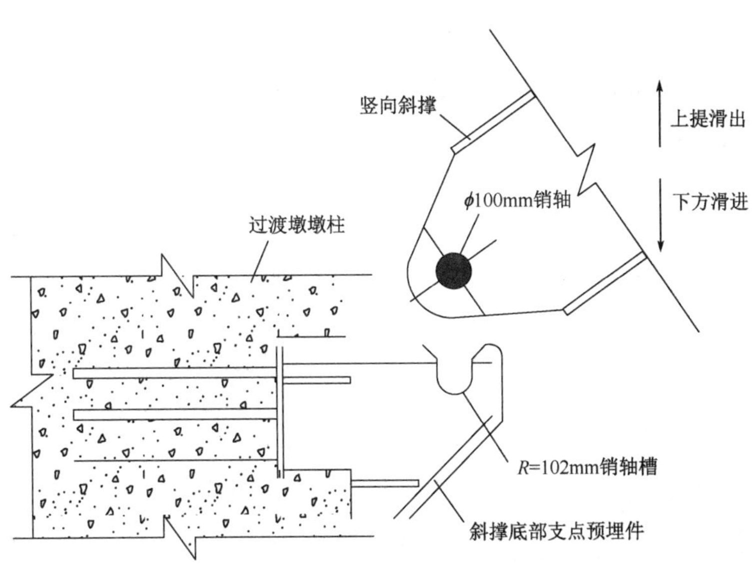

图 5-35 竖向斜撑底部连接构造图

图 5-36　竖向斜撑连接构造现场

4)新工艺下的吊装施工步骤

步骤一:钢箱梁卸船转移至运梁栈桥上并纵移至吊点下方。

如图 5-37 所示,钢箱梁随运梁船泊位至运梁栈桥端部,采用 600t 浮式起重机(工期不紧张的情况下可采用缆载吊机卸船并荡移至运梁栈桥上)将钢箱梁卸船至运梁栈桥上。钢箱梁通过滑靴支承于运梁栈桥的轨道上,中间设四氟板夹层以减小摩阻力,设 2 台 5t 卷扬机作为钢箱梁纵移动力。图 5-38 为钢箱梁在运梁栈桥上纵移就位。

图 5-37　钢箱梁段转移至运梁栈桥上

图 5-38　钢箱梁在运梁栈桥上纵移就位

步骤二:托架垂放,B1 梁吊装提升。

利用履带起重机将托架主梁前端上提约 0.5m,利用卷扬机钢丝绳将托架竖向斜撑底部销轴从销轴槽中提离滑出,托架垂放,给 B1 梁的吊装提升让出空间。如图 5-39 和图 5-40 所示,B1 梁在运梁栈桥上移运至起吊位置后,缆载吊机提吊 B1 梁至高于设计高度约 5m 的位置,给托架的“撑起”操作让出空间。

图 5-39 B1 梁段落至撑起状态的托架上

图 5-40 B1 梁段托架上纵移至过渡墩顶部

步骤三:托架垂放,吊装 B2 梁。

B1 梁移运至过渡墩墩顶存放后,将可活动托架转换至垂放状态。B2 梁在运梁栈桥上就位并吊装提升至高于设计高度约 5m 的位置,给托架的“撑起”操作让出空间。图 5-41 为 B2 梁段的吊装提升。

步骤四:托架撑起(图 5-42),B2 梁与其永久吊索及临时平衡吊索连接并通过缆载吊机将其下放至设计高度位置处,完成 B2 梁段的吊装就位及临时姿态平衡。

图 5-41 B2 梁段吊装提升

图 5-42 提升完成后将托架转换至撑起状态

步骤五:在运梁栈桥上吊装 B3、B4 梁。

B3、B4 梁为浅水区梁段,相较于常规梁段吊装,需要先卸船至运梁栈桥上,再纵移至相应起吊点处进行吊装提升,以此解决浅滩区钢箱梁段无法直接船运至起吊点处就位的困难。

步骤六:B1 梁纵移回位。

全桥钢箱梁吊装完毕后,如图 5-43 所示,以撑起状态下的托架为平台,将 B1 梁段从过渡墩墩顶临时存放位置处纵移至其设计位置,精调 B1 梁的线形并与 B2 梁段进行临时连接及环焊,最终完成过渡墩墩顶梁段的吊装,环焊完成后即可拆除可活动托架。

图 5-43　B1 梁段在托架上纵移至设计位置

5.4.2.2　坭洲水道桥近塔侧无吊索区梁段吊装技术

近塔区无吊索梁段在吊装时则既需要进行临时支承,又需要配合合龙段吊装时的“扩口”作业,因此吊装难度较大。本工程近塔区无吊索钢箱梁段布置如图 5-44 所示。

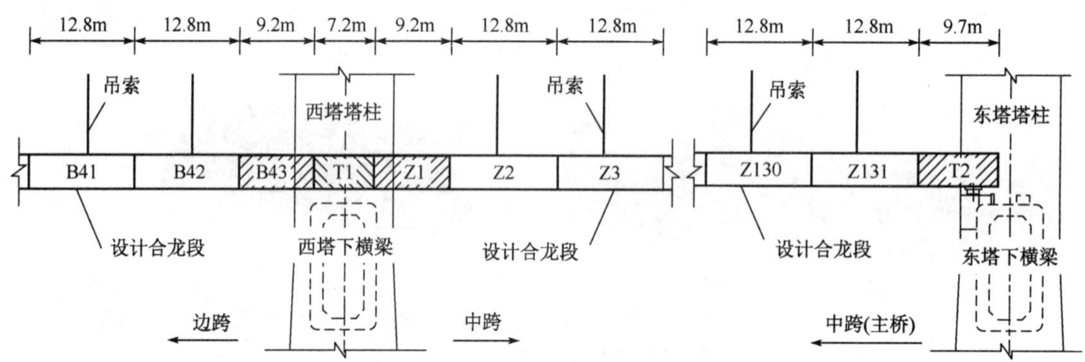

图 5-44　近塔区无吊索钢箱梁段布置图

相比普通梁段钢箱梁“船运就位,缆载吊机吊装提升,提升到位连接吊索”的吊装工艺,近塔区无吊索钢箱梁段作为悬索桥特殊梁段,其施工具有如下特殊点:

梁段需在偏离设计位置垂直投影点的靠索塔承台处起吊,起吊时需在运梁船上进行有效反拉后缓缓荡移至垂直提升位置,在提升至预定高度后需再利用卷扬机配合缆载吊机荡移至预定的位置处;因钢箱梁设计为无吊索悬吊支承,在全桥钢箱梁吊装完成及钢箱梁间环焊施工完成前,必须要对近塔区无吊索钢箱梁进行临时支承;近塔区无吊索梁段需在合龙段吊装前通过纵向偏移来扩大合龙口的宽度,以配合合龙段钢箱梁的就位,在相应合龙段钢箱梁就位后再将近塔区无吊索梁段进行整体纵移复位,因此,对于近塔区无吊索梁段,其临时支撑体系除需要提供有效支撑外，还需满足钢箱梁预偏及纵移的施工需求；近塔区无吊索钢箱梁段需进行线形调节，在临时就位之后需进行线形粗调，在无吊索梁段焊接前需进行线形精调，无吊索梁段的线形是悬索桥钢箱梁施工中的关键控制点。

综合上述近塔区无吊索钢箱梁段吊装施工的特殊点，可知对无吊索梁段的临时支承及线形调节是悬索桥近塔区无吊索梁段施工的核心所在，而线形调节又需要依托于临时支承。

目前，我国最普遍采用的悬索桥近塔区无吊索钢箱梁段临时支承方式是落地支架法和托架法。

落地支架法采取搭设落地钢管支架的方式对近塔区无吊索梁段及与毗邻的1片有吊索梁段进行临时支承，且以落地支架作为支承及施工操作平台对近塔区无吊索钢箱梁进行三向位置调整。落地支架法具有适用性强、临时支承结构稳定、施工安全性高等优点，也存在临时支架体量大、支架搭设及拆除工作量大以及经济性差等不足。

托架法采取在索塔下横梁处搭设三角托架的方式对近塔区无吊索梁段进行临时支撑及调节，三角托架布置于索塔下横梁，其尺寸及所承受荷载大小均存在限制，故托架法仅适用于近塔区无吊索梁段与合龙段相接时。托架法具有支架用材量少、工期及经济效益较高等优点。其不足为：适用性较差，设计不当易出现三角托架在平面外失稳，托架加工及安装质量要求高，人员作业平台狭小，施工安全性较差。

本工程钢箱梁总宽达49.7m，索塔承台顶面至钢箱梁底面间高差达60.5m，且桥位区水域处软基层平均厚度达20m左右。在此客观条件下，若采用常规的落地支架法进行近塔区无索钢箱梁临时支承，则对此超高落地支架的强度及稳定性要求极高，且支架搭、拆工期长，不利于项目成本及工期控制。此外，托架法更为适用于单跨吊悬索桥塔区无吊索梁段吊装施工，不利于多跨吊悬索桥近塔区无吊索钢箱梁的整体预偏及纵移，更不利于施工安全风险控制。考虑到上述因素，研发一种既满足近塔区无吊索梁段临时支承及纵移需要，又具备更高安全性、简便性、经济性的新型临时支承体系显得极为必要。

为此，南沙大桥坭洲水道桥近塔区无吊索钢箱梁段吊装施工创新研发并应用了“挑梁支架+临时吊索”的临时支承体系。挑梁支架布置于索塔下横梁顶部，临时支承钢箱梁段，并可通过钢滑靴的高度和坡度以及三向千斤顶调整钢箱梁段线形；临时吊索既可悬吊支承钢箱梁，又可调节钢箱梁前端高程。新型刚柔结合临时支承体系具有“前吊后支、刚柔结合、可支承、可纵移、可线形调节”的特点，且临时设施材料投入少、施工简便，可有效提高施工效率，并具有较高的工期优势及经济效益。

1）总体布置

南沙大桥坭洲水道桥近塔区无吊索钢箱梁段新型临时支承体系的总体布置如下。

西塔侧近塔区无吊索钢箱梁段创新优化设计“挑梁支架+临时吊索”结构形式的前吊后支、刚柔结合可调节临时支承体系：挑梁支架作为T1梁及B43、Z1梁靠索塔侧的临时支承结构，临时吊索作为悬吊B43、Z1梁远塔侧的临时支承结构；东塔侧T2钢箱梁段采取一端支承于主桥竖向支座，另一端通过可调节临时吊索悬吊的方式进行临时支承；原设计合龙段为考虑采用落地支架法支承下的布置，为适应本新型支承体系，将主桥钢箱梁合龙段由B41、Z3梁段调整为B42、Z2梁段。

新型临时支承体系总体布置如图 5-45 所示，刚柔结合临时支承体系总体应用如图 5-46 所示。

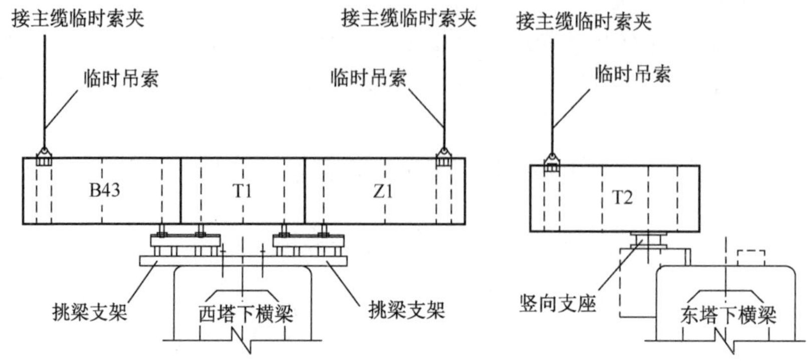

图 5-45　刚柔结合临时支承体系总体布置图

图 5-46　刚柔结合临时支承体系总体应用

2)挑梁支架与临时吊索设计

挑梁支架布置于索塔下横梁顶部,以桥梁中轴线对称分左、右侧各布置一套。悬索桥合龙段吊装时需先扩口后吊装,为满足合龙段扩口需求,挑梁支架设计时考虑满足钢箱梁纵移 0.5m 的需求。

单幅挑梁支架主梁结构为两根 12m 长的 3HM588 型钢,主梁中部区域通过预埋精轧螺纹钢与索塔横梁锁定,另主梁两端分别支撑 B43 和 Z1 梁段的临时支点,即可形成部分自平衡的扁担结构;挑梁支架的主梁上布置 2HM588 型钢作为分布梁,分配梁上布置 2 根轨道梁;钢箱梁纵移轨道及纵移装置布置于轨道梁上,纵移装置采用“四氟板 + 钢滑靴”的结构形式,纵移牵引动力采用卷扬机配合滑车组的方式实现。挑梁支架布置如图 5-47 所示。

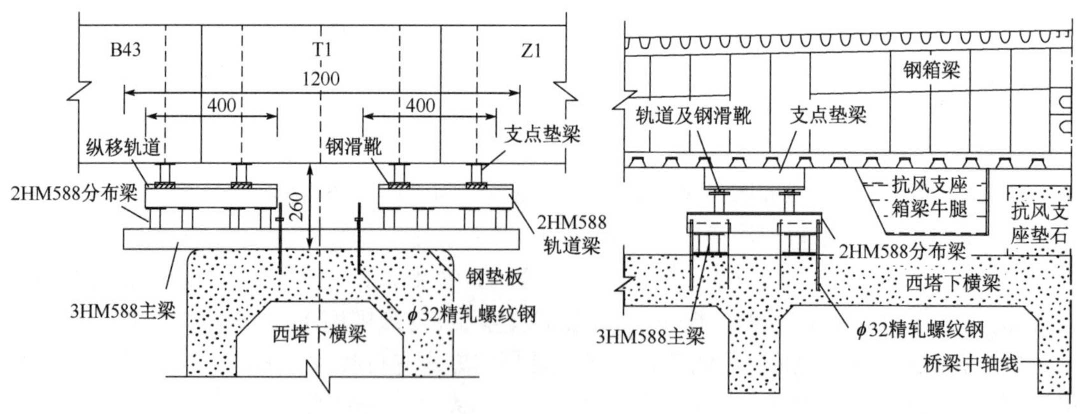

图 5-47　挑梁支架布置图(尺寸单位:mm)

需要特殊说明的是，钢箱梁在设计的就位位置时，其底面与索塔下横梁之间净高差为 2.5m，故挑梁支架设计时，除满足支架受力要求外，还需考虑支架总高度满足钢箱梁就位需求。

钢箱梁临时支承于挑梁支架上的线形通过钢滑靴的高度及坡度予以初步确定。此外，在钢箱梁临时支点下方的挑梁支架上预留空间，用以设置三向千斤顶，作为钢箱梁在环焊施工阶段的精确调节手段。

临时吊索设计为可调节结构形式，既可悬吊支承钢箱梁，又可调节钢箱梁前端高程。其主要结构由上至下依次为临时索夹、骑跨钢丝绳、螺杆扁担梁、可调节螺杆、连接件。临时吊索总体构造如图 5-48 所示。

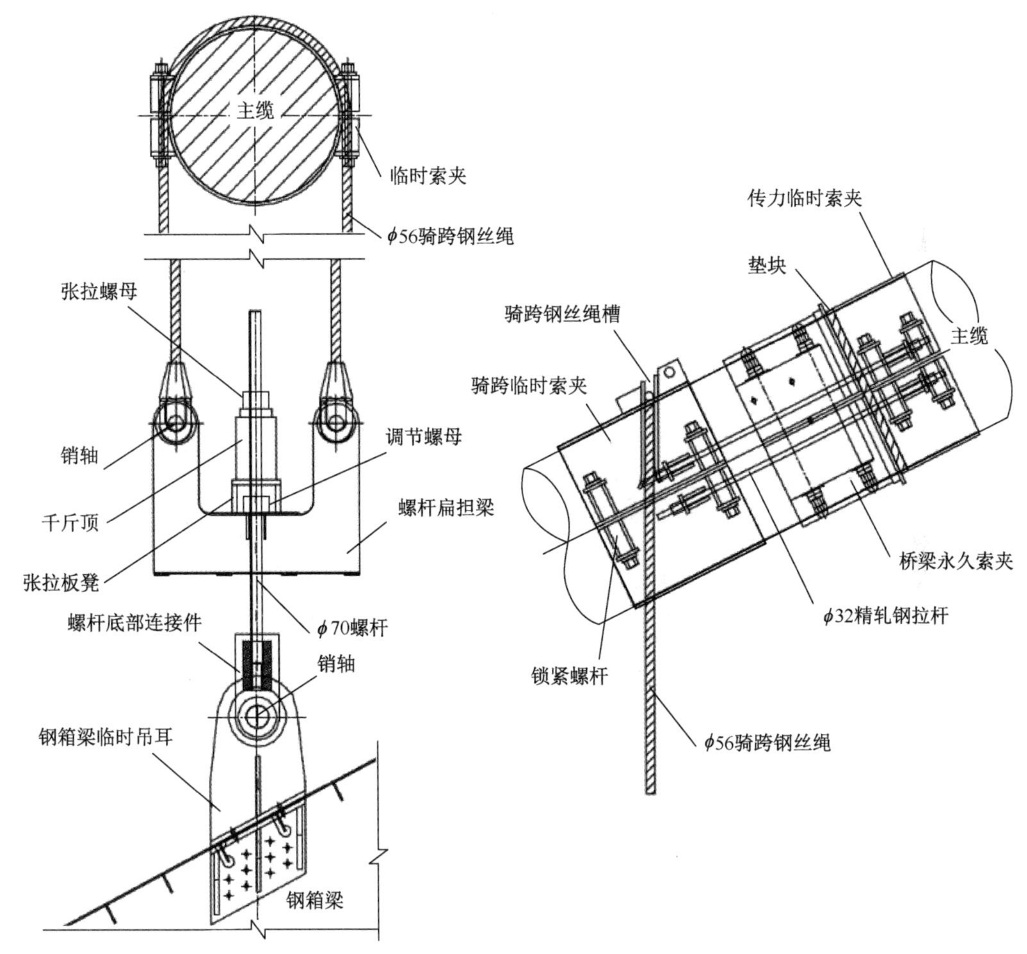

图 5-48 临时吊索总体构造图

临时索夹固定于主缆上，供临时吊索钢丝绳骑跨，骑跨钢丝绳下端接螺杆扁担梁，并转接螺杆，螺杆扁担梁上设千斤顶并配置张拉凳，以供调节吊索长度。

骑跨钢丝绳采用强度为 1860MPa 的 $\phi56$ 钢丝绳。本工程临时吊索骑跨钢丝绳长度较长，其顶部悬挂点至底部吊点之间高差达约 186m，且受力较大，单个吊点处最大需要承受约 80t 拉力，因此，对临时吊索的骑跨钢丝绳的弹性及非弹性变形的考虑必须给予足够的重视。

本工程临时吊索钢丝绳使用前通过进行拉伸试验来得出钢丝绳的实际弹性模量,用以计算确定其弹性变形及预估非弹性变形。

临时索夹以抱箍为基础,参考悬索桥骑跨式索夹结构进行设计。临时索夹的固定除依靠自身螺杆预紧产生的摩擦力外,另在最近永久索夹上端面处设传力临时索夹,传力临时索夹与临时索夹之间通过精轧螺纹钢进行连接,依靠永久索夹承受部分荷载。

西塔处吊装顺序为 T1 梁→B43 和 Z1 梁→Z2 梁(西中跨合龙段)→B42(西边跨合龙段)。

东塔处吊装顺序为 T2 梁→Z131 梁(东中跨合龙段)。

3)西塔近塔区无吊索梁段吊装施工

(1)T1 梁段吊装

T1 梁起吊时,需在运梁船上设反拉,反拉荡移约 6m 后方可垂直起吊。

如图 5-49 所示,缆载吊机将 T1 梁提升至高于设计高度约 2m 的预定位置后,利用塔顶门架 12t 卷扬机为牵拉动力的荡移系统将其荡移至索塔下横梁顶部的挑梁支架上已布置好的钢滑靴上。

图 5-49　T1 梁起吊荡移及提升到位后荡移

为了便于西塔中跨侧合龙段 Z2 梁的提升就位,对此合龙口需进行扩口处理,故 T1 梁在挑梁上按向西边跨侧预偏 30cm 进行落位。

(2)Z1 及 B43 梁段吊装

Z1 及 B43 梁段起吊时,需在运梁船上设反拉,反拉约 6m 后方可垂直起吊。

Z1 及 B43 梁段在吊装就位后,其靠塔端支承在刚性的挑梁支架上,其远塔端通过临时吊索进行悬吊支承。与 T1 梁一致,Z1 及 B43 梁段均按向西边跨侧预偏 30cm 进行落位。

如图 5-50 所示,Z1 及 B43 梁段提升至预定高度后,缆载吊机配合荡移系统将其靠塔端荡移至挑梁支架的钢滑靴上进行落位。然后其远塔端的临时吊耳与临时吊索进行连接,再调整临时吊索的长度,Z1 及 B43 梁段的吊装后临时支承得以实现(图 5-51)。

4)东塔近塔区无吊索梁段吊装

中跨完成 Z129 梁段的吊装后,开始吊装 T2 梁段。

图 5-50 Z1 及 B43 梁段荡移就位

图 5-51 Z1 及 B43 梁段“前吊后支”临时支承

垂直提升 T2 梁段至预定高度后，利用塔顶门架 12t 卷扬机作为牵拉动力，将 T2 梁段荡移至东塔下横梁顶部的竖向支座上并与竖向支座连接，远塔端与临时吊索连接，T2 梁的临时支承体系形成。

T2 梁初始就位位置需先向东莞一侧偏离 20cm，以便东塔中跨侧 B131 合龙段的吊装。待合龙段 B131 梁段吊装完成后，再将 T2 梁进行纵移复位。

5.4.2.3 大沙水道桥近塔侧浅水区梁段吊装技术

大沙水道桥钢箱梁采用缆载吊机按照从跨中向塔柱方向的顺序依次对称进行安装，先安装 Z46、Z47 梁段。根据水深实测情况及现场环境，为确保能垂直起吊安装合龙段，确定 Z4 和 Z89 梁段为合龙段。

根据现场实测河床高程，西塔处的无吊索梁段（梁段编号 T1）、1 ~ 3 号吊索梁段、91 ~ 92

号吊索梁段和东塔处的无吊索梁段(梁段编号 T2)位于浅滩区(图 5-52),无法采用缆载起重机垂直起吊安装。

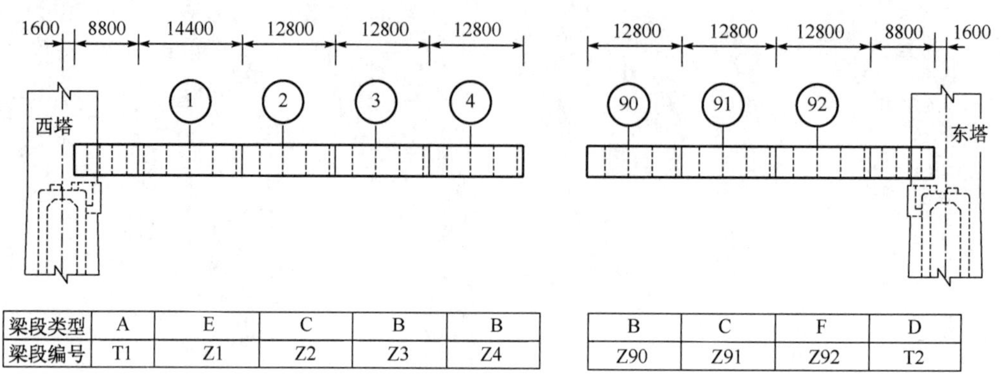

梁段类型	A	E	C	B	B
梁段编号	T1	Z1	Z2	Z3	Z4

B	C	F	D
Z90	Z91	Z92	T2

图 5-52　浅滩区梁段分布(尺寸单位:mm)

根据常规工法,浅滩区钢箱梁施工时,需要将栈桥搭设至运输船舶就位处,由浮式起重机或缆载吊机提升梁段至栈桥移位器上,由卷扬机水平牵拉至起吊位置,缆载吊机行走至起吊位置垂直起吊钢箱梁。该工法投入大,周期长,对航道影响大。

为减少钢箱梁安装对航道的影响,本项目采用荡移法对浅滩区梁段进行安装。

荡移分两种情况:吊索荡移和牵引荡移。吊索荡移即缆载吊机提升梁段至荡移高度后,牵拉其他梁段的吊索与缆载吊机吊具相连,通过缆载吊机的主动加载或卸载引导吊索的卸载或加载,从而实现梁段由起吊位置向安装位置移动,在到达安装位置后,将梁段对应吊索与该梁段连接完成或将梁段放置在支撑支架上,完成该梁段的荡移施工。牵引荡移即缆载吊机提升梁段至荡移高度后,利用卷扬机水平牵引吊机吊具,使梁段由起吊位置向安装位置主动偏移,在梁段对应吊索与该梁段连接完成后,缆载吊机卸载,完成该梁段的牵引荡移。一般情况下,荡移距离较短(缆载吊机的倾角在吊机的允许范围之类)时,采用牵引荡移;牵引距离较长时,采用吊索荡移。吊索荡移时,可采用牵引荡移配合,以实现更远距离的荡移安装。牵引荡移应用较多,此处主要叙述吊索荡移。

吊索荡移的主要步骤如下。

第一步:缆载吊机在第 a 根吊索处垂直起吊钢箱梁,第 $a+i$ 根永久吊索与吊机吊具上的转换工装相连。(注:$a+i$ 表示吊索的编号之差为 i,以此类推。)

第二步:缆载吊机逐级卸载至第 $a+i$ 根吊索垂直受力,缆载吊机松勾。

第三步:缆载吊机行走至第 $a+i+j$ 个索夹处,缆载吊机吊具与转换工装相连。

第四步:缆载吊机逐渐受力,吊索逐渐偏转至缆载吊机钢绞线垂直,完成一个周期的荡移施工,依次进行。

i 和 j 的取值依赖于吊机的性能要求和主缆的倾斜度,任何情况下,缆载吊机的偏转角度不能大于吊机的允许角度。

大沙水道桥西塔侧荡移梁段多于东塔,下面以表 5-8 所示的西塔侧为例,阐述荡移施工流程。

大沙水道桥西塔侧梁段荡移施工流程 表 5-8

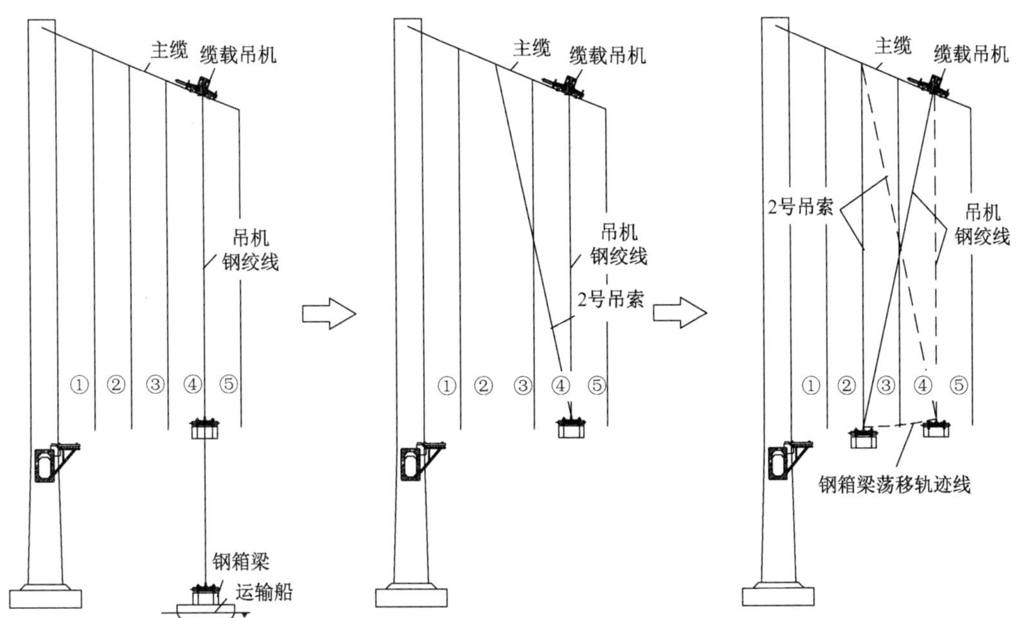

第一步： 1. 无吊索梁段支撑托架施工完成并通过验收。 2. 缆载吊机在 4 号吊索处就位。 3. 运梁船运输 T1 梁段在缆载吊机正下方就位。 4. 缆载吊机下放吊具与钢箱梁临时吊耳相连。 5. 缆载吊机垂直起吊 T1 梁段至荡移高度	第二步： 1. 牵拉 2 号吊索至吊具处。 2. 将 2 号吊索与吊具相连	第三步： 缆载吊机逐级卸载。卸载过程中，2 号吊索逐渐受力，直至钢箱梁荷载全部转移至吊索上

续上表

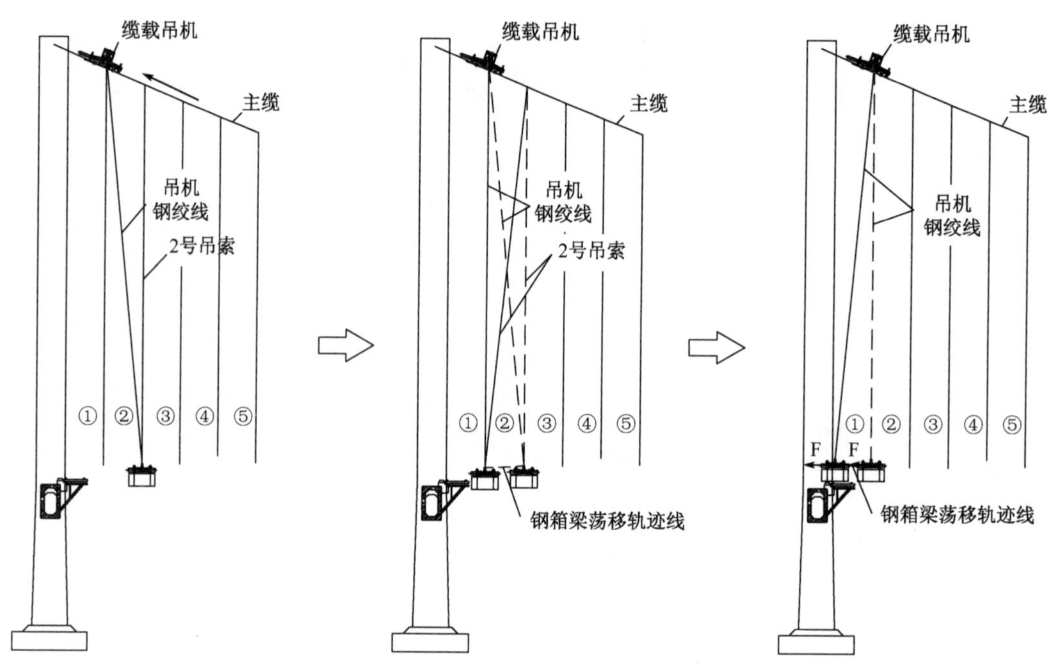

第四步： 1. 解除缆载吊机锚头与吊具之间的连接。 2. 缆载吊机行走至 1 号吊索处固定。 3. 牵拉缆载吊机锚头至与吊具相连	第五步： 1. 缆载吊机逐级加载提升钢箱梁，吊索受力逐渐减小。 2. 当钢箱梁荷载全部转移至缆载吊机钢绞线后，解除吊索与梁段的连接	第六步： 1. 在边跨侧布置水平牵引卷扬机，卷扬机钢丝绳与吊具相连。 2. 卷扬机收绳牵引梁段荡移至安装位置，并下放至支座和支架上。 3. 解除吊具与钢箱梁临时吊耳的连接。 4. 缆载吊机行走在 4 号吊索对应位置，继续起吊 1 号吊索对应的 Z1 梁段

续上表

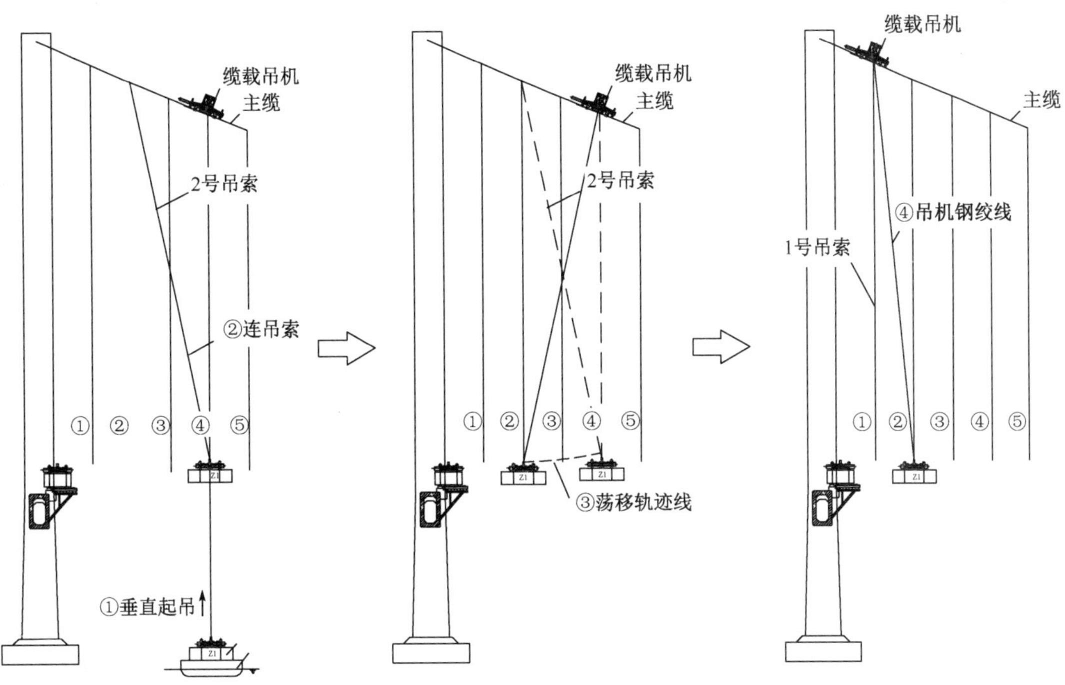

第七步： 1. 缆载吊机行走至 4 号吊索处垂直起吊 Z1 梁段。 2. 2 号吊索与吊具相连	第八步： 缆载吊机逐步卸载，钢箱梁荷载转移至 2 号吊索	第九步： 1. 缆载吊机行走至 1 号吊索处。 2. 缆载吊机钢绞线与吊具相连

续上表

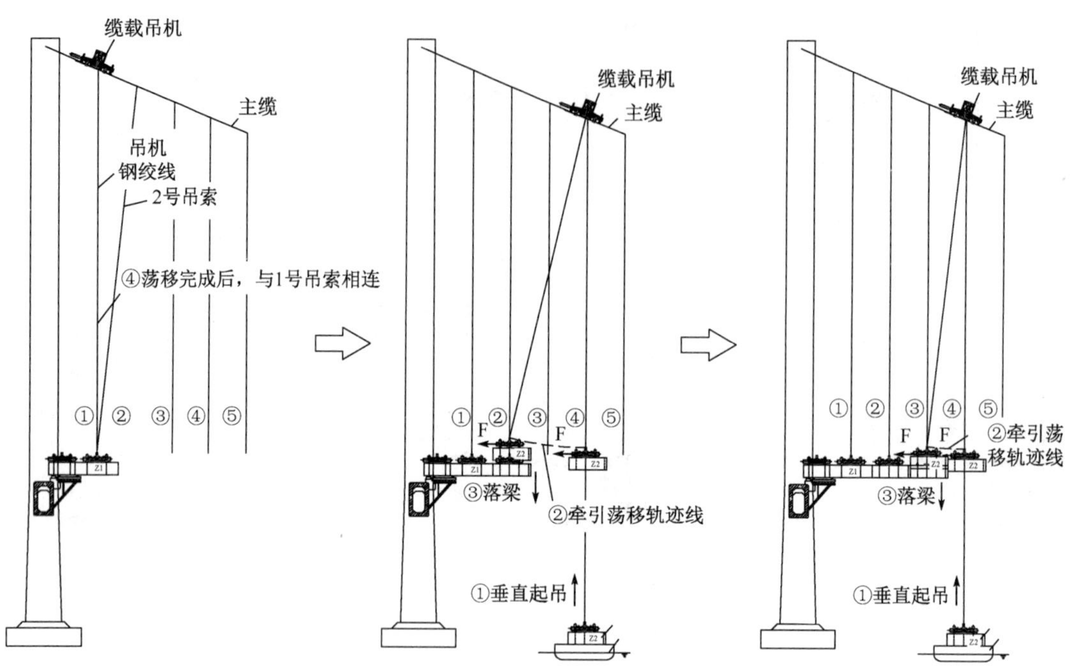

第十步： 1. 缆载吊机逐级加载，钢箱梁荷载逐渐转由吊索受力转移至缆载吊机受力。 2. 1 号吊索与钢箱梁吊耳相连，缆载吊机卸载，连接 Z1 与 T1 之间的临时连接件，完成 Z1 梁段的吊装	第十一步： 1. 缆载吊机在 4 号索夹处垂直起吊 Z2 梁段。 2. 水平牵引卷扬机牵拉钢箱梁至 2 号吊索位置处。 3. 2 号吊索与钢箱梁吊耳相连，缆载吊机卸载，连接 Z1 与 Z2 之间的临时连接件，完成 Z2 梁段的吊装	第十二步： 1. 重复第十一步，将 3 号吊索与 Z3 钢箱梁吊耳相连，缆载吊机卸载。 2. 连接 Z3 与 Z2 之间的临时连接件，完成 Z3 梁段的吊装。

钢箱梁永久吊耳与钢箱梁节段的重心不在同一个断面上，采用吊索荡移时，为确保钢箱梁在整个施工过程中的平稳，荡移用的吊索不能与钢箱梁永久吊耳相连，必须通过一个转换工装以实现在荡移的整个过程中缆载吊机的吊点与钢箱梁的重心在同一个断面上。

吊具转换工装包括连接板1、连接板2、扇形板和三角板，其中吊索通过三角板和连接板1与扇形板相连，缆载吊机锚固座直接与扇形板相连，吊具通过连接板2与扇形板相连，各连接处均采用销接，确保在荡移过程中能转动。荡移时，通过扇形板的转动，实现将梁段的荷载在缆载吊机和吊索之间转换。当要进行多个周期的转换时，可通过增加扇形板的吊耳孔来实现。转换工装所用的结构尺寸和材质要求根据吊装荷载设计确认。

吊机转换工装施工流程如图5-53所示，图5-54～图5-59为荡移施工现场。

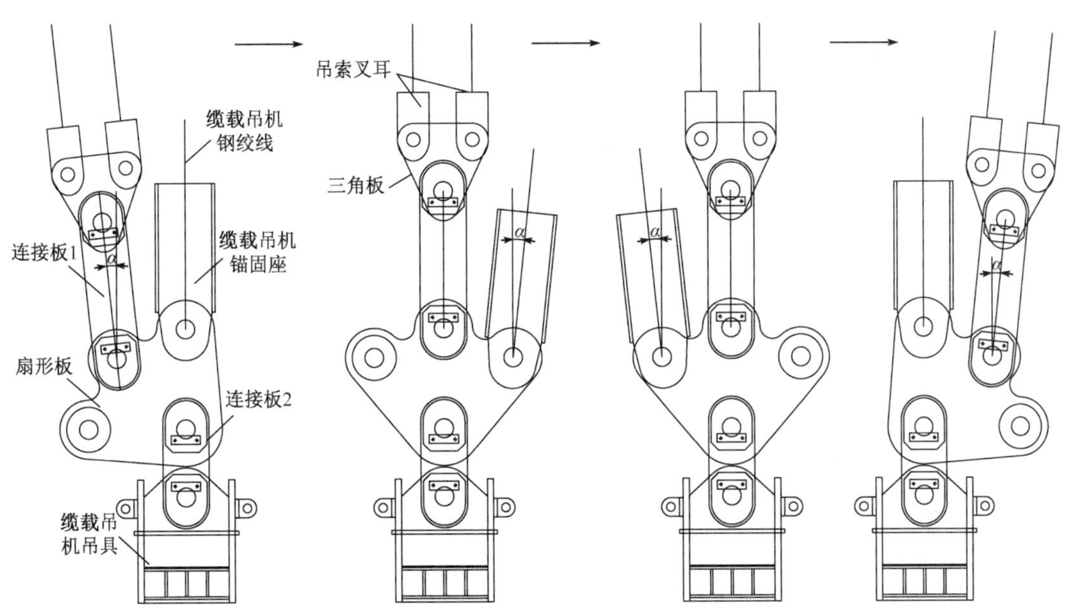

图5-53　吊机转换工装施工流程图

图5-54　吊索与连接板相连

图5-55　吊索逐步受力

图5-56　吊索完全受力

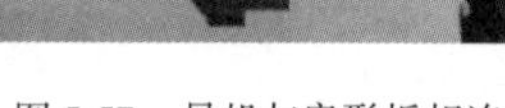

图 5-57　吊机与扇形板相连

图 5-58　吊机再次全部受力

图 5-59　荡移就位

5.4.2.4　合龙梁段吊装技术

合龙段吊装技术主要涉及合龙顺序、中跨合龙段吊装和边跨合龙段吊装,具体内容如下:

1)合龙顺序

大沙水道桥钢箱梁的合龙相对较为常规,因此以坭洲水道桥钢箱梁的合龙为例进行介绍。坭洲水道桥钢箱梁合龙顺序为西中跨(Z2)→东中跨(Z131)→西边跨(B42)。

实际上,在近塔区无吊索梁段吊装时,西塔无吊索梁段(B43、T1、Z1)已向西边跨侧预偏了30cm,以对西中跨(Z2)合龙口进行扩口;东塔无吊索梁段(T2)已向东引桥侧预偏了20cm,以对东中跨(Z131)合龙口进行扩口。因此,西中跨(Z2)合龙段和东中跨(Z131)合龙段之间的吊装先后顺序不影响钢箱梁合龙施工。

2)西中跨合龙段吊装

西中跨(Z2)合龙段吊装施工中,以下两项工作至关重要。

(1)合龙口宽度测量:合龙段吊装前,在一天中每隔2h对合龙口的宽度进行一次测量,得到合龙口宽度与气温之间的线性关系,同时掌握一天中各个时间段处合龙口的宽度。

(2)缆载吊机定位:因合龙口宽度有限,缆载吊机无法像常规梁段吊装时可通过设置较大的预偏移量来避免冲突。在合龙段缆载吊机定位计算时,应当以Z1梁段边缘作为位置参考,将合龙段与Z1梁段之间的预设间距设为不小于10cm,具体设多大,还要看合龙口的宽度。此外,缆载吊机在缆上定位时,必须按照精准定位进行控制。

Z2钢箱梁先在日间进行起吊及提升,提升至靠近合龙口位置约0.5m位置时停止,等待合龙口宽度满足要求后再继续提升。

因为中跨已吊装钢箱梁的热胀冷缩作用,西中跨合龙口在日间气温最高时仅有12.5m,至夜间23时左右时,合龙口宽度达到12.9m,基本满足合龙段(12.8m)的就位要求。

确定合龙口宽度满足要求后,缆载吊机以小行程点动的方式缓缓提升Z2梁。在提升过程中,Z2梁因存在一定扭转,故与Z3梁之间存在约5cm左右的位置冲突,现场采用撬棍进行撬开处理后继续提升。

西中跨(Z2)合龙段提升到位后,连接吊索,并与Z3梁段进行临时连接。因塔区无吊索梁段后续还有线形调整工序，故Z2梁段与Z1梁段之间不进行螺杆临时连接，采取焊接码板临时固定即可(此时无吊索梁段将随着中跨钢箱梁的热胀冷缩而自行在挑梁支架上纵移)，无吊索连段线形调节时再割开。

3)东中跨合龙段吊装

东中跨(Z131)合龙段因东塔处的T2梁段可在支座上滑动纵移扩口，故无须等待温度降低后合龙口扩大，直接选择在白天吊装提升及就位即可。

4)西边跨合龙段吊装

西边跨B42梁段吊装与西中跨(Z2)合龙段吊装基本一致，两者之间的区别如下：

(1)西边跨(B42)合龙口的宽度在西中跨(Z2)合龙段吊装完成后，即同时受到西边跨已吊梁段以及中跨已吊梁段热胀冷缩效应的影响。

(2)西边跨(B42)合龙段吊装时的扩口通过西锚碇门架上的8t卷扬机配合滑车组走8匹绳后往西锚碇侧拉拽整个西边跨已吊装梁段的方式进行。综合考虑最终合龙段及西边跨梁段牵引受力影响，最终确定整个西边跨梁段向西牵引30cm进一步放大龙口宽度，牵引力约600kN。

如图5-60所示，西边跨B42梁段依然选择在白天进行起吊提升，在夜间温度较低时提升入合龙口。吊装完成后，B42梁与B43梁之间不进行螺杆临时连接，通过码板点焊固定。

图5-60 西边跨(B42)合龙段吊装提升

5.4.3 体系转换技术

体系转换主要涉及塔区体系转换和过渡墩处体系转换。

1)塔区体系转换

全桥钢箱梁合龙后，断开塔区无吊索梁段与合龙段之间的临时码板焊接固定，根据监控指令精确调节无吊索梁段的线形，线形调节经监理、监控单位复测认可后，安装钢箱梁永久支撑及横向抗风体系，同时将无吊索梁段以及邻近的合龙段进行环焊连接(西塔处为B42、B43、T1、Z1、Z2，东塔处为Z131、T2)。

塔区无吊索梁段线形通过三向千斤顶、普通千斤顶以及临时吊索处千斤顶进行调节。

2)过渡墩处体系转换

全桥钢箱梁吊装完成后，B1梁段即可准备从过渡墩顶的暂存位置以可活动托架为平台纵移归位，为了确保纵移施工的安全以及对B1梁进行调节，另采用缆载吊机辅助。

纵移前，过渡墩处限位吊索先进行初步张拉(1张)，使B2梁段与B1梁段接口初步达到架梁设计高程，然后进行B1梁的纵移归位。

B1梁纵移至与B2梁稍微接触时，通过缆载吊机以及千斤顶来调节B1梁的位置及高度，使其与过渡墩处的钢箱梁竖向支座连接并安装相应螺栓，然后利用缆载吊机以及进一步张拉限位吊索来调节B1与B2梁之间的高差，并最终实现二者之间的临时连接。

如图5-61所示，B1梁及B2梁临时连接完成后，按照监控指令对限位吊索完成最后的张拉。然后将 B1、B2 梁进行环焊连接。

5.4.4 主索鞍顶推技术

钢箱梁吊装过程中以及吊装完成后，根据监控指令对主索鞍进行分阶段顶推（图 5-62）就位，通过指令的形式明确顶推量和时机。坭洲水道桥西索塔采用 2×1000t 千斤顶完成单个主索鞍顶推作业。东索塔采用 2×1000t+2×600t 千斤顶完成单个索鞍顶推作业。

图 5-61 过渡墩处限位吊索张拉

图 5-62 主索鞍顶推

5.4.5 附属结构安装技术

附属结构安装主要涉及梁外检查车安装、竖向支座安装、抗风支座安装和桥梁纵向阻尼器安装，具体内容归纳如下。

1）梁外检查车安装

如图 5-63 所示，梁外检查车随对应钢箱梁同船进场及吊装。先按照常规钢箱梁吊装的步骤及方式，将钢箱梁吊离运梁船并上提 6～8m，然后慢慢移动运梁船，将梁外检查车与被吊钢箱梁对位安装并临时固定，完成后正常提升。

2）竖向支座安装

钢箱梁竖向支座的安装施工无特别之处（对孔就位、测量调节、砂浆灌孔），支座垫石以及垫石上的安装孔的放样以及施工必须要确保准确，测量放样后必须复核，支座垫石浇筑完成后，必须再次复核。主桥过渡墩处竖向支座如图 5-64 所示。

3）抗风支座安装

钢箱梁抗风支座在相应钢箱梁吊装完成后再安装，其重点依然是抗风支座垫石以及相应预埋件的施工精度控制。

支座垫石尽量控制在比设计少 10mm 以内，以便抗风支座安装。支模及浇筑时，必须注意模板的放样精度以及刚度。若出现胀模，则极有可能导致抗风支座无法安装。

4）桥梁纵向阻尼器安装

桥梁纵向阻尼器基座在钢箱梁吊装前进行安装。阻尼器在钢箱梁焊接施工完成后，采用 2 台 12t 卷扬机作为吊装提升动力进行安装。

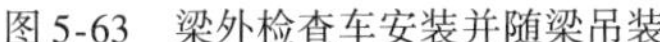

图 5-63　梁外检查车安装并随梁吊装

图 5-64　主桥竖向支座(过渡墩处)

5.5　台风期钢箱梁吊装应对措施

5.5.1　坭洲水道大桥施工阶段抗风性能

根据同济大学土木工程防灾国家重点实验室提交的南沙大桥大跨径桥梁抗风稳定性研究专题报告，坭洲水道桥在成桥状态下的抗风性能满足要求，但在钢箱梁吊装施工阶段存在部分阶段不满足颤振性能要求。

5.5.1.1　施工状态颤振稳定性评价

在第 7 和第 55 施工阶段的加劲梁吊装状态时，主跨梁段数分别为 12 个和 108 个。如图 5-65 所示，当加劲梁上所有临时连接构件都处于工作状态时，+3°风攻角颤振临界风速分别为 49.8m/s 和 57.8m/s，在加劲梁每隔 4 个梁段就完全断开的临时连接状态下分别为 52.6m/s 和 42.9m/s，这两种施工状态下试验得到的最小颤振临界风速分别为 49.8m/s 和 42.9m/s，均小于相应的检验风速 55.7m/s。其余施工状态试验得到的颤振临界风速最小值为 56m/s，大于相应的检验风速 55.7m/s。

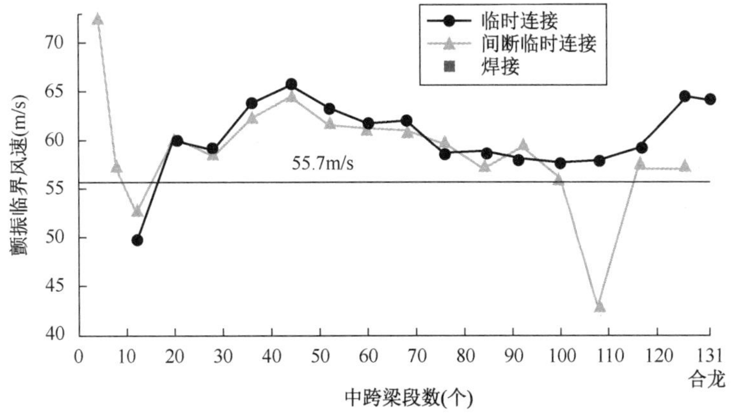

图 5-65　颤振临界风速随结构状态的变化

在中跨100~116个梁段数区间内,加劲采用间断临时连接状态下的颤振临界风速小于检验风速,其中在108个梁段数时达到最低值(42.9m/s)。在此区间内,临时连接状态下的颤振临界风速较间断临时连接状态下的值大,在临时连接状态下,颤振临界风速最小值(57.8m/s) > 检验风速(55.7m/s),即若全部采用临时连接对已吊装加劲梁进行连接,那么该施工阶段的颤振临界风速是大于检验风速的。

5.5.1.2 施工状态颤振应对建议

建议合理安排工期,使得第7和第55及相邻施工阶段避开大风期,确保在该施工状态时不出现大于桥梁结构颤振临界风速的大风。

当采用新的临时连接构造后,施工状态桥梁结构的扭转频率显著降低。几乎在所有的临时连接状态下,按照频率降低幅度推算的颤振临界风速估计值都小于相应的检验值。因此,建议合理安排工期,确保在临时连接施工状态不出现大于桥梁结构颤振临界风速的大风。

5.5.2 悬索桥施工阶段颤振控制措施

5.5.2.1 优化梁段架设顺序

不同的加劲梁架设顺序对悬索桥在施工阶段的颤振稳定性影响很大。通常,主梁的施工顺序有以下3类:

(1)主梁从跨中向两侧桥塔对称施工。大部分悬索桥采用这种方法架设主梁,如大贝尔特东桥、虎门大桥、珠江黄埔大桥、万州驸马长江大桥等。

(2)主梁从两侧桥塔向跨中对称施工。如金门大桥、明石海峡大桥等采用此种架设方法。

(3)非对称架梁法。主梁从偏离跨中处一定阶段的位置开始起吊,非对称地向两侧桥塔处架设。

在罕加喀斯特桥施工过程的风洞试验中,发现采用非对称形式时,颤振风速有移动提高,并且随着主梁拼装阶段中心线逐渐偏离桥跨中心线,颤振风速也逐步提高,因此,偏心施工提高了悬索桥施工初期抗风稳定性。

非对称架梁对比对称架梁法在施工前期和后期可靠指标和失效概率差别不大,主要差别出现在施工的中期,此时,非对称施工的失效概率远小于对称施工的失效概率,所以从施工期吊梁的可靠性来看,采用非对称施工具有较好的抗颤振的性能。但采用非对称架梁施工方法对施工控制来说比较困难。图5-66为非对称架梁示意。

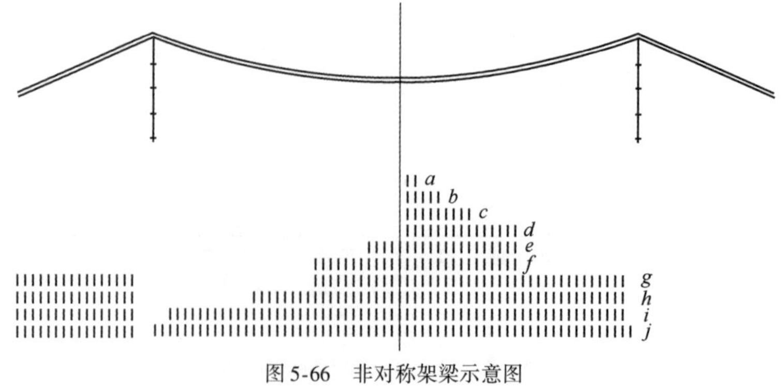

图5-66 非对称架梁示意图

在国外，霍加库斯滕桥(主跨1210m的箱形加劲梁悬索桥)采用了此法。在国内，如宜昌长江大桥、江阴长江大桥、西堠门大桥等多座悬索桥在研究架梁方案时均对此法进行过考虑及分析，但未予采用；武汉鹦鹉洲大桥因考虑到减少缆载吊机投入而采用了非对称架梁法。

5.5.2.2 逆风偏心质量法

恒比尔大桥施工中研究了逆风质量偏心的水压载法，该方法通过减小悬臂以改变桥的重心(增加质量偏心)来减小气动弯矩。偏心质量概念示意如图5-67所示。

在恒比尔大桥施工现场，一次偶然的机会应用了这种方法。随后，在大贝尔特东桥的架设过程中也对偏心质量法进行了研究。结果表明，当偏心质量增加到20%时，其颤振临界风速由38m/s提高到52m/s。在罕加喀斯特桥施工过程中，发现设置迎风侧偏心质量并不能有效地提高施工初期结构的颤振稳定性，在主梁架设中后期偏心质量措施才变得有效，颤振风速增大约20%。

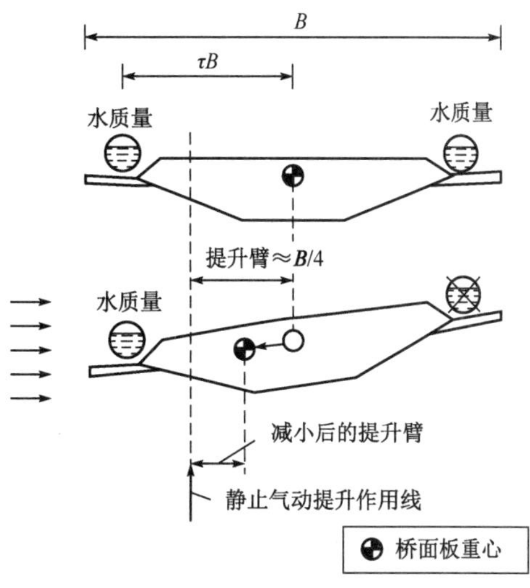

图5-67 偏心质量概念示意图

5.5.2.3 阻尼器

调谐质量阻尼器(TMD)可间接地提高结构的阻尼。调谐质量阻尼器是由质量块、弹簧和阻尼器组成的一个复杂的机械装置，是一种不需要能量供给的减振装置。其制振减振原理是将主结构的振动能量传递到频率相近的阻尼器上，然后加以耗散，从而达到减小结构振幅的目的。调质阻尼器除了可以有效改善大跨桥梁的抖振和涡振性能外，还能提高桥梁的颤振稳定性。研究结果表明，调质阻尼器可以有效地提高悬索桥的颤振临界风速，而且对于低阻尼钢箱梁的控制效率比较好。

调质阻尼器的优点还在于它的低造价和简便性。调谐质量阻尼器目前在我国悬索桥钢箱梁吊装施工中未见应用。

5.5.2.4 交叉索

悬索桥结构的抗扭刚度主要来源于缆索系统，而主梁对抗扭刚度的贡献非常有限。因此，可以从缆索结构形式入手，采用对结构抗风稳定性有利的缆索布置形式。对于施工过程，可以采用在主缆间设置水平交叉索以及主梁和主缆间设置竖直交叉索等方法。图5-68为水平交叉索布置示意。

水平交叉索设置在两根主缆间，需要在设置较长的长度(范围)后方可较为理想地提高颤振临界风速，国外对此有所研究，但国内外均鲜有应用。竖向交叉索布置示意如图5-69所示。

研究结果表明，施加竖向交叉式吊杆不能在整个施工过程提高加劲梁的颤振可靠性，只能在施工后期阶段提高其颤振可靠性，在施工中期反而会降低其颤振可靠性。国内外对竖向交叉索的研究较多，但在施工过程中，依然鲜见应用，我国更是未见应用。

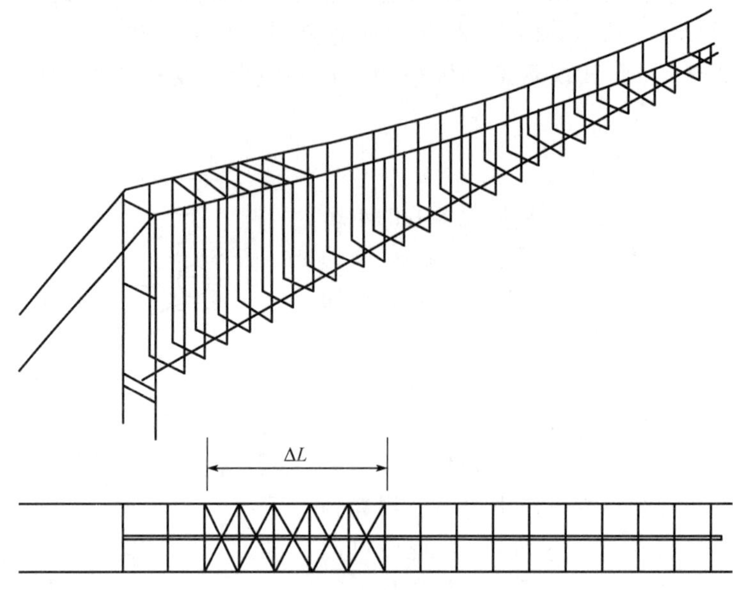

图5-68　水平交叉索布置示意图

5.5.2.5　静态气动附加物

静态气动附加物是指放置在桥面板纵轴偏心处的小翅(布置见图5-70),用来调节气动弹性荷载并增加颤振风速。静态气动附加物的应用能够在一定程度上增大施工阶段颤振稳定性,但计算分析以及操作非常复杂,在国外悬索桥施工阶段均鲜见有实际应用,我国未见应用。

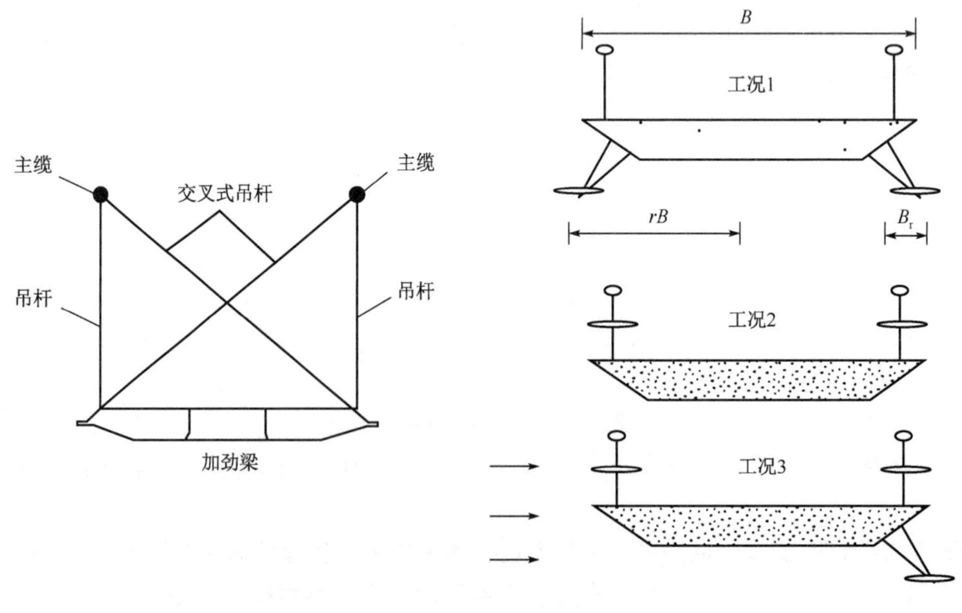

图5-69　竖向交叉索布置示意图

图5-70　静态气动附加物图解

5.5.3 悬索桥吊梁过程抗风举措实例

5.5.3.1 虎门大桥

虎门大桥为主跨888m的钢箱梁悬索桥,共39个钢箱梁段。

架梁顺序:从跨中向两侧桥塔处对称架设,梁段吊装就位后逐段连接匹配件,使各梁段之间形成铰接状态。

架梁施工月份:6月—11月(跨越台风期)。

架梁期抗台风措施:钢箱梁施工的40%在台风季节到来之前完成(此说法尚有待考证,虎门大桥跨中的15个梁段采用液压提升,剩余梁段采用卷扬机提升,即中途因某些原因更换了吊装动力形式,故在台风季节到来之前吊装40%后停滞也可能未必是考虑到抗台风的因素)。除此之外,在虎门大桥钢箱梁吊装阶段,未采用其余措施。

5.5.3.2 珠江黄埔大桥

珠江黄埔大桥为主跨1108m悬索桥,其加劲梁为单箱单室扁平封闭流线型钢箱梁,主缆横桥向中心间距为36.5m,吊索顺桥向标准间距为12.8m。钢箱梁桥轴线处梁内净高3.15m,桥面板为2%的双向横坡,共87个梁段。

架梁顺序:从跨中向两侧桥塔处对称架设,梁段吊装就位后逐段连接匹配件,使各梁段之间形成铰接状态。

架梁施工月份:10月—次年1月(不在台风期内,且吊梁期也未出现台风)。

珠江黄埔大桥钢箱梁吊装期不处于台风期内,且其为南北走向,桥位区大风与桥梁纵向基本同向。由于以上因素,珠江黄埔大桥钢箱梁吊装阶段未针对台风采取相关提高颤振临界风速的措施。

5.5.3.3 西堠门大桥

西堠门大桥是浙江舟山大陆连岛工程中一座特大跨径悬索桥,其走向由北向南,是主跨为1650m的两跨连续的钢箱梁悬索桥,共126个钢箱梁节段。

西堠门大桥的桥型及跨径均与坭洲水道桥接近,同时,西堠门大桥桥位区为台风多发区域,其在吊梁期间经历了多个台风袭击。故西堠门大桥钢箱梁吊装期的抗台风措施或避台风措施对本桥有重要的参考价值。

1)钢箱梁吊装阶段抗风研究成果

由于季风与台风交替影响,加之大桥钢箱梁架设梁段多,钢箱梁安装工期较长,需穿越台风期。针对此情况,西南交通大学与同济大学分别对钢箱梁安装施工阶段进行了专题风洞试验及计算分析,并得出以下结论:台风多发期可架设中跨跨中梁段不多于39段梁;同时架设跨中8段梁的工况应尽快完成;钢箱梁临时连接件应在台风来临之前临时紧固(含上、下口)以保证安全,台风警报解除后再松开以方便施工。施工时以该成果为指导,制定了架梁顺序与相应的防台措施。

2)西堠门大桥现场实测结论

(1)斜交风对桥梁静风荷载影响较大,阻力系数随斜交角的增大而增大。

(2)通过节段模型试验获得的颤振临界风速和全桥气弹试验获得的风速较为接近。

(3)在桥梁架设的初期阶段,由于颤振临界风速相对较低,因此,在实际施工中应避免台风天气。

(4)桥梁在合龙时以及施工中风致内力较大,建议对临时连接件的强度进行必要的评估。

3)西堠门大桥钢箱梁吊装安排

采用非完全对称的吊装顺序,但还是以从跨中向两塔处对称吊装为主。台风期跨中梁段安装数量限制在39段。钢箱梁吊装工期考虑21d避台期,按3次台风袭击考虑,每次台风影响造成的工期延误按7d考虑。合龙后开始进行无索区钢箱梁线形调整、焊接及卸架,完成后进行钢箱梁缝宽与高程微调,开始焊接。

4)其他抗台风措施

除对架梁顺序予以优化外,钢箱梁临时连接件在台风来临之前临时紧固(含上、下口)以保证安全,台风警报解除后再松开以方便施工。针对台风期钢箱梁临时连接处受力较大,对西堠门大桥钢箱梁临时连接进行了专门的计算分析,确保临时连接的可靠性及安全性。除此之外,西堠门大桥钢箱梁吊装施工过程中,未采取其他通过提高施工过程中颤振临界风速来抵抗台风的措施。

5.5.3.4 其他大跨径悬索桥

我国其他大跨径悬索桥(如驸马长江大桥、泰州长江大桥、宜昌长江大桥、润扬长江大桥、南京长江四桥等)在架梁期抵抗台风袭击或提高桥梁结构施工状态下颤振临界风速的措施,除选择合理的架梁顺序、合理安排工期避开台风期以及采用可靠的临时连接等措施外,未见采用其他相关措施。

5.5.4 坭洲水道大桥吊梁期抗风措施

5.5.4.1 合理安排吊梁工期

根据本桥气象研究报告,东莞各月风速统计见表5-9,桥址区域在6月—9月容易遇到大风天气,该段时间也是台风高发季节。

东莞各月风速统计表 表5-9

项目	月份												
	1	2	3	4	5	6	7	8	9	10	11	12	年
平均风速(m/s)	1.9	2.0	2.0	2.1	2.1	2.2	2.3	2.1	2.0	2.0	1.9	1.8	2.0
最大风速(m/s)	10.4	10.7	12.3	11.0	13.7	14.3	15.1	15.7	20.0	10.6	9.9	9.5	20.0
≥6级大风日数	0.00	0.00	0.05	0.03	0.00	0.20	0.21	0.23	0.30	0.00	0.00	0.00	0.98
≥7级大风日数	0.00	0.00	0.00	0.00	0.00	0.03	0.03	0.03	0.08	0.00	0.00	0.00	0.15
≥8级大风日数	0.00	0.00	0.00	0.00	0.00	0.00	0.00	0.00	0.03	0.00	0.00	0.00	0.03

架设初期处于4月,即中跨8~16段的吊装阶段(最小颤振临界风速49.8m/s <颤振检验风速55.7m/s),在2017年4月16日—28日吊装,根据已统计的桥位区三年内各月风速情况,该段时间内鲜有台风袭击。若该段时间内出现台风,本施工阶段在临时连接断开的情况下的最小颤振临界风速为49.8m/s,该值大于12~13级台风32.7~41.4m/s的风速值。根据统计

结果,本桥位区在近年来在4月—5月未出现过7级以上台风,故台风袭击风险极小,合理安排吊梁工期即可,不必做特别的抗台措施。

中跨100~116段的吊装阶段(最小颤振临界风速42.9m/s < 颤振检验风速55.7m/s)在2018年6月15日—7月4日吊装,该段时间存在台风袭击风险。台风从被观测生成,到特大风袭击本桥位区,一般会有不少于4~5d的准备时间,根据一台缆载吊机1段/d的正常吊梁功效,中跨布置了2台缆载吊机,4~5d正常可吊8~10片。故在收到台风预警后,在一定程度上可通过调节吊梁工期来合理避免中跨100~116片梁的结构薄弱期处于台风期内的情况发生。

5.5.4.2 采用临时螺栓强化梁段间的连接刚度

根据坭洲水道桥抗风研究报告,在已吊主梁全部进行临时连接的情况下,此时桥梁结构的颤振临界风速为57.8m/s,大于颤振检验风速55.7m/s。

考虑到其他因素导致的颤振临界风速减小,故可对钢箱梁临时连接构造的设计进行进一步强化,或者增设临时连接螺栓,确保钢箱梁间的连接刚度。

按研究报告的结论,在已吊主梁全部进行临时连接的情况下,若能确保钢箱梁之间的有效临时连接,则此时的颤振临界风速大于16级台风的风速(51m/s),可以满足抗风要求。

5.5.4.3 缆载吊机临时紧固

缆载吊机提前下移至短吊索处,缆载吊机与主缆紧固,利用箱梁的吊装吊点将缆载吊机与钢箱梁张紧形成整体。

5.6 小 结

本章介绍了南沙大桥项目两座大跨径悬索桥钢箱梁安装的工程概况、施工流程和建设难点,结合钢箱梁安装过程的建设关键技术及问题难点,分别分析了钢箱梁安装过程的质量控制方法,并提出了相应的质量保证措施以及具体的应用效果。本章内容以"问题"为导向,系统全面地对悬索桥的钢箱梁安全施工和施工质量进行了针对性研究,其中的施工技术措施和质量保证对策,既确保了索鞍施工的安全,又提高了钢箱梁安装的质量,可为类似工程提供关键技术支持。

智能型缆载吊机为实现南沙大桥悬索桥超宽钢箱梁的安全顺利吊装施工提供了保障,获得了各界好评,取得了良好的经济效益和社会效益。

钢箱梁吊装施工前的一系列准备工作为正式吊装提供了技术支撑,在整个钢箱梁吊装施工期间没有影响珠江河道通航,成功实现了施工、运营两不误,达到了当初设想的目的,产生了良好的社会效益和经济效益。

钢箱梁系列吊装施工安全技术确保了在面临过渡墩处浅水区钢箱梁吊装、近塔区梁段吊装、超宽合龙梁段吊装以及体系转换等超大跨径悬索桥钢箱梁工程技术难题时,安全顺利、高质高效地完成了施工任务,为今后悬索桥钢箱梁的安全吊装推广应用积累了安装经验。

通过优化吊装工期,避开台风期架梁或避开台风期通过最不利梁段位置作为整个坭洲水道桥吊梁作业的指导性思想,并做好了缆载吊机连接钢箱梁的准备工作。同时进一步与钢箱梁制造单位、运输单位、海事、航道等相关单位的协调，通过对封航、限航相关工作的进一步优化，实现了2018年3月15日开始吊装，2018年5月23日完成全桥合龙，实现了66d吊装全部176片钢箱梁安装的全部工作，成功通过吊梁施工组织的优化，避开了台风期架梁的危险状态。

第6章 悬索桥上部结构施工监控

6.1 总体概况

悬索桥是一种结构合理的桥梁形式,能使材料充分发挥各自的特长,这一特点使悬索桥成为大跨径桥梁中最具竞争能力的桥型之一。对桥梁结构的施工过程进行合理的施工控制是使桥梁施工结果与设计要求尽可能接近的重要保障。

大跨径悬索桥是一种柔性悬挂体系,上部结构施工过程中具有显著的特点。南沙大桥项目的大跨径地锚式悬索桥主缆架设采用PPWS法,加劲梁采用缆索吊装,这种施工方法给桥梁结构带来复杂的内力和位移变化;同时施工过程中,由于各种因素(如温度场、台风、施工顺序、施工荷载及材料性质等)的随机影响、测量误差以及施工误差的客观存在,各实际施工状态可能偏离理论轨迹。为确保成桥后的结构内力和几何线形符合设计要求,使结构内力处于最优状态,同时保证施工过程安全和全桥顺利合龙,需对悬索桥上部结构施工过程进行严格的安全与质量管控。本章以坭洲水道桥为例,详细介绍超大跨径悬索桥上部结构施工监控方法。

6.1.1 上部结构施工程序概述

根据上部结构单元施工和恒载加载顺序并考虑施工控制的特点,可将上部结构施工划分为如下9个大阶段:

(1)锚碇、桥塔立柱施工;

(2)安装施工猫道;

(3)鞍座预偏就位;

(4)主缆丝股架设;

(5)紧缆、索夹安装;

(6)猫道改挂;

(7)梁段安装、顶推鞍座;

(8)桥面铺装、主缆防护等二期恒载;

(9)成桥恒载状态。

6.1.2 悬索桥上部结构施工控制重难点

本桥具有以下特点,在施工控制过程中应对本桥的这些特点加以重点考虑和研究。

1)珠三角地区跨径最大悬索桥

坭洲水道桥的钢箱梁在桥塔处连续,该处具有较长的无索区,梁段刚接及体系转换时如何保证无索区的线形平顺过渡、顺利进行体系转换、确保成桥线形与内力一致是一个难度较高的技术课题。

坭洲水道桥虽然为两跨悬吊,但边跨悬吊跨主缆很长的区间没有吊索,因此设置了限位装置吊索。该吊索的张拉力、张拉时机及其对加劲梁和主缆线形的影响是一个值得考虑的问题。

2)锚碇基础的沉降和水平位移

锚碇基础沉降与水平位移将对主缆、加劲梁线形和桥塔偏位产生较大的影响,在江阴长江大桥、润扬长江大桥和泰州长江大桥的建设过程中均监测到锚碇基础发生显著的沉降和水平位移,为了确保本桥能够达到最终的成桥线形,施工监控过程中必须考虑这一因素的影响。

3)加劲梁的制造线形确定非常重要

相邻钢箱梁间的转角关系在钢箱梁组拼完后就固定下来,钢箱梁在现场吊装完成后如果要对其进行调整将带来 3 个问题:①局部出现不可消除的折角;②线形出现波浪;③焊缝宽度过大。因此,施工监控应介入钢箱梁的制造线形的确定。

4)吊装顺序及合龙方案确定非常重要

坭洲水道桥为两跨悬吊悬索桥,应对钢箱梁吊装方案作详细而深入的研究,如梁段吊装顺序问题、梁段吊装的不对称性问题,加劲梁的吊装合龙方案以及确定合理的索鞍。

5)温度场复杂

坭洲水道桥跨径很大,中跨达到 1688m,主缆架设控制应考虑温度场不均匀性。

6)桥塔较高

本桥桥塔较高,其三维几何状态受日照、温度变化的影响较大。实际施工的塔顶高程和平面位置应通过多次监测并找出状态变化规律才能确定。

7)强烈的几何非线性

悬索桥由于在加劲梁架设过程中具有强烈的几何非线性,结构的变形和应力状态变化很大,温度、风速、施工和制造误差等对线形影响非常敏感,仅从静力方面而论,为了使其按照设计目的在成桥后达到预定的线形和应力状态,必须对任意一个架设阶段的变形和应力进行严密的分析,求出各阶段的形状控制高程和加劲梁中的内力以及对恒载、风载和其他外力的抵抗能力。虽然对一般其他形式的桥梁也都存在类似的问题,然而由于悬索桥具有以下显著的特点,其架设过程的计算更为重要且难度更大:

(1)变形前的初始内力对变形的影响不能忽略;

(2)结构包含柔性的缆索因而荷载作用下变形很大,属于大位移问题;

(3)各架设阶段的变形及应力状态与成桥后的状态紧密相关;

(4)伴随施工的进展,结构的形状明显改变,且架设过程的工况数多;

(5)结构是柔性的索与刚性大的加劲梁及塔的集合体,因而计算中易于产生计算误差;

(6)大位移问题的迭代计算中存在其解的收敛性与稳定性问题。

6.2 上部结构施工监控方案

施工监控是一项较复杂的工作,除了需要精确的计算软件和方法并辅以监测验证外,监控人员的经验是异常重要的。不仅要精通设计方法,掌握桥梁力学特性,还要熟悉施工过程、加工过程,懂得施工异常情况的处理以及加工精度的控制。为了对大桥实施严格的监控,达到施工监控目标,监控单位从监控计算、监控测试及监控测量三方面均提出了较详细监控现场实施方案。监控现场实施方案主要内容分为:施工控制参数的选取、影响参数的确定、监控量测方案(监控测试、监控测量)、监控计算内容与初步计算结果、施工程序概述及异常情况的对策、控制参数预测、信息反馈及误差调整。

悬索桥与其他桥型相比,相对较柔,施工过程中工况变化繁多,形状变化很大,结构具有强烈的几何非线性,加之悬索桥不可能像斜拉桥那样在后期对误差进行调整,所以施工监控是很有必要的,应该重视悬索桥的监控。根据大跨径悬索桥的特点,大跨径悬索桥的监测与控制内容从总体上说包括 3 个方面:监控计算、监控测试(力学量测试如力、应力应变等,物理测试量如时间、温度等)和监控测量(几何测量、位移测量)。这三方面是施工监控体系中最重要的内容,相互之间提供参数,一般情况下三者并不能完全分开。

施工监控是施工质量控制体系的重要组成部分,是保证桥梁建设质量的重要手段,是对桥梁建设质量的宏观调控,是桥梁施工质量控制的补充与前提。监控单位配合监理,指导施工,解决桥梁施工质量控制过程中的关键技术问题。通过在施工全过程中不间断的监测数据采集和分析,及时调整施工参数、施工工序,确保工程科学、合理、有序进行,使得工程最终高质、高效、如期完成。

6.2.1 施工控制参数的选取

6.2.1.1 结构状态参数

施工监控的目的是使实际施工结构最大限度地逼近设计状态,表征这个状态的参数称为结构状态参数。结构状态参数就是指通过施工过程和方法将各构件安装架设形成结构后,该结构处于施工环境状态下的内力(应力、应变)和线形(位移)。这些参数在不同的桥其值有所不同,不能根据规范取得理论值,而是要由监控计算才能获得数据。具体地说,是用影响参数(构件基本参数、环境条件)作为输入,通过监控计算软件,根据施工过程和施工方法建立模型,然后进行分析才能得到。当然,由于悬索桥施工监控一般是多目标控制,所以输入中也可能是已知的结构实测状态。也就是说,软件好比是个加工厂,材料为构件基本参数、环境条件、已知的结构实测状态,通过软件工厂对这些材料进行加工,得出计算值。这个计算值一般是作为下一阶段结构状态参数的预测值或者理论值,当实际施工至下一阶段时,可以实测结构状态参数,两者比较便是施工误差。由于成桥状态是设计的目标,而且已经由设计文件确定下来,因此必须选取成桥结构状态参数作为施工控制参数,包括内力状态参数和线形状态参数。表 6-1 列出了各构件的结构状态参数。监控的目的就是通过监控计算、监控测试和监控测量手段,使最终实际成桥结构状态参数逼近设计成桥结构状态参数,同时保证结构在施工过程中的安全和精度,防止各种指标超限。考虑到监测的代价,一般的参数只需要施工测量并连同监理检查验收即可,只对较重要且复杂的参数才进行监测,即除了施工测量外,还要监控或者由第三家验证测量;另外,视参数的重要性和监测的复杂程度以及监测参数的相互关系,对不同的参数也要采用不同的监测频率。

结构状态参数及其重要等级 表 6-1

结构构件	参数名称	重要等级	监测频率	测试仪器或者元件	监测方式
桥塔	裸塔线形	2	1	全站仪	监理、施工测量
	应力	3	2	应变计、采集系统	监控测试
	塔顶偏位	3	3	全站仪	监理、施工测量、监控测量
	高程变化量	3	2	全站仪或者钢尺	监理、施工测量、监控测量
吊索	索力	3	2	加速度传感器、弦振式索力仪	监控测试
	垂直度	2	0	全站仪	其他指标判断
索夹	安装位置	3	3	全站仪、钢尺	监理、施工测量、监控测量
	滑移	3	1	钢尺	监理
散索鞍	预偏角	3	1	全站仪	监理、施工测量
	偏转角	3	2	全站仪	监理、施工测量、监控测量
鞍座	预偏量	3	1	全站仪	监理、施工测量
	顶推量	3	1	钢尺或者全站仪	监理、施工测量
主缆或索股	线形	3	3	全站仪	监理、施工测量、监控测量
	锚跨张力	3	3	加速度传感器、弦振式索力仪	监控测试
加劲梁	线形	3	2	全站仪、水准仪	监理、施工测量、监控测量
	梁长	3	1	全站仪	监理、施工、监控测量、加工及环焊控制
	应力	1	0	表贴式弦式应变计、采集系统	监控测试
桥面	线形	3	1	全站仪	监理、施工测量、监控测量

6.2.1.2 施工控制参数

为了使实际施工的结构状态参数逼近设计值,达到架设中结构的安全控制和施工精度控制,通过前述分析,本项目选取重要程度为3的结构状态参数作为施工控制参数:桥塔应力、塔顶偏位,吊索索力,索夹安装位置和滑移,散索鞍偏转角,鞍座顶推量,主缆线形和锚跨张力,加劲梁线形、梁长,桥面线形。

6.2.1.3 控制参数的影响因素和控制方法

1)桥面线形

使最终建成的桥面线形逼近设计成桥线形是监控目标之一。桥面线形是由加劲梁的线形确定的,而影响桥面线形的主要因素为主缆线形、吊索长度、一期恒载、二期恒载。为了得到高精度的桥面线形,除了需要较准确地采集一期恒载、二期恒载外,主要需要加强对主缆线形、吊索长度的监控。桥面线形的监控方法是:校核在设计荷载下,采用设计的施工过程是否可以达到设计成桥桥面线形;计算主缆架设空缆线形和预偏量,保证主缆的架设精度;在主缆已经架设完毕的情况下对主缆进行复测,以桥面线形为目标,在恒载尽量准确的情况下重新对吊索下料长度和加劲梁的安装线形进行计算,消除主缆架设线形误差对桥面线形的影响。

2)主缆线形和锚跨张力

主缆是悬索桥受力的重要构件,在几何上也是控制结构线形的主要因素。实际结构的主缆线形和设计线形越吻合,吊索力就越均匀,索鞍的复位状态就越好,桥塔的弯矩(索鞍未复位的偏心压力或者强制复位引起的桥塔偏位所致)也就越小,加劲梁的受力也就越合理,加劲梁的安装也才越容易实现。影响主缆线形的主要因素为索鞍位置、基准丝股线形、普通丝股线形、锚跨张力。控制方法是:通过设计复核主缆丝股无应力长度,保证主缆丝股的制造精度;通过监控计算确定索鞍预偏量、基准丝股的理论绝对高程、普通丝股与基准丝股的理论相对高程、理论锚跨张力;通过几何测量和反复调整使基准丝股、普通丝股的实际高程逼近理论高程;通过高精度校正的千斤顶张拉和张拉后的监控测试及调整逼近理论的锚跨索力。最终使实际架设的空缆线形逼近理论空缆线形,结构施工完成后线形和内力与设计一致。

基准索股线形影响因素及成缆线形的影响参数因素如下:

(1)基准索股线形影响因素

影响基准索股线形的因素有温度变化、桥塔偏位、桥塔高程误差、散索鞍位置误差、锚固点施工误差及各跨的无应力长度。

(2)成缆线形的影响参数因素

基准索股线形是一般索股的比尺,一般索股参照基准索股进行架设。在基准索股架设完成后,理论上成缆线形是确定的,但事实上受施工单位的认真程度和技术水平的影响,成缆线形一般与基准索股线形有差别。成缆线形的确定是为了识别实际各跨架设的主缆无应力长度,最终确定成桥主缆线形误差,并以成桥桥面线形为目标确定吊索长度。影响成缆线形的因素有弹性模量、横断面积、温度变化、桥塔偏位、主缆高程、桥塔高程误差、散索鞍位置误差、锚固点施工误差。

3)吊索索力

吊索索力反映了加劲梁恒载的分配,吊索索力分布均匀是悬索桥监控目标之一。影响吊索索力的主要因素是吊索的长度,而决定吊索的长度的因素为实际架设主缆线形、成桥桥面设计线形及加劲梁恒载。因此,必须在主缆架设完成后对实际架设主缆线形进行复测,以确保成桥桥面设计线形为目标,采用较准确的恒载数据,精确计算吊索长度并保证吊索的制造精度,尤其是吊索之间的相对长度。

4)桥塔应力和塔顶偏位

确保塔顶索鞍能够复位,使主缆在桥塔塔顶的恒载水平力达到设计值是悬索桥的监控目标之一。由于桥塔较高,风载较大,为了保证桥塔在施工过程中的安全,对于桥塔的监控将采用双控措施:塔顶偏位监测、塔身的应力监测。对于混凝土桥塔,由于混凝土本身的力学特性,单靠桥塔的应力监测很难反映桥塔截面的应力水平,实际操作时往往将桥塔的计算控制应力所对应的控制弯矩换算为塔顶偏位,通过控制塔顶的偏位来控制桥塔的应力。桥塔的监控方法如下:获取合理的计算参数,计算桥塔的抗推刚度,进行施工全过程的仿真分析,根据桥塔的偏位情况,确定合理的索鞍顶推方案,释放桥塔的弯矩,确保塔顶偏位不超限。

5)加劲梁线形和长度

对于采用铰接法安装加劲梁的悬索桥,主梁内力并不是主要的控制指标,因为从施工过程直到成桥状态,加劲梁的恒载内力都是很小的,而加劲梁恒载内力本身也是不可调整的,因此,主梁应力监测意义不大,线形平顺控制是重点,加劲梁线形决定了桥面线形。对于加劲梁线形,一旦吊索长度确定,吊点位置的高程就不可调整。但由于采用铰接法施工,钢梁在理论上是可以绕吊点转动的。因此,环缝位置的高程仍是未定的,这容易造成加劲梁高程变化呈现波浪形,既有的桥梁监测表明了这一点;加劲梁长度是由厂内预拼和现场焊接收缩量控制确定的。加劲梁线形控制方法如下:监控单位通过理论计算确定加劲梁的制造线形,并提交给加工单位对环缝加以精确匹配;环焊单位在现场必须按匹配缝宽进行焊接。

6)索夹安装位置和滑移

索夹是传递吊索力到主缆的重要构件。索夹安装位置影响吊索的垂直度、吊索索力。索夹安装位置的影响因素包括桥塔偏位、温度、缆型。索夹位置的监控方法如下:在主缆紧缆完成后,监控单位按实测的桥塔偏位和温度计算索夹位置,施工单位根据该位置进行精确放样。索夹定位于主缆之后,滑移是绝对禁止的,索夹抗滑移是索夹设计中最重要的设计。索夹滑移的影响因素包括索夹与主缆的摩擦系数、索夹高强度螺栓的紧固力。而影响索夹与主缆的摩擦系数的因素有索夹直径、不圆度、表面处理方法和主缆直径、不圆度、空隙率和镀层。高强度螺栓的紧固力影响因素主要是紧固力损失,包括索夹螺杆本身的失效松弛、主缆受力后的变形、索夹自身变形、荷载变化使主缆内钢丝排列变化等。索夹滑移控制方法如下:监控单位通过理论计算验算索夹的抗滑移安全系数,加工单位、施工单位严格制造和施工,保证主缆和索夹的各项参数满足相关质量标准的要求。

7)散索鞍偏转角

散索鞍偏转角是表征散索鞍是否复位的参数。影响散索鞍偏转角的主要因素是恒载、预偏角和锚跨张力。预偏角控制方法如下:监控单位采用较精确的恒载精确计算预偏角和锚跨张力,施工单位按照该预偏角精确放样,并在索股架设时高精度地调整锚跨张力。

8)鞍座顶推量

鞍座顶推是对桥塔弯曲内力的释放,鞍座顶推量是保证桥塔在吊梁过程中安全性的指标,也是表征鞍座是否复位的参数。影响鞍座顶推量的主要因素是恒载、预偏量、梁段吊装顺序。顶推量控制方法如下:监控单位采用较精确的恒载精确计算预偏量,施工单位按照该预偏量精确放样,并在梁段吊装过程中按照监控要求进行顶推。鞍座顶推是一项较重要的施工工艺,为了使顶推施工容易准确实施,减小鞍底摩擦系数是设计和加工的一项重要工作。

6.2.2 影响参数的确定

6.2.2.1 影响参数

影响结构状态参数的因素称为影响参数。根据上一节,得知影响结构状态参数的因素包括构件基本参数和环境参数,下面加以介绍。

1)构件基本参数

大跨径悬索桥的构件基本参数可以分为几何参数、材料特性参数。构件一旦被设计,这些参数就可以根据相关规范取得理论值。几何参数是指结构或构件的几何尺寸;材料特性参数主要指与材料力学特性有关的参数,如弹性模量、容重、线膨胀系数等。在这些参数中,有些对于施工监控是敏感的,有些是影响很小的。表6-2列出了悬索桥上部结构施工监控需要的参数,根据其对结构施工敏感性的影响,将其分为3级。敏感性为0级的参数是指该参数基本无影响,可以忽略不计;敏感性为1级的参数是指该参数有影响,但不突出,其参数变化对所涉及的影响范围(或对象)不敏感,即使该参数采用理论值,对控制目标的实现也是可接受的;敏感性为3级的参数是指该参数对所涉及的影响对象很敏感,施工监控中必须获得实际的参数,监控工作必须以实际参数为准,否则监控目标就很难实现;敏感性2级介于1级和3级之间,其参数至少应采用理论加经验修正值。

基本参数及其敏感性　　表6-2

结构构件	基本参数名称	影响范围(或影响对象)	敏感级别
锚碇	锚固面坐标	锚固点位置	1
	散索鞍中心坐标	主缆架设时跨径	3
桥塔	构造尺寸	变形量、应力大小	1
	弹性模量/强度	变形量	2
	收缩、徐变参数	变形量	3
猫道	结构重量	塔顶处水平力平衡	3
	矢高	猫道线形、塔顶平衡状态	3
	承重索弹性模量	承重索制作长度、变形量	3
索鞍	构造尺寸	施工变形和施工方案	1
	高度	线形和成桥目标	2
	结构重量	散鞍自立阶段和锚跨张力控制	1
	摩擦副	摩擦系数	3
主缆	钢丝直径	缆重量和面积	3
	主缆直径	缆与索夹摩擦	3
	钢丝弹性模量	无应力长度	3
	防腐部分自重	线形和内力	2
	空隙率、不圆度	缆与索夹摩擦系数	3
	镀层方式	缆与索夹摩擦系数	2
	线膨胀系数	架设线形控制	2
	丝股弹性模量	成桥线形	3
	主缆跨径	架设线形调整	3
	主缆垂度	无应力安装长度	3
	主缆制造长度	锚固调节量	3
索夹与吊索	索夹加工尺寸	安装位置	1
	索夹直径、不圆度	缆与索夹摩擦系数	3
	索夹重量	成桥线形控制/索夹质量	1/3
	吊索面积	弹性变形量	2
	吊索弹性模量	弹性变形量	2
	吊索制作长度	加劲梁线形、吊索力大小	3
加劲梁	截面尺寸	重量与长度	1
	梁段重量	线形和桥塔顶纵向位置	3
	预拼线形	梁总长、线形及环缝张口量	3

续上表

结构构件	基本参数名称	影响范围(或影响对象)	敏感级别
护栏、桥面铺装	铺装厚度	结构线形与内力	3
	铺装重度	结构线形与内力	3
	重量	结构线形与内力	3

2)环境参数

环境参数是指与施工过程有关的温度变化、风作用、临时荷载、临时支撑与约束、边界位移等。风作用是随时间和空间不恒定的,测试代价也极大,难以纳入确定性分析,一般只按规范的施工风速作验算,确保永久结构和施工临时结构的安全性。实际施工中风的监测主要是确定现场是否具备施工条件及判断其他参数的测试精度是否可靠,该参数一般由施工单位监测。温度变化作用对于悬索桥结构线形是极其敏感的,应当重点监测。由于悬索桥本身的空间尺寸较大,且是由不同材料组成,受太阳照射及传热速度的影响,不同断面位置或者同一断面的不同测点都可能不同,因此在晚上温度较恒定状态下所测试的温度值用于分析才有意义。塔、锚发生沉降、滑移和基础转动,在施工监控系统中属于边界条件强迫变化。环境参数及其敏感性见表6-3。

环境参数及其敏感性 表6-3

结构构件	参数名称	影响范围(或影响对象)	敏感级别
锚碇	沉降	成桥线形、桥塔内力	3
	纵向滑移	成桥线形、桥塔内力	3
	基础转动	成桥线形、桥塔内力	3
桥塔	基础沉降	成桥线形、桥塔内力	3
	基础转动	成桥线形、桥塔内力	3
	温度	高程、纵横向位移、应力	3
	水平临时荷载	桥塔偏位、桥塔内力	3
	竖向临时荷载	桥塔内力	1
吊索系统温度	吊索温度	无应力长度、线形判断	2
主缆	丝股与缆温度	无应力长度、线形判断	3
	水平临时荷载	位移、线形判断	1
	竖向临时荷载	位移、线形判断	3
加劲梁	施工方案(连接方式)	变形与内力、局部应力	2
	温度	合龙与线形	1
	水平临时荷载	位移、线形判断	1
	竖向临时荷载	位移、线形判断	3
护栏、桥面铺装	施工方案	变形与内力、局部应力	1

6.2.2.2 参数识别方法

悬索桥为柔性桥梁,其线形与恒载一一对应,参数误差对结构的线形有着重要的影响。为了使结构的分析结果能更加切实地反映结构的受力特性,采用符合实际的基本参数及环境参数是非常必要的,但是参数的测试或者实验必然意味着代价的投入。根据构件影响参数对控制参数的敏感性,该方案将敏感性为1的参数采用理论值或者设计值;敏感性为2的参数若有实测值,则采用之,否则采用理论值加经验修正值;敏感性为3的厂内参数必须实测或者实验,现场参数必须实测。参数的具体确定方法见表6-4和表6-5。

影响参数的确定方法(一) 表6-4

结构构件	参数名称	确定方法	确定方式
锚碇	锚固面坐标	设计值	设计图纸
	散索鞍中心坐标	现场实测值	监理、施工测量
桥塔	构造尺寸	设计值	设计图纸
	弹性模量	理论值加经验修正值	监理、施工测量
	收缩、徐变参数	现场实测值	监理、施工测量
猫道	结构重量	现场实测值	监理、施工测量
	矢高	现场实测值	监理、施工测量
	承重索弹性模量	加工试验值	监理、加工单位试验
索鞍	构造尺寸	设计值	设计图纸
	高度	设计值或现场实测值	监理、加工测量
	结构重量	设计值	设计图纸
	摩擦副	加工试验值	监理、加工单位试验
主缆	钢丝直径	加工实测值	监理、加工单位实测
	主缆直径	现场实测值	监理、施工测量
	钢丝弹性模量	加工试验值	监理、加工单位试验
	防腐部分自重	理论值加经验修正值	其他资料
	空隙率、不圆度	现场实测值	监理、施工测量
	镀层方式	理论值加经验修正值	其他资料
	线膨胀系数	理论值加经验修正值	其他资料
	丝股弹性模量	加工试验值	监理、加工单位试验
	主缆跨径	现场实测值	监理、施工测量、监控测量
	主缆垂度	现场实测值	监理、施工测量、监控测量
	主缆制造长度	基准丝及加工控制	监控复核计算、监理、加工单位实测
索夹与吊索	索夹加工尺寸	设计值	设计图纸
	索夹直径、不圆度	加工实测值	监理、加工单位实测
	索夹重量	加工实测值	监理、加工单位实测
	吊索面积	理论值加经验修正值	设计图纸
	吊索弹性模量	理论值加经验修正值	设计图纸
	吊索制作长度	加工实测值	监控复核计算、监理、加工单位实测
加劲梁	截面尺寸	设计值	设计图纸
	梁段重量	加工实测值	监理、加工单位实测
	预拼线形	加工实测值	监控复核计算、监理、加工单位实测

续上表

结构构件	参数名称	确定方法	确定方式
护栏、桥面铺装	铺装厚度	理论值加经验修正值	设计图纸、现场实测
	铺装重度	试验值	科研单位或者施工单位
	重量	理论值加经验修正值	根据厚度和重度算得

影响参数的确定方法(二) 表6-5

结构构件	参数名称	确定方法	确定方式
锚碇	沉降	现场实测值	监理、施工测量(下部结构测量的延续)
	纵向滑移	现场实测值	监理、施工测量(下部结构测量的延续)
	基础转动	现场实测值	测量推算
桥塔	基础沉降	现场实测值	监理、施工测量(下部结构测量的延续)
	基础转动	现场实测值	测量推算
	温度	现场实测值	监控测试
	水平临时荷载	设计值、现场实测值	施工单位
	竖向临时荷载	设计值、现场实测值	施工单位
吊索系统温度	吊索温度	加工实测值	监理、加工测试
主缆	丝股与缆温度	加工实测值、现场实测值	监理、加工测试、监控测试
	水平临时荷载	现场实测值	施工单位
	竖向临时荷载	现场实测值	施工单位
加劲梁	施工方案(连接方式)	设计、施工	监控计算
	温度	现场实测值	监控测试
	水平临时荷载	现场实测值	施工单位
	竖向临时荷载	现场实测值	施工单位
护栏、桥面铺装	施工方案	设计、施工	监控计算

6.2.3 监控量测方法

6.2.3.1 监控仪器设备

监控所需仪器设备见表6-6(打印机、测试计算机、仿真软件等未列出)。

仪器设备清单 表6-6

设施名称	产地	规格	单位	数量	精度	所用地方
智能温度型振弦式应变计	成都	ZX-2032Z,ZX-2032ZW	套	64	0.1με	桥塔
屏蔽电缆	成都	4ϕ300	m	10000	—	塔、梁、缆
索力测试仪	长沙	JMZX-300	套	4	0.001Hz	主缆、吊索
智能型温度传感器	北京	LTM-8006	个	350	0.1℃	主缆、梁
温度采集模块	北京	LTM-8002	个	50	—	主缆、梁
无线传输模块	北京	捷麦通讯	个	50	—	主缆、梁

续上表

设施名称	产地	规格	单位	数量	精度	所用地方
温度采集485/232转换模块	北京	LTM-8520	个	2	—	主缆、梁
应变测试仪	成都	CDJM-32	台	2	—	应变监测数据采集
锚索计	北京	BGK-4900	个	16	—	锚跨索股
徕卡电子水准仪	瑞士	DNA03	台	1	0.3mm	测量
徕卡全站仪	瑞士	TCA2003	台	1	1mm + 1ppm	测量
徕卡全站仪360°棱镜	瑞士	GPR1	个	20	—	测量

6.2.3.2 监控测试

监控测试的项目包括桥塔应力及温度、吊索力、主缆锚跨张力、主缆温度、加劲梁温度。

1)桥塔应力及温度

在桥塔施工初期,在要求的部位埋入应力与温度场传感器,对桥塔进行定期应力监测,并通过温度监测进行应力值的修正。该监测结果主要用于验证设计,并作为辅助指标在主缆架设期间、吊梁期间、二期恒载铺装期间保证桥塔的安全。

(1)设备选型

考虑到采集系统的方便程度及以后与健康监测系统的连接,推荐本桥的桥塔应力采用埋入式的长效钢筋应变计,其主要原因是较为容易实现自动采集、精度高、温漂小,传感器如图6-1所示。

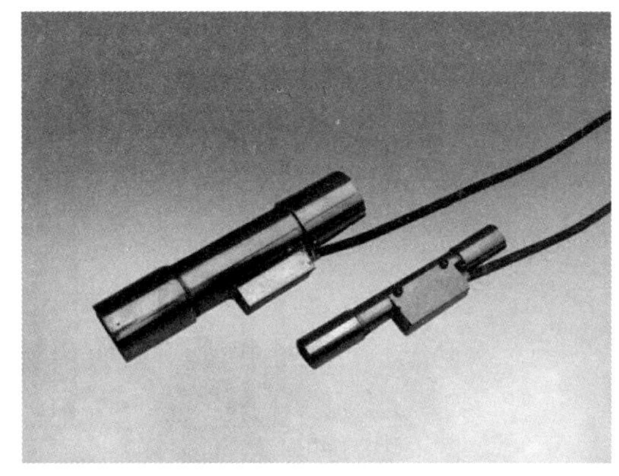

图6-1 温度型钢筋应变计图

(2)布置原则

由于桥塔应力实测值与理论值的差异不可能达到误差分析或参数识别的要求,因此桥塔应力监测的主要目的是验证设计,对于桥塔的安全控制仅仅是辅助指标,桥塔的安全控制主要靠塔顶偏位监测和合理的鞍座顶推方案加以保证。不推荐对桥塔进行大量的测试。

(3)测点布置

每个桥塔布置一个测试断面(每个测试断面左右塔柱各一个),坭洲水道桥塔测试断面高程为+70.000m;每个塔肢测试断面考虑在索塔的角点及各边中点设置测点,每个截面共8个测点,全桥共64个测点。坭洲水道桥索塔温度与应力测试断面布置如图6-2和图6-3所示。

2)吊索力

吊索索力是悬索桥施工过程中的主要监测指标之一。在施工过程进行吊索力监测主要是为了保证主梁在吊装过程中的吊索处于安全状态;在成桥时进行全桥的索力监测是验证成桥状态的措施之一。

(1)设备选型

目前平行钢丝吊索索力的测量仪器主要有力传感器和弦振式索力仪两种。力传感器具有精度高、测试速度快且受环境干扰小等优点,但价格相对较高,安装及拆卸均较为复杂。弦振式索力仪测试速度慢、精度较低、受环境干扰大,但价格低廉且安装及拆除均较为方便,加之本桥为销铰式吊索，采用其他方法测试代价较大，因此在诸多的悬索桥和斜拉桥的施工监测中获得广泛使用。对于悬索桥的吊索力，采用弦振式索力仪测试即可。

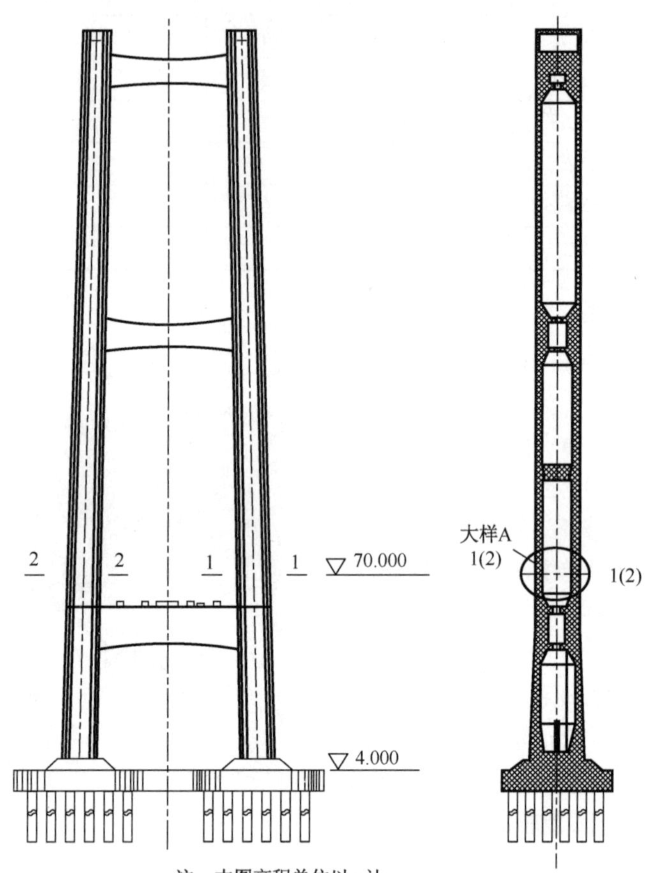

注：本图高程单位以m计。

图 6-2 坭洲水道桥索塔温度与应力测试断面布置图(一)

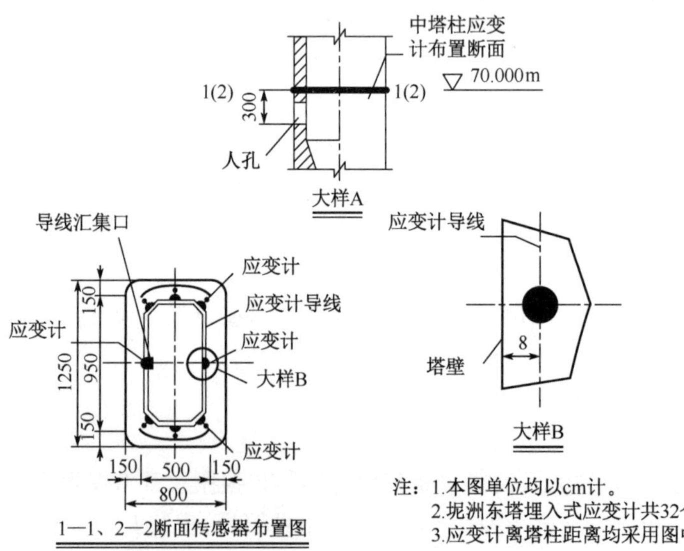

注：1.本图单位均以cm计。
2.坭洲东塔埋入式应变计共32个。
3.应变计离塔柱距离均采用图中距离。

图 6-3 坭洲水道桥索塔温度与应力测试断面布置图(二)

(2)布置原则

索力监测具有以下3个主要目的:①防止因意外情况引起的安装索力过大;②为施工控制的误差分析、参数识别提供实测参数;③用于估算加劲梁和邻近吊索的内力状态。

(3)测点布置

在安装梁段附近测试已安装的5对吊索;远离安装梁段的吊索进行抽测。在吊索安装工况依次对安装索附近5对拉索进行测试(不必同时)。图6-4示出了吊索安装工况的测点布置。在梁段吊装完成和成桥状态,将对全部吊索索力进行测试和分析。

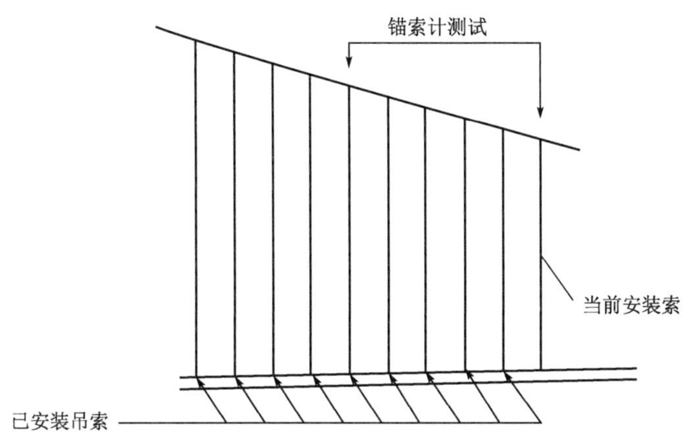

图6-4 吊索安装阶段索力测点布置图

3)主缆锚跨张力

主缆锚跨丝股张力是悬索桥施工过程中最重要的监测指标之一。在主缆架设阶段通过对索股锚跨丝股张力进行监测,并与理论值进行比对得到调整量,在施工一部分索股后进行锚跨索力调整。全部索股架设完成后,通过锚固丝股张力的监测及调整量计算进行锚固力的精调,索散索鞍偏回理论设计位置。

(1)设备选型

与吊索相同,目前平行钢丝主缆索股索力的测量仪器主要有力传感器(锚索计)和弦振式索力仪两种。考虑到锚跨张力的重要性和弦振式索力仪测试的误差来源及测试的可行性,本方案在各个锚碇的两根索股上安装锚索计来标定弦振式索力仪测试方法的计算误差;同时,主缆索股张拉时的千斤顶也由有资质单位精确标定。这样,索力在张拉阶段采用千斤顶控制,锚固后的采用弦振式索力仪测试,同时可以修正索力计算参数。缆锚跨丝股力测试分为张拉阶段测试及事后测试。张拉阶段测试指对正在张拉的丝股的监测;已经完成锚固的丝股会由于温度改变而改变,对其进行的监测称为事后测试。

(2)布置原则

主缆锚跨丝股张力监测具有以下3个主要目的:①确保锚固张力的准确;②为施工控制的误差分析、参数识别提供实测参数;③用于计算锚跨丝股的架设无应力长度和主缆锚跨张力的合力。基于索力监测的目的及其具体情况,张拉测试仅对所张拉丝股及相邻丝股进行测试。施工长期测试将在每个锚室内选取5%且不少于5根的丝股每隔3d进行测试。在重大工况或者特殊工况下将对所有的丝股进行通测。

(3)测点布置

在主缆架设完毕、钢箱梁架设50%、钢箱梁架设完毕、成桥状态等工况下应对所有丝股进行通测。

垠洲水道桥各锚室选取15根(其中包括两根背索)作为长期监测丝股,上游各锚室选取除1号丝股相同的14根,并选取1号、248号丝股使用锚索计监测张力。每根拉杆使用两个锚索计,共16个。图6-5为施工过程中垠洲水道桥上游各锚室长期监测丝股布置。

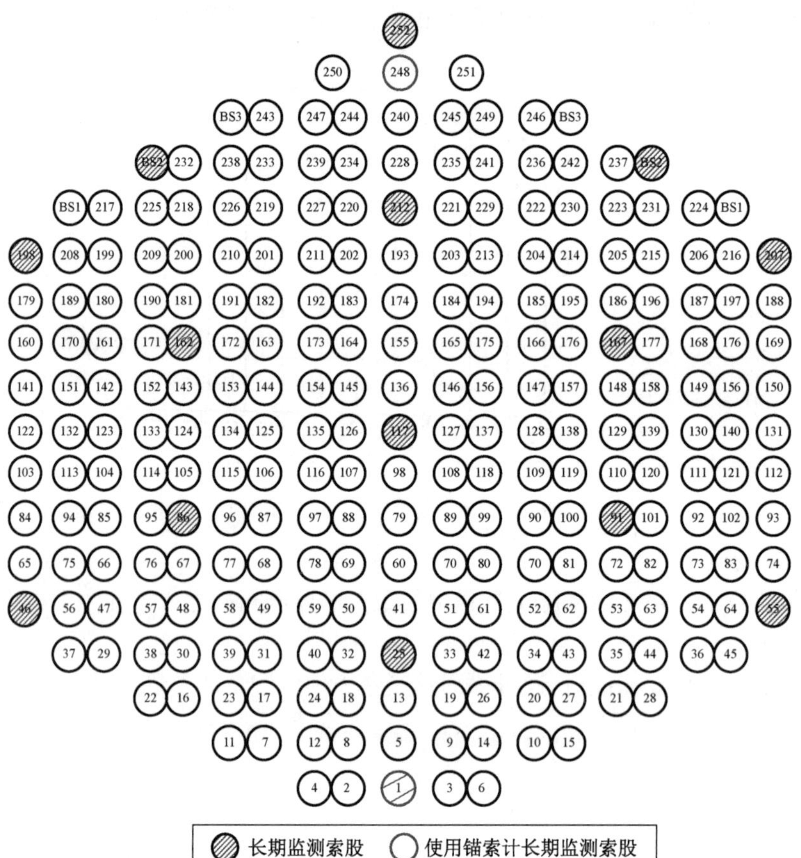

图6-5　垠洲水道桥长期监测丝股布置图

4)主缆温度

为了正确地对桥梁结构进行分析,需要考虑各影响因素的影响。悬索桥是一种对温度很敏感的桥梁结构,施工期间需要考虑温度对桥梁结构,尤其是主缆的影响。国外资料表明,主缆表面内外温度存在着差异,并且主缆越粗,内外温度相差越大。垠洲水道桥主缆直径较大,为了准确确定主缆断面的平均温度,就必须知道主缆断面的温度场分布情况。本桥将在靠近桥塔的断面和主跨跨中的断面布置温度传感器,以确定主缆表面的内外温差及温度场。

(1)设备选型

温度监测采用温度传感器,精度0.1℃,用无线采集系统进行监测。

(2)布置原则

由于温度对结构变形及内力的影响均较为显著,温度对结构的影响可以分为均匀温度影响与非均匀温度影响,均匀温度影响指整个结构均处于相同的温度场下,非均匀温度指结构各部分由于日照或热传导速度的影响造成各部分温度不一致的情况。均匀温度场的温度改变对结构的影响较小,因此,悬索桥施工控制一般都选择在结构各部分温度尽量接近的情况下进行。温度场监测的目的是为结构线形调整、监控计算提供参数。

(3)测点布置

主缆温度测试断面:主缆测点位置纵向布置如图6-6所示。两桥的上游侧主缆13个断面,主缆每个测点布置4个智能型温度传感器、1个温度采集模块、1个无线传输模块,下游侧布置3个断面,分别为两边跨和中跨的跨中。主缆截面温度场:只在上游侧每根主缆布置两个截面,即跨中截面和桥塔截面,共布置4个截面,每个截面布置30个传感器、1个温度采集模块、1个无线传输模块,布置如图6-7所示。用于主缆温度测试的温度传感器数量为(13×4+3×4)×2+4×30+22=270(个),其中22个温度传感器备用,温度采集模块和无线传输模块数量为16×2+4=36(个)。

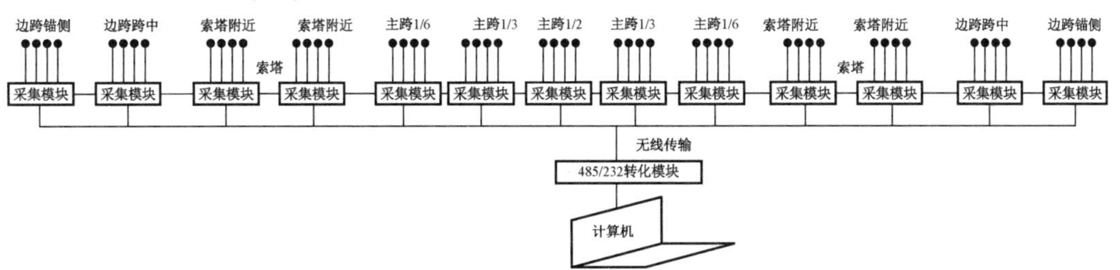

图6-6　南沙大桥主缆纵向温度自动采集系统

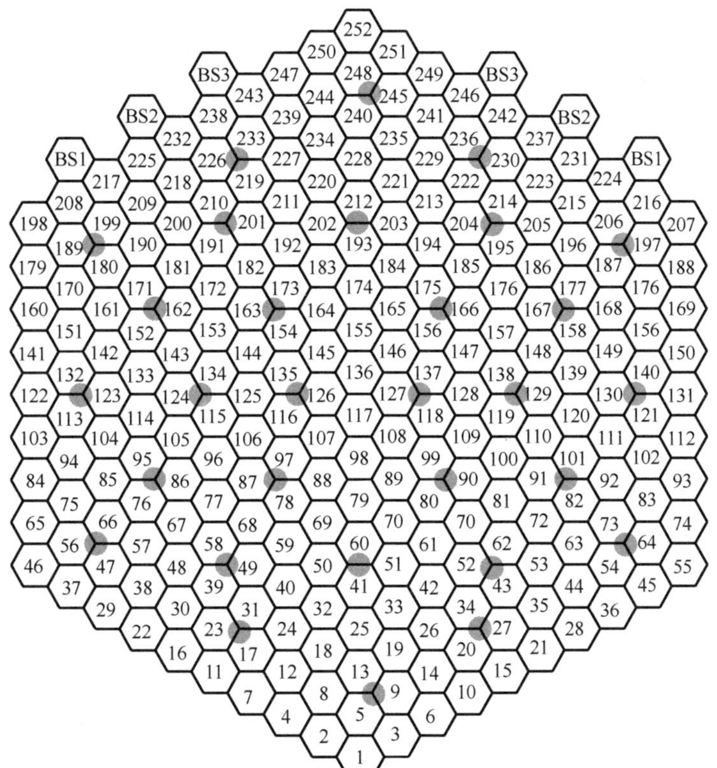

图6-7　坭洲水道桥主缆断面温度布点

5)加劲梁温度

为了正确地对桥梁结构进行分析,需要考虑各影响因素的影响。加劲梁为全钢结构,对温度较为敏感,在吊装施工、合龙等工序中可能有较大的影响。

(1)设备选型

加劲梁温度测试采用温度传感器。

(2)测点布置

钢梁温度测试断面:坭洲水道桥5个断面,每个断面布置10个传感器、1个温度采集模块、1个无线传输模块。温度传感器数量为(3+5)×10=80(个),温度采集模块和无线传输模块数量为3+5=8(个)。坭洲水道桥加劲梁温度测试断面如图6-8所示,断面温度场测点如图6-9所示。测试断面导线走线示意如图6-10所示,温度传感器安装示意如图6-11所示。

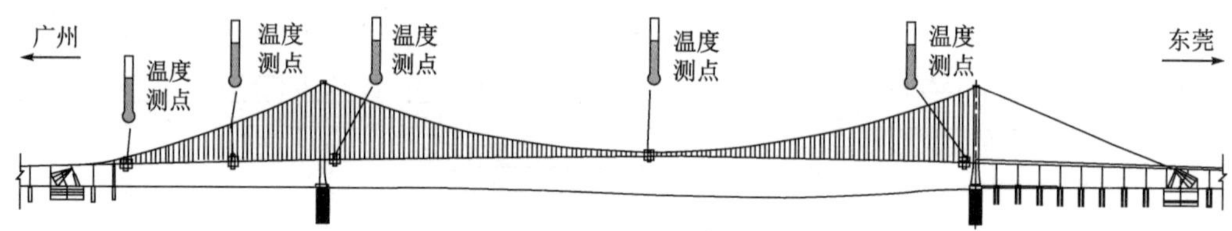

图6-8 坭洲水道桥加劲梁温度测试断面

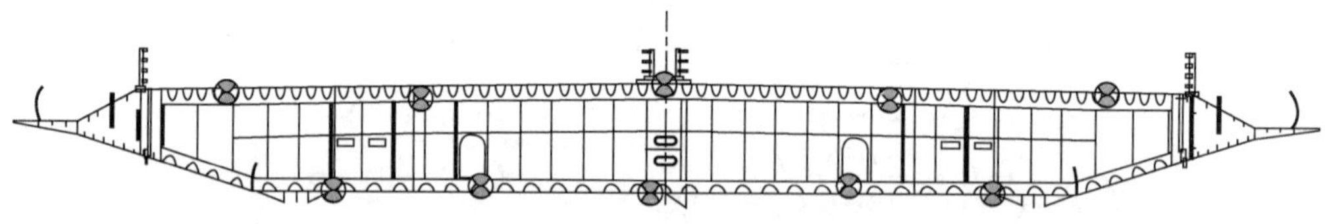

图6-9 加劲梁温度测试断面示意图

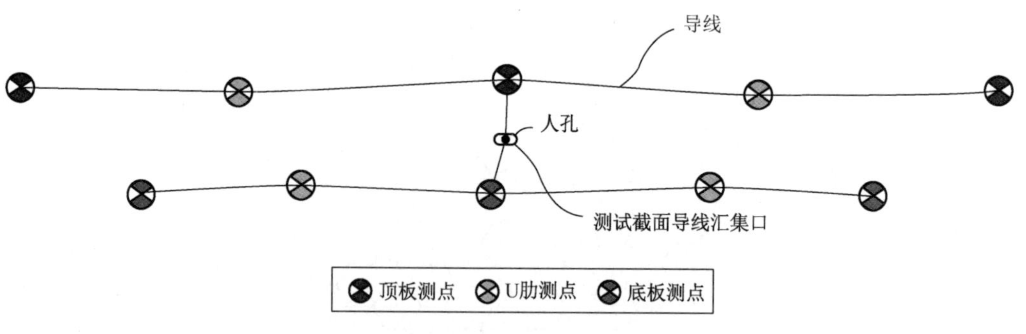

图6-10 测试断面导线走线示意图监控测量

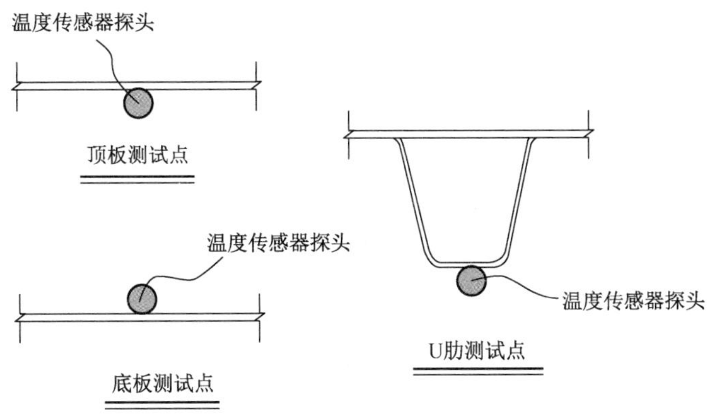

图 6-11 温度传感器测点安装示意图

6.2.3.3 监控测量

本桥监控单位将参与重要参数的测量。需要说明的是,监控单位参与测量并不等于施工单位不测,施工单位的测量内容不会减少,监控单位的参与只是为了加强测量力量,与施工单位、监理单位、测量中心等单位深入沟通监控的意图从而更好地制定、实施测量方案,掌握测量方法的精度情况以及测量实施环境导致测量数据的可靠性,由此可以在参数识别时作出实测参数的取舍和权重的判断。配合施工单位测量,监控单位将参与的测量内容如下:

(1)上部结构架设前的测量

①桥塔顶部位置和扭转变形受温度影响的 24 ~ 36h 的静态变形监测,测点为桥塔上下游各一个。

②塔锚联测,主鞍座和散索鞍三维位置以及各主索鞍座、各散索鞍的里程、中线和高程测量。

③上部结构架设时的锚碇位移测量。

(2)丝股架设阶段的测量

①基准丝股绝对垂度的监控。

②桥塔偏位监测。

(3)成缆线形的测量

①紧缆后主缆线形和桥塔偏位监测。

②索夹放样位置检测。

(4)梁段焊接完成后测量

①主缆线形测量。

②加劲梁线形测量,吊点处的高程、梁段纵坡;加劲梁长度和方位的测量。

③桥塔和主索鞍位置测量。

④散索鞍位置测量。

(5)成桥状态的测量

①主缆线形测量,测点为每跨的八分点。

②加劲梁线形测量,吊点处的高程、梁段纵坡;加劲梁长度和方位的测量。

③桥塔和主索鞍位置测量及跨径测量。

上述测量内容可以分解为锚碇位移监测;鞍座中心相对于桥塔中心的位置测量;桥塔的测

量,如塔顶偏位、塔顶竖向位移、塔顶扭转、塔顶绝对位置;主缆的测量,如基准索股和主缆跨中高程测量;索夹位置测量;加劲梁高程、轴线测量。测得这些指标后,便可以直接地或者通过数据处理间接地得到上述监控内容的测量参数。

下面分别介绍各指标的测量方法。

1)锚碇位移监测

设计时是将锚碇基底当作基本不变形的结构进行计算,而实际情况是地基仍然为变形体,在江阴长江大桥、润扬长江大桥和泰州长江大桥的建设过程中均监测到锚碇基础发生显著的沉降和水平位移。为了确保本桥能够达到最终的成桥线形,施工监控过程中必须考虑这一因素的影响。

按照规范,结合实际地质土层参数可以对锚碇沉降和水平位移进行计算,但其结果往往偏离实测结果较远,因为土层参数很难准确地获得。因此,通过锚碇浇筑过程中的沉降及水平位移实测数据进行分析,建立荷载-沉降量-水平位移的关系往往更加符合实际情况。由于测点有多个,采用最小二乘法求解超定方程组,可以拟合锚碇整体沉降、整体水平位移及整体转角与浇筑荷载的关系。可将此成果进行参数反演,按反演后的参数进行有限元计算,可以获得沉降和水平位移的计算值和预测值。由此可以预测成桥状态锚碇的位置和高程。每个锚碇布置8个观测点,观测点位于地下连续墙边缘。坭洲水道桥东锚碇观测点布置如图6-12所示,坭洲水道桥西锚碇观测点布置如图6-13所示。上部结构架设过程中采用全站仪可以测量各点的三维位置,各点的相对高差还可以水准测量。

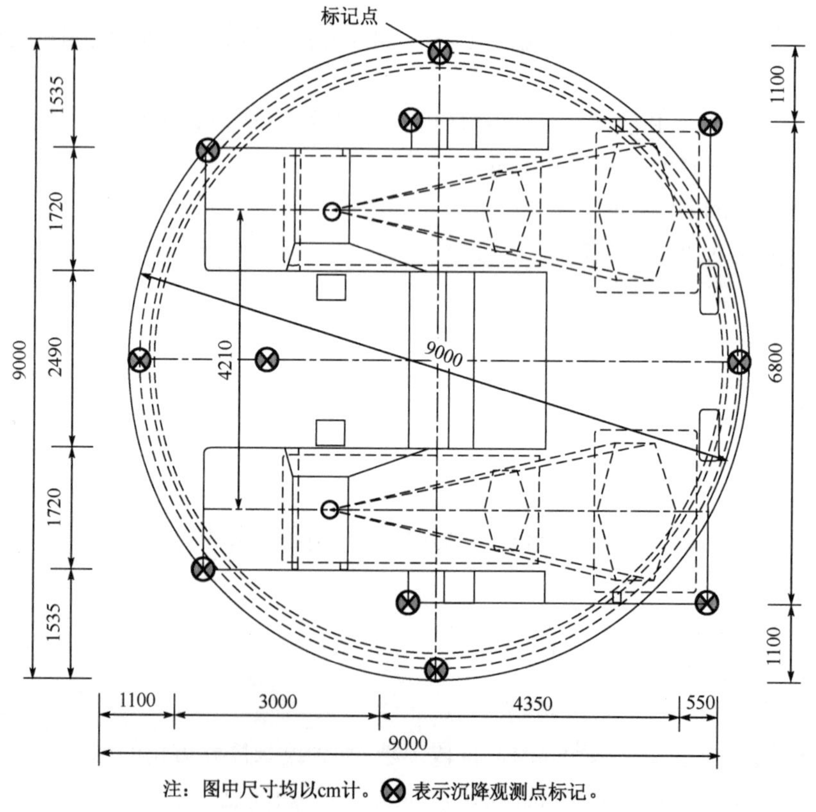

图6-12 坭洲水道桥东锚碇观测布点

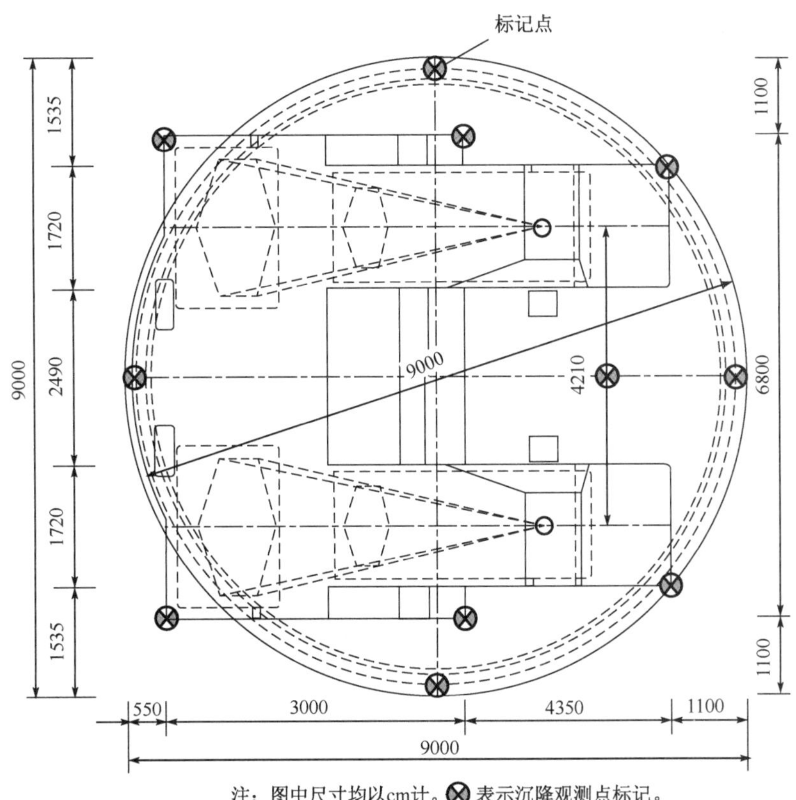

注：图中尺寸均以cm计。⊗表示沉降观测点标记。

图 6-13　坭洲水道桥西锚碇观测布点

2)桥塔状态测量

(1)桥塔沉降监测

桥塔除了受混凝土收缩、徐变、塔顶鞍座压力和温度变化作用外,还有基础沉降的影响。基础沉降是影响桥塔高程的一个因素。对桥塔施工过程中的基础沉降量监测数据进行分析,可以预测上部结构架设时的基础沉降量,上部结构架设时监测沉降,可以检验预测的精度和可靠性。桥塔沉降观测点布置于桥塔塔座顶面的 4 个角点。坭洲水道桥索塔沉降观测点布置如图 6-14 所示。

(2)塔顶相对位置测量

鞍座的 IP 点是一个虚交点,是无法准确测量的。通过现场测量鞍座上的点也是很难得到 IP 点的三维位置的。鞍座各点的相对误差可以在厂内检测,所以只要得到塔柱顶中心的三维坐标即可得到鞍座的 IP 坐标。

在鞍座安装以后,塔柱顶中心点的坐标无法实测获得,因此最好的办法是在鞍座安装以前将塔柱顶中心点引出一个参照点,这个参照点可以设在距离塔柱顶中心很近的塔顶横梁上,用水准仪和全站仪可以得到塔柱顶中心点与参照点位置的精确相对差值(X_0,Y_0,H_0)。由于参照点与塔顶中心点距离较近,在后期只要测出参照点的绝对位置,然后加上相对差值,即可得到塔柱顶实际坐标。因此,参照点与塔柱顶中心点相对位置测量也是一项很重要的工作,参照点即是塔顶位置控制点,后期作为加密控制点进行管理。

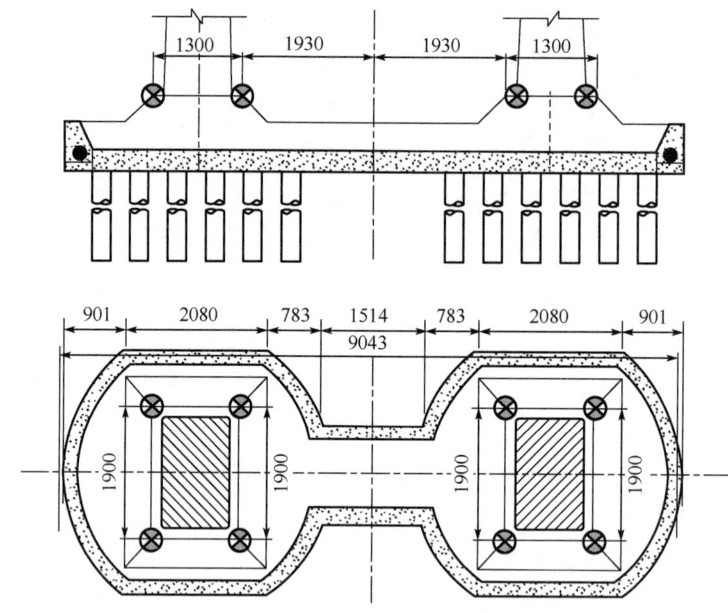

图 6-14　坭洲水道桥索塔沉降观测布点

图 6-15 为塔顶格栅浇注前的塔顶示意图,用塔柱顶对角线可以找出格栅中心;用塔柱顶分中十字线可以确定格栅的埋设方向,如图 6-16 所示;格栅在厂内制造时,便制作出格栅中心点和格栅的十字线,如图 6-17 所示;安装时只要注意将格栅的十字线与塔柱顶十字线重合即可,如图 6-18 所示。高程引测点用于"天顶距法"测高程变化量,系采用角钢在上横梁浇注时埋设于横梁顶部边缘,角钢底部粘贴徕卡反射膜片。高程引测点与加密控制点的高差 H_1 可以用水准仪精确测出。格栅埋设完毕,即可以采用精密水准仪测量格栅中心点相对于参照点的高差,采用全站仪可以测量出两点的相对平面位置,如此即得到格栅中心点与参照点的高差的相对位置。

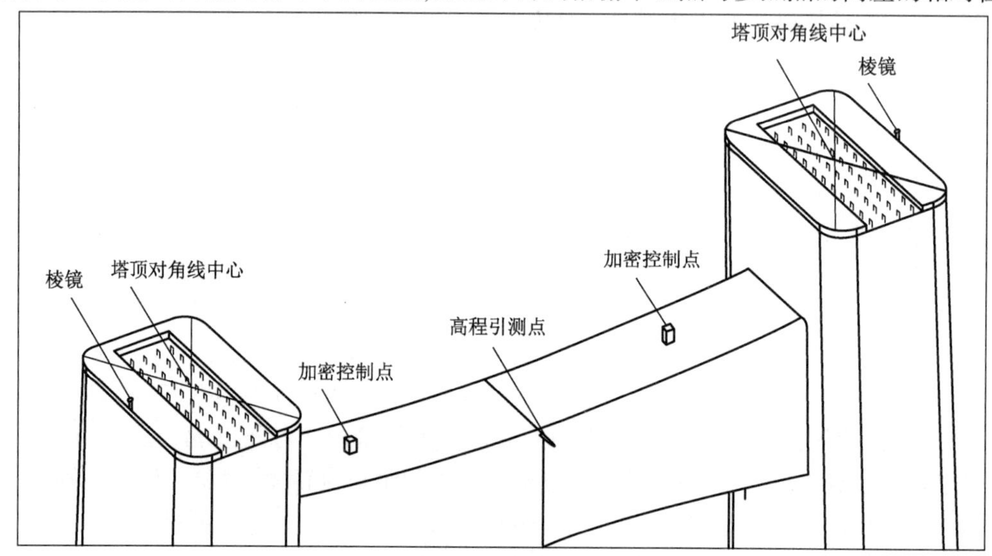

图 6-15　塔顶格栅浇注前的塔顶示意图

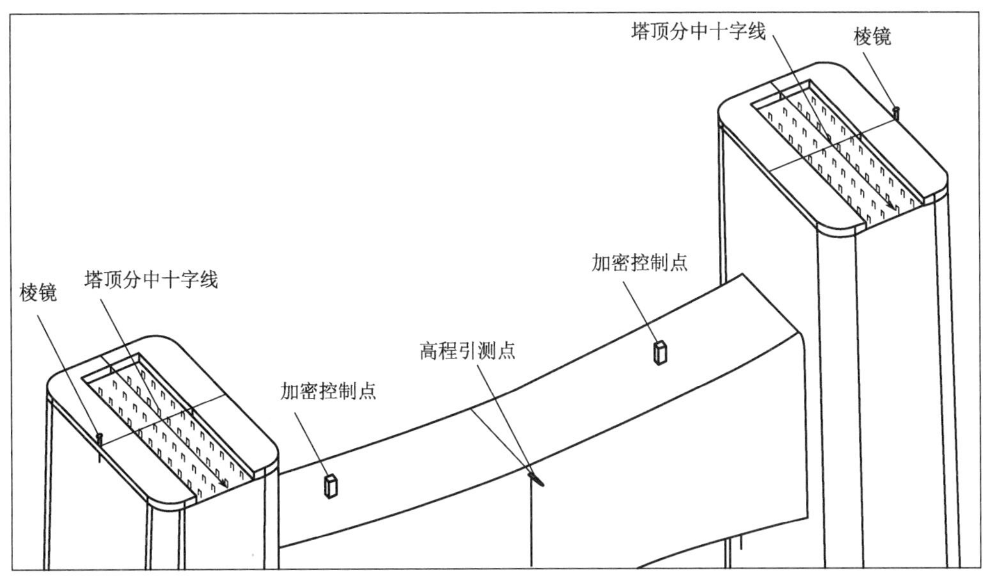

图 6-16 塔柱顶分中十字线

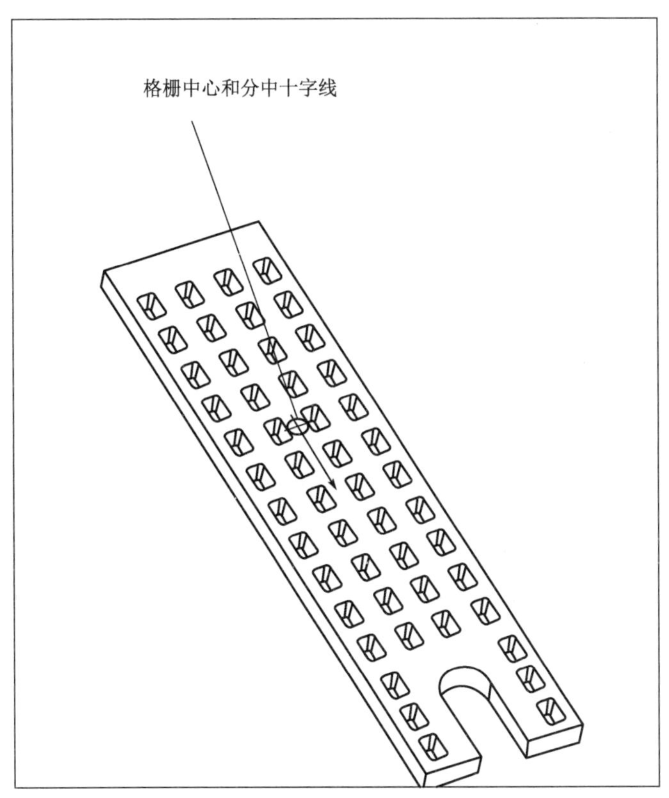

图 6-17 格栅中心点和格栅的十字线

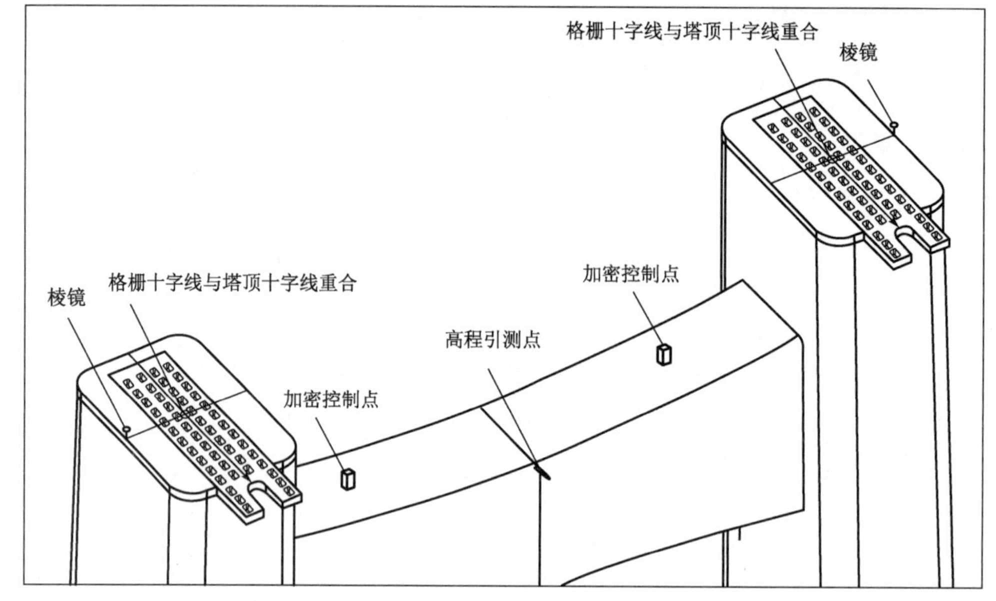

图 6-18 格栅安装示意图

同时,在塔顶无遮挡不易损坏的外侧顶面位置埋设监测棱镜,用于桥塔偏位及扭转监测。

(3)塔顶偏位与扭转测量

在地面控制点建站,采用全站仪三维坐标法测量。首次观测时根据塔上部通视及施工情况确定设站点、后视点、检查点,总结固定的监测程序及方法,其他工况下监测均采用第一次的设站及定向方式,保持数据的延续性。不同工况监测坐标与初始坐标的差值即为索塔的水平位移,两侧水平位移的差值即为索塔的扭转变形量。测量示意如图 6-19 所示。

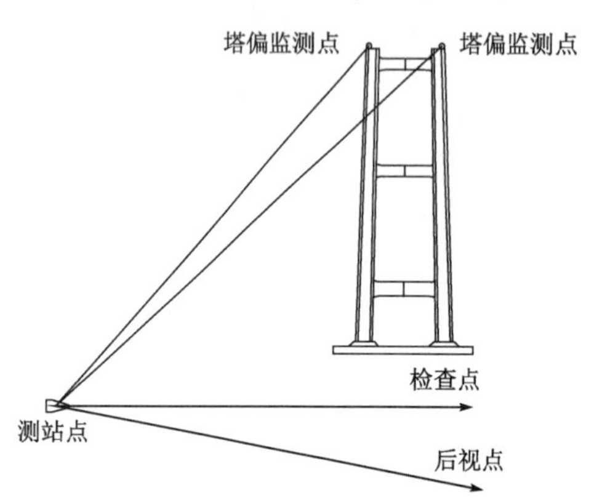

图 6-19 桥塔偏位测量示意图

(4)塔顶高程变化量测量

高程的精确传递,一般采用精密水准或三角对向观测的方式,由于索塔高且垂直,精密水准测量难以实现;采用两台全站仪分别在塔顶与塔底位置架设,对向观测斜距与天顶距读数,由于存在读数误差以及大气折光系数的误差,精度难以保证,而且操作烦琐,使用仪器和人员较多。

在上述两种方式难以满足高程的精确传递的情况下,可以采用“天顶距法”。该方法只利用高精密全站仪的精密测距功能,不需要角度测量及折光系数的修正。同步使用电子水准仪将高程引测至塔顶加密控制点,此外,对同一索塔上两控制点间高差进行复核。因为加密点到索塔顶面的距离及高差均不大,可以认定在不同工况和温度下,这部分的高差没有变化,只需要对高程传递部分进行测量,对比首次测量值即可得出塔高变化量。该方法施测简单,测量精度等于全站仪测距精度,即可以达到仪器标称的 2mm 以内的测距精度。测量图示如图 6-20 所示。

(5)塔顶绝对位置的确定

利用塔顶已加密控制点相互后视进行设站,放样出塔顶格栅的纵横向轴线,同时在地面架设仪器测量塔顶偏位监测点初值。塔顶高程可以通过塔底控制点高程加上"天顶距法"测量的高差和引测点到塔顶的高差之和求得。

主索鞍的空间位置与塔顶偏位监测点空间位置构成对应的位置关系,可以通过塔顶偏位监测点位移的变化推算出塔顶位置的变化量。同时也可以通过"天顶距法"测量的距离之差及时反映出塔顶的高程变化量。

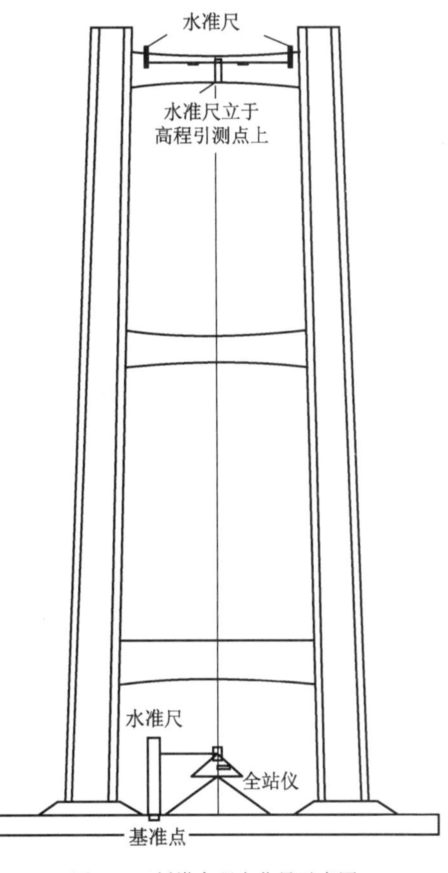

图 6-20 桥塔高程变化量示意图

3)主缆线形监测

主缆线形的监测主要是其绝对垂度的监测,主要包括基准索股线形监测和成缆后空缆线形的测量。

基准索股和空缆线形的测量方法基本一致,均选择在两岸地面控制点架设全站仪并定向完成后,设置好折光系数,采用单向三角高程方法,通过测量角度与距离的方法,计算出主跨跨中及边跨跨中里程和高程。测量完成后,对两岸仪器测量的主跨跨中位置及里程数据进行分析,取其均值作为主跨跨中的线形数据。单向三角高程测量时,实测的是索股(主缆)顶面或者底面的高程,通过实测的索股(主缆)直径可以将索股(主缆)顶面或底面高程换算至索股(主缆)中心高程。测量布置如图 6-21 所示。

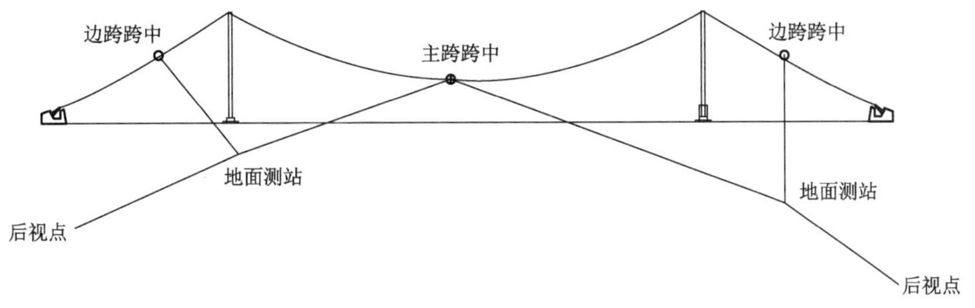

图 6-21 基准索股测量布置图

操作步骤如下:采用"天顶距法"测量塔顶高程变化量;两岸设站点对向观测,求取当时折光系数;测量塔高塔偏变化量;基准索股监测一般在跨中采用特制的工装悬挂反光棱镜;成缆线形在主缆顶面采用游标卡尺分中的办法,确定主缆顶面,架设特制棱镜杆。采用两台全站仪分别从不同方向同时观测棱镜,并将测量成果换算到索股(主缆)中心;线形监测需进行 3d 以上的稳定观测,确认线形完全符合稳定要求后,将连续 3d 观测数据经算术平均取值后作为最终线形成果。

4)索夹安装位置观测

测量放样的时间应选择在风小和夜间温度稳定的夜间进行,此时主缆的顺桥向和横桥向温度、主缆的内外温度以及上下游主缆间的温度差较小,主缆不发生扭转;施测时,将两台全站仪对向设置在索塔两侧主索鞍中心点位置(图6-22),相互后视定向后,保持水平角不动,即确定主缆的天顶线。只需旋转仪器的竖直角就可以通过水平距离测量放样出主跨吊索中心线与主缆的天顶线交点,如定向后将仪器水平角旋转180°,就可用于放样边跨的索夹位置。由于索夹的数量较多,可能需要多次完成,因而放样时应量测空气温度和主缆表面温度,并尽量在温度基本相同的条件下进行索夹放样。

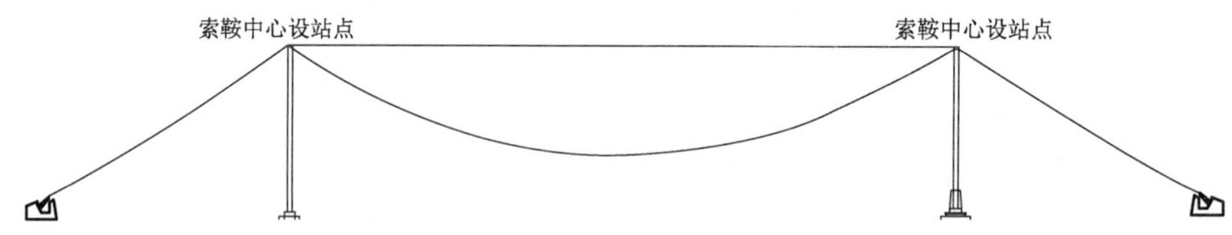

图6-22　索夹安装位置放样布置图

5)加劲梁测量

加劲梁测量主要包括高程测量、纵坡测量、轴线测量,通过测量加劲梁表面的测量标记点或测柱的方式来进行,测点布置如图6-23所示。测量方式采用“天顶距法”引测塔底控制点高程至梁面,然后通过水准线路测量和碎步点测量相结合的方式进行主控高程和梁段纵坡测量。

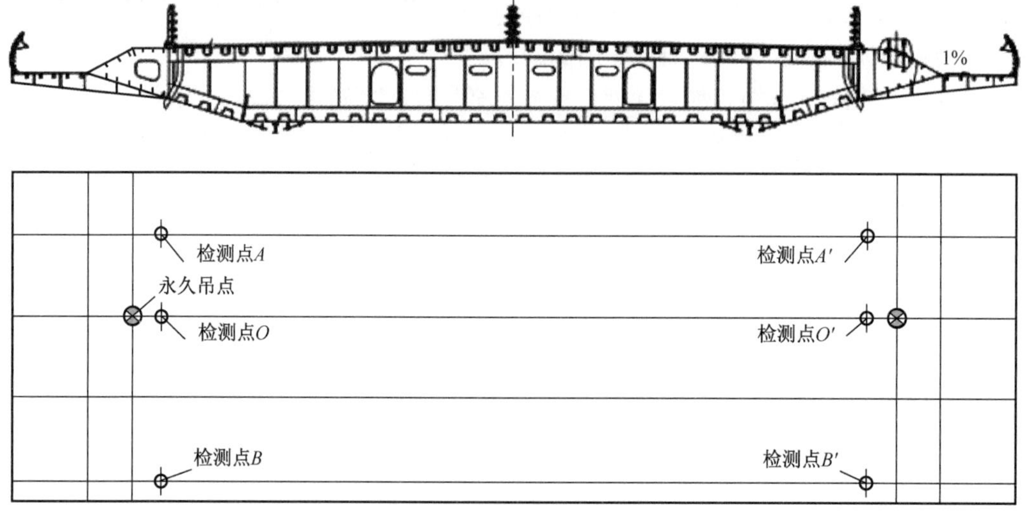

图6-23　主梁高程监测点布置

(1)高程测量

主控高程即每段钢箱梁上控制测点 O、O'的高程。

由于桥长较长,钢箱梁数量较多,加之晚上测量,测量时间较白天长。温度原因会引起梁面高程出现比较大的变化,因此必须在较短的时间内完成全桥的高程测量。为了达到这个目的，拟采用两套电子水准仪，分别从下横梁的高程点出发，上下游同向按二等线路测量要求进行测量，分别附合到另一侧高程点。测量时间一般选择在晚上10点以后至凌晨4点以前，测量过程中半小时记录一次温度。

(2)梁段纵坡测量

通过测量每段钢箱梁上控制测点 A、A'、B、B'的高程，并根据测点间距及 A、B 点高差推算出梁段纵坡。各测点高程可以采用电子水准仪碎步点测量方式，引测高程于 O 点或 O'点，然后测出该梁段的 A、B 点和 A'、B'点的高程。该方法用时较线路测量少，由于测量距离短，测量精度较高。

(3)主梁轴线测量

主梁中心线及里程监测采用高精度全站仪进行，测点布置在每个主梁节段前后端的桥面主控高程标记点 O 和 O'，上下游各设一点，测量全桥钢箱梁主跨八分点和边跨四分点位置标记点的三维坐标。可以根据测量的前后端 X 坐标差值推算出纵向长度，Y 坐标用于推算出桥梁轴线的横向偏移量。

6)主索鞍鞍座预偏量测量

在主索鞍场内加工生产时，在主索鞍侧面几何中心与下底板侧面几何中心分别用明显的刻线标出。直接采用钢尺量测两条刻线间的距离，即可确定主鞍座的偏移量，从而实现对顶推量的监控。

6.2.4 监控计算方法

由于悬索桥各构件一旦被架设，其误差调整的可能性就比较小，为了使最终成桥状态与设计目标状态接近，只能调整在该构件后面施工的构件参数。因此，在收集已经安装构件的施工误差和后续待施工构件的设计参数的基础上进行监控计算是悬索桥监控最重要的手段；监控测试和监控测量主要是反馈实际施工的内力和线形情况，从而验证设计，为监控计算提供实测值数据。监控计算的作用是：校核设计参数；提供施工各阶段理想状态线形及内力数据，对比分析施工各阶段的实测值与理论值，对结构参数进行识别与调整，对成桥状态进行预测、反馈，提供必要的控制数据。

6.2.4.1 计算原理

悬索桥计算遵循以下原理：

1)构件质量守恒与无应力尺寸不变原理

这是联系结构成桥设计状态与构件施工初态的纽带，是确定施工计算参数的重要依据，是结构能够顺装、倒拆分析必须遵守的原理，否则顺装与倒拆分析的结果将不闭合。这个原理表明，任意施工状态构件的自重恒载不变；在成桥设计温度下，任意施工状态各构件的无应力尺寸应该等于成桥状态的无应力尺寸。事实上这个原理不只是悬索桥的施工计算需要遵守，其他任何类型的桥梁施工计算都应该遵守，只是由于其他类型的桥梁各施工阶段变位较小，其影响可忽略不计。

对于悬索桥来说，一旦主缆丝股架设完成，丝股相对于索鞍是不能有相对位移的；在成桥后锚固点间的距离也是固定的。也就是说，对于确定的设计线形，无论是在架缆状态还是架梁状态，虽然由于锚固点与索鞍分别处于不同的位置或者荷载作用的不同而使主缆有不同的线形，但是锚固点到索鞍中心、索鞍中心到索鞍中心之间主缆的无应力长度应是同一数值，与成桥状态相等。因此，对于悬索桥的主缆来说，不仅主缆各索段的无应力长度在施工状态与成桥状态相等，各跨的主缆无应力长度在施工状态也应与成桥状态相等。悬索桥施工计算所做一切工作，都是围绕着保证主缆各索段和各跨的无应力长度与成桥状态相等而进行的。

2）成桥主缆理论线形计算原理

为了达到设计要求的成桥线形，必须根据质量守恒和无应力尺寸不变原理获取成桥理论线形下构件的几何参数作为施工计算的数据源，这就需要由设计参数和外荷载确定出成桥主缆的理论线形。

设计者根据线路要求确定了成桥状态主缆的理论顶点、锚固点和主跨的矢跨比（或者跨中点位置与高程）。由此，通过下列条件和实际各分点的外荷载可以完全确定出主跨主缆的成桥线形：

（1）主缆各分点的水平位置已知；

（2）主缆通过给定点，即跨中的高程已知；

（3）由于桥塔或者索鞍支承要求的内力状态为在恒载下不产生偏位，所以在各索鞍处的平衡条件为索鞍两侧的主缆沿索鞍支承滑移面的分力相等。当索鞍支承滑移面水平时，例如桥塔塔顶的主索鞍，这个条件蜕变为主缆水平分力相等。

边跨主缆通过邻跨获得了已知水平分力的条件，主缆线形同样就完全确定了。在具体实施计算方法时，由于主跨主缆线形计算条件完备，可以首先计算出来，再计算与主跨相邻的跨，直至边跨、锚跨。最后可通过设计线形计算主缆各索段的无应力长度、伸长量、内力和切线角等。

3）空缆线形与索鞍预偏量计算原理

（1）索鞍预偏的原因

由于桥塔设计的理论恒载状态是塔顶没有偏位，塔底没有弯矩，因此各索鞍在成桥恒载状态也就没有剪力。成桥状态各跨主缆在索鞍处保持平衡，但各跨作用在主缆上的外荷载并不相等，例如中跨较长，荷载较重，而边跨荷载较轻，甚至没有吊索荷载。空缆状态下这些外荷载还没有施加（梁段、索夹、吊索等还没有安装），这种状态的主缆内力相当于成桥状态的主缆内力减去了外荷载所产生的主缆内力。当然，中跨减小得多，边跨减小得少，如果索鞍保持为成桥状态的位置，势必产生强大的不平衡力，该不平衡力将不得不由桥塔变形来予以消除，可能会发生如下情况：

①由于需要提供与成桥状态差不多的强大张力来调整丝股至成桥位置，调索非常困难，难以保证精度，并且需要特殊的设备。

②主缆丝股将克服与索鞍槽的摩擦力而在槽内滑动，造成施工困难，无法保证丝股垂度的架设精度。

③不平衡力通过丝股与索鞍槽的摩擦力传给索鞍，为保证支承与索鞍间的相对位置，索鞍的固定限位装置或临时支承就要做得非常强大，提高了施工的造价。

④桥塔是高耸结构，不平衡力将引起桥塔的偏位和桥塔塔底的巨大弯矩，从而增加桥塔的危险性。

因此，靠主塔变形来改变大缆的跨径来减小不平衡力是不现实的。研究表明，跨径的改变能够引起跨中垂度的显著改变,从而改变悬索的内力,所以可以对滑移式索鞍进行偏移或者对摇轴式索鞍进行偏转,使其偏离成桥设计位置,以改变各跨大缆的跨径来调整各跨主缆的张力,并让相邻两跨主缆在索鞍处保持一定的平衡关系,这种偏移量或偏转量就是索鞍的预偏量。

(2)空缆线形和索鞍预偏量计算原理

从上面的分析可知,预偏量的设置与计算实际上是通过改变悬索的几何边界约束条件来调整相邻两跨悬索的内力。空缆线形计算条件如下:

①根据无应力尺寸不变原理,各跨索鞍中心之间的无应力长度与成桥状态对应跨的无应力长度相等,由此可从成桥理论线形计算结果中获得各跨主缆的无应力长度。

②在锚跨锚固点的位置和高程已知,并且保持不变,即左锚跨的左支点和右锚跨的右支点几何边界约束条件已知。

③索鞍沿支承滑移面放松,即索鞍只有沿滑移面法向的支承刚度,没有沿滑移面的抗剪刚度,因此索鞍两端的主缆沿索鞍支承滑移面的分力相等。

④索鞍的位置为设计位置加上偏移量。

如果假定各索鞍的偏移量,则根据条件④索鞍处悬索的几何边界约束条件就确定了,加上上述条件②就可以使悬索的边界几何约束条件完备。由于悬索具有完备的边界几何约束条件、各分点具有几何相容条件、力学平衡条件及上述已知条件①,主缆的线形就完全确定了。如果索鞍没有偏移到正确的位置,在空缆线形下索鞍两端的主缆将存在着沿索鞍支承滑移面的不平衡力,而在条件③下索鞍沿滑移面没有抗剪刚度,悬索支点的滑移刚度就只能靠两端的主缆提供,通过滑移刚度可以获得索鞍偏移位置的修正量。根据修正量改变悬索的几何边界约束条件,重新计算空缆线形和悬索支点的不平衡力,再次获得索鞍偏移位置的修正量。反复进行这个过程,最终将获得精确的空缆线形和预偏量。

4)加劲梁吊装逐段铰接施工解析计算原理

当悬索桥的主缆架设完成后,主缆的实际线形已经确定,之后的施工过程不可能对主缆进行调整。悬索桥架梁阶段的施工控制计算主要是实时跟踪和预测各种施工工况下主缆的内力和线形、桥塔内力、加劲梁(桥面)位置、桥塔偏移量等。施工中要根据以上数据确定鞍座顶推阶段、顶推量及加劲梁刚性连接时间和联结数量,根据线形确定施工中一些安全事项。

用解析法进行架梁阶段的施工控制计算有其适用范围,即加劲梁必须是逐段铰接施工,在主缆各分点所受的吊索集中荷载是已知的。由于大部分悬索桥都采用逐段铰接施工,毋庸置疑,它是一种非常实用的计算方法。其优点是明显的,可以很快建立施工计算模型,计算简便,迅速反映施工情况。

对于悬索桥来说,它与单独的一段索还有较大差别。首先,它是多跨径的,除锚固点外,各跨间的跨径会由于受力而改变。其次,在加劲梁架设阶段,散索鞍一般处于放松状态,滑移式散索鞍可以滑动,摇轴式散索鞍可以转动;桥塔是弹性结构,在外荷载和温度作用下将发生变形,由于塔有一定的水平刚度,当塔两侧的索力水平力分量不相等时,桥塔会产生剪力。

利用有限元法计算桥塔的水平抗推刚度方法如下:顺桥向将其处理为平面刚架,为能准确地模拟塔顶鞍座及塔底承台的影响,将桥塔离散为带刚端的平面梁单元,并可考虑剪切变形的影响。通过几座桥梁的测试表明,这种桥塔抗推刚度的计算方法是很精确的。

悬索桥的加劲梁架设过程涉及以下工况:温度的影响、紧缆缠丝施工、安装索夹及吊索、架设缆载吊机、加劲梁的吊装、鞍座顶推等。其计算原理与预偏量的计算有相同之处:都是索鞍处的几何边界约束条件未知;也有不同之处:悬索支点的滑移刚度既由两端的主缆提供,也由桥塔的水平抗推刚度提供。在悬索桥的加劲梁架设过程中,主缆线形的计算条件如下:

①根据无应力尺寸不变原理,在索段标准温度下,各种工况的无应力索长应等于成桥时的设计无应力长。

②在锚跨锚固点的位置和高程已知,并且保持不变,即左锚跨的左支点和右锚跨的右支点的几何边界约束条件已知。

③索鞍的位置为预偏位置加上偏移量。

④桥塔的偏移量等于索鞍的偏移量;主索鞍处悬索的支点滑移刚度由主缆和桥塔弹性支承的水平抗推刚度提供;散索鞍沿支承滑移面放松,即散索鞍只有沿滑移面法向的支承刚度,没有沿滑移面的抗剪刚度,因此散索鞍两端的主缆沿索鞍支承滑移面的分力相等。

索鞍的初始位置在预偏位置处,与预偏量计算方法类似,假定各索鞍偏移量,则可计算出各跨主缆的线形,同时计算此时索鞍处沿支承滑移面的不平衡力,并根据条件④,修正计算索鞍的偏移量,再次进行计算。反复进行这个过程,最终将获得精确的主缆架设线形和桥塔偏移量、索鞍滑动量。

6.2.4.2 上部结构架设前的计算

设计单位着重于桥梁的成桥状态设计,从结构施工到最终的成桥状态的跟踪计算与误差调整主要由监控单位来完成。监控单位在接手设计图纸之后,必须对设计图纸进行必要的复核,目的是深入理解设计图纸,领会设计的意图,收集设计参数;在与设计的计算参数一致的情况下进行计算分析,与设计的结果进行比较,查看两者是否一致,因为监控的目标是设计的成桥状态,如果目标成桥状态不一致,那么监控是偏离方向的。

1)设计复核、确定监控目标状态

事实表明,通过监控单位采用精确的分析软件对结构进行复核计算能够避免许多问题,使监控计算与设计计算能够衔接起来,例如广州某悬索桥的主缆索股长度制作太短,最后不得不加长锚固拉杆的调节长度;福建某悬索桥的主缆索股长度制作太长,最后不得不运回工厂重新制锚头;湖南某悬索桥的吊索长度加工太短,最后桥面线形无法下降到设计高程;贵州某悬索桥的吊索长度加工太长,等到主桥基本完成才发现主桥线形显著低于设计线形,最后不得不修改引桥线形来适应主桥线形。上述问题如果具有设计复核这一关便能加以避免。

监控复核内容如下:

(1)理论成桥状态复核

各构件的理论重量、几何特性计算;理论吊索张力计算;主缆成桥线形计算;成桥状态各索鞍在桥塔上的相对位置计算。

(2)理论空缆线形复核

理论空缆线形计算;理论预偏量计算;理论锚跨张力计算。

(3)理论无应力尺寸复核

吊索理论无应力长度计算;主缆理论无应力长度计算;钢梁无应力制造长度计算;桥塔预高量计算。

2)上部结构理想施工全过程的仿真分析

以设计复核中建立的原始数据为基础,根据设计拟定的施工过程,建立上部结构施工过程计算机仿真分析系统,对加劲梁段的吊装过程进行计算,分析结构在理论施工状态(无施工误差)下各阶段的施工参数,以理论参数计算各施工阶段的内力、变形、监控参数理论值,提出相应的施工建议,确定明确的安全措施;预测结构在各个阶段的形状,应提交的计算分析结果如下:

(1)各个施工阶段的主缆线形(主跨1/8、1/4、1/2的高程;边跨1/4、1/2的高程);

(2)各个梁段安装阶段的加劲梁线形、内力、应力;

(3)各个梁段安装运输阶段的最大吊索倾角;

(4)各个施工阶段的桥塔偏位、内力、应力;

(5)鞍座顶推阶段安排,各顶推阶段的顶推量、最大顶推力;

(6)各个阶段的主缆锚跨张力;

(7)各个阶段的桥塔内力、应力;

(8)恒载状态下加劲梁的内力、应力;

(9)恒载状态下的吊索力;

(10)恒载作用下桥塔的收缩、徐变与弹性压缩量。

3)确定加劲梁理论制造线形

加劲梁工厂制造线形也即现场拼装线形,以成桥状态为目标,经过计算反复迭代,对结构进行顺装、倒拆模拟,确定加劲梁理论制造线形和节段加工尺寸。

4)优化加劲梁吊装方案

加劲梁工厂制造线形也即现场拼装线形,以前述计算为基础,以成桥状态为目标,经过计算反复迭代,对结构进行顺装、倒拆模拟,确定加劲梁吊装方案和设铰数量。

5)确定桥塔的控制指标

对桥塔施工过程中的基础沉降量监测数据进行分析,预测上部结构架设时的基础沉降量;在前述的基础上,对桥塔建立详细的实体分析模型,计算桥塔的抗推刚度、塔顶的弹性变形和收缩徐变变形,结合所预测的上部结构架设时的基础沉降量确定桥塔的预高量,确定桥塔允许纵向位移、允许扭转变形等后期施工时桥塔的安全指标,进行抗风验算,以便于梁段吊装过程中对桥塔实施有效的安全监控。

6)确定初步的鞍座顶推方案

在前述计算的基础上,在保证桥塔安全的前提下,确定鞍座的顶推阶段,各顶推阶段的顶推量、最大顶推力。

7)主缆影响参数及误差分析

考虑恒载重量误差、主缆的弹性模量误差、面积误差、制作长度误差等因素对主缆进行影响参数分析和误差分析,验算主缆锚固拉杆可调节长度是否足够。

6.2.4.3 桥塔施工过程计算

根据施工单位提出的施工方案,考虑实际浇筑节段的划分和施工支架及水平横撑作用,建立详细的桥塔施工过程模型,一般采用空间杆系模型,必要时建立实体模型。

1)现场参数的收集

现场参数包括混凝土节段浇筑龄期、试件实测弹性模量、强度、重度等资料。

2)施工方案验算

考虑结构自重、横向支撑主动顶撑及其他施工临时荷载、风作用、温度作用验算结构施工过程的安全性,必要时提出一些改进建议。

3)横向预偏量控制

为了使桥塔达到合理的内力状态,横向支撑主动顶撑措施及横向预偏量设置是控制桥塔内力和姿态的主要措施。但是由于桥塔的内力状态不是唯一的,此处主要计算在施工单位横向支撑主动顶撑措施下,桥塔最终的内力状态是否合理,以及是否应设置横向预偏量。

6.2.4.4　主缆架设计算

设计图纸上给出的参数与实际采用材料的往往有差别,如丝股弹性模量和实际面积、钢梁面积和重量、桥塔位置与高程、材料热膨胀系数等,监控单位在前述设计参数与理论分析的基础上,向设计、施工(加工)、监理等单位收集有关计算的实际参数,引入施工和制造误差并反馈给计算机施工控制仿真分析系统,对分析模型进行修正,以便于模型更加符合实际。收集资料如下:

构件实测基本特性数据,如缆、梁、塔、吊索的弹性模量、截面尺寸等;构件实际几何数据,如桥塔、锚碇的高程和位置;荷载数据误差,如加劲梁、索夹及吊索锚头自重误差;桥面铺装重度误差等。上列数据修正的目的主要是获得更合理的数据,如果没有,则仍将采用理论设计数据。

1)参数识别

(1)裸塔状态的桥塔位置及高程的确定

根据桥塔几何测量结果和高程日照变化曲线,确定裸塔状态各控制点在设计温度下的位置与高程。

(2)锚固点位置及高程的确定

根据锚固点的几何测量结果和温度测量结果,确定锚面中心在设计温度下的位置与高程。

(3)成桥状态桥塔位置及高程的预测

根据裸塔在设计温度下的位置与高程、塔结构混凝土收缩、徐变资料及塔底沉降资料预测桥塔成桥后的高程。

(4)成桥状态锚碇位置及高程的预测

设计时是将锚碇基底当作基本不变形的结构进行计算,而实际情况是地基仍为变形体。为了确保本桥能够达到最终的成桥线形,施工监控过程中必须考虑这一因素的影响。

2)断面非均匀温度场作用下桥塔的偏位分析

桥塔在日照和风作用下,横断面上各点可能会产生温差。在断面非均匀温度场作用下,桥塔会发生偏位和扭转。因此,有必要对桥塔建立详细的实体分析模型,在实测温度场的作用下,计算桥塔的三维几何状态变化情况,为桥塔的实际施工位置、荷载影响的实际偏位提供识别参数。

3)索鞍预偏量计算

根据前述理论数据,桥塔、锚固点的位置和高程施工误差数据(在猫道架设前,这些数据应该详细测设,并作标记点)、主缆丝股面积与弹模误差数据,桥塔预抬高量(恒载弹性压缩、收缩徐变量),计算各索鞍预偏量。

4）主缆中心位置线形计算

在实设预偏量的基础上，计算各种温度、各种跨径变化情况下的各跨主缆中心位置的架设线形（跨中位置和高程）。

5）主缆丝股架设的合理层距的确定

过去丝股架设时，基准丝股采用绝对高程控制，普通丝股按相对高程控制，丝股间高差按"若即若离"的原则架设，这种方法一般会造成普通丝股上层压下层。新的控制方法是将丝股与丝股间的距离定量，架设时考虑调整丝股与基准丝股间的温度差的修正后，将调整丝股安装在监控计算的位置。这种方法将丝股间的间距量化，避免了"若即若离"方法的模糊控制。

当采用设计层距（设计层距一般为索股高度）作为丝股架设层距时，即为"若即若离"法架设，由于实际丝股架设时索股并非完全是正六变形，索股架设后可能会发生局部扭转，钢丝在架设时还存在着非弹性变形，各根丝股间还存在着温差等原因，按设计层间距架设索股造成丝股上层压下层是必然的。新的控制方法一般会将架设层距加大，但加大得太多，必然会使各根丝股的实际架设的等效无应力长度的差值增加，成桥状态各根丝股的应力均匀性就变差，紧缆前主缆的直径就变大，这增加了紧缆的难度，影响紧缆后的空隙率，甚至有可能影响紧缆后的线形。因此，应综合考虑各种影响因素，分析层间距对索股张力、紧缆力和紧缆后的成缆线形的影响，确定合理的架设层间距，并评价由此引起的丝股成桥应力的误差影响。

6）主缆丝股架设线形计算

根据确定的等效层距，计算主缆各根丝股架设线形相对于基准索股的位置差和高程差，计算各种温度、跨径变化情况下的位置差和高程差修正系数，利用主缆中心位置的架设线形、各丝股相对于主缆中心的位置差和高程差、温度和跨径修正系数可以计算出任意丝股的架设线形。

监控单位还向施工单位提供操作简单、数据准备齐全的丝股现场架设软件或者 Excel 计算表格，利用它可方便地计算出丝股架设线形、索长调整量，从而在丝股现场架设中使用。

7）主缆锚固张力计算

计算架索阶段主缆各根丝股在各温度变化下的锚固点张力。提供丝股现场架设软件或者 Excel 计算表格。

8）主缆索股架设期间的抗滑验算

在丝股架设期间，在温度变化、桥塔偏位等作用下，鞍座两侧的主缆索股会产生索力差，有必要验算此索力差是否会造成主缆索股在鞍槽内滑移。

9）计算最不利条件下所需索鞍最大水平支承反力

在丝股架设期间，散索鞍、主索鞍都需要在精确预偏之后加临时固定，限制其纵向滑动。在施工控制与仿真分析系统中可以计算出最大温度变化作用下和最大风载作用下散索鞍、主索鞍的临时支承反力，以便施工单位设计临时支承构件。

10）散索鞍支承拆除的合理阶段的确定

计算和实测表明，在丝股架设期间，若对散索鞍进行固结，则随着丝股架设的增加，在温度变化作用下，散索鞍的固结反力会变得非常大，有可能会使散索鞍临时支承发生强度破坏，还可能会使主缆索股克服与鞍槽的摩擦而滑移，造成锚跨张力不均匀。因此，在满足散索鞍自立及后期锚跨丝股张拉要求外，应尽早拆除散索鞍临时支承。通过计算分析与验算，可以确定散索鞍支承拆除的合理阶段。

6.2.4.5　吊索及索夹架设控制计算

吊索及索夹架设控制计算内容主要如下：

1)主缆紧缆后的参数识别与架设精度分析

在主缆丝股架设完成并紧缆后，监控单位利用各丝股表面温度和主缆断面温度场测试数据进行参数识别，确定主缆测试实际平均温度；利用该平均温度和实测跨径、线形数据进行反馈计算，确定主缆架设的实际无应力长度；分析主缆的架设精度。考虑主缆架设误差、加劲梁重量误差和二期恒载误差，以最终的加劲梁线形为目标，调整加劲梁的架设预拱度。

2)吊索下料长度计算

在确定实际空缆线形后，需要重新计算吊索长度。悬索桥的加劲梁线形主要由空缆线形、吊索长度及加劲梁上的恒载决定。一旦丝股架设完成，空缆线形就已确定，吊索架设完成后，加劲梁的线形就已经确定。可见，悬索桥线形控制的关键在于控制主缆的架设线形，在完成的空缆线形上决定吊索长度。在吊索长度决定后，一般就不能调整整体成桥线形了，即使能够调整，也是微幅的。以理论加劲梁线形为目标状态，利用主缆实际的架设线形和较准确的加劲梁一期恒载和二期恒载，考虑主缆的架设误差，在施工监控与仿真分析系统中可以计算出吊索的下料长度，监控单位计算出的调整后的吊索长度，经设计人员计算确认后，交由厂家生产，并通过严格的审查，达到吊索的制造精度，方可施工安装。

3)索夹安装位置计算

索夹位置受桥塔偏位、温度变化的影响非常显著。在前述的基础上，计算索夹在各温度及桥塔偏位下的安装位置。

4)索夹初装力计算

过去索夹在空缆状态安装时，其紧固力一般是按设计值且考虑松弛而进一步加大紧固力进行安装。监控单位通过分析和多座桥的经验表明，为了释放主缆成型后在钢梁作用下的弯曲次内力，使各索股钢丝内力尽量均匀，索夹在初始安装时紧固力越小越好。因此，提出索夹空缆状态初装力仅保证索夹自身自重抗滑及安全，在钢梁吊装时对应梁段顺序，起吊前才将对应的索夹紧固到位。

6.2.4.6　钢箱梁吊装过程计算

钢箱梁吊装过程计算内容主要如下：

1)猫道改挂的计算

施工监控与仿真分析系统将对猫道的改挂工作进行模拟监控计算，以得出桥塔偏位、主缆线形，并与实测结果比较。

2)索鞍顶推方案的修正

在前述理论分析中已经确定了初步的索鞍顶推方案，在加劲梁吊装前应该考虑各项误差重新计算，对钢箱梁吊装方案作详细而深入的研究，如梁段吊装顺序问题、梁段吊装的不对称性问题，以确定是否需要调整顶推阶段及顶推量，采取必要的安全措施。

3)加劲梁吊装过程的计算

以成桥桥面线形为目标状态，在考虑各项施工误差的基础上，按照加劲梁的吊装过程、考虑各种临时荷载，重新计算各阶段的主缆线形、加劲梁线形、桥塔偏位、主缆丝股张力变化等，对加劲梁制造线形作适当的调整,以确定实际加劲梁的吊装线形,同时验算在施工阶段的风荷载、温度变化下结构的安全性,用以后各工况与实测值比较,识别主缆的真实的弹性模量并反馈到仿真计算系统中,不断修正预测最终的成桥状态。

4)限位装置吊索的张拉计算

对于坭洲水道桥,限位装置吊索对主缆线形和加劲梁线形具有较大的影响,同时该索由于下端固结,吊索张力受温度、桥塔偏位影响也较敏感。结合吊索无应力长度控制法和张力控制法,提出限位装置吊索的张拉控制建议。

5)无索区梁段体系转换计算

对于坭洲水道桥,根据施工单位的无索区加劲梁体系转换方案制定相应的施工监控方案,制定调整方法、调整步骤和调整量,对方案进行验算,提出预警措施。

6)加劲梁合龙过程的计算

根据合龙方案,对加劲梁的合龙过程进行仿真分析,计算合龙前、后的线形的变化情况,验算合龙过程中临时结构与永久结构的安全性,提出施工控制建议。

6.2.4.7　二期恒载及成桥状态计算

根据桥面铺装机械和设备情况和拟定的施工流程,按实际铺装重度和铺装过程,计算铺装阶段桥塔、加劲梁的结构内力与变形,提出施工控制建议;按梁段吊装完成的实际索力状态,确定成桥时的实际内力状态。

在结构成桥并拆除所有的大型临时结构荷载后,考虑各项恒载误差及构架施工误差,计算成桥状态的内力和线形,并与实测值比较,评价该桥的架设精度指标。

6.2.5　监控异常情况应对

6.2.5.1　异常情况原因

虽然在施工监控开始前期进行了大量的、精确的结构分析,得到了悬索桥的各项施工控制参数,包括主缆索股无应力下料长度、索鞍预偏量及基准线形、空缆状态下索夹安装位置、吊点到索夹两端的距离、主索鞍顶推次数及各次顶推量等,按照此控制数据进行施工一般能够得到较为理想的结果。但是,由于大跨径桥梁结构及施工过程的复杂性,不可避免地产生误差。在施工监控工作中专门设置异常情况警戒线,当结构实际响应的偏差超出警戒线时,即认为出现了异常情况。异常情况包括:

(1)混凝土结构出现拉应力,或压应力超过计算值的20%;

(2)钢结构应力超出允许应力,或应力相对于计算值偏差超过20%;

(3)主缆缆力太大,安全系数降至2.2以下,或相对于计算值偏差超过20%;

(4)吊索索力太大,安全系数降至3.5以下,或相对于计算值偏差超过20%;

(5)成桥结构线形偏差超出允许范围。

出现上述异常情况时,施工监控方将立即发出停工令,并判断异常情况出现的原因,将此异常情况及其初步判断作为重大问题向施工监控协调小组汇报,召开各方联席会议,对异常情况原因做出结论,并采取有效措施改善结构内力,调整结构线形。各阶段内容和可能的异常情况的对策如下:

(1)锚碇、桥塔立柱施工

锚碇属于大体积混凝土,要注意温控,防止开裂;此外,由于锚碇较重,浇注过程中要进行沉降观测,以便与设计值对比,并预测后期上部结构架设的沉降量。桥塔立柱的施工要预留恒载弹性压缩量,应注意修正温度对立模位置的影响。桥塔施工立模位置受温度影响大,如果不加以修正,将直接导致桥塔线形的误差。监控单位应通过对桥塔温度场及桥塔偏位的连续观测向施工单位提供桥塔立模的温度修正量。桥塔施工误差表现为高程误差和纵横向水平位置误差。对于在允许范围内的误差可在主缆架设时进行调整,即通过考虑误差影响调整主缆的成桥理论线形来达到设计要求。

(2)安装施工猫道

安装施工猫道时要注意猫道线形与空缆线形之间的距离,不宜过大,致使调索操作困难;也不宜过小,否则各丝股可能接触猫道面层,也可能影响紧缆过程。猫道架设时要注意监测桥塔的偏位,如果发生超限,应调整相邻两跨的猫道的施工进度,减少塔处两跨承重索的索力差。

(3)鞍座预偏就位

为消除前面工况误差的影响,采用独塔状态实测的桥塔、主缆丝股锚固点、散索鞍位置和高程,保证标准温度下成桥的主缆跨中高程仍为设计高程,由此计算出新的架设线形和鞍座预偏位置。由于猫道架设引起的偏位在以后要恢复,所以可在架索时将其作为桥塔初始偏位考虑。

(4)主缆丝股架设

钢丝在架设时还存在着非弹性变形,钢丝自身还具有蠕变或松弛效应,这些因素都将引起丝股架设后下沉,因此丝股架设时可以考虑一定的预抬高。主缆的架设误差调整可通过实测主缆线形、温度,以成桥设计线形为目标,反算出各跨的各索段的无应力长度,从而重新计算出索夹位置和吊索长度,通过控制索夹安装位置和调整吊索长度消除主缆架设误差的影响。

(5)紧缆、索夹安装

索夹安装时需要控制的目标是保证吊索的中心在成桥后位于设计要求的位置,因此,需要准确计算出索夹的安装位置和主缆的倾角,准确计算出各点的放样位置;放样时应采用绝对距离测量法,以避免相对距离测量的误差累积。

(6)猫道改挂

索夹放样完成后就可进行猫道改挂,该过程需要控制的是猫道承重索的放出量,以保证张拉吊索时承重索不影响主缆的变形。

(7)梁段安装、顶推鞍座

梁段安装过程中要注意测量桥塔的偏位情况,如果偏位超限,实测偏位与计算偏位相差过大,则要检查计算参数取用的合理性;如果修正了计算参数,则要检查原梁段吊装方案和鞍座顶推方案是否合理。鞍座的顶推与梁段安装过程要配合进行,梁段安装的方案需要通过反复的计算比较并结合现场的实际情况确定。对于每一安装梁段,应计算其安装线形、吊索张拉力、已安装吊索张力的变化;安装完成后要通过测量加劲梁的实际线形,进行参数识别和修正,检验和测量结构杆件的内力,如果测试、测量结果与计算差异过大,应检查原因,找出问题并修正一致后再继续施工。对于合龙段要制定良好的吊装和刚接方案,注意监测临时连接的平顺性。

(8)桥面铺装、主缆防护等二期恒载

钢桥面铺装时往往产生较大的局部温度,致使局部区域内应力很大。铺装过程中要注意桥面焊缝、局部连接情况，时刻关注结构应力变化情况，一旦发现构件断裂（往往是构造不合理），要马上停下来，设法降温。铺装过程中一旦发生应力超限或者竖向挠度变化太快，也要马上停下来。桥面铺装的加载程序需要通过施工监控计算确定，以避免加劲梁和吊索中出现过大的应力和内力。

（9）成桥恒载状态

悬索桥结构非线性非常强烈，线形和内力一一对应。经过多个施工工况及不可调误差的积累，最后的实测成桥线形可能已经偏离设计状态，但与监控计算符合，内力分布合理、线形平顺，这时候可不再调整结构；如果实测成桥线形与监控计算相差较大，则表明实际二期恒载与计算采用值相差较大，这时要重新测试索力并结合实测成桥线形反算出二期恒载值，重新给出新的实际成桥线形。

6.2.5.2　异常情况处理流程

虽然在施工控制开始前期进行了大量的、精确的结构分析，得到了各项施工控制参数，并且按照此控制数据进行施工一般能够得到较为理想的结果。但是，由于大跨径桥梁结构及施工过程的复杂性，不可避免地产生误差。异常情况处理流程如图6-24所示。

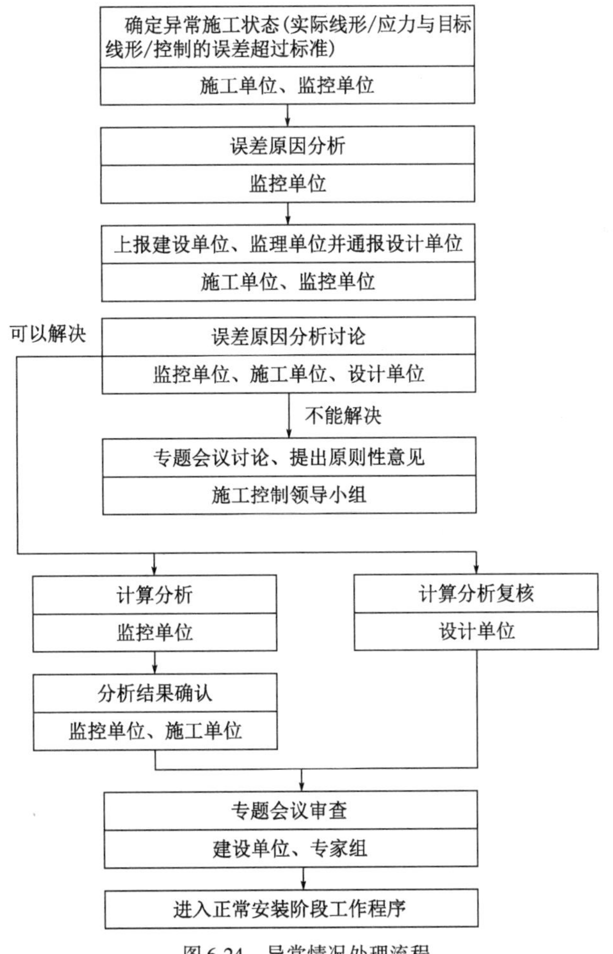

图6-24　异常情况处理流程

出现上述异常情况时,施工控制方将立即判断异常情况出现的原因,将此异常情况及其初步判断作为重大问题向施工控制协调小组汇报,召开各方联席会议,对异常情况原因做出结论,并采取有效措施改善结构内力,调整结构线形。

6.2.6 控制参数预测、信息反馈及误差调整

本桥拟采用软件 BNLAS 进行施工全过程的仿真计算。在施工过程的监控分析中,将利用测试与测量的数据,对计算中的参数进行识别与修正,然后利用非线性程序进行全面的监控计算。设计数据是监控的基础,施工监控单位通过对设计理念、设计图纸的深入理解,以设计数据和理论成桥线形为基础,建立上部结构计算机监控仿真系统,由此可计算出构件的理论施工安装状态 0。修正通过现场实验获得的材料弹性模量、结构容重、收缩徐变等参数,将各参数反馈给监控仿真系统,以成桥线形设计参数(锚固点位置和高程、散索套位置和高程、塔顶位置和高程、主缆跨中矢高、成桥桥面线形等)为目标状态,监控仿真系统将自动调整施工安装参数,重新计算出构件的理论施工安装状态 1,同时可以预测出成桥线形状态和内力状态,此时与理论成桥线形和内力相比,部分参数(如锚固点位置和高程、散索套位置和高程、塔顶位置和高程、主缆跨中矢高、成桥桥面线形等)已有所改变,将此时的预测成桥状态称为修正成桥状态 1。

只要满足理论施工安装状态 1,则结构最终自动达到修正成桥状态 1。以理论施工安装状态 1 为直接施工目标,以修正成桥状态 1 为间接施工目标,进行桥塔施工,得到实际施工安装状态 1。桥塔施工时要考虑桥塔恒载弹性压缩与混凝土收缩徐变加高。

在桥塔浇筑完成后,测量主缆丝股锚面中心点、散索鞍滑面和桥塔塔顶的位置和高程以及散索鞍滑面的倾角等实际施工安装状态 1,与理论施工安装状态 1 相比,两者必然存在着误差。将误差反馈给监控仿真系统,以主缆跨中设计矢高和成桥桥面设计线形为目标状态,监控仿真系统将自动调整索夹安装位置、主缆丝股架设参数和吊索长度,得到理论施工安装状态 2,同时预测出新的成桥线形状态和内力状态,称为修正成桥状态 2。与修正成桥状态 1 相比,修正成桥状态 2 的内力和主缆线形、吊索长度将有所变化。

同样只要满足理论施工安装状态 2,则结构最终自动达到修正成桥状态 2。以理论施工安装状态 2 进行主缆丝股架设,紧缆后测量主缆丝股线形、主缆丝股锚面中心点、散索鞍滑面和桥塔塔顶的位置和高程以及散索鞍滑面的倾角等实际施工安装状态 2,与理论施工安装状态 2 相比,两者也存在着误差。将误差反馈给监控仿真系统,以成桥桥面设计线形为目标状态,监控仿真系统将自动调整吊索下料长度及吊索张力,得到理论施工安装状态 3,同时预测出新的成桥线形状态和内力状态,称为修正成桥状态 3。与修正成桥状态 2 相比,修正成桥状态 3 的内力和线形、吊索长度同样也有所变化。

只要满足理论施工安装状态 3,则结构最终自动达到修正成桥状态 3。在计算机监控仿真系统中以理论安装状态 3 为目标索力状态,提出加劲梁吊装方案和索鞍顶推方案,进行各方案的模拟计算,最终得到可行的钢梁安装控制方案。以该方案进行加劲梁吊装,完成后测量各吊索实际的索力状态和线形得到实际施工安装状态 3。将实际施工安装状态 3 与理论施工状态 3 间的误差反馈给监控仿真系统,监控仿真系统将计算出新的成桥线形状态和内力状态,称为修正成桥状态 4,也是理论施工状态 4。

在实际施工状态3上进行桥面铺装、主缆防护等二期恒载，完成后测量结构线形和吊索索力得到实际施工状态4。如果实际施工状态4中钢梁线形不平顺或者钢梁内力不理想，表明实际二期恒载与计算采用二期恒载相差较大，将实际施工状态4与理论施工状态4间的误差反馈给监控仿真系统，在监控仿真系统中调整二期恒载，监控仿真系统将计算出最终的吊索力，将此吊索力与实际施工状态4中的吊索力相比较，获得实际的成桥状态。

上述成桥线形预测、误差反馈、参数调整过程在实施过程中可能不完全一样，例如二期恒载的重量在吊装梁段前可能才得以确定，那么此参数误差将在最后才能反馈给施工监控仿真系统。上述预测、误差反馈、参数调整过程可表述为图6-25。

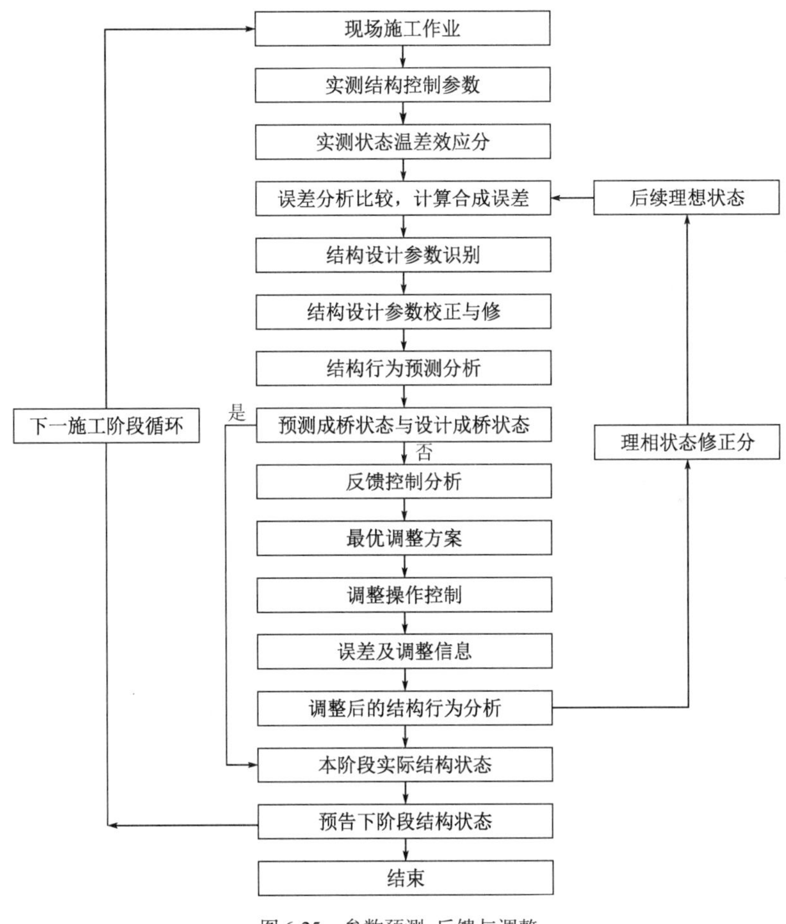

图6-25 参数预测、反馈与调整

6.3 大跨径悬索桥缆索系统架设施工监控

6.3.1 索股下料长度精确计算

图6-26为广州侧边跨主缆索股编号排列图和中跨、东莞侧边跨主缆索股编号排列图，表6-7为部分主缆索股无应力下料长度汇总表，作为设计温度20℃条件下的主缆丝股制作长

度，同时合理地考虑温度修正，进行加工制作，加工精度控制按设计要求进行。

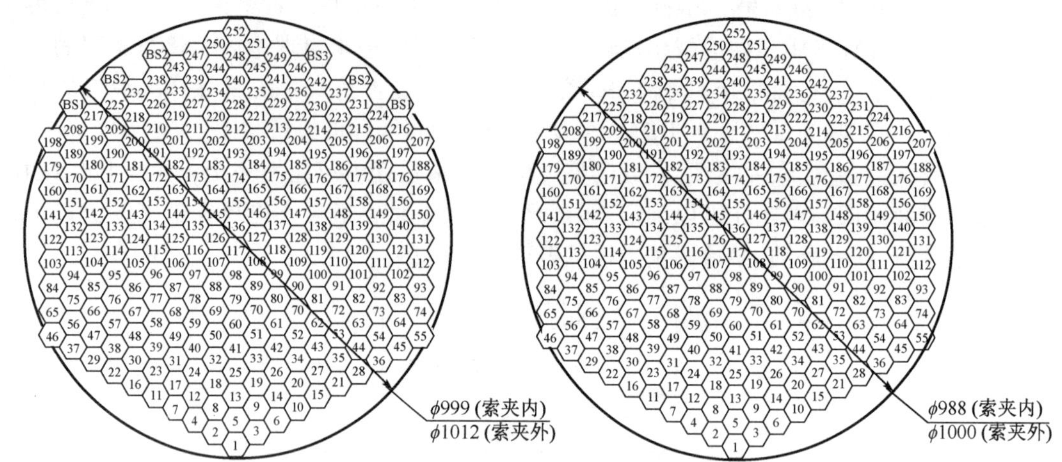

图 6-26　广州侧边跨主缆索股编号排列图

坭洲水道桥部分主缆索股无应力下料长度（单位：m）　　表 6-7

索股号	W4	W3	W2	W1	E1	E2	E3	E4	左边跨	主跨	右边跨	*L*
1	30.2614	336.2621	355.2210	865.3843	865.4054	283.0638	277.6318	30.1833	691.483	1730.790	560.696	3043.413
2、3	30.2853	336.2675	355.2210	865.3843	865.4054	283.0638	277.6425	30.2069	691.489	1730.790	560.706	3043.477
4、6	30.3096	336.2729	355.2210	865.3843	865.4054	283.0638	277.6531	30.2308	691.494	1730.790	560.717	3043.541
5	30.1577	336.2729	355.2210	865.3843	865.4054	283.0638	277.6531	30.0784	691.494	1730.790	560.717	3043.237
7、10	30.2242	336.2783	355.2210	865.3843	865.4054	283.0638	277.6638	30.1447	691.499	1730.790	560.728	3043.386
8、9	30.1810	336.2783	355.2210	865.3843	865.4054	283.0638	277.6638	30.1014	691.499	1730.790	560.728	3043.299
11、15	30.2586	336.2838	355.2210	865.3843	865.4054	283.0638	277.6744	30.1787	691.505	1730.790	560.738	3043.470
12、14	30.2046	336.2838	355.2210	865.3843	865.4054	283.0638	277.6744	30.1246	691.505	1730.790	560.738	3043.362
13	30.0703	336.2838	355.2210	865.3843	865.4054	283.0638	277.6744	29.9899	691.505	1730.790	560.738	3043.093
16、21	30.2165	336.2892	355.2210	865.3843	865.4054	283.0638	277.6850	30.1359	691.510	1730.790	560.749	3043.401
17、20	30.1364	336.2892	355.2210	865.3843	865.4054	283.0638	277.6850	30.0556	691.510	1730.790	560.749	3043.241
18、19	30.0930	336.2892	355.2210	865.3843	865.4054	283.0638	277.6850	30.0122	691.510	1730.790	560.749	3043.154
22、28	30.2611	336.2946	355.2210	865.3843	865.4054	283.0638	277.6957	30.1803	691.516	1730.790	560.760	3043.506
23、27	30.1701	336.2946	355.2210	865.3843	865.4054	283.0638	277.6957	30.0891	691.516	1730.790	560.760	3043.324
24、26	30.1160	336.2946	355.2210	865.3843	865.4054	283.0638	277.6957	30.0348	691.516	1730.790	560.760	3043.216
25	29.9995	336.2946	355.2210	865.3843	865.4054	283.0638	277.6957	29.9179	691.516	1730.790	560.760	3042.982

温度修正如下：索股无应力下料长度等于 L，计算温度为设计温度，制作时应作温度修正，线膨胀系数按 1.2×10^{-5}/℃，修正量为 $1.2\times10^{-5}\times L\times\Delta T$，其中 ΔT 为相对于设计温度的温度变化量，考虑温度变化的索股长度为 $L\times(1+1.2\times10^{-5}\times\Delta T)$。图 6-27 和图 6-28 为主缆通长索股标记点示意和西边跨背索索股标记点示意，其中主索鞍处标记点为分跨点（IP 点）所在的铅垂面，与设计图纸有点区别（图纸为鞍座槽圆弧圆心所在的铅垂面）。南沙大桥坭洲水

道桥在东锚碇放索,架设顺序为按索股编号从小到大架设,牵引方向为东锚碇到西锚碇,架设固定点为m3,m3必须精确制造。散索鞍标记点m1、m7处整形区为锚跨侧不少于6m,边跨侧不少于1m;主索鞍标记点m3、m5处整形区为边跨侧不少于6m,主跨侧不少于6m。

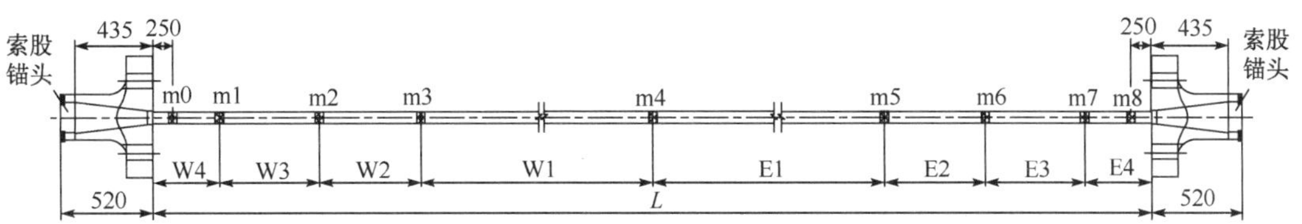

图6-27　主缆通长索股标记点示意图(尺寸单位:mm)

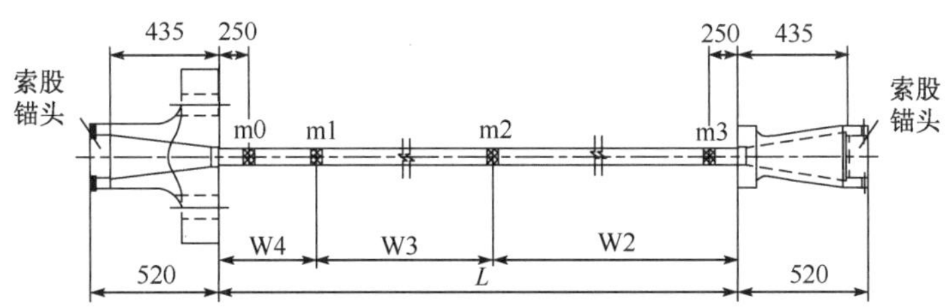

图6-28　西边跨背索索股标记点示意图(尺寸单位:mm)

说明:通长索股:m0-西侧锚头浇注时锚杯口与索股相对位置的标记点;m1-西散索鞍处标记点;m2-西边跨跨中;m3-西主鞍处标记点;m4-中跨跨中;m5-东侧主鞍处标记点;m6-东侧边跨跨中;m7-东侧散索鞍处标记点;m8-东侧锚头浇注时锚杯口与索股的相对位置标记点。西边跨背索索股:m0-主索锚头浇注时锚杯口与索股相对位置的标记点;m1-西散索鞍处标记点;m2-西边跨跨中;m3-背索锚头浇注时锚杯口与索股相对位置的标记点。

6.3.2　基准索股架设精细控制

6.3.2.1　基准索股线形控制

左右幅塔柱施工误差不一样,故左右侧架设线形略有差异。上下游基准索股架设线形见表6-8和表6-9,表中符号说明如下:

D:跨径变化量,跨径增加为正,跨径减小为负(m);

T:索股调整跨的平均温度(℃);

dH_g:广州侧桥塔相对于第一次塔锚联测的高程变化量(m);

dH_d:东莞侧桥塔相对于第一次塔锚联测的高程变化量(m);

dX:测点的位置,为测点到桥塔实际中心线的距离(广州侧边跨和中跨为到广州侧桥塔中心线的距离,东莞侧边跨为到东莞侧桥塔中心线的距离)(m);使用时需用dX计算出测点位置的里程X,并换算到全桥统一的投影面;

Y:丝股中心的高程(m)。

索股整形入鞍时,广州侧主索鞍的IP标记位置应与索股的标记位置对齐,并固定。基准索股的架设控制精度:中跨+40mm、-20mm;上下游基准索股的相对高差不能超过10mm;边跨允许误差为中跨的2倍。

上游(左幅)基准索架设线形 表 6-8

分跨	跨径变化范围(m)	温度变化范围(℃)	测点到桥塔中心线的距离(m)	丝股中心高程(m)
广州侧边跨	$-0.05 \leqslant D < +0.05$	$+20.0 \leqslant T < +30.0$	$dX = 330.51271 - 0.012273T + 1.91271D + 0.08379D^2 + 0.4374dH_g$	$Y = 125.73617 - 0.037470T + 4.24101D + 0.25078D^2 + 1.9271dH_g$
		$+30.0 \leqslant T < +40.0$	$dX = 330.50878 - 0.012142T + 1.89795D + 0.08271D^2 + 0.4374dH_g$	$Y = 125.72470 - 0.037088T + 4.19738D + 0.24762D^2 + 1.9271dH_g$
中跨	$-0.06 \leqslant D < +0.00$	$+20.0 \leqslant T < +30.0$	$dX = 844.58761 + 0.49985D + 0.0919(dH_d - dH_g)$	$Y = 99.24492 - 0.041497T + 1.94739D + 0.01143D^2 + 0.5000(dH_d + dH_g)$
		$+30.0 \leqslant T < +40.0$	$dX = 844.58761 + 0.49985D + 0.0919(dH_d - dH_g)$	$Y = 99.24195 - 0.041403T + 1.94275D + 0.01135D^2 + 0.5000(dH_d + dH_g)$
	$+0.00 \leqslant D < +0.06$	$+20.0 \leqslant T < +30.0$	$dX = 844.58761 + 0.49985D + 0.0919(dH_d - dH_g)$	$Y = 99.24561 - 0.041525T + 1.94739D + 0.01145D^2 + 0.5000(dH_d + dH_g)$
		$+30.0 \leqslant T < +40.0$	$dX = 844.58761 + 0.49985D + 0.0919(dH_d - dH_g)$	$Y = 99.24292 - 0.041430T + 1.94275D + 0.01137D^2 + 0.5000(dH_d + dH_g)$
东莞侧边跨	$-0.05 \leqslant D < +0.05$	$+20.0 \leqslant T \leqslant +30.0$	$dX = 258.57883 - 0.014481T + 2.48233D + 0.14584D^2 + 0.8039dH_d$	$Y = 138.64531 - 0.035112T + 4.77267D + 0.35069D^2 + 2.5110dH_d$
		$+30.0 \leqslant T \leqslant +40.0$	$dX = 258.57395 - 0.014318T + 2.46040D + 0.15027D^2 + 0.8039dH_d$	$Y = 138.63387 - 0.034731T + 4.72062D + 0.36146D^2 + 2.5110dH_d$

下游(右幅)基准索架设线形 表 6-9

分跨	跨径变化范围(m)	温度变化范围(℃)	测点到桥塔中心线的距离(m)	丝股中心高程(m)
广州侧边跨	$-0.05 \leqslant D < +0.05$	$+20.0 \leqslant T < +30.0$	$dX = 330.50321 - 0.012288T + 1.91443D + 0.08456D^2 + 0.4375dH_g$	$Y = 125.72828 - 0.037517T + 4.24629D + 0.25312D^2 + 1.9285dH_g$
		$+30.0 \leqslant T < +40.0$	$dX = 330.49924 - 0.012156T + 1.89954D + 0.08342D^2 + 0.4375dH_g$	$Y = 125.71671 - 0.037131T + 4.20227D + 0.24978D^2 + 1.9285dH_g$

续上表

分跨	跨径变化范围（m）	温度变化范围（℃）	测点到桥塔中心线的距离（m）	丝股中心高程（m）
中跨	$-0.06 \leqslant D < +0.00$	$+20.0 \leqslant T < +30.0$	$dX = 844.58739 + 0.49985D + 0.0947(dH_d - dH_g)$	$Y = 99.15210 - 0.041484T + 1.94675D + 0.01142D^2 + 0.5000(dH_d + dH_g)$
		$+30.0 \leqslant T < +40.0$	$dX = 844.58739 + 0.49985D + 0.0947(dH_d - dH_g)$	$Y = 99.14913 - 0.041390T + 1.94212D + 0.01134D^2 + 0.5000(dH_d + dH_g)$
	$+0.00 \leqslant D < +0.06$	$+20.0 \leqslant T < +30.0$	$dX = 844.58739 + 0.49985D + 0.0947(dH_d - dH_g)$	$Y = 99.15279 - 0.041512T + 1.94675D + 0.01144D^2 + 0.5000(dH_d + dH_g)$
		$+30.0 \leqslant T < +40.0$	$dX = 844.58739 + 0.49985D + 0.0947(dH_d - dH_g)$	$Y = 99.15010 - 0.041418T + 1.94212D + 0.01137D^2 + 0.5000(dH_d + dH_g)$
东莞侧边跨	$-0.05 \leqslant D < +0.05$	$+20.0 \leqslant T \leqslant +30.0$	$dX = 258.57337 - 0.014521T + 2.48781D + 0.14847D^2 + 0.8074dH_d$	$Y = 138.66271 - 0.035209T + 4.78595D + 0.35703D^2 + 2.5154dH_d$
		$+30.0 \leqslant T \leqslant +40.0$	$dX = 258.56841 - 0.014356T + 2.46551D + 0.15274D^2 + 0.8074dH_d$	$Y = 138.65107 - 0.034822T + 4.73300D + 0.36743D^2 + 2.5154dH_d$

6.3.2.2 基准索股架设稳定性监测与分析

2017 年 10 月 5 日—7 日，对基准索股进行稳定观测，第 1 天稳定观测线形结果数据见表 6-10 所示。

坭州水道桥基准索股第 1 天稳定观测线形结果 表 6-10

跨名	测次	上下游	索股平均温度（℃）	偏位（m）		高程变化（m）		理论高程（m）	测点高程（m）	上下游相对高差误差（cm）	
				广州侧桥塔	东莞侧桥塔	广州侧桥塔	东莞侧桥塔			实测值	均值
广州侧边跨	1	上游	27.30	-0.0485		0.024		126.8628	126.8784	-0.7	-0.8
		下游	27.30	-0.0479		0.024		124.4653	124.4883		
	2	上游	27.13	-0.048		0.024		126.871	126.8852	-0.7	
		下游	27.13	-0.0474		0.024		124.4735	124.4942		
	3	上游	27.00	-0.048		0.024		126.8755	126.8915	-0.8	
		下游	26.88	-0.0485		0.024		124.4777	124.5018		
	4	上游	27.64	-0.0489		0.024		126.848	126.8592	-1.0	
		下游	27.64	-0.0481		0.024		124.4508	124.4725		

续上表

跨名	测次	上下游	索股平均温度(℃)	偏位(m)		高程变化(m)		理论高程(m)	测点高程(m)	上下游相对高差误差(cm)	
				广州侧桥塔	东莞侧桥塔	广州侧桥塔	东莞侧桥塔			实测值	均值
中跨	1	上游	27.16	-0.0485	-0.0053	0.024	0.0233	98.2206	98.2332	-0.3	0.1
		下游	27.16	-0.0479	-0.0069	0.024	0.0233	98.1188	98.1343		
	2	上游	26.90	-0.048	-0.0046	0.024	0.0233	98.2318	98.2465	0.1	
		下游	26.90	-0.0474	-0.0056	0.024	0.0233	98.1312	98.1447		
	3	上游	26.77	-0.048	-0.0048	0.024	0.0233	98.2368	98.2525	0.1	
		下游	26.77	-0.0485	-0.0053	0.024	0.0233	98.1393	98.1543		
	4	上游	26.56	-0.0483	-0.0049	0.024	0.0233	98.2459	98.2595	0.4	
		下游	26.56	-0.0489	-0.0064	0.024	0.0233	98.1466	98.1558		
东莞侧边跨	1	上游	27.40		-0.0049		0.0233	137.7687	137.77	0.5	0.4
		下游	27.30		-0.0069		0.0233	137.8112	137.8075		
	2	上游	27.30		-0.0053		0.0233	137.7745	137.7762	0.8	
		下游	26.87		-0.0056		0.0233	137.8205	137.8139		
	3	上游	26.87		-0.0046		0.0233	137.7871	137.7818	0.1	
		下游	26.75		-0.0053		0.0233	137.8232	137.8169		
	4	上游	26.65		-0.0049		0.0233	137.796	137.7917	0.3	
		下游	26.65		-0.0064		0.0233	137.8321	137.8244		

6.3.3 一般索股架设精细控制

6.3.3.1 一般索股线形控制

基准索股:1 号索股。

参考索股:采用相对高差架设法架设时,为方便测量,相对高差的参照索股不一定是基准索股,可以选择已经架好的其他索股作为参照。

测试断面:一般索股相对高差的测试断面偏离理论跨中位置不能超过 0.5m,索股理论跨中位置的桩号坐标如下:

广州侧边跨:K7 +722.355;主跨:K8 +897.210;东莞侧边跨:K9 +998.908。

相对高差:一般索股相对于参考索股的高差控制公式如下:

$$\Delta H_{k,i} = \Delta H_k - \Delta H_i - K_T \Delta T_{k,i} - \Delta h_i \tag{6-1}$$

式中:k——被调索股所在的层号,从 1 开始;

i——参考索股所在的层号,从 0 开始;

$\Delta H_{k,i}$——k 层索股相对于 i 层索股的计算相对高差;

ΔH_k——k 层索股相对于基准索股的理论相对高差;

ΔH_i——i层索股相对于基准索股的理论相对高差；

K_T——温差修正系数；

$\Delta T_{k,i}$——被调索股与参照索股平均温度之差（$\Delta T_{k,i}=\overline{T}_k-\overline{T}_i$）；

Δh_i——参考索股的架设误差，计算公式如下：

$$\Delta h_i = \Delta S_{i,0} - \Delta H_i + K_T \Delta T_{i,0} \tag{6-2}$$

式中：$\Delta S_{i,0}$——实测参考索股与基准索股的高差；

ΔH_i——参考索股相对于基准索股的理论相对高差；

$\Delta T_{i,0}$——实测参考索股与基准索股的平均温度之差；

Δh_0——0。

如$\Delta S_{i,0}$无法实测，则Δh_i可取参考索股被调完成时的误差。

若参考索股为基准索股，则$i=0$，高差控制公式变为：

$$\Delta H_{k,0} = \Delta H_k - K_T \Delta T_{k,0} \tag{6-3}$$

若被调索股与参考索股同层，则$i=k$，高差控制公式如下：

$$\Delta H_{k,i} = -K_T \Delta T_{k,i} - \Delta h_i \tag{6-4}$$

建议边缘索股的参考索股选择基准索股，非边缘索股的参照索股选择边缘已架设的一般索股。

高差控制示例：

选取11号索股为参考索股，层号为4；架设22号索股，层号为6，中跨调整如下：

假设实测参考索股与基准索股的高差$\Delta S_{4,0}=126\text{mm}$，平均温度差$\Delta T_{4,0}=-0.2℃$；

理论参考索股与基准索股的高差$\Delta H_4=124\text{mm}$；

假设被调索股与参考索股的平均温差$\Delta T_{6,4}=-0.3℃$

参考索股架设误差$\Delta h_4=\Delta S_{4,0}-\Delta H_4+K_T\Delta T_{4,0}=126-124-0.2\times41.5=-6.3(\text{mm})$

即虽然实测高差大于理论高差，若不考虑温差影响，参考索股高了2mm，但由于参考索股温度低于基准索股，所以实际上参考索股偏低6.3mm。

$\Delta H_{6,4}=\Delta H_6-\Delta H_4-K_T\Delta T_{6,4}-\Delta h_4=186-124+41.5\times0.3+6.3=80.75(\text{mm})$

即被调索股与参考索股的理论高差为$186-124=62(\text{mm})$，但由于温差影响及参考索股的误差影响，实际高差增加了$80.75-62=18.75(\text{mm})$。

一般索股与基准索股及下层索的理论相对高差见表6-11。

一般索股与基准索股及下层索的理论相对高差 表6-11

层号 i	i层各索股	i层索股与基准索相对高差 $\Delta H_{i,0}$(mm)		
		广州侧边跨	中跨	东莞侧边跨
25	198、199、200、201、202、203、204、205、206、207	816.8	775.0	839.8
24	189、190、191、192、193、194、195、196、197	784.1	744.0	806.2
23	179、180、181、182、183、184、185、186、187、188	751.5	713.0	772.6
22	170、171、172、173、174、175、176、177、178	718.8	682.0	739.0
21	160、161、162、163、164、165、166、167、168、169	686.1	651.0	705.5
20	151、152、153、154、1555、156、157、158、159	653.4	620.0	671.9
19	141、142、143、144、145、146、147、148、149、150	620.8	589.0	638.3
18	132、133、134、135、136、137、138、139、140	588.1	558.0	604.7
17	122、123、124、125、126、127、128、129、130、131	555.4	527.0	571.1

续上表

层号 i	i 层各索股	i 层索股与基准索相对高差 $\Delta H_{i,0}$(mm)		
		广州侧边跨	中跨	东莞侧边跨
16	113、114、115、116、117、118、119、120、121	522.8	496.0	537.5
15	103、104、105、106、107、108、109、110、111、112	490.1	465.0	503.9
14	94、95、96、97、98、99、100、101、102	457.4	434.0	470.3
13	84、85、86、87、88、89、90、91、92、93	424.7	403.0	436.7
12	75、76、77、78、79、80、81、82、83	392.1	372.0	403.1
11	65、66、67、68、69、70、71、72、73、74	359.4	341.0	369.5
10	56、57、58、59、60、61、62、63、64	326.7	310.0	335.9
9	46、47、48、49、50、51、52、53、54、55	294.0	279.0	302.3
8	37、38、39、40、41、42、43、44、45	261.4	248.0	268.7
7	29、30、31、32、33、34、35、36	228.7	217.0	235.2
6	22、23、24、25、26、27、28	196.0	186.0	201.6
5	16、17、18、19、20、21	163.4	155.0	168.0
4	11、12、13、14、15	130.7	124.0	134.4
3	7、8、9、10	98.0	93.0	100.8
2	4、5、6	65.3	62.0	67.2
1	2、3	32.7	31.0	33.6
0	1	0.0	0.0	0.0
与下层索股相对高差(mm)		32.7	31.0	33.6
温差修正系数 K_T(mm/℃)		37.3	41.5	35.0

6.3.3.2 跨中高程变化与索长变化量的关系

经过计算,索股跨中高程变化与索长变化量的关系如下:

中跨:$\Delta s=\Delta h/2.00$;广州侧边跨:$\Delta s=\Delta h/5.00$;东莞侧边跨:$\Delta s=\Delta h/6.14$。

在高程偏离理论高程 ±20cm 的范围内,上述关系均具有较高的精度。因此,可用于索股高程的调整,应用如下:

从中跨调出索长 1.00cm,则中跨的控制点高程增加约 2.00cm,调入 1cm 索长到中跨,则中跨的控制点高程减少约 2.00cm;如果中跨实测高程与理论高程之差为 Δh = 实测高程 − 理论高程,则调索量为 $\Delta s=\Delta h/2.00$,Δh 为正时调入,Δh 为负时调出;

从广州侧边跨调出索长 1.00cm,则广州侧边跨的控制点高程增加约 5.00cm,调入 1cm 索长到广州侧边跨,则广州侧边跨的控制点高程减少约 5.00cm;如果广州侧边跨实测高程与理论高程之差为 Δh = 实测高程 − 理论高程,则调索量为 $\Delta s=\Delta h/5.00$,Δh 为正时调入,Δh 为负时调出;

从东莞侧边跨调出索长 1.00cm,则东莞侧边跨的控制点高程增加约 6.14cm,调入 1cm 索长到东莞侧边跨,则东莞侧边跨的控制点高程减少约 6.14cm;如果东莞侧边跨实测高程与理论高程之差为 Δh = 实测高程 − 理论高程,则调索量为 $\Delta s=\Delta h/6.14$,Δh 为正时调入,Δh 为负时调出。

6.3.3.3 一般索股架设线形测量与分析

2017 年 10 月 11 日—12 月 11 日施工单位进行了坭州水道桥一般索股架设工作,为了检查一般索股架设方法的正确性，也为了确保基准索股不被上层索股压住，检验其他索股入鞍时是否引起基准索滑移，保证基准索股线形基本不变。监控单位协同各相关单位于 2017 年 10 月 30 日—11 月 9 日天气条件稳定的夜晚对基准索股线形以及 28、29、46 号索股线形进行检测，发现了索股架设过程中的异常情况，分析原因后，通知建设单位及施工单位，及时采取措施减少误差积累。

在 55 号索股架设完成且 1 ~ 36 号索股锚跨张力调整完成之后，施工单位解除散索鞍临时约束前后，为了掌握主缆线形的变化及质量情况，监控单位协同各相关单位对 46 号索股边跨线形进行复测，同时对散索鞍解除约束前后的偏位情况进行检测。为了掌握主缆索股架设过程中线形的变化及质量情况，监控单位协同各相关单位于 11 月 20 日晚对 103 号索股线形进行检测；于 12 月 3 日晚对 160 号索股线形进行检测；于 12 月 11 日晚对 207 号索股线形进行检测，部分监测数据见表 6-12 ~ 表 6-14。

东边跨一般索股架设监测表　　表 6-12

调索日期	上下游	待调索股				参考索股				温度差 $\Delta T=T_k-T_i$ (℃)	参考索股误差 Δh_i	理论相对高差 $\Delta H_{k,i}$ (mm)	实测相对高差 S (mm)	参考索股直径 D (mm)	一般索股直径 d (mm)	实测相对高差误差 Δh (mm)
		编号	层号 i	相对高差 ΔH_k (mm)	温度 T_k (℃)	编号	层号 i	相对高差 ΔH_i (mm)	温度 T_i (℃)							
2017 年 10 月 9 日	上游东边跨	2	1	33.6	29.2	1	0	0.0	28.8	0.4	0.0	20.7	90.0	60.0	69.8	4.5
2017 年 10 月 9 日	上游东边跨	3	1	33.6	29.5	1	0	0.0	29.4	0.1	0.0	31.2	95.0	60.0	64.4	1.7
2017 年 10 月 10 日	上游东边跨	4	2	67.2	28.8	1	0	0.0	28.7	0.1	0.0	63.7	129.0	60.0	63.9	3.4
2017 年 10 月 10 日	上游东边跨	5	2	67.2	28.6	1	0	0.0	28.3	0.3	0.0	56.7	128.0	66.9	69.2	3.3
2017 年 10 月 11 日	上游东边跨	6	2	67.2	27.7	1	0	0.0	27.8	-0.1	0.0	70.7	138.0	66.9	69.2	-0.8
2017 年 10 月 12 日	上游东边跨	7	3	100.8	28.1	1	0	0.0	28.3	-0.1	0.0	106.1	169.0	66.9	67.0	-4.0
2017 年 10 月 11 日	上游东边跨	8	3	100.8	28.2	1	0	0.0	28.2	0.0	0.0	100.8	169.0	66.9	66.9	1.3
2017 年 10 月 23 日	上游东边跨	9	3	100.8	23.8	1	0	0.0	23.6	0.1	0.0	95.6	166.0	66.9	69.6	2.2
2017 年 10 月 16 日	上游东边跨	10	3	100.8	27.8	1	0	0.0	28.0	-0.3	0.0	109.6	179.0	66.9	63.3	4.3

中跨一般索股架设监测表　　表 6-13

调索日期	上下游	待调索股				参考索股				温度差 $\Delta T=T_k-T_i$ (℃)	参考索股误差 Δh_i	理论相对高差 $\Delta H_{k,i}$ (mm)	实测相对高差 S (mm)	参考索股直径 D (mm)	一般索股直径 d (mm)	实测相对高差误差 Δh (mm)
		编号	层号 i	相对高差 ΔH_k (mm)	温度 T_k (℃)	编号	层号 i	相对高差 ΔH_i (mm)	温度 T_i (℃)							
2017 年 10 月 9 日	上游中跨	2	1	31.0	27.2	1	0	0.0	27.4	-0.2	0.0	37.2	96.4	58.7	53.9	2.8
2017 年 10 月 9 日	上游中跨	3	1	31.0	29.1	1	0	0.0	29.3	-0.2	0.0	41.0	95.6	59.7	57.1	-3.8
2017 年 10 月 10 日	上游中跨	4	2	62.0	28.6	1	0	0.0	28.9	-0.3	0.0	72.8	133.0	65.0	58.3	-1.4
2017 年 10 月 11 日	上游中跨	5	2	62.0	28.5	1	0	0.0	28.6	-0.1	0.0	66.2	133.0	65.0	60.7	4.0
2017 年 10 月 11 日	上游中跨	6	2	62.0	28.0	1	0	0.0	28.0	0.0	0.0	62.0	126.0	65.0	55.1	4.0

续上表

调索日期	上下游	待调索股				参考索股				温度差 $\Delta T = T_k - T_i$ (℃)	参考索股误差 Δh_i	理论相对高差 $\Delta H_{k,i}$ (mm)	实测相对高差 S (mm)	参考索股直径 D (mm)	一般索股直径 d (mm)	实测相对高差误差 Δh (mm)
		编号	层号 i	相对高差 ΔH_k	温度 T_kK (℃)	编号	层号 i	相对高差 ΔH_i	温度 T_i (℃)							
2017年10月10日	上游中跨	7	3	93.0	28.3	1	0	0.0	28.5	-0.2	0.0	102.1	170.0	65.0	63.9	3.4
2017年10月12日	上游中跨	8	3	93.0	28.0	1	0	0.0	28.1	-0.1	0.0	97.6	164.0	65.0	59.2	4.3
2017年10月23日	上游中跨	9	3	93.0	22.9	1	0	0.0	22.8	0.0	0.0	91.8	158.0	65.0	65.3	1.1
2017年10月17日	上游中跨	10	3	93.0	28.3	1	0	0.0	28.5	-0.2	0.0	100.9	166.0	65.0	58.9	3.2

西边跨一般索股架设监测表 表6-14

调索日期	上下游	待调索股				参考索股				温度差 $\Delta T = T_k - T_i$ (℃)	参考索股误差 Δh_i	理论相对高差 $\Delta H_{k,i}$ (mm)	实测相对高差 S (mm)	参考索股直径 D (mm)	一般索股直径 d (mm)	实测相对高差误差 Δh (mm)
		编号	层号 i	相对高差 ΔH_k	温度 T_k (℃)	编号	层号 i	相对高差 ΔH_i	温度 T_i (℃)							
2017年10月9日	上游西边跨	2	1	32.7	29.9	1	0	0.0	29.8	0.0	0.0	31.6	96.0	64.0	58.0	3.4
2017年10月10日	上游西边跨	3	1	32.7	29.0	1	0	0.0	29.0	0.0	0.0	32.3	96.0	64.0	58.6	2.4
2017年10月10日	上游西边跨	4	2	65.3	28.7	1	0	0.0	28.6	0.1	0.0	62.3	123.0	64.0	64.8	-3.7
2017年10月11日	上游西边跨	5	2	65.3	27.7	1	0	0.0	27.8	-0.1	0.0	68.7	138.0	64.0	64.8	4.9
2017年10月11日	上游西边跨	6	2	65.3	27.7	1	0	0.0	27.7	-0.1	0.0	67.2	135.0	64.0	65.4	3.1
2017年10月11日	上游西边跨	7	3	98.0	27.6	1	0	0.0	27.6	0.0	0.0	97.6	162.0	64.0	64.9	-0.1
2017年10月12日	上游西边跨	8	3	98.0	27.8	1	0	0.0	27.8	0.1	0.0	95.4	158.0	64.0	66.0	-2.4
2017年10月24日	上游西边跨	9	3	98.0	22.4	1	0	0.0	22.5	0.0	0.0	99.5	162.0	64.8	65.0	-2.4
2017年10月12日	上游西边跨	10	3	98.0	28.2	1	0	0.0	28.0	0.2	0.0	91.3	159.0	64.0	63.3	4.1

6.3.4 锚跨索股张力精细控制

广州侧锚跨张力控制公式为：

$$F_T = 489.801 - 6.034 \times (t - 20) \tag{6-5}$$

东莞侧锚跨张力控制公式为：

$$F_T = 506.356 - 6.034 \times (t - 20) \tag{6-6}$$

式中：T——锚跨张力(kN)；

t——温度(℃)。锚跨张力控制误差应小于10kN。广州侧、东莞侧锚跨锚头位置调整近似公式为：$\Delta L = \Delta F_T / 18.0$，即实测张力比计算值小18.0kN时，应使锚头沿锚固拉杆向前锚面位置前进1mm。

坭州水道桥锚跨索股满足要求，精度较高。主缆架设完成的部分测试结果见表6-15和表6-16。

坭州水道桥主缆架设完成之后东锚锚跨张力测试结果　表6-15

<table>
<tr><th rowspan="4">索股序号</th><th colspan="8">广 州 侧</th></tr>
<tr><th colspan="4">上游</th><th colspan="4">下游</th></tr>
<tr><th rowspan="2">计算张力（kN）</th><th rowspan="2">实测张力（kN）</th><th colspan="2">误差</th><th rowspan="2">计算张力（kN）</th><th rowspan="2">实测张力（kN）</th><th colspan="2">误差</th></tr>
<tr><th>（kN）</th><th>—</th><th>（kN）</th><th>—</th></tr>
<tr><td>1</td><td>500.80</td><td>500.64</td><td>-0.16</td><td>-0.03%</td><td>503.44</td><td>503.08</td><td>-0.36</td><td>-0.07%</td></tr>
<tr><td>2</td><td>495.48</td><td>503.28</td><td>7.80</td><td>1.58%</td><td>498.12</td><td>513.57</td><td>15.46</td><td>3.10%</td></tr>
<tr><td>3</td><td>495.48</td><td>506.95</td><td>11.47</td><td>2.32%</td><td>498.12</td><td>513.16</td><td>15.04</td><td>3.02%</td></tr>
<tr><td>4</td><td>490.17</td><td>502.27</td><td>12.10</td><td>2.47%</td><td>492.81</td><td>504.71</td><td>11.90</td><td>2.41%</td></tr>
<tr><td>5</td><td>487.65</td><td>494.43</td><td>6.77</td><td>1.39%</td><td>490.30</td><td>493.23</td><td>2.94</td><td>0.60%</td></tr>
<tr><td>6</td><td>490.17</td><td>501.46</td><td>11.28</td><td>2.30%</td><td>492.81</td><td>475.68</td><td>-17.13</td><td>-3.48%</td></tr>
<tr><td>7</td><td>485.28</td><td>476.30</td><td>-8.98</td><td>-1.85%</td><td>487.92</td><td>488.63</td><td>0.71</td><td>0.15%</td></tr>
<tr><td>8</td><td>482.31</td><td>475.14</td><td>-7.17</td><td>-1.49%</td><td>484.95</td><td>477.09</td><td>-7.86</td><td>-1.62%</td></tr>
<tr><td>9</td><td>482.31</td><td>479.04</td><td>-3.27</td><td>-0.68%</td><td>484.95</td><td>478.26</td><td>-6.69</td><td>-1.38%</td></tr>
<tr><td>10</td><td>485.28</td><td>490.23</td><td>4.94</td><td>1.02%</td><td>487.92</td><td>497.45</td><td>9.52</td><td>1.95%</td></tr>
</table>

坭州水道桥主缆架设完成之后东锚锚跨张力测试结果　表6-16

<table>
<tr><th rowspan="4">索股序号</th><th colspan="8">东 莞 侧</th></tr>
<tr><th colspan="4">上游</th><th colspan="4">下游</th></tr>
<tr><th rowspan="2">计算张力（kN）</th><th rowspan="2">实测张力（kN）</th><th colspan="2">误差</th><th rowspan="2">计算张力（kN）</th><th rowspan="2">实测张力（kN）</th><th colspan="2">误差</th></tr>
<tr><th>（kN）</th><th>—</th><th>（kN）</th><th>—</th></tr>
<tr><td>1</td><td>515.97</td><td>513.61</td><td>-2.36</td><td>-0.46%</td><td>517.09</td><td>529.45</td><td>12.36</td><td>2.39%</td></tr>
<tr><td>2</td><td>510.18</td><td>522.19</td><td>12.02</td><td>2.36%</td><td>511.30</td><td>509.60</td><td>-1.70</td><td>-0.33%</td></tr>
<tr><td>3</td><td>510.18</td><td>501.35</td><td>-8.83</td><td>-1.73%</td><td>511.30</td><td>507.98</td><td>-3.32</td><td>-0.65%</td></tr>
<tr><td>4</td><td>504.41</td><td>512.30</td><td>7.89</td><td>1.56%</td><td>505.54</td><td>498.38</td><td>-7.16</td><td>-1.42%</td></tr>
<tr><td>5</td><td>502.12</td><td>490.73</td><td>-11.39</td><td>-2.27%</td><td>503.25</td><td>505.64</td><td>2.39</td><td>0.48%</td></tr>
<tr><td>6</td><td>504.41</td><td>504.13</td><td>-0.29</td><td>-0.06%</td><td>505.54</td><td>515.45</td><td>9.91</td><td>1.96%</td></tr>
<tr><td>7</td><td>499.63</td><td>506.29</td><td>6.66</td><td>1.33%</td><td>500.76</td><td>505.92</td><td>5.16</td><td>1.03%</td></tr>
<tr><td>8</td><td>496.31</td><td>505.15</td><td>8.84</td><td>1.78%</td><td>497.43</td><td>486.55</td><td>-10.88</td><td>-2.19%</td></tr>
<tr><td>9</td><td>496.31</td><td>496.57</td><td>0.26</td><td>0.05%</td><td>497.43</td><td>494.24</td><td>-3.19</td><td>-0.64%</td></tr>
<tr><td>10</td><td>499.63</td><td>496.78</td><td>-2.85</td><td>-0.57%</td><td>500.76</td><td>505.29</td><td>4.54</td><td>0.91%</td></tr>
</table>

6.3.5 索夹与吊索架设施工监控

6.3.5.1 索夹精准放样与空间定位控制

索夹安装位置的误差控制应按设计要求和《公路桥涵施工技术规范》(JTG/T F50—2011)执行。当采用相对纵向位置进行放样时,应注意测量仪器安放点与桥塔中心的相对关系,且应在适当的位置采用绝对坐标进行放样成果检验,以避免出现超限误差或错误。索夹安装标记点的精确测量工作应在23时—次日5时进行,且应注意温度的测量工作。图6-29为无吊索索夹安装位置示意,图6-30为有吊索索夹安装位置示意。

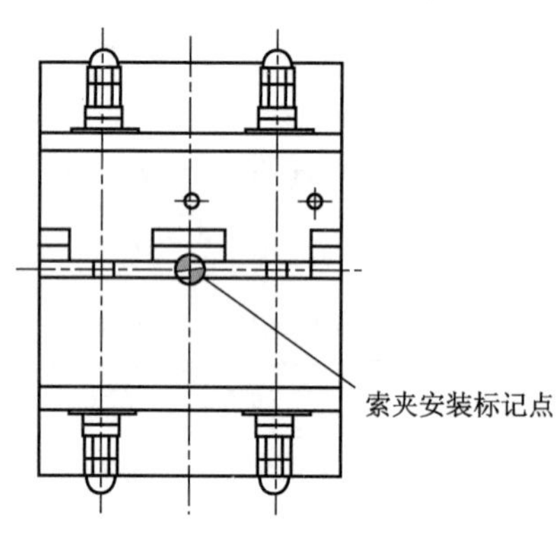

图6-29 无吊索索夹安装位置示意图

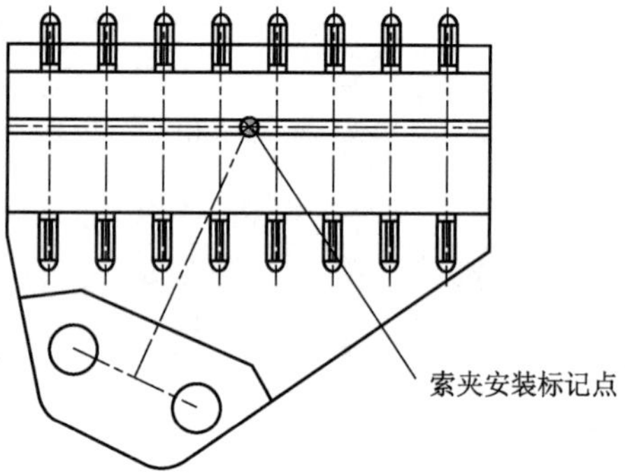

图6-30 有吊索索夹安装位置示意图

当采用相对位置放样时,施工单位可首先测量出桥塔偏位和温度,然后计算出跨径变化量、平均温度和参数 X、A,根据 X、A 和实测缆径便可以计算其他各放样点,从而进行放样;当采用绝对位置进行放样时,除了上述计算外,还应根据桥塔偏位计算出参考桥塔的格栅中心(预偏量设置的基点)的绝对坐标,然后根据 X 和切线角 A 可以计算出索夹安装标记点的绝对位置。索夹安装辅助参考点的位置可以根据本指令的空缆状态切线角 A 和索夹的设计长度 L、实测缆径等参数进行计算。

空缆状态下,索夹安装标记点位置到参考桥塔的格栅中心(预偏量设置的基点)的距离 X 和切线角 A 的计算公式如下:

$$X = X_0 + t \times K_{tX} + d \times K_{dX} \tag{6-7}$$

$$A = A_0 + t \times K_{tA} + d \times K_{dA} \tag{6-8}$$

式中:A——安装点切线角(°);

X——距广州侧索塔格栅中心的距离(m),对于索夹编号W48~W0;

t——跨内平均温度(℃);

d——跨径变化量(m),跨径增大为正,跨径减小为负;

K_{tX}——温度影响 X 的系数(m/℃);

K_{tA}——温度影响 A 的系数(°/℃);

K_{dX}——跨度变化影响 X 的系数(无量纲);

K_{dA}——跨度变化影响 A 的系数(°/m)。

6.3.5.2　吊索下料长度精准控制

根据设计图纸、吊索钢丝实测直径、弹性模量、索夹实称重量、加劲梁实称重量和主缆成缆线形观测结果，计算吊索的下料长度。根据空缆线形测量结果，由于上下游的实测空缆线形有所不同，因此上下游的吊索长度也有所不同，同吊点的吊索长度也稍有差异，加工单位应予注意。

本指令未考虑由于张拉方式（如索水平）导致的垂度效应，实际制作时应根据具体情况进行温度修正和垂度效应修正；吊索制作应根据设计说明和相关规范进行，长度的容许误差控制应满足设计要求，同吊点的两根吊索长度互差的误差应小于长度容许误差的0.5倍，同位置的上下游吊索长度互差的误差应小于长度容许误差的0.5倍。吊索制作的控制张拉力误差应小于5‰。kg（千克）与N（牛）之间的换算关系按重力加速度9.806m/s^2进行取值。每根吊索均应提供质保书，且应采用铭牌严格区分上下游，注明吊索的出厂参数，其中必须包括换算到设计温度和无垂度状态下的实测长度和设计长度。由于吊索长度制作精度极其重要，请驻厂监理严格检查修正情况、测力传感器精度及标定情况。

6.3.5.3　索夹螺杆张拉控制

在梁段吊装过程中，主缆线形变化较大，为了较好的释放主缆索股弯曲次应力，在初装索夹时，部分索夹只需以一个较小的螺杆张拉力固定。

索夹螺杆的张拉顺序如图6-31所示，为SJ2W类索夹的螺杆张拉顺序示意，其他索夹类似，如果有多个千斤顶，则顺序相邻的螺杆合并为同时张拉。

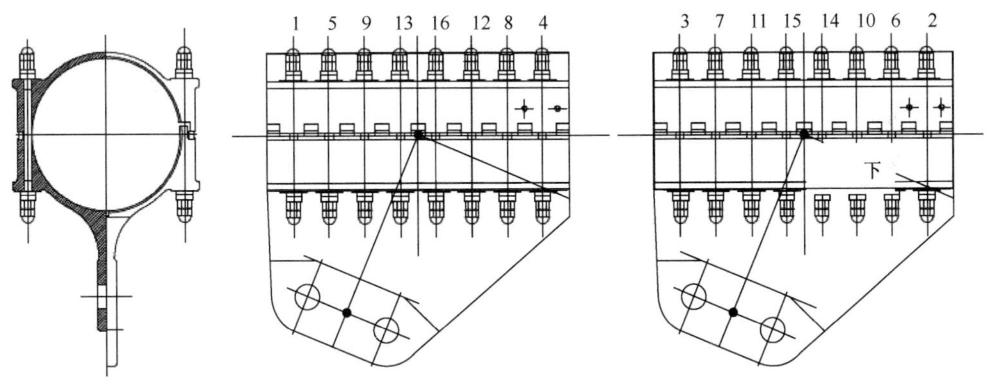

图6-31　SJ2W索夹螺杆的张拉顺序示意图

6.4　大节段钢箱梁吊装过程监控

6.4.1　大节段钢箱梁架设精细控制与参数修正

6.4.1.1　无索区梁段安装线形控制

无索区梁段共3块，分别为广州侧桥塔处梁段B43（D型梁段）、T1（E型梁段）、Z1（D′型梁段）。为保证梁段后续吊装顺利，西塔无索区梁段的初始安装高程示意如图6-32所示。图中高程为测点处桥面高程。无索区梁段的控制点及检测点高程见表6-17。

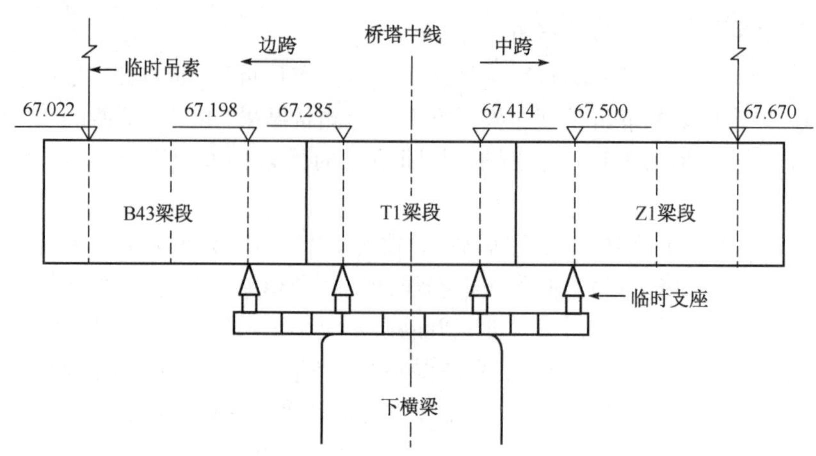

图6-32 无索区梁段安装高程示意图(高程单位:m)

无索区梁段的控制点及检测点高程 表6-17

<table>
<tr><td rowspan="3">梁段编号</td><td colspan="3" rowspan="2">控制点 O 或者 O′</td><td colspan="5">定 向 参 数</td><td>近广州侧</td><td>近东莞侧</td></tr>
<tr><td>纵坡</td><td colspan="2">检测点 B/B′</td><td colspan="2">检测点 A/A′</td><td>测点 B/B′</td><td>测点 A/A′</td></tr>
<tr><td>位置</td><td>X (m)</td><td>Y (m)</td><td>i</td><td>X (m)</td><td>Y (m)</td><td>X (m)</td><td>Y (m)</td><td>OB/O′B′ 长度 (m)</td><td>OA/O′A′ 长度 (m)</td></tr>
<tr><td>B43 (D梁段)</td><td>隔板 HG15′</td><td>1043.435</td><td>67.110</td><td>2.738%</td><td>1040.236</td><td>67.022</td><td>1046.634</td><td>67.198</td><td>3.2</td><td>3.2</td></tr>
<tr><td>T1 (E梁段)</td><td>支座隔板</td><td>1052.235</td><td>67.349</td><td>2.697%</td><td>1049.836</td><td>67.285</td><td>1054.634</td><td>67.414</td><td>2.4</td><td>2.4</td></tr>
<tr><td>Z1 (D′梁段)</td><td>隔板 HG15′</td><td>1061.034</td><td>67.585</td><td>2.656%</td><td>1064.233</td><td>67.670</td><td>1057.836</td><td>67.500</td><td>3.2</td><td>3.2</td></tr>
</table>

6.4.1.2 钢箱梁焊接线形控制

给出各梁段吊点处的理论桩号、各梁段间的纵坡差以及降温10℃的桩号变化量(温度影响可据此内插或者外推),这些数据可供钢箱梁环缝焊接单位参考,以控制钢箱梁的焊接线形,确保钢箱梁线形平顺。此外,钢梁梁长应控制在±5cm之内。钢箱梁焊接线形部分控制数据见表6-18。

钢箱梁焊接线形控制参考表 表6-18

<table>
<tr><td rowspan="3">编 号</td><td rowspan="3">控制侧点在梁上位置</td><td colspan="4">标准温度下线形</td><td>温度降低10℃</td></tr>
<tr><td rowspan="2">控制测点桩号 (m)</td><td colspan="2">参考纵坡差=西侧梁段纵坡-东侧梁段纵坡</td><td rowspan="2">允许纵坡差误差</td><td rowspan="2">控制测点桩号变化量 (m)</td></tr>
<tr><td>与西侧梁段</td><td>与东侧梁段</td></tr>
<tr><td>B1</td><td>支座隔板</td><td>K7+508.3325</td><td></td><td>0.0255‰</td><td>±0.7‰</td><td>0.1503</td></tr>
<tr><td>B2</td><td>吊点隔板</td><td>K7+522.2411</td><td>0.0255‰</td><td>0.0029‰</td><td>±0.7‰</td><td>0.1485</td></tr>
<tr><td>B3</td><td>吊点隔板</td><td>K7+535.0381</td><td>0.0029‰</td><td>0.1772‰</td><td>±0.7‰</td><td>0.1468</td></tr>
</table>

续上表

编　　号	控制侧点在梁上位置	标准温度下线形				温度降低10℃
		控制测点桩号(m)	参考纵坡差 = 西侧梁段纵坡 − 东侧梁段纵坡		允许纵坡差误差	控制测点桩号变化量(m)
			与西侧梁段	与东侧梁段		
B4	吊点隔板	K7 +547.8374	0.1772‰	0.1364‰	±0.7‰	0.1452
B5	吊点隔板	K7 +560.6367	0.1364‰	0.1288‰	±0.7‰	0.1435
B6	吊点隔板	K7 +573.4362	0.1288‰	0.1275‰	±0.7‰	0.1418
B7	吊点隔板	K7 +586.2356	0.1275‰	0.1273‰	±0.7‰	0.1402
B8	吊点隔板	K7 +599.0351	0.1273‰	0.1266‰	±0.7‰	0.1385
B9	吊点隔板	K7 +611.8347	0.1266‰	0.1258‰	±0.7‰	0.1369
B10	吊点隔板	K7 +624.6342	0.1258‰	0.1246‰	±0.7‰	0.1353
B11	吊点隔板	K7 +637.4339	0.1246‰	0.1231‰	±0.7‰	0.1337
B12	吊点隔板	K7 +650.2335	0.1231‰	0.1213‰	±0.7‰	0.1321
B13	吊点隔板	K7 +663.0333	0.1213‰	0.1197‰	±0.7‰	0.1305
B14	吊点隔板	K7 +675.8330	0.1197‰	0.1179‰	±0.7‰	0.1289
B15	吊点隔板	K7 +688.6328	0.1179‰	0.1160‰	±0.7‰	0.1273

6.4.1.3 无索区梁段线形及体系转换控制

桥塔处无索区梁段B43、T1、Z1调整到监控线形焊接后，需进行体系转换。要求体系转换的时机和条件为：所有的梁段吊装完成、限位吊索张拉完成、端部梁段体系转换完成、结构不能有大的荷载变化、无索区已焊接。在体系转换前定位无索区两侧的B42和Z2梁段，其线形见表6-19。高程容许最大误差为±3mm。

桥塔处B42和Z2梁段体系转换前的纵坡　　表6-19

梁段	控制点 O 或者 O'			定向参数					近广州侧测点 B/B'	近东莞侧测点 A/A'
				纵坡	检测点 B/B'		检测点 A/A'			
	位置	X(m)	Y(m)	i	X(m)	Y(m)	X(m)	Y(m)	$OB/O'B'$ 长度(m)	$OA/O'A'$ 长度(m)
B42	吊点隔板	1034.238	66.908	2.735%	1027.841	66.732	1037.437	66.995	6.4	3.2
Z2	吊点隔板	1071.037	67.928	2.831%	1077.434	68.110	1067.838	67.838	6.4	3.2

具体调整步骤如下：

(1)放松或者解除B41和B42以及Z2和Z3之间环缝的上下缘临时拉杆和所有的匹配销钉，可在销钉处穿上螺栓，使该处环缝能自由调节宽度。

(2)安装主塔无索区梁段与B42、Z2梁段间的临时连接件，此时钢箱梁顶板临时连接件不紧固，预留一定的顶口张开空间。

(3)调整B42、Z2梁段姿态，使B42和Z2梁段的控制测点高程满足要求。

(4)微调主塔无索区梁段，使其与B42和Z2梁段平顺连接。

(5)打入匹配销钉,拉紧临时拉杆,连接匹配螺栓焊接主塔无索区段与 B42、Z2 梁段的连接。

(6)检测控制点高程是否满足要求;上述步骤的测量、调整必须同时进行。

(7)至此,线形调整完毕,迅速焊接。

(8)拆除临时吊索,千斤顶同步卸载,使主塔无索区梁段下降脱离千斤顶支撑,连接或者张紧 B41 和 B42 以及 Z2 和 Z3 之间环缝的上下缘临时拉杆和所有的匹配销钉,完成主塔无索区梁段的体系转换施工。

6.4.2 吊梁过程桥塔偏位的精细控制

在钢箱梁吊装过程中的桥塔偏位进行持续的监测,监控单位根据实测数据用于验证监控计算,根据收集的偏位数据变化量和监控理论计算基本吻合,监控单位据此适时下发索鞍顶推的指令。坭洲水道桥钢箱梁吊装期间塔偏对比如图 6-33 和图 6-34 所示。

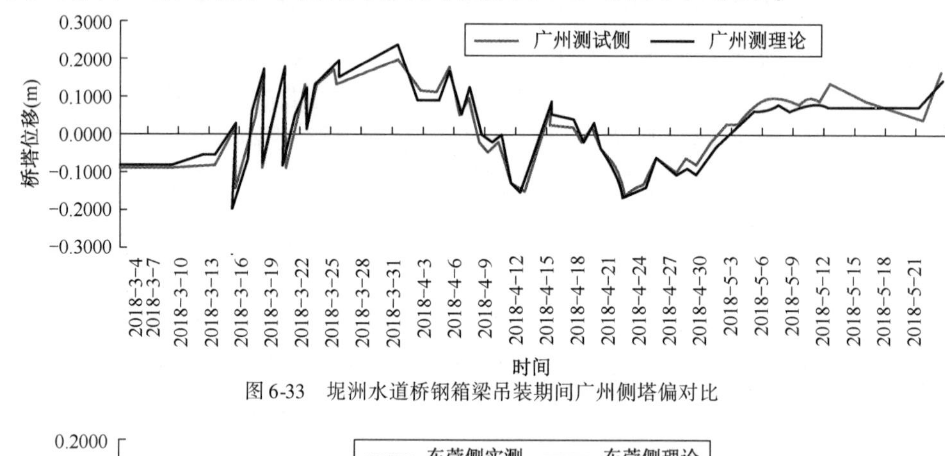

图 6-33 坭洲水道桥钢箱梁吊装期间广州侧塔偏对比

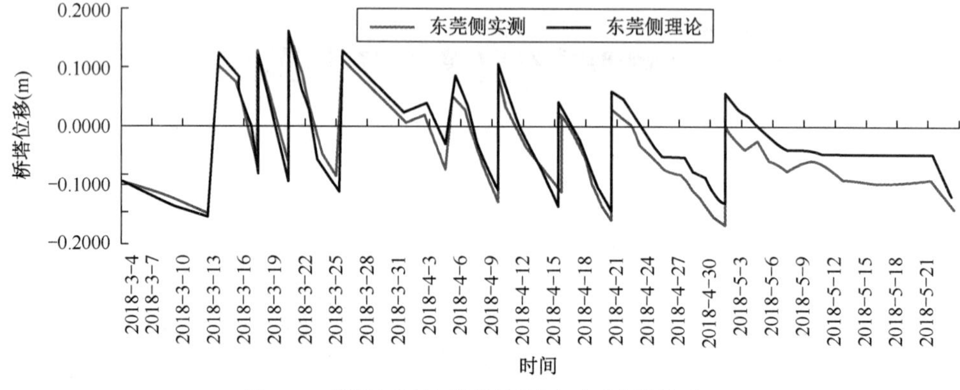

图 6-34 坭洲水道桥钢箱梁吊装期间东莞侧塔偏对比

6.4.3 吊梁过程索鞍偏位的精细控制

对于混凝土桥塔,主鞍座的顶推是一项重要内容,鞍座的顶推量和顶推时间是关系桥塔安危的重要因素。根据设计资料,以桥塔塔顶偏位和应力水平为控制标准,确定的鞍座顶推方案见表 6-20。其中,广东侧桥塔主索鞍预偏量较小,共安排 4 次顶推;东莞侧桥塔主索鞍预偏量大，共安排9次顶推。索夹安装完成后广东侧往边跨偏11.76cm，东莞侧桥塔往跨中偏10.59cm，此时桥塔压应力较小，东莞侧索鞍进行首次顶推。随着后续吊装的进行，为了保证桥塔的安全，桥塔偏位始终小于20cm（底层铺装完成后），桥塔塔底应力随着吊装的进行不断增大，但两侧桥塔均处于受压状态，未出现拉应力。在梁段Z73吊装完成后，广东侧桥塔完成复位前的最后一次顶推工作；吊装梁段Z117后完成东莞侧主鞍座复位前的最后一次顶推。两侧桥塔鞍座复位安排在底层铺装完成后进行。

主索鞍顶推方案　　表6-20

编　　号	计算工况	顶推量（cm）	
		广东侧	东莞侧
1	第一片钢箱梁吊装前	—	34
2	吊装第一片钢箱梁后（Z67）	32	—
3	吊装完钢箱梁Z68之后	—	24
4	吊装完钢箱梁Z69之后	34	—
5	吊装完钢箱梁Z62之后	30	—
6	吊装完钢箱梁Z62之后	—	26
7	吊装完钢箱梁Z73之后	17	—
8	吊装完钢箱梁Z58之后	—	25
9	吊装完钢箱梁Z53和Z81之后	—	23
10	吊装完钢箱梁Z47之后	—	23
11	吊装完钢箱梁Z40之后	—	22
12	吊装完钢箱梁Z30之后	—	22
13	吊装完钢箱梁Z14、Z112之后	—	21
14	桥面铺装底层浇筑	顶推复位	顶推复位

6.5　小　　结

悬索桥结构是由主缆、吊索、桥塔、锚碇及加劲梁等几部分组成，结构的线形与主缆弹性模量、主缆内应力分布均匀程度、结构的各部分重量、测量的准确温度以及桥塔结构的沉降、锚碇沉降与位移等多种因素有关，同时由于悬索桥结构的线形监控不能采用一般混凝土桥或斜拉桥的跟踪调整的方法，因此要达到施工线形与设计完全一致是不可能的。通过实测结果与计算结果的比较表明，本桥各项指标均控制较好，部分指标达到了很高的精度。表明监控过程中对结构参数的选取把握很准，计算模型与实际非常一致，对特殊位置的高程控制准确，完成结果达到了较高水平。主要的成果如下：

（1）钢箱梁的总长误差（18.4mm）小于20mm，满足要求，钢箱梁总长偏长，误差较小，表明钢箱梁的厂内拼装控制达到了较高水平。

（2）广州侧端梁段轴线偏位为3mm，东莞侧端梁段轴线偏位3mm，无索区梁段轴线偏位为3mm，轴线偏位均小于1cm，满足要求。

(3)桥面线形实测高程与计算结果绝对差值主要分布在 -150 ~ 150mm 之间,桥面高程误差均小于主跨跨径的万分之一,即 1688m/10000 = 17cm,满足要求。

(4)同一梁段上下游吊点处的桥面高程差值最大值为 20mm,其他部位的高差主要分布在 -15 ~ 15mm 之间,上下游整体高差均小于 2cm,满足要求,说明吊点高差精度较高。

(5)成桥实测桥塔最大偏位误差不到 2cm,小于 3cm,满足规范要求。

(6)对成桥后的锚跨张力进行测量分析,分析结果表明坭州水道桥 95% 以上锚跨索股实测张力相对于理论值误差在 5% 以内,所有锚跨索股实测张力误差均在 10% 之内,南沙大桥坭洲水道桥锚跨张力分布均匀,整体误差较小。

(7)对成桥后的吊索力进行测量分析,分析结果表明南沙大桥吊索力误差整体比较小,误差均控制在 10% 以内。

第7章　大跨径悬索桥上部结构施工管控

南沙大桥两座超千米级悬索桥上部结构，需要成套的、可操作的管控经验。然而，由于作业条件多变、设备专业性强、施工组织复杂，迄今还没有一套适用于所有悬索桥上部结构建造的规范化施工组织、程序化管控、标准化作业经验。南沙大桥力求通过总结归纳，以精细化的现代工程管理，追求上部结构施工组织有序、程序规范、作业标准，做到"三零一美"，即"安全零事故，质量零事故，转换零时差，现场美观整洁"。

7.1　悬索桥上部结构施工主动管控办法

南沙大桥项目包含两座超千米级大跨径悬索桥，由于上部结构施工历时长、工序转换周期短、参与单位多、架设精度高、影响因素多，要安全、优质、高效地完成主桥上部结构施工任务，需进一步厘清思路和流程，统一认识，形成合力。上部结构施工由建设单位牵头、监控及测控导向、监理组织、施工单位实施、相关单位配合，一桥各方协同工作，按程序组织、按方案实施。为实现方案、材料设备等的超前主动管控，工序作业的程序化、清单化、表格化管理，需专门制定悬索桥上部结构施工主动管控办法。

工作目标：安全零事故，质量零事故，转换零时差，现场美观整洁。

管理模式：构建以建设单位为核心的、一桥各方协同的高效管理模式。

组织架构：由建设单位牵头、监控及测控导向、监理组织、施工单位实施、相关单位配合，按程序组织、按方案实施。

工作方式：为实现方案、材料设备等的超前主动管控，工序作业的程序化、清单化、表格化管理，现提出悬索桥上部结构施工主动管控办法。

工作原则：讲程序守原则基础上，一切为工程服务，以现场实际为准。

管控要点：为实现目标南沙大桥超前部署，总结归纳了一套上部结构主动管控办法，收集、整理、分析同类桥梁在管理、设备、作业、交叉上的经验，形成了"一程序、二首件、三协同、四纳入、五个要、十不准(N不准)"。

7.1.1　管控要点

1)一程序

落实"方案编制、首件验收、过程检查、技术总结"的"四步法"工作程序。

管控小结：在猫道架设及拆除、索股架设、紧缆、钢箱梁吊装及焊接、主缆缠丝涂装及除湿、钢桥面铺装等重大工序上都做到"四步法"管理，通过程序化的工程管理，保证各个环节受控，与质量管理 PDCA① 循环同理。

2)二首件

在索股架设、钢箱梁吊装中实施首件制。

管控小结:首件制不只是范本,需要全程覆盖、不断细化。

在索股架设中,首件制不断总结、完善。大沙水道桥首根索股架设后,迅速总结经验,为后继作业奠定基础;在之后的索股架设历程中,多次针对现场特定问题,再次补充专项总结,作为首件制的补充。坭洲水道桥主缆索股更长、更重,特别对于刚度更大的1960MPa 主缆索股,在吸纳大沙水道桥经验基础上,采用了双索盘放索系统、更大半径过塔转向,保证质量下提高了工效,达6 根/d。

在钢箱梁吊装中,首件制细化到各个环节。大沙水道桥在缆载吊机组拼及试验、首片钢箱梁吊装中均采用了首件制,在吊装过程中多次组织专项研讨,对首件总结内容做优化补充,逐步从最初1 片/d 提高到4 片/d。坭洲水道桥在大沙水道桥基础上,进一步总结、优化,最高一天架设6 片钢箱梁,创造了新的纪录。

3)三协同

一是方案编制、交底协同。方案编制力求切合实际作业条件、可安全高效节约地实施。方案编制做到真协同,各方先自行思考工序作业要点,再共同研讨易实施的优化方案。技术交底中,侧重于疑难问题探讨。

二是施工监控、测量协同。上部结构工序均为一次性作业,监控、测量成为控制精度及架设质量的关键。在每个阶段性状态测控之前,组织主桥监测各方人员开展专项技术交流,厘清关键环节、取得统一认识,形成高效协同。

三是联合检查、验收协同。在建设单位主导下,下道工序前通过转序联检验收,阶段性处治上道工序的问题、误差,不断修正、控制误差传导。

4)四纳入

在四步法基础上,通过补充工作程序,追求精准管理。

一是作业指导交底纳入"分项开工条件"。作业指导书制度将作为将专项方案落地的过渡环节,要求一桥各方共同研讨深化认知、取得共识,进一步细化工艺、方案落地。

二是机材清单检验纳入"分项开工条件"。上部结构工序多、转换快,导致设备多、材料多、进退场快,通过清单化、专业化的机材专项管控,密切跟踪现场动态,保供给、提工效、省投入。

三是转序联检验收纳入"分项开工条件"。通过制度设计,有效消除误差,避免累计放大。

四是分项控制工况纳入"安全专控工序"。上部结构全程高空作业,均为危大作业。通过更加精细化的工序级、步骤级管控,分解高危工序中的主要控制工况,例如索鞍吊装中,分析到控制工况是主索鞍纵移 + 横风作用控制,因此,在门架设计、起重系统、试验检测、操作规程、现场控制上都做了周密布置,确保安全高效。

5)五个要

具体要求见表7-1。

---

① "PDCA"即 Plan(计划)、Do(执行)、Check(检查)、Act(处理)。

“五个要”具体要求 表7-1

“五个要”	具体要求
一要方案提前	(1)方案编制提前、全员参与; (2)方案转化指南、规范作业; (3)全员参与交底、人人有数
二要机材超前	(1)机材超前准备、过程管控; (2)机材进场验收、超前开展; (3)机材定期维护、节点检查
三要程序完善	(1)开工验收清单化; (2)过程检查表格化; (3)“四步法”关口前移
四要专业高效	(1)队伍专业、人员高效; (2)设备专业、运转高效; (3)组织专业、协调高效
五要协同合力	(1)监控测量协同; (2)工序联检协同; (3)安全联检协同

方案做到超前编制、提前审查。保证程序规范的同时,通过长周期的反复研讨,淬炼出更优化的好方案。例如坭洲水道桥钢箱梁吊装方案,提前半年开始从钢箱梁制造运输、缆载吊机设计制造、航道封航论证、河床水文研究、台风天气预测、专项抗风措施、吊装顺序分析、墩顶段吊装工艺、无索区专项工艺、吊索及销轴匹配、前后施工组织节点等系列分析,最终得以在吊梁期间避开台风。

专业设备、人才做到超前规划。紧缆机、缆载吊机、缠丝机都按照单个项目模式管控,通过信息化、可视化的无线可编程逻辑控制器(PLC)控制系统,为既往的紧缆机、缆载吊机、缠丝机装上了智能芯,追求技术先进、运转稳定、安全高效。通过培训专业人才,聘请行业专家,全程管控专业设备。大沙水道桥缆载吊机设计验收时,聘请了18位专家联合指导;坭洲水道桥缆载吊机聘请了国外专业结构设计制造厂家,均取得预期成效。

上部结构多工序、多专业,有串联交验,有立体交叉,在程序管理上做到规范有序。通过程序化、清单化、表格化的工作方法,提升一桥各方对工程的认知,提高参建人员的素养,让工作程序变成职业操守。

6)N不准

系统归纳了130多个不准,并对照主要工序列出了相应的“十不准”,作为过程管控要点,见表7-2。在实施过程中,进一步实施分级分类管控,厘清负责单位及牵头人、参与单位及责任人,让N不准落地。

十 不 准

表 7-2

序号	工序转换十不准	上构准备及索鞍吊装十不准	牵引系统及猫道架设十不准	缆索系统架设十不准	钢箱梁吊装十不准	附件安装及大临拆除十不准
1	转序联检确认程序没有完成不准施工	上构预留预埋未经检查确认不准安装大临	猫道没有风洞试验、设计复核报告不准施工	基准索股未调节到位不准施工	吊机没有抗滑措施、未固定好不准施工	缆套、检修道作业没有安全防护不准施工
2	方案没有审查、作业指导书没有提交不准施工	卷扬机、起重索未经检验合格不准进场	钢丝绳及锚头、大小拉杆没有检测不能投入使用	锚跨张力未调整到位不准施工	吊机制动设备未经检测不准施工	鞍室作业没有安全防护不准施工
3	安全质量、技术工艺交底未到工班不准施工	门架及提升系统安装未经验收不准吊装	钢丝绳索未预张拉不能投入使用	散丝、鼓丝未调整到位不准继续施工	吊机没有进行荷载试验不准施工	缠丝机没有试验、张力不满足要求不准施工
4	监理（测量、监控）管控程序不清楚不准施工	门架及提升系统未经荷载试验不准吊装	锚固系统的预埋件焊缝没有通过检测不能投入使用	断丝未处理不准施工	钢箱梁装船前没经过配件确认不出厂	除湿系统专项方案没经审查不准施工
5	质量检查试验内容和表格未制定不准施工	没有索塔偏位、高程等测量不准施工	导向轮基础未检验不准投入使用	猫道超载不准施工	运梁驳船未定位好、不稳定不吊装	主缆防护材料、层厚不满足要求不准施工
6	主要原材料和构件未经检查验收合格不准施工	没有防打绞措施不准吊装	卷扬机制动系统未经过检验不能投入使用	牵引系统牵引力不足不准施工	钢箱梁吊装就位没联检验收不继续吊装	猫道拆除没有专项方案不准施工
7	设施设备未经试验或标定合格不准施工	格栅、承板、索鞍未经除锈防腐处理不准吊装	牵引系统未试运行不准投入使用	索塔偏位、扭转超过监控指令后未调整到位不准施工	索夹螺栓紧固力未检测不准施工	拆除设备制动系统未经检测不准施工
8	未完成交叉施工、相关单位界面协调不准施工	格栅吊装到位后未验收不准浇筑混凝土	承重索没有监控不准施工	索夹螺栓紧固力不够不准施工	索鞍未按指令顶推不准施工	拆除没有专人指挥不准施工
9	天气条件不允许不准施工	格栅混凝土浇筑后强度不够不准吊承板、索鞍	没有完成塔锚联测不准施工	主缆直径、空隙率不满足要求不准施工	航标维护未完成不吊装	拆除没有警戒区域不准施工
10	施工场地、时间等未经海事河道或其他政府部门许可不准施工	索鞍吊装控制工况没有钢结构厂家现场协助不准施工	上下交叉范围内猫道面网未加密不准施工	上下游主缆高差不满足要求不准继续施工	台风期应急物资不到场、未演练不准施工	拆除没有防护措施不准施工

7.1.2　具体要求

1)方案编制超前管控

承包人提前提交专项方案初稿,提前组织会议审查,作业前提前完成最终版方案上报流程。承包人将总体、专项方案初稿、送审、终稿提交时间节点形成表格,报监理审批并结合工程实际进度监督执行,列入分项开工条件之一。

2)专项方案指南化

专项方案编制初期,承包人须组织参建各方相关人员(建设、设计、监理、监控、测控等,特别是专业队带班)到现场,对每道作业动作进行推演,在过程中解决各方分歧后形成并提交初稿。方案通过专项审查后,进一步细化每道工序作业要点,形成作业指导书(工序卡),落实到工班交底,列入分项开工条件之一。监理监督执行,并协同监控单位参与工班交底。

3)机材进场超前管控

专项方案初稿初步稳定后,承包人须协同各方超前开展材料设备进场前准备工作。例如主要设备(三大机和卷扬机)要提前采购或修整,确定供货和现场交验时间,明确应该出具的试验检测报告、现场检查项目,形成材料设备准备情况一览表,列入分项开工条件之一。详见表7-4。

4)工序作业联检验收

根据悬索桥上部结构主要分项工程划分,一是实行分项转序联检验收制度。由监理组织相关单位,以现场检查、会议讨论等多种形式,联合确认上一道工序完成情况、下一道工序作业准备情况。二是实行分项内工序验收制度,划分出主要工序,形成停止点,通过相关检查后方可进入下一工序,作为工序开工条件之一。

5)索股架设、钢箱梁吊装实施首件制

(1)索股架设首件制。主缆架设是悬索桥上部结构的决定性工序,第一条索股统一为工地放索试验或放索首件。第一索要求制索单位参加,监理组织各方确认放索控制原则;基准索架设作为架索调整首件,认可后作为调索控制标准。索股标记和线形测量控制结合,统一以一塔主索鞍IP点和对应索股标记作为调索起点。

注意:本项目锚跨索股长度较小,消化鼓丝散丝能力较小,放索后需要事先调整锚跨索股形状(特别是放索端),将鼓丝赶到边跨;本项目有索鞍区预制方形要求,放索后架设需要调整恢复索股正常形状,制索单位参加现场服务并解决制索造成的问题,其他以架设单位为主;项目要求承包人要事先准备鱼雷夹和其他专用定型器等,及时消除放索问题,架设时严格实施"提索、移位、整形、入鞍",整形是指全索形状;线形调整和缆索直径测量需要使用专用卡尺工具验收,主缆索股线形测量要设置规范测量反光镜专用夹具;锚跨张拉设备和仪表要检查标定,锚跨散索鞍要有索股防滑定位措施;索夹安装设备和测量工具要检查验收合格,索夹安装要严格执行工艺,索夹分次张紧执行监控指令。引入索夹螺栓轴力测量仪器检查,若检查合格率低于80%,则需要返工并承担仪器检查费用。

(2)钢箱梁吊装首件制。程序与主缆索股架设雷同,不再重复。

主桥上部结构施工方案提交一览表

表 7-3

上构方案	总体方案	上构测量	索鞍吊装	牵引系统及猫道架设	缆索架设（含紧缆）	索夹吊索安装	钢箱梁运输和吊装	钢箱梁工地焊接及涂装	主缆缠丝、缆套、检修道、塔顶结构施工	大临结构拆除	除湿系统安装
初稿	90d	60d	28d	28d	28d	28d	60d	60d	28d	28d	60d
送审稿	60d	30d	21d	21d	21d	21d	30d	30d	21d	21d	30d
终稿	30d	—	14d	14d	—	—	14d	14d	—	14d	14d
指导书	—	7d	7d	7d	7d	7d	7d	7d	7d	7d	7d
负责人	承包人评审	承包人评审	承包人评审	承包人评审	承包人评审	承包人评审	承包人评审	承包人评审	承包人评审	承包人评审	承包人评审
参与人	施工各方	施工各方	施工各方	施工各方	施工各方	施工各方	施工各方	施工各方	施工各方	施工各方	施工各方
协同交底	经专家评审后终稿	与前面同期同时进行	施工、监理、监控、测控	施工、监理、监控、测控	施工、监理、监控、测控	施工、监理、监控、测控	施工、监理、监控、测控 运输和吊装方案评审再提前 90d 专家评审	施工、监理、监控、测控	施工、监理	施工、监理	施工、监理 除湿设计方案再提前 180d 专家评审、设计认可

注：工作划分和程序管理：①施工方案、安全措施（会议评审，监理、建设单位认可）；②监控、监理、测量、三检实施程序（建设单位认可）；③施工测量分项作业指导书（监理和对应单位认可）；④监理、监控、测量、三检（最迟在首件完成后）都要对承包人进行检查验收程序交底，涉及 2 家以上参与检查验收的以监理意见为准，设计、监控有权提出否决意见，但需要在 24h 内形成书面文件。

上构分项主要工序划分一览表

表 7-4

检查验收	索鞍吊装	牵引系统及猫道架设	缆索架设（含紧缆）	索夹吊索安装	钢箱梁吊装	钢箱梁工地焊接及涂装	主缆缠丝	大临结构拆除与特殊构件安装	除湿系统安装
1	门架安装	牵引系统	基准索架设	索夹放样、安装	缆载吊机试运行	线形调整、首节段梁环焊连接	主缆表面清洁	猫道拆除	系统方案工地设计，专家审查、设计认可
2	格栅、底板底座安装	猫道架设	一般索股垂度调整	索夹螺栓紧固分级张拉	首片梁吊装	一般节段梁焊接	主缆缠丝、点固	塔顶临设	防护涂装、索夹密封
3	索鞍安装	猫道承重索架设线形	预紧缆、正式紧缆	吊索安装	一般节段吊装、合龙段吊装	工地涂装		塔内电梯	除湿设备等检查验收
4			猫道改吊		边跨箱梁吊装			缆套、主缆检修道	除湿系统试车、调试、验收
5								支座、阻尼器、伸缩缝	
6								其他机电相关	

表 7-5

主桥上部结构各分项工序检查验收一览表

检查验收	索鞍吊装	牵引系统及猫道架设	缆索架设	紧缆	索夹吊索安装	钢箱梁吊装	钢箱梁工地焊接及涂装	主缆缠丝与防腐涂装	除湿系统安装	桥面系及附属工程安装	大临结构拆除
1	材料设备进场检查验收	先导索、猫道索、锚固系统、牵引设备等主要架设材料、设备进场验收	主缆索股存放场地验收	紧缆机进场验收	索夹、吊索及配件等进场检查验收	钢箱梁进场检查验收（梁段出厂称重数据确认）	螺栓检查验收、螺栓现场试验、焊接材料和涂装材料检查验收	S 形钢丝、缠丝机、涂装材料等进场检查验收	除湿系统设备进场检查验收	防撞护栏的安装	猫道拆除检查
2	工地拼装检查、试吊验收	先导索过江准备及验收	起重设备、放索系统和调索工装进场检查验收	紧缆前准备工作（包括缠包带拆除、猫道改造与线性调整等）	索夹螺栓紧固设备进场检查验收与标定	吊梁设备采购、试拼装、试吊、试运行及相关检查验收	首节段焊缝和螺栓连接、试板试样及检查验收	主缆缠丝首件验收（包括设备试运行、缠丝作业、防腐涂装等）	除湿系统设备、管道安装验收	伸缩缝的安装	门架拆除检查
3	索鞍及附件进场验收	牵引系统和架设系统试车检查验收	线形测量设备和工装进场及标定验收	紧缆首件验收	主缆线形测量验收	边跨端梁段起吊方案比选	一般节段焊缝及连接检查验收	主缆清洁与缠丝前涂装	除湿系统单机调试检查验收	检修道栏杆的安装	塔式起重机电梯拆除检查
4	塔锚联测验收	猫道索线形和猫道架设检查验收	主缆索股进场及检查验收	预紧缆、正式紧缆及相关验收	索夹安装放样	临时封航措施与时间安排	环焊缝涂装检查验收	正式缠丝作业	除湿系统联机试运转检查验收	检查车的安装	

续上表

检查验收	索鞍吊装	牵引系统及猫道架设	缆索架设	紧缆	索夹吊索安装	钢箱梁吊装	钢箱梁工地焊接及涂装	主缆缠丝与防腐涂装	除湿系统安装	桥面系及附属工程安装	大临结构拆除
5	索鞍及附件吊装、安装检查验收	门架改造验收	试验索首件验收		索夹安装（螺杆初始轴力导入）与验收	深水区普通梁段、边跨端梁段、近塔梁段、合龙段梁段等钢箱梁吊装	面层覆盖涂装检查验收	主缆防腐涂装		支座安装	
6			基准索架设、调整与验收		猫道改吊检查验收	支座、阻尼器、伸缩缝等桥面附属结构进场验收、安装验收	索夹螺杆复紧	索夹螺杆终紧及防腐涂装		阻尼器安装	
7			一般索股架设、调整与验收		吊索安装检查验收	索夹螺杆复紧				塔顶鞍罩安装	
8					吊索减振器安装验收						

注：工作划分和程序管理：①猫道设计（设计认可）；②牵引设备进场检查验收、猫道索进场检查验收、猫道附件和架设系统备件进场检查验收（监理认可）；③牵引系统架设猫道索线形检查验收（监控、测量、监理）；④猫道架设（监理），猫道检查验收（监理、监控、测量）；⑤牵引系统检查验收、主缆索股架设系统检查验收（监理）；⑥每次主要工序（有检查记录表）转移承包人和监理测量相关管理部门要有人签认，大件安装通过管理台账标示进展和验收；⑦每项工作细化后都要明确责任人、参与人、时间、工作情况、下一步措施；⑧不同工况根据监控指令要求复测主缆线形，锚跨张力、吊索索力和索夹螺栓紧固轴力；⑨为了加强过程检查，本表格比其他附表分项划分更细。

表 7-6

主桥上部结构各工序工作会议一览表

工作会议	大沙水道桥上构工作会议	坭洲水道桥上构工作会议	索鞍吊装工作会议	牵引系统及猫道架设工作会议	缆索架设（含紧缆、索夹吊索安装）工作会议	钢箱梁吊装（含边跨栈桥、运输协调、工地焊接及涂装-钢箱梁标）工作会议	主缆缠丝、主缆检修道缆套等安装、塔顶施工工作会议	主缆涂装及除湿系统工作会议	猫道塔式起重机等拆除工作会议
召开时间	根据需要安排	根据需要安排	7d	7d	7d	7d	7d	7d	7d
工作内容	（1）梳理上构管控要求及表格；（2）梳理大沙上构进展、问题和措施；（3）各工序检查验收程序和记录表格	（1）梳理上构管控要求及表格；（2）梳理坭洲上构进展、问题和措施；（3）各工序检查验收程序和记录表格	（1）前工序小结确认塔锚联测成果；（2）方案确认、梳理确认工序作业准备情况及要求；（3）开工条件确认	（1）前工序小结确认索鞍吊装、联测成果；（2）梳理确认工序作业准备情况及要求；（3）开工条件确认	（1）前工序小结确认猫道、牵引系统架设成果；（2）梳理确认工序作业准备情况及要求；（3）开工条件确认	（1）前工序小结确认缆索架设、索夹吊索安装成果；（2）梳理确认工序作业准备情况及要求；（3）开工条件确认	（1）前工序小结确认钢箱梁吊装成果；（2）梳理确认工序作业准备情况及要求；（3）开工条件确认	（1）梳理确认工序作业准备情况及要求；（2）开工条件确认	（1）前面工作小结，确认可以拆除；（2）拆除条件确认
负责人	J1	J2	J1/J2	J1/J2	J1/J2	J1/J2	J1/J2	J1/J2	
参与人	虎门二桥分公司，S2/S4，J1，监控，测控，检测，钢箱梁，缆索，索鞍索夹	虎门二桥分公司，S2/S4，J2，监控，测控，检测，钢箱梁，缆索，索鞍索夹	虎门二桥分公司，S2/S4，J1，监控，测控，索鞍索夹	虎门二桥分公司，S2/S4，J1，监控，测控	虎门二桥分公司，S2/S4，J1，监控，测控，检测，缆索，索鞍索夹	虎门二桥分公司，S2/S4，J1，监控，测控，检测，钢箱梁	虎门二桥分公司，S2/S4，J1，监控，测控，检测	虎门二桥分公司，S2/S4协助，J1，监控，测控，检测	

注：会议是转序验收的统称，形式多样，以不影响现场施工为准。

上构分项监控测量工作一览表

表 7-7

检查验收	索鞍吊装	牵引系统及猫道架设	缆索架设(含紧缆)	索夹吊索安装	钢箱梁吊装	钢箱梁工地焊接及涂装	主缆缠丝防护施工	大临结构拆除
测量工作	格栅定位、索鞍安装测量	猫道承重索和猫道线形测量	基准索和辅助基准索垂度、塔锚位移监控测量,其他索股相对垂度调整	主缆空缆线形、索夹放样测量	索塔锚碇偏位、索鞍位移测量	主缆线形、钢梁线形、塔锚位移测量	主缆线形(含张力)测量	塔锚位移监控测量
监控工作	发布塔锚联测指令	桥塔容许水平位移、扭转位移及桥塔抗推刚度指令,空缆架设线形指令,鞍座预偏量指令,检修道钢丝绳制作下料长度指令	基准索股架设线形指令,索股垂度调整与索长调整量的关系指令,散索鞍临时约束的解除时机指令,一般索股架设线形指令,锚跨索股张力调整指令,锚跨张力微调指令,散索鞍临时约束的解除时机指令	吊索下料长度监控指令,索夹安装位置指令,提交索夹安装初装力指令	吊梁期间的索夹再次紧固指令,鞍座顶推指令,梁段吊装完成后索夹螺杆长度测量与再次紧固指令	焊接线形控制指令		索夹螺杆长度测量与再次紧固指令
监控工作	参与塔锚联测		安装主缆基准索股温度实时监控系统;基准索股现场架设的指挥;基准索股架设稳定观测、分析;埋设锚索计;主缆断面埋设温度传感器;索股张力测试;主缆断面温度场监测;主缆线形测量;收集厂内所有钢丝和制索厂的自检数据;对紧缆前后的监测数据分析和误差识别,按实际情况修正恒载数据重新计算实际架设的主缆无应力长度和成桥主缆线形	参与索夹放样位置检测	测试吊索张力,长期监测部分锚跨张力变化;比较分析桥塔偏位理论数据和实测数据之间的误差;验算合龙过程中临时结构与永久结构的安全性,提出施工控制建议	焊接完成后参与对梁段的纵横基线及中线测量,主缆线形、桥塔偏位进行测量,相应指标进行验收	计算桥面铺装过程中主缆线形、桥塔偏位、加劲梁线形和内力变化情况;决定铺装过程中是否需要进行鞍座顶推,提出施工控制建议	对成桥状态进行力学测试,此后对实测成桥状态和监控计算成桥状态、设计目标状态进行比较,评定本桥的架设精度,并总结经验

表 7-8

主桥上部结构安全检查一览表

工作会议	索鞍吊装	牵引系统及猫道架设	缆索架设（含紧缆、索夹吊索安装）	钢箱梁吊装（含边跨栈桥、运输协调、工地焊接及涂装-钢箱梁标）	主缆缠丝、主缆检修道缆套等安装、猫道塔式起重机等拆除	主缆涂装及除湿系统
工作内容	（1）塔锚门架检查验收； （2）索鞍吊装系统检查验收； （3）塔式起重机电梯日常检查	（1）单、双线往复牵引系整体检查验收； （2）猫道整体检查验收； （3）牵引系统及猫道架设过程检查及形成后日常检查； （4）上横梁座吊检查验收； （5）塔式起重机电梯日常检查； （6）临时用电、照明设施日常检查	（1）缆载系统、牵引系统、架设系统检查验收； （2）紧缆机缆索吊检查验收； （3）索夹吊索安装设备检查验收； （4）塔式起重机电梯日常检查； （5）临时用电、照明设施日常检查	（1）缆载吊机检查验收； （2）塔区支架检查验收； （3）猫道改吊后检查验收； （4）塔式起重机电梯日常检查； （5）临时用电、照明设施日常检查	（1）主缆缠丝机检查验收； （2）塔式起重机电梯日常检查； （3）猫道、塔式起重机拆除前检查； （4）临时用电、照明设施日常检查	暂无，日后补充
负责人	J1/J2	J1/J2	J1/J2	J1/J2	J1/J2	J1/J2
参与人	虎门二桥分公司，S2/S4，J1/J2	虎门二桥分公司，S2/S4，J1/J2，监控、测控	虎门二桥分公司，S2/S4，J1/J2，监控、测控	虎门二桥分公司，S2/S4，J1/J2，监控、测控	虎门二桥分公司，S2/S4，J1/J2，监控、测控	虎门二桥分公司，S2/S4，J1/J2

注：1. 安全检查包括：①分项作业前安全措施与检查；②每道工序中控制工况作业前安全措施与检查；③大临例行检查；④特殊气候、情况下的专项安全措施与检查。

2. 悬索桥上部吊装设备（塔式起重机、门式起重机、缆索起重机）的十不吊：①吊装设备未经过试车或检查验收不吊；②六级强风或其他恶劣天气不吊；③超载或荷载重量不明不吊；④抱闸或其他制动安全装置失灵不吊；⑤吊物上站人或有其他浮放物品不吊；⑥工作场地昏暗，无法看清场地、被吊物或指挥信号时不吊；⑦指挥信号不明或乱指挥不吊；⑧被吊物棱角处与捆绑钢绳间未加衬垫、物件捆挂不牢时不吊；⑨安全员和装吊指挥员不在现场不吊；⑩吊具使用不合理或承重钢绳有缺陷不吊。

6)监控测量协同开展

上部结构施工监控工作依据《虎门二桥上部结构施工监控管理办法》相关规定,保证监控(设计)指令落实。监控指令通过监理转发,线形控制值应有监控确认。除基准索外,每条索股安装要通过联合检查确认程序。钢箱梁吊装执行每一节段安装确认程序。监控指令按照监控管理办法闭环化管理,检查验收由监理组织,监控技术把关。

测量工作方面,由测量控制中心统筹负责,以为工程实体服务为第一要务,一桥各方要形成测量工作板块的工作合力。

7)安全检查有的放矢

一是分项转序的联合检查;二是每道分项的控制工况专项检查;三是日常检查习惯化,主要有工序作业前的检查,猫道锚固、调整长度、接头等部位的月度检查,猫道的定期检查,其他上部结构设备、用电、照明等安全检查也要常态化。

8)现场环境美观整洁

注重工程形象,养成保持美观整洁良好作业习惯。如存索场标准规范、索盘堆放有序,上塔电梯通道安全文明宣传生动形象,主塔平台整洁卫生,猫道或钢箱梁上作业设置专门垃圾、卫生回收点,建立乱扔乱丢罚款管理制度等措施。具体由施工单位制定,报监理监督落实。

7.1.3 附则(一览表)

各参建单位应在本悬索桥上部结构施工主动管控办法基础上进一步制定相关制度、编制表格。具体内容见表7-3~表7-8。

7.2 南沙大桥上部结构管控体会

广东省委、省政府高度重视南沙大桥项目建设,广东省交通运输厅组织行业23位专家成立了南沙大桥工程技术专家委员会,在工程建设各个阶段为项目做出了若干关键技术决策,充分集成行业智慧,指引大桥顺利建设。专家委员会的决策主要围绕两座超千米级上部结构施工展开。

1)充分汲取行业智慧

2014年11月15日,南沙大桥工程技术专家委员会成立暨第一次工作会议在广州召开。会议要求南沙大桥坚持高标准、严要求、创世纪精品工程的管理目标;要扎实开展1960MPa索股的研究工作;先行先试BIM技术在特大桥梁工程中的应用;着力研究解决混凝土裂缝控制技术,上部结构精确安装等关键技术。

2015年1月30日,南沙大桥工程技术专家委员会第二次工作会议在广州召开。会议同意报告推荐的坭洲水道桥主缆采用1960MPa强度钢丝、大沙水道桥主缆采用1770MPa强度钢丝方案,要求进一步推动各厂家汇总试验结果,开展大批量钢丝试制,开展索股锚具和锚固技术研究、索股制作和性能试验等工作,确保1960MPa主缆质量可靠,成功应用于南沙大桥项目。

2016年12月23日,南沙大桥工程技术专家委员会第三次工作会议在广州召开。会议认为南沙大桥项目1960MPa主缆索股研发与生产充分发挥了科技攻关创新的先导作用,引领了我国主缆高强钢丝技术创新和进步,提升了中国桥梁技术的竞争力。率先研发了“基于互联网 + BIM 技术的建养一体化平台”并在南沙大桥项目全面应用,实现了形象进度、图纸审阅、质量安全隐患“闭环化”治理、钢箱梁智能制造、档案管理等多项功能,为 BIM 技术在桥梁工程的应用积累了经验。

2018 年 1 月 30 日,南沙大桥工程技术专家委员会第四次工作会议在广州召开。南沙大桥项目持续践行现代工程管理,推动项目高质量发展,打造品质工程。项目推进顺利,质量安全态势良好。南沙大桥项目推动 1960MPa 主缆索股研发、制造并首次大规模实桥成功应用,圆满完成了预期目标,推动了行业技术进步,提高了中国桥梁竞争力。南沙大桥项目继续在深化应用“基于互联网 + BIM 技术的建养一体化平台”,在悬索桥上部结构安装中力求创新,实现了 BIM + 智能索股架设新功能。立足运营养护新起点,超前组织 BIM + 运营维护系统规划与设计,开创中国特大桥梁工程 BIM 技术应用新局面。

2)施工组织设计与气候匹配

与坭洲水道桥相比,大沙水道桥的上部结构历程各道工序更适应广东的气候。

例如索股架设工序,大沙水道桥是 6 月—8 月,虽然有台风,但无季风,夜晚调索主要挑战是气温高、闷热、作业窗口期短,总体能够有效组织;而坭洲水道桥索股架设则为 10 月—12 月,其间秋冬季季风成为常态,夜晚调索制约工期、质量。

再如钢箱梁吊装,大沙水道桥在 11 月—次年 1 月完成 94 片梁段吊装,其间主要是冬季季风、低温等相对可以接受的挑战;坭洲水道桥若按照原计划,将在 7 月初才可能完成吊装,将面临台风袭击的危险,后经各方努力,在 3 月 15 日吊装首片钢箱梁后,5 月 25 日吊装合龙,避开 6 月初到来的台风;此后,在钢板超过 70℃、钢箱梁内近 60℃气温条件下,于 8 月底完成了钢箱梁工地焊接,9 月初则迎来了“山竹”的实桥检验,成功避开了焊接期间的台风挑战。

3)工序优化无止境

通过精细化主动管控,大沙、坭洲水道桥上部结构主体工程已经创造了高效的同业纪录。特别是在吸纳大沙水道桥基础上,坭洲水道桥 82d 架完 504 根 3 万 t 1960MPa 超高强度索股,从大沙的 2.5 根/d 提高到 3 根/d,而且还是在更不利的作业环境下。大沙水道桥 2 台缆载吊机用 60d 吊装 94 片钢箱梁,平均 0.78 片/(d · 机);坭洲水道桥 3 台缆载吊机用 70d 吊完 176 片钢箱梁,平均 0.84 片/(d · 机),但需要注意坭洲水道桥吊装过程中,3 台缆载吊机仅有短时间同步运行,且坭洲水道为主航道,限航条件更苛刻。因此,通过工序的不断总结,在保证安全、质量前提下,精细化无止境。

然而,统计猫道架设、索股架设、紧缆、索夹及吊索安装、钢箱梁吊装的单项作业时间,少于总周期。分析表明,主要是工序转换过程中,需要做大量测量、分析、计算、完善工作;其次是上一道工序设备、材料请退场,下一道作业机材进场准备,也将占用有效工期。坭洲水道桥体量更大、条件更恶劣,工期反而较短,正是通过不断总结大沙水道桥每道工序的经验、优化到坭洲水道桥后继工序。因此,精细化无止境,让作业更安全、结构更优质、效率更提高。

4)猫道按永久结构管控

猫道是上部结构全程高空作业唯一的作业平台,直接影响作业人员安全、主体结构质量、工程建设进度。南沙大桥将大沙、坭洲水道桥的猫道提到全新高度,以永久结构的主动管控追求安全、好用、可调、易拆。在设计中,继承既有经验,从拆除、调整、架设、设计、安装全过程倒推,确保抗风性能,优化设计细节。实践表明,将猫道作为专项设计、纳入监控体系、按照永久结构管控,重视猫道将事半功倍。例如在先导索过江的方案选择中因地制宜,大沙水道桥采用无人机3min过江完成作业,节约了工期,避免了封航;坭洲水道桥则考虑上游55万V高压电缆,采用拖轮对向过江,平驳江中对接的方案,仅用半天完成作业,减小了封航影响。又如猫道承重索架设、调整中,采用了与基准索股架设相同的测控技术和工程程序,在超远距离、无作业通道情况下追求承重索相对高差小于5cm,也为接下来的索股架设监控、测控积累了经验。

5)界面清晰分工明确

南沙大桥上部结构进一步明晰了一桥各方分工。建设单位定规则掌控全局;设计单位做结构技术服务;监理单位管控程序及现场;监控单位做施工技术指导;测控单位管控测量工作;施工单位组织调度和生产;作业队负责现场落实。

以钢箱梁吊装为例,分两个阶段:

一个是钢箱梁吊装阶段。钢结构工程单位负责梁段运输及抛锚定位,土建工程单位负责梁段吊装与临时连接。其间面临远距离运输、海上台风、船舶保障、码头保证等问题,要做到每片钢箱梁按照海事限航规定时间精准、高效到位。在实践中,大船通航、海事限航、河床复杂、涨潮落潮、吊索运输安装、缆载吊机移机就位等都会造成对钢箱梁运输装船方向、抛锚定位时间精度造成挑战;因此,需要不断优化程序、分析难点、采取措施,经过首件制及不断磨合后,达成一套标准化作业程序,减少协调难度、安全风险、进度风险。

二个是钢箱梁吊装合龙与焊接的转序。在钢箱梁吊装后,通过增设转序验收环节,要求土建工程标段尽量还原吊装线形、严控梁段间隙,通过监控单位、测控单位、监理单位、钢结构单位联合确认后,再移交工作界面;钢结构单位则要求在焊接期间负责控制好梁长、焊接及涂装质量、焊接后的线形。

最终通过一桥各方的努力,大沙、坭洲水道桥钢箱梁上下游高差均符合规范要求,大部分小于1cm。

6)附属工程统筹管控

大沙、坭洲水道桥猫道拆除后,全面转入立体交叉附属工程作业。特点是以铺装为主线的多专业、立体交叉作业,面临施工界面、作业通道、设备占用、用水用电、场地占用、安全防护、文明施工、交叉避让等诸多问题,贯穿于通车交工验收前的始终。尽管附属工程阶段重大系统性风险减小,但如何在保证铺装为主线的情况下,其他作业也有序开展,成为制约通车节点的关键。大沙、坭洲水道桥同步建造,主桥、引桥同步施工,因此在附属工程阶段的工序作业相互牵制更多。但在虎门二桥分公司的统筹管控下,在月度例会、板块月度工作会、专项工作会的基础上,每周至少开一次全员协调会,使参建各方充分了解现场情况,做到了施工组织井然有序。

7)收尾阶段精准管控

铺装阶段,土建、钢结构工程等大部分标段处于收尾状态。特点是从施工组织、工序编排上讲,难度和不确定性大大减小;但此时通车压力更大,更加需要加快工序转换,和后继收尾工程进展。南沙大桥系统分析通车前若干工作,厘清关键主线,精准地设置了专项系列节点激励计划,促进各方继续保持高昂工作状态。在交工验收、荷载试验上通过超前规划,力求与现场实际无缝连接。

8)多专业交叉设计

回顾大沙、垳洲水道桥上部结构建造各个阶段,在设计方面存在土建工程、钢结构工程、交通工程、大临工程的交叉难题。南沙大桥将工程设计后服务提高到新的高度,通过设计板块的协同管理,使各参建单位及时掌握设计动态,避免结构变更,提升各方工效。要求设计单位主动掌握现场动态和需求,提供更主动的服务、更迅捷的反馈、更完备的图纸、更周密的细节,一切以结构为重,一切以现场为主。今后,可以进一步通过基于 BIM 的三维正向设计,提高联合复杂设计的同步性和准确性。在各个板块复杂的专业结构设计方面,在涉及构件交叉制造、安装的各个方面,在不同标段的大临设计和交叉使用上,在不同专业交叉设计、制造及安装方面都应采用基于 BIM 的敏捷正向联合设计。

9)技术创新无止境

回顾大沙、垳洲水道桥上部结构建造各个阶段,在工程管理、施工方法、材料设备、装置构件上均力求做到更好、做得更快、更加安全。

工程管理上继承发扬国内外同类桥梁管理经验,以精细化的现代工程管理将一桥各方集聚成战斗力更强的攻坚团队。组织架构更严密,从建设领导小组到上部结构工作小组到监控测控工作小组到参建各方工作小组到每道工序临时工作小组到劳务工作小组到工点作业小组,从项目决策到工点作业,层层部署、层层落实。同样关键的是,南沙大桥在上部结构阶段始终坚持主动服务的理念,尽量压缩管理链条,推行公开、透明、动态的全员信息互通,以扁平化的高效沟通提升工作效率。

施工方法上力求高效节约。大沙水道桥利用支墩之间的基坑场地,采用 650t 起重机吊装散索鞍,节约了门架材料上百吨,节省了工期半个月;近塔段钢箱梁吊装创新采用连续荡移吊装工法,节省了在近塔区搭设大规模的支架系统。垳洲水道桥创新采用无线 LoRa 局域网传输技术,实现基于 BIM 的信息化架索;创新采用双放索工法,提升架索效率;创新采用活动支架工法,架设过渡墩无吊索钢箱梁。

机材追求更新更强。牵引系统采用 8 台全新 30t 大吨位数显卷扬机;紧缆机、缆载吊机和缠丝机均采用全新研发的数字化、可视化、自动控制装备;以大沙水道桥缆载吊机为例,钢箱梁最大 350t,荷载试验做到 750t,因此,南沙大桥在上部结构施工关键设备上,通过专业化设计、加工、检测、试验,确保施工安全可靠。材料方面,项目推动成功研发 1960MPa 全国产化主缆索股,在垳洲水道桥实现了 3 万 t 世界首次大规模实桥应用,形成了全产业链的工业化产能。

装置构件力求"微创新"。索股架设中,发明了上下棱镜装置,消除了单侧测量误差问题;发明了数显大量程卡具,调索精准高效;研发了新型自锁式拽拉器,确保索股不滑移。发明了专用工装,减小预紧缆空隙率、提高主缆不圆度;发明了新型纵向 LOCK-IN 阻尼器和横向减振支座,减小了伸缩缝规模;发明了长吊索减振阻尼器多种,显著减小风振幅度。其中,棱镜、工装来源于一线工人,其他均为现场实践需求所致,创新无级差、创新无止境。

参考文献

[1] 吴玉刚,吴明远,代希华.虎门二桥工程总体设计[C].中国土木工程学会,2016.

[2] 吴玉刚.建设可持续桥梁工程的认识与实践[J].公路,2017,062(003):98-105.

[3] 鲜荣,代希华.虎门二桥桥位处风场特性观测研究[J].四川建筑,2015,35(1):144-147.

[4] 代希华,王迎军.虎门二桥工程坭州水道桥船舶撞击力标准及桥梁防撞方案研究[J].公路交通科技(应用技术版),2013,9(3):207-211.

[5] 邓小华.广东虎门第二公路通道桥位选择[J].中外公路,2013,33(4):158-161.

[6] 许兆斌,董小亮.虎门二桥坭洲水道桥索鞍制造技术[J].桥梁建设,2017,47(6):111-116.

[7] 石红昌,苏兰,黄安明.铸焊式主索鞍鞍体倒装装焊工艺研究[J].工程建设与设计,2018(1):130-132,135.

[8] 徐向军,范军旗,贝玉成,等.智能化高效焊接及切割技术在钢桥制造中的应用[J].金属加工(热加工),2017(S1):6-11.

[9] 蔡依花,叶觉明,卢靖宇,等.通条试验方法在超高强度钢丝研发试验中的应用[J].金属制品,2017,43(4):29-37.

[10] 毋俊莉,张军,江晨鸣.1960MPa 悬索桥主缆用高强度钢丝开发[J].金属制品,2018,44(5):17-21.

[11] 吴玉刚,崖岗,代希华,等.虎门二桥 1960MPa 主缆钢丝及索股关键技术[J].桥梁建设,2018,48(3):5-10.

[12] 叶觉明,张太科,鲜荣,等.1960MPa 级钢丝加工及其在悬索桥主缆上的应用[J].金属制品,2015,41(2):1-6.

[13] 张鑫敏.1960MPa 缆索"吊起"虎门二桥[J].中国公路,2019(11):40-43.

[14] 张津,杨永强.超宽截面大跨度钢箱梁制造技术[C].工业建筑 2018 年全国学术年会论文集(上册),2018.

[15] 李法雄,郭毅霖,张鑫敏.用 BIM"智"造特大型桥梁[J].中国公路,2018(11):78-79.

[16] 代希华,李法雄,杨昀,等.虎门二桥 BIM 建养一体化建设[J].中国公路,2017(6):68-71.

[17] 闫振海,陈宏强,李法雄,等.BIM 在虎门二桥数字化钢厂中的应用[J].公路交通科技(应用技术版),2017(3):239-240.

[18] 杨敏,朱小金,赵廷建,等.大沙水道桥悬索桥施工猫道抗风稳定性浅析[J].四川建筑,2017,37(4):232-233,236.

[19] 孟维维,路宜发,孙雨楠,等.虎门二桥悬索桥主缆系统安装施工监理重难点分析[J].建设监理,2015(7):58-61.

[20] 赵云鹏,鲜荣,朱明,等.大跨悬索桥基准索股架设精度可靠性研究[J].公路交通科技(应用技术版),2019,15(1):220-224.